U0754097

『十二五』普通高等教育本科国家级规划教材

高等院校财务与会计系列丛书

资产评估学 （第二版）

主 编◎郭化林

立信会计 出版社
LIXIN ACCOUNTING PUBLISHING HOUSE

图书在版编目(CIP)数据

资产评估学 / 郭化林主编. —2 版. —上海：立信会计出版社，2020.11(2022.1 重印)
(高等院校财务与会计系列丛书)
"十二五"普通高等教育本科国家级规划教材
ISBN 978 - 7 - 5429 - 6645 - 2

Ⅰ.①资… Ⅱ.①郭… Ⅲ.①资产评估-高等学校-教材 Ⅳ.①F20

中国版本图书馆 CIP 数据核字(2020)第 233082 号

策划编辑　　方士华
责任编辑　　孙　勇
封面设计　　南房间

资产评估学(第二版)
ZICHAN PINGGUXUE

出版发行	立信会计出版社		
地　　址	上海市中山西路 2230 号	邮政编码	200235
电　　话	(021)64411389	传　　真	(021)64411325
网　　址	www.lixinaph.com	电子邮箱	lixinaph2019@126.com
网上书店	http://lixin.jd.com	http://lxkjcbs.tmall.com	
经　　销	各地新华书店		
印　　刷	上海天地海设计印刷有限公司		
开　　本	787 毫米×1092 毫米	1/16	
印　　张	35.25		
字　　数	835 千字		
版　　次	2020 年 11 月第 2 版		
印　　次	2022 年 1 月第 2 次		
印　　数	3 101—5 200		
书　　号	ISBN 978 - 7 - 5429 - 6645 - 2/F		
定　　价	59.00 元		

如有印订差错，请与本社联系调换

前　言

　　资产评估学是一门科学,也是一门艺术,是科学与艺术的有机结合体。资产评估的科学性强调人们必须按照资产评估科学规律进行估值,这也是是其艺术性的前提和基础;资产评估的艺术性强调实践性和创新性,是其科学性的补充与提高。资产评估是市场经济的产物,其业务涉及企业间的产权转让、资产重组、破产清算、资产抵押,以及财产保险、财产纳税等经济行为。经过100多年的发展,资产评估已成为在现代市场经济中发挥基础性作用的专业服务行业之一。我国资产评估行业起步于20世纪80年代末。随着土地有偿转让、房屋买卖、矿产资源开发等产权交易种类的扩大,在不同行业和领域里针对特定资产的评估制度逐步建立和发展起来,目前已经形成了包括资产评估、房地产估价、土地估价、矿业权评估、旧机动车鉴定估价和保险公估在内的六大类评估专业,由财政部、住房和城乡建设部、自然资源部、商务部和银保监会五个部门管理。全国资产评估行业现有评估师13万多人,从业人员60万多人,评估机构1.4万多家。由于我国的特殊国情和国有资产管理工作的需要,我国资产评估行业发展具有鲜明的中国特色,走出了一条与西方国家传统评估业发展不同的道路。随着我国社会主义市场经济体制的逐步完善、产权主体的多元化和经济发展的全球化,我国资产评估行业在维护多元化主体利益、维护公共利益、维护证券和金融市场稳定、维护税源和财政收入稳定、服务公共财政等领域将进一步发挥重要的作用。

　　资产评估学是高校资产评估等专业的核心课程,也是会计学、财务管理、审计学、房地产经营与估价、房地产经营与管理等专业的专业选修课程。本书共设置14个章节,分为四个部分:资产评估理论与方法(第一至第四章)、资产评估主要实务(第五至第十二章)、资产评估报告(第十三章)、国外评估准则(第十四章)。本书比较系统地介绍了资产评估学的基本原理、方法及其在评估实践中的应用,并将《中华人民共和国资产评估法》《中国资产评估准则》《国际评估准则》《欧洲评估准则》《英国评估准则》《专业评估执业统一准则》《澳大利亚和新西兰评估准则》等的最新成果融入书中相关内容。同时,各章基本采用学习目标、本章的知识点逻辑结构图、案例导入、基本内容、相关链接、课外阅读材料、复习思考题、实训练习题、案例研究的编排方式,使各章内容形成一个相辅相成、前后呼应的知识链,以丰富与开阔读者的视野,力求使读者全面掌握资产评估的基本理论、基本方法和专业技能。

本书由郭化林教授担任主编并负责总纂。第一章、第二章由郭化林编写;第三章由刘芳、钱幽燕(浙江天源资产评估有限公司)编写;第四章、第十三章由申海霞(山西大学商务学院)编写;第五章由杨健兰、杨萱编写;第六章、第七章由杨洁、梅芳(万邦资产评估有限公司)编写;第八章、第九章由张芳芳编写;第十章、第十一章由项代有编写;第十二章由汪沧海、李春芳(浙江坤元资产评估有限公司)、郭化林编写;第十四章由黄志雄、郭化林编写。

金无足赤,"书"无完"书"。由于编者水平有限,加上编写的时间仓促,书中难免有纰漏甚至是错误之处,恳请读者和同行批评指正,以便我们不断改进和完善。

在本书出版过程中,浙江财经大学资产评估专业硕士研究生李瑞、胡悦、王柔玉、张婷、徐浩、林禹光、张妍妍、林敏、杨文俊、王春扬、谢姝莹、梁佳楣、孙如松等也参与了资料的收集和整理工作。同时,除书后列示的参考文献外,编写中编者还参阅或引用了国内外许多同行的观点或材料,对此深表谢意。

编　者

2020 年 10 月于杭州钱塘江畔

目 录

第一章

总论 ·· 1

学习目标 ······································· 1

本章的知识点逻辑结构图 ························ 2

案例导入 肌肉记忆、一万小时定律与刻意练习 ······ 2

第一节 资产评估概述 ··························· 3

第二节 价值类型和评估目的 ····················· 16

第三节 资产评估对象、假设与原则 ················ 26

第四节 资产评估的学科属性及定位 ··············· 35

课外阅读材料 ··································· 41

复习思考题 ····································· 41

案例研究一 一份简略的资产评估报告 ············· 42

案例研究二 拍卖风波引发的资产评估基准日选择问题 ··· 45

第二章

资产评估的基本方法 ·························· 47

学习目标 ······································· 47

本章的知识点逻辑结构图 ························ 48

案例导入 一头牛的评估与阿尔弗莱德·马歇尔 ······ 48

第一节 市场法 ································· 49

第二节 成本法 ································· 58

第三节 收益法 ································· 67

第四节 期权定价法 ····························· 73

第五节 评估结果的精确性与评估方法的选择 ········ 79

课外阅读材料 ·· 84

复习思考题 ·· 84

实训练习题 ·· 85

案例研究一　珠海中富收购评估事件 ················· 87

案例研究二　置出与置入资产评估方法是否有讲究 ·········· 89

案例研究三　与不确定性共舞 ························· 91

第三章

中国资产评估行业状况和准则体系 ················· 93

学习目标 ·· 93

本章的知识点逻辑结构图 ································· 94

案例导入　经济越发展,资产评估越重要 ·············· 94

第一节　我国资产评估行业发展概况 ·················· 94

第二节　中国资产评估准则的演进与框架体系 ·········· 103

第三节　资产评估通用准则 ··························· 114

第四节　资产准则、操作指引及专家指引 ·············· 121

课外阅读材料 ·· 124

复习思考题 ·· 124

实训练习题 ·· 125

案例研究　行业流行尊重客户目标尺度 ················ 125

第四章

资产评估程序与信息收集及分析 ················· 129

学习目标 ·· 129

本章的知识点逻辑结构图 ································· 130

案例导入　看得见的正义 ······························ 130

第一节　资产评估程序概述 ··························· 130

第二节　资产评估具体程序和基本要求 ················ 132

第三节　资产评估中的信息收集与分析 ················ 140

第四节　资产评估档案 ······························· 148

课外阅读材料 ·· 150

复习思考题 ·· 151

案例研究一　××股份有限公司拟收购 B 投资有限公司股权项目评估程序 …… 151

案例研究二　首次将资产评估机构纳入被告的证券支持诉讼 ………………… 152

第五章

机器设备评估 ………………………………………………………… 155

学习目标 ……………………………………………………………………… 155

本章的知识点逻辑结构图 ……………………………………………………… 156

案例导入　机器设备评估需要考虑所在行业状态、上下游产业状态及

　　　　　无形资产吗 …………………………………………………… 156

第一节　机器设备评估概述 …………………………………………………… 156

第二节　基于成本法的机器设备评估 ………………………………………… 161

第三节　基于市场法的机器设备评估 ………………………………………… 185

第四节　基于收益法的机器设备评估 ………………………………………… 191

课外阅读材料 ………………………………………………………………… 192

复习思考题 …………………………………………………………………… 193

实训练习题 …………………………………………………………………… 193

案例研究一　调整机器设备成新率是否就是虚假评估 ……………………… 195

案例研究二　资产评估师如何做好资本市场的"守门人" …………………… 196

第六章

房地产评估 ………………………………………………………… 199

学习目标 ……………………………………………………………………… 199

本章的知识点逻辑结构图 ……………………………………………………… 200

案例导入　温州 20 年产权房续期引热议 …………………………………… 200

第一节　房地产评估概述 ……………………………………………………… 201

第二节　收益法在房地产评估中的应用 ……………………………………… 214

第三节　市场法在房地产评估中的应用 ……………………………………… 221

第四节　成本法在房地产评估中的应用 ……………………………………… 227

第五节　其他方法在房地产评估中的应用 …………………………………… 232

第六节　在建工程评估 ………………………………………………………… 244

课外阅读材料 ………………………………………………………………… 247

复习思考题 …………………………………………………………………… 247

实训练习题 ··· 247

案例研究 一个小数点之差引发的评估悲剧 ··························· 249

第七章

无形资产评估 ··· 251

学习目标 ··· 251

本章的知识点逻辑结构图 ··· 252

案例导入 广州医药集团向加多宝索赔 29.3 亿元的计算方式是否恰当 ····· 252

第一节 无形资产评估概述 ··· 253

第二节 收益法在无形资产评估中的应用 ······························· 259

第三节 成本法和市场法在无形资产评估中的应用 ····················· 267

第四节 典型无形资产的评估 ··· 271

课外阅读材料 ··· 294

复习思考题 ··· 295

实训练习题 ··· 295

案例研究 ××股份有限公司 B 商标独家使用权价值评估 ··············· 296

第八章

长期投资性资产评估 ··· 299

学习目标 ··· 299

本章的知识点逻辑结构图 ··· 300

案例导入 控制权溢价与流动性折扣比率 ······························· 300

第一节 长期投资性资产评估的特点与程序 ····························· 300

第二节 债券评估 ··· 302

第三节 长期股权投资的评估 ··· 305

第四节 其他长期性资产的评估 ··· 317

课外阅读材料 ··· 318

复习思考题 ··· 318

实训练习题 ··· 319

案例研究 计算利息支出时未扣除相关所得税造成企业评估值高估 ········· 320

第九章

流动资产评估 ·· 321

学习目标 ··· 321

本章的知识点逻辑结构图 ································· 322

案例导入 摸牛屁股、数鸡、数猪——我很忙,但很快乐 ····· 322

第一节 流动资产评估概述 ····························· 323

第二节 实物类流动资产的评估 ························· 326

第三节 现金和银行存款、应收账项及其他流动资产的评估 ····· 333

课外阅读材料 ·· 339

复习思考题 ··· 339

实训练习题 ··· 339

案例研究一 浙江枫林有限责任公司流动资产评估 ········· 341

案例研究二 不同类型流动资产评估的基本技术路线 ········· 345

第十章

资源资产评估 ·· 347

学习目标 ··· 347

本章的知识点逻辑结构图 ································· 348

案例导入 自然资源资产离任审计与资源资产评估 ········· 348

第一节 资源资产概述 ································· 349

第二节 森林资源资产评估 ····························· 352

第三节 矿产资源资产评估 ····························· 358

课外阅读材料 ·· 365

复习思考题 ··· 365

案例研究 已进入稳产期成年竹林资产评估 ··············· 366

第十一章

企业价值评估 ·· 369

学习目标 ··· 369

本章的知识点逻辑结构图 ································· 370

案例导入 为何高科技互联网企业经营亏损却不妨碍其获得市场较高的
估值 ⋯⋯⋯⋯⋯⋯⋯⋯⋯⋯⋯⋯⋯⋯⋯⋯⋯⋯⋯⋯⋯⋯⋯⋯⋯⋯ 370

第一节 企业价值评估概述 ⋯⋯⋯⋯⋯⋯⋯⋯⋯⋯⋯⋯⋯⋯⋯ 370

第二节 控股权与少数股权、市场流通性与非流通性 ⋯⋯⋯⋯ 382

第三节 收益法在企业价值评估中的应用 ⋯⋯⋯⋯⋯⋯⋯⋯ 385

第四节 其他方法在企业价值评估中的应用 ⋯⋯⋯⋯⋯⋯⋯ 404

课外阅读材料 ⋯⋯⋯⋯⋯⋯⋯⋯⋯⋯⋯⋯⋯⋯⋯⋯⋯⋯⋯⋯⋯⋯ 412

复习思考题 ⋯⋯⋯⋯⋯⋯⋯⋯⋯⋯⋯⋯⋯⋯⋯⋯⋯⋯⋯⋯⋯⋯⋯ 413

计算题 ⋯⋯⋯⋯⋯⋯⋯⋯⋯⋯⋯⋯⋯⋯⋯⋯⋯⋯⋯⋯⋯⋯⋯⋯⋯ 413

案例研究一 用于价值比率计算的相关数据口径和计算方式应当一致 ⋯⋯⋯ 414

案例研究二 《景峰注射剂评估说明》的有关预测是否合理 ⋯⋯⋯⋯⋯⋯ 416

第十二章

资产评估报告 ⋯⋯⋯⋯⋯⋯⋯⋯⋯⋯⋯⋯⋯⋯⋯⋯⋯⋯⋯⋯⋯ 419

学习目标 ⋯⋯⋯⋯⋯⋯⋯⋯⋯⋯⋯⋯⋯⋯⋯⋯⋯⋯⋯⋯⋯⋯⋯ 419

本章的知识点逻辑结构图 ⋯⋯⋯⋯⋯⋯⋯⋯⋯⋯⋯⋯⋯⋯⋯⋯ 420

案例导入 四川3名评估师因"出具证明文件重大失实罪"被判刑 ⋯⋯⋯⋯ 420

第一节 资产评估报告的基本概念与分类 ⋯⋯⋯⋯⋯⋯⋯⋯ 421

第二节 资产评估报告的基本内容及其编制 ⋯⋯⋯⋯⋯⋯⋯ 426

第三节 资产评估报告主要信息的披露及模式 ⋯⋯⋯⋯⋯⋯ 435

第四节 如何正确阅读、使用及评判资产评估报告 ⋯⋯⋯⋯ 441

课外阅读材料 ⋯⋯⋯⋯⋯⋯⋯⋯⋯⋯⋯⋯⋯⋯⋯⋯⋯⋯⋯⋯⋯⋯ 442

复习思考题 ⋯⋯⋯⋯⋯⋯⋯⋯⋯⋯⋯⋯⋯⋯⋯⋯⋯⋯⋯⋯⋯⋯⋯ 442

实训练习题 ⋯⋯⋯⋯⋯⋯⋯⋯⋯⋯⋯⋯⋯⋯⋯⋯⋯⋯⋯⋯⋯⋯⋯ 443

案例研究一 资产评估报告内容规范性和完备性常见问题 ⋯⋯⋯⋯⋯⋯ 444

案例研究二 ××评估机构引用其他专业报告是否恰当 ⋯⋯⋯⋯⋯⋯⋯ 446

案例研究三 为什么资产评估假设及期后事项是监管的重点 ⋯⋯⋯⋯⋯ 447

案例研究四 资产评估准则是评判资产评估质量的基本标准 ⋯⋯⋯⋯⋯ 448

第十三章

以财务报告为目的的评估 ⋯⋯⋯⋯⋯⋯⋯⋯⋯⋯⋯⋯ 451

学习目标 ⋯⋯⋯⋯⋯⋯⋯⋯⋯⋯⋯⋯⋯⋯⋯⋯⋯⋯⋯⋯⋯⋯⋯ 451

本章的知识点逻辑结构图 ·· 452

案例导入　"影帝"与"影后"——菜鸟工作的第一课 ············· 452

第一节　以财务报告为目的的评估概述 ······················· 453

第二节　以财务报告为目的的评估实务应用 ·················· 456

第三节　以财务报告为目的的评估报告 ······················· 481

课外阅读材料 ·· 485

复习思考题 ··· 485

案例研究一　基于财务报告目的的投资性房地产公允价值评估 ······ 485

案例研究二　商誉的两难:减值还是摊销 ························ 486

第十四章

国外评估准则 ··· 487

学习目标 ··· 487

本章的知识点逻辑结构图 ·· 488

案例导入　顺势而为还是逆流而上——经济全球化带来了什么 ······ 488

第一节　国际评估准则 ·· 489

第二节　美国资产评估准则 ·· 503

第三节　欧洲评估准则 ·· 515

第四节　英国评估准则 ·· 525

第五节　澳大利亚与新西兰评估准则 ······························ 531

课外阅读材料 ·· 541

复习思考题 ··· 541

案例研究　资产评估准则发展的趋势是本土化还是国际趋同 ·········· 542

附录　资金时间价值系数表 ··· 544

附录1　复利终值系数表 ·· 544

附录2　复利现值系数表 ·· 546

附录3　年金终值系数表 ·· 548

附录4　年金现值系数表 ·· 550

参考文献 ··· 552

第一章
总 论

学习目标

1. 掌握资产评估构成要素及其相互关系
2. 掌握资产的分类及其特征,准确界定评估对象
3. 掌握资产评估的特点,恰当理解资产评估
4. 掌握市场价值与非市场价值的划分标准、区别,在资产评估实务中恰当选择价值类型
5. 掌握资产评估假设的实质、各种评估假设的使用范围和约束条件及其在评估实务中的恰当使用
6. 掌握资产评估经济技术原则及其在资产评估实践中的应用
7. 熟悉资产评估中价值和价格的区别,合理定义评估结论
8. 熟悉非市场价值的主要价值类型
9. 熟悉资产评估一般目的与特定目的在资产评估实践中的相互关系
10. 熟悉资产评估特定目的在资产评估实务中的具体作用
11. 熟悉资产评估中的独立性、客观性和公正性等工作原则及其评估实践中的体现
12. 熟悉资产评估与会计资产计价、审计等在专业及技术上的联系与区别
13. 熟悉资产评估的理论结构
14. 了解资产评估的学科性质

本章主要介绍资产评估的基本理论与原理,各知识点之间的逻辑结构如图1-1所示。

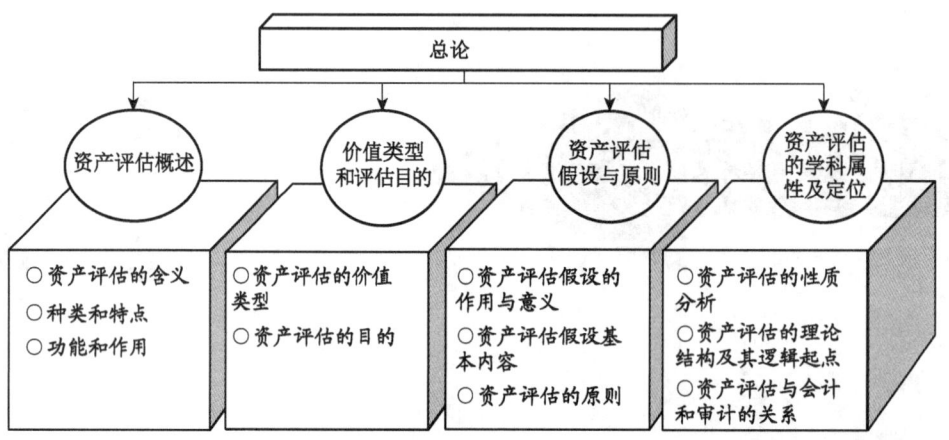

图1-1　本章的知识点逻辑结构图

案例导入

肌肉记忆、一万小时定律与刻意练习

　　人体的肌肉是有记忆效应的,重复进行大量的同一动作,肌肉就会产生条件反射。乒乓球学员在启蒙阶段每天都必须进行成千上万次的对抽练习,为的就是要在无数次的训练中,寻找这样的感觉。NBA联盟史上最佳射手之一的凯尔·科沃尔说过,投篮没有任何捷径可走,只有大量的投射训练才能让自己的肌肉永远保持在进球的感觉上。优秀射手在接球投篮的瞬间并不是去瞄框,而是去回忆最熟悉的进球感觉。瞬息万变的比赛,根本没有思考的余地,投篮,就是一种本能反应。作为早两年进入NBA联盟的师兄,库里把努力拼搏的队内文化灌输给了汤普森。连续两届MVP库里每天都至少命中500记三分球,同为射手的汤普森自然就感到了压力,并不自觉地加大自己的训练量,否则,他会寝食难安。NBA训练营通常会从10月份开始,然而水花兄弟从9月份就投入到投篮、步伐、掩护、防守等最枯燥的训练之中。"我们牺牲了很多娱乐时间,但这会让我们走得更远。"

　　美国的两本畅销书,丹尼尔·科伊尔的《一万小时天才理论》与马尔科姆·格拉德韦尔的一本类似"成功学"的书《异类》,其核心都是"一万小时定律",就是不管你做什么事情,只要坚持一万小时(最低限),基本上都可以成为该领域的专家。英国神经学家Daniel Levitin认为,人类确实需要这么长的时间,让脑部去理解和吸收一种知识或者技能,然后才能达到大师级水平。

　　实际上,任何一个工作10年的人都很有经验,但是他们中的大部分人并没有成为领域内专家。心理学家Ericsson的研究发现:决定伟大水平和一般水平的关键因素,既不是天赋,也不是经验,而是"刻意练习"的程度。即为了提高绩效而被刻意设计出来的练习,它要求一个人离开自己的熟练和舒适区域,不断地依据方法去练习和提高。这种刻意练习的程度,而不是单纯的工作经验,真正决定了顶尖大师和一般职员的差距。有的人有10年工作经验,但是大部分时间都在无意识地重复自己已经做过的事情,真正刻意练习的时间可能10小时都不到。而有的人只有2年工作经验,但是每天花费大量额外的时间做刻意练习,不断挑战自己完成任务水准的极限。这也是为什么有的人工作 10 年,仍然不是专家,而有的人只用 2 年时间,就足够表现卓越!

资产评估中存在大量的职业判断,诸如评估方法选择、参数选取、风险评估等,资产评估知识技能的掌握及科学合理运用同样遵循"一万小时定律",也需要每天花费大量额外的时间做刻意练习。

第一节　资产评估概述

一、资产评估的含义

资产评估是市场经济的产物,是一种独立服务于社会公众的公正性活动,同时又是一项具有明显商业性质的有偿服务活动。其业务涉及企业间的产权转让、资产重组、破产清算、资产抵押以及财产保险、财产纳税等经济行为。

(一) 资产评估

经历了上百年的发展,资产评估已成为在现代市场经济中发挥基础性作用的专业服务行业之一,同时也成了一个约定俗成的概念和专业术语。"评估"一词可以理解为价值的估算(评估的结果)或者是价值估算的准备工作(评估的行为)。英文资产评估一般用 valuation 或者 appraisal(美国)表示。关于资产评估的定义,具有代表性的主要有:

(1)《国际评估准则——概念框架》:评估是一门需要专业判断的学科,在评估过程中,基于分析评估项目具体信息和情况的基础,评估人员需要运用专业判断才能从多种方法中选择适当的方法。职业判断时应考虑评估目的、价值类型和评估假设等因素,不应高估或低估评估结果。

(2)美国《专业评估执业统一准则》:评估(作名词时)是指形成价值意见的行为或过程;或一项对价值的判断;评估(作形容词时)是指属于价值评估的或与价值评估的操作或价值评估有关的服务。评估应当在数量上表示为确定的数值、数值区间或与以前评估意见、数量基准(如估税价值、抵押价值)的关系(如不大于、不小于)。

(3)《中华人民共和国资产评估法》(以下称《资产评估法》)第二条规定:"本法所称资产评估(以下称评估),是指评估机构及其评估专业人员根据委托对不动产、动产、无形资产、企业价值、资产损失或者其他经济权益进行评定、估算,并出具评估报告的专业服务行为。"

需要说明的是,考虑到我国《刑法》《公司法》《保险法》《证券投资基金法》《证券法》《公路法》《企业国有资产法》七部法律已经使用"资产评估"这样的表述,《资产评估法》采用了"资产评估"这样的法律名称,而并没有采用"评估""评估师""估价师"等称谓,以确保法律之间的衔接统一。譬如,我国《刑法》第二百二十九条规定:"承担资产评估、验资、验证、会计、审计、法律服务等职责的中介组织的人员故意提供虚假证明文件,情节严重的,处五年以下有期徒刑或者拘役,并处罚金。"文中的"资产评估"职责针对所有的从事评估业务的评估专业人员而规定,不仅仅针对财政部门所管的资产评估类别的评估人员。因此,《资产评估法》中的资产评估概念是广义的,不单指财政部所管的资产评估类别,而是包括分别由财政部、自然资源部、住房和城乡建设部、商务部、银保监会五个部门管理的资产评估、土地估价、房地产估价、矿业权评估、旧机动车评估和保险公估六大评估领域。

（4）《资产评估行业财政监督管理办法》第二条规定:"资产评估机构及其资产评估专业人员根据委托对单项资产、资产组合、企业价值、金融权益、资产损失或者其他经济权益进行评定、估算,并出具资产评估报告的专业服务行为和财政部门对资产评估行业实施监督管理,适用本办法。"

综上所述,资产评估可以表述为:资产评估是指资产评估机构及其资产评估专业人员根据委托及特定的评估目的,按照法律、行政法规和资产评估准则要求,依照规定程序,选择适当的价值类型,运用科学的评估方法,对评估基准日的资产价值进行评定、估算,并出具资产评估报告的专业服务行为和过程。资产评估作为一个专有名词,应当说具有多层含义:第一层含义,它是指一种社会经济活动——为了满足市场经济发展过程中各产权主体的需要所进行的一种经济活动;第二层含义,在资产评估后冠以"学"字就是"资产评估学",目前资产评估学已经成为一个新的学科分支;第三层含义,它是指一种社会中介活动,或者说社会中介行业,如资产评估公司等;第四层含义,是指一种具体的职业或工作。

（二）资产评估发展的基本阶段

资产评估的产生和发展是反应性的。关于资产评估的产生与发展沿革,有"原始评估→经验评估→科学评估"三段论和"经验评估→科学评估"两段论两种观点。

（1）原始评估。在经济发展历经商品生产和商品交换的阶段后,出现了房屋、土地、牲畜等的交易活动,买卖双方都期望有信得过的第三方出面给出一个公平的成交价格,被请出来充当第三方角色的人,实际上扮演了类似现在评估师的角色。原始评估的主要特征是:①个别性和偶然性。由于生产力水平低下,价值较高的商品生产和交换不够频繁,评估对象的种类较少,估价活动只是偶尔发生的。②直观性。估价方法仅仅依靠评估人员的直观感觉和主观偏好,缺乏测评器具和手段。③非专业性。评估人员虽然是一定范围内德高望重的人,但却没有受过资产评估的专门训练,并不具备专业的评估知识和技能。所谓的资产评估仅仅是个体的、无组织约束的估价行为。④无偿性。资产交易双方无须支付报酬给评估人员,评估人员也无须对评估结果承担法律责任。

（2）经验评估。随着生产力的不断提高,资产交易的频率和规模不断增大,使资产评估业务频繁发生,资产评估逐渐发展成为一个更加专业化的行业,并出现了一批具有一定专业经验的评估人员。经验评估阶段的标志是16世纪在欧洲安特卫普(现比利时)成立了世界上第一个商品和证券交易所。经验评估的主要特征是:①经验性。评估人员以历史的经验数据为依据并结合自己的实践经验知识进行评估,评估结果比原始评估更具有可靠性,但还没能实现评估工作的规范化和科学化。②有偿性。资产评估由专业人员进行且有偿服务。③责任性。评估机构或人员对评估结果,特别是对欺诈行为和其他违法行为所产生的后果负有法律责任。

（3）科学评估。科学评估阶段的标志是1792年英国测量师协会的成立,该协会成为评估业的第一个专业团体,并于1881年被英国维多利亚女王授予"皇家特许"称号。19世纪后期,由于火灾产生了保险诉讼,针对保险对象的赔偿数额,美国出现了专业评估公司。在科学评估阶段,资产评估理论研究也得到很大发展。新古典经济学派阿尔弗莱德·马歇尔率先将价值理论引入评估工作,并对销售对比、成本法、收益法进行了研究。随后,经济学家伊尔文·费雪对马歇尔提出的三种评估技术作了进一步探讨,发展并完善了收益法。1896 年,穆恩·约翰和杨·威廉在美国创建了美国评估公司,成为世界上最早的专业评估公司。科学评估阶段的主要特征是:①公司化的评估机构。评估机构通常是产权清晰、权责明确、政企分开、管理科学的现代服务型企业,以自主经营、自负盈亏的企业法人形式进行经营管理。其客户是资产评估的委托方及相关当事人,其产品是提交给客户优质的资产评估报告。②专业化的评估人员。评估业务由专业机构进行,评估机构的从业人员应当受过资产评估或相关专业的教育,具有资产评估的专业知识、技能和态度,评估报告应当由具有执业资格的资产评估师签发。③多元化的评估业务。随着评估范围不断拓展,资产评估业务不仅包括有形资产评估和无形资产评估、单项资产估价和企业价值评估,以及价值估算类业务和非价值估算类业务(咨询、评价等),从资产评估整个行业看,资产评估业务几乎无所不包。④科学化的评估方法。现代科学技术和方法在资产评估中的广泛应用,极大地提高了资产评估结果的准确性。⑤法律化的评估结果。评估师必须在评估报告上签章,评估机构和评估师对签章的资产评估报告负有相应的法律责任。资产评估活动向规范化、法制化方向发展。

(三)资产评估的基本要素

资产评估作为一种价值鉴证过程,要经历若干评估步骤和程序,同时也会涉及以下基本要素,如图 1-2 所示。

1. 评估主体

评估主体是指从事资产评估的资产评估机构及其资产评估专业人员,是资产评估工作的主导者。资产评估机构是指依法设立,在财政部门备案、接受委托执行资产评估业务并独立承担民事责任的法人或者非法人组织。资产评估专业人员是指具备相应的资产评估专业知识和实践经验,能够胜任所执行的资产

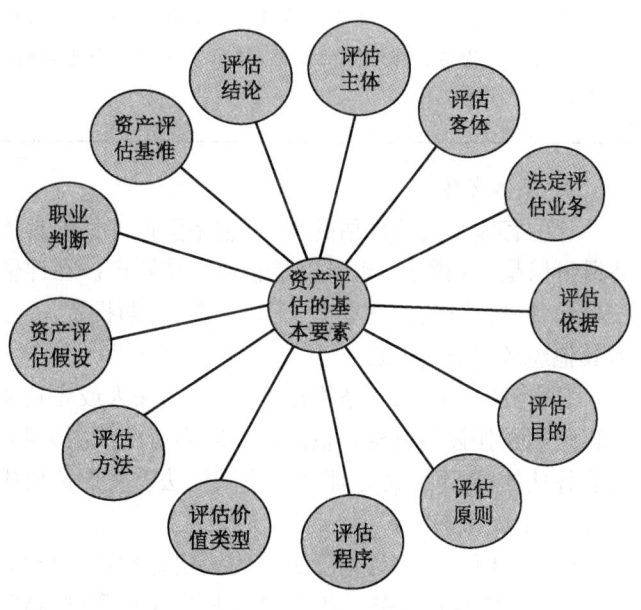

图 1-2　资产评估的基本要素

评估业务的从业人员。通常包括资产评估师(Public Valuer,简称 PV)和其他具有评估专业知识及实践经验的评估从业人员。资产评估师系通过中国资产评估协会组织实施的资产评估师资格全国统一考试,取得《资产评估师职业资格证书》的资产评估专业人员。经中国资产评估协会登记的资产评估师可以成为执业会员或者非执业会员。

《资产评估法》规定,评估专业人员从事评估业务,应当加入评估机构,并且只能在一个评估机构从事业务。

评估机构应当依法采用合伙或者公司形式,聘用评估专业人员开展评估业务。合伙形式的评估机构,应当有 2 名以上评估师;其 2/3 以上的合伙人应当是具有 3 年以上从业经历且最近 3 年内未受停止从业处罚的评估师。公司形式的评估机构,应当有 8 名以上评估师和 2 名以上股东,其中 2/3 以上股东应当是具有 3 年以上从业经历且最近 3 年内未受停止从业处罚的评估师。评估机构的合伙人或者股东为 2 名的,2 名合伙人或者股东都应当是具有 3 年以上从业经历且最近 3 年内未受停止从业处罚的评估师。设立评估机构,应当向工商行政管理部门申请办理登记。评估机构应当自领取营业执照之日起 30 日内向有关评估行政管理部门备案。评估行政管理部门应当及时将评估机构备案情况向社会公告。

《关于取消和调整一批行政审批项目等事项的决定》(国发〔2014〕27 号)

2014 年 8 月 12 日,国务院发布《关于取消和调整一批行政审批项目等事项的决定》(国发〔2014〕27 号),取消了注册资产评估师等 11 项职业资格许可和认定事项。27 号文是落实国务院第 50 次常务会议决定的简政放权事项之一。27 号文决定取消注册资产评估师职业资格认定和许可事项,并非取消注册资产评估师职业资格,更不是取消资产评估行业,而是通过对职业资格管理方式的改革,赋予了行业协会更多的管理职能,进一步强化了行业自律管理。

2. 评估客体

评估客体是指被评估的资产,它是资产评估的具体对象,也称为评估对象。评估客体既可以是单项资产,也可以是企业整体资产。在评估实践中,通常将被评估资产分为机器设备、房地产、无形资产、流动资产、长期投资、企业价值、资源性资产、资产损失或者其他经济权益等类别。

《资产评估法》第三条指出:"自然人、法人或者其他组织需要确定评估对象价值的,可以自愿委托评估机构评估。涉及国有资产或者公共利益等事项,法律、行政法规规定需要评估的(以下称法定评估),应当依法委托评估机构评估。"

3. 评估业务

《资产评估法》将评估业务分为法定评估业务与非法定评估业务两类。

(1) 法定评估业务。法定评估业务为必须进行资产评估的情形,涉及国有资产或公共利益,主要对应国有资产交易行为、资本市场并购、政府资产估值、PPP 项目等,以及涉及法律和行政法规规定的,如《企业国有资产法》《证券法》《上市公司重大资产重组管理办法》等对相应评估事项的规定。对于法定评估业务,委托人必须进行评估委托,这是委托人的义务。

资产评估法定业务的产生源于国有资产管理改革的需要。为防止产权变动过程中国有资产流失,维护国有资产权益,我国资产评估应运而生。1991 年国务院发布了《国有资产评估管理办法》(国务院 91 号令),规定国有资产产权或经营主体发生变化时,必须进行资产评估。此后,《公司法》《证券法》《合伙企业法》和《拍卖法》等相关法律,相继涉及了有关资产评估事宜。

(2)非法定评估业务。非法定评估业务是指为体现我国政府简政放权、市场化改革的思路,只要资产评估服务需求方认可,可以以自愿的原则委托评估机构进行评估业务。非法定评估业务,委托人可遵循自愿原则,这是委托人的权利。

4. 评估依据

《资产评估法》第四条指出:"评估机构及其评估专业人员开展业务应当遵守法律、行政法规和评估准则,遵循独立、客观、公正的原则。评估机构及其评估专业人员依法开展业务,受法律保护。"一般主要包括:①法规依据。即与资产评估相关的法律、法规,如《企业国有资产评估管理暂行办法》《公司法》《证券法》《合伙企业法》《物权法》等,这些法律、法规是开展资产评估工作必须遵守的行为准则。②行为依据。即反映资产评估经济行为的文件。资产评估活动为资产业务提供公平的价值尺度,其所涉及的经济行为文件、重大合同或协议也是评估时必须遵循的,如证券管理部门同意公司上市的有关批文、资产管理部门同意公司与外方合作组建中外合资公司的有关批文等,这些文件、合同、协议明确了资产业务的性质与评估目的,决定了资产评估价值类型与相应评估方法的选择,是资产评估结果赖以形成的主要基础。③产权依据。即资产的法律权属。④取价依据。即与被评估资产有关的取费标准和其他参考资料。

5. 评估目的

评估目的是指资产业务引发的经济行为对资产评估结果的要求,或资产评估结果的具体用途。它直接或间接地决定和制约着资产评估的条件,以及价值类型的选择,如企业进行股份制改造、上市、资产抵押贷款等。评估目的分为一般目的和特定目的。从一般意义上来讲,评估目的主要是指评估结果的用途,它回答的是为什么要进行资产评估。

6. 评估原则

评估原则是指资产评估的行为规范,是调节评估当事人各方关系、处理评估业务的行为准则,一般包括工作原则和经济技术原则。

7. 评估程序

评估程序是指资产评估工作从开始准备到最后结束的工作顺序,通常包括明确业务基本事项、订立业务委托合同、编制资产评估计划、进行评估现场调查、收集整理评估资料、评定估算形成结论、编制出具评估报告、整理归集评估档案 8 个环节。

资产评估机构及其资产评估专业人员应当根据资产评估业务的具体情况以及重要性原则确定所履行各基本程序的繁简程度,但不得随意减少资产评估基本程序。

8. 评估价值类型

评估价值类型是指对评估价值质的规定,它对资产评估参数的选择具有约束性,通常有市场价值和市场价值以外的价值之分。

9. 评估方法

评估方法是指资产评估所运用的特定技术,是分析和判断资产评估价值的手段和途径。资产评估方法主要有市场法、收益法和成本法三种基本方法及其衍生方法。

10. 资产评估假设

资产评估假设是指资产评估得以进行的前提条件等假设,通常包括基本假设、环境假设、资产评估对象利用程度假设和逆向假设。

11. 职业判断

职业判断亦称资产评估专业判断。众所周知,资产评估活动面临"参数困境""方法困境"和"道德困境"。明智公允的资产评估职业判断,是资产评估专业人员为了实现资产评估目的,依据相关法律法规、评估准则、职业行为守则等要求,在资产评估实践和感性认识的基础上,根据自己的专业知识和经验对工作方案、评估程序、评估方法、评估参数等所作出取舍的决策。它是评估人员能力、意识、经验、道德等主观要素的有机统一和外在表现。良好的职业判断能力能帮助评估人员快速作出准确的判断并直接切入评估重点、难点、疑点,选择恰当的评估方法,敏锐地捕捉相关信息,节约评估成本,及时发现潜在风险,提高评估工作效率和评估质量。在资产评估实践活动中,评估人员的知识、经验乃至性格、习惯、心态等个人因素都会被带到资产评估职业判断过程中,从而影响评估专业判断的结果。评估职业判断具有主观性特征,这也是它的本质属性。

12. 资产评估基准日

资产评估基准日是指资产评估的时间基准。资产评估是对资产某一时点的价格进行估算。这一时点通常以"日"来表示,被称作评估基准日,又称估价期日。它是确定资产状况和资产价值的基准时点,也是评估结论开始生效的特定时日,通常以日历中具体日期来表示,即××××年××月××日。资产的价格是随时变化的,评估基准日决定了资产评估的范围和参数,不同的评估基准日将产生不同的评估结果。评估结论所表述的是评估师关于评估对象在评估基准日的价值意见。

关于评估基准日的确定,中国矿业权评估师协会制定了《确定评估基准日指导意见》,基本内容如表1-1所示。

表1-1 中国矿业权评估师协会 《确定评估基准日指导意见》

1. 总则

1.1 为规范评估基准日、评估报告日、评估结论使用有效期的确定与披露,根据《矿业权评估技术基本准则》,制定本指导意见。

1.2 从事矿业权评估业务,应当遵守本指导意见。从事与矿业权价值估算相关的其他业务,可以参照本指导意见

2. 定义

为本指导意见的需要,使用下列定义:

(1) 评估基准日,是判断矿业权价值的基准时点,是评估结论生效的特定时日,通常以日历中具体日期来表示。评估结论所表述的是注册矿业权评估师关于评估对象在评估基准日的价值意见。

(2) 评估结论使用有效期,是指矿业权评估结论运用于经济行为的时限。即矿业市场环境未发生较大变化,也未发生导致评估结果较大改变的事项时,评估结论可以使用的期间

（续表）

3. 确定评估基准日
3.1 评估基准日一般应是现在时点,特殊业务时可以是过去或者将来的时点。
3.2 确定评估基准日,一般应考虑下列因素:
(1) 评估目的及对应经济行为其他专业评估的基准日。
(2) 法律法规、政府相关主管部门、相关单位的有关规定。
(3) 评估基准日尽可能接近经济行为的实现日(或交易结算日);尽可能减少评估基准日后的调整事项。
(4) 评估所需资料的可取得性、使用的方便性以及财务会计的结算制度;同时有利于合理选择评估参数。
3.3 评估基准日的表述方式为××××年××月××日

4. 评估结论使用的有效期
4.1 评估报告应当明确评估结论使用的有效期。
4.2 评估基准日为现在时点的,评估结论使用的有效期原则上不应超过一年。法律法规、政府相关主管部门、相关单位另有规定的,从其规定。
4.3 评估基准日为过去或者将来时点的,评估结论仅针对评估基准日

5. 评估报告日
指注册矿业权评估师形成评估结论最终专业意见,评估机构出具评估报告的日期

6. 披露要求
6.1 在评估报告中应披露评估基准日的选取所考虑的因素(或理由)。
6.2 在评估报告中应披露评估基准日至评估报告日影响评估结论的重大事项及其对评估结论的影响

7. 附则
7.1 本指导意见由中国矿业权评估师协会负责解释。
7.2 本指导意见自 2008 年 9 月 1 日起施行

评估基准日、现场勘查日期与评估报告提出日期(评估报告日)是资产评估活动中的三个重要时点。评估报告日即签署评估报告的日期,现场勘查日期是指实物资产评估的现场工作环节,即现场调查阶段。按照评估基准日与评估报告日之间的相互关系,评估可分为现时性评估、追溯性评估与预期性评估,相应地,评估基准日也分为现在时点、过去时点、未来时点三种形式,如图 1-3 所示。评估基准日一般应是现在时点,特殊业务时可以是过去或者将来的时点。现在时点的评估结论使用有效期原则上不应超过1 年,法律法规、政府相关主管部门、相关单位另有规定的,从其规定。评估基准日为过去或者将来时点的,评估结论仅针对评估基准日。

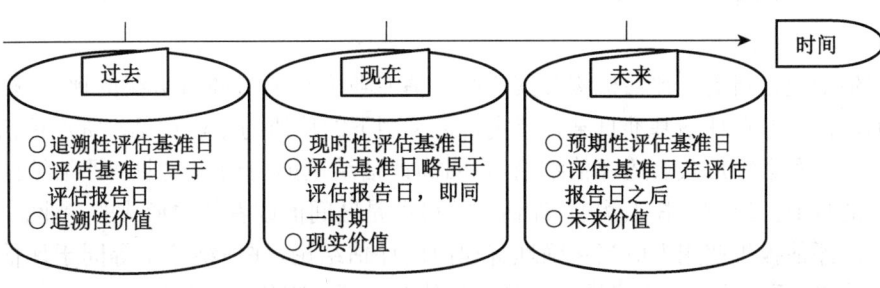

图 1-3 资产评估评估基准日

（1）追溯性评估基准日。当涉及财产税、遗产税或继承税、司法定罪、火灾损失额、赔偿诉讼或类似的事项时，通常要进行追溯性评估。鉴于火灾、经济纠纷发生等事件后的评估对象已经不存在或者已发生了位移和变化，导致现场勘查等评估程序难以实施。在进行追溯性评估时，资产评估专业人员一般能够观察到评估对象在评估基准日之后的市场状况，即评估对象于报告日的物理状态，得不到已经离报告时间很长的评估基准日资产的物理状态，难以实现对评估基准日资产物理状态的现场清查、勘查，只能对评估对象的历史状况（如资产的使用频率、使用记录、历史照片或当事人的情况介绍等）实施调查，尽可能地收集相关资料，进行合理的分析推论，追溯其评估基准日的状态。根据美国评估准则，在追溯性价值意见中，应当使用经过修正的"市场价值"概念和采用动词过去语气，以增加其价值意见的清晰程度。例如，用"……追溯性市场价值是（was）……"的表达方式来代替"……市场价值是（is）……"。

（2）现时性评估基准日。在现时性评估中，资产评估专业人员能通过对实物资产的勘察，确定评估对象资产的物理状态，其重心在于评估资产的现时价值，一般所选基准日应与评估工作时间不远于 2 个月。资产评估专业人员应当根据其专业知识和经验，在与委托方进行充分沟通的基础上，一般应考虑下列因素：①尽可能与评估人员实际实施现场调查的日期接近，以便能更好地把握所评估的资产、负债于评估基准日的状况，真实反映评估对象在评估基准日的现时价值。②尽可能与评估目的所对应的经济行为的计划实施日期接近，使评估值对拟进行交易的双方更具有价值参考意义，以利于评估结论有效服务于评估目的。③法律法规、政府相关主管部门及准则的有关规定，如以财务报告为目的的评估准则规定，评估基准日应当为 12 月 31 日。④尽可能为与评估目的所对应的经济行为计划实施日期接近的会计报告日，使评估人员能够较为全面地了解与评估对象相关的资产、负债的整体情况，以利于评估人员进行系统的现场调查、收集评估资料等评估工作。⑤评估所需资料及评估参数的可取得性。⑥尽可能减少评估基准日后的调整事项。⑦基准日原则上应选在年底、月底，以便于折现系数、物价指数等评估参数的应用。

（3）预期性评估基准日。对涉及期货评估、房地产预售价值评估、规划中的建设工程评估、资产价值预测，以及可行性研究、投资决策等，通常要进行预期性评估。根据美国评估准则，在未来价值意见中，应使用"预测的""未来的"市场价值概念等进行修正，或用动词未来语气"……未来市场价值预计是（is expected to be）……"的表达方式来代替"……市场价值是（is）……"。

13. 评估结论

评估结论是指资产评估机构及其资产评估专业人员通过履行必要的评估程序后，给出的评估对象在评估基准日某种特定价值类型下的价值的专业意见。资产评估报告应当以文字和数字形式表述评估结论，并明确评估结论的使用有效期。评估结论通常是确定的数值。经与委托人沟通，评估结论可以是区间值或者其他形式的专业意见。

资产评估报告使用人应当正确理解和使用评估结论，评估结论不等同于评估对象可实现价格，评估结论不应当被认为是对评估对象可实现价格的保证。

以上 13 个基本要素，构成了资产评估活动的有机整体。

（四）资产的含义与基本特征

资产是一个具有多角度、多层面的概念，既有经济学中的资产概念，也有会计学等其他学科的资产概念。

经济学中的资产泛指特定经济主体拥有或控制的，并能够给特定经济主体带来经济利益的经济资源。也有将其表述为特定经济主体拥有或控制的，具有内在经济价值的实物和无形的权利。

会计学中的资产是指过去的交易或事项形成并由企业拥有或控制的资源，该资源预期会给企业带来经济利益。会计学中的资产主要指的是企业中的资产，这是资产评估对象中的重要组成部分，但资产评估对象或资产评估中的资产并不完全局限于企业中的资产。

法学中的资产包括财产及主体的财产权利。财产是指不动产和动产或它们的统称。法律范畴的财产由物的所有权、物的相关权益及物产生的效益组成。财产权利是指对财产享有的所有权、使用权、收益权和处置权等一组权利，任何人不经财产所有人的许可不得使用和处置该财产。财产所产生的收益归财产所有人，与他人无关。财产如果具有带来预期收益的功能，则财产等同于资产。

资产评估中的资产或作为资产评估对象的资产，其内涵更接近经济学中的资产，即特定权利主体拥有或控制的，能够给特定权利主体带来未来经济利益的经济资源。而其外延则包括了具有内在经济价值以及市场交换价值的所有实物和无形的权利。

作为资产评估对象的资产具有以下三个基本特征：

（1）资产必须是经济主体拥有或者控制的。依法取得财产权利是经济主体拥有并支配资产的前提条件。由于市场经济的深化，财产所有权基本权能形成不同的排列与组合不仅成为必要，而且成为可能。如果将这些排列与组合称为产权，那么，在资产评估中应了解被估资产的产权构成。例如，对于一些以特殊方式形成的资产，经济主体虽然对其不拥有完全的所有权，但依据合法程序能够实际控制的，如融资租入固定资产、土地使用权等，按照实质重于形式原则的要求，也应当将其作为经济主体的资产予以确认。

（2）资产是能够给经济主体带来经济利益的资源，即可望给经济主体带来现金流入的资源。也就是说，资产具有能够带来未来利益的潜在能力。如果被恰当使用，资产的获利潜力就能够实现，进而使资产具有使用价值和交换价值。具有使用价值和交换价值，并能给经济主体带来未来效益的经济资源，才能作为资产确认。

（3）资产必须能以货币计量。也就是说资产价值能够运用货币进行计量，否则就不能作为资产予以确认。

相关链接

资产确认的准则

（1）现实性。评估对象在评估日之前已经存在，并且在评估时点仍然存在。对可能将形成资产但尚未发生的活动不能列为评估对象。

（2）控制性。资产的控制性是某经济行为主体能控制的，并使用、支配着资源，且有分享收益的权利。

（3）有效性。资产必须有效用且能带来收益或潜在收益。盈利不能作为有效性的前提。如闲置的生产线不能否认它的有效性，应把它排除在资产之外。

（4）稀缺性。稀缺性本身并不存在和产生价值，但由于稀缺，经济主体要获得其控制权就必须付出相应的代价，从而形成价格。空气很有用，但没有价格，它取之不尽，用之不绝。

（5）合法性。凡不能得到法律保障的资源，尽管可以是企业或经济主体直接控制的，也不能确认为资产，如违章建筑、偷盗的瓷器等。

（6）货币性。能够以货币单位计量。

（五）资产的分类

作为资产评估客体的资产，其存在形式是多种多样的，为了科学地进行资产评估，可对资产进行适当的分类：

（1）资产按存在形态分类，可以分为有形资产和无形资产。有形资产是指那些具有实物形态的资产，包括机器设备、房屋建筑物、流动资产等。由于这类资产具有不同的功能和特性，在评估时应分别进行。无形资产是指那些没有实物形态，但在很大程度上制约着企业物质产品生产能力和生产质量，直接影响企业经济效益的资产，主要包括专利权、商标权、非专利技术、土地使用权、商誉等。

（2）资产按构成和是否具有综合获利能力分类，可以分为单项资产和整体资产。单项资产是指单台、单件的资产；整体资产是指由一组单项资产组成的具有整体获利能力的资产综合体。

（3）资产按能否独立存在分类，可以分为可确指的资产和不可确指的资产。可确指的资产是指能独立存在的资产，前面所列示的有形资产和无形资产，除商誉以外都是可确指的资产；不可确指的资产是指不能脱离企业有形资产而单独存在的资产，如商誉。商誉是指企业基于地理位置优越、信誉卓著、生产经营出色、劳动效率高、历史悠久、经验丰富、技术先进等原因所获得的投资收益率高于一般正常投资收益率所形成的超额收益资本化的结果。

（4）资产按与生产经营过程的关系分类，可以分为经营性资产和非经营性资产。经营性资产是指处于生产经营过程中的资产，如企业中的机器设备、厂房、交通工具等。经营性资产又可按是否对盈利产生贡献分为有效资产和无效资产。非经营性资产是指处于生产经营过程以外的资产。

（5）资产按流动性分类，可以分为流动资产、长期投资、固定资产和无形资产等。

（六）价格、成本及价值

1. 价格

价格是指在特定的交易行为中，特定的买方或卖方对商品或服务的交换价值的认可，以及提供或支付的货币数额。价格是一个历史数据或事实，是特定的交易行为中特定买方和卖方对商品或服务实际支付或收到的货币数额。因资产买方或卖方的财务能力、动机或特殊利益关系的不同,购买资产所支付的价格可能和其他人认为该资产所具有的价值量是不同的。

2.成本

成本是取得或创造该资产所需的金额。价格与成本是息息相关的,一项资产的支付价格就相当于购买者的成本。资产的总成本包括其创建、生产过程中的所有直接成本和间接成本。如果购买方在收购之后又发生了附加性资本成本,根据成本会计,这些费用可增加到历史成本中。但在资产评估中,根据市场对这些支出费用的效用的认可程度,这些费用可能会全部在资产的"市场价值"中反映,也可能不被反映。

3.价值

这里所说的价值是一个交换价值范畴,它反映了可供交易的商品、服务与其买方、卖方之间的货币数量关系。资产评估中的价值不是一个历史数据或事实,它只是专业人士根据特定评估目的、价值定义及假设在特定时间内对商品、服务价值的估计。作为资产评估的目标是判断评估对象的价值而不是评估对象的实际成交价格。

二、资产评估的种类和特点

(一)资产评估的种类

资产种类的多样化和资产业务的多样性,以及资产评估委托方及其相关当事人对资产评估内容及其报告需求的多样性,使资产评估也相应出现了多种类型。

1.评估、评估复核和评估咨询

从资产评估服务的对象、评估的内容和评估者承担的责任等方面来看,目前国际上的资产评估主要分为三类,即评估、评估复核和评估咨询。评估一般服务于产权变动主体,是对评估对象的价值进行评估,评估人员及其机构要对其评估结果的真实性和合理性负责。评估复核是指评估机构(评估师)对其他评估机构(评估师)出具的评估报告进行评判分析和再评估。它服务于特定的当事人,对某个评估报告的真实性和合理性作出判断和评价,并对自己所提出的意见负责。评估咨询是一个较为宽泛的术语,它既可以是评估人员对特定资产的价值提出咨询意见,也可以是评估人员对评估标的物的利用价值、利用方式、利用效果的分析和研究,以及与此相关的市场分析、可行性研究等,并对其出具的咨询意见承担相应的责任。

2.完全资产评估和限制性资产评估

从资产评估面临的条件、资产评估执业过程中遵循资产评估准则的程度及其对评估报告披露的要求的角度,资产评估可分为完全资产评估和限制性资产评估。前者一般是指严格遵守资产评估准则,按照资产评估准则各项条款的要求,在执业过程中没有违背资产评估准则的规定所进行的资产评估。后者一般是指评估机构及其人员由于评估条件的限制,不能完全按照资产评估准则的要求进行执业,或在允许的前提下未完全按照评估准则的规定进行的资产评估。完全资产评估和限制性资产评估对评估结果的披露程度和要求是不同的,限制性资产评估需要做更为详尽的说明和披露。

3.单项资产评估和整体资产评估

这是从资产评估对象的构成和获利能力的角度所做的划分。以单项可确指的资产为对象的评估称为单项资产评估,如机器设备评估、可确指无形资产评估等。整体资产评估是指对若干单项资产组成的资产综合体所具有的整体生产能力或获利能力的评估,最为典型的整体资产评估就是企业价值评估。相对而言,整体资产评估更为复杂,需考虑的因素更为全面。

(二)资产评估的特点

理解和把握资产评估的特点,有利于进一步认识资产评估的实质,对于做好资产评估工作,提高资产评估质量具有重要意义。一般来说,资产评估具有以下几个特点。

1. 市场性

资产评估是适应市场经济要求的专业中介服务活动,其基本目标就是根据资产业务的不同性质,通过模拟市场条件对资产价值作出经得起市场检验的评定估算和报告。

2. 公正性

公正性是指资产评估行为服务于资产业务的需要,而不是服务于资产业务当事人的任何一方的需要。公正性的表现有两点:①资产评估按公允、法定的准则和规程进行,公允的行为规范和业务规范是公正性的技术基础;②资产评估机构及其资产评估专业人员是与资产业务没有利害关系的第三者,这是公正性的组织基础。

3. 专业性

资产评估是一种专业人员的活动,从事资产评估业务的机构应由一定数量和不同类型的专家及专业人士组成。一方面,这些资产评估机构形成专业化分工,使评估活动专业化;另一方面,资产评估机构及其资产评估专业人员对资产价值的估计判断也都是建立在专业技术知识和经验基础之上的。

4. 咨询性

咨询性是指资产评估结论是为资产业务提供专业化估价意见,该意见本身并无强制执行的效力,资产评估机构及其资产评估专业人员只对结论本身合乎职业规范要求负责,而不对资产业务定价决策负责。事实上,资产评估为资产交易提供的估价往往被当事人作为要价和出价的参考,最终的成交价取决于当事人的决策动机、谈判地位和谈判技巧等综合因素。

三、资产评估的功能和作用

(一)资产评估的功能

评价和评值是资产评估具有的最基本的内在功效和能力。资产评估源于人们希望了解和掌握在一定条件下资产的价值的需求。随着人们对在各种条件下了解资产价值的需求不断增加,资产评估也不断发展,其评价和评值的功能亦得到不断完善。当然,在不同的历史条件下,人们在充分利用资产评估的评价及评值功能的基础上,也曾赋予资产评估一些辅助性和过渡性功能,如管理的功能等。

(二)资产评估的作用

在不同的历史时期和不同的社会经济条件下,资产评估可能会发挥着不同的作用。结合我国当前的社会经济条件,资产评估主要发挥着如下基本作用。

1. 咨询

资产评估的咨询作用是指资产评估结论是为资产业务提供专业化估价意见,该意见本身并无强制执行的效力,它只是给相关当事人提供的有关资产交换价值方面的专业判断或专家意见,资产评估不能也不应该取代资产交易当事人的交易决策。

2. 鉴证

鉴证由鉴别和举证两个部分组成,鉴别是专家依据专业原则对经济活动及其结果作出的独立判断,而举证则是为该判断提供理论和事实支撑,使之做到言之有理,持之有据。这类行为一般具有独立、客观和专业的特征。基于市场经济需求的多样性,经济鉴证类专业服务行业又可因服务性质、背景知识和执业准则的不同形成行业亚分类。以注册会计师审计和资产评估行业为例,在服务性质方面,前者对财务报告进行事实判断,后者对标的资产进行价值判断和鉴证;在背景知识方面,前者以会计理论和核算技术为基础,后者以经济分析理论和专项资产价值识别技术为基础;在执业准则方面,前者分别接受国际和国内会计准则和审计准则的约束,后者分别接受国际和国内资产评估准则的约束。一般说来,资产评估鉴证活动的结果不具有法律效力,不是权属鉴证,但仍然是资产业务当事人各方进行决策的重要依据,所以资产评估机构及其资产评估专业人员也必须对自己的行为承担相应的专业责任、民事责任和刑事责任。

相关链接

一种"应急"业务

从资产评估产生的历史条件来看,我国的资产评估是政府以法律的形式"催生"的,其需求主体主要是政府,其主要动机是利用资产评估来弥补国有企业产权改革过程中的产权制度缺陷和市场机制缺陷,以此为工具防止和减少国有资产产权变动过程中发生的资产流失,以维护国有资产权益主体的正当权益。它是一种"应急"业务,具有特殊性,不论在理论上还是实践上都尚未融入市场经济的产权交易定价机制中。因此,中国资产评估并不完全是市场经济的自然产物,而是政府管理国有资产的一种重要工具,表现为政府通过行政立法强制对产权变动中的国有资产实施评估,在资产评估管理体制、程序、方法和结果等方面都带有浓厚的行政干预色彩,这和西方市场经济条件下的资产评估有着巨大的差异。换句话说,我国资产评估不是市场经济产权交易中内生的,而是从外部内植于产权交易业务之中的,虽然有其内在需求,但是,存在着先天性不足,既没有充分的资产交易市场,也没有发达和完善的资本市场作为必要的前提。同时,资产评估与产权交易缺乏"浑然天成"的内在互动性。

3. 管理

资产评估的管理作用是指在以公有制为基础的社会主义市场经济初级阶段中,国家或政府在利用资产评估过程中所发挥出的特殊作用。在社会主义市场经济初级阶段的某一历史时期,作为国有资产所有者代表的国家,不仅把资产评估视为提供专业服务的中介行业,而且将其作为维护国有资产、促使国有资产保值增值的工具和手段。在资产评估开展初期,国家通过制定申请立项、资产清查、评定估算和验证确认的国有资产评估管理程序,就使得资产评估具有了管理的作用。但是,资产评估的管理作用并不是

资产评估与生俱有的,它只是国有资产评估在特定历史时期的特定作用。

第二节　价值类型和评估目的

一、资产评估的价值类型

资产评估中的价值类型是指资产评估结果的价值属性及其表现形式。不同的价值类型从不同的角度反映资产评估价值的属性和特征。不同属性的价值类型所代表的资产评估价值不仅在性质上是不同的,在数量上往往也存在着较大差异。资产评估的价值类型的形成,不仅与引起资产评估的特定经济行为,即资产评估特定目的有关,而且与被评估对象的功能、状态、评估时的市场条件等因素有着密切的关系。根据资产评估特定目的、被评估资产的功能状态,以及评估时的各种条件,合理地选择和确定资产评估的价值类型,是每一位资产评估人员必须做好的工作。

(一) 资产评估价值类型分类

由于所处的角度不同,以及对资产评估价值类型理解方面的差异,人们对资产评估的价值类型主要有以下几种分类。

(1) 以资产评估的估价标准形式表述的价值类型,具体包括重置成本、收益现值、现行市价(或变现价值)和清算价格四种。

(2) 从资产评估假设的角度表述资产评估的价值类型,具体包括:继续使用价值、公开市场价值和清算价值三种。

(3) 按资产业务的性质,即资产评估的特定目的划分资产评估的价值类型,具体包括:抵押价值、保险价值、课税价值、投资价值、清算价值、转让价值、保全价值、交易价值、兼并价值、拍卖价值、租赁价值、补偿价值等。

(4) 以资产评估时所依据的市场条件、被评估资产的使用状态以及评估结论的适用范围划分资产评估结果的价值类型,具体包括市场价值和市场价值以外的价值两大类。

上述四种分类各有其自身的特点。

第一种划分标准基本上是承袭了现代会计理论中关于资产计价标准的划分方法和标准,将资产评估与会计的资产计价紧密地联系在一起。

第二种划分方法有利于人们了解资产评估结果的假设前提条件,同时也强化了评估人员对评估假设前提条件的运用。

第三种划分方法强调资产业务的重要性,认为有什么样的资产业务就应有什么样的资产价值类型。

第四种划分方法不仅注重了资产评估结果的适用范围与评估所依据的市场条件及资产使用状态的匹配,而且通过资产的市场价值概念的提出,树立了一个资产公允价值的坐标。资产的市场价值是资产公允价值的基本表现形式,市场价值以外的价值则是资产公允价值的特殊表现形式。

对资产价值进行合理分类主要有两个层面的目的:①为评估人员科学合理地进行资产评估提供指引;②使资产评估报告的使用者能正确理解和恰当使用资产评估结果。

从这个意义上讲,将资产评估价值划分为市场价值和市场价值以外的价值更有利于实现划分资产评估价值类型的目的。

(二) 市场价值与市场价值以外的价值

1. 市场价值

《资产评估价值类型指导意见》第四条指出,市场价值是指自愿买方和自愿卖方在各自理性行事且未受任何强迫的情况下,评估对象在评估基准日进行正常公平交易的价值估计数额。《国际评估准则》(2020年版)对市场价值界定为:"自愿买方与自愿卖方在评估基准日进行正常的市场营销之后,所达成的公平交易中某项资产应当进行交易的价值的估计数额,当事人双方应当各自精明、谨慎行事,不受任何强迫压制。"具体包括九个方面的意思及评判,如表1-2所示。

表1-2　市场价值的评判依据

(a)"……估计金额……"	是指在公平市场交易中为某项物业应支付的货币价格(通常以本币表示)。市场价值是在符合市场价值定义条件下,于评估基准日市场能合理形成的最可能价格。它应该是卖方能合理获得的最优价格,同时也是买方能合理获得的最惠价格。该估计金额明确排除了包括特殊的财务融资、售后回租以及由任何人士提供的特殊交易补偿或减免或其他任何形式的特殊价值在内的由于特殊原因所导致的价格增减影响
(b)"……某项资产应当进行交易……"	表明这样一个事实:该资产的价值是一个估计数额而非事先确定的或实际销售价格。其价值是评估基准日一个符合市场价值定义的交易行为在市场上可以实现的市场期望价格
(c)"……在评估基准日……"	要求被评估的市场价值是在某个给定日期的时点价值,具有明确的时间性。由于市场及市场条件会随时间变化,对某个时点价值数额的评估值对于其他时点可能是不正确或不适用的。评估值反映的是有效评估基准日的真实市场状况和环境,而不是过去或未来的某个时点的实际市场状况和环境。市场价值定义假设销售合同的履行和资产的交换是同步完成的,没有任何的价格波动(其实可能会有价格波动)
(d)"……自愿买方……"	是指具有购买动机,但不受外力胁迫购买的买家。该购买者既不会过分急切地渴望购买,也不会愿意在任何价格条件下都决定购买①。该购买者购买资产的依据是当前市场的实际情况和市场对未来的合理期望,而非实际上并不存在或无法成立的假想的市场情况。假设的买方不会支付高于市场水平的价格,而资产目前的业主也是所有市场参与者中的一员。评估师不得对市场条件作出不切现实的假设,也不得作出高于市场价值水平的假设
(e)"……自愿卖方……"	自愿卖家有出售动机,期望通过适当的市场营销后,根据市场情况以(公开)市场所能达到的最优价格出售资产,而不论这个价格的具体水平。既不是准备以任何价格急于成交的出售者或被强迫出售的一方当事人,也不会因期望获得被当前市场视为不切实际的价格而继续持有资产。目前资产实际所有者的真实状况并不属于上述考虑的范围,因为"自愿卖方"是一个假定的资产所有人②

---

① 这里是指一个积极主动而不是被迫购买的买方。他不会过分热衷于购买,也不会在任一价格买入。

② "自愿卖方"不会过分热衷也不会被迫在任一价格卖出资产,同时也不会准备以当前市场下不合理的价格持有该资产。

(f)"……公平的交易……"	是指交易双方没有特别或特殊关系（如母公司与子公司，或房东与房客）的当事人之间的交易。这些关系会导致市场价格水平出现异常变化而具有非市场特征，或由于特殊价值因素引起价格上涨，进而使市场价格水平缺乏典型特征或者因为特殊价值的某一因素而被放大。市场价值交易假定交易在非关联方之间进行，每一当事方均独立行事
(g)"……进行正常的市场营销后……"	表明为了按市场价值定义可能形成的合理的最优价格成交，待出售资产应以最恰当的方式在市场上进行营销。资产在市场上公开销售的时间并不是固定的，会根据资产的类型和市场状况不同而发生变化，唯一的标准就是一定要有足够的时间让足够多数量的潜在购买者注意到该资产，进行市场营销的时间应当在评估基准日之前
(h)"……交易各方均应知晓行情、各自理性、谨慎行事……"	假定有意愿的买方和卖方均合理知晓资产的性质和特点、实际和潜在用途以及评估基准日的市场状况。并进一步假定，每一当事方都会运用知识和上述信息维护自己的利益，谨慎行事以争取在交易时为自己获得最优价格。所谓的谨慎行事与否，是根据评估基准日的市场状态，非事后的认识来判断的。如果市场上价格不断下跌，卖家以低于先前的市场价位出售物业，这种行为也未必是不谨慎。在这种情况下，正如市场上其他买卖发生的价格变动一样，谨慎的买方和卖方将会根据当时可以获得的最佳市场信息进行操作
(i)"……不受任何强制压迫（无强制因素）……"	要求每一当事方都有主动自愿进行交易的动机，没有任何一方是在被胁迫或受外界过度干预的情况下完成交易

由此可见，市场价值概念中假设的价格是在一个参与者行动自由的、公开的、竞争的市场中商议的价格。一项资产的市场可以是国际市场也可以是一个地方性市场，亦即市场价值所依据的公开市场可能存在着区域、级次等的区分，也就是说资产评估中的市场价值可能存在着不同区域范围的市场价值和不同级次的市场价值等。同时，一项资产的市场价值将反映出资产的最高最优使用价值，并且资产以独立形式评估可能和作为资产组合的一部分进行评估所得到的最高最优使用价值不同，作为资产组合的一部分时，应考虑某资产对于整体资产组合价值的贡献。一般说来，评估资产价值所依据的所有信息资料都来源于公开市场的资产评估结果就是市场价值。

2. 市场价值以外的价值

市场价值以外的价值也称非市场价值、其他价值，凡不符合市场价值定义条件的资产价值类型都属于市场价值以外的价值。市场价值以外的价值不是一种具体的资产评估价值存在形式，它是一系列不符合资产市场价值定义条件的价值形式的总称或组合，如在用价值、投资价值、保险价值、课税价值、拆迁补偿价值、清算价值、残余价值等。

在资产评估实践中，市场价值与市场价值以外的价值（非市场价值）的划分标准有以下几个方面：①资产评估时所依据的市场条件是公开市场条件还是非公开市场条件；②资产评估时所依据的被评估资产的使用状态是正常使用（最佳使用）还是非正常使用；③评估时所使用的信息资料及其相关参数的来源，使用的是公开市场的信息数据还是非公开市场的信息数据。

资产评估实务中使用频率较高的市场价值以外的价值类型主要有：

（1）在用价值。在用价值是指将评估对象作为企业、资产组组成部分或者要素资产按其正在使用的方式和程度及其对所属企业、资产组的贡献的价值估计数额。而并不考虑该资产的最佳用途或资产变现的情况。

（2）投资价值。投资价值是指评估对象对于具有明确投资目标的特定投资者或者某一类投资者所具有的价值估计数额，亦称特定投资者价值。资产的投资价值与投资性资产价值是两个不同的概念。投资性资产价值，是指特定主体以投资获利为目的而持有的资产，在公开市场上按其最佳用途实现的市场价值。

（3）清算价值。清算价值是指在评估对象处于被迫出售、快速变现等非正常市场条件下的价值估计数额。

（4）残余价值。残余价值是指机器设备、房屋建筑物或者其他有形资产等的拆零变现价值估计数额。

以上介绍的价值类型只是市场价值以外的价值类型中使用频率较高的部分，市场价值以外的价值还包括其他价值类型，如特殊价值、合并价值等。

某些特定评估业务评估结论的价值类型可能会受到相关法律、法规或者契约的约束，这些评估业务的评估结论应当按照相关法律、法规或者契约等的规定选择评估结论的价值类型；相关法律、法规或者契约没有规定的，可以根据实际情况选择市场价值或者市场价值以外的价值类型，并予以定义。特定评估业务包括：以抵（质）押为目的的评估业务、以税收为目的的评估业务、以保险为目的的评估业务、以财务报告为目的的评估业务等。

（三）价值类型的选择和使用

资产评估专业人员应当根据《资产评估价值类型指导意见》《资产评估执业准则——资产评估报告》对价值类型及其定义进行披露。

1. 价值类型的选择

（1）在满足各自定义及相应使用条件的前提下，市场价值和市场价值以外的价值类型的评估结论都是合理的。

（2）资产评估专业人员执行资产评估业务，选择和使用价值类型，应当充分考虑评估目的、市场条件、评估对象自身条件等因素。

（3）资产评估专业人员选择价值类型，应当考虑价值类型与评估假设的相关性。

（4）评估方法是估计和判断市场价值和市场价值以外的价值类型评估结论的技术手段，某一种价值类型下的评估结论可以通过一种或者多种评估方法实现。

2. 价值类型的使用

（1）市场价值。当资产评估专业人员所执行的资产评估业务对市场条件和评估对象的使用等并无特别限制和要求时，资产评估专业人员通常应当选择市场价值作为评估结论的价值类型。资产评估专业人员在确定市场价值时，应当知晓同一资产在不同市场的价值可能存在差异。

（2）投资价值。资产评估专业人员执行资产评估业务，当评估业务针对的是特定投资者或者某一类投资者，并在评估业务执行过程中充分考虑并使用了仅适用于特定投资者或者某一类投资者的特定评估资料和经济技术参数时，资产评估专业人员通常应当选择投资价值作为评估结论的价值类型。

（3）在用价值。资产评估专业人员执行资产评估业务，评估对象是企业、资产组或者整体资产中的要素资产,并在评估业务执行过程中只考虑了该要素资产正在使用的方式和贡献程度,没有考虑该资产作为独立资产所具有的效用及在公开市场上交易等对评估结论的影响,资产评估专业人员通常应当选择在用价值作为评估结论的价值类型。

（4）清算价值。资产评估专业人员执行资产评估业务,当评估对象面临被迫出售、快速变现或者评估对象具有潜在被迫出售、快速变现等情况时,资产评估专业人员通常应当选择清算价值作为评估结论的价值类型。

（5）残余价值。资产评估专业人员执行资产评估业务,当评估对象无法或者不宜整体使用时,资产评估专业人员通常应当考虑评估对象的拆零变现,并选择残余价值作为评估结论的价值类型。

（6）资产评估专业人员执行以抵（质）押为目的的资产评估业务,应当根据担保法等相关法律、法规及金融监管机关的规定选择评估结论的价值类型,如抵押价值。相关法律、法规及金融监管机关没有规定的,可以根据实际情况选择市场价值或者市场价值以外的价值类型作为抵（质）押物评估结论的价值类型。

（7）资产评估专业人员执行以税收为目的的资产评估业务,应当根据税法等相关法律、法规的规定选择评估结论的价值类型,如课税价值。课税价值是指评估对象根据税法中规定的与征纳税收相关的价值定义所具有的价值。如果相关法律、法规没有规定的,可以根据实际情况选择市场价值或者市场价值以外的价值类型作为课税对象评估结论的价值类型。

（8）资产评估专业人员执行以保险为目的的资产评估业务,应当根据《保险法》等相关法律、法规和契约的规定选择评估结论的价值类型,如保险价值。保险价值是指评估对象根据保险合同或协议中规定的价值定义所具有的价值。相关法律、法规或者契约没有规定的,可以根据实际情况选择市场价值或者市场价值以外的价值类型作为保险标的物评估结论的价值类型。

（9）资产评估专业人员执行以财务报告为目的的资产评估业务,应当根据会计准则等相关规范关于会计计量的基本概念和要求,恰当选择市场价值或者市场价值以外的价值类型作为评估结论的价值类型。会计准则等相关规范涉及的主要计量属性及价值定义包括公允价值、现值、可变现净值、重置成本等。在符合会计准则计量属性规定的条件时,会计准则下的公允价值等同于《资产评估价值类型指导意见》中的市场价值;会计准则涉及的现值、可变现净值、重置成本等可以理解为《资产评估价值类型指导意见》中的市场价值或者市场价值以外的价值类型。

（10）资产评估专业人员执行以拆迁补偿为目的的资产评估业务,应当根据相关法律、法规及有关管理机关的规定选择评估结论的价值类型,如拆迁补偿价值。拆迁补偿价值是指评估对象根据有关城市规划、建设和房地产管理等相关法律、法规关于拆迁补偿的具体规定和要求所具有的价值估计数额。相关法律、法规及有关管理机关没有规定的,可以根据实际情况选择市场价值或者市场价值以外的价值类型作为拆迁物评估结论的价值类型。

（四）明确市场价值与市场价值以外价值的意义和作用

资产评估作为一种专业中介性服务活动,它对客户和社会提供的服务是一种专家意见及专业咨询。无论是专家意见还是专业咨询,最重要的是这种意见或咨询能对客户的某些行为起指导作用。应防止和杜绝提交可能使客户误解、误用或误导的资产评估报告。就一般情况而言,资产评估机构及其资产评估专业人员主观上并不愿意提交可能会使客户及社会误解、误用或误导的资产评估报告。但在资产评估实践中,经常出现资产评估专业人员并不十分清楚所做的资产评估结果的性质、适用范围等,以致在资产评估报告中未给予充分的说明及使用限定的问题。而客户或评估报告使用者绝大部分都是非专业人员,他们对评估结果的理解和认识基本上只来源于评估报告的内容。资产评估报告中任何概念的模糊或不合理,都会造成客户及社会对评估结果的误解。所以资产评估结果价值类型的科学分类和解释具有重要的作用。而关于资产的市场价值和市场价值以外的价值的概念及分类,正是从资产评估结果的适用范围和使用范围限定方面对资产评估结果进行的分类。因此,这种分类方法符合资产评估服务于客户和社会的内在要求。其意义和作用具体体现在以下几个方面:

(1)有利于资产评估专业人员对评估条件与评估结果性质的认识,便于资产评估专业人员在撰写评估报告时更清楚明了地说明其评估结果的确切含义。只有资产评估专业人员自己充分认清了自己的评估结果的性质,才可能在评估报告中充分说明这个评估结果。当然,一份结果阐述明确的评估报告才能使客户受益。

(2)便于资产评估专业人员划定其评估结果的适用范围和使用范围。资产评估结果的适用范围与评估目的所要求的评估结果用途是否匹配和适应,是检验资产评估科学性和合理性的首要问题。把评估结果按资产的市场价值和市场价值以外的价值分类,可以从大的方面决定评估的适用范围,便于资产评估专业人员将其与评估的特定目的相对照。资产评估结果的使用范围关系到评估结果能否被正确使用或被误用的问题。对于大多数评估报告使用者来说,他们未必都十分了解不同价值类型的评估结果都有其使用范围的限定。限定评估结果的使用范围的责任应由资产评估专业人员承担,资产评估专业人员应在评估报告中将评估结果的使用范围给予明确的限定。

市场价值和市场价值以外的价值是按资产评估所面临的市场条件和评估对象自身的条件为标准设定的,这种价值类型的划分实际上是以资产评估价值决定的基本要素为依据的。市场价值和非市场价值的划分既考虑了资产自身的条件、利用方式和使用状态,也考虑了资产评估时的市场条件。也就是说这种价值类型的划分既考虑了决定资产评估价值的内部因素,同时也考虑了影响资产评估价值的外部因素,这至少能在理论上和宏观层面上为资产评估专业人员客观合理地评估资产价值,以及清晰地披露评估结果提供帮助和依据。

一般而言,属于市场价值性质的资产评估结果主要适用于产权变动类资产业务,也可以适用于非产权变动类资产业务。资产的市场价值的合理性是相对于评估时点的整体市场而言的,即整体市场认同,资产的市场价值对于整体市场上潜在的买者或卖者来说是相对公平合理的。属于市场价值以外的价值(或非市场价值)性质的评估结果,既适用于产权变动类资产业务,也适用于非产权变动类资产业务。在评估时点,资产的市场价值以外的价值只对特定的资产业务当事人来说是公平合理的,即局部市场认同。资产评估中的市场价值和市场价值以外的价值的市场认同范围基本上就限定了这两种价值类型评估结果的适用范围和使用范围。

二、资产评估的目的

资产评估的目的有资产评估一般目的和特定目的之分。资产评估一般目的包含着特定目的,而资产评估特定目的则是一般目的的具体化。

(一) 资产评估的一般目的

资产评估的一般目的或资产评估的基本目标是由资产评估的性质及其基本功能决定的。资产评估作为一种专业人士对特定时点及特定条件约束下资产价值的估计和判断的社会中介活动,它一经产生就具有了为委托人以及资产交易当事人提供合理的资产价值咨询意见的功能。不论是资产评估的委托人,还是与资产交易有关的当事人,他们所需要的无非是资产评估专业人员对资产在一定时间及一定条件约束下资产公允价值的判断。如果我们暂且不考虑资产交易或引起资产评估的特殊需求,资产评估所要实现的一般目的只能是资产在评估时点的公允价值。

公允价值是一个有着广泛意义的概念,是会计、资产评估等专业和行业广泛使用的专业术语。公允价值的概念有广义与狭义之分,资产评估中的公允价值是一个广义概念,作为一个广义的概念,资产评估中的公允价值有别于会计中的公允价值。资产评估中的公允价值是一个相对抽象的价值概念。它是对评估对象在各种条件下与评估条件相匹配的合理的评估价值的抽象。评估对象在各种条件下与评估条件相匹配的合理的评估价值,是泛指相对于当事人各方的地位、资产的状况及资产面临的市场条件的合理的评估价值。它是资产评估专业人员根据被评估资产自身的条件及其所面临的市场条件,对被评估资产客观价值的合理估计值。资产评估中的公允价值的一个显著特点,是它与相关当事人的地位、资产的状况及资产所面临的市场条件相吻合,且并没有损害各当事人的合法权益,亦没有损害他人的利益。

(二) 资产评估的特定目的

资产评估作为一种资产价值判断活动,总是为满足特定资产业务的需要而进行的,在这里资产业务是指引起资产评估的经济行为。通常把资产业务对评估结果用途的具体要求称为资产评估的特定目的。我国资产评估实践表明,资产业务的主要类型如表1-3所示。

表1-3 资产业务的主要类型

序号	资产业务	含 义
1	资产转让	是指资产拥有单位有偿转让其拥有的资产,通常是指转让非整体性资产的经济行为
2	企业兼并	是指一个企业以承担债务、购买、股份化和控股等形式有偿接收其他企业的产权,使被兼并方丧失法人资格或改变法人实体的经济行为
3	企业出售	是指独立核算的企业或企业内部的分厂、车间及其他整体资产产权出售的行为
4	企业联营	是指国内企业、单位之间以固定资产、流动资产、无形资产及其他资产投入组成各种形式的联合经营实体的行为
5	股份经营	是指资产占有单位实行股份制经营方式的行为,包括法人持股、内部职工持股、向社会发行不上市股票和上市股票

（续表）

序号	资产业务	含 义
6	中外合资、合作	是指我国的企业和其他经济组织与外国企业和其他经济组织或个人在我国境内举办合资或合作经营企业的行为
7	企业清算	包括破产清算、终止清算和结业清算
8	担保	是指资产占有单位，以本企业的资产为其他单位的经济行为担保，并承担连带责任的行为。担保通常包括抵押、质押、保证等
9	企业租赁	是指资产占有单位在一定期限内，以收取租金的形式，将企业全部或部分资产的经营使用权转让给其他经营使用者的行为
10	债务重组	是指债权人按照其与债务人达成的协议或法院的裁决同意债务人修改债务条件的事项
11	其他	引起资产评估的其他合法经济行为

（三）资产评估特定目的的地位与作用

资产评估特定目的是由引起资产评估的特定经济行为所决定的，它对评估结果的性质、价值类型等具有重要的影响。资产评估特定目的不仅是某项具体资产评估活动的起点，同时它也是资产评估活动所要达到的目标。资产评估特定目的贯穿着资产评估的全过程，影响着资产评估专业人员对评估对象界定、资产价值类型选择等，是资产评估专业人员在进行具体资产评估时必须首先明确的基本事项。

资产评估特定目的是界定评估对象的基础。任何一项资产业务，无论产权是否发生变动，它所涉及的资产范围必须接受资产业务本身的制约。资产评估委托人正是根据资产业务的需要确定资产评估的范围。资产评估专业人员不仅要对该范围内的资产权属予以说明，而且要对其价值作出判断。

资产评估特定目的对于资产评估的价值类型选择具有约束作用。特定资产业务决定了资产的存续条件，资产价值受制于这些条件及其可能发生的变化。资产评估专业人员在进行具体资产评估时一定要根据具体的资产业务的特征选择与之相匹配的评估价值类型。按照资产业务的特征与评估结果的价值属性一致性原则进行评估，是保证资产评估趋于科学、合理的基本前提。

需要指出的是，在不同时期、地点及市场条件下，同一资产业务对资产评估结果的价值类型的要求也会有差别。这表明，引起资产评估的资产业务对评估结果的价值类型要求不是抽象的和绝对的。每一类资产业务在不同时间、地点和市场环境中的发生，对资产评估结果的价值类型要求不是一成不变的。这就是说资产业务本身的属性因时间、地点及市场环境的变化而确定。因此，把资产业务的属性绝对化，或是把资产业务与评估结果的价值类型关系固定化都是不可取的。资产评估结果的价值类型与评估的特定目的相匹配、相适应，是指在具体评估操作过程中，评估结果价值类型要与已经确定了的时间、地点、市场条件下的资产业务相匹配、相适应。任何事先划定的资产业务类型与评估结果的价值类型相匹配的固定关系或模型，都可能偏离或违背客观存在的具体业务对评估结果价值类型的内在要求。换一句话说，资产的业务类型是影响甚至是决定评估结果价值类型的一个重要的因素，当然，它也绝不是决定资产评估结果价值类型的唯一因素。评估的时间、地点、评估时的市场条件、资产业务各当事人的状况以及资产自身的状态等,都可能对资产评估结果的价值类型起影响作用。

(四) 价值类型选择与资产评估目的等相关条件的关系

关于价值类型选择与资产评估目的等相关条件的关系,应该从两个方面来认识和把握:其一,要从正确选择价值类型的角度,来关注资产评估目的等相关条件对所选择价值类型的影响;其二,要从价值类型的选择对实现资产评估目的,以及满足其他相关条件的角度,来关注价值类型的正确选择。

从第一个层面上看,资产评估中的价值类型是资产评估结果的属性及其表现形式。除资产评估特定目的外,构成资产评估价值基础的相关条件主要有两个方面:一是资产自身的功能、利用方式和使用状态;二是评估时的市场条件。价值类型的选择本来就应当受到评估目的等相关条件的制约,它是在评估目的等相关条件的基础上形成的。有什么样的评估条件基础就应该有与之相适应的评估结果属性及其表现形式。可以说,资产评估目的等相关条件构成了资产评估的价值基础。

首先,资产评估特定目的作为资产评估价值基础的条件之一,是因为资产评估特定目的不但决定着资产评估结果的具体用途,而且会直接或间接地在宏观层面上影响资产评估的过程及其运作条件,包括对评估对象的利用方式和使用状态的宏观约束,以及对资产评估市场条件的宏观限定。相同的资产在不同的评估特定目的下可能会有不同的评估结果。

其次,评估对象自身的功能、使用方式和利用状态,是资产自身的条件,这是影响资产评估价值的内因。从某种意义上讲,资产自身的条件对其评估价值具有决定性的影响。不同功能的资产会有不同的评估结果,使用方式和利用状态不同的相同资产也会有不同的评估结果。

最后,评估时所面临的市场条件及交易条件,是资产评估的外部环境,是影响资产评估结果的外部因素。在不同的市场条件下或交易环境中,即使是相同的资产也会有不同的评估结果。

资产评估目的作为资产评估结果的具体用途,以及对资产评估运作条件起宏观约束的因素,与决定资产评估价值的内因和外因的评估对象自身条件,以及评估时的市场条件共同构成了资产评估的价值基础。这三大因素的不同排列组合,便构成了不同价值类型的形成基础。

从第二个层面上看,资产评估价值类型的合理选择也应该成为实现资产评估目的,以及满足资产评估相关条件的重要途径和手段。

资产评估目的有一般目的和特定目的之分,资产评估的一般目的是要对各种条件下"交易"中的资产的公允价值作出判断,以及给出这些资产在各种条件下的公允价值。而特定目的是一般目的的具体化,资产评估特定目的的实质是判断特定条件下或具体条件下资产的公允价值。

资产评估中的公允价值的相对性质主要是指它对于某一资产而言,不是一个确定不变的值,而是一个相对值。当该资产处于正常使用及正常市场条件下时,有一个与此条件相对应的合理价值;当该资产处于非正常使用及非正常市场条件下时,也有一个与之相对应的合理价值。当然,这样的排列组合会很多,相应的合理价值也会很多。尽管对这个具体资产而言,不同条件下的合理价值各不相同,但是它们有一个共同的特点,即相对于它们各自所面对的条件又都是合理和公允的。资产评估中的公允价值与评估条件的相对性和相关性决定了资产评估中的公允价值的相对性质;资产评估中的公允价值的相对性质又决定了资产评估中的公允价值具有抽象性质和高度概括性质。在资产评估实践过程中还需将其具体化。

正是由于资产评估特定目的及特定条件下资产公允价值的多样性、复杂性和难以把握性的存在,设计、选择并利用科学合理的资产评估价值类型为资产评估专业人员把握资产评估特定目的及其特定条件下的公允价值就显得十分重要。而市场价值和市场价值以外的价值的分类,以及该价值类型分类所包含的具体价值表现形式,不仅仅是根据资产评估目的等相关条件的被动选择,而且它们对于实现评估目的,特别是把握资产评估中的公允价值具有极其重要的作用。这种作用突出表现在资产评估的市场价值上。由于市场价值与市场价值以外的价值之间的特殊关系,市场价值及其成立条件是这种价值类型分类的基准,确立了市场价值及其成立的条件,就等于明确了市场价值以外的价值及其成立条件。明确了市场价值在资产评估中的作用,也就很容易把握市场价值以外的价值及其具体价值形式在资产评估中的作用。

市场价值在资产评估中的作用主要体现在以下几个方面。

(1) 市场价值是资产评估中的公允价值的坐标。既然公允价值是资产评估的基本目标,那么市场价值在资产评估中还起什么作用呢? 应该讲,资产评估中的公允价值与市场价值是两个不同层次的概念。资产评估中的公允价值是一个宏观层次的概念,它包括了正常市场条件和非正常市场条件两种情况下的合理评估结果。资产评估中的市场价值只是正常市场条件下资产处于最佳使用状态下的合理评估结果,凡是不满足市场价值成立条件的其他合理评估结果都是非市场价值。相对于公允价值而言,市场价值更为具体,条件更为明确,在实践中资产评估专业人员更易把握。由于市场价值概念的明晰性和可把握性,资产评估中的市场价值能够成为资产评估公允价值的坐标和基本衡量尺度。具体来说,市场价值的衡量标准有:①市场价值是正常市场条件下的公允价值;②市场价值是资产正常使用(最佳使用)状态下的价值;③资产评估结果只有两大类价值类型,即市场价值和市场价值以外的价值,明确了市场价值也就容易把握市场价值以外的价值,并根据评估对象自身的状况及使用方式和状态偏离资产正常使用(最佳使用)的程度,以及评估时市场条件偏离正常市场条件的程度去把握市场价值以外的价值的量及其具体价值形式;④市场价值是资产评估中最为典型的公允价值,市场价值的准确定位是准确把握市场价值以外的价值的基础,也是准确把握公允价值的基础。正是由于市场价值自身的特点,包括国际评估准则委员会在内的资产评估界广泛使用市场价值概念,并把市场价值作为衡量资产评估结果公允公正的基本尺度和标准。

(2) 市场价值是在评估所依据的市场范围内,从市场整体的角度把握资产价值的相对合理和公允性的,而市场价值以外的价值的相对合理和公平性是受某些条件严格限制的。

第三节　资产评估对象、假设与原则

假设必须依据已经掌握的事实，运用已有的科学知识，通过推理（包括演绎、归纳和类比）形成。资产评估专业人员应当科学合理使用评估假设，以使评估结论建立在合理的基础上，并使评估报告使用人能够正确理解和使用评估结论。

一、资产评估对象与范围

（一）资产评估对象

1. 资产评估对象的概念

资产评估对象亦称评估客体，是指被评估标的或者资产评估的具体对象。依据《资产评估行业财政监督管理办法》，资产评估对象通常包括单项资产、资产组合、企业价值、金融权益、资产损失或者其他经济权益。

2. 资产评估对象的分类

按照资产的组合形式，资产评估对象可分为单项资产、资产组合和整体企业（或单位）。

单项资产包括无形资产、不动产、机器设备以及其他动产等。单项资产的评估对象一般就是该资产。需要强调的是，无形资产由于没有实物形态，其评估对象往往是指其权利状态。不同形式的权利可能形成的评估对象也会存在一些差异。

资产组合是由多项资产按照特定的目的，为实现特定功能而组成的有机整体。企业会计准则中规定的业务资产组（或称现金产生单元 CGU）是企业可以认定的最小业务资产组合，其产生的现金流入应当独立于其他资产或者资产组产生的现金流入。譬如，甲、乙和丙设备组成一条生产线，该生产线可以生产出 A 产品，则这三个设备就是一个资产组。

资产组的认定及划分应当考虑以下两个因素。①经济性。资产组产生的主要现金流入是否独立于其他资产或者资产组的现金流入（关键因素）。如某一生产线、营业网点、业务部门等，如果能够独立于其他部门或者单位创造收入、产生现金流入，或者其创造的收入和现金流入绝大部分独立于其他部门或者单位、且属于可认定的最小的资产组合的，通常应将该生产线、营业网点、业务部门等认定为一个资产组。再如，几项资产的组合生产的产品（或者其他产出）存在活跃市场的，无论这些产品（或者其他产出）是用于对外出售还是仅供企业内部使用，均表明这几项资产的组合能够独立创造现金流入，应当将这些资产的组合认定为资产组。②相对固定性。管理层对生产经营活动的管理或者监控方式（如按照生产线、业务种类还是按照地区或者区域等）和对资产的持续使用或者处置的决策方式等。

整体企业实际就是一个或多个业务资产组的组合。整体企业或资产组的评估对象通常指其权益。譬如一个企业，评估对象可能是股权或者是企业整体价值（股权＋债权），对于一个非企业的业务资产组是投资者对该资产组享有的权益。

3. 资产评估对象的组成

（1）企业价值评估的评估对象的组成。企业价值评估中的评估对象包括企业整体价值、股东全部权益价值和股东部分权益价值。将企业作为一个整体进行评估，其评估对象一般为企业的股权，在有些特别情况下也可能是企业的整体投资，即股权＋债权。

（2）业务资产组评估对象的组成。业务资产组的组成包括相关单项资产，也包括形成这些资产的资金来源，如股权投资或债权投资。从资产组组成的资产方角度分析，资产组实际相当于企业的资产；从资产组的负债方角度分析，资产组也有所有者权益和债权权益。

业务资产组可以理解为介于单项资产与企业整体资产之间的一种状态。业务资产组评估对象的认定可以参考企业价值评估的评估对象认定标准。如果业务资产组的评估目的涉及资产组整体转让，则评估对象可以按照其整体转让经济行为界定为资产组的权益，如所有者权益；如果评估目的涉及的经济行为是针对业务资产组各单项资产的，则可以将评估对象设定为各单项资产和负债。

（3）单项资产评估中的评估对象的组成。单项资产并不仅指"一项资产"，也可能包括若干项以独立形态存在、可以单独发挥作用或以个体形式进行销售、转让和出租的资产。单项资产通常可以分为流动资产、建筑物、机器设备、无形资产等。

单项资产的评估对象一般就是所对应的资产。如评估一单体写字楼，则该单体写字楼就是评估对象，但是该写字楼可能包括房屋建筑物、电梯、空调设备等。由于写字楼的建筑物通常是要与这些附属设备一并处置，尽管电梯、空调设备等也可以单独交易、转让，但也会将这类资产作为一项单项资产评估。

4. 资产评估对象的确定

评估对象应当由委托人依据经济行为要求和法律法规提出，并在评估委托合同中明确约定。在评估对象确定过程中评估机构和资产评估专业人员应当关注其是否满足经济行为要求、符合法律法规规定，必要时向委托人提供专业建议。

（二）资产评估范围

所谓资产评估范围就是组成评估对象的资产种类和数量。事实上评估范围是对评估对象组成、结构的进一步补充说明。

1. 企业价值评估涉及的范围

涉及企业价值评估的评估对象一般分为两类，其一是企业股权或整体价值（股权＋债权），这时的评估范围应该是被评估企业的全部资产和负债，包括可辨识的资产和不可辨识的资产，如商誉等；如果评估对象为企业可辨识的资产（如财务报告目的中合并对价分摊评估），则其评估对象与评估范围是一致的。

2. 业务资产组评估涉及的范围

当业务资产组的评估对象是资产组的权益时，评估范围就是组成该业务资产组的全部资产与负债；当业务资产组的评估对象是组成资产组各单项资产与负债，则评估范围与评估对象重合一致。在涉及企业评估实务中，存在一种评估范围是剥离部分资产后剩余资产组成的业务资产组，或者是从一个企业中剥离部分资产与负债组成业务资产组,上述两种情况的评估对象就是相关业务资产组的权益,评估范围为构成业务资产组的资产及负债。

3. 单项资产组评估涉及的范围

当资产评估对象是单项资产时,评估对象和评估范围都是该项资产。如评估一辆车,评估对象就是该车辆,评估范围也是该车辆。如果评估对象是单项无形资产的相关权利。则其评估范围也是该单项无形资产。例如,一项发明专利的所有权或者使用权,这时评估对象是该项专利的所有权或者使用权,评估范围是该项专利无形资产。

如果涉及多项无形资产组成的资产组的权利,则其评估范围包括组成资产组的全部单项无形资产种类及权利状态等。例如,评估一个由多个专利或专有技术等组成的无形资产组合时,评估对象可能是该无形资产组合的所有权或使用权,评估范围则是组成该无形资产组合的全部专利资产和专有技术资产。

4. 资产评估范围的确定

资产评估范围应当依据评估对象合理确定,满足实现评估目的和法律、法规要求,在资产评估委托合同中明确界定,具体内容应由委托人负责提供。例如某国有企业拥有汽车总装和零部件生产两种业务,现需要将零部件生产业务转让,需要对零部件生产业务的价值进行评估,即需要评估的是其中一种业务。按照国有资产管理规定,该国有企业需要聘请审计机构对该企业的财务报表进行分割,评估范围应该根据分割后的零部件生产业务范围加以确定。

二、资产评估假设

(一) 资产评估假设的作用与意义

所有的资产评估结论都是有条件约束的。为了使评估价值科学、合理,人们依据已掌握的资料,通过一系列推理,对资产评估过程中某些未被确切认识的事物,根据客观的正常情况或发展趋势所作的合乎情理的推断,来阐明处于假定交易中资产的状态或是资产假定被交易时所处的环境,这就是资产评估假设。在资产评估实践中,对设定评估假设存在的突出问题是:①模式化或程式化,缺乏有效性和针对性;②设定不切实际或不合理的假设。

(1) 资产评估假设是一种客观存在,是依据事实和科学知识对未知领域作出有规律地推测。《资产评估执业准则——资产评估程序》第二十条规定:"资产评估专业人员执行资产评估业务,应当合理使用评估假设,并在资产评估报告中披露评估假设。"《资产评估价值类型指导意见》第十四条规定:"资产评估专业人员选择价值类型,应当考虑价值类型与评估假设的相关性。"不同的假设前提可能对应不同的价值内涵,得到不同的评估值。评估假设的设定和使用应当建立在科学合理的基础上,资产评估专业人员应当恪守独立、客观、公正的原则,勤勉尽责,不能随心所欲主观设定不合理的假设,以迎合客户期望的评估值,或者逃避资产评估专业人员应该履行的专业判断义务。

(2) 资产评估假设是开展评估活动的基本前提和约束条件。如前所述,资产评估是在资产交易发生之前,通过模拟市场对准备交易资产在评估基准日的价值所进行的估算。面对瞬息万变的市场以及不断变化着的影响资产价值的种种因素,资产评估专业人员是很难完全把握市场机制的,只有借助于评估假设,资产评估专业人员才能对被评估资产的未来用途和经营环境作出合理的职业判断,并将市场条件及影响资产价值的因素"凝固"在评估基准日这一时点上。因此,评估假设是资产评估活动的先决条件,离开资产评估假设,资产评估专业人员将无法科学合理地完成资产评估业务。

(3)资产评估假设受制于评估环境。《资产评估执业准则——企业价值》第二十三条第一款指出:"资产评估专业人员应当对委托人和其他相关当事人提供的企业未来收益资料进行必要的分析、判断和调整,结合被评估单位的人力资源、技术水平、资本结构、经营状况、历史业绩、发展趋势,考虑宏观经济因素、所在行业现状与发展前景,合理确定评估假设,形成未来收益预测。"资产评估活动处于一定时期特定的经济、政治及文化等社会环境之中,评估假设是根据资产评估所依赖的客观环境,对资产未来可能情况及评估活动中一些尚未确知因素所作出的合乎逻辑的科学推断或设想。评估假设是以有限的事实或观察为基础推断出来的,且随环境的变化而变化。

资产评估假设的理论意义在于,它是资产评估理论结构构建的基石,也是资产评估工作的基本前提。资产评估假设的实践意义在于,它是对资产评估结论与评估条件之间相互关系的推测性判断或设想,是对资产评估条件的某种抽象以及对评估实践的指导,资产评估假设也是资产评估结论成立的前提条件。没有评估假设,资产评估专业人员就无法得出评估结论,其责任界限就没有立足点。

(二)资产评估假设的基本内容

1. 资产评估基本假设

资产评估基本假设也称为资产评估前提假设,包括交易假设、公开市场假设、持续使用假设和清算假设。

(1)交易假设。交易假设是资产评估得以进行的一个最基本的前提假设,交易假设是假定所有待评估资产已经处在交易过程中,资产评估专业人员根据待评估资产的交易条件等模拟市场进行估价。众所周知,资产评估其实是在资产实施交易之前进行的一项专业服务活动,而资产评估的最终结果又属于资产的交换价值范畴。为了发挥资产评估在资产实际交易之前为委托人提供资产交易底价的专家判断的作用,同时又能够使资产评估得以进行,利用交易假设将被评估资产置于"市场交易"当中,模拟市场进行评估就成为了可能。交易假设一方面为资产评估得以进行"创造"了条件;另一方面它明确限定了资产评估的外部环境,即资产是被置于市场交易之中。资产评估不能脱离市场条件而孤立地进行。

(2)公开市场假设。公开市场假设是对资产拟进入的市场的条件,以及资产在这样的市场条件下接受何种影响的一种假定说明或限定。公开市场假设的关键在于认识和把握公开市场的实质和内涵。就资产评估而言,公开市场是指充分发达与完善的市场条件,是一个有自愿的买者和卖者的竞争性市场,在这个市场上,买者和卖者的地位是平等的,彼此都有获取足够市场信息的机会和时间,买卖双方的交易行为都是在自愿的、理智的而非强制或不受限制的条件下进行的。事实上现实中的市场条件未必真能达到上述完善的公开市场的程度。公开市场假设就是假定那种较为完善的公开市场存在,被评估资产将要在这样一种公开市场中进行交易。当然公开市场假设也是基于市场客观存在的现实,即资产在市场上可以公开买卖这样一种客观事实为基础的。

由于公开市场假设假定市场是一个充分竞争的市场,资产在公开市场上实现的交换价值隐含着市场对该资产在当时条件下有效使用的社会认同。当然,在资产评估中,市场是有范围的,它可以是地区性市场,也可以是国内市场,还可以是国际市场。关于资产在公开市场上实现的交换价值所隐含的对资产效用有效发挥的社会认同也是有范围的,它可以是区域性的、全国性的或国际性的。

公开市场假设旨在说明一种充分竞争的市场条件,在这种条件下,资产的交换价值受市场机制的制约并由市场行情决定,而不是由个别交易决定。

公开市场假设是资产评估中的一个重要假设,其他假设都是以公开市场假设为基本参照的。公开市场假设也是资产评估中使用频率较高的一种假设,凡是能在公开市场上交易、用途较为广泛或通用性较强的资产,都可以考虑按公开市场假设前提进行评估。

(3) 持续使用假设。持续使用假设也是对资产拟进入的市场的条件,以及在这样的市场条件下的资产状态的一种假定性描述或说明。该假设首先设定被评估资产正处于使用状态,包括正在使用中的资产和备用的资产;其次根据有关数据和信息,推断这些处于使用状态的资产还将继续使用下去。持续使用假设既说明了被评估资产所面临的市场条件或市场环境,同时又着重说明了资产的存续状态。

按照通行的说法,持续使用假设又细分为三种具体情况:一是在用续用;二是转用续用;三是移地续用。在用续用是指处于使用中的被评估资产在产权发生变动或资产业务发生后,将按其现行正在使用的用途及方式继续使用下去。转用续用是指被评估资产将在产权发生变动后或资产业务发生后,改变资产现时的使用用途,调换新的用途继续使用下去。移地续用是指被评估资产将在产权发生变动后或资产业务发生后,改变资产现在的空间位置,转移到其他空间位置上继续使用。

由于持续使用假设是在一定市场条件下对被评估资产使用状态的一种假定说明,因此在持续使用假设前提下的资产评估及其结果的适用范围常常是有限制的。在许多场合下评估结果并没有充分考虑资产用途替换,它只对特定的买者和卖者是公平合理的。

持续使用假设也是资产评估中的一个非常重要的假设,尤其是在我国,市场发育尚未完善,资产评估活动大多与老企业的存量资产产权变动有关。因此,被评估对象经常处于或被推定在持续使用的假设前提之下。充分认识和掌握持续使用假设的内涵和实质,对于我国的资产评估来说有着重要意义。

(4) 清算假设。清算假设是对资产拟进入的市场条件的一种假定说明或限定。具体而言,是对资产在非公开市场条件下被迫出售或快速变现条件的假定说明。清算假设首先是基于被评估资产面临清算或具有潜在的被清算的事实或可能性,再根据相应数据资料推定被评估资产处于被迫出售或快速变现的状态。由于清算假设假定被评估资产处于被迫出售或快速变现条件之下,被评估资产的评估值通常要低于在公开市场假设前提下或持续使用假设前提下同样资产的评估值。因此,在清算假设前提下的资产评估结果的适用范围是非常有限的,其使用也是较为特殊的。

上述基本假设之间的层次关系如图 1-4 所示。

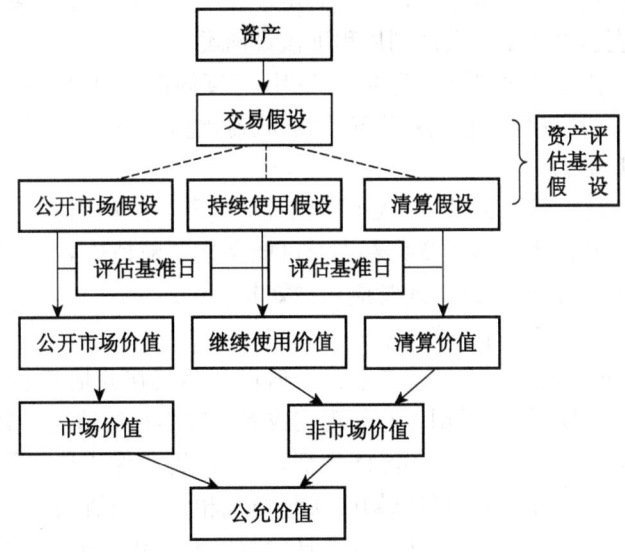

图 1-4 资产评估相关概念及基本假设

在图 1-4 中,"资产"处于最上端,是资产评估的客体(具体的评估对象),是资产评估存在的物质基础。资产评估是资产交换的客观需要,因此交易假设是最基本的一个前提假设,它是资产评估得以进行的先决条件,其他假设是在资产处于市场交易过程中,根据具体的交易情况所作出的修改。它们都是以交易假设为基础提出的,是交易假设的具体应用(虚线表示资产评估假设之间的逻辑关系)。其中,公开市场假设是假定资产处于公开市场的交易环境中;持续使用假设是假定资产在交易完成后还将继续使用下去;清算假设是对资产处于非公开市场下被迫出售和快速变现交易背景的假定。

2. 资产评估环境假设

资产评估环境假设一般是指对待估资产使用或者经营的重要外部环境,以及评估所面临的主要条件和影响较大的环境因素所做的假定性说明,一般分为宏观环境假设和微观环境假设。

(1)宏观环境假设。资产评估假设的设立应当与资产评估类型、评估目的、价值类型等相匹配,尤其是持续经营条件下的企业价值评估。宏观环境假设主要是国家或地区政治、法律法规、产业经济政策、市场前景、税收政策、利率汇率政策等对资产评估具有全局性影响的外部因素,以及行业竞争、企业竞争等市场竞争因素的假定性说明。如果对上述未来尚不确定的因素不加以设定,很多评估项目是无法进行的。

(2)微观环境假设。微观环境假设主要是对资产评估面临的具体条件的假定性说明。主要包括评估分析中运用数据的完整性、可靠性和真实性;评估对象未来管理和业务运作战略或方向;企业未来财务预测中涉及的收入、成本、费用、资产、负债、现金流等的合理性;关联交易是否是以公平交易为基础等。

3. 资产评估对象利用程度假设

毋庸置疑,评估对象的利用好坏会直接影响到评估结果,资产评估对象利用程度假设是对评估对象利用程度和效果所作出的假定性说明。资产评估对象利用程度假设分整体资产利用程度假设和单项资产利用程度假设两类。

(1) 整体资产利用程度假设。整体资产利用程度假设一般是在企业价值评估时设置的一种假定条件,是进行企业经营状况预测、收益预测、风险预测、企业要素资产匹配情况预测的重要基础。

(2) 单项资产利用程度假设。一般情况下,单项资产的利用程度可分为正常使用(最佳使用)和非正常使用。后者意味着资产可能存在着贬值因素,资产评估专业人员选择单项资产非正常使用假设时,通常应当披露其理由。

4. 逆向假设(非真实性条件假设)

顾名思义,逆向假设是资产评估专业人员所做的与其在评估基准日所知事实和真实情况相反的假设说明,旨在强调那些与现实或者事实不符的情况。具体说来,逆向假设所设定的评估对象的物理、法律和经济特征,以及市场条件或趋势等资产外部环境,与资产评估专业人员在评估基准日已知的实际情况相悖。众所周知,在资产评估实践中经常会遇到某些评估对象,其在评估基准日的状态和利用程度与其客观价值存在巨大差异。例如,清算价值一般都是和资产评估的快速变现假设联系在一起的,当资产评估专业人员使用了快速变现假设,则其评估结果只能是清算价值。同理,资产评估的市场价值总是与资产评估的公开市场假设联系在一起的,公开市场假设是评估资产市场价值最重要的市场条件前提。又如,评估基准日处于待开发状态的商业用地,如果就按评估基准日评估对象待开发的状况进行评估,将会大大低估评估对象的客观价值,土地的内在价值就无从体现。基于这样的认识和思维方式,将评估基准日待开发的土地假设为完成开发了的房地产。如果资产评估专业人员使用了逆向假设,则有必要说明其理由和限定条件,并提醒评估报告使用者正确理解逆向假设,以及逆向假设对评估结论的影响。

综上所述,评估假设分类可归纳如表1-4所示,而主要的评估假设设定一般是围绕图1-5展开的。资产评估专业人员不得进行以下假设:①随意设定没有依据的评估假设;②随意设定不合情理的评估假设;③随意设定不合法律规定的评估假设;④设定未经证实的资料或者虚假资料真实性的假设。评估假设的合理性判断标准有:①确信相关假设有可靠证据表明其很可能发生;②或虽然缺乏可靠证据,但没有理由认为这些假设明显不切合实际;③重要的评估假设,应当说明其使用理由(比如一项新建工程);④检查预测数据与假设的一致性。

表1-4　评估假设的分类

假设分类	具 体 内 容
基本假设	交易假设、公开市场假设、持续使用假设、清算假设
环境假设	宏观经济:政治、法律、经济、财政、社会、技术、利率、汇率等 行业状况:行业政策、行业规划、税收政策、竞争状况等

（续表）

假设分类	具体内容
评估对象利用程度假设	对于单项资产的假设：①评估对象物理、法律、经济状况的假设；②评估对象外部状况的假设，如市场状况及趋势；③评估分析中应用数据完整性假设；④评估对象未来管理和业务运作战略的假设；⑤资产不受抵押担保事项、不受未支付负债影响假设等 对于整体资产的假设：①企业经营持续性假设；②管理层尽职尽责假设；③公司守法假设；④会计政策假设；⑤某项投资计划可如期完成与投产假设；⑥重要合同可履行假设；资产等资源权属完整性假设；⑦重要资源可获取性假设；⑧关联交易公允性假设
逆向假设	为特定的评估项目而作出的、与真实情况相反的假设

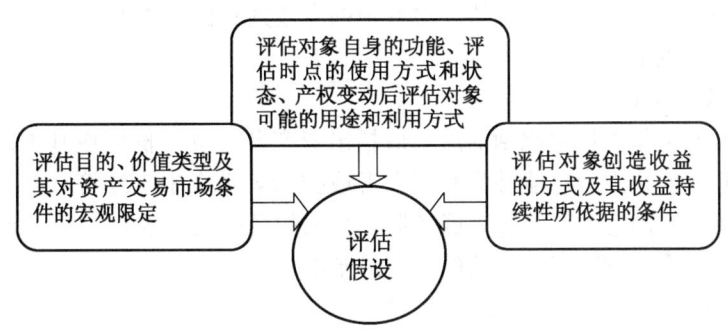

图 1-5　资产评估假设设定

三、资产评估的原则

资产评估原则是指导资产评估专业人员进行资产评估工作的基本指导思想，以及对资产评估专业人员素质的一种规范。进行资产评估工作，必须在贯彻评估原则的基础上，根据制定的资产评估规范，对资产评估对象的现时价值作出科学的判断。资产评估原则可分为工作原则和经济技术原则两个类别。

（一）资产评估工作原则

资产评估工作的性质决定了资产评估机构及其资产评估专业人员在执业过程中应坚持独立、客观公正和专业服务等工作原则。

1. 独立性原则

资产评估中的独立性原则包含有两层含义：①评估机构本身应该是一个独立的、不依附于他人的社会公正性中介组织（法人），在利益及利害关系上与资产业务各当事人没有任何联系。②评估机构及其资产评估专业人员在执业过程中应始终坚持独立的第三者地位，评估工作不受委托人及外界的意图及压力的影响，能进行独立公正的评估。

2. 客观公正性原则

客观公正性原则要求资产评估工作实事求是，尊重客观实际。资产评估机构及其资产评估专业人员在评估工作中必须以实际材料为基础，以确凿的事实和事物发展的内在规律为依据,以求实的态度为指针,实事求是地得出评估结果,而不可以以自己的偏好或其他个人的情感进行评估。资产评估结果是资产评估专业人员认真调查研究,通过合乎逻辑的分析、推理得出的、具有客观公正性的评估结论。

3. 科学性原则

科学性原则要求资产评估机构及其资产评估专业人员必须遵循科学的评估标准,以科学的态度制定评估方案,并采用科学的评估方法进行资产评估。在整个评估工作中必须把主观评价与客观测算,静态分析与动态分析,定性分析与定量分析有机结合起来,使评估工作做到科学合理,真实可信。

(二)资产评估经济技术原则

资产评估的经济技术原则是指在资产评估执业过程中的一些技术规范和业务准则。它们为资产评估专业人员在执业过程中的专业判断提供技术依据和保证。这些技术原则主要包括以下几点。

1. 预期收益原则

预期收益原则是以技术原则的形式概括出资产及其资产价值最基本的决定因素。资产之所以有价值是因为它能够为其拥有者或控制者带来未来经济利益,资产价值的高低主要取决于它能够为其所有者或控制者带来的预期收益量的多少。预期收益原则是资产评估专业人员判断资产价值的一个最基本的依据。

2. 供求原则

供求原则是经济学中关于供求关系影响商品价格原理的概括。假定在其他条件不变的前提下,商品的价格随着需求的增长而上升,随着供给的增加而下降。尽管商品价格随供求关系变化并不呈固定比例变化,但变化的方向都具有规律性。供求规律对商品价格所形成的作用力同样适用于资产价值的评估,资产评估专业人员在判断资产价值时也应充分考虑和依据供求原则。

3. 贡献原则

从一定意义上来讲,贡献原则是预期收益原则在某种情况下的具体应用原则。贡献原则主要适用于构成某整体资产的各组成要素资产的评估,它要求要素资产价值的高低要由该要素资产对整体资产的贡献多少来决定,或者是由当整体资产缺少该项要素资产将蒙受的损失多少来决定。

4. 替代原则

作为一种市场规律,在同一市场上,具有相同使用价值和质量的商品,应有大致相同的交换价值。如果具有相同使用价值和质量的商品具有不同的交换价值或价格,买者会选择价格较低者。当然,作为卖者,如果可以将商品卖到更高的价格水平上,他会在较高的价位上出售商品。在资产评估中确实存在着评估数据、评估方法等的合理替代问题,正确运用替代原则是公正进行资产评估的重要保证。

5. 评估时点原则

市场是变化的,资产的价值会随着市场条件的变化而不断改变。为了使资产评估得以操作,同时又能保证资产评估结果可以被市场检验,在进行资产评估时,必须假定市场条件固定在某一时点,这一时点就是评估基准日。它为资产评估提供了一个时间基准。评估时点原则要求资产评估必须有评估基准日,而且评估值就是评估基准日的资产价值。

6. 最高最佳用途

某项资产实体形态上切实可行、正当合理、法律允许、财务上可行并能实现该被评估财产最大价值的最可能用途。法律上不允许或实际上不可行的用途不能视为最高最佳用途。然而,对于法律允许和实际可行的用途,资产评估专业人员依然需要解释为何该用途是合理可能的。一旦资产评估专业人员的分析确定某项或多项用途具备合理可能的特征时,应进一步对这些潜在的用途进行财务可行性测试。在一并考虑相关的测试后,能带来最高价值的用途,就是最高最佳用途。即允许资产评估专业人员综合考虑建筑物的损耗和贬值的影响、土地上最恰当的改良开发、修复和改造工程的可能性,以及其他情况作出评估。在瞬息万变或供求极不平衡的市场中,资产的最高最佳用途可能是持有以待未来使用。在其他情况下,若出现几种可能的最高最佳用途方式的话,则资产评估专业人员应对这些可供选择的使用方式进行论证,并估计其未来的收益和支出水平。若土地的用途和定级划分处于变化的状态中,那么该资产的现时最高最佳用途可能为临时用途(interim use)。

第四节 资产评估的学科属性及定位

一、资产评估的性质分析

资产评估既是一门科学,又是一门艺术,是科学与艺术的有机结合体。资产评估的科学性强调人们必须按照资产评估的科学规律进行估值,是其艺术性的前提和基础;资产评估的艺术性强调其实践性和创新性,是其科学性的补充与提高。研究表明,资产评估不是一般意义的科学,而是对资产价值的探求和分析,是为资产计价提供服务的技术。就资产评估而言,不同社会制度、不同国家、不同地区或不同组织的资产评估,其内容既有共性又有特性。前者是指资产评估的相通之处,即资产评估技术体现着其自然属性。后者是指反映特定生产关系、特定社会制度的社会属性。

(一)自然属性

自然属性是一个抽象的名词,它是人脑对自然科学中自然界、生物界方面的事物本质的面貌、规律、现象本质属性及特征的反应和认识,它是不受人的思想意志所支配并改变的。当然,随着人类社会的发展、生产力和科学技术的提高,人们的反应和认识也在不断地发展和变化。资产评估自然科学理论的属性,可归纳为:第一,是绝对性的,是亘古不变的;第二,是先有理论的建立,而后才投入实际的应用。例如,成本法、市场法、收益法等评估的技术方法。

(二)社会属性

资产评估是一种社会科学,其理论性质自然难以超越出社会科学的范畴,资产评估的起源是出于经济活动的需求,是经济活动发展到一定阶段的产物,绝非先有资产评估而后将之用于经济活动。社会科学研究的对象是事与人,同一的事实施之于不同的人,会有不同的反应。社会科学理论的性质可归纳为:第一,是相对的,是随着时空的不同而改变的;第二,是先有事实需要,而后形成理论。资产评估的社会属性可归结为:第一,资产评估是因经济活动事实的需要而产生;第二,一定时期不同国家、地区或组织的资产评估准则既是其资产评估发展水平的反映,也是其历史、文化、政治体制、经济水平和法律制度的反映。

(三) 资产评估的学科归属

关于学科分类和性质,恩格斯有过精辟的论述,他说:"每一门科学都是分析某一个别运动形式或一系列互相关联和互相转化的运动形式的,因此,科学分类就是这些运动形式本身依据其内部所固有的次序的分类和排列,而它的重要性也正在这里。"[①]任何一门学科,都有其独特的研究对象、理论基础和方法,但每一门学科又都不是"孤岛",学科之间存在相互学习和借鉴的关系。目前,我国本科资产评估专业属工商管理类,高职资产评估与管理属于财政金融类,资产评估专业硕士则属于经济学。那么,资产评估到底应该归属于哪一学科呢?

资产评估是一门新兴的复合性、边缘性学科,其专业课程通常包括微观经济学、宏观经济学、管理学原理、管理信息系统、经济法、基础会计学、资产评估学、财务管理、审计学、机电设备评估、建筑工程评估基础、成本会计、不动产评估、企业价值评估、无形资产评估等,涉猎的范畴相当广泛,且我国进入 20 世纪 80 年代后期才开始研究和实践。总的来说这门学科尚处于继续探讨和发展完善的过程之中。在这个过程中自然会出现对这门学科在一些基本理论问题上不同的看法、认识和理解,及时总结并评价在学科一般性理论问题上的研究成果,无疑对学科的建立和发展是大有裨益的。

关于资产评估的学科归属问题,理论界主要存在管理学抑或经济学之争[②]。

持管理学观点者认为,资产评估是会计学、审计学和财务管理学的延伸,南京财经大学、山东财经大学、广西财经学院、浙江财经大学、山东工商学院、上海立信会计学院、湖北经济学院等均将该专业放在会计学院。教育部《普通高等学校本科专业目录》将资产评估专业归属为工商管理学科。因此,将资产评估归属于管理学学科更为适宜。

持经济学观点者认为,资产评估是为适应我国国有资产管理需要而产生的,资产评估是经济学价值理论的运用,资产评估的主要方法根植于经济学的价值理论。市场法、收益法、成本法等都是以现代西方经济学理论为基础的。例如,劳动价值论是成本法评估的理论源泉,是对评估对象特定时点价值的重置模拟,用现行资本价格重新购置资产并使之处于在用状态所耗费的成本,它探究的是评估对象的内在价值,而这样的重置基础又是以生产商品的社会必要劳动价值决定的。又如,边际效用价值论在评估方法中的应用就是收益法,边际效用价值论强调主观感受(边际效用)在商品(或资产)价值决定中的作用,强调单位成本的付出与收益的比较。而收益法则是通过被评估资产未来预期收益并将其折算成现值,借以确定资产的价值的

---

① 《马克思恩格斯全集》(第 20 卷),人民出版社 1971 年版,第 593 页。
② 胡晓明:《资产评估学科归属问题研究》,资产评估行业发展研究报告(第 9 期),编号:1200922003-1。

一种方法,资产的效用越大,获得能力越强,它的价值也就越高。资产评估应隶属于财政学,而财政学属于经济学。此外,我国资产评估行政管理上隶属于财政部。厦门大学、上海财经大学、中央财经大学、内蒙古财经大学、首都经济贸易大学等均将资产评估专业开设在财税学院。

上述两种看法目前仍然没有达成共识。不过,从这门学科实际情况看,资产评估涉及经济学、管理学、工学等多项知识理论,但究其根本都是以经济学的效用价值论、生产费用价值理论等为基石的。因此,就现有学科分类而言,资产评估归属于经济学是比较科学和适宜的。

二、资产评估的理论结构及其逻辑起点

关于理论,世界著名的《韦氏国际词典(第三版)》将理论解释为:理论是某一研究领域的一套前后一致的假设、概念和实用原则所构成的系统。资产评估理论也可以称为一般理论,是指适用于所有评估活动、具有普遍指导性的理论。它具有高度抽象性、普遍适用性和严密逻辑性,是资产评估理论的精髓。这部分理论由资产评估依据、资产评估原则、资产评估方法和资产评估程序等要素构成。资产评估规范理论是指按照资产评估实践的基本规律而建立的一种用于指导和预测资产评估实践的标准理论。它是资产评估专业人员在执业过程中必须遵从的行为方式。资产评估理论一方面解释现存的资产评估实务;另一方面预测和指导未来的资产评估实务。总体说来,资产评估的思维及活动过程框架如图1-6所示,其思维和活动过程是基于法律、技术、经济、社会、文化等评估环境下完成的。

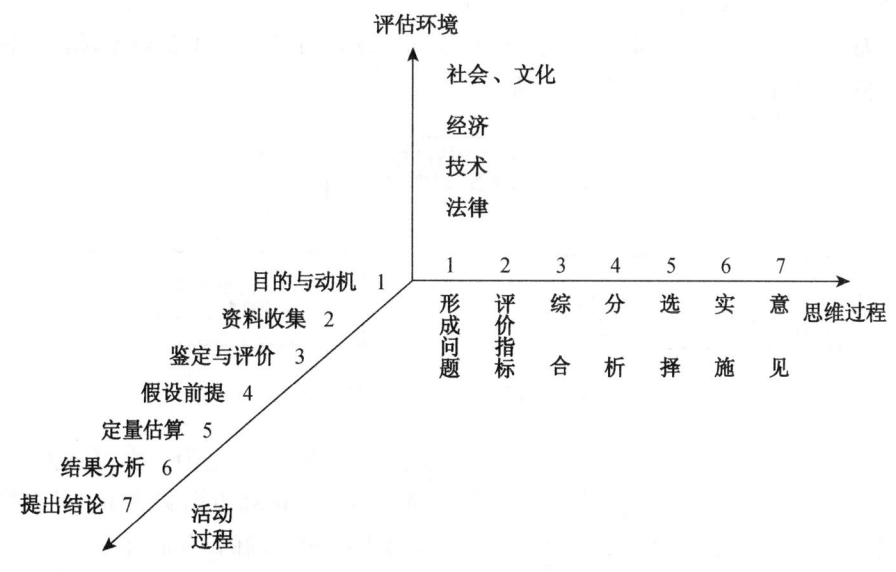

图1-6 资产评估环境、思维及活动过程

资产评估理论结构研究的一个关键问题就是以什么作为逻辑推理的出发点。资产评估理论结构的逻辑起点应该是最基本的资产评估范畴,是资产评估理论体系的核心

要素,对其他资产评估要素具有决定或制约作用,以保证所推导的资产评估理论具有普遍的适用性,反映资产评估发展的一般规律。资产评估理论结构应该是指资产评估理论各组成部分(或要素)以及这些部分之间的排列关系。具体地讲,资产评估理论结构是由资产评估起点、前提、导向、资产评估基本理论、资产评估规范理论、资产评估应用理论和资产评估其他理论构成的理论结构。

1988 年,资产评估在我国刚刚出现时,倪新冠、王子林在中美资产评估研讨班的学术发言中提出了"评估目的—评估标准—评估方法—评估结果"的资产评估理论结构体系。这一以实践为核心的评估体系,成为了我国资产评估理论和实践发展的最初指导思想。王景升(2005)认为,资产评估理论结构的逻辑起点是资产评估环境。资产评估环境是对资产评估产生影响的一切因素的总和,是资产评估理论与实务赖以产生、存在和发展的根本动因,是连接资产评估理论与资产评估实践的桥梁和纽带。

资产评估环境包括经济环境、政治环境、社会文化环境、法律环境、教育环境等。资产评估环境对资产评估对象、资产评估目的、资产评估价值类型、资产评估假设、资产评估方法、资产评估规范都具有影响和制约作用,是资产评估理论研究的起点。并构建了资产评估的基本理论(由资产评估概念体系、资产评估主体、资产评估客体、资产评估价值类型、资产评估依据、资产评估方法、资产评估职能、资产评估原则、资产评估程序等构成)、资产评估的规范理论(由资产评估的技术规范理论、道德规范理论和质量控制规范理论等内容构成)、资产评估的应用理论(包括资产评估操作理论和资产评估风险控制理论)和资产评估其他理论(包括资产评估教育理论、资产评估比较理论和资产评估相关理论等)的理论结构。

崔茜、王建中(2008)根据拉卡托斯的科学研究纲领方法论的主要思想,构建出我国资产评估理论结构的模型,如图1-7所示。

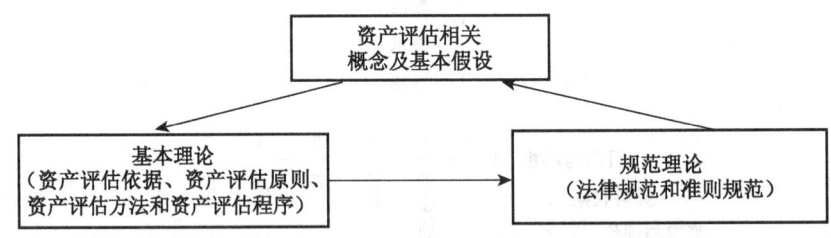

图 1-7　资产评估理论结构模型

在模型中,资产评估的出现,是适应资产交换的客观需要,是为买卖双方提供被交易对象科学、合理交换价值的必然要求。由于资产本身特征和市场交易环境的多样性,首先应对被评估对象所处的市场条件进行准确的描述和精确的刻画,并在此基础上得出抽象、合理的假定,以规范和指导资产评估活动。这些概念和假设是模型核心硬核外围的"保护带",是基本理论和规范理论的集合,是"辅助性假说"。基本理论是关于资产评估一般规律的论述,它对所有的评估活动具有普遍指导性,但不能具体解决某一类资产在评估时遇到的特殊问题。因此,在基本理论的基础上有必要建立规范理论为资产评估实务提供操作指导,并对评估人员的执业过程作出法律约束和行为规范。规范理论同时还要受到资产评估相关概念和基本假设的制约。特别是准则规范要以各类资产的特性为基础,根据市场交易环境来制定,只有这样才能使其具有可操作性,得到普遍认同。

参照罗伯特·K·莫茨、侯赛因·A·夏拉夫的《审计理论结构》,资产评估理论结构呈现"羽毛球"形状(见图1-8),即鉴于资产评估业务的复杂性和多样性,其理论结构呈现开放性。其中,基本哲学涉及评估决策的科学方法;评估假设是一种信念,是指导行动的根据;评估概念是把理论组织起来的中心,可帮助人们把理论要素加以归类;评估准则是衡量评估质量的尺度,为评估行为提供指南。

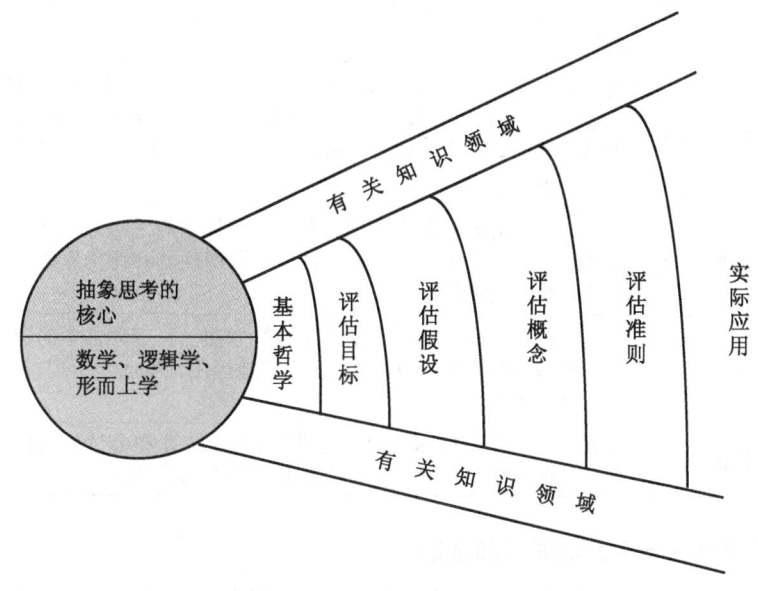

图 1-8 资产评估理论结构

三、资产评估与会计和审计的关系

资产评估与会计和审计应该说是既有联系又有区别的专业服务活动。讨论它们之间的关系,一是要明确它们在资产业务中,因专业分工而产生的内在联系。会计和审计提供以事实判断为主要内容的服务,而资产评估则提供以价值判断为主要内容的服务,它们都是现代市场经济赖以正常运行的基础性服务行业。二是要明确它们之间因工作性质、专业知识和执业标准的不同而产生的区别。

(一)资产评估与会计的联系和区别

资产评估与会计的联系主要表现在特定条件下资产会计计价和财务报告利用资产评估结论,以及资产评估需要参考会计数据资料两个方面。不过,资产评估与会计计价以及相互利用的情况只是在特定的条件下才能够发生或成立,在大多数情况下,两者的区别是明显的。具体如表1-5所示。

表 1-5　资产评估与会计的联系和区别

关系	类别	表　现
资产评估与会计的联系	1. 会计利用资产评估	① 按照《公司法》及相关法律法规的要求,投资方以非货币资产投资应当进行资产评估,并以资产评估结果为依据,确定投资数额
		② 在财务处理上,资产评估结果是公司会计记账的重要依据。如盘盈资产价值确认、采用估值技术确定公允价值以及财务报告为目的的评估等
		③ 在企业联合、兼并、重组等产权变动过程中,资产评估结果都可能是产权变动后企业重新建账、调账的重要依据
	2. 资产评估利用会计	① 资产评估利用和参考会计数据的情况是经常发生的,特别是在企业价值评估中,需要广泛地利用企业财务报表、有关财务指标以及财务预测数据等
		② 企业会计数据资料的准确程度,在一定程度上也会影响资产评估结果的质量
资产评估与会计的区别	职能不同	会计是一项以记账、算账和报账为基本手段,连续地、系统地反映和监督企业生产经营、财务收支及其成果的一种社会活动。反映和监督是会计的基本职能。资产评估是一种价值判断活动,评估和咨询是资产评估的基本职能
	依据不同	会计记账和算账中的资产确认和计价有相当的一部分仍然以可以可靠计量的历史成本为依据。资产评估中的资产确认和评价主要是以资产效用和市场价值为依据
	方法不同	会计中的资产计价方法大量采用核算方法。资产评估中的资产价值评估除了可以利用核算方法之外,还广泛地运用预期收益折现、市场售价类比等多种技术方法
	目的不同	会计工作的基本目标是为企业管理、会计核算和会计信息披露服务。资产评估的基本目标是为资产交易和产权变动服务的

（二）资产评估与审计的联系和区别

资产评估与审计同为专业中介服务性质的活动,但双方既相互联系,又相互区别,如表 1-6 所示。

表 1-6　资产评估与审计的联系和区别

关系	类别	表　现
资产评估与审计的联系	1. 方法相通	①资产评估中的资产清查阶段,就其工作方法而言,包括对委托方申报的评估对象进行核实和界定,有相当部分工作采用了与审计类似的方法,具有"事实判断"的性质
		②根据我国现行资产评估法规要求,流动资产及企业负债也被纳入企业价值评估范围之内,而流动资产和负债的评估有相当部分可借鉴审计的方法进行
		③由于会计资产计价是审计审核的一个重要方面,而会计资产计价与资产评估有着紧密的联系,审计审核会计资产计价也要大量运用资产评估技术和方法,审计运用评估技术进行工作使得审计与资产评估的关系更加紧密
	2. 数据利用	在企业价值评估中,经审计后的企业财务报表及相关数据可以作为企业价值评估的基础数据

（续表）

关系	类别	表 现
资产评估与审计的区别	背景不同	审计是在现代企业两权分离背景下产生的,旨在对企业财务报表所反映的企业财务状况和经营成果的真实性和公允性作出事实判断;资产评估是在市场经济充分发展,适应资产交易、产权变动的需要,旨在为委托人与有关当事人的被评估资产作出价值判断
	原则不同	审计人员在执业过程中,要自始至终地贯彻公正、防护和建设三大专业原则;而资产评估人员在执业过程中则必须遵循供求、替代、贡献、预期等基本经济原则
	知识领域不同	审计工作是以会计学、税法及其他经济法规等知识为专业知识基础;而资产评估的专业知识基础除了由经济学、法律、会计学等知识外,工程技术方面的知识也是其重要的组成部分
	处理标准不同	审计主要是对会计报告的审计,审计对业务的处理标准与会计是统一的,而与资产评估却是大相径庭,如市场价值与历史成本等

课外阅读材料

1. 姜楠.再论资产评估准则中的价值类型选择——关于《资产评估基本准则》中价值类型的阐释[J].中国资产评估,2004(4).

2. 姜楠.对资产评估基本目标的再认识——兼论公允价值与市场价值[J].中国资产评估,2004(6).

3. 中国资产评估协会.全面认识价值类型的作用——国外评估界关于价值类型的认识及理论等问题论述的启发[EB/OL].http://www.cas.org.cn.

4. 王景升.我国资产评估理论结构问题研究[J].理论界,2005(11).

5. 崔茜,王建中.资产评估理论结构模型构建[J].财会通讯,2008(4).

6. 胡晓明.资产评估与审计关系的综述及思考[J].中国资产评估,2011(1).

7. 葛锐,刘晓颖,马君.资产评估理论与实务研究进展综述——基于2017—2019年的期刊数据[J].中国资产评估,2020(5).

8. 常华兵.资产评估在中国古代社会渊源寻踪[J].中国资产评估,2019(6).

9. 葛锐.一个明话本故事中的"资产评估"思想[J].中国资产评估,2019(6).

复习思考题

1. 什么是资产评估?其基本要素有哪些?如何理解各个要素的含义?

2. 请阐述资产评估发展的不同阶段及其主要特征是什么。

3. "资产"一词在不同学科中的含义是否相同?如何理解资产评估中的"资产"?什么是资产评估的特定目的?资产评估的特定目的在资产评估中有什么作用?

4. 资产评估的基本特点有哪些?应怎样理解?

5. 什么是资产评估假设?资产评估有哪几种基本前提假设、环境假设、对象利用程度假设、递向假设?它们在资产评估中有什么作用?

6. 资产评估工作原则和经济技术原则是什么？如何理解？

7. 请阐述资产评估与会计、资产评估与审计的联系与区别。

8. 请说明资产评估的学科归属、资产评估的理论结构及其逻辑起点。

9. 请举例说明什么是资产评估的市场价值与非市场价值。市场价值与非市场价值的意义和作用是什么？

10. 请举例说明在资产评估执业中应如何进行价值类型的选择和使用。

11. 资产评估公司设立的形式有几种？设立合伙制或公司制资产评估机构的条件是什么？资产评估机构的合伙人或者股东应当具备哪些条件？

12. 举例说明资产评估师、注册会计师、会计师的思维方式有哪些主要区别。为什么？

案例研究一

一份简略的资产评估报告

本资产评估报告依据中国资产评估准则编制

A 股份有限公司拟转让 B 有限公司 100％股权项目

资产评估报告

西湖评报字〔2020〕第 1069 号

A 股份有限公司：

西湖资产评估有限公司接受贵公司的委托，根据有关法律法规和资产评估准则，采用资产基础法，按照必要的评估程序，就 A 股份有限公司拟转让所持 B 有限公司 100％股权项目之经济行为所涉及的 B 有限公司股东全部权益在评估基准日 2020 年 1 月 31 日的市场价值进行了评估。现将资产评估情况报告如下：

一、委托人、被评估单位和资产评估委托合同约定的其他资产评估报告使用人概况

本次资产评估的委托人为 A 股份有限公司，被评估单位为 B 有限公司，资产评估委托合同约定的其他资产评估报告使用人为经济行为相关的当事方以及按照国有资产管理相关规定报送备案的相关监管机构。

二、评估目的

根据 A 股份有限公司 2020 年 4 月 7 日第十届董事会第八次会议决定，A 拟将持有 B100％股权转让予 C 集团有限责任公司，针对此次经济行为开展相关资产评估工作。上述经济行为已经上级主管单位 D（集团）有限责任公司同意。

本次评估目的是反映 B 股东全部权益于评估基准日的市场价值，为 A 股份有限公司拟转让 B 股权之经济行为提供价值参考。

三、评估对象和评估范围

评估对象是 B 的股东全部权益，评估范围为 B 在基准日经审计后的全部资产及相关负债，其中：账面资产总额为 373 305.65 万元，负债总额 362 495.63 万元，净资产额为 10 810.02 万元。具体包括流动资产 333 701.01 万元；非流动资产 39 604.64 万元；流动负债 355 879.22 万元，非流动负债 6 616.41 万元。

上述资产与负债数据摘自经钱塘会计师事务所（特殊普通合伙）出具的无保留意见的审计报告（审计报告号：QT/2020TYA10129）的资产负债表，评估是在企业经过审计后的基础上进行的。

委托评估对象和评估范围与经济行为涉及的评估对象和评估范围一致。

四、价值类型及其定义

依据本次评估目的,确定本次评估的价值类型为市场价值。

市场价值是指自愿买方和自愿卖方在各自理性行事且未受任何强迫的情况下,评估对象在评估基准日进行正常公平交易的价值估计数额。

五、评估基准日

本项目资产评估的基准日是 2020 年 1 月 31 日。

此基准日是委托人在综合考虑被评估单位的资产规模、工作量大小、预计所需时间、合规性等因素的基础上确定的。

六、评估依据

本次资产评估遵循的评估依据主要包括经济行为依据、法律法规依据、评估准则依据、资产权属依据,及评定估算时采用的取价依据和其他参考资料等。

七、评估方法

(一)评估方法的选择

依据资产评估准则的规定,企业价值评估可以采用收益法、市场法、资产基础法三种方法。收益法是企业整体资产预期获利能力的量化与现值化,强调的是企业的整体预期盈利能力。市场法是以现实市场上的参照物来评价估值对象的现行公平市场价值,它具有估值数据直接取材于市场,估值结果说服力强的特点。资产基础法是指在合理评估企业各项资产价值和负债的基础上确定评估对象价值的思路。

由于涉及同等规模企业产权的近期交易案例未能获取,本次评估未选择市场法进行评估。

八、评估程序实施过程和情况(略)

九、评估假设

本次评估中,评估人员遵循了以下评估假设:

(一)一般假设

1. 交易假设

交易假设是假定所有待评估资产已经处在交易的过程中,评估师根据待评估资产的交易条件等模拟市场进行估价。交易假设是资产评估得以进行的一个最基本的前提假设。

2. 公开市场假设

公开市场假设,是假定在市场上交易的资产,或拟在市场上交易的资产,资产交易双方彼此地位平等,彼此都有获取足够市场信息的机会和时间,以便于对资产的功能、用途及其交易价格等作出理智的判断。

公开市场假设以资产在市场上可以公开买卖为基础。

3. 持续经营假设

持续经营假设是指评估时需根据被评估资产按目前的用途和使用的方式、规模、频度、环境等情况继续使用,或者在有所改变的基础上使用,相应确定评估方法、参数和依据。

(二)特殊假设

1. 本次评估假设评估基准日外部经济环境不变,国家现行的宏观经济不发生重大变化;

2. 企业所处的社会经济环境以及所执行的税赋、税率等政策无重大变化;

3. 企业未来的经营管理班子尽职,并继续保持现有的经营管理模式;

4. 本次评估的各项资产均以评估基准日的实际存量为前提,有关资产的现行市价以评估基准日的国内有效价格为依据;

5. 本次评估假设委托人及被评估单位提供的基础资料和财务资料真实、准确、完整;

6. 评估范围仅以委托人及被评估单位提供的评估申报表为准,未考虑委托人及被评估单位提供

清单以外可能存在的或有资产及或有负债;

7. 本次评估测算的各项参数取值不考虑通货膨胀因素的影响。

当上述条件发生变化时,评估结果一般会失效。

十、评估结论

采用资产基础法,得出的评估基准日 2020 年 1 月 31 日的评估结论:

B 资产账面价值 373 305.65 万元,评估值 372 623.22 万元,评估减值 682.43 万元,减值率 0.18%。负债账面价值 362 495.63 万元,评估值 362 495.63 万元,无评估增减值。净资产账面价值 10 810.02 万元,评估值 10 127.59 万元,评估减值 682.43 万元,减值率 6.31%。

十一、特别事项说明

(一)权属等主要资料不完整或者存在瑕疵的情形

无。

(二)未决事项、法律纠纷等不确定因素

无。

(三)抵押担保事项(略)

(四)重要的利用专家工作及相关报告情况

(1)评估范围内的资产、负债账面价值已经钱塘会计师事务所(特殊普通合伙)审计并出具了无保留意见的审计报告,审计报告编号:QT/2020TYA10129。

(2)本次评估,土地使用权评估值引用西湖资产评估有限公司出具的西湖评报〔2020〕(估)字第 1181 号土地估价报告的报告结论。

除此之外,未利用重要的专家工作及相关报告。

(五)重大期后事项

本本报告未发现可能对评估结论产生重大影响的期后事项。

(六)评估程序受限的有关情况、评估机构采取的弥补措施及对评估结论影响的说明(略)

(七)长期股权投资单位特别事项说明(略)

(八)其他需要说明的事项(略)

十二、评估报告使用限制说明

(一)本评估报告只能用于本报告载明的评估目的和用途。同时,本次评估结论是反映评估对象在本次评估目的下,根据公开市场的原则确定的现行公允市价,没有考虑将来可能承担的抵押、担保事宜,以及特殊的交易方可能追加付出的价格等对评估价格的影响,同时,本报告也未考虑国家宏观经济政策发生变化以及遇有自然力和其他不可抗力对资产价格的影响。当前述条件以及评估中遵循的持续经营原则等其他情况发生变化时,评估结论一般会失效。评估机构不承担由于这些条件的变化而导致评估结果失效的相关法律责任。

(二)本评估报告只能由评估报告载明的评估报告使用者使用。评估报告的使用权归委托人所有,未经委托人许可,本评估机构不会随意向他人公开。

(三)未征得本评估机构同意并审阅相关内容,评估报告的全部或者部分内容不得被摘抄、引用或披露于公开媒体,法律、法规规定以及相关当事方另有约定的除外。

(四)委托人或者其他资产评估报告使用人未按照法律、行政法规规定和资产评估报告载明的使用范围使用资产评估报告的,资产评估机构及其资产评估专业人员不承担责任。

(五)除委托人、资产评估委托合同中约定的其他资产评估报告使用人和法律、行政法规规定的资产评估报告使用人之外,其他任何机构和个人不能成为资产评估报告的使用人。

(六)评估师执行资产评估业务的目的是对评估对象价值进行估算并发表专业意见,并不承担相关当事人决策的责任。资产评估报告使用人应当正确理解和使用评估结论,评估结论不等同于评估对象可实现价格,评估结论不应当被认为是对评估对象可实现价格的保证。

(七)根据资产评估相关法律法规,涉及法定评估业务的资产评估报告,须委托人按照法律法规要求履行资产评估监督管理程序后使用,评估结果使用有效期一年,即2020年1月31日至2021年1月30日使用有效。

十三、评估报告日

评估报告日为二〇二〇年五月三十日。

十四、资产评估专业人员签名和资产评估机构印章

西湖资产评估有限责任公司

资产评估师:×××

资产评估师:×××

二〇二〇年五月三十日

问题讨论:

(1)此份简略资产评估报告涉及的本章的基本概念有哪些?其具体含义及其在资产评估中的作用是什么?

(2)本案例的资产评估假设是如何设置的?其各自的作用是什么?为什么?

(3)根据本案例资料,描述资产评估到底是做什么的。其定义是什么?

案例研究二

拍卖风波引发的资产评估基准日选择问题

(一)背景资料

湖州市星火服装有限公司是一家专业服装商场,经过20多年的发展,已经成为湖州服装零售业的一只巨鳄。1999年,星火公司改制后,公司注册资本为268万元,有18个股东。其中湖州市商业集团公司占22.387%的股份(国有股权),公司董事长朱敏华占总股本的29.851%,其他16位小股东占不到一半的股份。

2004年1月31日,星火公司22.387%的国有股拍卖会在国泰拍卖公司二楼拍卖大厅举行,此次拍卖会由湖州市产权交易所和国泰拍卖公司联合举办,主持拍卖的是国泰拍卖公司的拍卖师莫建忠,参拍者共有4人。被拍卖的"星火国有股"由湖州市商业集团公司持有,评估总价为79万元,起拍价为70万元。在拍卖师的主持下,开始以5万元一次加价,参拍的4人中,除星火公司董事长朱敏华和另外一位名叫沈建豪的当地商人一直对峙应价外,其余2位参拍人甚少举牌就早早收场。朱沈两人一直对峙应价到700万元。此时,拍卖师调整加价幅度为1万元一次,拍卖进入白热化。当朱敏华喊价713万元时,沈建豪马上举牌,714万元,这个价已经超过起拍价10多倍了。拍卖师高数3声,无人应价,"啪"一声,拍卖师落槌宣布拍卖成交。其后又因为湖州贸粮局的一位吴姓领导称拍卖价未到保留价(真正的保留价是1005万元)而拍卖流标。

且不说拍卖技巧的种种猫腻。关键是"星火国有股"的评估值是79万元,起拍价为70万元,事后公布的保留价却高达1005万元。起拍价和保留价之间的差距缘何如此之大,拍卖委托人又是根据什么标准定出这个保留价的呢?

星火国有股权的主管部门——湖州市贸易粮食局副局长吴惠红表示,定这个保留价也没什么标准,反正觉得应该是这个数,目的是保护国有资产不流失。

那么星火公司在拍卖前的资产评估到底是否存在低估或漏估的情况呢?

编号为湖冠评报字〔2003〕第118号的《湖州市星火服装有限公司资产评估报告书》是由湖州冠民联合会计师事务所作出的,委托人为星火服装有限公司。评估报告递交时间为2003年12月5日,而该评估书明确该项目评估基准日为2002年12月31日。也就是说,该份评估报告的评估基准日比递交报告日整整靠前了11个月。

湖州市财政局国综处(负责该市国有资产管理)处长陈良说,评估基准日直接决定了企业资产评估范围,基准日的靠前或靠后直接影响资产的多寡与评估的准确程度。

那么在这次星火公司资产评估中,基准日前11个月到底给星火资产的界定带来哪些影响呢?星火公司董事长朱敏华坦陈,2003年,公司新扩建了7 000平方米的商场,这些商铺在2003年9月竣工并投入使用,由于评估基准日为2002年12月31日,所以这些资产没有被评估进去。

为何要将基准日定得如此靠前呢?负责此次评估的湖州冠民联合会计师事务所评估师陈水群认为,评估基准日前推几个月在情理之中,但前移11个月是长了点儿,当时我们也有顾虑,并向委托方提出了意见,但委托方告诉我们,这个基准日已经得到了湖州市贸粮局的默认,并拿出一份该局2001年的文件来佐证。于是,评估的基准日就定格在了2002年12月31日。

湖州当地一些评估专家指出,这份评估报告仅固定资产一项还存在低估的情况。截至评估基准日,星火服装有限公司拥有商铺6 800平方米左右,仓库和办公用房2 000平方米左右,星火服装公司所在的地段为湖州市市区的黄金地段,这些商铺按现在的实际价值计算,每平方米的价格最起码在10 000元以上,办公楼和仓库的房价也在每平方米5 000元以上,而这次评估将所有房产仅按每平方米3 090元计算。

不妨算一笔账,按照星火房产现有的实际价值,商铺的评估房价比实际房价每平方米低了近7 000元,办公用房或仓库每平方米则低了近2 000元。还有没被评估进去的2003年新建设的7 000平方米商铺,粗粗算来,仅固定资产一项就少评估了1.2亿元左右。按照这样的计算,截至拍卖之日(2004年1月31日),星火公司实际净资产最起码在原有评估值(479.6万元)的基础上再加1.2亿元,也就是说,22.387%国有股在拍卖时其实际价值已经达到2 765.44万元,而当时的评估价仅为79万元。这一差距令人震惊。

星火净资产被低估、少估的真正原因,是有人在背后操纵,他们想通过此举在拍卖中以极低的价格获得这些国有股,达到侵占国有资产的目的。

星火公司22.387%的国有股无疑是一块大肥肉,只要具备实力的湖州人都想得到这些股份。最想拥有这些股份的是公司董事长朱敏华,因为就目前的股份配置上看,朱敏华只有取得这部分股份后才可以绝对控股。不过,星火公司董事长朱敏华表示,当时我参加拍卖并没有想这么多,这些事情我都不懂,都是一些部下在操作的。

然而,这些人的如意算盘因沈建豪的介入而打乱了。

小股东纷纷表示,如果没有沈建豪的出现,朱敏华将以极低的价格拍得星火国有股权。同时,这些国有股权幸亏没有被沈建豪以714万元的价格顺利取得,因为实际价值2 765.44万元的国有股即便拍到了保留价1 005万元,国有资产还是在拍卖中流失了1 700万元。

(二)问题讨论

(1)以本例的背景资料为基础,说明资产评估基准日在资产评估活动中的意义和作用。

(2)如何合理地确定资产评估基准日?以本例的背景资料为基础,列举资产评估基准日的不同选择对评估值可能影响的具体情形。

第二章

资产评估的基本方法

☞ 学习目标

1. 掌握市场法的含义与应用前提
2. 掌握市场法运用的基本步骤
3. 掌握市场法中的直接比较法下具体方法的运用及其适用条件和使用要求
4. 掌握收益法的含义和应用前提
5. 掌握收益法中收益额、折现率和收益期限三个基本参数的内涵、实质和估测方法
6. 掌握收益法各种具体方法的运用及其适用条件和使用要求
7. 掌握成本法的含义
8. 掌握成本法中重置成本、实体性贬值、功能性贬值和经济性贬值的含义及其相互关系
9. 掌握成本法中重置成本具体估算方法的运用
10. 掌握实体性贬值的具体测算
11. 掌握功能性贬值的具体测算
12. 掌握经济性贬值的具体测算
13. 掌握市场法、收益法和成本法之间的逻辑关系及应用关系
14. 熟悉市场法中的可比因素及其选择要求
15. 熟悉每类评估方法中各种具体方法之间的逻辑关系和应用条件
16. 熟悉选择和运用评估方法的基本要求与需要考虑的各种条件及参数
17. 了解成本法的适用范围
18. 了解统计分析法的运用步骤

资产评估方法,是指评定估算资产价值的途径和手段。按照分析原理和技术路线不同可以分为市场法、成本法、收益法三种基本方法及其衍生方法。为使学生对资产评估方法有一个概括性认识和全局性把握,我们描述了本章的内容结构框架、知识点之间的逻辑结构,如图2-1所示。

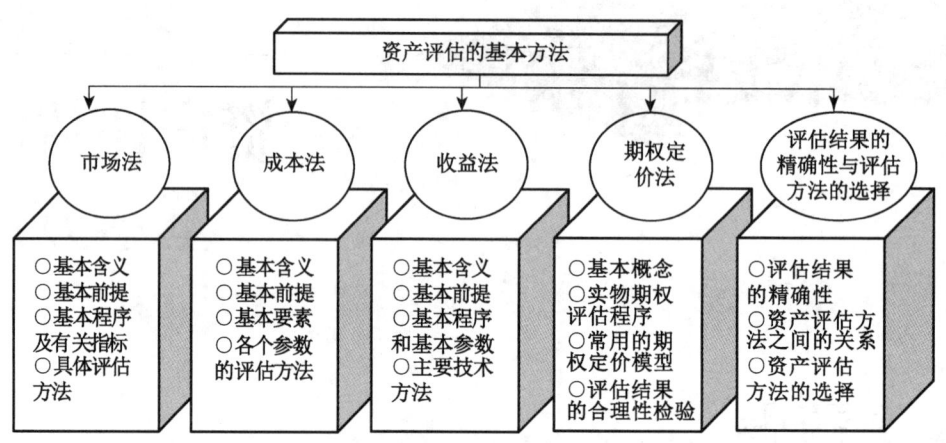

图2-1　本章的知识点逻辑结构图

案例导入

一头牛的评估与阿尔弗莱德·马歇尔

某地的一个熙熙攘攘的牲口交易市场上,一群潜在的买家及好事者围着一头待出售的耕牛,你一言我一语评定着耕牛的价格。王五说值2 300元,因为这头牛正当壮年;李四说应该再加200元,因为这头牛至少还可以耕地10年;张三说加100元就够啦,因为这头牛看起来像有寄生虫;卖家王麻子高声说道,我这头牛至少得卖2 600元,因为昨天一头年龄、性别、体型基本相同的牛卖了2 650元;旁边的马八立刻回击道,你这头牛养这么大,所有成本加起来也不会超过2 200元;开拖拉机的路人甲住脚插话,现在都用机器耕地了,耕牛没有太大作用了,而且每天还要发生饲料和人工等费用,你这头牛最多就值1 500块钱……大家讨价还价的声音此起彼伏。通过一位"搹客"的撮合,最后敲定这头牛值2 280元,并且以2 280元成交。

新古典学派经济学家阿尔弗莱德·马歇尔按资产评估的分析原理和技术路线等方面的差异,率先提出了市场法、成本法和收益法。市场法是站在市场交易的角度考虑问题,其评估思路是考虑相同或替代资产的销售及相关市场数据,即能够相互替代的物品应该具有同样的价值,并以参照物经调整后的成交价格来确定其价值。成本法是站在投资的角度考虑问题,其评估思路是计量重新建造或购置被评估资产的成本,作为被评估资产的价值。除非时机不当,购买者不会愿意为待估资产支付比获取现行等效资产更高的价格。如果该资产是旧的,按照该重置成本扣除使用损耗等贬值因素作为该资产的评估价值。收益法是站在未来收益的角度考虑问题,服从资产评估中将利求本的思路,其评估思路是通过考虑考量被评估资产的相关收益支出,采用资本化和折现的途径及其方法来判断和估算资产价值。

事实上,就资产评估方法本身来讲,它并不为资产评估所独有。资产评估方法是在工程技术、统计、财务管理、会计、金融工程等学科中的技术方法的基础上,结合自身特点形成的一整套方法体系。资产评估方法与其他学科的技术方法既有联系,又有区别。区别就在于资产评估将其他学科的技术方法按照资产评估运作的内在要求,用资产评估的技术思路加以重组,从而构成了资产评估方法体系。

根据阿尔弗莱德·马歇尔的观点,请说明李四、王麻子、马八分别使用了什么样的资产评估方法?为什么?

第一节　市　场　法

一、市场法的基本含义

市场法是指利用市场上同样或类似资产的近期交易价格,经过直接比较或类比分析以估测资产价值的各种评估技术方法的总称。

从市场法的含义中可以发现,市场法是资产评估中若干评估法中的一种,也是实现该评估技术法的若干评估技术方法的集合。市场法是根据替代原则,采用比较和类比的思路及其方法判断资产价值的评估技术规程。因为任何一个正常的投资者在购置某项资产时,他所愿意支付的价格不会高于市场上具有相同用途的替代品的现行市价。

运用市场法要求充分利用类似资产成交价格信息,并以此为基础判断和估测被评估资产的价值。运用已被市场检验了的结论来评估被评估对象,显然是容易被资产业务各当事人所接受的。因此,市场法是资产评估中最为直接、最具说服力的评估方法之一。当然,利用市场法进行资产评估,尚需满足一些最基本的条件。

二、市场法的基本前提

通过市场法进行资产评估需要满足两个最基本的前提条件:①要有一个活跃的公开市场;②公开市场上要有可比的资产及其交易活动。

公开市场是一个充分的市场,市场上有自愿的买者和卖者,他们之间进行平等交易。这就排除了个别交易的偶然性,市场成交价格基本上可以反映市场行情。按市场行情估测被评估资产价值,评估结果会更贴近市场,更容易被资产交易各方所接受。

资产及其交易的可比性,是指选择的可比资产及其交易活动在近期公开市场上已经发生过,且与被评估资产及资产业务相同或相似。这些已经完成交易的资产就可以作为被评估资产的参照物,其交易数据是进行比较分析的主要依据。

参照物与评估对象的可比性是运用市场法评估资产价值的重要前提。把握住参照物与评估对象在功能上的一致性,可以避免张冠李戴;把握住参照物与评估对象所面临的市场条件,可以明确评估结果的价值类型;选择近期交易的参照物,可以减少调整时间因素对资产价值影响的难度。

三、市场法的基本程序及有关指标

运用市场法进行评估,其基本程序如下。

（一）选择参照物

不论评估对象是单项资产还是整体资产，运用市场法评估时都需经历选择参照物这样一个程序。对参照物的要求关键在于可比性问题，包括功能、市场条件及成交时间等。资产及其交易的可比性具体体现在以下几个方面：①参照物与评估对象在功能上具有可比性，包括用途、性能上的相同或相似；②参照物与被评估对象面临的市场条件具有可比性，包括市场供求关系、竞争状况和交易条件等；③参照物成交时间与评估基准日间隔时间不能过长，应在一个适度时间范围内，同时，时间对资产价值的影响是可以调整的。

另外就是参照物的数量问题。不论参照物与评估对象如何相似，通常应选择 3 个以上参照物。因为运用市场法评估资产价值，被评估资产的评估值高低在很大程度上取决于参照物成交价格水平，而参照物成交价又不仅仅是参照物功能自身的市场体现，它还受买卖双方交易地位、交易动机、交易时限等因素的影响。为了避免某个参照物个别交易中的特殊因素和偶然因素对成交价及评估值的影响，运用市场法评估资产时应尽可能选择多个参照物。

（二）在评估对象与参照物之间选择比较因素

从理论上讲，影响资产价值的基本因素大致相同，如资产性质、市场条件等。但具体到不同类型的资产时，影响其价值的因素又各有侧重。例如，影响房地产价值的主要是地理位置因素，而技术水平则在机器设备评估中起主导作用。所以，应根据不同种类资产价值形成的特点，选择对资产价值形成影响较大的因素作为对比指标，在参照物与评估对象之间进行比较。

运用市场法评估单项资产应考虑的可比因素主要如表 2-1 所示。

表 2-1　运用市场法评估单项资产应考虑的可比因素

可比因素	因素说明
资产的功能	资产的功能是资产使用价值的主体，是影响资产价值的重要因素之一。在资产评估中强调资产的使用价值或功能，并不是从纯粹抽象意义上讲，而是从资产的功能并结合社会需求，从资产实际发挥效用的角度来考虑。也就是说，在社会需要的前提下，资产的功能越好，其价值越高，反之亦然
资产的实体特征和质量	资产的实体特征主要是指资产的外观、结构、役龄和规格型号等。资产的质量主要是指资产本身的建造或制造工艺水平
市场条件	主要是要考虑参照物成交时与评估时的市场条件及供求关系的变化情况。在一般情况下，供不应求时，价格偏高；供过于求时，价格偏低。市场条件上的差异对资产价值的影响应引起评估人员足够的关注
交易条件	交易条件主要包括交易批量、交易动机、交易时间等。交易批量不同，交易对象的价格就可能不同。交易动机也对资产交易价格有影响。在不同时间交易，资产的交易价格也会有差别

以上各因素是运用市场法经常涉及的一些可比性因素。在具体运用市场法进行评估时，还要视评估对象的具体情况考虑其具体的可比因素，如房地产评估中的区位因素，机器设备评估中的制造厂家、资产规格型号等。

(三) 指标对比、量化差异

根据前面所选定的对比指标,在参照物及评估对象之间进行比较,并将两者的差异进行量化。如资产功能指标,尽管参照物与评估对象功能相同或相似,但在生产能力、产品质量,以及在资产运营过程中的能耗、料耗和工耗等方面都可能有不同程度的差异。运用市场法的一个重要环节就是将参照物与评估对象对比指标之间的上述差异数量化和货币化。

(四) 在各参照物成交价格的基础上,调整已经量化的对比指标差异

市场法是以参照物的成交价格作为评定估算评估对象价值的基础的。在这个基础上将已经量化的参照物与评估对象对比指标差异进行调增或调减,就可以得到以每个参照物为基础的评估对象的初步评估结果。初步评估结果与所选择的参照物个数密切相关。

(五) 综合分析确定评估结果

按照一般要求,运用市场法通常应选择 3 个以上参照物。所以,在一般情况下,运用市场法评估的初步结果也在 3 个以上。根据资产评估的一般惯例的要求,正式的评估结果只能是一个,这就需要资产评估专业人员对若干评估初步结果进行综合分析,以确定最终的评估值。确定最终的评估值,主要取决于资产评估专业人员对参照物的把握和对评估对象的认识。当然,如果参照物与评估对象的可比性都很好,评估过程中没有明显的遗漏或疏忽,采用算术平均法或加权平均法等方法将初步结果转换成最终评估结果也是合理的。

四、市场法中的具体评估方法

市场法实际上是指在一种评估思路下的若干具体评估方法的集合,市场法包括多种具体方法。例如,单项资产评估中的直接比较法和间接比较法,企业价值评估中的交易案例比较法和上市公司比较法等。其基本公式是:

$$资产的评估价值 = 可比资产的市场售价 \pm 调整数$$

按照参照物与评估对象的相近、相似程度,市场法中的具体方法可以被分为两大类:直接比较法和间接比较法。在运用市场法时,所用的同类资产与主体资产交易时间间隔不超过 1 年,由于没有两样商品完全相同,而且筹资条件和相关交易条件不同,所以要作相应调整。此法适用于市场活跃,有大量可比物的资产的评估,如家庭住宅、单元住房等。

(一) 直接比较法

直接比较法是指利用参照物的交易价格,以评估对象的某一或若干基本特征与参照物的同一及若干基本特征直接进行比较,得到两者的基本特征修正系数或基本特征差额,在参照物交易价格的基础上进行修正从而得到评估对象价值的一类方法。修正系数通常为评估对象与参照物同一指标的比值。当比值大于 1 时,评估对象该指标优于参照物,说明应当将参照物往高修正;当比值等于 1 时,说明评估对象与参照物指标值相同,无需修正;当比值小于 1 时,则意味着评估对象该指标比参照物差,应当将参照物向低修正。其基本计算公式为:

$$评估对象价值 = 参照物成交价格 \times 修正系数1 \times 修正系数2 \times \cdots \times 修正系数n$$

或：

$$评估对象价值 = 参照物成交价格 \pm 基本特征差额1 \pm 基本特征差额2 \pm \cdots \pm 基本特征差额n$$

直接比较法直观简洁、便于操作,但通常对参照物与评估对象之间的可比性要求较高。参照物与评估对象要达到相同或基本相同的程度,或参照物与评估对象的差异主要体现在某几项明显的因素上,如新旧程度或交易时间先后等。

1. 单一因素比较法

当参照物与评估对象的差异仅仅体现在某一基本特征上的时候,直接比较法还可能演变成以下评估方法,如现行市价法、市价折扣法、功能价值类比法、价格指数法和成新率价格调整法等。

1）现行市价法

当评估对象本身具有现行市场价格或与评估对象基本相同的参照物具有现行市场价格的时候,可以直接利用评估对象或参照物在评估基准日的现行市场价格作为评估对象的评估价值。例如,可上市流通的股票和债券可按其在评估基准日的收盘价作为评估价值;批量生产的设备、汽车等可按同品牌、同型号、同规格、同厂家、同批量的设备、汽车等的现行市场价格作为评估价值。

2）市价折扣法

市价折扣法是以参照物成交价格为基础,考虑到评估对象在销售条件、销售时限等方面的不利因素,同时借助评估人员的经验或有关部门的规定,设定一个价格折扣率来估算评估对象价值的方法。其计算公式为：

$$资产评估价值 = 参照物成交价格 \times (1 - 价格折扣率)$$

此方法一般只适用于评估对象与参照物之间仅存在交易条件方面差异的情况。

下面的举例仅仅在于说明评估方法本身的应用,并不是严格意义上的实践运用。

【例2-1】 评估某拟快速变现资产,在评估基准日与其完全相同的正常变现价为100万元,经资产评估专业人员综合分析,认为快速变现的折扣率应为40%,则该拟快速变现资产价值接近60万元。

$$快速变现资产评估值 = 100 \times (1 - 40\%) = 60(万元)$$

3）功能价值类比法

功能价值类比法(亦称类比估价法)是以参照物的成交价格为基础,考虑参照物与评估对象之间的功能差异进行调整来估算评估对象价值的方法。根据资产的功能与其价值之间的关系可分为线性关系和指数关系两种情况。

(1)资产价值与其功能呈线性关系的情况,通常被称作生产能力比例法,其计算公式为：

$$资产评估价值 = 参照物成交价格 \times (评估对象生产能力 \div 参照物生产能力)$$

当然,功能价值类比法不仅仅表现在资产的生产能力这一项指标上,它还可以通过对参照物与评估对象的其他功能指标的对比,利用参照物成交价格推算出评估对象价值。

【例 2-2】　被评估资产年生产能力为 90 吨,参照资产的年生产能力为 120 吨,评估基准日参照资产的市场价格为 10 万元。由此确定被评估资产价值接近 7.5 万元。

$$资产评估价值 = 10 \times 90 \div 120 = 7.5(万元)$$

（2）资产价值与其功能呈指数关系的情况,通常被称作规模经济效益指数法,其计算公式为:

$$资产评估价值 = 参照物成交价格 \times (评估对象生产能力 \div 参照物生产能力)^x$$

【例 2-3】　被评估资产年生产能力为 90 吨,参照资产的年生产能力为 120 吨,评估基准日参照资产的市场价格为 10 万元。该类资产的功能价值指数为 0.7,由此确定被评估资产价值接近 8.18 万元。

$$资产评估价值 = 10 \times (90 \div 120)^{0.7} = 8.18(万元)$$

4）价格指数法

价格指数法(亦称物价指数法)是以参照物成交价格为基础,考虑参照物的成交时间与评估对象的评估基准日之间的时间间隔对资产价值的影响,利用价格指数调整估算评估对象价值的方法。其计算公式为:

① $$资产评估价值 = 参照物成交价格 \times (1 + 价格变动指数)$$

$$资产评估价值 = 参照物资产交易价格 \times \frac{1 + 评估基准日同类资产定基价格变动指数}{1 + 参照物交易期日同类资产定基价格变动指数}$$

或

$$资产评估价值 = 参照物资产交易价格 \times \frac{参照物交易期日至评估基准日各期}{(1 + 环比价格变动指数)乘积}$$

② $$资产评估价值 = 参照物成交价格 \times 价格指数$$

其一,运用定基指数修正。如果能够获得参照物和评估对象的定基价格指数或定基价格变动指数,价格指数法的数学式可以概括为:

$$资产评估价值 = 参照物资产交易价格 \times \frac{评估基准日资产定基价格指数}{参照物交易期日资产定基价格指数}$$

其二,运用环比指数修正。如果能够获得参照物和评估对象的环比价格指数或环比价格变动指数,价格指数法的数学式可以概括为:

$$资产评估价值 = 参照物资产交易价格 \times \frac{参照物交易期日至评估基准日}{各期环比价格指数乘积}$$

价格指数法一般只运用于评估对象与参照物之间仅有时间因素存在差异的情况,且时间差异不能过长。当然,此方法稍作调整可作为市场售价类比法中估测时间差异系数或时间差异值的方法。下面的举例仅仅在于说明评估方法本身的应用,并不是严格意义上的实践运用。

【例 2-4】 与评估对象完全相同的参照资产 6 个月前的成交价格为 10 万元,半年间该类资产的价格上升了 5%,运用价格指数法计算,评估对象的评估价值接近于:

$$资产评估价值 = 10 \times (1 + 5\%) = 10.5(万元)$$

【例 2-5】 被评估房地产于 2020 年 6 月 30 日进行评估,该类房地产 2020 年上半年各月月末的价格同 2019 年年底相比,分别上涨了 2.5%、5.7%、6.8%、7.3%、9.6% 和 10.5%。其中参照房地产在 2020 年 3 月底的价格为 3 800 元/平方米,根据定基价格变动指数,则评估对象于 2020 年 6 月 30 日的价值接近于:

$$3\ 800 \times (1 + 10.5\%) \div (1 + 6.8\%) = 3\ 932(元/平方米)$$

【例 2-6】 已知某资产在 2020 年 1 月的交易价格为 300 万元,该种资产已不再生产,但该类资产的价格变化情况如下:2020 年 1~5 月的环比价格指数分别为 103.6%、98.3%、103.5% 和 104.7%。根据参照物和评估对象的环比价格指数,评估对象于 2020 年 10 月的评估价值最接近于:

$$300 \times 103.6\% \times 98.3\% \times 103.5\% \times 104.7\% = 331.1(万元)$$

5) 成新率价格调整法

成新率价格调整法是以参照物的成交价格为基础,考虑参照物与评估对象新旧程度上的差异,通过成新率调整估算出评估对象价值的方法。其计算公式为:

$$资产评估价值 = 参照物成交价格 \times (评估对象成新率 \div 参照物成新率)$$

其中:

$$资产的成新率 = \frac{资产的尚可使用年限}{资产的已使用年限 + 资产的尚可使用年限}$$

此方法一般只运用于评估对象与参照物之间仅有成新程度差异的情况。当然,此方法略加改造也可以作为计算评估对象与参照物成新程度差异调整率和差异调整值的方法。

直接比较法具有适用性强、应用广泛的特点。但该法对信息资料的数量和质量要求较高,需要对参照物与评估对象的若干可比因素进行对比分析和差异调整,且要求评估人员要有较丰富的评估经验、市场阅历和评估技巧。如果没有足够的数据资料以及对资产功能、市场行情的充分了解和把握,很难准确地评定估算出评估对象的价值。

2. 类比调整法

在评估实践中,被评估资产与参照物的差异往往不止一个方面,类比调整法就是将参照物成交价根据量化的若干比较因素差异进行调整,从而得到被评估资产价值的方法。类比调整法主要有市场售价类比法和价值比率法。

1) 市场售价类比法

市场售价类比法是以参照物的成交价格为基础,考虑参照物与评估对象在功能、市场条件和销售时间等方面的差异,通过对比分析和量化差异,调整估算出评估对象价值的各种方法。其计算公式为:

资产评估值 ＝ 参照物售价＋功能差异值＋时间差异值＋…＋交易情况差异值

资产评估值 ＝ 参照物售价×功能差异修正系数×…×时间差异修正系数

【例 2-7】 某商品房用地市场价值评估有关资料如下：

估价对象概况：待估地块为城市规划上属于住宅区的一块空地，面积为 600 平方米，地形为长方形。

评估要求：评估该地块 2020 年 10 月 3 日的市场价值。

评估过程：

(1) 选择评估方法。该种类型的土地有较多的交易实例，故采用市场法进行评估。

(2) 收集有关的评估资料。

第一，收集待估土地资料(略)。

第二，收集交易实例资料。选择 4 个交易实例作为参照物，具体情况如表 2-2 所示。

表 2-2 交易实例情况表

	交易实例A	交易实例B	交易实例C	交易实例D	估价对象
坐落	略	略	略	略	略
所处地区	临近	类似	类似	类似	一般市区
用地性质	住宅	住宅	住宅	住宅	住宅
土地类型	空地	空地	空地	空地	空地
交易日期	2020年4月2日	2020年3月3日	2019年10月4日	2019年12月5日	2020年10月3日
价格 — 总价	3 795 750 元	6 391 600 万元	5 393 600 元	7 578 000 元	
价格 — 单价	16 870 元/平方米	16 820 元/平方米	16 855 元/平方米	16 840 元/平方米	
面积	225 平方米	380 平方米	320 平方米	450 平方米	600 平方米
形状	长方形	长方形	长方形	正方形	长方形
地势	平坦	平坦	平坦	平坦	平坦
地质	普通	普通	普通	普通	普通
基础设施	较好	完备	较好	很好	很好
交通状况	很好	较好	较好	较好	很好
正面路宽	8 米	6 米	8 米	8 米	8 米
容积率	6	5	6	6	6
剩余使用年限	35 年	30 年	35 年	30 年	30 年

(3) 进行交易情况修正。经分析，交易实例 A、D 为正常买卖，无需进行交易情况修正；交易实例 B 较正常买卖，价格偏低 2％；交易实例 C 较正常买卖，价格偏低 3％。

则各交易实例的交易情况修正率为:交易实例 A:0%;交易实例 B:2%;交易实例 C:3%;交易实例 D:0%。

(4) 进行交易日期修正。根据调查,2018 年 10 月 4 日以来土地价格平均每月上涨 1%,则各参照物交易实例的交易日期修正率为[①]:交易实例 A:6%;交易实例 B:7%; 交易实例 C:12%;交易实例 D:10%。

(5) 进行区域因素修正。交易实例 A 与待估土地处于同一地区,无需作区域因素修正。

交易实例 B、C、D 的区域因素修正情况可参照表 2-3 判断。本次评估设定待估地块的区域因素值为 100,则根据表 2-3 各种区域因素的对比分析,经综合判定打分,交易实例 B 所属地区为 88,交易实例 C 所属地区为 108,交易实例 D 所属地区为 100。

表 2-3　区域因素比较表

区域因素 ＼ 类似地区	B	C	D
自然条件	(相同)10	(相同)10	(相同)10
社会环境	(较差)7	(相同)10	(相同)10
街道条件	(相同)10	(相同)10	(相同)10
交通便捷度	(稍差)8	(稍好)12	(相同)10
离交通车站点距离	(较远)7	(稍近)12	(相同)10
离市中心距离	(相同)10	(稍近)12	(相同)10
基础设施状况	(稍差)8	(相同)10	(稍好)12
公共设施完备状况	(相同)10	(较好)12	(相同)10
水、大气、噪音污染状况	(相同)10	(相同)10	(相同)10
周围环境及景观	(稍差)8	(相同)10	(稍差)8
综合打分	88	108	100

(6) 进行个别因素修正。

第一,经比较分析,待估土地的面积较大,有利于充分利用。另外环境条件也比较好,故判定比各交易实例土地价格高 2%。

第二,土地使用年限因素的修正。交易实例 B、D 与待估土地的剩余使用年限相同无需修正。交易实例 A、C 均需作使用年限因素的调整,其调整系数测算如下(假定折现率为 8%):

---

① 若土地价格每月上涨 1%,则修正率的计算公式为 $(1+1\%)^n$,n 为时间间隔期数。即交易实例 A、B、C、D 的修正率分别为 6.15%、7.21%、12.68% 和 10.46%。

$$年限修正系数 = [1 - 1 \div (1 + 8\%)^{30}] \div [1 - 1 \div (1 + 8\%)^{35}]$$
$$= [1 - 0.099\,4] \div [1 - 0.067\,6]$$
$$= 0.900\,6 \div 0.932\,4 = 0.965\,9$$

（7）计算待估土地的初步价格。

交易实例 A 修正后的单价为：

$$16\,870 \times \frac{100}{100} \times \frac{106}{100} \times \frac{100}{100} \times \frac{102}{100} \times 0.965\,9 = 17\,617.87（元/平方米）$$

交易实例 B 修正后的单价为：

$$16\,820 \times \frac{100}{98} \times \frac{107}{100} \times \frac{100}{88} \times \frac{102}{100} = 21\,286.35（元/平方米）$$

交易实例 C 修正后的单价为：

$$16\,855 \times \frac{100}{97} \times \frac{112}{100} \times \frac{100}{108} \times \frac{102}{100} \times 0.965\,9 = 17\,753.49（元/平方米）$$

交易实例 D 修正后的单价为：

$$16\,840 \times \frac{100}{100} \times \frac{110}{100} \times \frac{100}{100} \times \frac{102}{100} = 18\,894.48（元/平方米）$$

（9）采用简单算术平均法求取评估结果。

$$土地评估单价 = (17\,617.87 + 21\,286.35 + 17\,753.49 + 18\,894.48) \div 4$$
$$= 18\,888.05（元/平方米）$$
$$土地评估总价 = 18\,888.05 \times 600 = 11\,332\,830（元）$$

2）价值比率法

价值比率法是指利用参照物的市场交易价格，与其某一经济参数或经济指标相比较形成的价值比率作为乘数或倍数，乘以评估对象的同一经济参数或经济指标，从而得到评估对象价值的一种具体评估方法。价值比率法中的价值比率种类非常多，这里只介绍两种简单的价值比率，其他的情况会在以后的章节中出现和应用。

（1）成本市价法。成本市价法是以评估对象的现行合理成本为基础，利用参照物的成本市价比率来估算评估对象的价值的方法。其计算公式为：

$$资产评估价值 = 评估对象现行合理成本 \times \frac{参照物成交价格}{参照物现行合理成本}$$

【例 2-8】　评估基准日某市商品住宅的成本市价率为 150%，已知被估全新住宅的现行合理成本为 20 万元，则其市价接近于 30 万元。

$$资产评估价值 = 20 \times 150\% = 30（万元）$$

（2）市盈率倍数法。市盈率倍数法主要适用于企业价值的评估。市盈率倍数法是以参照物（企业）的市盈率作为乘数（倍数），以此乘数与被评估企业相同口径的收益额相乘估算被评估企业价值的方法。其计算公式为：

企业评估价值 = 被评估企业相同口径收益额 × 参照物(企业)市盈率

【例2-9】 某被估企业的年净利润为1 000万元,评估基准日资产市场上同类企业平均市盈率为20倍,则:

该企业的评估价值 = 1 000 × 20 = 20 000(万元)

(二)间接比较法

间接比较法也是市场法中最基本的评估方法。其原理是利用资产的国家标准、行业标准或市场标准(标准可以是综合标准,也可以是分项标准)作为基准,分别将评估对象与参照物整体或分项与其对比打分从而得到评估对象和参照物各自的分值。再利用参照物的市场交易价格,以及评估对象的分值与参照物的分值的比值(系数)求得评估对象价值的一类评估方法。

间接比较法并不要求参照物与评估对象必须一样或者基本一样。只要参照物与评估对象在大的方面基本相同或相似,通过评估对象和参照物与国家、行业或市场标准的对比分析,掌握参照物与评估对象之间的差异,在参照物成交价格的基础上调整估算评估对象的价值。但由于间接比较法需要利用国家、行业或市场标准,应用起来有较多的局限,在资产评估实践中应用并不广泛。

在上述各种具体评估方法中,许多具体评估方法既适用于直接评估单项资产的价值,也适用于在市场法中估测评估标的与参照物之间某一种差异的调整系数或调整值。同时,上述具体方法只是市场法中的一些经常使用的方法,市场法中的具体方法还有许多。值得注意的是,以上具体方法还可能成为或可以成为成本法的具体方法,但两者的使用前提是有所区别的。

第二节 成 本 法

一、成本法的基本含义

成本法也是资产评估的基本方法之一。成本法是指首先估测被评估资产的重置成本,然后估测被评估资产实际存在的各种贬值因素,并将其从重置成本中予以扣除而得到被评估资产价值的各种评估方法的总称。成本法包括多种具体方法。例如,复原重置成本法、更新重置成本法、成本加和法(也称资产基础法)等。

成本法源于亚当·斯密和大卫·李嘉图等古典经济学家的价值理论。价值是基于劳动要素的,是创造价值的唯一要素,一切财富都源于此,度量产品的价值应用劳动的成本。从价值结构的划分看,任何资产都能以 C + V + M 的形式体现(对于无形资产、企业整体资产的收益性,该派认为可以理解为广义的 M,即获取剩余利润的能力),并且以社会必要的劳动时间作为衡量标准,体现了价值的永恒性和静态性。相应地,资产的价值评估应基于其生产成本。

此法的基本逻辑是:在条件允许的情况下,一个信息完全的买者在决定投资某项资产时,所愿意支付的价格不会超过购建该项资产的现行购建成本。如果投资对象并非

全新,投资者所愿支付的价格会在投资对象全新购建成本的基础上扣除各种贬值因素。上述评估思路可概括为:

资产评估价值 = 资产的重置成本－资产实体性贬值－资产功能性贬值－资产经济性贬值

成本法是以再取得被评估资产的重置成本为基础的评估方法。由于被评估资产的再取得成本的有关数据和信息来源较广泛,并且资产的重置成本与资产的现行市价及收益现值也存在着内在联系和替代关系,因而,成本法也是一种被广泛应用的评估方法。此法适用于成本数据较新、折旧较少的新建筑的评估或用于市场交易行为少的专用资产或非营利性资产的评估(如学校、教堂、图书馆)。

二、成本法的基本前提

成本法从再取得资产的角度反映资产价值,即通过资产的重置成本扣减各种贬值来反映资产价值。只有当被评估资产处于继续使用状态下,再取得被评估资产的全部费用才能构成其价值的内容。资产的继续使用不仅仅是一个物理上的概念,它还包含着有效使用资产的经济意义。采用成本法评估资产的前提条件如表 2-4 所示。

表 2-4　采用成本法评估资产的前提条件

	前提条件	说　明
1	被评估资产处于继续使用状态或被假定处于继续使用状态	成本法主要适用于继续使用前提下的资产评估,对于非继续使用前提下的资产,运用成本法进行评估时,需对成本法的基本要素做必要的调整。从相对准确合理、减少风险和提高评估效率的角度,把继续使用作为运用成本法的前提是有积极意义的
2	被评估资产的预期收益能够支持其重置所投入的价值	只有当资产能够继续使用并且在持续使用中为潜在所有者或控制者带来经济利益时,资产的重置成本才能为潜在投资者和市场所承认和接受
3	应当具备可利用的历史资料	成本法的应用是建立在历史资料基础上的,许多信息资料、指标需要通过历史资料获得。同时,现时资产与历史资产具有相同性或可比性
4	形成资产价值的耗费是必需的	耗费是形成资产价值的基础,但耗费包括有效耗费和无效耗费。采用成本法评估资产,首先要确定这些耗费是必需的,而且应体现社会或行业平均水平

三、成本法中的基本要素

一般来讲,成本法的运用涉及四个基本要素,即资产的重置成本、资产的实体性贬值、资产的功能性贬值和资产的经济性贬值。在实际评估实践中,或者说在具体运用成本法评估资产的项目中,不是所有的评估项目一定都存在三种贬值,这需要根据评估项目的具体情况来定。从成本法定义角度讲,上述四个参数都可能存在。

(一) 资产的重置成本

简单地说,资产的重置成本就是资产的现行再取得成本。重置成本是一个价格范畴,包含了取得资产所耗费的合理必要费用及合理必要的资金成本和利润。具体来说,重置成本又分为复原重置成本和更新重置成本两种,如图 2-2 所示。

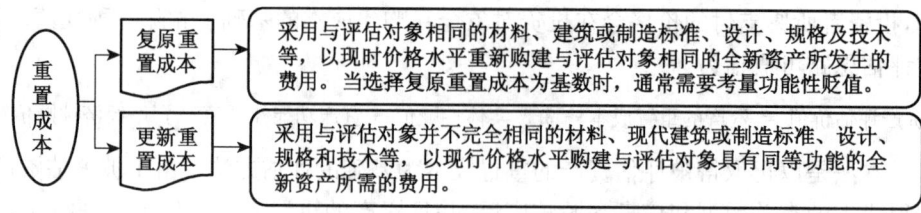

图 2-2　复原重置成本与更新重置成本

（二）资产的实体性贬值

资产的实体性贬值亦称有形损耗，是指由于使用及自然力的作用导致的资产的物理性能的损耗或下降而引起的资产的价值损失。资产的实体性贬值通常采用相对数计量，即实体性贬值率，用公式表示为：

实体性贬值率 ＝ 资产实体性贬值 ÷ 资产重置成本

（三）资产的功能性贬值

资产的功能性贬值是指由于技术进步引起的资产功能相对落后而造成的资产价值损失。它包括由于新工艺、新材料和新技术的采用，而使原有资产的建造成本超过现行建造成本的超支额，以及原有资产超过体现技术进步的同类资产的运营成本的超支额。

（四）资产的经济性贬值

资产的经济性贬值是指由于外部条件的变化引起资产闲置、收益下降等而造成的资产价值损失。如金融危机造成购买力下降，进而造成生产企业停产或者开工率不足。

四、成本法中各个参数的评估方法

通过成本法评估资产的价值不可避免地要涉及被评估资产的重置成本、实体性贬值、功能性贬值和经济性贬值四大因素。成本法中的各种具体方法实际上都是在成本法总的评估思路基础上，围绕上述因素采用不同的方式方法测算形成的。在评估实务中，由于人们可能会采用不同的具体方式估算成本法中的各个参数，以及根据采用不同具体方式估算的各个参数的性质、特点，来考虑与成本法中其他参数的相互关系。因此，下面所介绍的成本法中的各个具体参数的估测或测算，其结果可能并不是严格意义上的每个参数本身，评估人员需要了解参数的估测方法对参数内涵的影响。

（一）重置成本的估算方法

资产的重置成本可以通过若干种方法进行估算，这里对在评估实务中应用较为广泛的几种方法介绍如下。

1. 重置核算法

重置核算法亦称细节分析法、核算法等。它是利用成本核算的原理，根据重新取得资产所需的费用项目，逐项计算然后累加得到资产的重置成本的方法。其实际测算过程又具体划分为两种类型,即购买型和自建型。购买型是以购买资产的方式作为资产的重置过程,购买的结果一般是资产的购置价,如果被评估资产属于不需要运输、安装的资产,购置价就是资产的重置成本。如果被评估资产属于需要运输、安装的资产,资产的重置成本具体是由资产的现行购买价格、运杂费、安装调试费以及其他必要费用构成,将上述取得资产的必需费用累加起来,便可计算出资产的重置成本。自建型是把自建资产作为资产重置方式,它根据重新建造资产所需的料、工、费及必要的资金成本和开发者的合理收益等分析和计算出资产的重置成本。

资产的重置成本应包括开发者的合理收益。一是重置成本是按在现行市场条件下重新购建一项全新资产所支付的全部货币总额,应该包括资产开发和制造商的合理收益。二是资产评估旨在了解被估资产在模拟条件下的交易价格,一般情况下,价格都应该含有开发者或制造者合理收益部分。资产重置成本中的收益部分的确定,应以开发者或制造者所在行业平均资产收益水平为依据。

【例 2-10】　重置购建设备一台,现行市场价格为每台 50 000 元,运杂费 1 000 元,直接安装成本 800 元,其中原材料 300 元,人工成本 500 元。根据统计分析,计算求得安装成本中的间接成本为每人工成本 0.8 元,该机器设备的重置成本为:

$$直接成本 = 50\,000 + 1\,000 + 800 = 51\,800\,(元)$$

其中:买价 50 000 元;运杂费 1 000 元;安装成本 800 元(其中:原材料 300 元;人工 500 元)。

间接成本(安装成本)400 元。

重置成本合计 52 200 元。

2. 价格指数法

价格指数法是利用与资产有关的价格变动指数,将被评估资产的历史成本(账面价值)调整为重置成本的一种方法,其计算公式为:

$$重置成本 = 资产的历史成本 \times 价格指数$$

或
$$重置成本 = 资产的历史成本 \times (1 + 价格变动指数)$$

式中,价格指数可以是定基价格指数或环比价格指数。

定基价格指数是评估基准日的价格指数与资产购建时点的价格指数之比,即:

$$(评估基准日价格指数 \div 资产购建时点的价格指数) \times 100\%$$

环比价格变动指数是以上期为基期的指数。如果环比期以年为单位,则环比物价指数表示该类产品当年比上年的价格变动幅度。可考虑按下式求得:

$$X = (1 + a_1) \times (1 + a_2) \times (1 + a_3) \times \cdots \times (1 + a_n) \times 100\%$$

式中:a——环比价格指数;

a_n——第 n 年环比价格变动指数,$n = 1, 2, 3, \cdots, n$。

【例 2-11】　某被估资产购建于 2020 年,账面原值为 50 000 元。当时该类资产的价格指数为 95%,评估基准日该类资产的定基价格指数为 160%,则:

$$被估资产重置成本 = 50\ 000 \times (160\% \div 95\%) \times 100\% = 84\ 211(元)$$

又如,某被估资产历史成本(账面价值)为 200 000 元,2015 年建成,2020 年进行评估,经调查已知同类资产环比价格指数分别为:2016 年为 11.7%,2017 年为 17%,2018 年为 30.5%,2019 年为 6.9%,2020 年为 4.8%,则有:

$$\begin{aligned}被估资产重置成本 &= 200\ 000 \times (1+11.7\%) \times (1+17\%) \times (1+30.5\%) \\ &\quad \times (1+6.9\%) \times (1+4.8\%) \times 100\% = 200\ 000 \times 191\% \\ &= 382\ 000(元)\end{aligned}$$

价格指数法的相关内容还可以参见市场法中的价格指数法部分所介绍的内容。

价格指数法与重置核算法是重置成本估算较常用的方法,但两者具有明显的区别:

(1) 价格指数法估算的重置成本仅考虑了价格变动因素,因而确定的是复原重置成本;而重置核算法既考虑了价格因素,也考虑了生产技术进步和劳动生产率的变化因素,因而可以估算复原重置成本和更新重置成本。

(2) 价格指数法建立在不同时期的某一种或某类甚至全部资产的物价变动水平上;而重置核算法则建立在现行价格水平与购建成本费用核算的基础上。

明确价格指数法和重置核算法的区别,有助于在重置成本估算中正确判断和选择方法。一项具有进步较快的科学技术的资产,采用价格指数法估算的重置成本往往会偏高。当然,价格指数法和重置核算法也有其相同点,即都是建立在利用历史资料的基础之上。因此,注意分析、判断资产评估时重置成本口径与委托方提供的历史资料(如财务资料)的口径差异,是上述两种方法应用时需注意的共同问题。

3. 功能价值类比法

功能价值类比法是指利用某些资产的功能(生产能力)的变化与其价格或重置成本的变化呈某种指数关系或线性关系,通过参照物的价格或重置成本,以及功能价值关系估测评估对象价格或重置成本的技术方法(该方法也称为类比估价法——指数估价法)。当资产的功能变化与其价格或重置成本的变化呈线性关系时,人们习惯把线性关系条件下的功能价值类比法称为生产能力比例法,而把非线性关系条件下的功能价值类比法称为规模经济效益指数法。

1) 生产能力比例法

生产能力比例法是寻找一个与被评估资产相同或相似的资产为参照物,根据参照资产的重置成本及参照物与被评估资产生产能力的比例,估算被评估资产的重置成本的方法。计算公式为:

$$被评估资产重置成本 = 参照物重置成本 \times (被评估资产年产量 \div 参照物年产量)$$

【例 2-12】 某重置全新的一台机器设备价格为 5 万元,年产量为 5 000 件。现知被评估资产的年产量为 4 000 件,由此可以确定其重置成本为:

$$被评估资产重置成本 = 4\ 000 \div 5\ 000 \times 50\ 000 = 40\ 000(元)$$

这种方法运用的前提条件和假设是资产的成本与其生产能力呈线性关系,生产能力越大,成本越高,而且是呈正比例变化。应用这种方法估算重置成本时,首先应分析资产成本与生产能力之间是否存在这种线性关系,如果不存在这种关系,这种方法就不可以采用。

2) 规模经济效益指数法

通过对不同资产的生产能力与其成本之间关系的分析可以发现,许多资产的成本与其生产能力之间不存在线性关系。当资产 A 的生产能力比资产 B 的生产能力大 1 倍时,其成本却不一定大 1 倍,也就是说,资产生产能力和成本之间只呈同方向变化,而不是等比例变化,这是由于规模经济效益作用的结果。两项资产的重置成本和生产能力相比较,其关系可用下列公式来表示:

$$\frac{被评估资产的重置成本}{参照物资产的重置成本} = \left(\frac{被评估资产的产量}{参照物资产的产量}\right)^x$$

推导可得:

$$被评估资产重置成本 = 参照物重置成本 \times (被评估资产年产量 \div 参照物年产量)^x$$

公式中的 x 被称为规模经济效益指数,事实上它的取得是靠统计分析得到的。在我国,目前这样的统计分析并不多见,实践中通常采用的是经验数据。在美国,这个经验数据一般在 $0.4 \sim 1.2$ 之间,这些数据也会随着社会经济的发展和行业发展等而发生变化。到目前为止我国尚未有统一的经验数据,在评估过程中要谨慎使用这种方法。公式中参照物一般可选择同类资产中的标准资产。

上述三种方法均可用于确定在成本法运用中的重置成本(估测资产重置成本的具体方法并不局限于上述几种方法)。至于选用哪种方法,应根据具体的评估对象和可以搜集到的资料来确定。

在这些方法中,对某项资产可能同时都能用,有的则不然,应用时必须注意分析方法运用的前提条件,否则将得出错误的结论。

另外,在用成本法对企业整体资产及某一相同类型资产进行评估时,为了简化评估业务,节省评估时间,还可以采用统计分析法确定某类资产的重置成本,这种方法运用的步骤是:

(1) 在核实资产数量的基础上,把全部资产按照适当标准划分为若干类别,如房屋建筑物按结构划分为钢结构、钢筋混凝土结构等;机器设备按有关规定划分为专用设备、通用设备、运输设备、仪器、仪表等。

(2) 在各类资产中抽样选择适量具有代表性的资产,应用功能价值类比法、价格指数法或重置核算法等方法估算其重置成本。

(3) 依据分类抽样估算资产的重置成本额与账面历史成本,计算出分类资产的调整系数。其计算公式为:

$$K = \frac{R'}{R}$$

式中:K ——资产重置成本与历史成本的调整系数;

R' ——某类抽样资产的重置成本;

R ——某类抽样资产的历史成本。

根据调整系数 K 估算被评估资产的重置成本,计算公式为:

$$被评估资产重置成本 = \sum 某类资产账面历史成本 \times K$$

某类资产账面历史成本可从会计记录中取得。

【例2-13】 评估某企业某类通用设备,经抽样选择具有代表性的通用设备5台,估算其重置成本之和为30万元,而该5台具有代表性的通用设备历史成本之和为20万元,该类通用设备账面历史成本之和为500万元。则:

$$K = 30 \div 20 = 1.5$$
$$该类通用设备重置成本 = 500 \times 1.5 = 750(万元)$$

(二) 资产的实体性贬值的估算方法

资产的实体性贬值的估算一般可以选择以下几种方法进行。

1. 观察法

观察法是指由具有专业知识和丰富经验的工程技术人员,对被评估资产的实体各主要部位进行技术鉴定,并综合分析资产的设计、制造、使用、磨损、维护、中小修理、大修理、改造情况和物理寿命等因素,将评估对象与其全新状态相比较,考察由于使用磨损和自然损耗对资产的功能、使用效率造成的影响,判断被评估资产的成新率,从而估算实体性贬值的方法。其计算公式为:

$$资产实体性贬值 = 重置成本 \times 实体性贬值率$$

或

$$资产实体性贬值 = 重置成本 \times (1 - 实体性成新率)$$

2. 使用年限法

使用年限法(或称年限法)是利用被评估资产的实际已使用年限与其总使用年限的比值来判断其实体贬值率(程度),进而估测资产的实体性贬值的方法。使用年限法的数学式表达为:

$$资产实体性贬值率 = 实际已使用年限 \div 总使用年限$$
$$资产实体性贬值 = (重置成本 - 预计残值) \times 资产实体性贬值率$$
$$资产实体性贬值 = \frac{重置成本 - 预计残值}{总使用年限} \times 实际已使用年限$$

式中:①预计残值是指被评估资产在清理报废时净收回的金额。在资产评估中,通常只考虑数额较大的残值,如残值数额较小可以忽略不计。②总使用年限指的是实际已使用年限与尚可使用年限之和。其计算公式为:

$$总使用年限 = 实际已使用年限 + 尚可使用年限$$
$$实际已使用年限 = 名义已使用年限 \times 资产利用率$$

由于资产在使用中负荷程度的影响,必须将资产的名义已使用年限调整为实际已使用年限。

名义已使用年限是指资产从购进使用到评估时的年限。名义已使用年限可以通过会计记录、资产登记簿、登记卡片查询确定。实际已使用年限是指资产在使用中实际损耗的年限。实际已使用年限与名义已使用年限的差异，可以通过资产利用率来调整。资产利用率的计算公式为：

$$资产利用率 = \frac{截至评估日资产累计实际利用时间}{截至评估日资产累计法定利用时间} \times 100\%$$

当资产利用率＞1 时，表示资产超负荷运转，资产实际已使用年限比名义已使用年限要长；当资产利用率＝1 时，表示资产满负荷运转，资产实际已使用年限等于名义已使用年限；当资产利用率＜1 时，表示开工不足，资产实际已使用年限小于名义已使用年限。

【例 2-14】　某资产于 2010 年 2 月购进，2020 年 2 月评估时，名义已使用年限是 10 年。根据该资产技术指标，在正常使用情况下，每天应工作 8 小时，该资产实际每天工作 7.5 小时。

由此可以计算该资产的利用率：

$$资产利用率 = 10 \times 360 \times 7.5 \div (10 \times 360 \times 8) \times 100\% = 93.75\%$$

由此可确定其实际已使用年限为 9.4 年。

在实际评估过程中，由于企业基础管理工作较差，再加上资产运转中的复杂性，资产利用率的指标往往很难确定。资产评估专业人员应综合分析资产的运转状态，结合诸如资产开工情况、大修间隔期、原材料供应情况、电力供应情况、是否为季节性生产等各方面因素分析确定。

尚可使用年限是根据资产的有形损耗因素，预计的资产的继续使用年限。

使用年限法所显示的评估技术思路是一种应用较为广泛的评估技术，在资产评估实际工作中，资产评估专业人员还可以利用使用年限法的原理，根据被评估资产设计的总的工作量和评估对象已经完成的工作量、评估对象设计行驶里程和已经行驶的里程等指标，利用使用年限法的技术思路测算资产的实体性贬值。因此，使用年限法可以利用许多指标评估资产的实体性贬值。

3. 修复费用法

修复费用法是利用恢复资产功能所支出的费用金额来直接估算资产实体性贬值的一种方法。所谓修复费用包括资产主要零部件的更换或者修复、改造、停工损失等费用支出。如果资产可以通过修复恢复到其全新状态，可以认为资产的实体性损耗等于其修复费用。

（三）资产的功能性贬值的估算方法

功能性贬值是由于技术相对落后造成的贬值。估算功能性贬值时，主要根据资产的效用、生产加工能力、工耗、物耗、能耗水平等功能方面的差异造成的成本增加或效益降低，来确定其贬值额。同时，还要重视技术进步因素，注意替代设备、替代技术、替代产品的影响，以及行业技术装备水平现状和资产更新换代速度。

通常情况下，功能性贬值的估算可以按下列步骤进行：

（1）将被评估资产的年运营成本与功能相同但性能更好的新资产的年运营成本进行比较。

（2）计算两者的差异，确定净超额运营成本。由于企业支付的运营成本是在税前扣除的，因此企业支付的超额运营成本会引致税前利润额下降，所得税额降低，使得企业负担的运营成本低于其实际支付额。因此，净超额运营成本是超额运营成本扣除其抵减的所得税以后的余额。

（3）估计被评估资产的剩余寿命。

（4）以适当的折现率将被评估资产在剩余寿命内每年的超额运营成本折现，这些折现值之和就是被评估资产的功能性损耗（贬值）。其计算公式为：

$$被评估资产功能性贬值额 = \sum（被评估资产年净超额运营成本 \times 折现系数）$$

【例 2-15】 拟评估某种机器设备，已知技术先进的设备比被评估设备生产效率高，能够节约工资费用，评估基准日为 2020 年 1 月 1 日，有关资料及计算结果如表 2-5 所示。

表 2-5　某设备的技术资料

项　目	技术先进设备	技术陈旧设备
月产量	10 000 件	10 000 件
单件工资	0.80 元	1.2 元
月工资成本	8 000 元	12 000 元
月差异额	12 000－8 000＝4 000 元	
年工资成本超支额	4 000×12＝48 000 元	
减：所得税（税率为 25%）	12 000 元	
扣除所得税后年净超额工资	36 000 元	
资产剩余使用年限	5 年	
假定折现率为 10%，5 年年金折现系数	3.790 8	
功能性贬值额	136 468.80 元	

应当指出，新老技术设备的对比，除生产效率影响工资成本超额支出以外，还可对原材料消耗、能源消耗以及产品质量等指标进行对比计算其功能性贬值。

此外，功能性贬值的估算还可以通过对超额投资成本的估算进行，即超额投资成本可视同为功能性贬值，其计算公式为：

$$功能性贬值＝复原重置成本－更新重置成本$$

在实际评估工作中也有功能性溢价的情况，即当评估对象功能明显优于参照资产功能时，评估对象就可能存在功能性溢价。

（四）资产的经济性贬值的估算

就表现形式而言，资产的经济性贬值主要表现为运营中的资产利用率下降，甚至闲置，并由此引起资产的运营收益减少。当有确切证据表明资产已经存在经济性贬值时，可参考下面方法估测其经济性贬值率或经济性贬值额。

1. 间接计算法

$$经济性贬值率 = \left[1 - \left(\frac{资产预计可被利用的生产能力}{资产原设计生产能力}\right)^x\right] \times 100\%$$

式中，x 为功能价值指数，实践中多采用经验数据，数值一般在 0.6～0.7 之间。

经济性贬值额的计算应以评估对象的重置成本为基数，按确定的经济性贬值率估测。

2. 直接计算法

$$经济性贬值额 = 资产年收益损失额 \times (1 - 所得税税率) \times (P/A, r, n)$$

式中：$(P/A, r, n)$ 为年金现值系数。

【例 2-16】 某被估生产线的设计生产能力为年产 20 000 台产品，因市场需求结构发生变化，在未来可使用年限内，每年产量估计要减少 6 000 台左右。根据上述条件，该生产线的经济性贬值率大约在以下水平上：

$$
\begin{aligned}
经济性贬值率 &= [1 - (14\ 000 \div 20\ 000)^{0.6}] \times 100\% \\
&= (1 - 0.81) \times 100\% = 19\%
\end{aligned}
$$

又如，数据承[例 2-16]，假定每年减少 6 000 台产品，每台产品损失利润 100 元，该生产线尚可继续使用 3 年，企业所在行业的投资回报率为 10%，所得税税率为 25%。则该资产的经济性贬值额大约为：

$$
\begin{aligned}
经济性贬值额 &= (6\ 000 \times 100) \times (1 - 25\%) \times (P/A, 10\%, 3) \\
&= 450\ 000 \times 2.486\ 9 = 1\ 119\ 105(元)
\end{aligned}
$$

在实际评估工作中也有经济性溢价的情况，即当评估对象及其产品有良好的市场及市场前景，或有重大政策利好时，评估对象就可能存在着经济性溢价。

第三节 收 益 法

一、收益法的基本含义

收益法是指通过估测被评估资产未来预期收益的现值，来判断资产价值的各种评估方法的总称。收益法包括多种具体方法。例如，企业价值评估中的现金流量折现法、股利折现法等；无形资产评估中的增量收益法、超额收益法、节省许可费法、收益分成法等，有关具体内容将在相关章节介绍。

收益法服从资产评估中将利求本的思路，即采用资本化和折现的途径及其方法来判断和估算资产价值。用数学式概括为：

$$资产评估价值 = 未来资产净收益 \times 折现系数$$

或

$$P = S \cdot \frac{1}{(1+i)^n} = S \cdot (1+i)^{-n}$$

该评估技术思路认为，任何一个理智的投资者在购置或投资于某一资产时，所愿意支付或投资的货币数额不会高于所购置或投资的资产在未来能给其带来的回报,即收益额。收益法利用投资回报和收益折现等技术手段,把评估对象的预期产出能力和获利能力作为评估标的来估测评估对象的价值。根据评估对象的预期收益来评估其价值,容易被资产评估业务各方所接受,从理论上讲,收益法是资产评估中较为科学合理的评估方法之一。当然,运用收益法评估尚需要满足一些基本条件。此法适用于能产生收入的各类资产,如商用建筑、套房、办公楼、库房、停车场。

二、收益法的基本前提

收益法是依据资产未来预期收益折现或本金化处理来估测资产价值的,它涉及被评估资产的预期收益、折现率或资本化率、被评估资产取得预期收益的持续时间这 3 个基本要素。因此,能否清晰地把握上述三要素就成为能否运用收益法的基本前提。从这个意义上来讲,应用收益法必须具备的前提条件是:

一是被评估资产的未来预期收益可以预测并可以用货币来衡量。

二是资产拥有者获得预期收益所承担的风险也可以预测并可以用货币来衡量。

三是被评估资产预期获利年限可以预测。

上述前提条件表明,首先,评估对象的预期收益必须能被较为合理地估测。这就要求被评估资产与其经营收益之间存在着较为稳定的比例关系。同时,影响资产预期收益的主要因素,包括主观因素和客观因素也应是比较明确的,资产评估专业人员可以据此分析和测算出被评估资产的预期收益。其次,被评估对象所具有的行业风险、地区风险及企业风险是可以比较和测算的,这是测算折现率或资本化率的基本参数之一。评估对象所处的行业不同、地区不同和企业差别都会不同程度地体现在资产拥有者的获利风险上。对于投资者来说,风险大的投资,要求的回报率就高;投资风险小,其回报率也可以相应降低。最后,评估对象获利期限的长短,即评估对象的寿命,也是影响其价值和评估值的重要因素之一。

三、收益法的基本程序和基本参数

(一) 收益法的基本程序

采用收益法进行评估,其基本程序如下。

(1)搜集并验证与评估对象未来预期收益有关的数据资料,包括经营前景、财务状况、市场形势以及经营风险等。

(2)分析测算被评估对象未来预期收益。

(3)确定折现率或资本化率。

(4)用折现率或资本化率将评估对象的未来预期收益折算成现值。

(5)分析确定评估结果。

(二) 收益法的基本参数

运用收益法进行评估涉及许多经济技术参数,其中最主要的参数为收益额、折现率和收益期限。

1. 收益额

收益额是使用收益法评估资产价值的基本参数之一。在资产评估中,资产的收益额是指根据投资回报的原理,资产在正常情况下所能得到的归其产权主体的所得额。资产评估中的收益额有两个比较明确的特点:①收益额是资产未来预期收益额,而不是资产的历史收益额或现实收益额;②用于资产评估的收益额通常是资产的客观收益,而不一定是资产的实际收益。收益额的上述两个特点是非常重要的,资产评估专业人员在执业过程中应切实注意收益额的特点,以便合理运用收益法来估测资产的价值。因资产种类较多,不同种类资产的收益额表现形式亦不完全相同,如企业的收益额通常表现为净利润或净现金流量,而房地产则通常表现为纯收益等。关于收益额预测将在以后各章结合各类资产的具体情况分别介绍。

2. 折现率

从本质上讲,折现率是一种期望投资报酬率,是投资者在投资风险一定的情况下,对投资所期望的回报率。折现率就其构成而言,它是由无风险报酬率和风险报酬率组成的。无风险报酬率,亦称安全利率,是指没有投资限制和障碍,任何投资者都可以投资并能够获得的投资报酬率。在具体实践中,无风险报酬率可以参照同期国库券利率或银行利率。风险报酬率是对风险投资的一种补偿,在数量上是指超过无风险报酬率之上的那部分投资回报率。在资产评估中,因资产的行业分布、种类、市场条件等的不同,其折现率亦不相同。资本化率与折现率在本质上是相同的。习惯上人们把将未来有限期预期收益折算成现值的比率称为折现率,而把将未来永续性预期收益折算成现值的比率称为资本化率。至于折现率与资本化率在量上是否相等,主要取决于同一资产在未来长短不同的时期所面临的风险是否相同。确定折现率,首先应该明确折现的内涵。折现作为一个时间优先的概念,认为将来的收益或利益低于现在的同样收益或利益,并且,随着收益时间向将来推迟的程度而有序地降低价值。同时,折现作为一个算术过程,是把一个特定比率应用于预期的收益,从而得出当前的价值。

3. 收益期限

收益期限是指资产具有获利能力的持续时间,通常以年为时间单位。它由评估人员根据被评估资产自身效能及相关条件,以及有关法律、法规、契约、合同等加以测定。

四、收益法中的主要技术方法

收益法实际上是在预期收益还原思路下若干具体方法的集合。收益法中的具体方法可以分为若干类:①按评估对象未来预期收益有无限期的情况划分,可分为有限期和无限期的评估方法;②按评估对象预期收益额的情况划分,又可分为等额收益评估方法、非等额收益评估方法等。

为了便于学习收益法中的具体方法,先对这些具体方法中所用的字符含义做统一的定义:

P——评估值;i——年序号;P_n——未来第 n 年的预计变现值;R_i——未来第 i 年的预期收益;r——折现率或资本化率;n——收益年期;A——年金。

(一) 纯收益不变

(1) 在收益永续,各因素不变的条件下,有以下计算公式:

$$P = \frac{A}{r}$$

其成立条件是：①纯收益每年不变；②资本化率固定且大于零；③收益年期无限。

（2）在收益年期有限，资本化率大于零的条件下，有以下计算公式：

$$P = \frac{A}{r}\left[1 - \frac{1}{(1+r)^n}\right]$$

这是一个在估价实务中经常运用的计算公式，其成立条件是：①纯收益每年不变；②资本化率固定且大于零；③收益年期有限为 n。

（3）在收益年期有限，资本化率等于零的条件下，有以下计算公式：

$$P = A \times n$$

其成立条件是：①纯收益每年不变；②收益年期有限为 n；③资本化率为零。

（二）纯收益在若干年后保持不变

（1）无限年期收益。其计算公式为：

$$P = \sum_{i=1}^{n} \frac{R_i}{(1+r)^i} + \frac{A}{r(1+r)^n}$$

其成立条件是：①纯收益在 n 年（含第 n 年）以前有变化；②纯收益在 n 年（不含第 n 年）以后保持不变；③收益年期无限；④ r 大于零。

（2）有限年期收益。其计算公式为：

$$P = \sum_{i=1}^{t} \frac{R_i}{(1+r)^i} + \frac{A}{r(1+r)^t}\left[1 - \frac{1}{(1+r)^{n-t}}\right]$$

其成立条件是：①纯收益在 t 年（含第 t 年）以前有变化；②收益在 t 年（不含第 t 年）以后保持不变；③收益年期有限为 n；④ r 大于零。

这里要注意的是，纯收益 A 的收益年期是 $(n-t)$ 而不是 n。

（三）纯收益按等差级数变化

（1）在纯收益按等差级数递增，收益年期无限的条件下，有以下计算公式：

$$P = \frac{A}{r} + \frac{B}{r^2}$$

其成立条件是：①纯收益按等差级数递增；②纯收益逐年递增额为 B；③收益年期无限；④ r 大于零。

（2）在纯收益按等差级数递增，收益年期有限的条件下，有以下计算公式：

$$P = \left(\frac{A}{r} + \frac{B}{r^2}\right)\left[1 - \frac{1}{(1+r)^n}\right] - \frac{B}{r} \times \frac{n}{(1+r)^n}$$

其成立条件是：①纯收益按等差级数递增；②纯收益逐年递增额为 B；③收益年期有限为 n；④ r 大于零。

（3）在纯收益按等差级数递减，收益年期无限的条件下，有以下计算公式：

$$P = \frac{A}{r} - \frac{B}{r^2}$$

其成立条件是：①纯收益按等差级数递减；②纯收益逐年递减额为 B；③收益年期无限；④r 大于零；⑤收益递减到零为止[①]。

（4）在纯收益按等差级数递减，收益年期有限的条件下，有以下计算公式：

$$P = \left(\frac{A}{r} - \frac{B}{r^2}\right)\left[1 - \frac{1}{(1+r)^n}\right] + \frac{B}{r} \times \frac{n}{(1+r)^n}$$

其成立条件是：①纯收益按等差级数递减；②纯收益逐年递减额为 B；③收益年期有限为 n；④r 大于零。

（四）纯收益按等比级数变化

（1）在纯收益按等比级数递增，收益年期无限的条件下，有以下计算公式：

$$P = \frac{A}{r-s}$$

其成立条件是：①纯收益按等比级数递增；②纯收益逐年递增比率为 s；③收益年期无限；④r 大于零；⑤$r>s>0$。

（2）在纯收益按等比级数递增，收益年期有限的条件下，有以下计算公式：

$$P = \frac{A}{r-s}\left[1 - \left(\frac{1+s}{1+r}\right)^n\right]$$

其成立条件是：①纯收益按等比级数递增；②纯收益逐年递增比率为 s；③收益年期有限；④r 大于零；⑤$r>s>0$。

（3）在纯收益按等比级数递减，收益年期无限的条件下，有以下计算公式：

$$P = \frac{A}{r+s}$$

其成立条件是：①纯收益按等比级数递减；②纯收益逐年递减比率为 s；③收益年期无限；④r 大于零；⑤$r>s>0$。

（4）在纯收益按等比级数递减，收益年期有限的条件下，有以下计算公式：

$$P = \frac{A}{r+s}\left[1 - \left(\frac{1-s}{1+r}\right)^n\right]$$

其成立条件是：①纯收益按等比级数递减；②纯收益逐年递减比率为 s；③收益年期有限为 n；④r 大于零；⑤$0<s\leqslant1$。

（五）已知未来若干年后资产价格

在已知未来若干年后资产价格的条件下，则：

$$P = \frac{A}{r}\left[1 - \frac{1}{(1+r)^n}\right] + \frac{P_n}{(1+r)^n}$$

---

① 该数学计算公式是成立的，但完全套用于资产评估是不合适的，因为资产产权主体会根据替代原则，在资产收益递减为零之前停止使用或变现该资产，不会无限制地永续使用下去。

其成立条件是:①纯收益在第 n 年(含 n 年)前保持不变;②预知第 n 年的价格为 P_n;③r 大于零。

(六) 应用举例

【例 2-17】 某企业尚能继续经营,3 年的营业收益全部用于抵充负债,现评估其 3 年经营收益的折现额。经预测得出 3 年内各年预期收益的数据如表 2-6 所示:

表 2-6 某企业未来 3 年的预期收益

	收益额(万元)	折现率	折现系数	收益折现值(万元)
第一年	300	6%	0.943 4	283
第二年	400	6%	0.890 0	356
第三年	200	6%	0.836 9	167.9

由此可以确定其折现额为:

$$资产评估价值 = 283 + 356 + 167.9 = 806.90(万元)$$

【例 2-18】 某收益性资产预计未来 5 年的收益额分别是 22 万元、25 万元、23 万元、21 万元和 24 万元。假定从第 6 年开始,以后各年收益均为 25 万元,确定的折现率和资本化率均为 10%。请确定该收益性资产在持续经营下和 50 年收益的评估值。

(1)永续经营条件下的评估过程:

① 确定未来 5 年收益额的现值:

$$现值总额 = \frac{22}{(1+10\%)} + \frac{25}{(1+10\%)^2} + \frac{23}{(1+10\%)^3} + \frac{21}{(1+10\%)^4} + \frac{24}{(1+10\%)^5}$$
$$= 22 \times 0.909\ 1 + 25 \times 0.826\ 4 + 23 \times 0.751\ 3 + 21 \times 0.683\ 0 + 24 \times 0.620\ 9$$
$$= 81.184\ 7(万元)$$

计算过程中的现值系数,可从复利现值表中查得。

② 将第 6 年以后的收益进行资本化处理,即:

$$25 \div 10\% = 250(万元)$$

③ 确定该企业评估值:

$$企业评估价值 = 81.184\ 7 + 250 \times 0.620\ 9 = 236.409\ 7(万元)$$

(2)50 年的收益价值评估过程:

$$评估价值 = \frac{22}{(1+10\%)} + \frac{25}{(1+10\%)^2} + \frac{23}{(1+10\%)^3} + \frac{21}{(1+10\%)^4} + \frac{24}{(1+10\%)^5}$$
$$+ \frac{25}{10\% \times (1+10\%)^5} \times \left[1 - \frac{1}{(1+10\%)^{50-5}}\right]$$
$$= 81.184\ 7 + 250 \times 0.620\ 9 \times (1 - 0.013\ 7)$$
$$= 234.283\ 1(万元)$$

第四节 期权定价法

一、基本概念

(一) 期权

期权是一种契约,又称选择权。期权是指在未来一定时期可以买卖的权利,是买方向卖方支付一定数额的金额后,拥有的在未来一段时间内或未来某一特定日期以事先规定好的价格向卖方购买或出售一定数量的特定标的物的权利,但不负有必须买进或卖出的义务。这种权利的赋予是通过期权买卖双方签订的期权合约书实现的。

(二) 常见的实物期权

1. 实物期权

实物期权是指附着于企业整体资产或者单项资产上的非人为设计的选择权,即指现实中存在的发展或者增长机会、收缩或者退出机会等。拥有或者控制相应企业或者资产的个人或者组织在未来可以执行这种选择权,并且预期通过执行这种选择权能带来经济利益。一般来说,企业经营者在进行投资决策时,常常面临产品供求变化,原材料价格、利率和汇率波动等不确定性因素,进而需要采取灵活且有弹性的经营策略,即在获得更多的市场信息后再决定是否进行投资或改变投资规模,这些针对经营风险所采取的灵活性经营策略与金融期权有着十分相似的性质。

实物期权是金融衍生工具"期权"在公司战略、投资决策、价值评估等领域的拓展,是以期权概念定义的现实选择权。实物期权理论认为:企业价值不仅包含静态的净现值,还包含动态的企业期权价值。也就是说,一个企业的价值,来自目前所拥有资产的使用,再加上对未来投资机会的选择。即资产的拥有者可以取得一个权利,在未来以一定的价格取得或者出售一项实物资产或者投资项目,而取得此项权利的价格则可以使用期权定价公式计算出来。所以实物资产的价值可以应用类似于评估一般金融期权的处理方式来进行评估。因为其标的物为实物资产,所以把这种性质的期权称为实物期权。

作为一种衍生思维的分析方法,实物期权定价理论的实质是类比金融期权中的各要素,分析企业价值中的具有期权性质的"或有价值",考虑到选择权和环境的不确定性,利用金融工具将非金融领域中的机会价值进行合理科学的量化。实物期权定价模型与股票期权定价模型类似,各要素之间类比分析如表 2-7 所示。

表 2-7 金融期权与实物期权各要素类比分析

股票期权	实物期权
股票现在价格	项目现金流收益的现值
执行价格	项目的投资费用

（续表）

股票期权	实物期权
期权的有效期限	项目投资机会的持续时间
股票价格的不确定性	项目价值的不确定性
无风险利率	无风险收益率

2. 常见的实物期权

资产评估涉及的实物期权主要包括增长期权和退出期权等。常见的增长期权包括实业项目进行追加投资的期权，分阶段投资或者战略进入下一个阶段的期权，利用原有有形和无形资产扩大经营规模或者增加新产品、新业务的期权，文化艺术品以及影视作品开发实物衍生产品或者演绎作品的期权等。常见的退出期权包括房地产类资产按接近或者超过购置成本的价格转让，制造业中的通用设备根据业务前景而改变用途，股权投资约定退出条款等形成的期权。

现实中的企业整体与单项资产可能附带一些实物期权。实物期权的价值评估较为复杂，为平衡评估工作量与评估结论的准确性和稳健性，应当从可能发现的实物期权中选出不可忽视的实物期权加以评估。不可忽视的实物期权可以根据实物期权的重要性和相互关系进行直觉判断。

实物期权的重要性可以根据以下标准进行评价。①标的资产范围或者价值越大越重要。如评估企业价值时，以企业价值为标的资产的实物期权比以某个业务部门为标的资产的实物期权更为重要。②实物期权执行的可能性越大越重要。在其他条件相同的情况下，实值实物期权比虚值实物期权重要；实物期权的实值越深越重要；实物期权的期限越近越重要；标的资产拥有方具备的执行实物期权的资源越充足越重要。

执行实物期权的资源多种多样，增长实物期权最重要的资源是对相应业务的垄断权，包括来自政府或者市场的特许权、来自技术专利的独占权，以及长期的买卖或者合作关系、产品或者业务预定合同等。

实物期权的相互关系可以根据以下标准进行评价。①多个实物期权之间有互斥关系或者替代关系，即选择执行了其中一个实物期权，其他实物期权就不能或者不必要执行，则应当选择其中最重要的实物期权。②多个实物期权之间有互补关系，则根据执行的可能性都选或都不选为评估对象。有互补关系的实物期权常见的是各种可能的机会之间有战略协同性的期权。③多个实物期权之间有因果关系或者前后关系，则根据执行的可能性只选在前或者为因的实物期权进行评估。

二、实物期权评估程序

实物期权评估，是指资产评估师依据相关法律、法规和资产评估准则，对附着于企业整体资产或者单项资产上的实物期权进行识别、分析、价值估算并发表专业意见的行为和过程。企业整体资产或者单项资产可能会附带一种或者多种实物期权。评估实物期权,应当按照识别期权、判断条件、估计参数、估算价值四个步骤进行。

(一) 识别期权

资产评估专业人员在评估企业整体或者单项资产附带的实物期权时,应当全面了解有关资产的情况以及资产未来使用前景和机会,识别存在的不可忽视的实物期权,明确实物期权的标的资产、期权种类、行权价格、行权期限等。

(二) 判断条件

资产评估专业人员在执行涉及实物期权评估的业务时,应当根据有关参数所需信息的可获取性和可靠性,判断是否具备评估条件。不具备实物期权评估条件时,应当终止实物期权评估。

(三) 估计参数

评估实物期权所需的参数通常包括标的资产评估基准日价值(S)及其波动率(σ)、行权价格(X)、行权期限(T)以及无风险收益率(r)等。

(1) 标的资产即实物期权所对应的基础资产。增长期权是买方期权,其标的资产是当前资产带来的潜在业务或者项目;退出期权是卖方期权,其标的资产是实物期权所依附的当前资产。

(2) 标的资产评估基准日价值(S)。在估算实物期权价值时,标的资产的评估基准日价值可以根据成本法、收益法等适当的方法进行评估,但应当明确标的资产的评估价值中没有包含资产中的实物期权价值。

(3) 波动率(σ)。波动率是指预期标的资产收益率的标准差。波动率可以通过类比风险相近资产的波动率确定,也可以根据标的资产以往价格相对变动情况估计出历史波动率,再根据未来风险变化情况进行调整确定。

(4) 行权价格(X)。行权价格是指实物期权行权时,买进或者卖出标的资产支付或者获得的金额。增长期权的行权价格是形成标的资产所需要的投资金额。退出期权的行权价格是标的资产在未来行权时间可以卖出的价格,或者在可以转换用途情况下,标的资产在行权时间的价值。

(5) 行权期限(T)。行权期限是指评估基准日至实物期权行权时间之间的时间长度。实物期权通常没有准确的行权期限,可以按照预计的最佳行权时间估计行权期限。

(6) 无风险收益率(r)。无风险收益率是指不存在违约风险的收益率,可以参照剩余期限与实物期权行权期限相同或者相近的国债到期收益率确定。

(四) 估算价值

资产评估专业人员进行实物期权评估,应当根据实物期权的类型,选择适当的期权定价模型,常用的期权定价模型包括布莱克-舒尔斯模型、二项树模型等。对测算出的实物期权价值,应当进行必要的合理性检验。

三、常用的期权定价模型

迄今为止,理论上合理、应用上方便的模型主要有布莱克-舒尔斯模型(Black-Scholes Model)和二项树模型(Binomial Model)等。

（一）布莱克-舒尔斯模型及其应用

布莱克-舒尔斯模型,也称为布莱克-舒尔斯-默顿模型(Black-Scholes-Merton Model),针对无红利流量情况下欧式期权的价值评估,考虑了标的资产评估基准日价值(S)及其波动率(σ)、期权行权价格(X)、行权期限(T)、无风险收益率(r)五大因素以确定期权价值。模型形式为:

$$买方期权价值 V = SN(d_1) - Xe^{-rT}N(d_2)$$

$$卖方期权价值 C = Xe^{-rT}N(-d_2) - SN(-d_1)$$

其中,V 和 C 分别代表欧式买方期权和卖方期权的价值;e^{-rT} 代表连续复利下的现值系数;$N(d_1)$ 和 $N(d_2)$ 为正态分布积分函数的值,分别表示在标准正态分布下,变量小于 d_1 和 d_2 时的累计概率。d_1 和 d_2 的取值如下:

$$d_1 = \frac{\ln\frac{S}{X} + \left(r + \frac{\sigma^2}{2}\right)T}{\sigma\sqrt{T}} \qquad d_2 = \frac{\ln\frac{S}{X} + \left(r - \frac{\sigma^2}{2}\right)T}{\sigma\sqrt{T}} = d_1 - \sigma\sqrt{T}$$

对公式买方期权价值 $V = SN(d_1) - Xe^{-rT}N(d_2)$ 可以从两个角度进行理解。一是根据定价原理,$SN(d_1)$ 和 $Xe^{-rT}N(d_2)$,正好理解为一个投资组合的两个组成部分,即 $SN(d_1)$ 份正股和 $XeN(d_2)$ 元的无息贷款的组合。也就是说,在权证未到期前的任何时刻,一份认购权证的价值与 $N(d_1)$ 份正股和 $XeN(d_2)$ 元的无息贷款的组合价值相同。二是从权证的到期收益来理解模型,权证的价值由其到期日能够给持有者带来的收益决定。但由于到期日正股价格的不确定,权证的收益也难以确定。假设到期时正股价格为 S,则到期时认购权证的价格为 $S - X$。那么在到期前的任何时刻 T,要想知道认购权证的价格,就需要推算认购权证到期时正股价格为 S 的概率,同时将行权价格按照一定的折现率折算为时刻 T 的现值。因此,V 模型可以理解为在任何时刻 T,认购权证到期时正股价格为 S 的概率为 $N(d_1)$,Xe^{-rT} 为行权价格在时刻 T 的现值,$N(d_2)$ 为概率。故在任一时刻 T,认购权证给投资者带来的收益即为 $SN(d_1) - Xe^{-rT}N(d_2)$。

选择布莱克-舒尔斯模型估算实物期权价值的步骤如下:

第一步,估计有关参数数据。

第二步,计算 d_1 和 d_2。

第三步,求解 $N(d_1)$ 和 $N(d_2)$。

第四步,计算买方期权或者卖方期权的价值。

实物期权理论下,B-S 的假设前提有以下 5 个方面:①资本市场是完善的,无交易成本;②在期权的有效期内,投资者可以某一不变的无风险利率无限制地借贷;③标的资产价格变化是连续的,符合布朗运动,并且市场提供了连续交易的机会;④期权为欧式的,即期权只能在到期日执行;⑤标的资产在期权有效期内不支付红利。因此,B-S 模型是计算期权价值十分有利的工具,但是,如同其他任何一个理论模型一样,B-S 模型也是建立在一系列假设前提下,对现实问题的一种简化和抽象,难免不能完全地模拟现实。这也是任何模型的共性。

（二）二项树模型及其应用

二项树模型可以用于计算欧式期权价值，也可以在一定程度上计算美式期权的价值。一期二项树和两期二项树的期权价值模型分别为：

$$f = e^{-rT}\left[pfu + (1-p)fd\right]$$

$$f = e^{-2rt}\left[p2fuu + 2p(1-p)fud + (1-p)2fdd\right]$$

其中，f 代表买方期权或者卖方期权的价值，T 代表期权行权期限，t 代表每期的时间长度。p 被称为假概率，在模型中的数学地位相当于标的资产价格在一期中上升的概率；相应地，$(1-p)$ 相当于标的资产价格在一期中下降的概率。p 一般不需要经过专门估计，而是可以依据其他参数计算出来，这也是它被称为假概率的原因。u、d 分别代表标的资产价值一次上升后为原来的倍数和一次下降后为原来的倍数。fu、fuu 分别代表标的资产价值一次和两次上升后期权的价值；fd、fdd 分别代表标的资产价值一次和两次下降后期权的价值。fud 代表标的资产价值一次上升和一次下降后期权的价值。

在多期二项树下可以通过判断在各期末实物期权提前执行的必要性倒推计算各期末实物期权的价值，从而可以计算美式实物期权的评估基准日价值。

u、d、p 的取值可以根据实际情况进行专门估计，也可以根据公式计算确定。计算 u、d、p 的最简单公式如下：

$$u = e^{\sigma\sqrt{t}} \quad d = e^{-\sigma\sqrt{t}} \quad p = \frac{e^{rT}-d}{u-d}$$

在应用二项树模型时，可以根据需要将期权的行权期限划分为任意多个变化期，从而可以增加在期权到期时标的资产价值及对应的期权价值的可能值。一般而言，划分的期数越多，评估结果越精确。在实物期权的评估中，由于基础数据的估计不可能很准确，通过增加期数提高评估结果的准确性意义不大。从实际评估效果考虑，建议一般采用一期或者两期二项树模型即可。选择二项树模型估算实物期权价值的步骤如下：

第一步，计算 u、d 和 p。

第二步，计算到期实物期权的各种可能值，如一期二项树下为 fu 和 fd；两期二项树下为 fuu、fud 和 fdd。

第三步，计算实物期权到期的期望价值，如一期二项树下为 $pfu + (1-p)fd$；两期二项树下为 $p2fuu + 2p(1-p)fud + (1-p)2fdd$。

第四步，按无风险收益率折现上述期望价值，得出实物期权的评估基准日价值。

（三）评估模型的选择

布莱克-舒尔斯模型和二项树模型都可以用于计算买方期权和卖方期权的价值。布莱克-舒尔斯模型针对欧式期权的定价，是连续时间下的期权定价模型；二项树模型是离散时间下的期权定价模型，理论上对于欧式期权和美式期权都适用，但多数情况下应用不是很方便。美式期权和欧式期权都只有一次执行机会。在其他条件相同的情况下,美式期权价值不会超过对应的欧式期权很多。当标的资产在期权行权期限内没有红利流量的情况下,美式买方期权和欧式买方期权价值完全相同。在期权行权期限内有红利流量的情况下,应用布莱克-舒尔斯模型评估可能会在一定程度上低估期权的价值,可以考虑采用针对红利的布莱克-舒尔斯模型的变型来评估。

在极限意义上(即每期时间为无限短的情况下),布莱克-舒尔斯模型和二项树模型的评估结果相同。在估算实物期权价值时,可以根据参数估计和计算方便的原则,选择采用布莱克-舒尔斯模型或者二项树模型。

四、评估结果的合理性检验

对于存在投资机会的高新技术公司的价值,可用期权理论进行评估。具体思路步骤如下:①把现有业务的每一个未来投资机会看作是一个买方期权,分别计算其价值;②把所有这些买方期权的价值相加,就得到现有业务的投资扩张价值;③按照现金流量折现的方法计算现有业务本身部分的价值;④把业务投资扩张价值和现有业务部分价值相加得到公司业务的总价值;⑤如果公司还要拓展新的业务,则要再评估新的业务投资机会的价值,然后加到公司的业务价值里面来,可得公司的总价值(可参见第十一章[例11-6])。

实物期权价值评估较为复杂,为确保评估结果的合理性,建议根据表2-8中的基本变量关系对评估结果进行合理性检验,防止出现方向性错误。

表2-8 评估结果合理性检验表

变量名称	变量符号	与买方期权价值的关系	与卖方期权价值的关系
标的资产价值	S	同向	反向
行权价格	X	反向	同向
行权期限	T	同向	同向
波动率	σ	同向	同向
无风险收益率	r	同向	反向

【例2-19】 假设一个拥有制造一种治疗溃疡药品专利权的企业家正与一家医药公司进行接触。这名企业家已经得到了美国食品药品监督管理局(FDA)的批文,可在今后20年内享有此项专利权。虽然这种药品确有较好的疗效,但非常昂贵,市场也相对较小。设生产这种药品的原始投资为5亿美元,而当前销售这种药品所获现金流量的现值仅为3.5亿美元。而医药产品市场和生产技术又是经常变化的,通过计算机模拟,我们估计产品现金流现值的年方差为0.05。虽然目前销售药品所获的净现值为负,但生产这种产品的专利权可能仍是有价值的,因为现金流的现值会发生变化。换句话说,一两年后完全有可能出现这种药品的生产不仅可行而且还可能盈利。

则,标的资产价值＝生产销售该药品所获现金流的现值＝S＝3.5亿元;执行价格＝生产该药品所需原始投资＝X＝5亿元;期权有效期＝专利权的寿命＝20年;无风险利率＝与期权期限相同的国库券利率＝7%;标的资产价格变动方差＝计算机模拟现金流现值的方差＝0.05;红利收益率＝1/专利权的寿命＝1/20＝0.05。

根据上述参数,分别计算各项数据如下:

$$d_1 = 0.543\,2 \quad N(d_1) = 0.706\,5 \quad d_2 = -0.456\,7 \quad N(d_2) = 0.324\,0 \quad e^{-rT} = 0.246\,6$$

$$\begin{aligned} 股权价值 &= 买方期权价值 = V = SN(d_1) - Xe^{-rT}N(d_2) \\ &= 350 \times 0.706\,5 - 500 \times 0.246\,6 \times 0.324\,0 \\ &= 207.33(万元) \end{aligned}$$

因此,这种治疗溃疡的药物专利,虽然测算目前实施的净现值为负,但对专利所有者而言还是有价值的。

第五节　评估结果的精确性与评估方法的选择

一、评估结果的精确性

评估准确性问题源于英国的 Singer & Friedlander 有限公司案例(1977),英国20世纪80年代前后发生了一系列的公司私有化或接管活动。不同的资产评估鉴证公司对同一项资产的估价存在巨大差异,同时还存在私有化公司资产的销售价格远远超出评估值的现象,并导致大量过失评估诉讼案件的产生。资产评估准确性研究可以划分为定性与定量两方面内容[1],具体形式如图 2-3 所示。

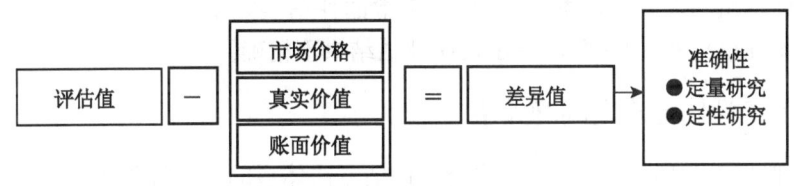

图 2-3　资产评估结果差异

资产评估的市场法、收益法、成本法和期权定价法,以及由以上四条基本评估方法衍生出来的其他评估方法共同构成了资产评估的方法体系。对于特定经济行为,在相同的市场条件下,对处在相同状态下的同一资产进行评估,其评估值应该是客观的。这个客观的评估值不会因评估人员所选用的评估方法的不同而出现截然不同的结果。可以认为,正是评估基本目的决定了评估方法间的内在联系。而这种内在联系为评估人员运用多种评估方法评估同一条件下的同一资产,并做相互验证提供了理论根据。但需要指出的是,运用不同的评估方法评估同一资产,必须保证评估目的、评估前提、被评

---

① 马小琪、李汉铃:《国外资产评估准确性研究综述》,《哈尔滨工业大学学报(社会科学版)》2004年第2期。

估对象状态的一致，以及运用不同评估方法所选择的经济技术参数合理。

由于资产评估工作基本目标的一致性，在同一资产的评估中可以采用多种方法，如果使用这些方法的前提条件同时具备，而且资产评估专业人员也具备相应的专业判断能力，那么，多种方法所得出的结果应该趋同。如果采用多种方法得出的结果出现较大差异，可能的原因有：①某些方法的应用前提不具备；②分析过程有缺陷；③结构分析有问题；④某些支撑评估结果的信息依据出现失真；⑤资产评估专业人员的职业判断有误。建议资产评估专业人员为不同评估方法建立逻辑分析框图，通过对比分析，有利于问题的发现。评估师在发现问题的基础上，除了对评估方法作出取舍外，还应该分析问题产生的原因，并据此研究解决问题的对策，以便最后确定评估价值。

有学者认为评估是不精确的，因为评估的结果与实际交易价格之间总是不同，有时这种差别还很大。有的学者认为评估方法应该是非理性的，用非理性的方法才能反映市场的非理性因素，由此才能保证评估结果的准确性。但更多的学者认为资产评估应该是精确的，它们应能较接近地预测售价或正确估计资产对个人的价值，也应该是理性，这样才能对决策有用。

问题的关键在于：如果一个市场是用非理性和非逻辑方法确定价格，评估是否要反映这种非理性以求得准确。多数学者认为，评估很少可以被证明是不精确的；即使评估是不精确的，评估业也需要一个理性的基础来进行评估。估价结果总会被公布的实际成交价格证明是错误的，但这并不影响结论。在任何情况下，卖者也很少以显著低于评估价值的价格出售资产，买方也很少以显著高于评估价来购入资产。

价值分析的结果不可能被证明是不精确的，因为找不到判断的标准。为吸引买者的降低定价无可厚非，而为取得资产竞争提出高价也一样无可指责，事实上不合理的低价和高价买卖都是很少的。

对于评估粗心大意的指责也非偶然，正常的评估误差值可达到15%，不同的评估者之间的差异很自然，但这并不一定表明评估结果不精确。

二、资产评估方法之间的关系

资产评估的专业性质决定了构成资产评估方法体系的各种评估方法之间存在着内在联系，而各种评估方法的独立存在又说明它们各有特点。正确认识资产评估方法之间的内在联系以及各自的特点，对于恰当地选择评估方法、高效地进行资产评估是十分重要的。

（一）资产评估方法之间的区别

各种评估方法都是从不同的角度去表现资产的价值。不论是通过与市场参照物比较获得评估对象的价值，还是根据评估对象预期收益折现获得其评估价值，抑或是按照资产的再取得途径寻求评估对象的价值，都是对评估对象在一定条件下的价值的描述，它们之间是有内在联系并可相互替代的。但是，每一种评估方法都有其自成一体的运用过程，都要求具备相应的信息基础，评估结论也都是从某一角度反映资产的价值，因此各种评估方法又是有区别的。

由于评估的特定目的不同，评估时市场条件上的差别，以及评估时对评估对象使用状态设定的差异,需要评估的资产价值类型也是有区别的。评估方法由于其自身的特点在评估不同类型的资产价值时,就有了效率上和直接程度上的差别,资产评估专业人员应具备选择最直接且最有效率的评估方法完成评估任务的能力。

1. 适用的前提条件不同

成本法的运用必须满足以下条件。①应当具备可利用的历史资料。成本法的应用是建立在历史资料基础上,许多信息资料、指标需要通过历史资料获得。②形成资产价值的损耗是必需的,而且应体现社会或行业平均水平。③成本法主要适用于"继续使用"假设条件下的资产评估。④待评估资产必须是可以再生的、可以复制的,像土地、矿藏等不能复制、不能再生的资产不能用成本法。

收益法的运用必须符合以下条件:①被评估资产必须是能用货币衡量其未来预期收益的单项资产或整体资产,如果没有预期收益,或者预期收益很少又很不稳定,就不能采用收益法;②资产拥有者获得预期收益所承担的风险也可以预测并可以用货币衡量;③被评估资产预期获利年限可以预测。

市场法的运用需要满足两个最基本的前提条件:①需要有一个发育成熟的、公平活跃的资产市场,以便评估人员能够从交易市场上充分地选择几个相同或类似的参照物进行对比、分析、作价;②参照物以及与被评估资产可比较的指标、技术参数等资料是可以搜集到的。

2. 成本法与收益法比较

成本法与收益法的区别在于:成本法的应用是建立在历史资料基础上的。比如实体性贬值的确定是依据评估对象的已使用年限和使用强度;而功能性贬值是由于评估对象的技术相对落后造成的,需要比较原有的旧资产与功能相同但性能更好的新资产来确定贬值额。与成本法相比较的收益法,所考虑和侧重的是评估对象未来能给其控制者带来多少收益。运用收益法进行资产评估,涉及三个主要的指标:收益额、折现率或本金化率、收益期限。收益额指的是资产使用带来的未来收益期望值,而不是资产的历史收益额或现实收益额。折现率是投资者在对投资风险基本了解的情况下对投资所期望的回报率。收益期限是根据资产的损耗情况及未来获利情况等确定的。所以,收益法的评估指标是基于对未来的分析。

3. 市场法与成本法比较

(1) 受市场条件制约的程度不同。市场法的运用十分强调市场化程度,需要以发育完善的资产市场为前提,且资产变现值要受市场条件的制约;成本法则从买者角度参照市场价格,市场条件对成本法的制约相对较弱。

(2) 评估依据不同。成本法中的一些计算必须以原始成本和原始资料为依据;市场法的运用与资产的原始成本没有直接联系。

(3) 评估值所含的内容不同。重置成本不仅包括该项资产的自身价格(购建价格),而且还包括该项资产安装调试费、运杂费等;市场法估算的资产价值是资产的独立价格。

(4) 资料的获得和指标的确定有着不同的思路。成本法是按被评估资产的现时重置成本扣减其各项损耗来确定被评估资产的评估值,所以只需要有一个新建类似项目作参照即可;运用市场法评估资产价值时,被评估资产的评估值高低在很大程度上取决于参照物成交价格水平,而参照物成交价又不仅仅是参照物自身功能的市场体现,它还受买卖双方交易的动机、交易地位、交易期限等因素的影响,为了避免某个参照物个别交易中的特殊因素对成交价及评估值的影响,运用市场法时通常应选择三个或三个以上的可比参照物。

4. 市场法与收益法比较

市场法需要从一个发育成熟、公平活跃的资产市场中寻找到若干数量的交易实例,收集到参照物资产的交易信息资料和资产实例特征、功能用途、地理位置等方面的信息资料,其评估原理简单、评估过程直接反映资产的市场状态,评估结果易被认可接受。而收益法中的任何参数的确定都具有人的主观性,因为预期收益、折现率以及预期年限都是不可知参数,某些风险因素更是难以预料,但是这些参数在评估资产价值时必须明确,否则收益法就不能使用。确定参数的方式便是在市场中寻求参照物,通过选择参照物进一步计量其收益折现率及预期年限,然后将这些参照物数据有比较地运用到评估对象上,从而确定资产的价值,其评估过程中的人为因素影响较大。

5. 期权定价法与其他评估方法的比较

客观地说,期权定价与市场法、收益法、成本法并不相互排斥。与传统评估方法相比较,期权定价减轻了寻找"同比"指标的难度,并保留了现金流折现的长处,特别是具有对确定性的"自然适应性",解决了目前高新技术公司(如网络、生物公司)上市评估、公司并购评估等目前资本市场常见的难题。因此,传统的评估方法虽然能够评估现有的资产价值,但是往往忽略了不确定性的评估和投资时机的选择,从而忽视了投资的未来成长机会价值和所隐含的灵活性价值。即使是在传统估价方法适合的情况下,期权定价法仍提供了另一种有价值的视角。

(二)资产评估方法之间的联系

评估方法是实现评估目的的手段。成本法、收益法、市场法和期权定价法这四种资产评估方法各有特点,同时又存在内在联系。在资产评估中,由于评估目的、适用的价值类型、评估对象、可搜集到的数据信息资料及主要经济技术参数等不同,应该选择恰当的评估方法。但这些评估方法都只是一种手段,共同目标都是获得客观的、令人信服的资产评估值。

(1)从理论上讲,成本法是一种历史资产与现时全新资产相比较的方法。通过对评估对象与现时功能相同资产的比较,确定被评估资产的重置成本,并依据评估对象的使用年限、强度、技术性能等确定其各种损耗值,从而确定被评估资产的价值。

(2)收益法中的重要指标折现率也常运用于市场法和成本法中。市场法中分析和调整参照物价格与被评估资产价值的差异因素时,如土地使用权年限修正系数,用到折现的方法。成本法中对功能性贬值的确定采用折现的方法。

(3)收益法的运用需要结合市场法。根据资产所能带来的预期收益的高低来确定资产的评估值,从理论上讲这是最科学合理的方法,但是预期收益额预测的难度较大。解决这一问题的方式是寻找参照物,然后将参照物的有关数据指标有比较地运用到评估对象上,确定评估对象的收益现值。把收益法与市场法结合起来使用评估资产的价值,在市场经济发达国家应用得相当普遍。

(4)期权定价法的运用需要结合其他评估方法。如前所述,标的资产评估基准日价值(S)可以根据成本法、收益法等适当的方法进行评估,只是行权部分的估值需要采用期权定价法。

总体而言,对于特定经济行为,在相同的市场条件下,对处在相同状态下的同一资产进行评估,其评估值应该是客观的。这个客观的评估值不会因评估人员所选用的评估方法的不同而出现截然不同的结果。可以认为正是评估基本目的决定了评估方法间的内在联系。而这种内在联系为评估人员运用多种评估方法评估同一条件下的同一资产,并做相互验证提供了理论根据。但需要指出的是,运用不同的评估方法评估同一资产,必须保证评估目的、评估前提、被评估对象状态的一致,以及运用不同评估方法所选择的经济技术参数合理。

三、资产评估方法的选择

由于评估的特定目的不同,评估时市场条件上的差别,以及评估时对评估对象使用状态设定的差异,需要评估的资产价值类型也是有区别的。评估方法由于其自身的特点,在评估不同类型的资产价值时,就有了效率上和直接程度上的差别,资产评估专业人员应具备选择最直接且最有效率的评估方法完成评估任务的能力。

就评估方法选择本身,实际上包含了不同层面的资产评估方法的选择过程,即三个层面的选择。①关于资产评估技术思路层面的选择,即分析三种资产评估基本方法所依据的资产评估技术思路的适用性。②在各种资产评估技术思路已经确定的基础上,选择实现各种评估技术思路的具体评估技术方法。③在确定了资产评估具体技术方法的前提下,对运用各种具体技术评估方法所涉及的经济技术参数的选择。恰当选择评估方法,既包含了对恰当选择评估技术思路,以及实现该技术思路的具体评估技术方法的要求,也包括了在运用各种评估方法时对所涉及的经济技术参数的恰当选择。选择恰当的评估技术思路与实现评估技术思路的具体方法以及恰当选择经济技术参数,共同构成了恰当选择资产评估方法的内容。片面地强调某一个方面而忽略另一个方面,都有可能导致评估结果的失实和偏颇。

资产评估方法的多样性,为评估人员选择适当的评估方法,有效地完成评估任务提供了现实可能。关于资产评估方法的选择和使用,实际上是专业评估人员根据实际条件约束下的资产或模拟条件约束下的资产的价值进行理性的分析、论证和比较的过程,并通过这个过程作出有足够理由支持的价值判断。任何将评估方法的选择和运用的过程简单地理解为评估公式或评价模型的使用或计算的过程的想法都是不正确的。为高效、简捷、相对合理地估测资产价值,在评估方法选择过程中应注意以下因素,如表2-9所示。

表2-9　评估方法选择过程中应注意的主要因素

考量因素	具体说明及建议
实际情况	评估方法的选择要与评估目的、评估时的市场条件、被评估对象在评估过程中所处的状态以及由此所决定的资产评估价值类型相适应。根据上述条件,当资产评估的价值类型为资产的市场价值时,可考虑按市场法、收益法和成本法的顺序进行选择

（续表）

考量因素	具体说明及建议
制约因素	评估方法的选择受评估对象的类型、理化状态等因素的制约。例如，对于既无市场参照物，又无经营记录的资产，只能选择成本法进行评估；对于工艺比较特别且处在经营中的企业，可以优先考虑选择收益法 同时，评估方法的选择受能否收集到运用各种评估方法所需的数据资料及主要经济技术参数的制约。每种评估方法的运用都需要有充分的数据资料作为依据。在一个相对较短的时间内，收集某种评估方法所需的数据资料可能会很困难，在这种情况下，评估人员应考虑采用替代的评估方法进行评估
相互印证	资产评估人员在选择和运用评估方法时，如果条件允许，应当考虑三种基本评估方法在具体评估项目中的适用性。如果可以采用多种评估方法时，不仅要确保满足各种方法使用的条件要求和程序要求，还应当对各种评估方法取得的各种价值结论进行比较，分析可能存在的问题并做相应的调整，以确定最终评估结果

总之，在评估方法的选择过程中，应注意因地制宜和因事制宜，不可机械地按某种模式或某种顺序进行选择。但是，不论选择哪种评估方法进行评估，都应保证评估目的、评估时所依据的各种假设和条件与评估所使用的各种参数数据，及其评估结果在性质和逻辑上的一致。尤其是在运用多种方法评估同一评估对象时，更要保证每种评估方法的运用中所依据的各种假设、前提条件、数据参数的可比性，以便能够确保运用不同评估方法所得到的评估结果的可比性和相互可验证性。

课外阅读材料

1. 张志红，王露露，李静.股价、未来收益不确定性与评估师盈利预测——基于评估师信心的中介作用[J].中央财经大学学报，2020(4).

2. 李国民，许凌峰.市场法的行为因素对评估结果客观性影响探析[J].中国资产评估，2019(11).

3. 刘建勇，俞亮.资产评估结果的市场认可度及其影响因素检验[J].财会月刊，2020(10).

4. 梁美健，段亚琛，孙立颖.碳权资产市场法估值模型的构建与修正[J].会计之友，2018(16).

5. Norman F. Laskay，李小荣.经济和生态因素对船舶价值的影响[J].中国资产评估，2018(5).

6. 张宏伟.探析资产评估成本法理论基础[J].中国资产评估，2010(2).

复习思考题

1. 资产评估方法的含义是什么？资产评估方法之间有些什么区别与联系，在评估方法的选择过程中应注意哪些因素？

2. 什么是市场法？市场法适用的前提条件是什么？采用市场法如何选择参照物？

3. 什么是收益法？收益法适用的前提条件是什么？

4. 折现率与资本化率的关系如何？

5. 什么是复原重置成本和更新重置成本？

6. 成本法的基本要素有哪些？具体的含义是什么？

7. 请比较说明资产评估三种基本方法的优缺点。

8. 有人认为,资产评估有如"打靶",不准确的资产评估结果呈现的状态是:散落在靶心与各环之间,呈不规则分布。而较准确的资产评估结果则可以基本做到:集中在靶心周围且呈规则分布。资产评估机构与评估师应该努力做到,也有可能做到的是:让子弹尽量集于靶内某一区域,随着环境改善而临近靶心。你是否同意这种观点? 为什么?

9. 举例说明资产评估三种基本方法之间的联系是什么。

10. 选择资产评估方法应注意哪些影响因素? 为什么?

11. 关于资产评估师,赞誉的称谓有"估价师""价格鉴定师""护国军"等,贬低的也不乏其词。坊间流行一则笑话,某人问了数学家、会计师、评估师同一个问题:1+1=?,数学家的回答是:1+1=2,但需要论证和严密地推导。会计师的回答是:我要先请示下领导再回答你,1+1可以等于2,可以大于2,也可以小于2。评估师的回答是:我要先和委托方沟通下再回答你,他要等于几,我就等于几。有一则故事则是说评估师在执行企业价值评估时,采用收益法预测永续条件下的年收益问题,永续意味着时间是无穷地延续下去……难道评估师是神仙,具有前知五百年、后知五百载的特异功能,并由此调侃评估师是"魔术师""神仙""半仙",资产评估是"毛估估"。那么,你是如何理解上述说法的? 为什么?

实训练习题

1. 已知资产的价值与功能之间存在线性关系,参照物与评估对象仅在功能方面存在差异,参照物的年生产能力为 1 200 件产品,成交价格为 1 500 元,评估对象的年生产能力为 1 000 件。

要求:请计算评估对象的价值。

2. 被评估资产在未来 5 年内的预期收益分别为 20 万元、22 万元、24 万元、25 万元和 26 万元,该资产从第 6 年至第 10 年每年的收益均保持在 27 万元,第 10 年年末资产拟转让,变现价约 120 万元,假定折现率为 10%。

要求:请运用收益法估测被评估资产的价值。

3. 被估企业预计未来 5 年的预期收益分别为 100 万元、120 万元、150 万元、160 万元和 200 万元,假定折现率和资本化率均为 10%,企业经营期永续。

要求:试用年金法估测企业整体价值。另外,假定被评估企业从未来第 6 年开始,企业的年收益维持在 200 万元水平,试采用分段法估测企业整体价值。

4. 评估对象为某企业 2013 年购进的一条生产线,账面原值为 150 万元,2016 年进行评估。经调查分析确定,该生产线的价格每年比上一年增长 10%,专业人员勘察估算后认为,该资产还能使用 6 年。又知目前市场上已出现功能更先进的类似资产,并被普遍运用,新设备与评估对象相比,可节省人员 3 人,每人的月工资水平为 650 元。此外,由于市场竞争的加剧,使该生产线开工不足,由此而造成的收益损失额每年为 20 万元(该企业适用的企业所得税率为 25%,假定折现率为 10%)。

要求:请根据上述资料,采用成本法对该资产进行评估。

5. 某企业将某项资产与国外企业合资,要求对资产进行评估。具体资料如下:该资产账面原值为 270 万元,净值为 108 万元,按财务制度规定该资产的折旧年限为 30 年,已计提折旧年限为 20 年。经调查分析确定,按现在的市场材料价格和工资费用水平,新建造相同构造的资产的全部费用支出为 480 万元。经查询原始资料和企业记录,该资产截至评估基准日的法定利用时间为 57 600 小时,实际累计利用时间为 50 400 小时。经专业人员勘察估算,该资产还能使用 8 年。又知该资产由于设计不合理,造成耗电量大、维修费用高,与现在同类标准资产比较,每年多支出营运成本 3 万元(该企业适用的所得税税率为 25%,假定折现率为 10%)。

要求:请根据上述资料,采用成本法对该资产进行评估。

6. 被评估企业为一拟上市的养鸡场,评估基准日为2019年12月31日,该养鸡场2019年的财务状况详见2019年利润表,如表2-10所示。经评估人员深入调查得知,2019年因为"禽流感"等原因,被评估企业当年实际收支并不正常,有关财务数据如下:

(1) 由于"禽流感"原因公司主营业务收入损失约45%。

(2) 根据历史数据分析,公司主营业务成本约占主营业务收入的50%。

(3) 根据历史数据分析,公司主营业务税金及附加约占主营业务收入的5.55%。

(4) 公司的其他业务利润为零。

(5) 公司的营业费用约占主营业务收入的5%。

(6) 公司的管理费用约占主营业务收入的5%。

(7) 公司的财务费用(全部为利息支出)约占主营业务收入的10%,其中长期负债利息占利息支出的80%。

(8) 公司无投资收益。

(9) 因"禽流感"公司收到补贴收入(退税收入)30万元。

(10) 因"禽流感"公司营业外支出15万元。

表2-10　2019年利润表

单位:元

项　目	行	本年累计数	调整后本年累计数
一、营业收入	1	1 000 000.00	
减:营业成本	2	550 000.00	
税金及附加	3	55 000.00	
销售费用	4	80 000.00	
管理费用	5	100 000.00	
财务费用	6	80 000.00	
其中:利息支出	7	80 000.00	
资产减值损失	8	—	
加:公允价值变动损益(损失以"—"号填列)	9	—	
投资收益(损失以"—"号填列)	10	—	
二、营业利润(亏损以"—"号填列)	11	135 000.00	
加:营业外收入	12	300 000.00	
减:营业外支出	13	150 000.00	
三、利润总额(净亏损以"—"号填列)	14	285 000.00	
减:所得税费用(所得税税率为25%)	15	71 250.00	
四、净利润(净亏损以"—"号填列)	16	213 750.00	

评估人员根据被评估企业的实际情况及未来发展前景,选取了同行业若干上市公司作为参照物并经综合分析,得到一组价值比率:①市盈率为16;②每股市价与每股无负债净利润的比率为11;

③每股市价与每股主营业务利润的比率为6.5。

要求:

(1) 根据上述资料,运用市场法评估该养鸡场评估价值(需做平均值的,均以算术平均数为准,运算中以万元为单位,保留两位小数)。(应写出调整后本年累计数的计算过程,并在答题纸上绘制调整后的收益表)

(2) 以本题资料为例,说明什么是客观收益和客观费用。

案例研究一

珠海中富收购评估事件

(一)背景资料

2013年8月2日晚间,证监会的一纸调查通知书,翻出了珠海中富实业股份有限公司(珠海中富,000659)2012年一笔5.9亿元的收购旧账。珠海中富为广东省高新技术企业,为美国"可口可乐"和"百事可乐"两大国际饮料公司在中国的灌装厂及国内名牌饮料厂家提供食品饮料容器包装,是目前中国生产设备最齐全、技术最先进、规模最大的PET瓶专业生产企业。同时被立案调查的,还有长期为珠海中富提供资产评估服务的北京恒信德律资产评估有限公司(以下简称"恒信德律")。

整个事件始于2012年8月。当时,珠海中富召开9人参加的董事会会议,并于当年8月13日通过了《关于收购48家控股子(孙)公司少数股东权益暨关联交易的议案》,拟收购Beverage Packaging Investment Limited(下称"BPI")所持有的珠海中富46家控股子公司及2家间接控股的孙公司的少数股东权益,相关公司包括珠海中富瓶胚公司、昆山承远容器公司等。BPI中文译名为饮料包装投资有限公司,注册地在香港。

需要说明的是,出让方BPI与珠海中富为同一实际控制人,均被CVC资本控制。根据CVC官网信息,CVC创建于1981年,代表全球300多家企业、政府机构和私人投资者进行资本投资,业务遍布欧洲、亚洲和美国。自1996年至今,CVC从投资者处募集了500多亿美元的承诺资金,总投资额达280亿美元。BPI主要业务为股权投资、投资管理。资料显示,在此交易之前,珠海中富已实际控制了这48家公司,此次的收购只不过是收购剩余股权,使自身的持股比例达到100%。由此可见,此次评估涉及关联交易。

涉嫌"高价收购大股东烂资产、利益输送"等质疑纷至沓来的原因是,对于这些业绩十分寒碜的公司,恒信德律竟给出了8.85亿元的高价,相对于48家公司账面净资产总额5.9亿元,溢价50%左右,大大超出了投资者的预期,并迅速引起了深交所的强烈关注。在向珠海中富发出的约谈函中,深交所的问题十分尖锐,提出了包括收购标的资产的必要性,多家交易标的目前亏损而采用50%增值率的合理性,融资成本和交易回报不匹配的矛盾等问题。

然而监管层和投资者的质疑都没有终止珠海中富收购的步伐。在其9月8日对深交所的回复暨收购公告中,珠海中富宣称,上述交易能够增加归属上市公司股东的净利润;不需考虑少数股东需求,以上市公司利益最大化规划管理;有效降低上市公司整体税负;实现资源优化配置——协同效益,降低整体成本。但是迫于压力,珠海中富和BPI还是将收购价格由此前的8.85亿元下调至5.9亿元。这实际上意味着,恒信德律出具的评估报告变成了一纸空文。

尽管交易价格已下调了1/3,但标的资产的业绩反差仍令投资者难以接受。一年未到,在所购资产业绩"跳水"拖累之下,珠海中富2012年创下上市以来首亏1.81亿元的尴尬业绩,2013年一季度继续亏损 6 047.2 万元,珠海中富的股价下跌 36%。

(二)引发的资产评估问题

1. 评估方法及评估值选择问题

此次珠海中富收购的 48 家公司业绩并不是十分突出,截至 2011 年 12 月 31 日,依据 BPI 持有的目标公司股权比例对应的经审计账面净资产总额为 59 003.48 万元。2011 年业绩亏损的有 13 家,2012 年一季度业绩亏损的有 25 家,一季度 48 家公司总体业绩亏损 634 万元。但恒信德律的评估值合计为 88 510.07 万元,评估值比原账面值增加 29 506.59 万元,总体评估增值率为 50.01%。甚至对于一些亏损公司,恒信德律同样给出了较高的估值。

这 48 家公司里,有 46 家同时采用了成本法和收益法进行评估,2 家只用了成本法。而在这 46 家里,最终选取收益法作为评估标准的有 43 家,评估值比成本法高的达到 34 家。有人认为资产评估师"偏爱"收益法。对此,恒信德律解释称,收益法的评估结果更具完整性。其余 3 家则以成本法的估值作为最终评估结果。根据公告,如果采用收益法,这 3 家公司将会被评估为负资产。也就是说,在恒信德律出具的这份报告中,一方面,多数公司采用了能评估出更高价值的收益法作为评估标准;另一方面,当用收益法评估出负资产时,又切换为成本法。最终,在这 48 家公司中,被评估增值的有 39 家,评估减值的只有 9 家。而在增值的 39 家公司里,评估值高出账面净资产超过 50% 的就有 22 家,乌鲁木齐富田食品公司的增幅最大,为 222.07%。"只选高的,不选对的",是一位业内人士对其评估方法开玩笑式的总结。

2. 评估机构及其履行评估程序问题

恒信德律承接了珠海中富此次收购的 48 家公司的资产评估工作,这 48 家被收购公司分布华南、华北、华中、西北 25 个省份和城市。恒信德律的调研时间在 3 月初至 4 月底,资产评估师只有徐沛、石松、陈志勇三名注册资产评估师①。也就是说,三位评估师在不到 50 天的工作日里,平均两天跑一个省份,完成评估准备、现场调查及收集评估资料、估算评估,且几乎一天出具一份几十页的评估报告。一般而言,调研一家公司资产,根据不同复杂性,需要 3~4 个工作日。如前所述,恒信德律与珠海中富早有渊源,是珠海中富的"御用"评估机构,多次参与了珠海中富的资产收购评估工作。2009 年 7 月,徐沛和另一位评估师一周内调研了珠海、江苏、成都、天津、北京、沈阳 6 个省市,完成了 6 份都是 19 页的资产评估报告书。

3. 关联交易及利益输送问题

相比 BPI 和珠海中富的关系,BP(HK) 是 CVC 在珠海中富埋下的一条"暗道"。BP(HK) 与珠海中富控股股东都是亚洲瓶业(香港),由亚洲瓶业实际控制,两者交易形成关联关系。2007 年,亚洲瓶业(香港)入主后,BP(HK) 便开始代替中富集团成为珠海中富采购和销售的主要关联方。此次收购 48 家公司的少数股东权益正是和珠海中富受同一实际控制人控制的。另外,48 家公司的法定代表人均为 James Chen(陈志俊),而陈志俊正是珠海中富的现任董事长。因此,提高 48 家子公司的评估值,有向大股东 CVC 资本输送利益之嫌。有人形容,珠海中富身上插着从香港伸过来的三根大吸管,真正摆弄吸管的是国际私募大股东——英国 CVC 亚太基金 II(下称 CVC)。这次动用的吸管为 BPI,专门用来输送与投资有关的资金。8.85 亿元收购资产的转移都在大股东 CVC 手中进行左手倒右手的"内循环"游戏。

4. 协同效益问题

珠海中富已经直接或间接持有这 48 家被收购公司 70% 以上股权,收购完成后,珠海中富持股 100%。从比例上看,珠海中富在收购之前就已经拥有了 48 家被收购公司的控制权,并由此而获得协

---

① 石松、陈志勇为注册不到两年的年轻注册资产评估师。

同效益及控制权溢价,收购少数股东权益应该不会提高其市场份额。换句话说,珠海中富已经是控股股东了,资源优化配置的空间相当有限,相关项目评估过程不应当重复考虑协同效益问题。否则,将会虚增评估值。

(三)问题讨论

(1)表2-11为沪深证主板上市公司2005—2013年度公开披露的企业价值评估报告(每个年度随机抽取100份)评估方法选择(部分评估项目同时采用了两种方法)、最终取值方法以及评估增值率的数据统计,选择成本法的比例最高,其次为收益法,而市场法的比例最低。结合本案例的评估方法及评估值选择,请讨论说明市场法、收益法、成本法有优劣之分吗?如果你负责珠海中富资产评估的话,你会选择什么方法?为什么?

表 2-11 2005—2013 年度公开披露的企业价值评估报告

年度	评估方法选择			最终取值方法			最低增值率(%)			最高增值率(%)		
	成本法	收益法	市场法	成本法	收益法	市场法	成本法	收益法	市场法	成本法	收益法	市场法
2005	100	19	0	82	18	0	−44.38	−73.87	0	526.24	1 180.15	0
2006	92	28	5	77	18	5	−85.53	9.71	1.73	9 303.94	926.68	27.93
2007	88	45	8	71	23	6	0.01	23.81	11.54	18 659.02	734.54	155.12
2008	93	41	7	80	14	6	−518.45	−18.51	53.70	12 377.85	102.85	166.76
2009	93	61	1	82	18	0	−1.16	3.80	0	2 216.88	1 364.87	0
2010	96	65	4	80	20	0	−96.41	8.00	2.22	2 987.56	575.21	0
2011	95	66	2	68	31	1	−3.50	10.60	0	20 887.46	1 933.41	17.28
2012	83	45	6	72	26	2	−37.31	−13.42	105.36	3 846.12	1 534.22	265.05
2013	73	59	9	68	28	4	−169.48	12.47	60.14	17 463.88	3 281.05	77.54
平均	90.33	47.67	4.67	75.56	21.78	2.67	−106.25	−4.16	26.08	9 807.66	1 292.55	78.85

(2)有人提出,恒信德律是珠海中富的"御用"评估机构,你是否赞同这种说法?你认为评估机构及评估师应当如何保持其与客户的关系?

(3)有人认为,徐沛和另一位评估师一周内调研了珠海、江苏、成都、天津、北京、沈阳6个市,完成了6份都是19页的资产评估报告书。根据资产评估程序,这几乎是不可能完成的工作。你是否赞同这种说法?资产评估师如何防范执业风险?

(4)你是否赞同珠海中富存在"关联交易及利益输送问题"的质疑?为什么?

(5)根据本案例情况,是否应该考量协同效益?如果考量,理由是什么?如果不考量,理由又是什么?

案例研究二

置出与置入资产评估方法是否有讲究

(一)背景资料

2014年我国资本市场置出资产与置入资产评估方法使用情况统计如表2-12所示。

表 2-12　置出资产与置入资产评估方法统计表

资产重组置出	资产基础法定价	收益法定价	市场法定价	资产重组置入	资产基础法定价	收益法定价	市场法定价
资产基础法	223			资产基础法	191		
收益法		5		收益法		3	
市场法			3	市场法			2
资产基础法＋收益法	64	37		资产基础法＋收益法	127	160	
资产基础法＋市场法	8		1	资产基础法＋市场法	7		1
收益法＋市场法		2		收益法＋市场法		30	2
资产基础法＋收益法＋市场法			2				
合计	295	44	6	合计	325	193	5

1. 置出资产评估方法分析

738 家标的主体完成资产置出,其中:采取资产基础法评估并确定评估值的有 223 家,行业集中在房地产业、制造业、采矿业、交运仓储业等行业;采用收益法评估确定评估值的有 5 家;采用市场法评估和最终采用市场法确定评估值的有 3 家;采用资产基础法和收益法两种方法评估的有 104 家,最终 64 家采用资产基础法确定评估值(制造业、房地产业、采矿业、交运仓储等),37 家采用收益法确定评估值(科技服务业、交运仓储、制造业等);采用资产基础法和市场法两种方法评估的有 9 家,最终 8 家采用资产基础法确定评估值,1 家采用市场法确定评估值;采用收益法和市场法两种方法评估的有 2 家,最终 2 家用收益法确定评估值;采用基础资产法、收益法和市场法三种方法评估的有 2 家,最终 2 家用市场法确定评估值。

采用资产基础法定价的占 85.5%,收益法定价的占 12.8%,市场法定价的占 1.7%。

2. 置入资产评估方法分析

1 134 家主体完成资产置入,其中:采取资产基础法评估确定评估值的有 191 家,行业集中分布在房地产业、采矿业、制造业等行业;采用收益法评估确定评估值的有 3 家;采用市场法评估确定评估值的有 2 家;采用资产基础法和收益法两种方法评估的有 287 家,最终 160 家采用收益法确定评估值(制造业、信息行业、金融业、交运仓储业等),127 家采用资产基础法确定评估值(信息行业、天然气、房地产业、文化娱乐业);采用收益法和市场法两种方法评估的有 32 家,最终 30 家采用收益法确定评估值(制造业、信息行业),2 家采用市场法确定评估值(金融业);采用资产基础法和市场法两种方法评估的有 7 家,最终 6 家采用资产基础法确定评估值,1 家采用市场法确定评估值。

采用资产基础法定价的占 62.1%,收益法定价的占 36.9%,市场法定价的占 1%。

(二) 问题讨论

(1) 根据表 2-12 及置出资产与置入资产评估方法的分析情况,请说明资产评估方法选择差异形成的主要原因是什么。为什么?

(2) 日益多元化的评估报告使用者对国内资产评估"成本法一贯制"的做法提出了强烈批评,请说明形成这种局面的缘由有哪些。科学合理的资产评估方法选择的方式和理由是什么?

案例研究三

与不确定性共舞

（一）背景资料

A公司拟收购东湖大酒店，委托B评估机构采用收益法进行估值，评估基准日为2020年3月31日，价值类型为市场价值。

受新冠疫情影响，东湖大酒店2020年第一季度收益与正常年度相比减少了82%。

（二）问题讨论

1. B评估机构资产评估师需要将2020年第一季度的收益调整为客观收益（正常收益）吗？为什么？如果需要调整，资产评估师如何将东湖大酒店2020年第一季度的收益调整为客观收益？

2. 在持续经营假设条件下，3～5年详细预测期和详细预测期之后的永续期收益如何确定？（如举例说明，相关数据可以自己合理给出）

3. 该酒店的评估值（评估结论）为10亿元，A公司会以该评估值收购东湖大酒店吗？为什么？

4. 当采用资产基础法（成本法）和收益法组合时，应如何形成最终的评估结论？

第三章

中国资产评估行业
状况和准则体系

☞学习目标

1. 掌握涉及资产评估行业的法律、法规
2. 掌握我国资产评估准则体系构成
3. 掌握《资产评估基本准则》的主要内容
4. 掌握《资产评估职业道德准则》的主要内容
5. 熟悉我国资产评估准则体系的指导思想
6. 熟悉我国资产评估法律规范制度体系
7. 了解我国已经发布的资产评估准则
8. 了解我国资产评估行业的发展概况
9. 了解《国有资产评估管理办法》的主要内容
10. 了解资产评估行业行政管理和自律管理制度

为使学生对本章内容有一个概括性认识和全局性把握,我们用逻辑结构图来描述本章的内容结构框架与知识点,如图 3-1 所示。

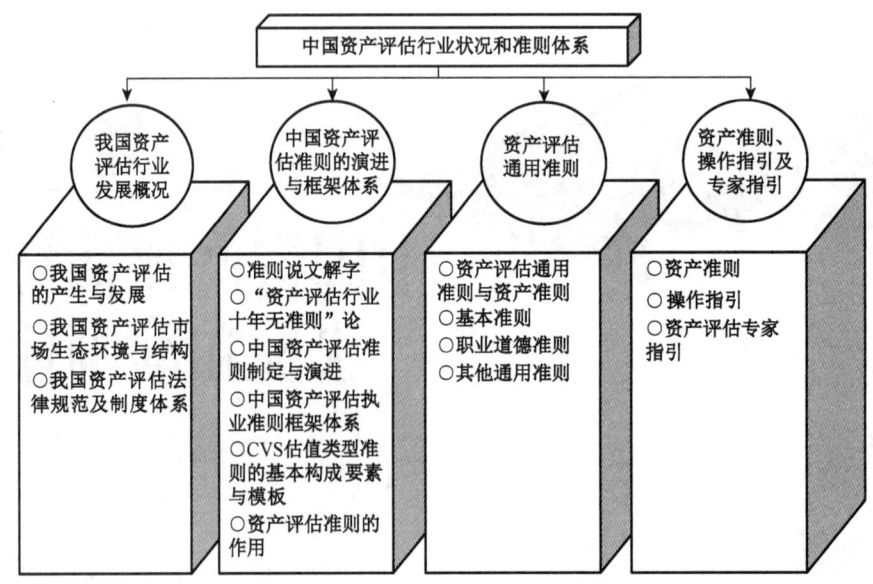

图 3-1　本章的知识点逻辑结构图

案例导入

经济越发展,资产评估越重要

中国经济自 1978 年改革开放以来,通过改革经济体制、政治体制,逐步确立了一条具有中国特色的社会主义现代化建设道路。中国改革开放后 GDP 指数 30 年来以年均 9% 以上的高速度增长,是历史上增长速度最快的经济实体。中国经济的高速发展和资产评估准则建设的后发优势,基于中国的国情和混合经济特征,中国资产评估准则具有显著的中国特色。包括但不限于:一是基本准则和职业道德基本准则由财政部制定并发布,其他准则项目由行业协会发布,一方面传达政府意志,另一方面又体现专业特点。二是与中国以公有制为主、多种所有制经济共同发展的模式相匹配,既有资产评估程序等通用准则,也有企业国有资产评估报告指南、金融企业国有资产评估报告指南等用于国有资产评估的准则。三是与相关行业联系密切,如著作权、商标、专利等无形资产评估准则的构建,是财政部和国家知识产权局研究启动知识产权评估促进工程以及贯彻国务院《国家知识产权战略纲要》的产物。至 2020 年 6 月,我国已累计发布了 27 项评估准则,无形资产评估领域中《商标资产评估指导意见》等填补了国际空白。

第一节　我国资产评估行业发展概况

一、我国资产评估的产生与发展

(一) 我国资产评估的产生

20 世纪 80 年代,我国经济体制改革深入进行。随着经济体制改革步伐的加快,国有企业对外合资合作、承包租赁、兼并、破产等经济行为和产权变动行为日益增多,这些行为都需要建立在对所涉及国有资产的价值进行合理确定的基础上。20 世纪 80 年代后期也是我国国有资产管理体制改革的起步阶段,政府对国有资产的管理方式已经从过去的无偿行政划拨逐步转向有偿转让,因此对资产价值的合理确定提出了要求。而在实践中,当时国有企业往往以账面价值与境外投资者合资,导致大量国有资产流失,这些现象引起了社会各界的广泛关注,要求合理重估国有资产价值而不是简单地以账面价值进行合资的呼声日益高涨。在这种时代背景下,根据当时经济体制改革和国有资产管理体制改革的需要,为合理地确定国有资产转让价格,维护国有资产所有者合法权益,防止国有资产流失,资产评估作为国有资产管理、维护国有资产权益的一种重要手段被引入我国,并迅速发挥了重要作用。因此,由于我国的特殊国情和国有资产管理工作的需要,我国资产评估行业发展具有鲜明的中国特色,走出了一条与西方国家传统评估业不同的发展道路。西方国家资产评估行业是随着经济的发展,为满足相关经济行为当事人在决策过程中了解资产价值的需要而自发产生,并逐步得到发展的。我国资产评估行业的产生则是适应经济体制改革和国有资产管理改革的需要,由政府通过颁布法令等形式推动产生的,其产生首先是基于维护国有资产权益、加强国有资产管理的需要,并通过政府加强资产评估制度建设等工作而推动资产评估行业迅猛发展。

自国有资产评估管理制度建立以来,我国资产评估行业在维护多元化主体利益、维护公共利益、维护证券和金融市场稳定、维护税源和财政收入稳定、服务公共财政等领域将进一步发挥重要的作用。资产评估不仅为国企改制、上市、兼并和资产重组以及中外合资、合作等提供了不可缺少的中介服务,同时也有效地预防了在国企改革和经济结构调整过程中所造成的各类国有资产流失。全社会已经普遍形成一种意识,即涉及国有资产权益变动的,必须依法进行资产评估。经过 30 多年的发展,目前已经成为我国社会主义市场经济体系中一个不可缺少的社会中介行业,表 3-1 数据显示,资产评估机构在资本市场的参与度越来越高。

(二)我国资产评估的发展

1989 年,国家体改委、国家计委、财政部、原国家国有资产管理局共同发布了《关于出售国有小型企业产权的暂行办法》和《关于企业兼并的暂行办法》,明确规定:"被出售企业的资产(包括无形资产)要认真进行清查评估。""对兼并方的有形资产和无形资产,一定要进行评估作价,并对全部债务予以核实。如果兼并方企业在兼并过程中转换为股份制企业,也要进行资产评估。"同年,原国家国有资产管理局发布了《关于在国有资产产权变化时必须进行资产评估的若干暂行规定》。1990 年 7 月,原国家国有资产管理局成立了资产评估中心,负责资产评估项目和资产评估行业的管理,包括法规起草、机构管理、项目管理等基础工作。这些早期资产评估管理文件的发布和资产评估管理机构的成立,标志着我国资产评估工作正式起步。因此,我国资产评估行业的产生和发展带有明显的时代特征与经济转型时期的印记。同时,我国评估行业的业务领域及其评估规范建设也与政府管理部门的职能紧密相关。

表3-1 2012—2014年资产评估服务于资本市场的情况统计

类别	项目	2012年	2013年	2014年
IPO	主板市场家数	1 438	1 515	1 558
	完成IPO家数	26	0	43
	涉及资产评估家数	19	0	39
	占完成IPO家数比例	73.08%	0	90.70%
	经评估的总市值(亿元)	1 342.86	0	4 090.57
	占主板市场市值比例	53.82%	0	91.74%
并购重组	完成并购重组交易数量	627	755	749
	占上市公司数量比例	43.60%	49.83%	48.07%
	使用资产评估服务家数	528	605	524
	占并购重组家数比例	84.21%	80.13%	69.96%
	经评估的总市值(万亿元)	9.35	10.57	8.51
	占主板市值比例	48.22%	46.77%	27.22%
	经评估的账面总资产(亿元)	9 538.55	6 685.89	10 413.97
	评估后的总资产(亿元)	11 078.21	未查到	10 888.1
	增值率	16.14%		4.55%
	经评估的账面净资产(亿元)	3 147.58	3 106.9	4 122.44
	评估后的净资产(亿元)	6 116.92	6 403.15	7 486.17
	增值率	194.34%	206.09%	81.60%

1991年11月16日，国务院颁布了由原国家国有资产管理局起草的《国有资产评估管理办法》（国务院91号令）。该办法是我国第一部关于资产评估管理的行政法规。

1993年12月，中国资产评估协会（以下简称中评协）成立，并于1995年代表我国资产评估行业加入国际评估准则委员会。中评协的成立标志着中国资产评估行业已经开始成为一个独立的中介行业，我国资产评估行业管理体制也开始走上政府直接管理与行业自律管理相结合的道路。

1998年根据政府体制改革方案，国家国有资产管理局被撤销，资产评估管理工作移交到财政部，中评协划归财政部管理。1999—2000年，我国资产评估行业完成了评估机构脱钩改制工作。

2001年12月31日，国务院办公厅转发了财政部《关于改革国有资产评估行政管理方式加强资产评估监督管理工作意见的通知》（国办发〔2001〕102号），取消财政部门对国有资产评估项目的立项确认审批制度，实行财政部门的核准制或财政部门、集团公司及有关部门的备案制。之后财政部相继制定了《国有资产评估管理若干问题的规定》《国有资产评估违法行为处罚办法》等配套改革文件，加大了资产评估机构和资产评估师在资产评估行为中的责任。与此相适应，财政部将资产评估机构管理、资产评估准则制定等原先划归政府部门的行业管理职能移交给行业协会。这次重大改革不仅是国有资产评估管理的重大变化，同时也标志着我国资产评估行业的发展进入到一个强化行业自律管理的新阶段。

2003年，国务院设立国有资产监督管理委员会。根据《国务院国有资产监督管理委员会主要职责内设机构和人员编制规定》，财政部有关国有资产管理的部分职能划归国资委。国有金融企业与行政事业单位国有资产管理职责仍由财政部行使。国资委作为国务院特设机构，以出资人的身份管理企业国有资产，包括负责监管所属企业资产评估项目的核准和备案。财政部则作为政府管理部门负责资产评估行业管理工作。这次改革对我国评估行业的发展具有重大影响，实现了国有资产评估管理与资产评估行业管理的分离，表明日益壮大的我国资产评估行业在形式和实质上都真正成为一个独立的中介行业。

2003年12月，国务院办公厅发布了《国务院办公厅转发财政部关于加强和规范评估行业管理的意见的通知》（国办发〔2003〕101号），对加强和规范资产评估行业的管理提出了全面要求。根据国务院文件的精神，2004年2月，财政部决定中评协继续单独设立，并以财政部的名义发布了《资产评估准则——基本准则》《资产评估职业道德准则——基本准则》。

2003年12月31日，国务院国有资产监督管理委员会和财政部联合发布《企业国有产权转让管理暂行办法》，对企业国有产权转让行为进行规范，其中明确规定在企业国有产权转让时，应当委托具有相关资质的资产评估机构依照国家有关规定进行资产评估。

2004年以来，根据行政许可法等相关法律法规和国务院文件的规定，资产评估行业进一步完善行政管理和行业自律管理相结合的管理体制。资产评估行业实施行政许可管理的项目有:由财政部门实施的资产评估机构设立许可、由财政部与中国证监会共同实施的资产评估机构从事证券业务许可、人事部门与财政部门共同实施的资产评估师执业资格许可(含珠宝评估专业)。资产评估师注册由中评协实行自律管理。

2005 年 8 月 25 日,国务院国有资产监督管理委员会发布了《企业国有资产评估管理暂行办法》,对企业国有资产评估行为进行了进一步的规范。经教育部批准,2005 年资产评估本科专业招生。

2007 年 11 月 28 日,财政部在人民大会堂举行中国资产评估准则体系发布会,发布了《资产评估准则——评估报告》等 8 项准则,连同过去发布的 7 个准则,中国资产评估准则体系基本形成。

2009 年 12 月 29 日,为适应资产评估行业和经济社会发展需要,引导评估机构科学合理竞争,推动评估机构做优做强做大,提升评估行业影响力,财政部发布了《关于推动评估机构做大做强做优的指导意见》(财企〔2009〕453 号)。争取用 3～5 年的时间,培育出 3～5 家年业务收入超过 2 亿元,评估师人数达到 200 人,具有较强的综合服务能力,能够参与国际竞争的"旗舰型"评估机构;30 家左右年收入超过 3 000 万元,评估师人数达到 50 人,具有较强的核心竞争力,能够胜任国内大型企业和上市公司评估业务的评估机构;100 家左右年收入超过 500 万元,适应区域经济发展需要,具有地区竞争力的评估机构。同时,造就具有行业先进文化理念、引领评估理论研究和技术创新、擅于培养评估人才、广受社会尊重的"评估大师"10 名;培养职业道德过硬、评估理论水平较高、技术功底扎实、享有较高诚信声誉的"评估名师"100 名;打造一支忠于评估事业、恪守职业道德、胜任评估专业的优秀评估师队伍。

2010 年,教育部批准招收资产评估硕士专业学位,英文名称为"Master of Valuation",简称 MV,2011 年正式招生。

2011 年 10 月 1 日起施行了《资产评估机构审批和监督管理办法》(财政部令第 64 号),同时废止财政部 2005 年 5 月 11 日发布的《资产评估机构审批管理办法》(财政部令第 22 号)。对资产评估机构及其分支机构的设立、变更、终止、监督管理、法律责任等进行了规范。

2014 年 7 月 22 日,根据《国务院机构改革和职能转变方案》《国务院关于取消和调整一批行政审批项目等事项的决定》(国发〔2014〕27 号)公布取消注册资产评估师等 11 项准入类职业资格。将注册资产评估师职业资格调整为水平评价类职业资格。已取得注册资产评估师职业资格证书的人员,原有资格仍可以作为聘任经济系列相应专业技术职务的依据。

2015 年 4 月 27 日,在总结原注册资产评估师执业资格制度实施情况的基础上,人力资源社会保障部、财政部发布《资产评估师职业资格制度暂行规定》和《资产评估师职业资格考试实施办法》。

2016 年 2 月 3 日,中评协发布《资产评估师职业资格证书登记办法(试行)》(中评协〔2016〕4 号)和《中评协执业会员管理办法(试行)》(中评协〔2016〕5 号)。

历经三届人大、四次审议、酝酿 10 年之久的资产评估法在 2016 年 7 月 2 日闭幕的十二届全国人大常委会第二十一次会议上被表决通过,标志着我国发展近30年的资产评估行业终于迎来首部行业大法。

2017年4月21日,财政部制定印发了《资产评估行业财政监督管理办法》(财政部令第86号)。

根据《中华人民共和国资产评估法》等有关规定,财政部于2017年8月23日发布了《资产评估基本准则》(财资〔2017〕43号),2017年10月1日起施行。2017年9月8日,中评协发布《资产评估职业道德准则》《资产评估执业准则——资产评估程序》《资产评估执业准则——资产评估报告》等25项资产评估准则,2017年10月1日起施行。2018年10月29日,中评协又发布了修订后的《资产评估执业准则——企业价值》《资产评估执业准则——资产评估档案》《资产评估执业准则——资产评估程序》《资产评估执业准则——资产评估报告》,2019年1月1日起施行。2019年,中评协先后印发《人民法院委托司法执行财产处置资产评估指导意见》《资产评估执业准则——资产评估方法》《珠宝首饰评估程序指导意见》等准则。

二、我国资产评估市场生态环境与结构

(一)资产评估市场生态环境

鉴于我国资产评估产生的动因主要是服务于国有企业转制过程中国有资产的产权交易,且估值及交易活动都是在相关行政主管部门的主导下进行的,随着土地有偿转让、房屋买卖、矿产资源开发等产权交易种类的扩大,在不同行业和领域里针对特定资产的评估制度逐步建立和发展起来,目前已经形成了包括资产评估、房地产估价、土地估价、矿业权评估、旧机动车鉴定估价和保险公估在内的六大类评估专业,分别由财政部、住房和城乡建设部、自然资源部、商务部和银保监会五个部门管理,如图3-2所示。在评估行业具有较大影响的专业资格主要有资产评估师、房地产估价师和土地估价师三类,与之相对应的行业自律组织分别为中评协、中国房地产估价师与房地产经纪人学会、中国土地估价师协会。这三个协会都各自隶属于相应的政府部门,且是经过政府批准的民办社会团体组织,也是隶属于政府部门的事业单位,在对应的政府部门下进行发展,其领导基本上都是由政府部门任命和推荐,组织结构及职能分工均由政府部门确定。

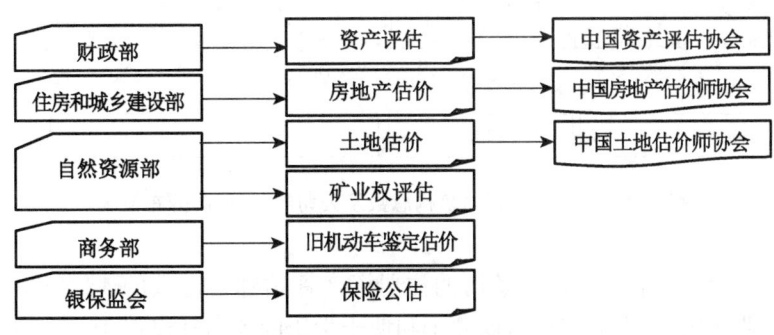

图3-2　中国评估市场格局

"五龙治水"造成了评估市场的严重分割及政出多门。举例而言,对企业价值进行整体评估,本可请一家机构完成,但因为资产、土地、矿业权等评估业务归属不同而需请三家机构,付几份评估费,加大了市场交易成本,增加了评估委托人的负担,与市场需求不相适应。同时,其业务职责范围与其上级政府部门的职权范围相适应,独立性受到了一定程度的制约。同时,作为其行政主管部门的代言人,三个协会各自为政,在人员资格、机构资质、准则制定等方面缺乏必要的沟通和协作,进而加剧了评估市场的"诸侯割据"局面,在很大程度上影响了评估行业的市场化、统一化步伐。如在评估实践中,我国房地产评估相关准则有住房和城乡建设部制定的《房地产估价规范(GB/T 50291—2015)》、自然资源部制定的《城镇土地估价规程(GB/T 18508—2014)》,以及财政部授权制定的《资产评估执业准则——不动产》。

(二)资产评估规模与分布

截至 2018 年年底,我国有 4 272 家资产评估机构,资产评估师人数为 36 232 人,从业人员 10 万多人,业务领域不断拓宽,服务水平日益提高。

我国评估机构的分布及规模与地区的经济发展水平或者总量具有一定的正相关关系。据不完全统计,截至 2018 年 3 月 16 日,全国共有资产评估机构 3 726 家(含分所、评估机构子公司)。其中,公司制 2 766 家(有限责任公司 2 765 家,股份有限公司 1家),占比 74.24%,其中,有限责任公司占 74.21%,股份有限公司占 0.02%。合伙制960 家(普通合伙 875 家,特殊普通合伙 76 家,有限合伙 10 家),占比 25.76%,其中,普通合伙占 23.48%,特殊普通合伙占 2.04%,有限合伙占 0.27%。由此可见,我国资产评估机构选择涵盖了有限责任公司、股份有限公司、普通合伙、特殊普通合伙和有限合伙等组织形式,但股份有限公司、特殊普通合伙和有限合伙形式评估机构仅占少数,总体呈现公司制为主、合伙制为辅的基本格局(图 3-3)。

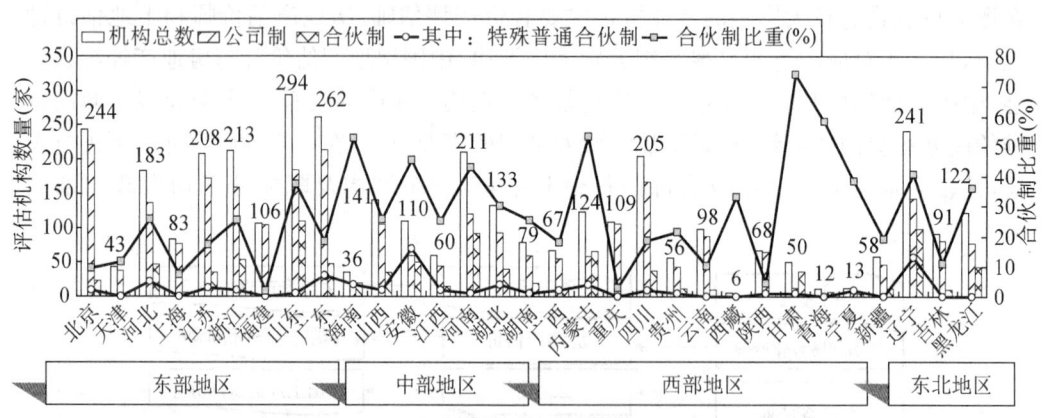

图 3-3 全国资产评估机构总数及公司制、合伙制分布情况

截至 2012 年,具有大专以上学历的注册资产评估师占总数的 48.49%,几乎占到整个行业执业队伍的"半壁江山",而硕士和博士学历的评估师仅占 4.7%,如图 3-4 所示,说明现有评估师队伍的知识老化严重,知识与技能储备难以胜任实物期权评估、生

态环境评估等新兴的评估业务。

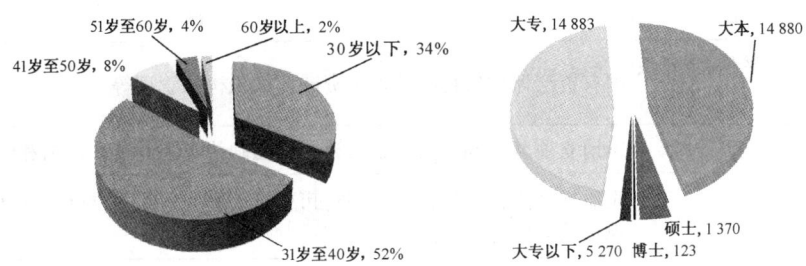

图 3-4　2012 年各年龄段评估师人数占比情况

三、我国资产评估法律规范及制度体系

(一)《中华人民共和国资产评估法》

《中华人民共和国资产评估法》由总则、评估专业人员、评估机构、评估程序、行业协会、监督管理、法律责任、附则 8 章构成,计 55 条,如表 3-2 所示。

表 3-2　《中华人民共和国资产评估法》基本内容及简要说明(扫码可见)

资产评估法全面体现了"简政放权、放管结合、优化服务"的宗旨,对资产评估行为涉及的各方面当事人的权利义务都进行了规范,使资产评估活动有法可依。资产评估法不仅填补了我国市场经济科学规范发展中的一块法治空白,也将为评估行业的法治发展保驾护航,在保障行业人才供给、降低执业风险、保护评估人员和评估机构合法权益等方面起到积极的作用。

(二)《国有资产评估管理办法》

《国有资产评估管理办法》(国务院 91 号令)是我国第一个关于资产评估管理的行政法规,为建立国有资产评估项目管理制度、资产评估资格管理制度等提供了法律依据,共 6 章 39 条,主要规定内容如表 3-3 所示。

表 3-3　《国有资产评估管理办法》主要规定内容

主要规定	具体内容
1. 必须进行国有资产评估的情形	资产拍卖、转让;企业兼并、出售、联营、股份经营;设立中外合资、合作经营企业;企业清算以及依照国家有关规定需要进行资产评估的其他情形
2. 国有资产评估的范围	固定资产、流动资产、无形资产和其他资产

（续表）

主要规定	具 体 内 容
3. 国有资产评估的组织管理	国有资产评估项目的管理和资产评估机构的管理等
4. 评估程序	申请立项、资产清查、评定估算和验证确认等国有资产评估和管理程序
5. 评估方法	收益现值法、重置成本法、现行市价法、清算价格法、国有资产管理部门规定的其他评估方法
6. 违反本办法的法律责任	警告；停业整顿；吊销国有资产评估资格证书

《国有资产评估管理办法》不仅建立了国有资产评估管理制度，同时也推动了我国资产评估行业的产生。该办法既包括国有资产评估项目管理的内容，如资产评估的立项和评估结果的确认，也包括了资产评估行业管理的内容，如资产评估机构的管理、评估方法的确定等。《国有资产评估管理办法》的颁布，确立了我国资产评估的基本依据，是我国资产评估法制建设的重要里程碑。不过，该法规侧重于国有资产的评估管理，业已无法满足目前市场经济日益发展对于评估立法的要求。

（三）资产评估相关法律、法规和规章制度

30 多年来，我国立法、司法和行政管理部门陆续制定了许多涉及资产评估的法律、法规和规章制度。这些法律、法规和规章制度虽然不是关于资产评估的专门法律、法规和规章制度，但都包括有关资产评估的规定，分别从不同的角度规范评估行业，也成为资产评估法律规范体系的重要组成部分。这些法律、法规和规章制度主要包括三方面的内容：

（1）全国人大或者人大常委会颁布的法律，如《公司法》《证券法》《合伙企业法》《拍卖法》《刑法》，这些法律主要从两个方面涉及资产评估行业，一是对需要进行资产评估的情形作出规定；二是对评估机构、专业人员违反法律规定的罚则作出规定。其中最为重要的是《公司法》，该法将资产评估作为组建有限责任公司和股份有限公司过程中的重要一环予以明确规定。

（2）司法机关颁布的司法解释，如最高人民法院颁布的《关于审理证券市场因虚假陈述引发的民事赔偿案件的若干规定》（法释〔2003〕2 号），《关于冻结、拍卖上市公司国有股和社会法人股若干问题的规定》（法释〔2001〕28 号），《最高人民法院关于人民法院民事执行中拍卖、变卖财产的规定》（法释〔2004〕16 号），最高人民检察院、公安部《关于经济犯罪案件追诉标准的规定》等。

（3）相关政府部门颁布的规章制度。除前文提到的规章制度外，还有如《金融企业国有资产评估监督管理暂行办法》（财政部令第 47 号），《公司注册资本登记管理规定》（国家工商行政管理总局第 22 号令），《上市公司收购管理办法》（证监会第 35 号令），《证券市场禁入规定》（证监会第 33 号令），《上市公司信息披露管理办法》（证监会第 40 号令）等。

（四）财政部、原国家国有资产管理局等制定的资产评估规章制度

30 多年来，作为资产评估行业的行政主管部门，财政部和原国家国有资产管理局等相关部门陆续制定了 120 多个有关资产评估管理的规章制度，其中有一部分文件是以部长令的形式发布的,属于部门规章,具有较强的约束力。为贯彻落实资产评估法,进一步加强资产评估行业财政监督管理,促进资产评估行业健康发展,2017 年 4 月 21 日,财政部制定印发了《资产评估行业财政监督管理办法》(财政部令第 86 号),自 2017 年 6 月 1 日施行。共 8 章 72 条,分别为总则、资产评估专业人员、资产评估机构、资产评估协会、监督检查、调查处理、法律责任和附则。

扫描下方二维码可查看《资产评估行业财政监督管理办法》。

资产评估行业财政监督管理办法

(五) 资产评估行业自律管理制度

资产评估行业实行行政管理与行业自律管理相结合的管理体制。作为自律管理组织,中评协建立了资产评估师注册管理制度、分级分类的会员管理体系、后续教育培训体系和行业执业质量自律监管制度,并按照财政部发布的资产评估基本准则要求,研究制定并发布了资产评估具体准则、资产评估指南、资产评估指导意见等,对提高行业执业水平和影响力等发挥了重要作用。

第二节　中国资产评估准则的演进与框架体系

资产评估准则是由资产评估行业主管部门或者行业协会(组织)制定的,用以规范和指导评估机构和评估师职业道德行为与执业行为,保证其执业质量的行业公认标准。一般而言,资产评估准则是执行资产评估业务的职业道德规范和技术规范的总称。国际评估准则委员会(IVSC)候选主席乔治·巴帝斯库认为,资产评估准则最早是作为内部的规章,通过管理会员的行为,从而建立公众的信任。职业准则应当服务于公众,而不仅仅是为了规范评估师自身的责任,也不是为了客户的狭隘利益,准则应该使社会公众信任评估行业。

一、准则说文解字

"准则"一词的说文解字如图 3-5 所示。

准是"準"的简化字或异体字。相传宋代为避宰相冠準的讳,去掉了"十",写成"准"。关于"准(準)",清代陈昌治刻本《說文解字》解释为:"平也。从水隼聲。"清代段玉裁《說文解字注》认为:"平也。謂水之平也。天下莫平於水。水平謂之準。因之製平物之器亦謂之準。"《汉书·律历志》云:"繩直生準。準者,所以揆平取正是也。""揆""准绳"是度量、测量,即準是测量水平求得平正的工具,当今的"水平仪(水准仪)"亦是取自

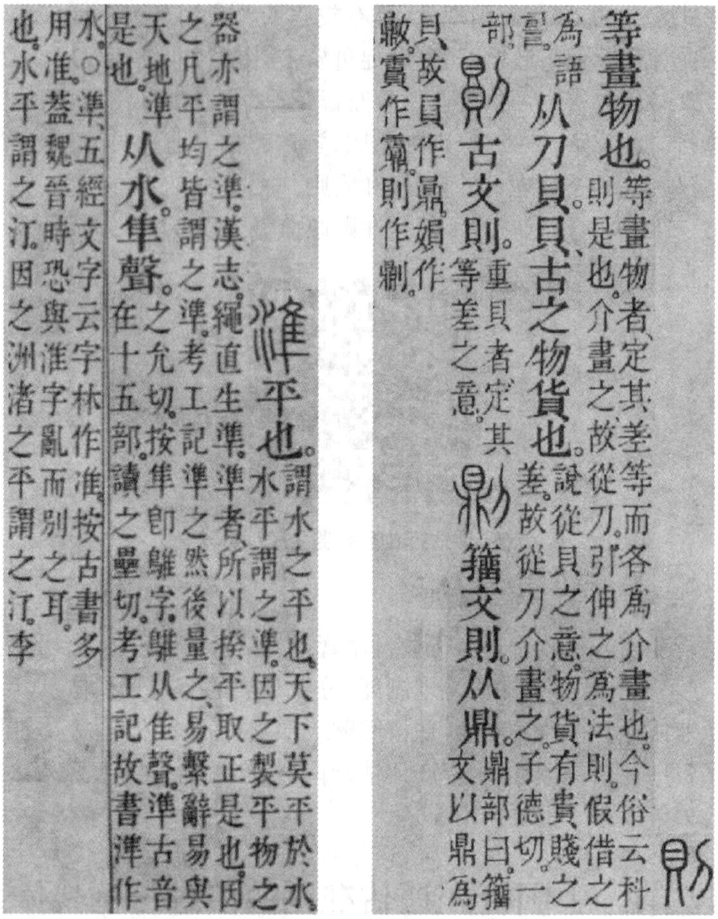

图 3-5　准则说文解字

"撰"。"准"可以引申为标准、准则。《汉书·东方朔传》"以仁义为准",即是将仁义作为准则。关于"则（則）",清代陈昌治刻本"說文解字"解释为："等畫物也。从刀从貝。貝,古之物貨也。"清代段玉裁"說文解字注"认为："等畫物也。等畫物者,定其差等而各爲介畫也。今俗云科則是也。介畫之,故從刀。引申之爲法則。假借之爲語罰。从刀貝。貝,古之物貨也。說從貝之意。物貨有貴賤之差。故從刀介畫之。"可见,则即模范式样,从刀,有强制意。"则"字从本义法典引申为规矩、规章、法则、规则、准则、榜样。规章、条例、准则中最前面概括性条文称为"总则",详细条文称为"细则",人们共同遵守的规章、条例、准则称为"守则"。《诗经·豳风·伐柯》："伐柯伐柯,其则不远。[①]""柯"是斧柄,"则"是榜样、样子。《辞源》谓"则"为"法则"之意。《辞海》的注释为："法式、标准"等含义,意为有约束力的行为规范。

准与则的单独运用,都是指用于约束或衡量之用的一定之规。准则二字连用,有测

---

① 《诗经·豳风·伐柯》："伐柯如何？匪斧不克。取妻如何？匪媒不得。伐柯伐柯,其则不远。我觏之子,笾豆有践。"参考译文：要砍斧把怎么样？没有斧头不可能。要娶妻子怎么样？没有媒人不得成。砍斧把啊砍斧把,斧把法则在眼前。我今遇见这个人,酒菜整齐摆满案。

量、考量行为的作用,是言论、行动、思想等所依据的原则,也是人们公认的道理和规律,属规范类范畴。

二、"资产评估行业十年无准则"论

目前,我国资产评估准则的制定工作正在加紧进行,而社会上对我国资产评估准则的认识存在一些不全面的认识,认为中国资产评估准则制定工作滞后,行业发展多年以来竟然没有评估准则指导,并据此认定中国资产评估行业存在严重问题。

这种观点是不客观的,应当全面认识资产评估准则及准则性文件在我国资产评估行业发展中的地位和作用。多年来,财政部、中国注册会计师协会(简称"中注协")、原国家国有资产管理局(简称"国资局")、中国资产评估协会(简称"中评协")等先后制定发布了大量的资产评估规范文件,在指导评估行业健康发展方面发挥了重要作用。

这些规范性文件主要包括:原国资局发布的《关于资产评估报告书的规范意见》《资产评估操作规范意见(试行)》,中评协发布的《资产评估报告签字制度(试行)》《资产评估业务约定书指南》《资产评估计划指南》《资产评估工作底稿指南》和《资产评估档案管理指南》;财政部发布的《中国资产评估师职业道德规范》《中国资产评估师职业后续教育规范》《资产评估报告基本内容与格式的暂行规定》《资产评估准则——无形资产》等。由于历史的原因,这些规范性文件除 2001 年财政部颁布的《资产评估准则——无形资产》以准则形式发布外,其他都是以规范性文件的形式发布。

这些规范性文件虽然大多未以准则的形式发布,但实质上构成了资产评估执业规范体系的基本框架,是指导和规范我国资产评估行业过去十多年发展的主要文件。因此,简单地认为中国资产评估行业十年无准则,是一种不负责任的说法,也无法解释我国资产评估行业十多年迅速发展的现象。

在评价中国资产评估准则发展状况的同时,应当全面认识资产评估准则与我国资产评估行业发展的辩证关系,冷静分析国外评估行业在评估准则制定方面走过的历程。

资产评估准则是一国资产评估理论和实践经验的高度浓缩,需要得到资产评估理论的指导和资产评估实践的支持。作为现代评估业的鼻祖,英、美两国资产评估行业发展较早,但在资产评估准则制定方面经历了一个相对较长的过程。英国早在 1792 年就成立了测量师学会,负责对包括资产评估在内的测量师业实行行业管理。经国际评估准则委员会候任主席埃居先生确认,英国于 1974 年成立了评估和估价准则委员会(AVSC),并于 1976 年制定了第一部《评估指南》,此后分别于 1981 年、1990 年和 1996 年进行了三次修订,于 2003 年修订出版了《评估指南(第五版)》。美国虽然也早在 19 世纪中后期就成立了专业评估公司,直到经历了 20 世纪 80 年代的评估业动荡之后,才于 1987 年制定了第一部《专业评估执业统一准则》(USPAP),此后每两年修订一次。从中我们可以看出,英、美两国现代资产评估行业从 19 世纪中期起步以来,经历了 100 多年的发展,才于 20 世纪七八十年代在不断取得行业共识的基础上，制定了评估准则，这表明了两国评估界对资产评估准则制定的谨慎态度，并以实例说明了资产评估理论和实践对资产评估准则的重要性。

我国资产评估行业起步较晚，但发展迅猛，并从国外评估行业学习了许多有益的经验，没有必要像英、美等国那样经历漫长的过程才制定评估准则。但英、美两国的经验表明，资产评估准则的制定的确需要深厚的评估理论和丰富的评估实践来支撑，这就要求我们冷静地分析和评价我国资产评估行业发展的状况，特别是评估理论和实践发展状况能否对制定一部成熟的评估准则发挥应有的支持作用。因此，我们需要在强调制定评估准则必要性的同时，大力推动评估理论和评估实践的发展，并在此基础上形成一个相对成熟并不断完善的中国资产评估准则体系。

三、中国资产评估准则制定与演进

（一）中国资产评估准则的制定

中国资产评估准则（Chinese Valuation Standards，英文缩写为"CVS"）是指由资产评估行业行政主管部门或行业协会制定的，用以规范和指导资产评估机构和 PV 执业行为和职业道德行为，保证其执业质量的行业公认标准。CVS 制定的主体为财政部及中评协。中评协成立于 1993 年 12 月，是资产评估行业的全国性自律组织，依法接受财政部和民政部的指导、监督。

《资产评估基本准则》（以下称《基本准则》）由财政部以规范性文件形式发布，《基本准则》授权中评协制定并发布其他评估准则。财政部与中评协分别成立财政部资产评估准则委员会、中评协资产评估准则技术委员会和准则咨询委员会。委员会成员来自相关监管部门、评估行业协会、评估执业人员、评估委托方、评估报告使用者、研究单位、境外相关机构等。中评协负责准则立项、准则制定的指导、征求意见、审核、修改、发布、宣传、解释、培训、实施跟踪等工作。

（二）CVS 的演进

CVS 的演进过程可以划分为以政府文件规范为主的初创阶段（1988—1995 年）、政府文件和准则制定的并行阶段（1996—2000 年）、准则体系初步建成的奠基阶段（2001—2007 年）、评估准则体系的发展完善阶段（2008 年至今）四个阶段。为了促进中国评估行业的国际交流，提升中国评估专业形象，进一步服务企业跨国经济行为，英文版中国资产评估准则《Chinese Valuation Standards 2013》已由荷兰威科集团公司全球出版发行。

（1）以政府文件规范为主的初创阶段（1988—1995 年）。1991 年，国务院颁布了《国有资产评估管理办法》。原国家国有资产管理局和相关政府部门发布了《关于出售国有小型企业产权的暂行办法》《关于企业兼并的暂行办法》《关于在国有资产产权变化时必须进行资产评估的若干暂行规定》，以及评估报告格式与内容、评估方法选择、评估范围确定等一系列评估执业技术操作要求，为初创时期资产评估提供了基本的业务指导，但尚未形成全面的技术标准。

（2）政府文件和准则制定的并行阶段（1996—2000 年）。1999 年 6 月至 2000 年 10

月相继以财政部名义发布了《中国 PV 职业道德规范》和《中国 PV 职业后续教育规范》，以中评协名义发布了《资产评估业务约定书指南》《资产评估计划指南》《资产评估工作底稿指南》和《资产评估档案管理指南》。

（3）准则体系初步建成的奠基阶段（2001—2007 年）。2000 年来，我国证券市场上发生多起因关联方交易引发的有关无形资产评估的争议，在中国证监会的限时推出要求下，财政部于 2001 年 7 月 23 日发布了《资产评估准则——无形资产》（财会〔2001〕1051 号）。限于历史原因，这是在中国资产评估基本准则尚未定稿之前推出的第一个具体准则。2004 年 2 月 25 日，财政部印发了《基本准则》和《资产评估职业道德准则——基本准则》（财企〔2004〕20 号）。2007 年 11 月 28 日，财政部在人民大会堂举行了中国资产评估准则体系发布会，发布了评估报告、评估程序、业务约定书、工作底稿、机器设备、不动产、资产评估价值类型指导意见和以财务报告为目的的评估指南（试行）8 项准则，连同过去发布的 7 个准则类文件，基本上形成了中国资产评估的准则体系。

（4）评估准则体系的发展完善阶段（2008 年至今）。这一阶段，中评协先后对《资产评估准则——无形资产》等有关准则进行了修订，制定并发布了《专利资产评估指导意见》等一系列准则。2012 年，随着我国企业并购重组、生态资产管理和流转等经济行为的不断增加，为服务市场经济和满足发展需求，中评协还制定了 7 项专家指引，如表 3-3 所示。表明中评协开始有针对性地关注执业人员的具体需求，通过提供优秀实践经验，促进评估准则的实施以及评估机构和 PV 规范执业。

截至 2020 年 6 月，财政部和中评协立足我国基本国情，累计发布了 30 项准则，具体包括 1 个基本准则、1 个资产评估职业道德准则、12 个具体准则、5 个评估指南、11 个指导意见，基本涵盖了评估执业程序的各个环节和评估业务的主要领域，如表 3-4 所示，使评估业务的基本程序、主要资产类型的评估业务都有相应的评估准则予以规范，标志着我国的评估实践全面进入了准则规范化时代。

表 3-4　资产评估准则

准则层次	序号	名称	发布时间	施行时间
基本准则	1	资产评估基本准则	2017 年 8 月 23 日	2017 年 10 月 1 日
职业道德	2	资产评估职业道德准则	2017 年 9 月 8 日	2017 年 10 月 1 日
具体准则	3	资产评估执业准则——资产评估报告	2017 年 9 月 8 日	2017 年 10 月 1 日
	4	资产评估执业准则——资产评估程序	2017 年 9 月 8 日	2017 年 10 月 1 日
	5	资产评估执业准则——资产评估委托合同	2017 年 9 月 8 日	2017 年 10 月 1 日
	6	资产评估执业准则——资产评估档案	2017 年 9 月 8 日	2017 年 10 月 1 日
	7	资产评估执业准则——资产评估方法	2019 年 12 月 4 日	2020 年 3 月 1 日
	8	资产评估执业准则——机器设备	2017 年 9 月 8 日	2017 年 10 月 1 日
	9	资产评估执业准则——不动产	2017 年 9 月 8 日	2017 年 10 月 1 日

准则层次	序号	名称	发布时间	施行时间
具体准则	10	资产评估执业准则——无形资产	2017年9月8日	2017年10月1日
	11	资产评估执业准则——珠宝首饰	2017年9月8日	2017年10月1日
	12	资产评估执业准则——企业价值	2017年9月8日	2017年10月1日
	13	资产评估执业准则——利用专家工作及相关报告	2017年9月8日	2017年10月1日
	14	资产评估执业准则——森林资源资产	2017年9月8日	2017年10月1日
评估指南	15	以财务报告为目的的评估指南	2017年9月8日	2017年10月1日
	16	企业国有资产评估报告指南	2017年9月8日	2017年10月1日
	17	金融企业国有资产评估报告指南	2017年9月8日	2017年10月1日
	18	资产评估机构业务质量控制指南	2017年9月8日	2017年10月1日
	19	知识产权资产评估指南	2017年9月8日	2017年10月1日
指导意见	20	资产评估对象法律权属指导意见	2017年9月8日	2017年10月1日
	21	金融不良资产评估指导意见	2017年9月8日	2017年10月1日
	22	资产评估价值类型指导意见	2017年9月8日	2017年10月1日
	23	专利资产评估指导意见	2017年9月8日	2017年10月1日
	24	投资性房地产评估指导意见	2017年9月8日	2017年10月1日
	25	著作权资产评估指导意见	2017年9月8日	2017年10月1日
	26	商标资产评估指导意见	2017年9月8日	2017年10月1日
	27	实物期权评估指导意见	2017年9月8日	2017年10月1日
	28	文化企业无形资产评估指导意见	2016年3月30日	2016年7月1日
	29	人民法院委托司法执行财产处置资产评估指导意见	2019年5月6日	2019年7月1日
	30	珠宝首饰评估程序指导意见	2019年12月4日	2020年3月1日

四、中国资产评估准则体系框架

资产评估准则体系直接影响着各种具体准则和指南的内容,各国在制定评估准则时都十分重视准则体系的结构设计。中国资产评估准则体系框架如图3-6所示。

(一)中国资产评估准则体系框架

1. 资产评估基本准则

资产评估基本准则是财政部根据《中华人民共和国资产评估法》《资产评估行业财政监督管理办法》等制定的资产评估机构及其资产评估专业人员开展资产评估业务应当遵守的基本规范。资产评估基本准则是规范各类资产评估业务的基本规范,其规范

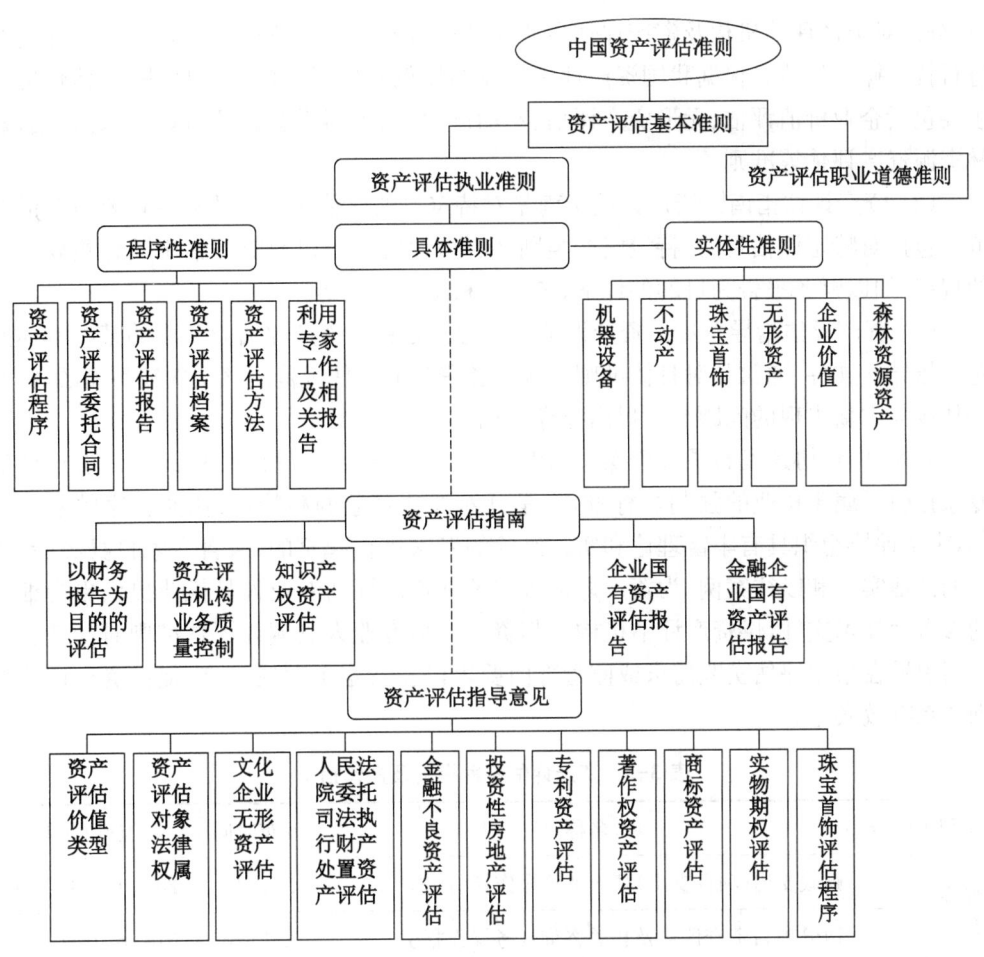

图 3-6 中国资产评估准则体系基本框架

内容应不区分所评估资产的类别和评估的目的,而是执行各种资产类型、各种评估目的资产评估业务所应当共同遵守的基本规则。

中评协根据资产评估基本准则制定资产评估执业准则和职业道德准则。

2. 资产评估职业道德准则

资产评估职业道德准则从基本遵循、专业能力、独立性、与委托人和其他相关当事人的关系、与其他资产评估机构及资产评估专业人员的关系等方面对资产评估机构及资产评估专业人员开展资产评估业务应当具备的道德品质和体现的道德行为作出了规范。

3. 资产评估执业准则

资产评估执业准则包括各项具体准则、指南和指导意见。

(1) 资产评估具体准则。包括体现过程控制的程序性准则和体现不同资产类型、不同评估要求的实体性准则两个部分。前者是资产评估机构及资产评估专业人员通过履行一定的专业程序完成评估业务、保证评估业务质量的规范,诸如资产评估委托合同、资产评估程序、资产评估方法、资产评估报告等。后者则是针对不同资产类别的特点,分别对资产评估机构及资产评估专业人员进行不同类别资产评估业务的执业行为进行技术操作规范。根据我国资产评估行业的惯例和国际上的通行做法,实体性准则主要包括企业价值评估、无形资产评估、不动产评估、机器设备评估、珠宝首饰评估、森林资源资产评估等准则。

(2)资产评估指南。资产评估指南是对特定目的的评估业务以及某些重要事项的规范。包括对特定评估目的、特定资产类别(细化)评估业务以及对评估中某些重要事项的规范,如以财务报告为目的的评估、知识产权资产评估等。

(3)资产评估指导意见。资产评估指导意见是针对资产评估业务中的某些具体问题的指导性文件,通常是对具体准则层次细类资产的评估规范。该层次较为灵活,针对评估业务中新出现的问题及时提出指导意见。

此外,中评协还发布了2个操作指引10个资产评估专家指引(表3-5)。资产评估专家指引不属于执业的强制性标准,它是针对评估对象的独特性、执业程序的复杂性等,由中评协组织具有丰富理论和实践经验的专家进行起草的,来自专家自身经验、优秀的评估实践和以往案例,为资产评估机构及其资产评估专业人员执业提供更为细致的参考性技术文件,供资产评估机构及其资产评估专业人员遵守评估准则时参考。专家指引旨在根据评估实践需求或监管部门要求以及特定事项或难点,促进资产评估准则体系有效实施。

表3-5 资产评估专家指引及操作指引

指引	序号	名称	发布时间	施行时间
操作指引	1	财政支出(项目支出)绩效评价操作指引(试行)	2014年	2014年8月1日
	2	PPP项目资产评估及相关咨询业务操作指引	2016年	2016年10月13日
资产评估专家指引	3	第1号——金融企业评估中应关注的金融监管指标	2015年	2015年7月22日
	4	第2号——金融企业首次公开发行上市资产评估方法选用	2015年	2015年7月22日
	5	第3号——金融企业收益法评估模型与参数确定	2015年	2015年7月22日
	6	第4号——金融企业市场法评估模型与参数确定	2015年	2015年7月22日
	7	第5号——寿险公司内部精算报告及价值评估中的利用	2015年	2015年7月22日
	8	第6号——上市公司重大资产重组评估报告披露	2015年	2015年7月22日
	9	第7号——中小评估机构业务质量控制	2015年	2015年7月22日
	10	第8号——资产评估中的核查验证	2019年	2019年12月31日
	11	第9号——数据资产评估	2019年	2019年12月31日
	12	第10号——在新冠肺炎疫情期间合理履行资产评估程序	2020年	2020年3月11日

（二）中国资产评估准则体系的基本特征

我国资产评估准则体系有以下两个基本特征：

1. 综合性。《资产评估行业财政监督管理办法》第二条规定"资产评估机构及其资产评估专业人员根据委托对单项资产、资产组合、企业价值、金融权益、资产损失或者其他经济权益进行评定、估算，并出具资产评估报告的专业服务行为和财政部门对资产评估行业实施监督管理，适用本办法。"资产评估业务类型决定了资产评估准则体系的综合性，即资产评估准则应当涵盖机器设备、不动产、无形资产、金融不良资产、企业价值等各主要类别资产和经济权益的评估。

2. 程序性与实体性准则并重。图 3-6 显示，我国资产评估准则既重视资产评估委托合同、资产评估程序、珠宝首饰评估程序、资产评估报告、资产评估档案等程序性资产评估准则的制定，也重视机器设备、不动产、无形资产、企业价值、森林资源资产、珠宝首饰等实体性（专业性）资产评估准则的制定，进而实现对资产评估机构及其资产评估专业人员执业的过程控制和专业技术指导，保障资产评估结论的科学性与合理性。

五、中国资产评估准则的基本构成要素与模板

（一）资产评估准则的基本构成要素

由图 3-7 可以看出，除《资产评估对象法律权属指导意见》等准则外，资产评估准则的基本构成要素有以下六个。

（1）总则。中国资产评估准则的第一章均为"总则"。按照《辞海》的解释，"总则"有两重含义：一是总归、总是；二是指规章条例最前面的概括性条文。此部分通常界定本准则的以下五个方面：制定目的；制定依据；规范对象定义；规范对象评估的定义；适用范围。

（2）基本遵循。主要内容包括：遵守法律、行政法规的规定；从事本准则资产评估应当具备的基本知识、经验和专业胜任能力；某一专业领域能力不足时的补救措施；以及如何利用专家工作。

（3）操作要求。主要内容包括：评估目的；评估对象；评估范围；前提假设；价值类型；现场调查及市场调查。

（4）评估方法。规范和指导评估师执业本准则涉及资产的评估方法选择与应用，主要内容包括：本准则使用成本法、市场法和收益法的基本要求。

（5）披露要求。主要内容包括：评估报告出具的基本要求；评估报告的披露和具体要求；评估报告附件。

（6）附则。本章主要明确准则的生效日期，个别准则如资产评估基本准则等，还会涉及本准则与资产评估具体准则、评估指南和指导意见的关系（授权）。

（二）中国资产评估准则的基本模板

中国资产评估准则的基本模板如图 3-7 所示。准则名称命名方式在不同层次的准则上有一定的差异，其中，资产评估具体准则采用"资产评估执业准则—××××"，资产评估指南采用"××××指南"，资产评估指导意见采用"××××指导意见"。

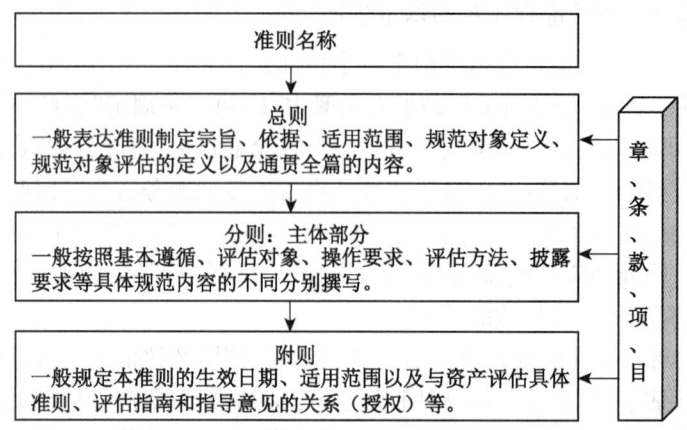

图 3-7　中国资产评估准则基本模板

（1）"总则＋分则＋附则"。除《资产评估对象法律权属指导意见》等准则外，中国资产评估准则的基本模板可以归纳为"三段式"，即"总则＋分则＋附则"。

（2）分则。"分则"部分是评估准则的主体，它要充分体现该准则的业务特点，除机器设备、企业价值、珠宝首饰、森林资源等具体评估准则的分则标题相同外，绝大多数评估准则的分则构成存在一定的差异。例如，《资产评估执业准则——不动产》，考虑到企业所拥有的不动产通常在存货、投资性房地产、固定资产、在建工程以及无形资产等科目中核算，且可能存在同一不动产账面价值由多笔余额构成的情形。作为存货的房地产、投资性房地产和自用房地产等，其价值影响因素存在差异。增加了"第五章企业价值评估中的不动产评估"，资产评估机构及其资产评估专业人员在企业价值评估中，应当关注企业经营方式及不动产实际使用方式对不动产价值的影响。

（3）附则。准则的最后一章，大多数准则"附则"仅有生效日期一条。

中国资产评估准则采用具有中国传统特色的"章、条、款、项、目"的撰写风格，其中每个分则的标题序号用"第×章"。"条"是组成准则的基本单位，是该准则对某一个具体规范问题的完整规定。每条准则的序号从第一章起全文统一编排，采用"第×条"。"款"的表现形式为条中的自然段，每个自然段为一款。"款"前通常不冠以数字排列其顺序。一般情况下，每一款都是一个独立的内容或是对其前一款内容的补充表述。一条准则有两款或者两款以上的，应当适用到款。一条准则只有一款的，应当直接适用该法条，不应称作该条第一款。一般来讲，"项"是以列举的形式对前段文字的说明。"项"前冠以（一）、（二）等数字以对列举的内容进行排列，且这些数字只能以中文数字加括号的形式出现。"目"隶属于项，是准则规范中最小的单位，其特性与作用与"项"相似，是对项的列举式说明。"目"前面冠以阿拉伯数字，并在阿拉伯数字后加点（在具体引用"目"时，只注明阿拉伯数字，无须加点）。当某个条或款的内容有"项"，而"项"下还有"目"时，在适用准则时就应当适用到"目"。除企业国有资产评估报告指南、金融企业国有资产评估报告指南、以财务报告为目的的评估指南等准则"章、条、款、项、目"全部涉及外，绝大多数准则仅涉及"章、条、款"。

六、资产评估准则的作用

（一）保护资产评估当事人合法权益和公共利益，提升行业社会公信力

《资产评估基本准则》和《资产评估职业道德准则》分别从技术操作和职业道德两个方面对资产评估机构及其资产评估专业人员执业行为进行了规范，其中：《资产评估基本准则》对资产评估机构及其资产评估专业人员执业过程中的基本遵循、资产评估程序、资产评估报告、资产评估档案等方面作出了规定；《资产评估职业道德准则》则从基本遵循、专业能力、独立性、与委托人和其他相关当事人的关系、与其他资产评估机构及资产评估专业人员的关系等方面对资产评估主体应当具备的道德品质和体现的道德行为作出了规定。《资产评估基本准则》提出"保护公共利益"，这是基本准则的一个重要内容。资产评估作为独立的社会中介服务，应当把维护社会公共利益作为行为准绳。强调维护社会公共利益，并不排斥资产评估机构及其资产评估专业人员维护资产评估各方当事人合法权益。资产评估机构及其资产评估专业人员应当竭诚为客户服务，但在服务过程中应当坚持独立、客观、公正的原则，不能片面维护某一方面的利益，否则必然会损害公共利益或其他相关当事人的权益。

（二）提高行业规范化水平和执业质量

资产评估准则反映了对有关评估一般规律的社会认知。对评估业界，是基于社会公信力标准所一致认同的专业准绳；对市场，是评估师与报告使用人及相关各方进行价值对话的专业逻辑；对社会公众，是理解与判别评估服务的最佳平台；对执业评估人员，则是寻求客观公正法律保障的良师。资产评估准则从资产评估机构及其资产评估专业人员行为、业务流程、不同资产类型、不同经济行为等方面对行业进行了规范。国际评估准则委员会主席埃尔文·费南德斯说，中国资产评估准则体系的建立能最大程度保障专业、独立与合理的评估。可以说，评估准则不仅是评估行业发展的内在需求，也是委托方、监管部门、报告使用方以及社会各界的共同期望，它承载了评估行业所具有的崇高的社会责任。

（三）规范企业运营的市场体系

从企业的角度来看，评估准则对于进一步规范企业运营的市场体系，推动企业资本运营和生产经营的规范健康发展具有不可替代的重要功能，如表3-6所示。

表3-6　评估准则对规范企业运营的功能作用

功　能	功　能　描　述
1. 为国有资产价值运营监管提供了科学尺度	评估准则的实施为评估行业的实际操作提供科学、公允和统一的标杆，防止违规操作，有助于规范国有资产价值运营，并进行更为有效的监管，在准则、制度层面上防止国有资产流失
2. 为优选评估服务、配合评估工作提供了规范标准	评估准则体系的建立，统一和规范了评估目的、程序、方法、报告等工作要求，它的有效实施，不仅有利于提高评估工作质量，彰显评估的公信力，同时有助于提高企业的辨别能力，使企业有效甄选评估机构，获得最具社会公信力的评估服务。评估准则也明确了评估委托人、报告使用人相应的工作责任，这有助于将企业配合评估工作纳入规范化轨道

（续表）

功　能	功能描述
3. 为企业和评估机构之间加强沟通搭建了专业平台	评估准则对评估执业行为进行了全面系统的规范,有利于企业更好地把握评估执业要求,在实际工作中结合评估业务的具体情况和准则规范要求,与评估机构进行沟通,增进资产评估机构及其资产评估专业人员与评估报告使用方之间的相互理解和支持,在保证评估工作质量的同时,提高评估工作效率
4. 为企业深化对自身价值的认知程度提供了专业工具	评估准则对公允的评估理念和评估技术进行了具体阐释,有利于企业形成科学的价值理念,掌握适用的评估方法,深化对自身价值的认知程度,促使企业更好地发现自身价值,增进创值能力,提升自身价值
5. 为企业相关经济行为营造了公平及国际化市场环境	评估准则是市场经济规范体系的重要组成部分,在评估准则的指导下,资产评估机构及其资产评估专业人员为企业设立、改制、重组、上市、增资、合资等经济行为提供独立的评估服务,使国内外的企业之间的各种经济行为有了客观、公允和国际化的共同价值语言,为企业发展营造了有利的市场环境

第三节　资产评估通用准则

一、资产评估通用准则与资产准则

资产评估通用准则是指能够适用于大多数评估业务的基础性准则;资产准则分别规范和指导不同类别资产的评估,如图 3-8 所示。作为评估对象的资产类型主要有不动产、动产、无形资产、企业价值和金融权益等。其中,《资产评估基本准则》《资产评估职业道德准则》(以下简称"职业道德准则")的起草、论证和形成经历了近 7 年时间。基本准则和职业道德准则是在总结我国资产评估理论和实践经验以及借鉴《国际评估准则》和相关国家评估准则成功经验的基础上制定的,是我国资产评估准则制定工作和资产评估行业发展的重要里程碑。

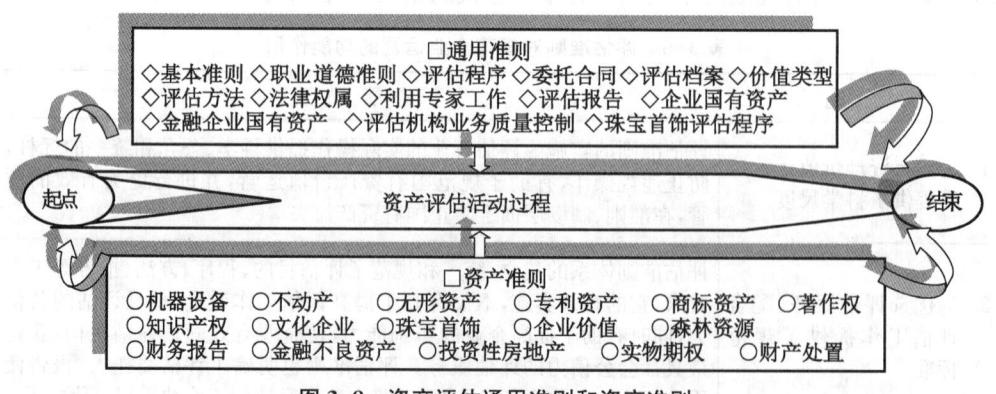

图 3-8　资产评估通用准则和资产准则

二、《资产评估基本准则》

(一)《资产评估基本准则》的地位

如前所述,《资产评估基本准则》由财政部以规范性文件形式发布,并授权中评协制定并发布其他评估准则项目,这样的制度安排是要由政府发布基本准则,体现政府从公共管理角度对评估执业的要求,通过政府的要求实现评估准则保护社会公共利益的宗旨。其他准则项目由行业协会发布,一方面传达政府意志,另一方面又体现专业特点。

《资产评估基本准则》是各类资产评估业务的基本规范,在我国资产评估准则体系有"纲领"的作用,是其他业务性资产评估准则制定的依据和基础,换句话说,《资产评估基本准则》对业务性资产评估准则具有"母则"地位。《资产评估基本准则》具有对资产评估各业务性具体准则和指南一定的"引出"作用,但并不与各具体准则和评估指南一一对应。《资产评估基本准则》类似于国际评估准则的"概念框架"。之所以确立为基本准则:一是因为不属于准则体系组成部分的"概念框架"与我国的法律体系不合;二是因为基本准则不仅指导业务性评估准则的制定,对具体准则起统驭作用,还具有"执行力",资产评估机构及其资产评估专业人员执行资产评估业务应当照此办理。

(二)《资产评估基本准则》的框架

本准则包括总则、基本遵循、资产评估程序、资产评估报告、资产评估档案和附则6章,共35条。本准则的基本内容及简要说明如表3-7所示。

表3-7　《资产评估基本准则》基本内容及简要说明

三、《资产评估职业道德准则》

资产评估职业道德准则是指资产评估机构及其资产评估专业人员在从事资产评估职业活动中应当具备的职业道德和道德规范,它是从事资产评估职业的资产评估机构及其资产评估专业人员在资产评估工作中应当具备的职业理想、职业态度、专业胜任能力、职业良知、职业职责、职业荣誉和职业纪律等职业规范的总称,是社会公德在资产评估行业中的一种体现。

(一)《资产评估职业道德准则》的地位与结构

道德可以泛指一系列精神上的原则和标准。Josephson道德学会提出了与道德行为相关的六条核心道德标准:可信赖(诚实、正直、可靠和忠诚)、尊重他人(谦恭、有礼貌、高尚、宽容和容纳)、勇于承担责任、公平和公正、关心他人、公民的权利与义务。职业道德来源于职业实践,是人们在从事各种特定的职业活动过程中应遵循的道德规范和行为准则的总和。

纵观国内外有关国家的资产评估准则,资产评估准则体系通常由职业道德规范和技术规范组成,前者通常包括职业道德准则或职业守则,它主要是对评估机构及其评估专业人员从事资产评估职业活动中应当遵守的职业态度、职业职责、专业胜任能力和职业纪律等职业行为规范;后者一般由通用准则、资产准则、评估指南(指导意见)构成,它对评估机构及其评估专业人员执业过程中的基本要求、评估操作、披露要求和执业责任等方面作出了规定。依据"冰山理论",资产评估专业人员的道德品质(内在的,海平面以下)部分,诸如态度、感情、价值观念、激励和满意等,往往会影响乃至决定资产评估专业人员体现的道德行为(外在的)以及技术规范的实施效果。

《资产评估职业道德准则》由总则、基本遵循、专业能力、独立性、与委托人和其他相关当事人的关系、与其他资产评估机构及资产评估专业人员的关系、附则等七章构成,共23条。对资产评估机构及资产评估专业人员开展资产评估业务应当具备的道德品质(内在的)和体现的道德行为(外在的)两个方面作出了规范。具体如表3-8所示。

表3-8 《资产评估职业道德准则》基本内容及简要说明

(二)进一步阐释

《资产评估职业道德准则》第四条规定:"资产评估机构及其资产评估专业人员应当诚实守信,勤勉尽责,谨慎从业,坚持独立、客观、公正的原则,不得出具或者签署虚假资产评估报告或者有重大遗漏的资产评估报告。"在中国证监会处罚的资产评估违规案例中,基本上都存在资产评估机构及其资产评估专业人员"未能勤勉尽责"等问题。

1. 诚实守信,勤勉尽责,谨慎从业

诚实守信中的诚实,即忠诚老实,就是忠于事物的本来面貌,不隐瞒自己的真实思想,不说谎,不作假,不为不可告人的目的而欺瞒别人。守信,即讲信用、讲信誉,信守承诺,忠实于自己承担的义务。《中国资产评估协会会员诚信档案管理暂行办法》第六条指出:"会员诚信档案的主要内容包括会员的基本信息、良好行为记录、不良行为记录。"其中个人会员诚信档案良好行为记录包括:受到各级政府部门和行业协会表彰、奖励情况;当选各级人大代表、政协委员以及在社会组织任职情况;关心社会公益,向社会捐赠情况;其他应当记入诚信档案的良好行为。不良行为记录包括:被协会谈话提醒情况;

受到行业自律惩戒情况;受到刑事处罚、行政处罚情况;其他应当记入诚信档案的不良行为。此外,根据《上市公司信息披露管理办法》第六十五条,中国证监局对违规资产评估机构及其资产评估专业人员采取有关行政监管措施,并记入资本市场诚信信息数据库。

勤勉尽责是指资产评估专业人员在执业过程中应秉持勤奋务实的工作态度,尽职尽责的职业精神,按照相关法律、行政法规和资产评估准则的要求,履行必要的评估程序,对所依据的文件资料内容的真实性、准确性、完整性进行核查和验证。保持应有的职业谨慎,坚持原则,依法履行资产评估专业人员的相关责任、义务和合理关注。总之,勤勉尽责就是归位尽责、勤勉履职。资产评估机构及其资产评估专业人员未尽到"勤勉尽责"义务的问题主要包括:①独立性缺失,如迎合委托人需要,执业程序"走过场",预设评估值,相关报告"量身定做";②准则执行不到位,如未进行必要的现场调查、未收集充分的评估资料、未按照相关业务规则执业、未确定合理的评估假设,关键评估参数选取缺乏合理依据等;③职业谨慎不足,如未对委托方、评估对象提供的评估资料进行独立分析、调查与判断,直接以此为依据进行评估测算;⑤职业判断不合理,如评估过程中重要假设不合理、参数选用不恰当、公式设置不正确。

谨慎从业是指资产评估专业人员执行资产评估业务的一种态度、理念和工作方式,也是资产评估专业人员综合素质不可或缺的一部分,是防范资产评估风险、保证评估质量的关键要素。谨慎从业要求资产评估机构及其资产评估专业人员严格履行资产评估程序,坚持独立、客观、公正的原则,认真执行资产评估有关准则、评估程序和评估质量控制标准,做好资产评估业务的各项具体工作。

2. 坚持独立、客观、公正的原则

资产评估准则中的独立是指资产评估机构及其资产评估专业人员在执业过程中,应当与评估委托人、评估报告使用人不存在利害关系,遵从资产评估准则要求和自身的专业判断,不受外界干扰,避免由此引起专业判断或者决策偏差失当的执业特性。具体而言,包括实质上的独立和形式上的独立。实质上的独立是指资产评估机构及其资产评估专业人员与服务对象之间没有利害关系。形式上的独立是指资产评估机构及其资产评估专业人员在为委托人提供服务时所表现的在社会公众或第三者面前呈现出一种独立于委托人的形象。实质上和形式上的独立是资产评估机构及其资产评估专业人员能够客观、公正表达意见和取得社会公众信任的保证。

资产评估中的客观是指资产评估机构及其资产评估专业人员在执业过程中,不带有个人好恶、偏见(或者特别设定的意图),实事求是反映事物情况和以具有证据支撑或者符合事物发展逻辑的判断进行评估的执业特性。资产评估机构及其资产评估专业人员要保证执业过程恪守客观性原则,应该注意以下几点:一是在执行资产评估业务时应公平、理智,摆脱利益冲突的影响;二是应当基于客观的立场,以客观事实为依据,实事求是,真实地反映资产现状,充分考虑市场条件,并通过占有尽可能多的资料数据的方式,对被评估资产做出分析、判断、预测,在此基础上出具基于客观立场、以客观事实为依据的评估报告;三是在执行资产评估业务时,应当排除个人感情、成见或偏见的影响,避免用个人主观臆断来替代客观实际。

资产评估准则中的公正是指资产评估机构及其资产评估专业人员在执业过程中，应当以合法的主体，以法律法规为依据，以执业准则为标准，公平对待各报告使用人，不偏袒、不迎合任何一方，应当坚持原则、公平正直地进行评估的执业特性。换句话讲，资产评估专业人员应当具备正直、诚实的品质，公平正直地对待有关利益各方，杜绝牺牲一方利益而使另一方受益的行为。它要求资产评估专业人员在执业过程中，应始终不偏不倚，公平地对待资产评估业务中的利益相关方。

相关链接

美国评估师执行评估等业务时，如何遵守公平住房法？

在某些情况下由于受到法律的禁止，即使有关特征的结论有依据支持，如种族、肤色、宗教信仰、原籍国、性别、婚姻状况、家族状况、年龄、接受社会公共资助状况，残疾以及这些特征的一致性等，在评估中也不能使用。同时，评估师应当保持谨慎，避免在评估中所做的评论被认为是不公正的或歧视性的。采用实际状况的描述而不是主观性的词语，将有助于报告使用者形成他们自己的判断。如果使用反映规模的术语，如"高""低""好""坏""差""强""弱""快""慢""平均"及相似词语等，应当提供能够恰当反映参照体系及评估对象在规模体系中相对位置的背景信息。例如，如果市场容纳能力表述为"快"，也应当提供整个评价体系的信息（"快"是相对于什么）。

3. 专业胜任能力

资产评估师职业道德规范中的专业胜任能力要求包括三个方面的内容：一是指资产评估专业人员应当先经过专门教育和培训，获取了资产评估方面的专业知识、专业训练，并取得评估的实践经验，具备从事资产评估业务的分析、判断和表达能力，才能进入这一行业从事评估活动。即在接受资产评估业务之前，应该接受与评估资产相关的专业知识的教育、专业训练和实践，通过相应的执业资格的考试、考核，具备相应实践经验，并应当接受后续教育，继续学习相关专业理论知识及政策法规，保持和提高专业胜任能力。资产评估机构及其资产评估专业人员应当如实声明其具有的专业能力和执业经验，不得对其专业能力和执业经验进行夸张、虚假和误导性宣传。二是资产评估机构及其资产评估专业人员在承揽、接受和进行资产评估业务时，一般只能在其专业技能和时空安排等方面能够胜任的范围内进行，对超越其专业技能和时空安排等胜任能力的业务应当放弃、拒绝或采取恰当的措施加以解决；三是当资产评估机构执行某项特定业务缺乏特定的专业知识和经验时，应当采取弥补措施，包括利用专家工作及相关报告等。

4. 独立性

资产评估机构及其资产评估专业人员开展资产评估业务，应当采取恰当措施保持独立性。资产评估机构不得受理与自身有利害关系的资产评估业务。资产评估专业人员与委托人、其他相关当事人和评估对象有利害关系的，应当回避。

资产评估机构及其资产评估专业人员开展资产评估业务，应当识别可能影响独立性的情形，合理判断其对独立性的影响。可能影响独立性的情形通常包括资产评估机构及其资产评估专业人员或者其亲属与委托人或者其他相关当事人之间存在经济利益关联、人员关联或者业务关联。其中,亲属是指配偶、父母、子女及其配偶;经济利益关联是指资产评估机构及其资产评估专业人员或者其亲属拥有委托人或者其他相关当事人的股权、债权、有价证券、债务,或者存在担保等可能影响独立性的经济利益关系;人员关联是指资产评估专业人员或者其亲属在委托人或者其他相关当事人担任董事、监事、高级管理人员或者其他可能对评估结论施加重大影响的特定职务;业务关联是指资产评估机构从事的不同业务之间可能存在利益输送或者利益冲突关系。

5. 与委托人和其他相关当事人的关系

(1)招揽业务。资产评估机构及其资产评估专业人员不得以恶性压价、支付回扣、虚假宣传,或者采用欺骗、利诱、胁迫等不正当手段招揽业务。资产评估专业人员不得私自接受委托从事资产评估业务并收取费用。

(2)不正当利益。资产评估机构及其资产评估专业人员不得利用开展业务之便,为自己或者他人谋取不正当利益,不得向委托人或者其他相关当事人索要、收受或者变相索要、收受资产评估委托合同约定以外的酬金、财物等。

(3)公正客观。资产评估机构及其资产评估专业人员执行资产评估业务,应当保持公正的态度,以客观事实为依据,实事求是地进行分析和判断,拒绝委托人或者其他相关当事人的非法干预,不得直接以预先设定的价值作为评估结论。在资产评估过程中,资产评估机构及其资产评估专业人员应当坦诚地对待委托人,在不违背其他当事人和公众利益的前提下,尽最大努力,竭诚为委托人提供评估有关的专业服务,维护委托人的合法权益并与委托人保持相互信任的关系。

(4)评估结论。资产评估机构及其资产评估专业人员执行资产评估业务,应当与委托人进行必要沟通,提醒资产评估报告使用人正确理解评估结论。由于资产的价值受评估目的、依据的假设和时间等因素限制,所以,每项资产评估价值量只有在一定的假设前提、评估目的、时效等具体的限制条件下才能实现,离开这些限制条件,情况就会发生变化,出于职业责任和专业知识水平能力,资产评估机构及其资产评估专业人员应当在出具的资产评估报告中,正确引导报告使用者恰当使用评估报告,避免误导而造成对评估报告使用不当的情况发生。同时,资产评估机构及其资产评估专业人员在向委托方提交评估报告时,应向委托人提示评估报告是为资产业务提供意见,该专业估价意见并不是直接对被评估资产的使用、处置等活动提供决策,而只是为委托人提供的由当事人作为决策所需的价值的参考,其最终的成交价还取决于当事人的决策动机、谈判协作关系和谈判技巧等综合因素。资产评估机构及其资产评估专业人员只对专业估价意见本身合乎职业规范要求负责,而不对资产业务定价决策负责。

(5)保密。资产评估机构及其资产评估专业人员应当遵守保密原则,对评估活动中知悉的国家秘密、商业秘密和个人隐私予以保密,不得在保密期限内向委托人以外的第三方提供保密信息,除非得到委托人的同意或者属于法律、行政法规允许的范围。

（6）社会责任。资产评估机构及其资产评估专业人员在从事资产评估业务时，不得损害社会公众利益。这里的社会公众利益是相对于委托方利益而言的其他利益。它包括国家利益、公众利益、其他组织和非委托方公民的合法权益。资产评估机构及其资产评估专业人员在执业过程中，不得迁就委托人，满足其不合理要求；不得为了委托人利益损害国家利益、公众利益和其他组织、公民的合法权益。

6. 与其他资产评估机构及资产评估专业人员的关系

（1）执业与签名。资产评估机构不得允许其他资产评估机构以本机构名义开展资产评估业务，或者冒用其他资产评估机构名义开展资产评估业务。资产评估专业人员不得签署本人未承办业务的资产评估报告，也不得允许他人以本人名义从事资产评估业务，或者冒用他人名义从事资产评估业务。

资产评估专业人员在资产评估报告上签署名字，这既是评估披露过程中的一项权利，也是一项义务。它表明资产评估专业人员对该项资产评估发表了专业意见，同时也包含了该其对该项评估结果应承担相应的责任。资产评估专业人员在自己未参与项目的评估报告上签署名字，在严重违背独立、客观、公正的职业道德规范的同时，也给自己带来巨大的责任风险。允许他人以本人名义签署评估报告，不仅同样严重违背独立、客观、公正的职业道德规范和给自己带来巨大的责任风险，而且也严重违反法律规定。因此，资产评估专业人员在评估披露时，既不得签署本人未参与项目的评估报告，也不得允许他人以其名义签署评估报告。

（2）同事关系。资产评估机构及其资产评估专业人员在开展资产评估业务过程中，应当与其他资产评估专业人员保持良好的工作关系。

（3）同行关系。资产评估机构及其资产评估专业人员不得贬损或者诋毁其他资产评估机构及资产评估专业人员。

四、其他通用准则

这里的其他通用准则是指未包括《资产评估基本准则》和《资产评估职业道德准则》的有关准则。通用准则对资产评估执业作出了一般意义上的规定，是在绝大多数资产评估项目执业中都应当遵守的准则。其他通用准则包括《资产评估执业准则——资产评估程序》《资产评估执业准则——资产评估委托合同》《资产评估执业准则——资产评估档案》《资产评估执业准则——资产评估方法》《资产评估执业准则——利用专家工作及相关报告》《资产评估执业准则——资产评估报告》《资产评估价值类型指导意见》《资产评估对象法律权属指导意见》《企业国有资产评估报告指南》《金融企业国有资产评估报告指南》《资产评估机构业务质量控制指南》《实物期权评估指导意见》。其中，《企业国有资产评估报告指南》《金融企业国有资产评估报告指南》彰显了我国混合经济的特点。一般而言，除《资产评估执业准则——利用专家工作及相关报告》《实物期权评估指导意见》《企业国有资产评估报告指南》《金融企业国有资产评估报告指南》等准则外，其他通用准则是资产评估都会涉及的评估准则，也都应当写入有关资产评估报告的评估依据之中。

第四节　资产准则、操作指引及专家指引

一、资产准则

资产准则是专门针对不同类型资产进行特定评估考虑所设计的准则，只有在进行相关资产的评估时，才会应用相应的资产评估准则。我国资产准则有：《资产评估执业准则——机器设备》《资产评估执业准则——不动产》《资产评估执业准则——无形资产》《资产评估执业准则——珠宝首饰》《资产评估执业准则——企业价值》《资产评估执业准则——森林资源资产》《以财务报告为目的的评估指南》《知识产权资产评估指南》《金融不良资产评估指导意见》《专利资产评估指导意见》《投资性房地产评估指导意见》《著作权资产评估指导意见》《商标资产评估指导意见》《文化企业无形资产评估指导意见》《人民法院委托司法执行财产处置资产评估指导意见》《珠宝首饰评估程序指导意见》等。上述准则的有关内容，将会在后续章节的相关资产评估中具体介绍。

二、操作指引（非价值估算类业务执业准则）

资产评估行业作为市场经济体系中重要专业力量，近年来，一些地方协会和评估机构配合财政部门或以第三方中介机构身份积极参与财政支出绩效评价工作，并得到了财政部门的认可。为指导评估机构执行财政支出绩效评价业务和 PPP 项目资产评估及相关咨询业务，在财政部指导下，中评协总结评估行业的经验，组织制定了《财政支出（项目支出）绩效评价操作指引（试行）》《PPP 项目资产评估及相关咨询业务操作指引》。

《财政支出（项目支出）绩效评价操作指引（试行）》于 2014 年 4 月 30 日发布，2014年 8 月 1 日起施行。该操作指引以财政部绩效评价相关文件为基础，结合评估行业执业需求，在评价对象、评价内容、评价程序、评价方案、指标体系、评价报告内容等方面提出了较为具体的指引。其工作流程图如图 3-9 所示。

《PPP 项目资产评估及相关咨询业务操作指引》由 PPP 项目资产评估及相关咨询业务基本要求、PPP 项目实施方案编写具体操作要求、PPP 项目物有所值评价具体操作要求、PPP 项目财政承受能力论证具体操作要求、PPP 项目尽职调查具体操作要求、PPP 项目中期评估以及绩效评价具体操作要求、PPP 项目实施过程中的评估具体操作要求、附则等 8 章构成，并附有 PPP 项目相关业务操作流程图（供参考）、PPP 项目绩效评价指标框架（供参考）、PPP 项目主要概念 3 个附件。

三、资产评估专家指引

如前所述，资产评估专家指引不属于执业的强制性标准。但鉴于其是业内优秀实践经验的凝练及其极强的针对性，资产评估专家指引仍然在资产评估实践中具有一定的标杆性作用。

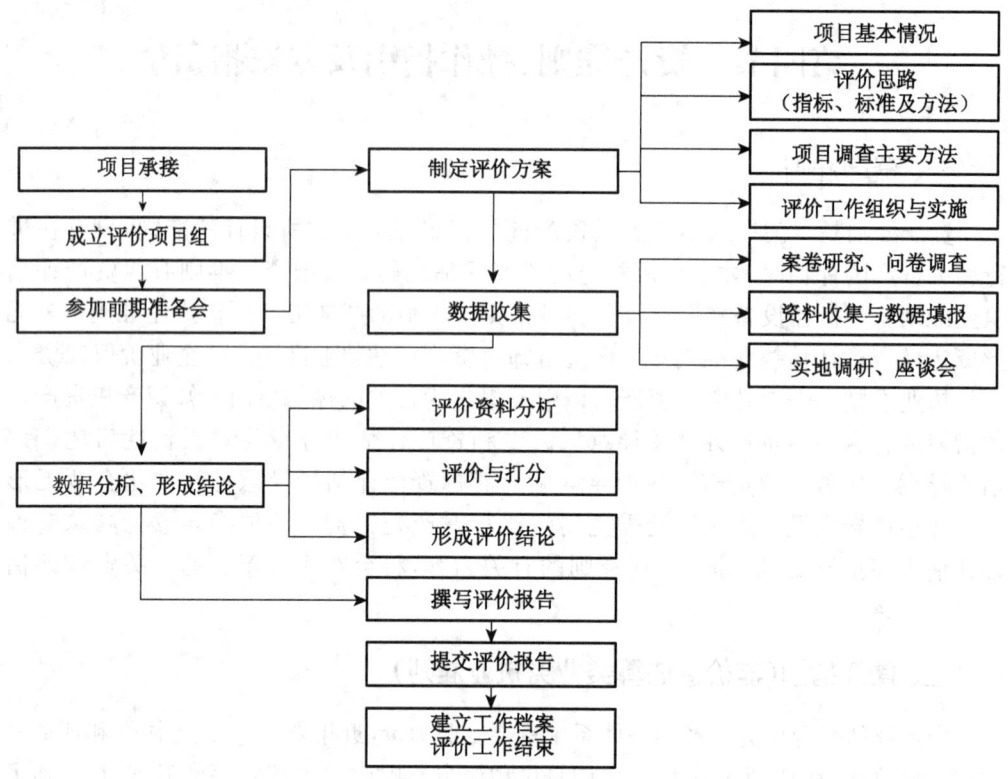

图 3-9　评估机构执行绩效评价业务工作流程图

（一）资产评估专家指引第 1 号——金融企业评估中应关注的金融监管指标

本指引由总则、商业银行、证券公司、保险公司、信托公司、其他金融企业监管指标简述等 6 章构成，并附有监管指标涉及的相关法规一览表。旨在指导评估机构执行金融企业评估业务，提升评估行业服务质量，供评估机构和资产评估师执行金融企业评估业务时参考。

（二）资产评估专家指引第 2 号——金融企业首次公开发行上市资产评估方法选用

本指引由适用范围、影响评估方法选用的基本因素、评估方法的选用 3 章构成，供评估机构和资产评估师执行金融企业评估业务时参考。

（三）资产评估专家指引第 3 号——金融企业收益法评估模型与参数确定

本指引由引言、评估模型、金融企业收入等项目的预测思路、折现率、评估报告的注意事项 5 章构成，共 25 条。并附有银行的资产负债表预测、银行权益变动表预测、银行的利息收入和手续费收入预测、证券公司的手续费收入预测、保险公司的已赚保费的预测、信托公司信托业务手续费及佣金收入的预测、业务及管理费预测的合理性分析等 7 个案例，供评估机构和资产评估师执行金融企业评估业务时参考。

（四）资产评估专家指引第 4 号——金融企业市场法评估模型与参数确定

本指引共有 16 条，并附有证券公司企业价值市场法评估模型的构建、商业银行企业价值市场法评估模型的构建两个案例。旨在指导评估机构执行金融企业评估业务，提升评估行业服务质量，供评估机构和资产评估师执行金融企业评估业务时参考。本指引及所附案例的分析、回归模型仅是诸多统计分析方法中可供选择的具体应用形式。资产评估师也可根据评估对象特点及统计方法的适用条件，选择其他方法。

（五）资产评估专家指引第 5 号——寿险公司内部精算报告及价值评估中的利用

为指导评估机构执行金融企业评估业务，提升评估行业服务质量，在财政部金融司指导下，中评协组织专家制定了《资产评估专家指引第 5 号——寿险公司内部精算报告及价值评估中的利用》，供评估机构和资产评估师执行金融企业评估业务时参考。本指引由引言、关注寿险公司特点、理解内部精算报告、价值评估中对内部精算报告的利用 4 章构成，共 23 条。并附有寿险公司股权价值评估中利用内含价值调整的案例（内含价值报告内容、寿险公司内含价值报告实例——××人寿 2013 年内含价值报告、内含价值调整为企业全部股权价值的分析过程、使用提示），强调实际评估工作中，需要对折现率、增长率、可比上市公司选择等进行详细分析，披露需要符合《资产评估准则——企业价值》等要求。

（六）资产评估专家指引第 6 号——上市公司重大资产重组评估报告披露

本指引旨在进一步提高上市公司重大资产重组评估报告信息披露质量，防范执业风险，体现资产评估师职业资格管理制度改革相关要求，是在《资产评估操作专家提示——上市公司重大资产重组评估报告披露》（中评协〔2012〕246 号）的基础上制定的，供评估机构和资产评估师执行上市公司重大资产重组评估业务时参考。本指引共有 16 条。本指引是以上市公司重大资产重组业务中的评估实践为基础，针对此类评估业务评估报告披露的重点、难点提出的建议。本指引不涉及评估报告格式及评估报告基本内容的建议，未包括此类业务评估报告应该披露的全部内容。本指引不是对相关资产评估准则和上市公司信息披露有关规定的修正，也不是一项新的评估报告准则。

（七）资产评估专家指引第 7 号——中小评估机构业务质量控制

本指引由引言、质量控制责任、职业道德、人力资源、评估业务承接、评估业务计划、评估业务实施和报告出具、监控和改进、文件和记录 9 章构成，共 50 条。旨在指导中小评估机构建立健全业务质量控制制度和程序，防范执业风险，体现资产评估师职业资格管理制度改革相关要求。本指引是在《资产评估操作专家提示——中小评估机构业务质量控制》（中评协〔2012〕247 号）的基础上制定的，供参照执行《评估机构业务质量控制指南》（中评协〔2010〕214 号）的评估机构参考。

（八）资产评估专家指引第 8 号——资产评估中的核查验证

本指引由引言、基本遵循、不同评估资料的核查验证（权属证明资料、财务会计信息资料、其他相关资料）、企业价值评估中的核查验证等四章构成，共 29 条。旨在指导资产评估专业人员在执业过程中履行适当的核查验证程序，依法对资产评估活动中使用的有关文件、证明和资料的真实性、准确性、完整性进行核查和验证。

（九）资产评估专家指引第9号——数据资产评估

本指引由引言、评估对象、数据资产的评估方法、数据资产评估报告的编制等四章构成，共33条。数据资产是由特定主体合法拥有或者控制，能持续发挥作用并且能带来直接或者间接经济利益的数据资源。针对数据资产非实体性、依托性、多样性、可加工性、价值易变性等特点，结合目前实际操作中的部分难点和要点，中评协组织制定了本专家指引。指导资产评估机构及其资产评估专业人员接受委托，对评估基准日特定目的下的数据资产价值进行评定、估算和出具资产评估报告。

（十）资产评估专家指引第10号——在新冠肺炎疫情期间合理履行资产评估程序

与平时相比，疫情期间的主要执业难点在于现场调查程序和核查验证程序受到较大限制。为指导资产评估机构及其资产评估专业人员在新冠肺炎疫情期间合理履行资产评估程序，中评协制定了本专家指引。本指引由执行资产评估业务应当遵守资产评估准则以及评估程序受限时应当及时与委托人沟通，合理采取弥补措施等构成。具体措施包括：第一，及时与委托人沟通，合理确定现场调查、核查验证时间，如可以延后现场调查、核查验证时间，避开防疫管控期和人员隔离期；第二，无法开展现场调查和核查验证的，应当采取适当的弥补措施，如根据当地政府部门发布的疫情防控、交通管制公告等，确实因疫情防控无法开展现场调查或者核查验证的，属于相关程序履行受到客观条件限制的情形，资产评估机构及其资产评估专业人员应当在符合疫情防控要求的前提下采取措施弥补程序缺失，并判断对评估结论产生的影响；第三，如实记录并充分披露评估程序受限情况和弥补措施，诸如资产评估机构及其资产评估专业人员先行通过电子邮件、视频、微信等现代通讯方式获取资料，开展基础核查工作，并待疫情结束再补充现场核查工作的，应当作好相关评估工作计划等；第四，加强特殊介质工作底稿的管理，保证工作底稿安全、可追溯，补充相关现场核查程序所形成的补充性工作底稿，和资产评估报告出具前的工作底稿具有相同的作用；第五，加强风险管理，合理维护合法权益。

课外阅读材料

1. 刘玉平.研究和制定资产评估报告准则若干问题的思考[J].中国资产评估,2008(08).
2. 刘玉平.资产评估立法中若干问题的思考[J].中央财经大学学报,2007(06).
3. 李双海.资产评估准则制定研究[D].河北农业大学,2003.
4. 王子林.《资产评估法》开启行业转型升级和供给侧结构性改革伟大时期[J].中国资产评估,2016(8).
5. 刘国超,孙晓凯,迟怡君.新形势下评估准则运行主体及其互动机制研究[J].中国资产评估,2019(4).
6. 郭志广,钟泽宇,王文姝.制度变迁视角下资产评估准则发展的国际比较研究[J].中国资产评估,2019(7).

复习思考题

1. 我国资产评估行业在形式和实质上都真正成为一个独立的中介行业的标志是什么？

2. 我国资产评估法律规范体系有哪些最主要的内容？

3. 我国资产评估准则体系设计的指导思想是什么？

4. 我国资产评估业务准则体系在纵向关系上是如何划分的？

5.《资产评估基本准则》对资产评估机构及其资产评估专业人员提出了哪些基本要求？

6.《资产评估职业道德准则》对资产评估机构及其资产评估专业人员基本遵循的要求有哪些？

7.《资产评估职业道德准则》要求资产评估机构及其资产评估专业人员应当具备什么样的道德品质和道德行为？

实训练习题

1. 在资产评估中，假设利用专家工作之后，专家承担的评估工作出现了某些问题，你认为专家与资产评估师的责任应如何划分？为什么？

2. 有些时候，资产评估师可能会遇到这样一种情况：资产交易的买卖双方已经将资产估值谈好了，然后找资产评估师按照他们谈好的估值出具资产评估报告。如果你遇到这种情况，应如何处理？为什么？

3. 同一项资产，如果你站在买方和卖方双方不同的立场，即假使买卖双方均请你做评估师，你认为是否恰当；倘若制度或准则允许，你认为如何处理比较恰当？

4. 李某系 A 资产评估公司的资产评估师、部门经理和项目负责人，于 2001 年 5 月 8 日与甲企业商讨房地产评估事宜。由于李某曾于 1998 年 5 月至 1999 年 10 月在甲企业财务部门任经理，双方比较熟悉，故甲企业以该企业房地产平均每平方米评估价值不低于 8 000 元为条件，决定是否委托 A 评估公司进行评估。李某为了评估公司的利益，口头承诺了甲企业的要求，并接受了甲企业的评估委托。

李某按照资产评估协议书的要求在 5 日内完成了对甲企业房地产的评估，评估结果为每平方米 7 300 元。因李某曾对甲企业有过口头承诺，即不动产评估值不低于每平方米 8 000 元。李某认为 7 300 元/平方米与 8 000 元/平方米之差并未超过 10%，属于正常误差范围，而且资产评估本身就是一种估计，带有咨询性质，故以每平方米 8 000 元出具了评估报告；并打电话给本所已在外地开会一周的资产评估师周某，得到允许后，加盖李某本人和周某的资产评估师印鉴并签字，又以项目负责人的名义签字，加盖公章出具了资产评估报告书，交与甲企业；同时将该评估报告书送给在乙企业当顾问的评估界专家赵某一份。

请根据以上背景资料，指出 4 处违反资产评估行业规范的行为，并说明理由（以前 4 条为准，多写部分不予评阅）。

案 例 研 究

行业流行尊重客户目标尺度

（一）背景资料

5 月的一个阴雨的下午，在牡丹江市看守所，乔某一脸苦笑。他那一米八的魁梧身躯坐在讯问室的铁椅上，两只手不安地相互搓着。是巧合吗，还是内心感应的征兆？因涉嫌出具虚假评估报告、帮助 ST 圣方的实际控制人刘某在企业重组时实施金融诈骗、目前已被牡丹江市检察院批捕的乔某今年初在成都与朋友聊天时还说，"除了没蹲过监狱什么都经历了"。然而，让乔某万万没有想到的是，7

天后刚刚从成都回到北京的他便被拘捕了①。

（1）刘某给评估定调子。对于乔某来说，厄运的种子从6年前认识刘某时就埋下了，当时乔某在北京某著名评估机构任职。1999年国庆节后不久，经朋友介绍乔某与刘某在北京西苑饭店见了面。当时的刘某头上有许多炫目的光环——北京圣方通用电子信息系统公司总经理、北大青鸟圣方科技有限公司总经理、西安圣方科技股份有限公司总经理、西安长岭圣方计算机有限责任公司总经理、西安圣河科技有限责任公司总经理。刘某告诉乔某，西安圣方科技股份有限公司（简称西安圣方）要重组牡丹江一家上市公司，要买壳上市，需要做转让资产的评估。乔某当即表示愿意承接此项目，由此双方确定了合作意向。

当评估进入操作阶段，刘某就为乔某定了调子。刘某说，西安圣方转让的资产必须要评到1.9亿元，这样才能满足资产重组的需要。而且刘某还说，西安圣方转让的资产分两部分，一部分是上海部分的资产，必须评估到1.2亿元；另一部分是西安部分的资产，必须评估到7 000万元，这样整个资产就达到1.9亿元了。乔某向刘某表示，这是双方第一个合作项目，一定要做好，这样今后才会有更多的合作。

就这样，乔某按照刘某的意图出具了虚假的评估报告。有了第一个的样本，接下来的几个资产评估报告也都按惯例进行。即刘某定好调子，乔某再按刘某定的调子做评估、出结果。

（2）为圣方"增肥"3 600万元。据乔某介绍，在辅导西安圣方填写资产明细表时，乔某发现公司将为了做增资扩股而进口的一批还在运输途中的设备填在了资产明细表上，这笔价值不到2 500万元的资产产权应该不属于西安圣方。乔某向刘某提出不能这么做，刘某便问乔某该怎么办？于是，乔某给刘某出了一个"巧妙"的主意。他告诉刘某再签一个购买这批设备的合同。于是，几天后刘某签了一份虚假的购货合同，并且将购买价格由原来的不到2 500万元提高到6 100万元。之后，乔某将这批设备以再投设备评估进了西安圣方的资产中。仅此一项，西安圣方的资产就"增肥"至少3 600万元。

正是乔某这个巧妙的主意以及后来他为西安圣方出具的三份虚假评估报告，使刘某顺利地用虚假资产通过置换骗到了牡石化28%的股权，一举成了牡石化的控股股东，从而导致了ST圣方的败落，并给公司造成了巨大的经济损失。同时，也使乔某在时隔6年后成为刘某合同诈骗案的犯罪嫌疑人，被牡丹江市检察院以合同诈骗共犯罪批捕。

（3）三份虚假的评估报告。据乔某回忆，伴随着西安圣方重组牡石化的进程，他一共为西安圣方提供了三份评估报告。

报告一：1999年11月25日，乔某为西安圣方拟转让资产出具了〔1999〕第346号评估报告，评估金额是1.91亿元。乔说，按照刘某定的调子作出的这份报告是不真实的，主要体现在6 100万元进口显示器生产线设备的价值是虚假的，其真实价值不到2 500万元。另外，在评估时所选的数据偏高，存在虚假不实的成分。

报告二：2000年3月，西安圣方拟接受馈赠无形资产，乔某为此出具了〔2000〕第369号资产评估报告，评估金额为2.4亿元。据乔某叙述，当时刘某找到他说，因为重组牡石化西安圣方的净资产没有达到相关要求，于是刘某控股的北京圣方通用电子信息公司馈赠给了西安圣方一块无形资产，乔某按刘某要求将这两块无形资产评估到了2.4亿元。

报告三：2000年4月，乔某为西安圣方拟增资无形资产出具了〔2000〕370号评估报告，评估金额为1 800万元。这个评估报告同样也是按刘某的授意进行的，当然不可能真实。

（4）不正当竞争的代价。为什么在对西安圣方的所有评估中，乔某任由刘某定调子并不折不扣

---

① 刘玉萍：《ST圣方评估师忏悔：行业流行尊重客户目标尺度》，《证券时报》，2005年6月6日。

地执行？是刘某给了乔某好处吗？

"没有，我没拿过刘某的好处。这么做的目的是因为西安圣方的股东后续有很多的评估项目要做。"乔某说，"我当时在公司里任总经理助理、评估一部经理、项目开发部经理。那时资产评估业竞争非常激烈，开发项目很难，形成了一味迁就客户的风气。当时的评估机构'流行'尊重客户的目标尺度，有的什么资产也没有都能评估出价值来。风险？当然也想过。开发后续项目的念头就压过了对风险的考虑。"

为西安圣方出具虚假的评估报告，使乔某付出了沉重的代价。2001年年初，证监会开始对ST圣方披露的虚假资产进行立案调查。后来，乔某被迫辞职，结束了8年评估师的从业生涯。这使作为一名资深评估师当时已有一定名气的他，名利毁于一旦。而接下来在ST圣方任职的经历，使他进一步看清了刘某的真实面目。

2001年3月，辞职在家的乔某被刘某安排到ST圣方任职。当时刘某许诺月薪1.5万元，还答应给乔某买房子。可乔某领到的实际工资只有3 000多元，买房子的承诺也始终没有兑现。于是，半年后乔某离开ST圣方。问及他对刘某的评价，乔某脱口而出："骗子"。

对自己当时的不慎重和法制观念的淡薄，乔某现在追悔莫及。他奉劝评估师同行，在执业中一定要遵守行业准则，评估时做到独立、客观、公正，尤其要加强法律意识，提高风险防范能力。

"一定要以我为戒。"这是乔某铁窗下的忏悔。

（二）问题讨论

（1）根据案例资料，指出评估师乔某存在的主要问题有哪些？如果你是本案例中的乔某，你如何处理和刘某的关系？你会在1999年、2000年的三个评估项目中按照刘某预设的评估值进行虚假评估吗？为什么？

（2）根据舞弊理论，贪婪和有机可乘是舞弊者进行舞弊行为的最大诱因。在我国资产评估法规不健全、市场竞争激烈的背景下，评估师相对委托方在评估业务的处理中往往处于劣势地位，进而在评估实践中，出现迎合委托方的要求、丧失精神独立及忽视社会公众利益而"竭诚"为委托方服务等现象。请说明你对"应当勤勉尽责，恪守独立、客观、公正的原则"是如何理解的？为什么？

第四章

资产评估程序与信息收集及分析

☞学习目标

1. 掌握资产评估程序、广义与狭义资产评估程序的区别
2. 掌握资产评估程序的重要性
3. 熟悉明确资产评估业务基本事项的主要内容
4. 熟悉执行资产评估程序的基本要求
5. 了解资产评估中的信息收集与分析方法
6. 了解资产评估工作底稿的种类和内容
7. 了解资产评估机构的三级复核
8. 了解资产评估工作底稿的编制和管理

为使学生对本章内容有一个概括性认识和全局性把握,我们描述了本章的内容结构框架、知识点之间的逻辑结构,如图4-1所示。

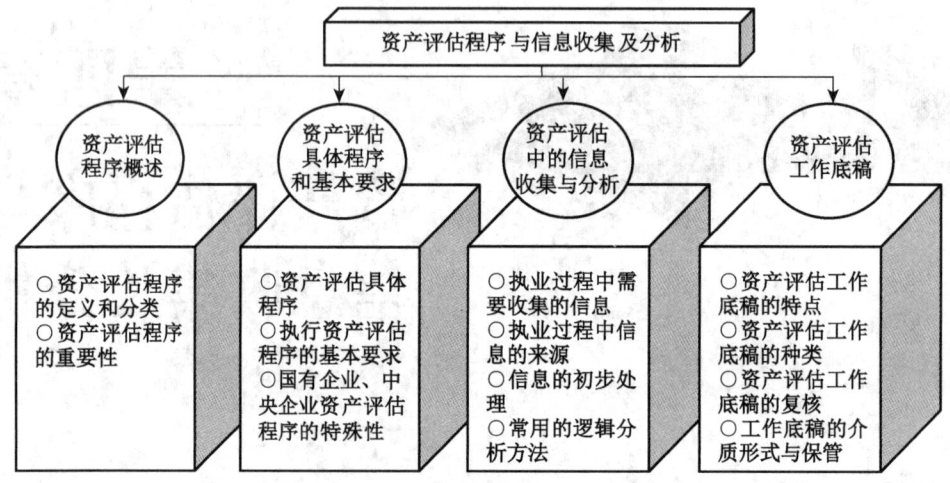

图4-1　本章的知识点逻辑结构图

案例导入

看得见的正义

在英美司法实践中,程序正义被视为"看得见的正义",这源于一句人所共知的法律格言:"正义不仅应得到实现,而且要以人们看得见的方式加以实现。"所谓的"看得见的正义",实质上就是指裁判过程的公平、法律程序的正义。即司法机构对一个案件的判决,即使非常公正、合理、合法,也还是不够的;要使裁判结论得到人们的普遍认可,裁判者必须确保判决过程符合公平、正义的要求。制定并遵守程序,可以使工作过程进行得更加有条不紊。

从法律精神上讲,程序正义高于结果正义。在资产评估实践中,程序公正是以"看得见的方式"履行评估执业,相关当事人都能够耳闻目睹、有据可查,避免"桌面评估""马上评估"或"车上评估"。不过,资产评估程序的执行绝不能仅流于形式,抑或走过场,而应当是有条不紊、尽心竭力、不可偏废。

第一节　资产评估程序概述

一、资产评估程序的定义和分类

(一)资产评估程序的定义

评估程序是规范评估执业行为、提高评估服务质量的重要保障。国内外评估实践的经验和教训都证明了专业程序对中介服务质量的重要作用。只有评估程序得到完整和正确执行，才能为评估技术操作的正确开展打下坚实基础，才能为资产评估师在评估业务组织过程中提供基础指导，从而为业务质量提供基础保证。

资产评估程序是指执行资产评估业务所履行的系统性工作步骤。资产评估程序由具体的工作步骤组成，不同的资产评估业务由于评估对象、评估目的、资产评估资料收集情况等相关条件的差异，资产评估专业人员可能需要执行不同的资产评估具体程序或工作步骤，但由于资产评估业务的共性，各种资产类型、各种评估目的资产评估业务的基本程序是相同或相通的。通过对资产评估基本程序的总结和规范，可以有效地指导资产评估专业人员开展各种类型的资产评估业务，因此有必要加强对资产评估基本程序的研究和规范。

（二）资产评估程序的分类

资产评估程序有狭义和广义之分。资产评估是一种基于委托合同基础上的专业服务。从狭义的角度，很多人认为资产评估程序开始于资产评估机构和人员接受委托，终止于向委托人或相关当事人提交资产评估报告书。然而，作为一种专业性、风险性很强的中介服务，为保证资产评估业务质量、控制资产评估风险、提高资产评估服务水平，以便更好地服务委托人，维护资产评估行为各方当事人合法利益和社会公共利益，有必要从广义的角度认识资产评估程序。广义的资产评估程序开始于承接资产评估业务前的明确资产评估基本事项环节，终止于资产评估报告书提交后的资产评估文件归档管理。《资产评估基本准则》及《资产评估执业准则——资产评估程序》是从广义的角度来进行规范的。

根据不同的分类标准，资产评估程序可以有不同的划分方法。资产评估具体程序或工作步骤的划分，取决于资产评估专业人员对各资产评估工作步骤共性的归纳，资产评估业务的性质、复杂程度也是影响资产评估具体程序划分的重要因素。资产评估通常包括以下基本评估程序：①明确业务基本事项；②订立业务委托合同；③编制资产评估计划；④进行评估现场调查；⑤收集整理评估资料；⑥评定估算形成结论；⑦编制出具评估报告；⑧整理归集评估档案。

二、资产评估程序的重要性

资产评估程序应当以资产评估机构及其资产评估专业人员为主体，反映为执行资产评估业务、形成资产评估结论所应当履行的系统性工作步骤。资产评估程序的重要性表现如下。

（一）规范资产评估行为、提高资产评估业务质量和维护资产评估服务公信力

资产评估机构及其资产评估专业人员接受委托，不论执行何种资产类型、何种评估目的的资产评估业务，都应当履行必要的资产评估程序，按照工作步骤有计划地进行资产评估。这样做不仅有利于规范资产评估专业人员的执业行为，而且能够有效地避免由于机构和人员水平不同而导致的在执行具体资产评估业务中可能出现的程序上的重要疏漏，切实保证资产评估业务质量。恰当履行资产评估程序，对于提高资产评估专业

人员的业务水平乃至资产评估行业整体的业务水平都具有重要意义。另外,资产评估是一项专业性很强的中介服务工作,资产评估专业人员履行严格的资产评估程序也是赢得客户和社会公众信任、提高资产评估行业社会公信力的重要保证。

(二)为相关当事方评价资产评估服务

由于资产评估结论是相关当事方进行决策的重要参考依据之一,因此资产评估服务必然会引起许多相关当事方的关注,包括委托人、产权持有者、资产评估报告使用人、相关利益当事人、司法部门、证券监督及其他行政监督部门、资产评估行业主管协会以及社会公众、新闻媒体等。资产评估程序不仅为资产评估专业人员执行资产评估业务提供了必要的指导和规范,也为上述相关当事方提供了评价资产评估服务的重要依据,也是委托人、司法和行政监管部门及资产评估行业协会监督资产评估机构和资产评估专业人员、评价资产评估服务质量的主要依据。

(三)有利于资产评估机构及其资产评估专业人员防范执业风险、保护自身合法权益、合理抗辩

随着资产评估行业的发展,资产评估机构和资产评估专业人员与其他当事人之间就资产评估服务引起的纠纷和法律诉讼越来越多。从各国的实践来看,由于资产评估工作的专业性,无论是当事人还是司法部门由于在举证、鉴定方面存在较大难度等原因,都倾向于追究资产评估机构和人员在履行必要资产评估程序方面的疏漏和责任,而避免在专业判断方面下结论。由于我国资产评估实践尚处于初步发展阶段,各方对资产评估的专业性还存在认识上的差距,我国资产评估委托人和相关当事方、政府和行业监管部门及司法部门在相当长的时间里,都倾向于对资产评估结论作出"高低""对错"的简单二元判断,并以此作为对资产评估服务和评估机构、资产评估专业人员的评判依据。

随着我国资产评估行业的发展,有关各方对资产评估的认识逐步提高,目前已经开始逐步转向重点关注资产评估机构及其资产评估专业人员在执行业务过程中是否恰当履行了必要的资产评估程序。因此,恰当履行资产评估程序是资产评估机构和资产评估专业人员防范执业风险的主要手段,也是在产生纠纷或诉讼后,合理保护自身权益、合理抗辩的重要手段。

第二节 资产评估具体程序和基本要求

一、资产评估具体程序

(一)明确业务基本事项

明确业务基本事项是资产评估程序的第一个环节,包括在订立业务委托合同以前所进行的一系列基础性工作,其对资产评估项目风险评价、项目承接与否以及资产评估项目的顺利实施具有重要意义。由于资产评估专业服务的特殊性,资产评估程序甚至在资产评估机构接受业务委托前就已经开始。资产评估机构和资产评估专业人员在

接受资产评估业务委托之前,应当采取与委托人等相关当事人讨论、阅读基础资料、进行必要初步调查等方式,与委托人等相关当事人共同明确以下资产评估业务基本事项。

1. 委托人和相关当事方基本状况

资产评估评估机构应当了解委托人基本状况、产权持有者等相关当事人的基本状况。在不同的资产评估项目中,相关当事人有所不同,主要包括产权持有者、资产评估报告使用人、其他利益关联方等。委托人与相关当事方之间的关系也应当作为重要基础资料予以充分了解,这对于全面理解评估目的、相关经济行为以及防范恶意委托等十分重要。在可能的情况下,资产评估机构还应要求委托人明确资产评估报告的使用人或使用人范围,以及资产评估报告的使用方式。明确资产评估报告使用人范围不但有利于资产评估机构及其资产评估专业人员更好地根据使用人的需求提供良好服务,同时也有利于降低评估风险。

2. 评估目的

资产评估机构应当与委托人就资产评估目的达成明确、清晰的共识,并尽可能细化资产评估目的,说明资产评估业务的具体目的和用途,避免仅仅笼统地列出通用资产评估目的的简单做法。

3. 评估对象和评估范围

资产评估机构应当了解评估对象及其权益基本状况,包括其法律、经济和物理状况。例如,资产类型、规格型号、结构、数量、购置(生产)年代、生产(工艺)流程、地理位置、使用状况;企业名称、住所、注册资本、所属行业、在行业中的地位和影响、经营范围、财务和经营状况等。资产评估机构应当特别了解有关评估对象权利受限状况。

4. 价值类型

资产评估机构应当在明确资产评估目的的基础上,恰当确定价值类型,确信所选择的价值类型适用于资产评估目的,并就所选择价值类型的定义与委托人进行沟通,避免出现歧义、误导。

5. 评估基准日

资产评估机构应当通过与委托人的沟通,了解并明确资产评估基准日。资产评估基准日是评估业务中极为重要的基础,也是评估基本原则之一的时点原则在评估实务中的具体体现。资产评估基准日的选择应当有利于资产评估结论有效地服务于资产评估目的,减少和避免不必要的资产评估基准日期后事项。资产评估专业人员应当根据专业知识和经验,建议委托人根据评估目的、资产和市场的变化情况等因素合理选择评估基准日。

6. 资产评估项目所涉及的需要批准的经济行为的审批情况

"资产评估项目所涉及的需要批准的经济行为的审批情况"属于资产评估行为依据。一般法定项目多数都存在审批事项,如中央企业资产评估项目所涉及的与评估目的相对应的经济行为批准文件或有效材料,包括国务院批复文件、相关部门批复文件以及企业董事会或总经理办公会议决议等。

7. 资产评估报告使用范围

资产评估报告的使用范围包括评估报告使用人、目的及用途、使用时效、报告的摘抄引用及披露等。资产评估机构洽谈人员在前期业务洽谈时,应与委托人关于资产评估报告的使用范围加以明确。

8. 资产评估报告提交期限及方式

资产评估报告提交期限受委托人与相关当事人的配合程度、评估工作量大小、评估所依据和引用的专业或单项资产评估报告(专项审计报告、土地估价报告、矿业权评估报告等)出具时间等因素(可控因素)的制约和影响(疫情、自然灾害等为不可控因素,一般可以不考虑)。资产评估报告提交方式通常有当面提交或邮寄等方式。资产评估机构洽谈人员应当了解委托人有关评估项目经济行为发生的时间,根据对上述可控制约和影响的预计和权衡,与委托人约定提交资产评估报告的时间和方式。评估报告的提交时间不宜确定具体日期,一般约定为开始现场工作、委托人提供必要资料后的一定期限内。

9. 评估服务费及支付方式

资产评估机构洽谈人员根据评估项目难易程度、工作量大小等情况提出评估收费标准及报价,即就资产评估服务费总额或者支付标准、计价货币种类、支付时间及支付方式进行沟通,并明确资产评估服务费未包括的与资产评估服务相关的其他费用的内容及承担方式,如差旅费、食宿费用、现场办公费用等。在双方达成一致后,写进资产评估委托合同之中。

10. 委托人、其他相关当事人与资产评估机构及其资产评估专业人员工作配合和协助等需要明确的重要事项

资产评估机构洽谈人员就落实资产清查申报、提供资料、配合现场及市场调查、协调与相关中介机构的对接和交流,以及协调产权持有人配合评估工作等重要事项,与委托人进行沟通明确,并在资产评估委托合同中形成约束性条款,以保障后续资产评估活动的顺利完成。

资产评估机构在明确上述资产评估基本事项的基础上,应当分析下列因素,确定是否承接资产评估项目。

(1)评估项目风险。资产评估机构及其专业人员应当根据初步掌握的有关评估业务的基础情况,具体分析资产评估项目的执业风险,以判断该项目的风险是否超出合理的范围。

(2)专业胜任能力。资产评估机构及其专业人员应当根据所了解的评估业务的基础情况和复杂性,分析资产评估机构和资产评估专业人员是否具有与该项目相适应的专业胜任能力及相关经验。

(3)独立性分析。资产评估机构及其专业人员应当根据职业道德要求和国家相关法规的规定,结合评估业务的具体情况分析资产评估机构及其专业人员的独立性,确认与委托人或相关当事方是否存在现实或潜在利害关系。

(二)订立业务委托合同

资产评估业务委托合同是资产评估机构与委托人共同签订的,确认资产评估业务

的委托与受托关系,明确委托目的、被评估资产范围及双方权利义务等相关重要事项的合同。

根据我国资产评估行业的现行规定,资产评估专业人员承办资产评估业务,应当由其所在的资产评估机构统一受理,并由评估机构与委托人签订书面资产评估业务委托合同,资产评估专业人员不得以个人名义签订资产评估业务委托合同。

资产评估机构及其资产评估专业人员应当关注未及时订立资产评估委托合同开展资产评估业务可能产生的风险。如果因委托人等原因导致无法及时订立资产评估委托合同,资产评估机构及其资产评估专业人员应当采取措施保护自身的合法权益。以其他形式建立委托关系的,应当符合法律的要求。

资产评估委托合同通常包括下列内容:①资产评估机构和委托人的名称、住所、联系人及联系方式;②评估目的;③评估对象和评估范围;④评估基准日;⑤评估报告使用范围;⑥评估报告提交期限和方式;⑦评估服务费总额或者支付标准、支付时间及支付方式;⑧资产评估机构和委托人的其他权利和义务;⑨违约责任和争议解决;⑩合同当事人签字或者盖章的时间;⑪合同当事人签字或者盖章的地点。

订立资产评估委托合同时未明确的内容,资产评估委托合同当事人可以采取订立补充合同或者法律允许的其他形式做出后续约定。资产评估委托合同应当由资产评估机构的法定代表人(或者执行合伙事务合伙人)签字并加盖资产评估机构印章。

资产评估委托合同示例

沪光大评报 字(2019)第_____号

委托人:(以下简称甲方)

法人代表: 联系人:

地址: 邮编:

电话: 传真:

受托方:上海光大资产评估有限公司(以下简称乙方)

法人代表:王红光   联系人:张扬

地址:上海市曹杨路362弄15号红太阳大厦802室   邮编:200063

电话:62440988   传真:62440888

开户行:076347-上海浦东发展银行虹口支行   账号:98230154740005555

甲方委托乙方开展资产评估业务事宜,双方就有关事项协议如下:

一、评估基本事项

1. 评估目的:

2. 评估对象和范围:

3. 评估基准日:

4. 评估价值类型:

5. 评估报告类型:

6. 其他需要明确的事项：

二、评估服务费

1. 本项目的评估服务费计人民币_____元,甲方在签订业务约定书后3日内,应将_____的评估服务费预付给乙方,余额在乙方提供全部报告后一并结清。

2. 乙方在评估过程中,出差外省市的差旅费、住勤费均由甲方承担(不计入评估服务费),在乙方提供评估报告时一并结清。

三、双方的其他权利和义务

1. 甲方的其他权利和义务

1.1 除国家法律法规另有规定外,资产评估报告仅供甲方及甲方许可的其他使用者使用,除此以外的任何单位和个人不因获得评估报告而成为评估报告使用者。

1.2 甲方和本业务约定书约定的其他评估报告使用者应恰当使用评估报告。

1.3 甲方应当为乙方执行评估业务提供必要的工作条件和协助,并且:

1.3.1 如甲方为资产占有方的,应向乙方提供必要的资料,并对所提供资料的真实性、合法性、完整性负责。

1.3.2 如甲方不是资产占有方的,甲方应当根据评估业务需要负责乙方资产评估师与资产占有方之间的协调。

1.4 甲方应按约定的评估服务费总额、时间和支付方式支付评估服务费。

2. 乙方的其他权利和义务

2.1 乙方应当按本业务约定书的约定,完成评估业务并提交评估报告。

2.2 遵守国家相关法律、法规和中国资产评估准则,对评估对象在评估基准日特定目的下的价值进行分析、估算并发表专业意见,是乙方资产评估师的责任。

2.3 乙方和资产评估师不承担甲方和其他评估报告使用者对评估报告使用不当所造成后果的责任。

2.4 除国家法律法规另有规定外,未经甲方书面许可,乙方和资产评估师不得将评估报告及内容向第三方提供或公开。

2.5 乙方和资产评估师在签订本业务约定书过程中知悉的商业秘密,无论业务约定书是否成立,不得泄漏或者不当使用。

四、业务约定书的履行、变更、中止和解除

1. 双方应当按照业务约定书全面履行义务。

2. 业务约定书生效后,发现相关事项没有约定、约定不明确,或评估目的、评估对象、评估基准日、价值类型、评估报告类型等基本事项发生变化,或评估范围发生重大变化时,双方应当签订补充协议或重新签订业务约定书。

3. 若评估业务约定书解除,甲方和乙方可以根据双方责任、已投入的工作量和工作进度,确定评估服务费收取或退回比例或金额;同时乙方应该妥善处理已经取得的相关评估资料。

五、违约责任和争议解决

1. 签约双方的任何一方不履行业务约定书义务或履行义务不符合约定的,应当按照约定承担继续履行、采取补救措施或者赔偿损失等违约责任。

2. 签约双方的任何一方因不可抗力无法履行业务约定书的,应当根据不可抗力的影响,部分或者全部免除责任,法律另有规定的除外。

3. 签约双方产生争议的,应协商解决;协商无法解决的,可以向甲方所在地仲裁机构提出仲裁申请或人民法院提起诉讼。

六、业务约定书的生效和期限

1. 本业务约定书一式两份,经双方盖章、签字后生效,双方各执一份。

2. 本业务约定书履行完毕或解除,所规定的双方权利和义务自行终止。

甲方: 乙方:上海光大资产评估有限公司

(盖章) (盖章)

法定代表人或代表人: 法定代表人或合伙人:

(盖章、签字) (盖章、签字)

　　　年　月　日 　　　年　月　日

(三) 编制资产评估计划

为高效完成资产评估业务,资产评估专业人员应当编制资产评估计划,对资产评估过程中的每个工作步骤以及时间和人力进行规划和安排。资产评估计划是资产评估专业人员为执行资产评估业务拟订的资产评估工作思路和实施方案,对合理安排工作量、工作进度、专业人员调配以及按时完成资产评估业务具有重要意义。由于资产评估项目千差万别,资产评估计划也不尽相同,其详略程度取决于资产评估业务的规模和复杂程度。资产评估专业人员应当根据所承接的具体资产评估项目情况,编制合理的资产评估计划,并根据执行资产评估业务过程中的具体情况,及时修改、补充资产评估计划。

资产评估计划应当涵盖资产评估工作的全过程,评估人员在资产评估计划编制过程中应当同委托人等就相关问题进行洽谈,以便于资产评估计划的实施,并报经资产评估机构相关负责人审核批准。编制资产评估工作计划应当重点考虑以下因素:①资产评估目的、资产评估对象状况;②资产评估业务风险、资产评估项目的规模和复杂程度;③评估对象的性质、行业特点、发展趋势;④资产评估项目所涉及资产的结构、类别、数量及分布状况;⑤相关资料收集状况;⑥委托人或资产占有方过去委托资产评估的经历、诚信状况及提供资料的可靠性、完整性和相关性;⑦资产评估人员的专业胜任能力、经验及专业、助理人员配备情况。

(四) 进行评估现场调查

没有调查,没有发言权。现场调查手段通常包括询问、访谈、核对、监盘、勘查等。资产评估专业人员可以根据重要性原则采用逐项或者抽样的方式进行现场调查。资产评估专业人员执行资产评估业务,应当对评估对象进行必要的现场调查,包括对不动产和其他实物资产进行必要的现场勘查,对企业价值、股权和无形资产等非实物性资产进行评估时,也应当根据评估对象的具体情况进行必要的现场调查。进行资产勘查和现场调查工作不仅仅是基于资产评估人员勤勉尽责义务的要求,同时也是资产评估程序和操作的必经环节,有利于资产评估机构和人员全面、客观地了解评估对象,核实委托方和产权持有者提供资料的可靠性,并通过在资产勘查和现场调查过程中发现的问题、线索,有针对性地开展资料收集、分析工作。由于各类资产差别很大以及评估目的不同的原因,不同项目中对评估对象进行资产勘查或现场调查的具体方式和程度也不尽相同。资产评估专业人员应当根据评估项目的具体情况,确定合理的资产勘查或现场调查方式,并与委托方或资产占有方进行沟通,确保资产勘查或现场调查工作的顺利进行。

评估报告应当对履行现场调查的情况予以说明,如果未实施必要的现场调查,应说明具体原因及其对评估结论可能产生的影响。在具体的评估实践中,资产评估专业人员往往会遇到由于客观且不可控的原因,在不违背评估准则基本要求的情况下,采用不同于评估准则规定的程序和方法的情况,对此,资产评估专业人员应当在特别事项说明中加以列示。例如,某评估机构根据委托方的委托,对某一货轮进行抵押评估,但该货轮目前正在英国,要半年以后才回国。因此,该评估机构资产评估专业人员由于客观原因无法完全按照评估程序准则中的要求到现场进行勘查,而是通过传真、快递等方式收集到该货轮的年检资料、照片、保险情况、有关港口进出口的记录、船体鉴定报告、航海日志等情况,并结合其近年来航行情况出具了评估报告。

(五) 收集整理评估资料

资产评估专业人员应根据资产评估业务具体情况收集资产评估业务需要的资料。包括:委托人或者其他相关当事人提供的涉及评估对象和评估范围等资料;从政府部门、各类专业机构以及市场等渠道获取的其他资料。

资产评估专业人员应当要求委托人或者其他相关当事人提供涉及评估对象和评估范围的必要资料。资产评估专业人员应当要求委托人或者其他相关当事人对其提供的资产评估明细表及其他重要资料进行确认,确认方式包括签字、盖章及法律允许的其他方式。

资产评估专业人员应当依法对资产评估活动中使用的资料进行核查验证。核查验证的方式通常包括观察、询问、书面审查、实地调查、查询、函证、复核等。超出资产评估专业人员专业能力范畴的核查验证事项,资产评估机构应当委托或者要求委托人委托其他专业机构或者专家出具意见。因法律法规规定、客观条件限制无法实施核查验证的事项,资产评估专业人员应当在工作底稿中予以说明,分析其对评估结论的影响程度,并在资产评估报告中予以披露。如果上述事项对评估结论产生重大影响或者无法判断其影响程度,资产评估机构不得出具资产评估报告。

(六) 评定估算形成结论

资产评估专业人员在占有相关资产评估资料的基础上,进入评定估算环节,其主要包括:分析资产评估资料,恰当选择资产评估方法,运用资产评估方法,形成初步资产评估结论,综合分析确定资产评估结论,资产评估机构内部复核等具体工作步骤。

资产评估专业人员应当对所收集的资产评估资料进行充分分析,确定其可靠性、相关性、可比性,摒弃不可靠、不相关的信息,对不可比信息进行必要的分析调整,在此基础上恰当地选择资产评估方法,并根据业务需要及时补充收集相关信息。

成本法、市场法和收益法是三种通用的资产评估基本方法,原则上在任何资产评估项目中,资产评估人员都应当首先考虑这三种方法的适用性。长期以来,在我国资产评估实践中,绝大多数资产评估业务都是以成本法为唯一使用的资产评估方法。随着我国资产评估理论和实践的发展,特别是市场发育状况及其他相关条件的日益成熟,应当提倡资产评估人员根据评估对象、评估目的、资料收集情况等相关条件恰当选择资产评估方法,鼓励尽可能选用多种评估方法进行评估,对宜采用两种以上资产评估方法的评估项目,应当使用两种以上资产评估方法,并说明选择该方法的理由。

资产评估专业人员在选择恰当的资产评估方法后,应当根据评估基本原理和评估准则的要求恰当运用评估方法进行评估,形成初步的评估结论。采用成本法,应当合理确定完全重置成本和各相关贬值因素;采用市场法,应当合理选择参照物,分析参照物的信息资料,根据评估对象与参照物的差异进行必要调整;采用收益法,应当合理预测未来收益,合理确定收益期和折现率等相关参数。

资产评估专业人员在形成初步资产评估结论的基础上,需要对信息资料、参数的数量、质量和选取的合理性等进行综合分析,以最终形成资产评估结论。当采用两种以上资产评估方法时,资产评估人员应当在初步结论的基础上,综合分析评估方法的相关性和恰当性、相关参数选取的合理性,以形成资产评估结论。

资产评估机构应当建立内部质量控制制度,由不同人员对资产评估过程和初步资产评估报告进行必要的审核工作。

(七) 编制出具评估报告

资产评估专业人员在执行必要的资产评估程序、形成资产评估结论后,应当按有关资产评估报告的准则与规范编制出具并提交正式资产评估报告。

资产评估机构应当以恰当的方式将资产评估报告提交给委托人。在提交正式资产评估报告之前,在不影响对评估结论进行独立判断前提下,可以与委托人等进行必要的沟通,听取委托人、其他相关当事人等对资产评估结论的反馈意见,并引导委托人、产权持有者、资产评估报告使用者等合理理解资产评估结论。

(八) 整理归集评估档案

资产评估机构在向委托人提交资产评估报告书后,应当及时将资产评估工作底稿、资产评估报告及其他相关资料整理,形成资产评估档案。将这一环节列为资产评估基本程序之一,充分体现了资产评估服务的专业性和特殊性,其不仅有利于评估机构应对今后可能出现的资产评估项目检查和法律诉讼,也有利于资产评估专业人员总结、完善和提高资产评估业务水平。

二、执行资产评估程序的基本要求

鉴于资产评估程序的重要性,资产评估机构及其资产评估专业人员在执行资产评估程序环节中应当符合以下要求。

(1) 资产评估机构及其资产评估专业人员应当在国家和资产评估行业规定的范围内,建立、健全资产评估程序制度。由于不同资产评估专业人员的专业胜任能力、经验各自不同,所承接的主要业务范围和执业风险也各有不同,各资产评估机构应当结合本机构实际情况,在资产评估基本程序的基础上进行细化等必要调整,形成本机构资产评估程序制度,并在资产评估执业过程中切实履行,不断完善。

(2) 资产评估专业人员执行资产评估业务,应当根据具体资产评估项目的情况和资产评估程序制度,确定并履行适当的资产评估程序,不得随意简化或删减资产评估程序。资产评估专业人员应当且仅当在执行必要资产评估程序后,形成和出具资产评估报告书。

(3)资产评估机构应当建立相关工作制度,指导和监督资产评估项目经办人员及助理人员实施资产评估程序。

(4)如果由于资产评估项目的特殊性,资产评估专业人员无法或没有履行资产评估程序中的某个基本环节(如在损害赔偿评估业务中评估对象已经毁失,无法进行必要的现场勘查),或受到限制无法实施完整的资产评估程序,资产评估专业人员应当考虑这种状况是否会影响到资产评估结论的合理性,并在资产评估报告书中明确披露这种状况及其对资产评估结论可能造成的影响,必要时应当拒绝接受委托或终止资产评估工作。

(5)资产评估专业人员应当将资产评估程序的组织实施情况记录于工作底稿,并将主要资产评估程序执行情况在资产评估报告书中予以披露。

三、国有企业、中央企业资产评估程序的特殊性

《关于印发〈企业国有资产评估项目备案工作指引〉的通知》(国资发产权〔2013〕64号)、《关于建立中央企业资产评估项目公示制度有关事项的通知》(国资发产权〔2016〕41号)、《关于加强中央企业评估机构备选库管理有关事项的通知》(国资发产权〔2016〕42号)等通知精神,国有企业、中央企业的资产评估程序为:①申请立项。需要进行资产评估的单位,应按隶属关系向国有资产管理部门提交资产评估申请书。②项目公示。为防止国有资产流失,企业应当依据国家有关法律法规的要求,结合本企业实际,建立资产评估项目公示制度,落实责任主体,依法保障资产评估项目相关各方的知情权和监督权。资产评估项目公示制度应当包括公示范围、公示流程、公示期限、公示途径、公示内容、公示反馈意见收集及处理方式等主要内容。③资产清查。受委托的入库资产评估机构,在对资产占用单位全面进行资产、债权、债务清查的基础上,核实资产账面与实际是否相符,经营成果是否真实,据以作出鉴定。④评定估价。受委托的入库资产评估机构根据资产原值、净值、新旧程度、重置成本、获利能力等因素,按照国有资产管理部门规定的评估方法,对资产价值进行评定估价,并在评估工作结束后,向委托评估的单位提出资产评估结果报告书。⑤验收确认。委托评估的占有单位取得资产评估机构的资产评估结果报告书后,报国有资产管理部门确认资产评估结果。国有资产管理部门要在规定期限内对报告书组织审核、验证、协商,确认资产评估结果并下达确认通知书。资产占用单位对确认通知书有异议的,可在规定期限内向上一级国有资产管理部门申请复核。经国有资产管理部门确认后的评估价值,作为调整资产账面价值,参股、入股价值及确立成交价格的依据。

第三节 资产评估中的信息收集与分析

从资产评估的过程来看,资产评估实际上就是对被评估资产的信息进行收集、分析

判断并作出披露的过程。对资产评估加以严格的程序要求,其目的也是要保证信息收集、分析的充分性和合理性。因此,资产评估专业人员应当了解信息的收集渠道、收集方法以及信息分析处理方法,并能熟练加以运用,以避免对资产评估的程序控制流于形式。

一、执行资产评估业务过程中需要收集的信息

资产评估专业人员应当独立获取评估所依据的信息,并确定信息来源是可靠的和适当的。资产评估专业人员在执行业务过程中,需要收集包括委托方在内的各方人士所提供的信息资料,但不能随意地采用那些不具有可靠来源和明显不合理的信息资料。资产评估专业人员在评估过程中所依据的所有信息,应当是资产评估专业人员本人在其力所能及的条件下认为是可靠的和适当的,同时为达到这种确信程度而采取的必要措施应当是行业内所公认的。

资产评估专业人员在资产评估过程中,应当考虑下列相关信息。

(1) 有关资产权利的法律文件或其他证明资料。

(2) 资产的性质、目前和历史状况信息。

(3) 有关资产的剩余经济寿命和法定寿命信息。

(4) 有关资产的使用范围和获利能力信息。

(5) 资产以往的评估及交易情况信息。

(6) 资产转让的可行性信息。

(7) 类似资产的市场价格信息。

(8) 卖方承诺的保证、赔偿及其他附加条件。

(9) 可能影响资产价值的宏观经济前景信息。

(10) 可能影响资产价值的行业状况及前景信息。

(11) 可能影响资产价值的企业状况及前景信息。

(12) 其他相关信息。

二、执行资产评估业务过程中信息的来源

在执行资产评估业务过程中,资产评估专业人员所依据的信息通常由产权持有者内部的资料信息和外部的资料信息构成。

(一) 收集资产所有者或占有者内部的信息资料

产权持有者的内部信息资料通常是与被评估的目标资产直接相关的信息。这些内部信息主要包括公司历史沿革、组织结构、宣传手册及目录、关键人员、客户及供应商基数、合同义务、有关目标资产的历史经营情况及其未来发展前景的信息数据(如财务报告等)。一般情况下,分析人员应收集的信息资料还包括目标资产的相关文件,如产权证明、技术说明等;使资产达到目前状态(截至评估基准日)所花费的所有成本;涉及目标资产及类似资产的交易;作为现行企业经营一部分的资产的未来应用及效用。此外,资产的预期剩余使用寿命也是评估的重要组成部分,因此还应收集资产的预期剩余使用寿命的信息,以及法律、合同、物理、功能、技术、经济等影

响因素的信息。

资产评估专业人员通常应事先编制常见的评估资料需求表,由产权持有者根据需求表提供这些信息。产权持有者可能并不拥有现成的信息资料,则需要资产评估专业人员在产权持有者的协助下进行调查才能取得。

(二) 收集资产所有者或占有者外部的信息资料

在资产评估中,应注重获得外部信息并加以应用。这些外部信息一般包括行业资料、技术发展趋势、宏观经济及人口统计资料、市场交易定价资料等。这些外部资料一般来源于公开市场和公共信息领域,有的来自市场,有的来自政府,也包括来自媒体、行业协会的信息等。

1. 市场信息

公开市场是资产评估专业人员获取信息资料的最主要来源,市场信息具有公开性、直接性等特点,同时直接获得的市场信息也可能存在未充分反映交易内容和条件的问题,因此对市场信息的收集应当尽可能全面,并进行必要的分析调整。

资产评估专业人员应当掌握必要的市场信息渠道,在日常工作中收集必要的市场信息,并根据具体评估业务的需要,及时获得与评估业务相关的市场信息。

2. 政府部门

许多有关企业的信息可通过查看各级政府部门的资料获取。例如,各级工商行政管理部门都保存有注册公司的基本登记信息。政府部门的资料包括有关产业的统计数据,这些数据对资产评估中分析行业及产业状况非常重要,其包括详尽的库存情况、生产情况、需求情况等。政府部门的资料一般比较正式,具有较高的权威性和可信度,但在时效性等方面也可能存在问题。

3. 证券交易机构

有关上市公司的资料可在证券交易所查询。公开上市公司都必须向监管部门和有关证券交易所提交年度报告和中期报告,并予以公告。上市公司的这些公开信息要接受审计师审计,反映的情况相对而言较为可靠,资产评估师查询收集这些信息也较为方便。利用这些信息,资产评估专业人员不仅可以了解资产所有者的状况,也可以了解其竞争对手的状况及其所处行业的情况。对于未上市公司,也可从上市公司中挑选可比的对象作为目标公司的参照物,进行类比分析,了解相关状况。

4. 媒体

媒体一般包括新闻媒介、专业杂志等。新闻媒介的信息不仅包含了原始信息,并且通常都有一些分析,有助于资产评估专业人员加深对所需信息的理解,并能节约分析时间。但应注意新闻媒介在报道一些产业、公司和政府机构时往往带有一定的倾向性,资产评估师要注意对信息进行鉴别。对资产评估来说,权威的专业杂志具有重要价值,这些刊物上发表的文章专业性突出,披露的信息也更详细,分析也较有深度。

5. 行业协会或管理机构及其出版物

行业协会及其出版物也是资产评估信息的重要来源。通常可从行业协会得到有关产业结构与发展情况、市场竞争情况等信息,还能咨询到有关专家的意见。行业协会一般都出版该行业的专业刊物和书籍,这些出版物是了解该行业情况的重要资料来源,如我国的证券交易机构出版的行业分析报告等。

6. 学术出版物

对于已出版的有关资产评估和经济分析的文章,可以通过标准索引进行查询。这些标准索引可以从绝大部分的公共和学术图书馆中找到。还可查询学术和行业出版的文章资料,通过相关的和专业的书籍,收集有关的信息资料。利用国外的信息资料一定要谨慎,要研究适用条件并作出适当的调整才能加以利用。随着我国市场经济的建立,这方面的书籍、杂志和有关资料也在增多,应当注意收集。

作为 WTO 的成员,我国的资产评估行业也必然要与国际接轨,同时随着经济全球化的发展,资产交易的市场范围不断扩大,越来越多地超越国界。因此,在资产外部信息资料的收集方面,也应加强国外信息资料的收集。

三、资产评估过程中信息的初步处理

由于资产评估中需要收集的信息量大、面广,评估人员应对收集的相关信息进行必要的分析,做到去伪存真、去粗取精。

(一) 资产信息资料的分析

资产信息资料的分析,是指对资产信息资料的合理性和可靠性的识别。由于收集资料的方法多种多样,收集上来的资料难免存在失真情况。对于失真的资产信息资料要及时鉴别并剔除。另外,对所收集的数据是否具有合理性、相关性也需要进行分析,以提高评估所依据的资产信息的可靠性。资产信息资料的分析,通常可通过确定信息源的可靠性和资料本身的可靠性来解决。信息源的可靠性可通过对如下因素的考察进行判断:①该渠道过去提供的信息的质量;②该渠道提供信息的动因;③该渠道是否被通常认为是该种信息的合理提供者;④该渠道的可信度。

信息资料本身的可靠性可通过参考其他来源查证,必要时也可以进行适当的调查验证。实践中常采用电话询问查证和扩大调查范围的做法。

根据信息的准确度和信息源的可靠性,可将收集的信息"定级"。这种"定级"不仅能帮助评估人员分析所收集的信息,而且还能帮助评估人员掌握各种信息源的概况。评估人员把对信息源的可靠性评价积累下来,对以后收集信息十分有用。通常信息源的可靠性可分为:①完全可靠;②通常可靠;③比较可靠;④通常不可靠;⑤不可靠;⑥无法评价可靠性。信息本身的准确度可分为:①经其他渠道证实;②很可能是真实的;③可能是真实的;④真实性值得怀疑;⑤很不可能;⑥无法评价真实性。

(二) 资产信息资料的筛选与调整

在对资产信息资料鉴定的基础上,要对资产信息资料进行筛选、整理和分类。一般可将鉴定后的资产信息资料按两种标准进行分类。

1. 按可用性原则分类

(1) 可用性资产信息资料。其是指在某一具体评估项目中可以作为评估依据的资产信息资料。

（2）有参考价值的资产信息资料。其是指资产信息资料中与评估项目有联系的部分。

（3）不可用信息资料。其是指在某一个具体的评估项目中，与此项评估业务没有直接联系或根本无用的资产信息资料。

2. 按信息来源分类

（1）一级信息。一级信息是从信息源来的未经处理的事实。这些信息是没有经过变动、调整或根据有关人员的观点选择处理过的。公司的年度报告、证券交易所的报告或其他出版物通常被认为是一级信息。此外，评估人员直接观察到的信息、政府资料也可视为一级信息。一级信息的可靠性高，是评估人员分析的最重要资料。

（2）二级信息。二级信息提供的是变动过的信息。二级信息比一级信息更容易找到，包括报纸、杂志、行业协会出版物、有关公司的学术论文和分析员的报告等所提供的信息。二级信息是更大的信息源中有选择地加工过的，或按一定思想倾向改动过的信息，具有重点突出、容易理解的特点。例如，证券分析师的投资分析报告等，可帮助评估人员更全面地了解目标公司及其所处产业的状况。对于这类信息，评估人员应进行去伪存真和去粗取精的分析。

四、评估过程中常用的逻辑分析方法

（一）比较

比较就是对照各个事物，以确定其间差异点和共同点的逻辑方法。事物间的差异性和同一性是进行比较的客观基础。比较是人类认识客观事物、提示客观事物发展变化规律的一种基本方法。在资产评估中，比较分析法是一种应用十分广泛的方法，如市场法就是一种通过比较分析确定资产价值的方法。通过对不同来源的信息应用比较分析，还可鉴定其可靠性和准确性。

比较通常有时间上的比较和空间上的比较两种类型。时间上的比较是一种纵向比较，即将同一事物在不同时期的某一（或某些）指标，如资产的性能、成本等进行对比，以动态地认识和把握该事物发展变化的历史、现状和趋势。空间上的比较是一种横向比较，即将某一时期不同国家、不同地区、不同企业的同类事物进行对比，找出差距，判明优劣。在实际评估中，时间上和空间上的比较往往是彼此结合的。在比较时，需要注意以下几点。

（1）要注意可比性。所谓可比性，是指进行比较的各个对象必须具有共同的基础。它包括时间上的可比性、空间上的可比性和内容上的可比性。时间上的可比性是指所比较的对象应当是同期的；空间上的可比性是指在比较时要注意国家、地区、行业等的差异；内容上的可比性是指在比较时要注意所比较的对象内容范畴的一致性。

（2）要注意比较方式的选择。不同的比较方式会产生不同的结果，并可用于不同的目的。例如，时间上的比较可反映某一事物的动态变化趋势，可用于预测未来；空间上的比较可找到不同比较对象之间的水平和差距。

（3）要注意比较内容的深度。在比较时，应注意不要被所比较对象的表面现象所迷惑，而应该了解决定其价值的本质特征。

（二）分析与综合

1. 分析

分析就是把客观事物整体按照研究目的的需要分解为各个要素及其关系,并根据事物之间或事物内部各要素之间的特定关系,通过由此及彼、由表及里的研究,以正确认识事物的一种逻辑方法。在分析某一事物时,常常要将事物逻辑地分解为各个要素。只有通过分解,才能找到这些要素,才能通过研究,找出这些要素中影响客观事物发展变化的主要要素或关键要素。例如,对于不同行业的企业,有些行业的企业业绩受技术进步的影响较大,而有些行业的企业业绩受营销能力的影响较大。

分析的基本步骤是:

第一步,明确分析的目的;

第二步,将事物整体分解为若干个相对独立的要素;

第三步,分别考察和研究各个事物以及构成事物整体的各个要素的特点;

第四步,探明各个事物以及构成事物整体的各个要素之间的相互关系,并进而研究这些关系的性质、表现形式、在事物发展变化中的地位和作用等。

在实际评估中,各个事物之间以及构成事物整体的各个要素之间的关系是错综复杂、形式多样的,如因果关系、表象和本质关系、一般和特殊关系等。常用的分析方法如表 4-1 所示。

表 4-1　资产评估常用的分析方法

方法	方　法　描　述
因果分析	因果关系是客观事物各种现象之间的一种普遍的联系形式。引起某种现象出现的现象就是原因,由于原因的作用而产生的现象就是结果。即只要当某一现象出现时,另一现象必定会接着出现,我们就认为这两个现象具备因果关系。其中,先行现象称作原因,后续现象称作结果。从客观事物的这种因果关系出发,由原因推导出结果,或者由结果探究出原因的分析方法,就是因果分析。通过因果分析,可以找出事物发展变化的原因,认识和把握事物发展的规律和方向
表象和本质分析	表象和本质是揭示客观事物的外部表现和内部联系之间相互关系的一对范畴。表象是事物的表面特征以及这些特征之间的外部联系;本质是事物的根本性质,是构成一个事物的各种必不可少的要素的内在联系。由于本质是通过表象以某种方式表现出来的,因此,两者之间存在着一定的关系。利用事物的表象和本质之间的这种关系进行分析的方法,就是表象和本质分析。利用表象和本质分析,可达到由表及里、透过事物表象把握其本质的目的
相关分析	客观事物之间除了因果关系、表象与本质系外,还存在着许多其他相关关系。例如,科技与经济发展、市场供给与需求、市场风险与收益、股票价格与业绩等。在资产评估中,需要对所收集的资料作相关性分析,从而找出影响研究标的主要因素
典型分析	典型分析是对一个或几个具有代表性的典型事例,就其核心问题进行深入分析和研究的方法。这种方法涉及面不宽,但却能使人们深入了解同类事物的性质与发展趋势。资产评估中,如果涉及的类似目标资产数量较大,可采用典型分析法,既能准确把握其特性,又能节约时间

2. 综合

综合是同分析相对立的一种方法。它是指人们在维过程中，将与研究对象有关的众多片面分散的各个要素联系来考虑，以从错综复杂的现象中探索它们之间的相互关系，从整体的角度把握事物的本质和规律的一种逻辑方法。

综合把对研究对象的各个要素之间的认识统一为整体的认识，从而把握事物的本质和规律，它是按照各个要素在研究对象内部的有机联系从总体上去把握事物。综合的基本步骤是：

第一步，明确综合的目的；

第二步，把握被分析出来的研究对象的各个要素；

第三步，确定各个要素的有机联系形式；

第四步，从事物整体的角度把握事物的本质和规律，从而获得新的认识结论。

在资产评估中，综合分析是一种行之有效的方法。它将各种来源、内容各异的分散信息按特定的目的汇集、整理、归纳和提炼，从而形成系统、全面的认识。例如，影响一项资产价值的因素多种多样，评估人员通常需要收集大量的关于目标资产的信息资料，包括它的技术性能、市场前景、相关技术发展状况、所属企业经营历史与现状等。评估人员需要对这些大量的信息资料作出综合的考虑，才能准确把握目标资产的价值。

相关链接

几个有趣的指数或理论

1. 裙长指数理论

1920年由美国经济学者泰勒（George Taylor）提出："经济增长时，女人会穿短裙，因为她们要炫耀里面的长丝袜；当经济不景气时，女人买不起丝袜，只好把裙边放长，来掩饰没有穿长丝袜的窘迫。"它揭示了经济繁荣程度与女性裙长成反比关系。也就是说，女人的裙长可以反映经济兴衰荣枯，裙子愈短，经济愈好，裙子愈长，经济愈是艰险。例如，1929—1933年经济大萧条时期，女士所穿裙子长度几乎达到脚踝。1957年，时任英国首相哈罗德·麦克米伦宣布，英国"从未有过这么好的经济状况"。不久后，迷你裙面世，并大行其道。1989—1992年，股市暴跌，经济萧条，裙长再度超过膝盖。1993—2002年，经济一片欣欣向荣，短裙成为时尚主流。

2. 高跟鞋理论

美国IBM全球商业服务部门对数十年有关女性鞋子的流行趋势进行了分析。结果发现，女性当时穿着的鞋跟越高，表明经济就越糟，而穿越偏向平底鞋的低跟鞋，说明经济状况较好。也就是说，在经济不好的情况下，生产商和消费者们可能利用这些看上去更加华丽、鲜艳的时尚鞋款来逃避现实，营造出繁华的想象空间，填补心中的不安全感。而经济好转，或者做好"节衣缩食"的心理准备后，对这些物品的渴求则大大减少。

3. 辣妹侍应指数

辣妹侍应指数（Hot Waitress Index）是指普通餐厅也有很多性感漂亮的服务员时，说明经济不景气。据纽约观察家的分析，凡是较漂亮的女生一般都较容易找到环境较舒服的工作，所以如果连普通餐厅都美女侍应如云，就代表经济艰难，那么你就应赶紧沽掉手上的股票。

4. 挖坑理论

西方经济学家凯恩斯提出的一个经济学理论,这个理论是指在经济不景气的时候,让政府出钱请工人开工,由此而带动其他相关产业链的发展。例如,雇 200 人挖坑,再雇 200 人把坑填上,这叫创造就业机会。雇 200 人挖坑时,需要发 200 个铁锹;当他发铁锹时,生产铁锹的企业开工了,生产钢铁的企业也生产了;当他发铁锹时还得给工人发工资,这时食品消费也都有了。等他再雇 200 人把坑填上时,还得发 200 把铁锹,还得发工资。

除此之外,专家也曾提过另外几个类似的指数,如民众干洗衬衫的次数,当在大家到外面洗衫数量增加,就代表经济好转。还有石膏板销售量增加,则表示房屋装修的活动增加,也是代表经济好转的现象等。可见再简单的生活,也可带出重要的经济预警提示。又如,"假日经济"理论,没事就放假,让大家花钱,消费不就上去了吗?

(三) 推理

推理是由一个或几个已知的判断推出一个新判断的思维形式。具体来讲,就是在掌握一定的已知事实、数据或因素相关性的基础上,通过因果关系或其他相关关系顺次、逐步地推论,最终得出新结论的一种逻辑方法。任何推理都包含三个要素:①前提,即推理所依据的一个或几个判断;②结论,即由已知判断推出的新判断;③推理过程,即由前提到结论的逻辑关系形式。

在推理时,要想获得正确的结论,必须注意两点。①推理的前提必须是准确无误的;②推理的过程必须是合乎逻辑思维规律的。推理是一种重要的逻辑方法,在信息分析与预测中有着广泛的应用。例如,通过对某些已知事实或数据及其相关性的严密推理,可以获得一些未知的事实或数据,如科技发展的动向、技术优势和缺陷、市场机会和威胁等;通过对科技、技术经济、市场等的历史、现状的逐步推理,可以顺势推测出其未来发展的趋势。常用的推理方法如表 4-2 所示。

表 4-2　资产评估常用的推理方法

方法	方法描述
演绎推理	演绎推理是借助于一个共同的概念把两个直言判断联系起来,从而推出一个新结论的推理,是由一般到个别的推理方法。它以普遍性的事实或数据为前提,通过一定程式的严密推论,最后得出新的、个别的结论,因而是一种典型的必然性推理。这种推理只要前提准确无误,推理过程严格合乎逻辑,所推出的结论必然是正确的和可信的
归纳推理	归纳推理是由个别到一般的推理,即由关于特殊对象的知识得出一般性的知识。在信息分析与预测中,简单枚举归纳推理是常见的一种推理形式。它是通过简单枚举某类事物的部分对象的某种情况,在枚举中又没有遇到与此相矛盾的情况,从而得出这类事物的所有对象具有此种情况的归纳推理
类比推理	类比推理是根据两个或两类事物在某些属性上有相同或相似之处,而且已知其中一个事物具有某种属性,由此推知另一个事物也可能具有这种属性的推理。在科学研究中,类比推理是提出假说的重要途径

第四节 资产评估档案

一、资产评估档案

资产评估档案,是指资产评估机构开展资产评估业务形成的,反映资产评估程序实施情况、支持评估结论的工作底稿、资产评估报告及其他相关资料。纳入资产评估档案的资产评估报告应当包括初步资产评估报告和正式资产评估报告。

资产评估机构应当按照法律、行政法规和本准则的规定建立健全资产评估档案管理制度并妥善管理资产评估档案。

二、资产评估工作底稿的特点

资产评估工作底稿是指资产评估机构及其资产评估专业人员执行评估业务形成的,反映评估程序实施情况、支持评估结论的工作记录和相关资料。工作底稿可以是纸质文档、电子文档或者其他介质形式的文档,资产评估机构及其资产评估专业人员应当根据资产评估业务具体情况和工作底稿介质的理化特性谨慎选择工作底稿的介质形式。与注册会计师审计相比,资产评估工作底稿具有以下特点。

(1)创造过程而非验证过程:资产评估是一种创造过程,从单一资产来看,记录了资产的原来价值、原来面貌,并重新计算、分析新的价值,得出新的结果。

(2)多专业和多工种配合:资产评估包括了审计技术在内的不止一种专业技术的工作,相对应的这些专业工作的人员是多方面的,甚至可能是来自外聘的专家和人员。

(3)材料的复杂性:资产评估所需的材料要远比审计所需的材料庞大,审计所需的材料是用来求证其结果的真实性,而资产评估所需的材料有些直接就构成结果。

(4)反映与支持:工作底稿应当反映资产评估程序实施情况,支持评估结论。

(5)真实完整、重点突出、记录清晰:工作底稿应当真实完整、重点突出、记录清晰。资产评估机构及其资产评估专业人员可以根据资产评估业务具体情况,合理确定工作底稿的繁简程度。

三、资产评估工作底稿的种类与确认

(一)工作底稿的种类

资产评估工作底稿一般分为管理类工作底稿和操作类工作底稿两类。

1. 管理类工作底稿

管理类工作底稿是指在执行评估业务过程中,为受理、计划、控制和管理评估业务所形成的工作记录及相关资料。管理类工作底稿通常包括以下内容:①资产评估业务基本事项的记录;②资产评估委托合同;③资产评估计划;④资产评估业务执行过程中重大问题处理记录;⑤资产评估报告的审核意见。

2. 操作类工作底稿

操作类工作底稿是指在履行现场调查、收集评估资料和评定估算程序时所形成的工作记录及相关资料。操作类工作底稿有不同的分类方式,按照评估方法分为市场法、收益法、成本法;按照评估内容分为现场调查、收集资料、评定估算;按照来源分为资产评估专业人员自制,委托人、相关当事人提供。

操作类工作底稿的内容因评估目的、评估对象和评估方法等不同而有所差异,通常包括以下内容。①现场调查记录与相关资料,通常包括委托人或者其他相关当事人提供的资料,如资产评估明细表,评估对象的权属证明资料,与评估业务相关的历史、预测、财务、审计等资料;相关说明、证明和承诺等;现场勘查记录、书面询问记录、函证记录等;其他相关资料。②收集的评估资料,通常包括市场调查及数据分析资料、询价记录、其他专家鉴定及专业人士报告、其他相关资料。③评定估算过程记录,通常包括:重要参数的选取和形成过程记录,价值分析、计算、判断过程记录,评估结论形成过程记录,与委托人或者其他相关当事人的沟通记录,其他相关资料。

(二) 工作底稿的确认及编目

资产评估专业人员收集委托人或者其他相关当事人提供的资产评估明细表及其他重要资料作为工作底稿,应当由提供方对相关资料进行确认,确认方式包括签字、盖章或者法律允许的其他方式。资产评估项目所涉及的经济行为需要批准的,应当将批准文件归档。

资产评估专业人员应当根据资产评估业务特点和工作底稿类别,编制工作底稿目录,建立必要的索引号,以反映工作底稿间的勾稽关系。

四、资产评估工作底稿的复核

工作底稿中应当反映内部审核过程。资产评估工作底稿的三级审核的复核记录一般通过"资产评估复核记录表"进行。复核中应注意的问题包括:①各类资产的评估方法选择是否适当;②是否存在漏项或重复评估现象;③检查评估明细表及进行增减值分析;④同类资产多人介入的评估取值的一致性;⑤关注敏感问题、风险的控制。

(一) 项目负责人

项目负责人应在评估现场就以下内容进行复核和自查:①是否对企业的经营状况进行了了解,对评估风险是否有了正确的评价;②评估的程序是否按计划要求进行,如未执行,是否有充分理由;③评估过程是否记录在工作底稿中(现场勘察记录等);④是否取得充分的评估依据(询价记录、市场调查记录);⑤评估表格勾稽关系是否正确;⑥对存货是否进行过抽查核对,是否对往来款进行过函证;⑦审查评估说明与表格是否符合规定要求;⑧是否已就评估结果与委托单位交换过意见,结论如何;⑨原始资料(报表、明细表、承诺函)是否充分,客户是否盖章。

经过以上审核后项目负责人即可起草评估报告书。

（二）各部门经理

部门经理应对项目负责人复核过的底稿进行重点审核。审核内容如下：①评估计划是否经过核准，并按要求执行。②对该评估报告进行详细复核，具体包括：涉及该专业部门的评估方法是否正确；重大事项是否进行过披露；表格与报告数字是否正确。③各项内容是否完整，有无遗漏、缺陷事项。④对企业的期后事项或或有负债等重大事项，是否加以披露。⑤整体报告的内容、格式，是否符合国家的有关规定。

（三）法人（或总经理）

对项目负责人、部门经理审核过的工作底稿，进行重点复核。诸如：①复审评估计划是否已经过核准，重大问题请示报告是否完备，并经逐级审批；②重大问题的处理结果是否恰当；③分析判断评估结果是否恰当；④是否有工作小结；⑤以应有的职业谨慎，考虑对重大事项的处理、评估结论与评估说明文字表达是否符合国家的现行规定，并最终签署报告。

五、资产评估档案的归集和管理

（一）资产评估档案的归集

资产评估专业人员通常应当在资产评估报告日后 90 日内将工作底稿、资产评估报告及其他相关资料归集形成资产评估档案，并在归档目录中注明文档介质形式。重大或者特殊项目的归档时限为评估结论使用有效期届满后 30 日内。

资产评估委托合同、资产评估报告应当形成纸质文档。评估明细表、评估说明可以是纸质文档、电子文档或者其他介质形式的文档。同时以纸质和其他介质形式保存的文档，其内容应当相互匹配，不一致的以纸质文档为准。

（二）资产评估档案的管理

资产评估机构应当在法定保存期内妥善保存资产评估档案，保证资产评估档案安全和持续使用。资产评估档案自资产评估报告日起保存期限不少于十五年；属于法定资产评估业务的，不少于三十年。资产评估档案应当由资产评估机构集中统一管理，不得由原制作人单独分散保存。

资产评估机构不得对在法定保存期内的资产评估档案非法删改或者销毁。资产评估档案的管理应当严格执行保密制度。除下列情形外，资产评估档案不得对外提供：①国家机关依法调阅的；②资产评估协会依法依规调阅的；③其他依法依规查阅的。

课外阅读材料

1. 中国资产评估协会. 资产评估执业准则——资产评估程序［EB/OL］. http://www.cas.org.cn/pgbz/pgzc/59252.htm.

2. 中国资产评估协会. 资产评估准则——资产评估档案［EB/OL］. http://www.cas.org.cn/pg-bz/pgzc/59253.htm.

3. 中国资产评估协会. 资产评估准则——资产评估委托合同［EB/OL］. http://www. cas. org. cn/pgb2/pgzc/55888. htm.

4. 刘德运,杨雨婷,戴玮,葛锐,田粟源. 新冠肺炎疫情对资产评估行业的影响及建议［J］. 中国资产评估,2020(4).

5. 蒋骁. 疫情影响下资产评估专业人员在现场程序受限时开展业务的思考［J］. 中国资产评估,2020(4).

6. 邓显敏. 浅议资产评估工作底稿的编制及其评估程序［J］. 中国资产评估,2018(12).

复习思考题

1. 资产评估程序通常包括哪些主要环节?

2. 在资产评估具体程序中,明确资产评估业务基本事项的具体内容是什么?

3. 编制资产评估工作计划应当重点考虑哪些因素?

4. 资产评估委托合同应当包括哪些基本内容?

5. 在资产评估中运用比较法时需要注意的主要问题是什么?

6. 资产评估机构和人员在明确了资产评估业务基本事项的基础上,决定是否承接资产评估项目时应当分析哪些因素?

案例研究一

××股份有限公司拟收购 B 投资有限公司股权项目评估程序

(一)背景资料

本次评估程序主要分四个阶段进行。

1. 评估准备阶段

(1) 2015 年 11 月底,与委托方等有关各洽谈本次评估的目的、评估基准日、评估范围等问题协商一致,明确评估业务基本事项,并对自身专业胜任能力、独立性和业务风险进行综合分析和评价,接受委托,签订资产评估业务约定书;确定项目负责人,组成评估项目组,编制评估计划。

(2) 向委托方和产权持有者提交评估资料清单、评估明细表等。

(3) 配合资产占有方进行资产清查、填报资产评估申报明细表等工作。2015 年 12 月 19 日,评估项目组人员进入现场对委估资产进行了初步了解,协助企业进行委估资产申报工作,收集资产评估所需文件资料。

2. 现场调查及收集评估资料阶段

2015 年 12 月 19 日至 12 月 22 日,根据评估业务具体情况,按照评估程序准则和其他相关规定的要求,评估人员通过询问、核对、监盘、勘查、检查、抽查等方式进行实地调查,从各种可能的途径获取评估资料,核实评估范围,了解评估对象现状,关注评估对象法律权属。具体包括:

(1) 听取委托方及资产占有方有关人员介绍企业总体情况和委估资产的历史及现状,了解企业的财务制度、经营状况、固定资产技术状态等情况。

(2) 对企业提供的资产清查评估申报明细表进行审核、鉴别,并与企业有关财务记录数据进行核对,对发现的问题协同企业作出调整。

(3) 根据资产清查评估申报明细表和评估规范的要求,对固定资产进行了全面清查核实。

（4）查阅收集委估资产的产权证明文件。

（5）对企业提供的权属资料进行查验。

3. 评定估算阶段

2015 年 12 月 23 日至 12 月 24 日,对收集的评估资料进行必要分析、归纳和整理,形成评定估算的依据;根据评估对象、价值类型、评估资料收集情况等相关条件,选择适用的评估方法,选取相应的公式和参数进行分析、计算和判断,形成初步评估结果。

4. 编制和提交评估报告阶段

根据各评估小组对各类资产的初步评估结果,编制相关评估说明,在核实确认相关评估说明具体资产项目评估结果准确无误,评估工作没有发生重复和遗漏情况的基础上,依据各资产评估说明进行资产评估汇总分析,确定最终评估结论,撰写资产评估报告书;根据相关法律、法规、资产评估准则和评估机构内部质量控制制度,资产评估报告三审制度和程序对报告进行必要的修改、校正;与委托方或者委托方许可的相关当事方就评估报告有关内容进行必要沟通(交换意见);在全面考虑有关意见后,按资产评估业务约定书的要求向委托方提交正式资产评估报告书。提交资产评估报告书的时间为 2015 年 12 月 27 日。

（二）问题讨论

（1）请以本例中评估程序的四个阶段划分,说明各阶段具体包括哪些程序。其履行的是广义的还是狭义的评估程序?为什么?

（2）你是如何理解“‘程序正义’在司法中被视为‘看得见的正义’”这句话的?请以资产评估程序为例,说明怎样才能做到“看得见的正义”,为什么?

（3）说明编制评估计划、对固定资产进行全面清查核实、查阅收集委估资产的产权证明文件、对企业提供的权属资料进行查验等具体评估程序在资产评估实务中的作用和意义。

案例研究二

首次将资产评估机构纳入被告的证券支持诉讼

（一）背景资料

中证中小投资者服务中心有限责任公司(简称投服中心)是于 2014 年 12 月成立的证券金融类公益机构,归属中国证监会直接管理。2020 年 4 月 28 日,投服中心向 *ST 中安发起的支持诉讼获上海金融法院受理,银信资产评估有限公司出现在被告名单中。投服中心公益律师徐晓代理投资者李某向上市公司实际控制人涂国身、第一大股东中恒汇志、*ST 中安及其子公司中安消技术、银信评估提出索赔。这是证券支持诉讼首次将资产评估机构列为被告对其进行追责。

这起追责的起因是 2014 年 4 月 25 日银信评估出具的《上海飞乐股份有限公司拟收购中安消技术有限公司股权所涉及的中安消技术有限公司股东全部权益价值评估项目资产评估报告书》,报告采用收益法评估,中安消技术评估值为 28.59 亿元,评估增值约为 26.91 亿元,增值率 1 597.19%。

中国证监会查实,银信评估未通过询问、函证、核对等方式进行调查,未保持应有的职业谨慎,没有对收益预测履行必要的分析、判断和调整程序,没有在考虑未来各种可能性及其影响的基础上合理确定评估假设,形成未来收益预测,造成收益预测值和评估值严重虚增,致使评估值不真实。

证监会责令银信改正,没收评估业务收入 160 万元,并处以 480 万元罚款;对三位签字评估师给予警告,并分别处以 5 万元罚款。

投服中心表示,2020 年 3 月 1 日新《证券法》实施,加重了对违法行为的惩处力度,特别是明确和加重了中介机构的责任。投服中心在"追首恶"的同时,首次追究中介机构银信评估的连带赔偿责任,旨在促使中介机构加强风险管理,提高自律水平,真正发挥资本市场的"看门人"的作用。

(二) 问题讨论

1. 你认为是否应该追究银信评估的连带赔偿责任? 为什么?

2. 在实际工作中,评估师认为应"竭诚"为委托方服务,其结果是给自己带来惨痛的教训,也给整个资产评估行业带来不利的影响。如果你是评估师,你认为应当如何处理或应对委托方诸如设定评估结果等一些不合理要求。

3. 说明资产评估假设及期后事项为什么是监管的重点及问题的多发区?

4. 你认为"完美无缺"的资产评估活动及其结果存在吗? 为什么?

第五章

机器设备评估

📖 学习目标

1. 掌握成本法在机器设备评估中的技术思路
2. 掌握重置成本计算中常用的直接法、物价指数法、成本核算法、综合估价法、重量估价法及类比估价法
3. 掌握设备运杂费、安装费、基础费的计算方法
4. 掌握进口设备从属费用的计算方法
5. 掌握估算实体性贬值常用的观察法、年限法、修复费用法
6. 掌握超额投资成本形成的功能性贬值和超额运营成本形成的功能性贬值的估算方法
7. 掌握经济性贬值的估算方法
8. 掌握市场法中机器设备的比较因素
9. 掌握直接匹配法的使用及特点
10. 掌握因素调整法的特点及应用
11. 掌握收益年金资本化法的应用
12. 熟悉重置成本的含义
13. 熟悉实体性贬值的含义、类型、产生原因
14. 熟悉功能性贬值的含义、类型、产生原因
15. 熟悉经济性贬值的含义、产生原因
16. 熟悉运用市场法评估机器设备的技术思路
17. 熟悉市场法的使用范围
18. 熟悉成本比率调整法的应用
19. 熟悉收益法在机器设备评估中的技术思路
20. 了解机器设备的含义和分类

为使学生对本章内容有一个概括性认识和全局性把握,我们描述了其内容结构框架、知识点之间的逻辑结构如图 5-1 所示。

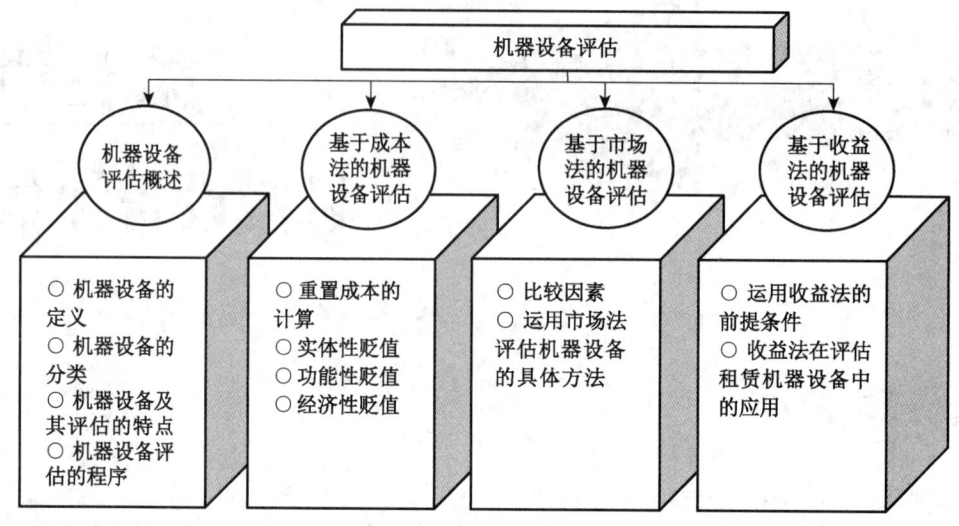

图 5-1　本章的知识点逻辑结构图

案例导入

机器设备评估需要考虑所在行业状态、上下游产业状态及无形资产吗

江南忆,最忆是杭州。十月的杭州,天气宜人,满弄桂香。阳光照耀在杭州市的闹市区,上午 7 点 10 分,资产评估师毛毳毳正从她的住所驱车驶向办公室。这段路大约需要 30 分钟。

雨果曾经说,未来将属于两种人:思想的人和劳动的人。毛毳毳出生于浙江省绍兴市,现年 36 岁,很多人都知道她是个客观、细致、考虑周到而又做事严谨的人,除具有资产评估师执业资格证书外,她还先后考取了注册会计师、税务师、房地产估价师等职业资格证书,学习、工作与思考是她每天生活的一部分。

毛毳毳的办公室位于一座写字楼的 39 层,宽大敞亮的落地窗,将远处的京杭大运河尽收眼底,河面运输船、游船繁忙穿梭,桥上身着五彩的人流,然是好看、美不胜收,将古老的大运河点缀得宛如一幅浓墨重彩的山水画。然而眼前的美景并未引起毛毳毳的注意。机器作为人类欲望的符号,一方面机器改变了人,另一方面人改变了机器。机器的效率越来越高,以至于产品过剩,供大于求。昨天电话已经沟通好,她今天要与一家大型国有企业的副总经理商谈机器设备评估事宜,为此,她用了 2 天时间在网上查阅该企业的经营状况、行业状态、上下游产业状态等资料,以便在和客户商洽评估基准日、评估风险、收费金额、外勤工作时,占得先机。

第一节　机器设备评估概述

机器设备是现代社会生产、工作中的重要资产,是企业资产的重要组成部分。机器设备评估是资产评估的重要领域,无论是单独评估,还是作为企业价值评估中的组成部分,合理发现机器设备的价值对于促进交易、顺利实现评估目的具有重要意义。

一、机器设备的定义

在不同领域,机器设备的定义是不同的。在自然科学领域,机器设备是特指"利用机械原理制造的装置,是将机械能或非机械能转换成为便于人们利用的机械能,以及将机械能转换为某种非机械能,或利用机械能来做一定工作的装备或器具",并且要符合3个基本特征:①由零部件组成;②零部件之间有确定的相对运动和力的传递;③有能量转换或机械能的利用。

《国际评估准则——厂场设备220》中对机器设备定义为:设备、机器和装备是用来为所有者提供收益的、不动产以外的有形资产。设备是包括特殊性非永久性建筑物、机器和仪器在内的组合资产;机器,包括单独的机器和机器的组合,是指使用或应用机械动力的器械装置,由具有特定功能的结构组成,用以完成一定的工作;装备是用以支持企业功能的附属性资产。

《资产评估执业准则——机器设备》中指出,机器设备是指人类利用机械原理以及其他科学原理制造的、特定主体拥有或者控制的有形资产,包括机器、仪器、器械、装置,以及附属的特殊建筑物等资产。该准则对机器设备的定义包括自然属性和资产属性两个方面。自然属性是指人类利用机械原理以及其他科学原理制造的装置;资产属性是指被特定主体拥有或控制的,用于生产、经营或用于管理等目的的不动产以外的有形资产。准则以列举的方式对上述定义进行了说明:包括机器、仪器、器械、装置,以及附属的特殊建筑物等资产。

因此,在资产评估中,机器设备是一个广义的概念,不仅包括利用机械原理制造的装置,也包括利用电子、电工、光学等各种科学原理制造的装置,同时,资产评估中的机器设备不仅包括单台的机器设备,还包括为了实现特定功能、由若干独立单台设备组成的设备组及设备组组合,如生产线、车间等。

在评估实践中,通过把纳入固定资产管理范围的机器设备作为本章机器设备的评估对象。

二、机器设备的分类

机器设备种类繁多,分类方法十分复杂。按不同的分类方式,机器设备可以被分成不同的类别。例如,按工作原理可以分为热力机械、流体机械、蒸汽动力机械、往复机械等;按服务的行业可以分为冶金机械、矿山机械、纺织机械、化工机械、农业机械、发电设备等;按功能又可分为起重机械、运输机械、动力机械、粉碎机械等。这些分类是相互交叉、相互重叠的,如电站锅炉,按服务行业分类属于发电设备,按工作原理分类属于蒸汽动力机械,按功能分类又属于动力机械。在资产评估中,对机器设备一般按其资产属性分类,本节主要介绍固定资产管理中使用的国家分类标准和会计核算使用的分类标准。

（一）固定资产管理中使用的国家分类标准

目前,我国固定资产管理使用的是国家技术监督局 1994 年 1 月 24 日批准发布的《固定资产分类与代码》国家标准(GB/T 14885—94)。该标准是出于清产核资,以及国有资产管理的标准化、科学化、计算机化的需要,由国务院清产核资办公室和国家技术监督局联合编制的。其适用的范围包括国内的企业、事业单位、社会团体、行政机关、军队和武警部队以及各级有关管理部门的固定资产管理、清查、登记、统计等工作。其标准是按资产属性,将固定资产分为土地、房屋及建筑物,通用设备,专用设备,交通运输设备,电气设备,电子产品及通信设备,仪器仪表、计量标准器具及量具、衡器,文艺体育设备,图书、文物及陈列品,家具用具及其他等 10 个门类。

目前国内大部分企业的固定资产管理已采用上述分类方法,由于被评估企业建账和资产管理的需要,评估机构提供的机器设备明细清单也必须符合上述分类要求,因此,这种分类方法是资产评估中使用的最基本的分类方法。

（二）会计核算中使用的分类

根据我国现行会计制度,机器设备按其使用性质分为 6 类,如表 5-1 所示。

表 5-1　机器设备按其使用性质分类

类别	具体内容描述
1. 生产用机器设备	直接为生产经营服务的机器设备,包括生产工艺设备、辅助生产设备、动力能源设备等
2. 非生产机器设备	在企业所属的福利部门、教育部门等非生产部门使用的设备
3. 租出机器设备	企业出租给其他单位使用的机器设备
4. 未使用机器设备	企业尚未投入使用的新设备、库存的正常周转用设备、正在修理改造尚未投入使用的机器设备等
5. 不需用机器设备	已不适合本单位使用,待处理的机器设备
6. 融资租入机器设备	企业以融资租赁方式租入使用的机器设备

（三）按机器设备的组合形式分类

在《资产评估执业准则——机器设备》中,按机器设备的组合形式将作为评估对象的机器设备分为单台机器设备和机器设备组合。单台机器设备是指以独立形态存在、可以单独发挥作用或以单台的形式进行销售的机器设备。机器设备组合是指为了实现特定功能,由若干机器设备组成的有机整体(如生产线等)。机器设备组合的价值不必然等于单台机器设备价值的简单相加。

除了少部分单台设备可以独立用于经营、具有独立获利能力之外,大多数单台设备所能够独立实现的价值形态是单台、独立销售的变现价值。

在大多数情况下,一个具有特定功能的运营组合需要由多台机器设备组成,机器设备组合的市场价值也不一定等于组成该组合的各单台设备独立进行市场交易所能实现的市场价值之和。

在确定机器设备组合的价值时,组成该机器设备组合的每一台机器设备在机器设备组合中能够实现的价值取决于该机器设备对机器设备组合的贡献,该组合中的每一台机器设备都是以与其他机器设备一起继续使用为前提。

三、机器设备及其评估的特点

(一) 机器设备的特点

机器设备与其他资产相比,主要具有以下特点:

(1) 机器设备单位价值高,使用期限长。

(2) 机器设备价值量分别遵循不同规则而改变。随着机器设备在实际使用中的磨损以及技术改造的实施,其价值量也随之发生变化。例如,机器设备在运动中产生有形磨损和无形损耗,使机器设备的价值量发生贬值,而通过技术改造会提高设备功能,实现内含的扩大再生产,同时使资产增值。

(3) 不同机器设备的技术含量差异大。机器设备是科学技术在劳动手段上的物化结晶,体现着一定水平的科技技术。即使是同一品种的机器设备,只要型号不同、生产日期不同、制造厂家不同,就会有先进程度的差别。机器设备的技术含量差异即技术水平的不同,直接关系到其使用价值和企业的经济效益,从而与该设备的价值评估密切相关。

(4) 机器设备往往需要与其他资产共同发挥作用。机器设备类资产一般是企业整体资产的有机组成部分,它通常与企业的其他资产,如房屋建筑物、土地、流动资产、无形资产等,共同完成某项特定的生产目的。因此,机器设备的价值中通常会兼含无形资产价值或具有不动产的一些特性。例如,机器设备中一部分属于动产,它们不需安装可以移动使用,还有一部分属于不动产或介于动产与不动产之间的固置物,它们需要永久地或在一段时间内以某种方式安装在土地或建筑物上,移动这些资产将可能导致机器设备部分损失或完全失效。又如,比较复杂或先进的机器设备,特别是成套设备、机组、检测设备等,其功能的正常发挥还需要有专利、专有技术或计算机软件等无形资产的支持。

此外,机器设备的价值受诸多外部因素的影响,通常包括:①受所依赖的原材料资源有限性的影响。原材料资源的短缺可以导致设备开工率不足,原材料资源的枯竭可以导致机器设备的报废。②受所生产产品的市场竞争及市场寿命的影响。市场竞争的加剧,会导致设备开工不足,生产能力相对过剩;所生产产品的市场寿命终结,也将导致生产该产品的某些专用设备的报废。③受所依附的土地和房屋建筑物的使用年限的影响。大部分机器设备需要以某种方式安装在土地或建筑物上,土地、建筑物的使用寿命会对机器设备的价值产生影响。④受国家的能源政策、环境保护政策的影响。机器设备在提高劳动生产率和提高人类物质文明的同时,也对自然环境起到了破坏作用,带来了能源的大量消耗和环境的严重污染两大社会问题。为了节约能源,保护环境,实现可持续发展,国家颁布的相关法律、法规和产业政策都可能会对机器设备的价值评估产生影响。

(二) 机器设备评估的特点

机器设备自身的特点及资产评估的基本原则,决定了机器设备评估的主要特点,如表5-2所示。

表5-2 机器设备评估的主要特点

特征	特征描述
1. 一般采用以单台、单件为评估对象	机器设备规格型号多,其功能作用各不相同,所以不能简单汇总相加;同时,机械设备已使用时间、新旧不一,不能笼统地加以评估;而且,即使同一类别的机器设备,其购建情况和购建价格也不相同。因此,机器设备评估必须在合理分类的基础上逐项进行,即以单台、单件为评估对象。对数量多、单位价值相对较低的同类资产,也要在逐件、逐台核实数量的基础上,选择合理的分类方法,分别按不同的要求进行评估
2. 以技术检测为基础,确定被评估设备损耗程度	由于机器设备的使用周期较长,其磨损程度的大小,因使用状况、维修保养及环境因素等的不同而造成一定的差异,有的机械设备由于使用、维修保养不当,造成过度磨损或提前报废。因此,评定机器设备的实物和价值状况,往往需要通过技术检测的手段来确定其损耗程度
3. 针对不同设备特性采用不同评估方法	企业机器设备的种类多,各类设备的单项价值、经济寿命、性能等差别较大,应针对不同设备的具体情况,选用不同设备的评估方法。即使是对同一设备,必要时也可选用几种不同方法进行评估,以验证评估结果的准确程度。鉴于机器设备一般不具备独立的获利能力,所以在进行机器设备评估时,收益法的使用受到很大限制,通常采用成本法和市场法

四、机器设备评估的程序

由于机器设备涉及的专业比较广,工程技术性强,为确保评估质量并提高评估工作效率,在委托方对待评机器设备清查核实及明确评估目的和评估基准日后,一般按下列步骤进行:

(1)评估准备。评估机构接到资产评估委托后,首先应做好评估的准备工作,评估准备工作主要有:①要求委托人提供资产评估的基础资料;②制定具体的评估工作计划。

(2)现场勘察。现场勘察是机器设备评估的重点工作。现场勘察工作的主要任务是清查核实评估对象数量、权属,对企业工艺过程进行了解,对待评机器设备进行技术鉴定,以测定机器设备的各种技术参数。具体包括:①清查核实评估对象数量和权属;②对机器设备进行勘察和技术鉴定。

背景资料

对机器设备的鉴定

对机器设备技术状况的鉴定,主要是对设备满足生产工艺的程度、生产精度和废品率以及各种消耗和污染情况的鉴定,以判断设备是否有技术性过时和功能落后等情况存在。

对机器设备使用情况的鉴定,主要了解设备是在用状态还是闲置状态、使用中的设备运行参数、故障率、零配件保证率、设备闲置的原因和维护情况等。

对机器设备质量的鉴定,主要了解设备的制造质量、设备所处环境、条件对设备质量的影响、设备现时的完整性、外观和内部结构情况等。

对机器设备磨损程度的鉴定,主要了解和掌握设备的物质性损耗,如锈蚀、操作精度下降、疲劳损伤、材料老化等。

（3）确定单台设备的估价数据与参数。确定设备估价数据与参数是评估结果是否科学、合理的关键。一方面评估人员应对搜集到的数据进行筛选、分析和整理，确定本次评估的估价数据，如同类设备现行市场购买价格、价格指数、现行的有关费用标准、关税税率、利率、汇率等；另一方面根据现场勘察和技术检测所掌握的资料，测定各种技术参数，如设备磨损系数、完好率、尚可使用年限、有形损耗率、成新率等。如果经分析判定机器设备存在功能性贬值或经济性贬值，还应测定超额运营成本、设备收益损失额、规模效益指数、折现率等有关数据和参数。如果评估机器设备的变现价格，还应分析确定设备的变现时间、变现风险和变现费用等。

（4）计算评估值与撰写评估报告。在完成上述工作后，评估人员就可本着客观、公正的原则对机器设备进行评定估算，估测每台设备的重置价值，并对单台设备评估值汇总，得出总的评估结果，具体的估算过程可通过填写机器设备评估作业分析表、机器设备评估明细表、机器设备评估汇总表（见表5-3）来完成。评估机构在机器设备评定估算工作基本完成后，还要进行自查工作，对设备的估价依据和参数再进行一次全面的核对。在重新核对无误的基础上，编写评估说明或机器设备评估部分报告。

表5-3　机器设备评估结果汇总表

评估基准日 　　　　　　　　　　　　　　　　　　　　　　　　　金额单位：万元

资产类别	账面原值	账面净值	调整后净值	重置价值	评估值	增值	增值率（％）
专用机器							
普通机器							
运输设备							
…							

第二节　基于成本法的机器设备评估

成本法是通过估算被评估机器设备的重置成本和各种贬值，用重置成本扣减各种贬值作为资产评估价值的一种方法，它是机器设备评估中最常使用的方法之一。

成本法的计算公式为：

$$P = RC - D_p - D_f - D_e$$

式中：P—— 评估值；

　　　RC—— 重置成本；

　　　D_p—— 实体性贬值；

　　　D_f—— 功能性贬值；

　　　D_e—— 经济性贬值。

一、重置成本的计算

机器设备的重置成本包括购置或购建设备所发生的必要的、合理的直接成本、间接成本和因资金占用所发生的资金成本、合理利润、相关税费等。

设备的直接成本一般包括:设备本体的重置成本,以及设备的运杂费、安装费、基础费及其他合理成本;间接成本一般包括管理费、设计费、工程监理费、保险费等。直接成本与每一台设备直接对应,间接成本和资金成本有时不能对应到每一台设备上,它们是为整个项目发生的,在计算每一台设备的重置成本时一般按比例摊入。

机器设备重置成本构成要素的具体内容与设备类型、安装方式等因素有关。例如,对于不需要安装的单台设备,其重置成本一般只包括购买设备的费用以及运杂费等;对于已安装在用的单台设备,它的重置成本除了购买设备的费用以及运杂费之外,还包括设备的安装费、基础费等;对于工厂、车间等整体资产,其重置成本还包括将单项资产组合成整体资产所发生的调试费、工厂设计费、管理费等;对于进口设备和车辆等特殊设备,根据国家的有关规定,在购买设备时还需要支付设备价以外的税金或费用,例如,进口设备的从属费用、车辆购置附加税等,这些费用也包括在设备的重置成本当中。机器设备重置成本构成要素也与评估目的、评估假设前提有关,机器设备在原地继续使用和移地使用时,其重置成本构成要素是不同的。原地继续使用时,机器设备的重置成本一般包括设备运杂费、安装费、基础费等;移地使用时,重置成本一般不包括上述费用。

构成重置成本的费用必须是为购置或购建被评估的机器设备所发生的,包括直接费用和间接费用。但是一些非必然的费用不应包括在内,如根据客户特殊的工期要求因加班而发生的加班费,而这种工期要求并不是工程所必需的,这样的费用就不应当包括在设备重置成本当中。机器设备评估准则要求注册资产评估师应当根据评估对象的具体情况、评估目的等条件分析并合理确定重置成本的构成要素。机器设备的重置价值计算公式如下:

国产设备重置价值 = 设备购置价 + 设备运杂费 + 设备安装调试费 + 其他费用 + 资金成本
进口设备重置价值 = CIF 价(FOB 价 + 国外运杂费 + 保险费) + 进口环节关税 +
　　　　　　　　　进口环节增值税 + 银行手续费 + 外贸手续费 + 商品检验费 +
　　　　　　　　　国内运杂费 + 安装调试费 + 其他费用 + 资金成本

(一)设备本体的重置成本

设备本体的重置成本不包括运输、安装等费用。通用设备的重置成本的确定方式有:①按现行市场销售价格确定,即向制造厂家或经销商询价,参用有关价格目录或报价手册;②对无适当参考价的设备和老旧设备,比照同类设备的价格作适当的调整;③对于一些技术进步因素对设备价格影响不大的设备,在分析确认其账面原值的基础上,采用分类价格指数法进行调整得出。自制设备一般是指按当前的价格标准计算的建造成本,包括直接材料费、燃料动力费、直接人工费、制造费用、期间费用分摊、利润、税金以及非标准设备的设计费等。

1. 直接法

直接法是根据市场交易数据直接确定设备本体重置成本的方法。使用这种方法的关键是获得市场价格资料,对于大部分通用设备,市场价格资料的取得是比较容易的,而非标准、专用设备的价格资料往往很难从市场上直接取得。获得市场价格的渠道包括:

(1)市场询价。有公开市场价格的机器设备,大多数可以通过市场询价来确定设备的现行价格,即评估人员直接从市场了解相同产品的现行市场销售价格。但需注意,制造商与销售商,或者不同销售商之间机器设备的售价可能是不同的。根据替代性原则,在同等条件下,评估人员应该选择可能获得的最低售价。一些专用设备和特殊设备,由于只有少数厂家生产,市场交易也很少,一般没有公开的市场价格。确定这些设备的现行市场价格,需要向生产厂家直接询价。由于市场透明度较差,生产厂家的报价和实际成交价往往存在较大的差异。评估人员应谨慎使用报价,一般应该向近期购买该厂同类产品的其他客户了解实际成交价。

(2)使用价格资料。价格资料是获得机器设备市场价格的重要渠道,它们包括生产厂家提供的产品目录或价格表、经销商提供的价格目录、报纸杂志上的广告、出版的机电产品价格目录、机电产品价格数据库等。在使用上述价格资料时,数据的有效性和可靠性是至关重要的。

机电产品的价格是随时间而变化的,有些产品的价格相对比较稳定,其价格往往在几个月或者1年之内保持稳定;有些产品的价格变化比较快,如电子产品、计算机、汽车等,这些产品的价格每个月甚至每周都在变化。评估师要注意价格资料的时效性,所使用的价格资料应该反映评估基准日的价格水平。

2. 物价指数法

物价指数法是以设备的历史成本为基础,根据同类设备的价格上涨指数来确定机器设备本体的重置成本的方法。对于二手设备,历史成本是最初使用者的账面原值,而非当前设备使用者的购置成本。物价指数可分为定基物价指数和环比物价指数。

(1)定基物价指数。定基物价指数是以固定时期为基期的指数,通常用百分比来表示。以100%为基础,当物价指数大于100%,表明物价上涨;物价指数在100%以下,表明物价下跌。表5-4为某类设备的定基物价指数。

表5-4　某类设备的定基物价指数

年　份	物价指数	年　份	物价指数
2013	100%	2017	110%
2014	103%	2018	112%
2015	106%	2019	115%
2016	108%		

采用定基物价指数计算设备当前重置成本的公式为:

设备本体重置成本 = 历史成本×(当前年份指数÷基年指数)

【例5-1】 2015年购置某设备,原始成本为38 000元,计算2020年该设备的重置成本。2020年的定基物价指数为115%,2015年的定基物价指数为103%,则:

2020年该设备本体的重置成本 = 38 000×(115%÷103%) = 42 427(元)

(2)环比物价指数。环比物价指数是以上期为基期的指数。如果环比期以年为单位,则环比物价指数表示该类产品当年较上年的价格变动幅度。该指数通常也用百分比表示。表5-4的定基物价指数用环比物价指数可表示为表5-5。

表 5-5　某类设备的环比物价指数

年　份	物价指数	年　份	物价指数
2013	—	2017	101.9%
2014	103%	2018	101.8%
2015	102.9%	2019	102.7%
2016	101.9%		

采用环比物价指数计算设备本体重置成本的公式为：

$$设备本体重置成本 = 历史成本 \times (p_1^0 \times p_2^1 \times \cdots \times p_n^{n-1})$$

式中：p_n^{n-1}——n 年对 $n-1$ 年的环比物价指数。

【例 5-2】　某设备 2017 年的历史成本为 30 000 元,环比物价指数见表 5-5,计算 2019 年该设备本体的重置成本。

$$设备本体重置成本 = 30\,000 \times (101.9\% \times 101.8\% \times 102.7\%) = 31\,961(元)$$

相关链接

　　在机器设备评估中,对于一些难以获得市场价格的机器设备,经常采用物价指数法。使用时,评估人员应注意以下问题。①选取的物价指数应与评估对象相配比,一般采用某一类产品的分类物价指数,不可采用综合物价指数。②应注意审查历史成本的真实性。因为在设备的使用过程中,其账面价值可能进行了调整,当前的账面价值已不能反映真实的历史成本。③企业账面的设备历史成本一般还包括运杂费、安装费、基础费以及其他费用。上述费用的物价变化指数与设备价格变化指数往往是不同的,应分别计算。特别是对运杂费、安装费、基础费所占比例很大的锅炉、锻压机械等设备。④物价指数法只能用于确定设备的复原重置成本,不能用于确定更新重置成本。在使用时应注意考虑设备的功能性贬值。特别是对于已经使用了很长时间的设备,由于技术进步的原因,复原重置成本和更新重置成本的差异会较大。⑤单台设备的价格变动与这类产品的分类物价指数之间可能存在一定的差异。因此,被评估设备的样本数量会影响评估值的准确度。⑥对于进口设备,应使用设备出口国的分类物价指数。

　　3. 重置核算法

　　重置核算法是通过分别测算机器设备的各项成本费用来确定设备本体重置成本的方法。该方法常用于确定非标准、自制设备的重置成本。

　　机器设备本体的重置成本由生产成本、销售费用、利润、税金组成。在常见的估价方法中,根据设备的性质特点,有依据设备材料费来确定设备本体重置成本的估价方法,也有依据设备人工费来确定设备本体重置成本的估价方法。

　　4. 综合估价法

　　一般而言,设备的主材费和主要外构件费与设备成本费用存在一定的比例关系,综合估价法是在不考虑税金的情况下,通过确定主材费用和主要外构件费用,计算出设备的完全制造成本,并考虑企业利润和设计费用,确定设备的重置成本。其计算公式为：

$$RC = \left(\frac{Mrm}{Km} + Mpm\right) \times (1 + Kp) \times \left(1 + \frac{Kd}{n}\right)$$

式中：RC——设备本体的重置成本；

　　　M_{rm}——主材费；

　　　K_m——成本主材费率(不含外购件)；

　　　M_{pm}——主要外购件费；

　　　K_p——成本利润率；

　　　K_d——非标准设备的设计费率；

　　　n——非标准设备的生产数量。

(1) 主材费(M_{rm})是指在设备中所占的重量和价值比例大的一种或几种材料。主材费可按图纸分别计算出各种主材的净消耗量，然后根据各种主材的利用率求出它们的总消耗量，并按材料的市场价格计算每一种主材的材料费用。其计算公式为：

$$M_{rm} = \sum \left(\frac{某主材净消耗量}{该主材利用率} \times 市场价格 \right)$$

(2) 主要外购件费(M_{pm})是主要外购件如果价值比重很小，可以综合在成本主材费率 K_m 中考虑，而不再单列为主要外购件。外购件的价格按市场价格计算。其计算公式为：

$$M_{pm} = \sum (某主要外购件的数量 \times 市场价格)$$

该方法只需依据设备的总图，计算出主要材料消耗量，并根据成本主材费率即可估算设备的售价，是机械工业概算中估算通用非标准设备时经常使用的方法。估价参数如表5-6所示。

表5-6　通用非标准设备估价参数表(节选)

估价编号	设备名称	单位	主要材料利用率				主要外购件	成本主材费率	成本利润率	销售税金率	设计费率	备注
			钢材	铸铁	耐火材	PVC						
06	炉子设备											
0601	加热炉	座	85%	90%	砖95%纤维97%		喷嘴、风机、减速机、轴承、电缆等	37%~39%	9%~10%	3.413%	8%~11%	
0602	热处理炉	座	85%		砖95%纤维97%		喷嘴、风机、减速机、轴承、电缆等	35%~39%	9%~10%	3.413%	8%~11%	
08	槽罐设备											
0801	碳钢水罐	座	90%					64%~68%	10%	18.7%	10%~13%	
0802	塑料冷水槽	座				90		68%~71%	10%	18.7%	10%~13%	
0803	电解去油槽(蛇形管加热)	座	板90%管96%				阳极杆、阴极杆、导电极座、尼龙极座	68%~70%	10%	18.7%	10%~13%	

（续表）

估价编号	设备名称	单位	主要材料利用率				主要外购件	成本主材费率	成本利润率	销售税金率	设计费率	备注
			钢材	铸铁	耐火材	PVC						
0804	电镀槽（钢衬软塑）	座					阳极杆、阴极杆、导电极座、尼龙极座、钛加热管、阴极摆动装置	75%～79%	10%	18.7%	10%～13%	
0805	钢衬玻璃钢槽（时效油槽）	座	90%				玻璃钢90%	72%	10%	18.7%	10%～13%	
09	斗子、支架、平台											
0901	斗子	t	90%					60%～64%	11%～12%	18.7%	8%～10%	
0902	支架	t	95%					62%～67%	9%～11%	18.7%	8%～10%	

【例5-3】 某悬链式水幕喷漆室为非标准自制设备，构建日期为2005年12月，评估基准日为2016年9月30日。计算该悬链式水幕喷漆室的重置成本（不考虑税金）。计算过程如下。

第一步：分析图纸，收集相关参数。根据设计图纸，该设备主材为钢材，主材的净消耗量为20吨，评估基准日钢材市场价为3 600元/吨。另外，所需主要外购件（电机、泵、阀、风机等）费用为45 000元。主材利用率为85%，成本主材费率为55%，成本利润率为12%，设计费率为16%，产量为2台。

第二步：计算相关参数。先确定设备的主材费，该设备的主材利用率为85%，则：

$$主材费（M_{rm}）= 20 \div 85\% \times 3\ 600 = 84\ 706（元）$$
$$成本主材费率（不含外购件）（K_m）= 55\%$$
$$主要外购件费（M_{pm}）= 45\ 000（元）$$
$$成本利润率（K_p）= 12\%$$
$$非标设备设计费率（K_d）= 16\%$$
$$非标设备的数量（n）= 2（台）$$

第三步：计算设备的重置成本。

$$
\begin{aligned}
设备重置成本（RC） &= (84\ 706 \div 55\% + 45\ 000) \times (1 + 12\%) \times (1 + 16\% \div 2)\\
&= (154\ 010.91 + 45\ 000) \times 112\% \times 108\%\\
&= 199\ 010.91 \times 1.12 \times 1.08\\
&= 222\ 892.219\ 2 \times 1.08\\
&= 240\ 723.60（元）
\end{aligned}
$$

5. 重量估价法

该方法用设备的重量乘以综合费率，同时考虑利润来确定设备本体的重置成本，并根据设备的复杂系数进行适当调整。综合费率根据相似设备的统计资料确定。其计算公式为：

$$RC = W \times R_m \times K + P$$

或者：

$$RC = W \times R_m \times K(1 + r_p)$$

式中：RC—— 设备重置成本；

　　　W—— 设备的净重；

　　　R_m—— 综合费率；

　　　K—— 调整系数；

　　　P—— 合理利润；

　　　r_p—— 利润率。

该方法简单，估价速度快，适用于材料单一、制造简单、技术含量低的设备重置成本的估算，如结构件和比较简单的大型冲压模具等。

6. 类比估价法——指数估价法

对于某些特定的设备，如化工设备、石油设备等，同一系列不同生产能力设备的重置成本变化与生产能力变化呈某种指数关系，可利用这种指数关系估算设备的重置成本。

$$RC = \left(\frac{A_1}{A_2}\right)^x \times S_2$$

式中：A_1—— 被评估设备的生产能力；

　　　A_2—— 参照物设备的生产能力；

　　　RC—— 设备本体的重置成本；

　　　S_2—— 参照物设备的价格；

　　　x—— 规模指数。

规模指数 x 是功能比较法的一个重要参数。目前，我国比较缺乏这方面的统计资料。根据国外的一些参考资料，x 的取值一般在 $0.4 \sim 1.2$ 之间。评估人员使用该方法时，需要通过该类设备的价格资料分析测算 x。

对公式 $RC = \left(\frac{A_1}{A_2}\right)^x \times S_2$ 两端取对数，则：

$$\ln \frac{RC}{S_2} = x \ln \frac{A_1}{A_2}$$

$$x = \frac{\ln \dfrac{RC}{S_2}}{\ln \dfrac{A_1}{A_2}}$$

评估人员根据所测算设备的价格资料，计算出 x 值，并在坐标上画出 x 随生产能力变化的曲线。

【例 5-4】　某系列化工设备，各种生产能力的设备市场售价见表 5-7。现计算该设备的规模经济效益指数 x，见表 5-8。

表 5-7　设备的市场售价表

序号 i	生产能力 A_i（万吨/月）	售价 RC_i（万元）
1	20	115
2	30	150
3	40	182
4	50	212
5	60	241
6	70	269
7	80	297
8	90	326

表 5-8　设备的规模经济效益指数

序号 i	生产能力 A_i（万吨/月）	售价 RC_i（万元）	$\ln(A_i/A_{i-1})$	$\ln(RC_i/RC_{i-1})$	x
1	20	115			
2	30	150	0.405 5	0.265 7	0.655
3	40	182	0.287 7	0.193 4	0.672
4	50	212	0.223 1	0.152 6	0.684
5	60	241	0.182 3	0.128 2	0.703
6	70	269	0.154 2	0.109 9	0.713
7	80	297	0.133 5	0.099 0	0.742
8	90	326	0.117 8	0.093 2	0.791

当 $x=1$ 时，被评估机器设备的价格与生产能力呈线性关系；当 $x\neq1$ 时，机器设备的生产能力与设备价格呈非线性关系。

【例 5-5】　计算某化工设备本体的重置成本。

某被评估的化工设备，生产能力为月产 20 吨某化工产品，现在市场上已没有相同生产能力的设备。生产能力为月产 30 吨的同类型设备，市场售价 180 万元。经测算，该类型设备的规模指数为 0.65。则：

$$被评估设备本体重置成本 = \left(\frac{被评估设备的生产能力}{参照物的生产能力}\right)^x \times 参照物重置价$$
$$= \left(\frac{20}{30}\right)^{0.65} \times 180 = 138（万元）$$

（二）运杂费

1. 国产设备运杂费

国产设备的运杂费是从生产厂家到安装使用地点所发生的装卸、运输、采购、保管、保险及其他有关费用。设备运杂费的计算方法之一是根据设备的生产地点、使用地点以及重量、体积、运输方式和铁路、公路、船运、航空等部门的运输计费标准计算。另一种方法是按设备的原价的一定比率作为设备的运杂费率，以此来计算设备的运杂费。

计算公式为：

$$国产设备运杂费 = 国产设备原价 \times 国产设备运杂费率$$

表5-9为机械行业国产设备运杂费率表。

表5-9　机械行业国产设备运杂费率

地区类别	建设单位所在地	运杂费率	备　注
一类	北京、天津、河北、山西、山东、江苏、上海、浙江、安徽、辽宁	5%	指标中包括建设单位仓库离车站或码头50 km以内的短途运输费。当超过50 km时按每超过50 km增加0.5%费率计算,不足50 km者,可按50 km计算
二类	湖南、湖北、福建、江西、广东、河南、陕西、四川、甘肃、吉林、黑龙江、海南	7%	
三类	广西、贵州、青海、宁夏、内蒙古	8%	
四类	云南、新疆、西藏	10%	

在评估实践中,对当地生产的设备,运杂费率取0.5%~1%;对外省生产的设备,根据运距、体积及重量等情况,运杂费率取2%~6%;对超大、超重设备,根据实际情况分析确定;对小型机器设备、电子设备、仪器仪表和家用电器等类设备,一般不计其运杂费。

2. 进口设备的国内运杂费

进口设备的国内运杂费是指进口设备从出口国运抵我国后,从所到达的港口、车站、机场等地,将设备运至使用的目的地现场所发生的港口费用、装卸费用、运输费用、保管费用、国内运输保险费用等各项运杂费,不包括在运输超限设备时发生的特殊措施费。

其中,港口费用是指进口设备从卸货至运离港口所发生的各项费用,包括港口建设费、港务费、驳运费、倒垛费、堆放保管费、报关费、转单费、监卸费等。

进口设备运杂费的计算公式如下：

$$进口设备国内运杂费 = 进口设备到岸价 \times 进口设备国内运杂费率$$

公式中的运杂费率分为海运方式和陆运方式两种。

表5-10和表5-11分别为机械行业规定的进口设备海运方式和陆运方式运杂费率表。

表5-10　机械行业进口设备海运方式国内运杂费率

地区类别	建设单位所在地	运杂费率	备　注
一类	北京、天津、河北、山东、江苏、上海、浙江、广东、辽宁、福建、安徽、广西、海南	1%~1.5%	进口设备国内运杂费指标是以离港口距离划分指标上、下限:20 km以内为靠近港口取下限;20 km以上、50 km以内为邻近港口取中间值,50 km以上为远离港口取上限
二类	山西、河南、陕西、湖南、湖北、江西、吉林、黑龙江	1.5%~2.5%	
三类	甘肃、内蒙古、宁夏、云南、贵州、四川、青海、新疆、西藏	2.5%~3.5%	

表 5-11　机械行业进口设备陆运方式国内运杂费率

地区类别	建设单位所在地	运杂费率	备　注
一类	内蒙古、新疆、黑龙江	1%～2%	进口设备国内运杂费指标是以离陆站距离划分指标上、下限：100 km 以内为靠近陆站取下限；100 km 以上、300 km 以内为邻近陆站取中间值；3 00 km 以上为远离陆站取上限
二类	青海、甘肃、宁夏、陕西、四川、山西、河北、河南、湖北、吉林、辽宁、天津、北京、山东	2%～3%	
三类	上海、江苏、浙江、广东、安徽、湖南、福建、江西、广西、云南、贵州、西藏	3%～4%	

(三) 设备安装费

设备的安装工程范围包括以下几部分：①所有机器设备、电子设备、电器设备的装配、安装工程；②锅炉及其他各种工业锅窑的砌筑工程；③设备附属设施的安装工程，如与设备相连的工作台、梯子的安装工程；④设备附属管线的敷设，如设备工作所需的电力线路、供水、供气管线等；⑤设备及附属设施、管线的绝缘、防腐、油漆、保温等工程；⑥为测定安装工作质量进行的单机试运转和系统联动无负荷试运转。设备的安装费包括上述工程所发生的所有人工费、材料费、机械费及全部取费。设备安装费的安装调试费率一般参照《机器设备评估常用数据与参数》相关规定，并结合设备安装工作量和调试的难易程度确定。

1. 国产设备安装费

国产设备的安装费计算公式如下：

$$国产设备安装费 = 设备原价 \times 设备安装费率$$

公式中，设备安装费率按所在行业概算指标中规定的费率计算。表 5-12 为机械行业规定的设备安装费率。

表 5-12　国内设备安装费率(节选)

序号	车间或项目名称	设备安装费率	备　注
1	机械加工车间	1%～2%	
2	装配车间	2%～4%	
3	焊接、冷作车间(金属结构车间)	1.3%～1.8%	
4	铸铁车间	4%～6%	
5	铸钢车间	3%～5%	
6	精密铸造车间	2.5%～5%	
7	有色铸造车间	1.5%～4%	
8	锻造车间		
8.1	大件模锻	7%～9%	最大压力机 125 MN
8.2	小件模锻	4%～6%	最大压力机 25 MN

（续表）

序号	车间或项目名称	设备安装费率	备　注
8.3	锻锤≤1 t	2.5%～3.5%	
8.4	锻锤≥1 t	1.5%～2.5%	
9	热处理车间	1.5%～2.5%	
10	冲压车间	2.2%～3.2%	
11	电镀车间	7%～9%	
12	油漆车间	8%～10%	
13	TNT 生产车间		
13.1	硝化工房	34%～36%	设备安装包括工艺管道
13.2	硝烟吸收工房	52%～54%	设备安装包括工艺管道
14	硝铵炸药生产车间		
14.1	硝铵粉碎干燥工房	25%～27%	
14.2	TNT 粉碎工房	8%～9%	
14.3	混药工房	13%～14%	
15	工具车间	2%	
16	机修车间	2%	
17	材料库	2%～2.5%	不包括立体仓库
18	汽车库	4%～5%	
19	木工车间	1.5%～3%	
20	中央实验室、计量室	0.5%～1%	
21	变配电所	30%～35%	
22	锅炉房		
22.1	75T/H 燃油锅炉房	70%～80%	计算基数为锅炉用辅机、热控设备原价
…	…		
26	氧气站		
	氧气站	7%～8%	设备原价不包括氧气瓶价
	氧气汇流排间	25%～27%	设备原价不包括氧气瓶价

2. 进口设备安装费

进口设备安装费可用下列公式计算：

进口设备安装费 = 相似国产设备原价 × 国产设备安装费率

或者：　　　　　　　　　进口设备安装费 ＝ 进口设备到岸价 × 进口设备安装费率

由于进口设备原价较高,进口设备的安装费率一般低于国产设备的安装费率。机械行业建设项目概算指标中规定:进口设备的安装费率可按相同类型国产设备的30%～70%选取,进口设备的机械化、自动化程度越高,取值越低;反之越高。特殊情况,如设备的价格很高,而安装很简单,应低于该指标;设备的价格很低,而安装较复杂时,应高于该指标。

(四) 基础费

设备的基础是为安装设备而建造的特殊构筑物。设备基础费是指建造设备基础所发生的人工费、材料费、机械费及全部取费。有些特殊设备的基础列入构筑物范围,不按设备基础计算。国产设备基础费计算公式为:

国产设备基础费 ＝ 国产设备原价 × 国产设备基础费率

公式中,设备的基础费率按所在行业颁布的概算指标中规定的标准取值,行业标准中没有包括的特殊设备的基础费率,应自行测算。表5-13为机械工业企业设备基础费率指标。

进口设备基础费的计算公式为:

进口设备基础费 ＝ 相似国产设备原价 × 国产设备基础费率

或者：　　　　　　　　　进口设备基础费 ＝ 进口设备到岸价 × 进口设备基础费率

表 5-13　国内设备基础费率

序号	车间或项目名称	设备基础费率	备　注
1	机械加工车间	1.4%～3.4%	重、大型设备较多的取上限
2	装配车间		
	(a)固定式装配	0.8%～1.4%	
	(b)流水线装配		
	地坑(沟)<1 m(包括无地沟装配线)	3.0%～5.0%	
	地坑(沟)>1 m	5.0%～7.0%	
3	焊接、冷作车间(金属结构车间)	1.5%～2.8%	重、大型设备较多的取上限
4	冲压车间		
	小型设备为主	0.8%～1.3%	
	大型设备为主	1.3%～3.0%	带形基础的取上限
5	油漆车间		
	大型车间	8.0%～12.0%	产品等级高,有喷抛丸设备的车间取上限
	小型车间	2.0%～4.0%	

（续表）

序号	车间或项目名称	设备基础费率	备　注
6	热处理车间	0.7%～1.1%	产品等级高车间规模大的车间取上限
7	电镀车间		
8	锻造车间		
	以热模锻为主	4.0%～6.0%	大批量、流水线的取下限
	以锻锤为主	12.0%～17.0%	空气锤为主的取上限
9	铸钢车间	2.8%～4.3%	机械化程度低的取上限
10	铸铁车间	2.0%～3.5%	机械化程度低的取上限
11	精密铸造车间	2.5%～3.5%	车间规模较大的,有一定机械化程度的取上限
12	有色铸造车间	1.5%～2.5%	压铸车间取下限
13	机修车间	1.5%～2.0%	
14	工模具车间	0.8%～1.4%	模具车间取上限
15	中央试验室	0.4%～0.6%	
16	中央计量室	0.1%～0.3%	

进口设备基础费率一般低于国产设备的基础费率,机械行业建设项目概算指标中规定:进口设备的基础费率可按国产设备基础费率的30%～70%选取,进口设备机械化、自动化程度越高,取值越低;反之越高。特殊情况下,如进口设备的价格高而基础简单的,应低于标准;设备价格低而基础复杂的,应高于标准。

（五）进口设备从属费用

进口设备的从属费用包括国外运费、国外运输保险费、关税、消费税、增值税、银行财务费、外贸手续费,对车辆还包括车辆购置附加费等。

（1）国外运费可按设备的重量、体积及海运公司的收费标准计算,也可按一定比例计取,取费基数为设备离岸价。其计算公式为:

$$海运费 = 设备离岸价 × 海运费率$$

费率:远洋一般取5%～8%,近洋一般取3%～4%。

（2）国外运输保险费的取费基数为设备离岸价＋海运费。其计算公式为:

$$国外运输保险费 = （设备离岸价＋海运费）× 保险费率$$

费率可根据保险公司费率表确定,一般在0.4%左右。

（3）关税的取费基数为设备到岸价(CIF)。其计算公式为:

$$关税 = 设备到岸价 \times 关税税率$$

关税的税率按国家发布的进口关税税率表计算。

(4)消费税的计税基数为关税完税价＋关税。其计算公式为：

$$消费税 = \frac{关税完税价 + 关税}{1 - 消费税税率} \times 消费税税率$$

消费税的税率按国家发布的消费税税率表计算。

(5)增值税的取费基数为关税完税价＋关税＋消费税。其计算公式为：

$$增值税 = (关税完税价 + 关税 + 消费税) \times 增值税税率$$

注：减免关税，同时减免增值税。

(6)银行财务费的取费基数为货价人民币数。其计算公式为：

$$银行财务费 = 设备离岸价 \times 费率$$

我国现行银行财务费率一般为4‰～5‰。

(7)外贸手续费也称为公司手续费，取费基数为设备到岸价人民币数。其计算公式为：

$$外贸手续费 = 设备到岸价 \times 外贸手续费率$$

目前，我国进出口公司的进口费率一般为1‰～1.5‰。

(8)车辆购置附加费的取费基数为到岸价人民币数＋关税＋消费税。其计算公式为：

$$车辆购置附加费 = (到岸价人民币数 + 关税 + 消费税) \times 费率$$

(六)资金成本

对形成整体生产能力的且设备造价较高、建造周期较长的设备，则在建设期内，按均匀投入假设计算资金成本。贷款利率按评估基准日中国人民银行规定的标准计取。计算公式如下：

$$\begin{aligned}资金成本 = &[(设备购置价 + 运杂费 + 安装调试费 + 其他费用) \times \\ &建造周期(年) \times 评估基准日贷款利率] \div 2\end{aligned}$$

【例5-6】 某进口设备离岸价为12 000 000美元，关税税率为16％，银行财务费率为0.4％，公司代理费率为1％，国内运杂费率为1％，安装费率为0.6％，基础费率1.7％。设备从订货到安装完毕投入使用需要2年时间，第一年投入的资金比例为30％，第二年投入的资金比例为70％。假设每年的资金投入是均匀的，银行贷款利率为5％，美元兑人民币的汇率为1：6.8。

试计算该设备的重置成本。

该设备的重置成本包括：①设备的货价；②海外运输费；③海运保险费；④关税；⑤银行财务费用；⑥公司代理手续费；⑦国内运费；⑧安装费；⑨基础费；⑩资金成本。计算过程见表5-14。

表 5-14　设备重置成本的计算过程

序号	项目	计费基数	费率	计算公式	金额
1	设备离岸价				12 000 000USD
2	国外海运费	设备离岸价	5%	计费基数×海运费率	600 000USD
3	国外运输保险费	设备离岸价＋海运费	0.4%	计费基数×保险费率	50 400USD
	到岸价(CIF 价)外币合计				12 650 400USD
	CIF 价人民币合计	外币额	6.8	计费基数×汇率	86 022 720
4	关税	CIF 价	16%	CIF 价×16%	13 763 635.2
5	增值税	CIF 价＋关税	17%	(CIF 价＋关税)×17%	16 963 680.38
6	银行手续费	设备离岸价	0.4%	设备离岸价×0.4%	326 400
7	公司手续费	CIF 价	1%	CIF 价×1%	860 227.2
8	国内运杂费	CIF 价	1%	CIF 价×1%	860 227.2
9	安装费	CIF 价	0.6%	CIF 价×0.6%	516 136.32
10	基础费	CIF 价	1.7%	CIF 价×1.7%	1 462 386.24
	合计				120 775 412.54
11	资金成本		5%	资金合计×30%×5%×1.5＋资金合计×70%×5%×0.5	4 831 000.75
	重置成本总计				125 606 413.29

二、实体性贬值

设备在使用过程中,由于零部件受到摩擦、冲击、振动或交变载荷的作用,使得零件或部件产生磨损、疲劳等破坏,其结果是零部件的几何尺寸发生变化,精度降低,疲劳寿命缩短。设备在闲置过程中,由于受自然界中的有害气体、雨水、射线、高温、低温等的侵蚀,也会出现腐蚀、老化、生锈、变质等现象。上述磨损称为有形磨损,前者称为第Ⅰ种有形磨损,后者称为第Ⅱ种有形磨损,由此引起的贬值称为实体性贬值(D_p),或物理性贬值。设备的实体性贬值从设备制造完毕后就开始发生。即使设备没有投入使用,在闲置和存放过程中也会产生损耗,这种损耗与闲置存放的时间、存放环境、条件有关。设备在使用过程中产生的损耗与其工作负荷、工作条件、维修保养状况有关。

设备实体性贬值的程度可以用设备的价值损失与重置成本之比来反映,称为实体性贬值率。全新设备的实体性贬值率为零,完全报废设备的实体性贬值率为100%。评估师根据设备的状态来判断贬值程度。可以用公式表示为:

$$a_p = \frac{D_p}{RC}$$

式中:a_p——实体性贬值率。

设备实体性贬值常用的确定方法包括观察法、使用年限法和修复费用法。

相 关 链 接

　　折旧这一术语在评估和财务报告中有不同的含义。在资产评估中,折旧是指为反映资产的实体性损耗和功能性(技术性)贬值以及外部环境带来的(经济性)贬值,对资产的复原重置成本或更新重置成本的调整,以便在没有直接的销售活动或数据为依据时在假定销售的情况下对资产价值作出估计。而在财务报告中,折旧是根据历史成本原则对反映经济实体拥有的某项资产的原始成本在其使用寿命内的系统性摊销。对于某一经济实体及其资产使用状态而言,折旧是既定的,并不必然受到市场的影响。

(一) 观察法

观察法是资产评估师通过实物观察、凭借视觉、听觉、触觉,或借助少量的检测工具对设备进行检查,根据经验对鉴定对象的状态、损耗程度作出判断的一种方法[1]。

设备的磨损一般会引起一些宏观症状的变化。例如,震动、噪音增大、温度升高、精度下降、生产能力下降、能耗增高、故障率升高等。观察法就是评估师通过现场观察,查阅机器设备的历史资料,向操作人员询问设备的使用情况、使用精度、故障率、磨损情况、维修保养情况、工作负荷等,对所获得的信息进行分析、归纳、综合,依据经验判断设备的磨损程度及贬值率。有时也会使用一些简单的测量手段作为判断贬值的参考。

在评估设备成新率时考虑的主要经济指标有:①设备的现时技术状态;②设备的实际使用时间;③设备的常用负荷率;④设备的原始制造质量;⑤设备的维修保养状况;⑥设备大修、技改情况;⑦设备重大故障(事故)经历;⑧设备工作环境和条件;⑨设备的外观和完整性等。

运用观察法估测设备的成新率,不论是否有设备成新率的评估参考标准,评估人员的专业水准和评估经验都是十分重要的,所以应选派称职的评估人员或组成专家组来确定成新率。

在不具备测试条件的情况下,这是最常使用的方法,大型设备可以采用专家会议的方式。表5-15为美国评估协会使用的实体性贬值率参考表。

---

① 以设计规范和检验标准为依据,凭借感官进行检查,也称感觉性检验。主要是采用看、摸、敲、照等方法对检查对象进行检查。"看",就是根据质量标准要求进行外观检查。"摸",就是通过手感触摸进行检查、鉴别。"敲",就是运用敲击方法进行音感检查。"照",就是通过人工光源或反射光照射,仔细检查难以看清的部位。

表 5-15　美国评估协会使用的实体性贬值率参考表

设备状态		贬值率
全新	全新,刚刚安装,尚未使用,资产状态极佳	0%
		5%
很好	很新,只轻微使用过,无须更换任何部件或进行任何修理	10%
		15%
良好	半新资产,但经过维修或更新,处于极佳状态	20%
		25%
		30%
		35%
一般	旧资产,需要进行某些修理或更换一些零部件,如轴承之类	40%
		45%
		50%
		55%
		60%
尚可使用	处于可运行状况的旧资产,需要大量维修或更换零部件,如电机等	65%
		70%
		75%
		80%
不良	需要进行大修理的旧资产,如更换运动机件或主要结构件	85%
		90%
报废	除了基本材料的废品回收价值外,没有希望以其他方式出售	97.5%
		100%

对大型设备,为了避免个人主观判断的误差,可采用德尔菲法或模糊综合判断法。德尔菲法是在个人判断和专家会议的基础上形成的另一种直观判断方法,它是采取匿名方式征求专家的意见,并将他们的意见加以综合、归纳、整理,然后反馈给各个专家,作为下一轮分析判断的依据。直到通过几轮反馈,意见逐步趋于一致为止。

模糊综合判断法是利用模糊数学原理,对各种模糊信息进行处理,量化损耗状态的方法。机械设备在整个使用寿命的过程中,每一时点都对应一种损耗状态。每一种状态和每一种宏观症状均应有相应的隶属度关系,多种状态和多种症状则应有隶属度模糊向量,两个向量之间可以用模糊关系矩阵联系,如果已知症状的隶属度模糊向量和模糊关系矩阵,可求出状态的隶属度模糊向量,从而由状态的隶属度模糊向量中各元素的大小,判断设备的损耗状态。

（二）使用年限法

使用年限法是从使用寿命的角度来估算贬值，也称为寿命比率法。这种方法假设机器设备有一定的使用寿命，在使用过程中，设备的价值随着设备使用寿命的消耗而同比例损耗。因此，设备的实体性贬值率也可以用已使用寿命与总使用寿命之比来表示。若不考虑设备的残值，其计算公式为：

$$a_p = L_1 / L$$

式中：L_1——已使用寿命；

L——总使用寿命。

若设备的残值率为 Δ，则计算公式为：

$$a_p = L_1 / L \times (1 - \Delta)$$

设备使用寿命可以用时间单位表示，如汽油机、柴油机、机床、电子设备等，一般都用工作小时或年限来表示它们的使用寿命；有些设备的使用寿命是用使用次数来表示，如模具的使用寿命一般按使用模具的次数来表示；汽车的使用寿命可以用行驶里程表示。

在评估实践中，设备的已使用年限不能完全以日历时间计算，应根据设备的利用率，使用负荷综合确定。而设备使用寿命通常为其经济寿命年限。经济寿命是指设备从投入使用到因继续使用不经济而退出使用所经历的时间，它受有形磨损和无形磨损的共同影响。设备经济寿命可按行业的有关规定和设备制造厂家的技术要求确定，其计算方法主要有最小平均费用法、低劣化数值法等。

平均费用（年均使用成本）由年均运行维护费和年均折旧费组成，两者呈反方向运动。一般情况下，随着设备使用年限的增长，年均折旧费逐渐变小，而年均运行维护费不断增加。年均费用值最小的年份即为设备的经济寿命，其计算公式如下：

$$C_t = \frac{\sum A + \sum B}{T}$$

式中：C_t——年 t 的平均费用（年均使用成本）；

$\sum A$——设备累积运行维护费；

$\sum B$——设备累积折旧费；

T——寿命周期。

随着使用年限的增长，机器设备的有形磨损和无形磨损逐年加剧，设备的运行维护费相应增大，这就是所谓的机器设备成本低劣化现象。低劣化数值法计算设备经济寿命的公式如下：

$$T_0 = \sqrt{\frac{2(K_0 - Q_t)}{\phi}}$$

式中：T_0——设备的经济寿命；

K_0——设备的原始价值；

ϕ——低劣化数值；

Q_t——设备使用 T 年后的残余价值。

【例 5-7】 某汽车按行驶里程设计的总使用寿命为 60 万千米,已运行 9 万千米,计算实体性贬值率(不考虑残值)。

实体性贬值率为:

$$a_p = \frac{L_1}{L} = \frac{9}{60} = 15\%$$

复杂设备的各个组成部件的使用寿命是不同的,如果每个部件都可以独立更换,整个机器的贬值率可以用公式表示为:

$$a_p = \sum K_i \alpha_{pi}$$

式中:K_i——第 i 个部件所占的成本权重;

α_{pi}——第 i 个部件的实体性损耗率。

【例 5-8】 被评估设备购建于 2008 年,原始价值 30 000 元,2011 年追加投资 3 000 元以添置一些自动化控制装置,2014 年又追加投资 6 000 元对其进行局部改造,并拆除部分装置原值约 4 000 元。2016 年对该资产进行评估,假设从 2008 年至 2016 年该设备及添置改造部分每年的价格上升率为 6%,该设备的尚可使用年限经检测和鉴定为 8 年,估算该设备的实体性贬值率。

该设备在使用期间进行过更新改造及追加投资,属于复杂设备,可通过估算每个部分的贬值率,然后通过加权平均计算整个设备的实体性贬值率。计算过程如下。

第一步:计算被估设备各部分的重置成本。

追加投资或更新改造以外的那部分的重置成本＝(30 000－4 000)×(1+6%)^8＝41 440(元)

追加投资部分的重置成本＝3 000×(1+6%)^5＝4 014(元)

更新改造部分的重置成本＝6 000×(1+6%)^2＝6 742(元)

被估设备的重置成本＝41 440＋4 014＋6 742＝52 196(元)

第二步:实体性贬值的计算。

追加投资或更新改造以外的那部分的实体性贬值率 $= \frac{8}{8+8} \times 100\% = 50\%$

追加投资部分的实体性贬值率 $= \frac{5}{5+8} \times 100\% = 38.46\%$

更新改造部分的实体性贬值率 $= \frac{2}{2+8} \times 100\% = 20\%$

实体性贬值率 $= 50\% \times \frac{41\ 440}{52\ 196} + 38.46\% \times \frac{4\ 014}{52\ 196} + 20\% \times \frac{6\ 742}{52\ 196}$

$= 39.70\% + 2.96\% + 2.58\% = 45.24\%$

实体性贬值额 $= 52\ 196 \times 45.24\% = 23\ 614$(元)

(三) 修复费用法

修复费用法是假设设备所发生的实体性损耗是可以补偿的,则设备的实体性贬值就应该等于补偿实体性损耗所发生的费用。所用的补偿手段一般是通过修理或更换损坏部分。例如,某机床的电机损坏,如果这台机床不存在其他贬值,则更换电机的费用即为机床的实体性贬值。

使用修复费用法,评估人员要注意区分可补偿性损耗和不可补偿性损耗。可补偿性损耗是指可以用经济上可行的方法修复的损耗,即修复这些损耗在经济上是合理的,而不是指在技术方面是否可以修复。有些损耗尽管在技术上可以修复,但在经济上是不划算的,这种损耗则为不可修复性损耗。不可修复性损耗不能用修复费用法计算贬值,一般可使用观察法或使用寿命法计算。对于大多数情况,设备的可修复性损耗和不可修复性损耗是并存的,评估人员应分别计算它们的贬值。

【例 5-9】 一台数控折边机,重置成本为 150 万元,已使用了 2 年,其经济使用寿命约 20 年,现该机器数控系统损坏,估计修复费用约 2 万美元(折合人民币 13.6 万元),其他部分工作正常。

该设备存在可修复性损耗和不可修复性损耗,数控系统损坏是可修复性损耗,我们用修复费用法计算其贬值,贬值额等于机器的修复费用,约 13.6 万元人民币。另外,该机器运行了 2 年,我们用年限法来确定由此引起的实体性贬值,此项贬值率为 2/20。

所有实体性贬值及贬值率的计算过程如下:

$$重置全价 = 150(万元)$$
$$可修复性损耗引起的贬值 = 13.6(万元)$$
$$不可修复性损耗引起的贬值 = (150 - 13.6) \times 2 \div 20 = 13.64(万元)$$
$$实体性贬值 = 27.24(万元)$$
$$贬值率 = 27.24 \div 150 \times 100\% = 18.2\%$$

【例 5-10】 被评估设备为一储油罐,这个油罐已经建成并已使用了 10 年,并预计将来还能再使用 15 年。评估人员了解到,该油罐目前正在维修,其原因是原储油罐因受到腐蚀,底部已出现裂纹,发生渗漏,必须更换才能使用。整个维修计划大约需要花费 350 000 元,其中包括油罐停止使用造成的经济损失、清理、布置安全工作环境、拆卸并更换被腐蚀底部的全部费用。评估人员已经估算出该油罐的复原重置成本为 2 000 000 元,现在用修复费用法估测油罐的实体性贬值率。

计算过程如下:

$$可修复部分实体性贬值 = 350\,000 元$$
$$不可修复部分实体性贬值率 = \frac{10}{10+15} \times 100\% = 40\%$$
$$不可修复部分实体性贬值 = (2\,000\,000 - 350\,000) \times 40\% = 660\,000 元$$
$$油罐全部实体性贬值率 = \frac{350\,000 + 660\,000}{2\,000\,000} \times 100\% = 50.5\%$$

假若该油罐有更新重置成本,这时用更新重置成本乘以 50.5% 的实体性贬值率,就可得到用成本法评估油罐时应该扣除的实体性贬值。

在评估实践中,一般是通过对设备使用状况的现场考察,向有关工程技术人员、操作维护人员查询设备的技术状况,大修、维修保养的情况,并考虑有关各类设备的经济寿命年限的规定,以及该设备的已使用年限等因素,合理确定各种设备的成新率。

（1）对大型、关键、价高的设备，采用综合确定成新率的方法，其计算公式如下：

$$综合成新率 = 年限法成新率 \times 40\% + 现场勘察成新率 \times 60\%$$

现场勘察成新率也称为技术鉴定成新率，是评估人员对委估设备进行现场勘察，了解其工作环境、外观及完整性、技术状况、利用率与负荷率、维护保养及技术改造情况等后，对其主要价值组成部分设定权重并对各组成部分的状况进行打分综合确定的成新率。

（2）对一般通用设备的成新率，先用年限法初步计算成新率，然后结合设备的出厂质量、设备利用率、使用环境、近期技术状态及其维护保养等情况综合考核确定成新率。公式：

$$年限法成新率 = \frac{设备可使用年限 - 设备已使用年限}{设备可使用年限} \times 100\%$$

（3）对超期使用的设备，只要还能正常在岗使用的，按成新率 15% 计取。

或者：

$$成新率 = \frac{尚可使用年限}{已使用年限 + 尚可使用年限} \times 100\%$$

（4）对于报废设备类资产，根据各设备的具体情况，分别采用不同的方法确定评估值：对于可以报废处置，并具有回收残值的设备，按该设备的 5% 计算报废设备的回收残值；对于无处置价值，确定其报废回收残值为零，如电子设备等。

三、功能性贬值

由于无形磨损而引起资产价值的损失称为机器设备的功能性贬值。设备的功能性贬值主要体现在超额投资成本和超额运营成本两方面。

（一）第 Ⅰ 种功能性贬值

第 Ⅰ 种功能性贬值反映在超额投资成本上，由于技术进步，新技术、新材料、新工艺不断出现，使相同功能的新设备的制造成本比过去降低，它主要反映为更新重置成本低于复原重置成本。复原重置成本与更新重置成本之差即为第 Ⅰ 种功能性贬值，也称为超额投资成本。

【例 5-11】　某化工设备，1980 年建造，建造成本项目及原始造价成本见表 5-16。

表 5-16　原始成本表

序号	成本项目	原始成本（元）	备　注
1	主材	50 160	钢材 22.8 吨
2	辅材	11 200	铝、橡胶、聚乙烯、铜等
3	外购件	13 800	电机、阀
4	人工费	29 900	598 工时×50 元
5	机械费	13 650	136.5 小时×100 元
	成本小计	118 710	

序号	成本项目	原始成本（元）	备 注
6	利润	17 807	15％
7	税金	25 529	18.7％
	含税完全成本价	162 046	

在评估基准日：①钢材价格上涨了 23％，人工费上涨了 39％，机械费上涨了 17％，辅材现行市场合计为 13 328 元，电机、阀等外购件现行市场价为 16 698 元，假设利润、税金水平不变。②由于制造工艺的进步，导致主材利用率提高，钢材的用量比过去节约了 20％，人工工时和机械工时也分别节约了 15％和 8％。

试计算该设备超额投资成本引起的功能性贬值。

解：

（1）该化工设备的完全复原重置成本计算见表 5-17。

表 5-17 该化工设备完全复原重置成本计算表

序号	成本项目	原始成本（元）	复原重置成本（元）
1	主材	50 160	61 697
2	辅材	11 200	13 328
3	外购件	13 800	16 698
4	人工费	29 900	41 561
5	机械费	13 650	15 971
	成本小计	118 710	149 255
6	利润	17 807	22 388
7	税金	25 529	32 097
	含税完全成本价	162 046	203 740

（2）该化工设备的更新重置成本计算见表 5-18。

表 5-18 该化工设备更新重置成本计算表

序号	成本项目	计算过程	更新重置成本（元）
1	主材	$22.8 \times 2\,200 \times 0.8 \times 1.23$	49 357
2	辅材	13 328	13 328
3	外购件	13 800	16 698
4	人工费	$598 \times 50 \times 0.85 \times 1.39$	35 327
5	机械费	$136.5 \times 100 \times 0.92 \times 1.17$	14 693
	成本小计	118 710	129 403
6	利润	17 807	19 410
7	税金	25 529	27 828
	含税完全成本价	162 046	176 641

（3）超额投资成本引起的功能性贬值。

$$超额投资成本引起的功能性贬值 = 复原重置成本 - 更新重置成本$$
$$= 203\,740 - 176\,641 = 27\,099（元）$$

在评估中，如果可以直接确定设备的更新重置成本，则不需要再计算设备的复原重置成本，超额投资成本引起的功能性贬值也不需要单独计算。对于大部分通用设备，重置成本一般根据现行市场价格确定，这个价格中已经反映了第Ⅰ种功能性贬值。如某型号台式计算机，1 年前的购置价为 28\,000 元，由于技术进步使得电脑的生产成本降低，该电脑现行的市场价格为 22\,000 元，如果使用现行市场价格作为重置成本，则不需要再考虑第Ⅰ种功能性贬值。如果使用的是复原重置成本，评估师应该考虑是否存在超额投资成本引起的功能性贬值。

（二）第Ⅱ种功能性贬值

超额运营成本是由于新技术的发展，使新设备在运营费用上低于老设备。超额运营成本引起的功能性贬值也就是设备未来超额运营成本的折现值，称为第Ⅱ种功能性贬值。

分析研究设备的超额运营成本，应考虑下列因素：新设备与老设备相比，生产效率是否提高，维修保养费用是否降低，材料消耗是否降低，能源消耗是否降低，操作工人数量是否降低，等等。

计算超额运营成本引起的功能性贬值的步骤如图 5-2 所示。

图 5-2　超额运营成本引起的功能性贬值计量过程

【例 5-12】　计算某电焊机超额运营成本引起的功能性贬值。

（1）分析比较被评估机器设备的超额运营成本因素。经分析比较，被评估的电焊机与新型电焊机相比，引起超额运营成本的因素主要为老产品的能耗比新产品高。通过统计分析，按每天工作 8 小时，每年 300 个工作日计算，每台老电焊机比新电焊机多耗电 6\,000 度。

（2）确定被评估设备的剩余使用寿命，计算每年的超额运营成本。根据设备的现状，评估人员预计该电焊机尚可使用 10 年，如每度电按 0.5 元计算，则：

$$每年的超额运营成本 = 6\,000 \times 0.5 = 3\,000（元）$$

（3）计算净超额运营成本。所得税按 25% 计算，则：

$$税后每年净超额运营成本 = 税前运营成本 \times （1 - 所得税税率）$$
$$= 3\,000 \times （1 - 25\%） = 2\,250（元）$$

（4）确定折现率，计算超额运营成本的折现值。折现率为 10%，10 年的年金现值系数为 6.145，则：

$$净超额运营成本的折现值 = 净超额运营成本 \times 折现系数$$
$$= 2\,250 \times 6.145 \approx 13\,826(元)$$

该电焊机由于超额运营成本引起的功能性贬值为 13 826 元。

四、经济性贬值

机器设备的经济性贬值（D_e）是由于外部因素引起的贬值。这些因素包括：由于市场竞争加剧，产品需求减少，导致设备开工不足，生产能力相对过剩；原材料、能源等提价，造成生产成本提高，而生产的产品售价没有相应提高；国家有关能源、环境保护等法律、法规使产品生产成本提高或者使设备强制报废，缩短了设备的正常使用寿命等。

（一）使用寿命缩短

引起机器设备使用寿命缩短的外部因素，主要是国家有关能源、环境保护等方面的法律、法规。近年来，由于环境污染问题日益严重，国家对机器的环保要求越来越高，对落后的、高能耗的机电产品施行强制淘汰制度，缩短了设备的正常使用寿命，等等。

【例 5-13】 某汽车已使用 10 年，按目前的技术状态还可以正常使用 10 年，按年限法，该汽车的贬值率为：

$$贬值率 = 10 \div (10 + 10) \times 100\% = 50\%$$

但由于环保、能源的要求，国家新出台的汽车报废政策规定该类汽车的最长使用年限为 15 年，因此该汽车 5 年后必须强制报废。在这种情况下，该汽车的贬值率为：

$$贬值率 = 10 \div (10 + 5) \times 100\% = 66.7\%$$

由此引起的经济性贬值率为 16.7%。如果该汽车的重置成本为 20 万元，则经济性贬值额为：

$$经济性贬值 = 20 \times 16.7\% = 3.34(万元)$$

（二）运营费用的提高

引起机器设备运营成本增加的外部因素包括原材料成本增加、能源成本增加等。其中，国家对超过排放标准排污的企业要征收高额的排污费，设备能耗超过限额的，按超限额浪费的能源量加价收费，导致高污染、高能耗设备运营费用的提高。

【例 5-14】 某台车式电阻炉，政府规定的可比单耗指标为 650 千瓦小时/吨，该炉的实际可比单耗为 730 千瓦小时/吨。试计算因政府对超限额耗能加价收费而增加的运营成本。

解：该电阻炉年产量为 1 500 吨，电单价为 1.2 元/千瓦小时。

$$超限额的百分比 = (实测单耗 - 限额单耗) \div 限额单耗$$
$$= (730 - 650) \div 650 \times 100\% = 12\%$$

根据政府规定超限额 10%～20%（含 20%）的加价 2 倍。

$$Y = Y_1 \times (实测单耗 - 限额单耗) \times G \times C$$

式中：Y——年加价收费总金额（单位：元）；

　　　Y_1——电单价（单位：元／千瓦小时）；

　　　G——年产量（单位：吨／年）；

　　　C——加价倍数。

实测单耗和限额单耗的单位为千瓦小时/吨。每年因政府对超限额耗能加价收费而增加的运营成本为：

$$Y = 1.2 \times (730 - 650) \times 1\,500 \times 2 = 288\,000(元)$$

由此计算出该电阻炉在未来 5 年的使用寿命期内，要多支出运营成本 81.88 万元（按折现率 10%考虑资金的时间价值），即为电阻炉因超限额加价收费引起的经济性贬值。

（三）市场竞争的加剧

由于市场竞争的加剧，导致产品销售数量的减少，从而引起设备开工不足，生产能力相对过剩，也是引起经济性贬值的主要原因。贬值的计算可使用前面所介绍的指数估价法计算，这种方法也称规模经济效益指数法。

【例 5-15】　某产品生产线，根据购建时的市场需求，设计生产能力为年产 1\,000 万件，建成后由于市场发生不可逆转的变化，每年的产量只有 400 万件，60%的生产能力闲置。该生产线的重置成本为 160 万元，规模经济效益指数为 0.8。如不考虑实体性磨损，试计算该生产线的经济性贬值。

由于不可逆转的市场发生变化，该生产线的有效生产能力只有 400 万件/年。这种生产能力的生产线的重置成本为：

$$\frac{400\,万件}{年生产线的重置成本} = \left(\frac{400}{1\,000}\right)^{0.8} \times 160 \approx 77(万元)$$

$$该生产线的经济性贬值 = 160 - 77 = 83(万元)$$

第三节　基于市场法的机器设备评估

市场法是根据公开市场上与被评估对象相似的或可比的参照物的价格来确定被评估对象的价格。如果参照物与被评估对象并不完全相同，需要根据被评估对象与参照物之间的差异对价值的影响作出调整。市场法比较适用于有成熟的市场、交易比较活跃的机器设备评估，如汽车、飞机、计算机等。

一、比较因素

比较因素是指可能影响机器设备市场价值的因素。使用市场法评估的过程中，很重要的一项工作是将参照物与评估对象进行比较。在比较之前，评估人员首先要确定哪些因素可能影响机器设备的价值，哪些因素对价值没有影响。比较因素是一个指标体系，它要能够全面反映影响价值的因素。不全面的或仅使用个别指标所作出的价值评估是不准确的。一般来讲，设备的比较因素可分为四大类，即个别因素、交易因素、时间因素、地域因素（见表 5-19）。

表 5-19　机器设备市场价值的比较因素

比较因素	比较因素描述
1. 个别因素	个别因素一般是指反映设备在结构、形状、尺寸、性能、生产能力、安装、质量、经济性等方面差异的因素。不同的设备，其差异因素也不同。在评估中，常用于描述机器设备的指标一般包括：名称、型号规格、生产能力、制造厂家、技术指标、附件、设备的出厂日期、役龄、安装方式、实体状态
2. 交易因素	交易因素是指交易动机、背景对价格的影响，不同的交易动机和背景都会对设备的出售价格产生影响。例如，以清偿、快速变现或带有一定优惠条件的出售，其售价往往低于正常的交易价格。另外，交易数量也是影响设备售价的一个重要因素，大批的购买价格一般要低于单台购买
3. 时间因素	不同交易时间的市场供求关系、物价水平等都会不同，资产评估人员应选择与评估基准日最接近的交易案例，并对参照物的时间影响因素作出调整
4. 地域因素	由于不同地区市场供求条件等因素的不同，设备的交易价格也会受到影响，评估参照物应尽可能与被评估对象在同一地区。如被评估对象与评估参照物存在地区差异，则需要作出调整

二、运用市场法评估机器设备的具体方法

运用市场法评估机器设备是通过对市场参照物进行价值调整完成的，常用的调整方法有三种：直接匹配法、因素调整法和成本比率调整法。

（一）直接匹配法

直接匹配法是根据与被评估对象基本相同的市场参照物，通过直接比较来确定被评估对象的价值。例如，评估一辆汽车时，如果二手汽车交易市场能够发现与评估对象基本相同的汽车，它们的制造商、型号、年代、附件都相同，只有行驶里程和实体状态方面有些差异，在这种情况下，评估人员一般直接将评估对象与市场上正在销售的同样的汽车作比较，确定评估对象的价格。直接比较法相对比较简单，但是它对市场的反映最为客观，能最精确地反映设备的市场价值。

这种方法可用公式表示为：

$$V = V' \pm \Delta i$$

式中：V——评估值；

　　V'——参照物的市场价值；

　　Δi——差异调整。

【例 5-16】 在评估一辆轿车时，评估人员从市场上获得的市场参照物在型号、购置年月、行驶里程、发动机、底盘及各主要系统的状况上基本相同。区别在于：①参照物的右前大灯破损需要更换，更换费用约 200 元；②被评估车辆后加装 CD 音响一套，价值 1 200 元。若该参照物的市场售价为 72 000 元，则：

$$V = V' \pm \Delta i = 72\,000 + 200 + 1\,200 = 73\,400(元)$$

使用直接比较法的前提是评估对象与市场参照物基本相同,需要调整的项目较少,差异不大,并且差异对价值的影响可以直接确定。如果差异较大,则无法使用直接比较法。

(二) 因素调整法

因素调整法是通过比较分析相似的市场参照物与被评估设备的可比因素差异,并对这些因素逐项作出调整,由此确定被评估设备的价值。这种方法是在无法获得基本相同的市场参照物的情况下,以相似的参照物作为分析调整的基础。例如,当评估一台由 A 厂制造的车床时,评估人员发现在市场上没有 A 公司生产的相似的车床,但是有 B 公司和 C 公司生产的相似的车床。这种方法与直接比较法相比更主观,在对比较因素进行分析的基础上,需要作更多的调整。

为了减少调整时因主观因素产生的误差,所选择参照物应尽可能与评估对象相似。从时间上来讲,参照物的交易时间应尽可能接近评估基准日;在地域上,尽可能与评估对象在同一地区。另外,评估对象与参照物应具有较强的可比性,实体状态方面比较接近。

【例 5-17】 使用市场法对某车床进行评估。

(1) 评估人员首先对被评估对象进行鉴定,基本情况如下。

设备名称:普通车床。

规格型号:CA6140×1500。

制造厂家:A 机床厂。

出厂日期:2008 年 2 月。

投入使用时间:2008 年 2 月。

安装方式:未安装。

附件:齐全(包括仿形车削装置、后刀架、快速换刀架、快速移动机构)。

实体状态:评估人员通过对车床的传动系统、导轨、进给箱、溜板箱、刀架、尾座等部位进行检查、打分,确定其综合分值为 6.1 分。

(2) 评估人员对二手设备市场进行调研,确定与被评估对象较接近的 3 个参照物(见表 5-20)。

表 5-20　被评估对象及参照物基本情况

项　目	评估对象	参照物 A	参照物 B	参照物 C
名称	普通车床	普通车床	普通车床	普通车床
规格型号	CA6140×1500	CA6140×1500	CA6140×1500	CA6140×1500
制造厂家	A 机床厂	A 机床厂	B 机床厂	B 机床厂
出厂日期/役龄	2008 年/8 年	2008 年/8 年	2008 年/8 年	2008 年/8 年
安装方式	未安装	未安装	未安装	未安装

项　　目	评估对象	参照物 A	参照物 B	参照物 C
附件	仿形车削装置、后刀架、快速换刀架、快速移动机构	仿形车削装置、后刀架、快速换刀架、快速移动机构	仿形车削装置、后刀架、快速换刀架、快速移动机构	仿形车削装置、后刀架、快速换刀架、快速移动机构
状况	良好	良好	良好	良好
实体状态描述	传动系统、导轨、进给箱、溜板箱、刀架、尾座等各部位工作正常,无过度磨损现象,状态综合分值为6.1分	传动系统、导轨、进给箱、溜板箱、刀架、尾座等各部位工作正常,无过度磨损现象,状态综合分值为5.7分	传动系统、导轨、进给箱、溜板箱、刀架、尾座等各部位工作正常,无过度磨损现象,状态综合分值为6.0分	传动系统、导轨、进给箱、溜板箱、刀架、尾座等各部位工作正常,无过度磨损现象,状态综合分值为6.6分
交易市场		评估对象所在地	评估对象所在地	评估对象所在地
市场状况		二手设备市场	二手设备市场	二手设备市场
交易背景及动机	正常交易	正常交易	正常交易	正常交易
交易数量	单台交易	单台交易	单台交易	单台交易
交易日期	2016 年 3 月 31 日	2016 年 2 月 10 日	2016 年 1 月 25 日	2016 年 3 月 10 日
转让价格		23 000 元	27 100 元	32 300 元

（3）确定调整因素,进行差异调整。

第一,制造厂家调整。所选择的 3 个参照物中,1 个与评估对象的生产厂家相同,另外 2 个为 B 厂家生产。在新设备交易市场,A、B 两个制造商生产某相同产品的价格分别为 4.0 万元和 4.44 万元。

即 A 厂家生产的该产品市场价格与 B 厂家生产的该产品市场价格之比为 0.90,以此作为被评估旧设备的调整比率。

第二,出厂年限调整。被评估对象的出厂年限是 8 年,参照物 A、B、C 的出厂年限均为 8 年,故不需调整。

第三,实体状态调整。实体状态调整如表 5-21 所示。

表 5-21　实体状态调整表

参照物	实体状态描述	调整比率
A	传动系统、导轨、进给箱、溜板箱、刀架、尾座等各部位工作正常,无过度磨损现象,状态综合分值为 5.7 分	+7%
B	传动系统、导轨、进给箱、溜板箱、刀架、尾座等各部位工作正常,无过度磨损现象,状态综合分值为 6.0 分	+2%
C	传动系统、导轨、进给箱、溜板箱、刀架、尾座等各部位工作正常,无过度磨损现象,状态综合分值为 6.6 分	-8%

调整比率计算过程见表 5-22。

表 5-22　调整比率计算过程表

参照物	调整比率
A	(6.1−5.7)÷5.7×100％＝7％
B	(6.1−6.0)÷6.0×100％＝2％
C	(6.1−6.6)÷6.6×100％＝−8％

（4）计算评估值。计算评估值如表 5-23 所示。

表 5-23　计算评估值表

	参照物 A	参照物 B	参照物 C
交易价格(元)	23 000	27 100	32 300
制造厂家因素调整	1.00	0.90	0.90
出厂年限因素调整	1.00	1.00	1.00
实体状态因素调整	1.07	1.02	0.92
调整后结果(元)	24 610.00	24 878.80	26 744.40

被评估对象的评估值 ＝ (24 610＋24 878.80＋26 744.40)÷3 ≈ 25 411(元)

【例 5-18】　被评估对象是 3 年前购进的一台纺织机,评估人员经过市场调整,原生产厂家已不再生产该种型号的设备了,评估人员选择本地区近几个月已经成交的其他厂家生产的该型号纺织机作为参照物,被评估对象能参照物的有关情况如表 5-24 所示。

影响该纺织机交易价格的主要因素包括交易条件、交易时间、生产厂家和成新率等,对其进行差异调整。

（1）交易条件因素的分析和修正。评估人员经过对市场信息进行分析得知,3 个交易实例都是在当地二手设备市场正常销售的,不存在特殊交易背景及动机而使价格偏高或偏低的现象,因此不需要进行修正。

表 5-24　被评估对象及参照物基本情况

	被评估对象	参照物 A	参照物 B	参照物 C
交易价格(元)		9 400	6 500	9 300
市场状况	二手设备市场	二手设备市场	二手设备市场	二手设备市场
交易背景及动机	正常交易	正常交易	正常交易	正常交易

（续表）

	被评估对象	参照物 A	参照物 B	参照物 C
交易时间	2016 年 11 月	2015 年 11 月	2016 年 6 月	2016 年 10 月
生产厂家	沈阳	上海	济南	上海
成新率	70％	80％	60％	70％

（2）交易时间因素的分析和修正。经过对近几个月新设备交易市场上纺织机械的价格变化分析，被估对象及参照物的定基价格指数分别是 110％、102％、112％、110％，则参照物 A、B、C 的价格修正系数分别是：$\frac{110}{102}$、$\frac{110}{112}$、$\frac{110}{110}$。

（3）生产厂家因素的分析和修正。经分析参照物 A 和参照物 C 是上海一家纺织机械厂生产的名牌产品，其价格同一般厂家生产的纺织机相比高 25％ 左右，则参照物 A、B、C 的厂家修正系数分别是：$\frac{100}{125}$、$\frac{100}{100}$、$\frac{100}{125}$。

（4）成新率因素的分析和修正。根据资料，参照物 A、B、C 的成新率修正系数为 $\frac{70}{80}$、$\frac{70}{60}$、$\frac{70}{70}$。

（5）计算参照物 A、B、C 修正后的价格，得出初评结果：

$$参照物 A 修正后的价格 = 9\ 400 \times \frac{100}{100} \times \frac{110}{102} \times \frac{100}{125} \times \frac{70}{80} = 7\ 096（元）$$

$$参照物 B 修正后的价格 = 6\ 500 \times \frac{100}{100} \times \frac{110}{112} \times \frac{100}{100} \times \frac{70}{60} = 7\ 448（元）$$

$$参照物 C 修正后的价格 = 9\ 300 \times \frac{100}{100} \times \frac{110}{110} \times \frac{100}{125} \times \frac{70}{70} = 7\ 440（元）$$

（6）确定评估值。对参照物 A、B、C 修正后的价格进行简单算术平均，求得被评估设备的评估值为：

$$（7\ 096 + 7\ 448 + 7\ 440）\div 3 = 7\ 328（元）$$

（三）成本比率调整法

成本比率调整法是通过对大量市场交易数据的统计分析，掌握相似的市场参照物的交易价格与全新设备售价的比率关系，用此比率作为确定被评估机器设备价值的依据。比如，评估人员在评估 A 公司生产的 6 米直径的双柱立式车床，但是市场上没有相同的或相似的参照物，只有其他厂家生产的 8 米和 12 米直径的立式车床。统计数据表明，与评估对象使用年限相同的设备的售价都是重置成本的 55％～60％，那么可以认为，评估对象的售价也应该是其重置成本的 55％～60％。

第四节　基于收益法的机器设备评估

一、运用收益法的前提条件

利用收益法评估机器设备是通过预测设备的获利能力,对未来资产带来的净利润或净现金流按一定的折现率折为现值,作为被评估机器设备的价值。使用这种方法的前提条件有:一是要能够确定被评估机器设备的获利能力、净利润或净现金流量;二是能够确定资产合理的折现率。大部分单项机器设备,一般不具有独立获利能力。因此,单项设备通常不采用收益法评估。对于生产线、成套化工设备等具有独立获利能力的机器设备可以使用收益法评估。另外,在使用成本法评估整体企业价值时,收益法也经常作为一种补充方法,用来判断机器设备是否存在功能性贬值和经济性贬值。

二、收益法在评估租赁机器设备中的应用

对于租赁的设备,其租金收入就是收益,如果租金收入和资本化率是不变的,则设备的评估值为:

$$P = \frac{A}{(1+r)^1} + \frac{A}{(1+r)^2} + \frac{A}{(1+r)^3} + \cdots + \frac{A}{(1+r)^n}$$

$$= A \times \frac{\left[1 - \frac{1}{(1+r)^n}\right]}{r}$$

式中：P——评估值;

A——收益年金;

n——收益年限;

r——本金化率。

式中,$\dfrac{r}{\left[1 - \dfrac{1}{(1+r)^n}\right]}$称为投资回收系数,用 r_A 表示。因此,上式也可以表示为:

$$P = \frac{A}{r_A}$$

$$r_A = \frac{A}{P}$$

用收益法评估租赁设备的价值,首先,要对租赁市场上类似设备的租金水平进行市场调查,分析市场参照物设备的租金收入,经过比较调整后确定被评估机器设备的预期收益,调整的因素可能包括时间、地点、规格和役龄等;其次,根据被评估机器的设备状况,估计其剩余使用寿命,作为确定收益年限的依据;最后,根据类似设备的租金及市场售价确定折现率,并根据被评估设备的收益年限,用基本公式计算评估值,或查表得到

相应年限的投资回收系数,直接代入公式计算评估值。

【例 5-19】 用收益法评估某租赁机器设备。

(1)评估人员根据市场调查,被评估机器设备的年租金净收入为 19 200 元。

(2)评估人员根据被评估机器设备的现状,确定该租赁设备的收益期为 9 年。

(3)评估人员通过对类似设备交易市场和租赁市场的调查,得到市场数据见表 5-25。

表 5-25 类似设备交易市场数据

市场参照物	设备的使用寿命(年)	市场售价(元)	年收入(元)	投资回收系数	资本化率
1	10	44 000	10 500	23.86%	20.01%
2	10	63 700	16 700	26.22%	22.85%
3	8	67 500	20 000	29.63%	24.48%

根据投资回收系数公式计算上述三个市场参照物的投资回收系数,分别为 23.86%、26.22%和 29.63%。

由于上述三个市场参照物的使用寿命(即收益期)与被评估对象是不同的,因此,不可以将三个市场参照物的投资回收系数做简单算术平均作为评估对象的投资回收系数。

根据被评估机器设备的收益年限,分别查复利系数表可以得到,见表 5-26。

表 5-26 相关资本化率与投资回收系数

项 目	10 年期	8 年期	9 年期
资本化率	投资回收系数	投资回收系数	投资回收系数
0.200 0	0.238 5	0.260 6	0.248 1
0.250 0	0.280 1	0.300 4	0.288 8
0.300 0	0.323 5		

通过插值计算可以得到上述三个市场参照物的资本化率分别为 20.01%,22.85%和 24.48%,其平均值为 22.45%,我们用该数值作为被评估机器设备的资本化率。

通过插值计算可以得到资本化率 22.45%所对应的投资回收系数为 26.80%,则该设备的评估值为:

$$P = \frac{A}{r_A} = 19\ 200 \div 0.268\ 0 \approx 71\ 642(元)$$

课外阅读材料

1. 邓跃进,李新刚. 机器设备评估的鉴证模型[J]. 中国资产评估,2004(1).

2. 金玉,丁战. 群体评估在机器设备评估中的应用[J]. 中国资产评估,2007(5).

3. 古凤俊. 数控机床的价值评估[J]. 中国资产评估,2007(7).

4. 史复曾. 试论专用工艺设备的评估[J]. 中国资产评估,2006(3).

5. 郝晓轩,董凯峰,郝连玉. 进口设备重置成本的探讨[J]. 中国资产评估,2006(9).

6. 杨志明. 机器设备的清偿价值[J]. 中国资产评估,2007(12).

7. 钟田丽,马珍丽,王吉. 资产评估贬值与会计折旧的比较分析[J]. 现代管理科学,2006(3).

8. 中国资产评估协会. 资产评估执业准则——机器设备[EB/OL]. http://www.cas.org.cn/pg-bz/pgzc/55882.htm.

复习思考题

1. 机器设备的三种贬值是什么?

2. 自制非标准设备本体的重置成本在构成上包括哪些内容?

3. 在续用前提下,进口设备的重置成本包括哪些内容?

4. 在机器设备评估中应用成本法时,其基本思路和基本数学表达式是什么?

5. 估算机器设备的实体性贬值主要有哪些方法?

6. 如何理解和测算机器设备的功能性贬值?

7. 应用成本法评估机器设备,如何估算其经济性贬值?

8. 机器设备评估的现场工作阶段应主要做哪些工作?

实训练习题

1. 被评估设备为2004年从德国引进的设备,进口合同中的FOB价格是20万欧元。2009年10月进行评估时该设备已停产,其替代产品的FOB价格为35万欧元,而国内其他企业2009年6月从德国进口同种设备的CIF价格为30万欧元。按照通常情况,设备的实际成交价应为报价的90%,境外运杂费约占FOB价格的5%,保险费约占FOB价格的0.5%,被评估设备所在企业以及与之交易的企业均属于进口关税、增值税免税单位,银行手续费按CIF价格的0.8%计算。国内运杂费按CIF价格加银行手续费之和的3%计算,安装调试费含在设备价格之中不另行计算。被评估设备尚可使用5年,年运营成本比其替代设备超支2万元人民币,假定折现率为10%。评估时欧元与美元的汇率为1欧元:1.25美元,人民币与美元的汇率为8元人民币:1美元,2009年6—10月进口设备价格没有变化。

要求:(1) 计算被评估进口设备的更新重置CIF价格。

(2) 计算被评估进口设备的重置成本。

(3) 计算被评估进口设备的评估值。

2. 被评估生产线年设计生产能力为10 000吨,评估时,由于受政策调整因素的影响,产品销售市场不景气,如不降价销售产品,企业必须减产至年产6 000吨,或采取产品降价措施以保持设备设计生产能力的正常发挥。假定政策调整将会持续3年,降价将会造成每吨产品净损失100元,折现率为10%,生产线的规模经济效益指数为0.6。

要求:(1) 试根据所给条件,估测所能出现的经济性贬值率。

(2) 估测该设备的经济性贬值额。

3. 被评估机组为5年前购置,账面价值为20万元人民币,评估时该机组已停产了,已经被新型机组所取代。经调查和咨询了解到,在评估时点,其他企业购置新型机组的取得价格为30万元人民币,专家认定被评估机组与新型机组的功能比为0.8,被评估机组尚可使用8年。假定其他费用可以忽略不计。

要求:

(1)试根据所给条件,估测该机组的重置成本。

(2)确定该机组的成新率。

(3)确定该机组的评估值。

4.被评估设备购建于2005年,账面价值为30 000元,2010年和2013年进行过两次技术改造,主要是添置了一些自动控制装置,当年投资分别为3 000元和2 000元。2015年对该设备进行评估,假设2005—2015年每年该设备的价格上升率为10%,尚可使用年限为8年。

要求:试根据所给条件估测被评估设备的成新率。

5.某被评估设备拟长期用于租赁。根据该设备当前的状况,估测其尚可使用年限为10年;根据市场调查,估测该设备的预期年收益为7 500元;另外,又收集到3台类似于被评估设备的参照物的销售和租金信息(见表5-27)。

表5-27　参照物销售和租金信息

参照物	日期	售价(元)	年收益(元)
1	上周	44 300	6 200
2	上周	42 500	6 800
3	上周	57 300	8 600

要求:试用收益法评估该设备的价值。

6.被评估设备系A企业拟单独对外转让的一台于2012年4月10日从国外进口的大型设备。评估人员通过查询设备进口合同及有关账簿了解到,该设备进口时的CIF(到岸价)为22万美元,当年A企业为关税及进口环节税免税企业。银行手续费及代理费等约占设备CIF的10%,国内运杂费约占设备CIF的5%,安装调试费约占设备CIF的20%,当时的人民币与美元的比价为6.1∶1。评估人员经进一步调查得知以下资料。

(1)被评估设备的现时FOB(离岸价)为18万美元,境外运杂费及保险费为设备FOB的6%,现行关税税率为20%,增值税税率为17%,银行手续费及代理费为设备CIF的10%,国内运杂费约占设备CIF的5%,安装调试费约占设备CIF的20%,现行人民币与美元的比价为6.3∶1。

(2)被评估设备从2012年4月开始投入使用,在不停产的情况下,于2014年4月对该设备做了一定的技术改造,投资15万元人民币给设备增添了一个深加工配套装置。该设备使用到2016年4月时,由于操作上的原因造成该设备传动齿轮严重受损,导致设备停产至评估基准日。经有关技术人员检测认定该设备更换传动齿轮后仍能继续使用10年,损坏的传动齿轮的价值约占设备重置成本的2%,传动齿轮的现行购买价格为5万元人民币,调换费用约2万元人民币。

(3)从2012年4月到2017年4月国内设备类价格没有明显变化,设备生产国设备类价格指数有所下降但具体情况无法查询。

(4)假设潜在买主只限于设备所在地投资者。

(5)评估基准日A企业为关税及进口环节税正常纳税企业。

评估要求:

(1)基本要求:试评估该设备于2017年4月10日(评估基准日)的变现价值。

（2）计算过程要求：计算过程中的小数点后保留 3 位，计算结果保留到个位，小数点后四舍五入。

（3）评估结论说明要求：①需说明评估结论是否有约束条件。②需说明应提醒评估报告阅读及使用人在理解和使用评估结果时应注意的问题。

案例研究一

调整机器设备成新率是否就是虚假评估

（一）背景资料

（1）"麦科特事件"为 2001 十大经济案件之一，也是资产评估行业十年第一案。在评估过程中，广东大正联合资产评估公司副经理郑炳南授意评估人员陈志红无依据两次调整了成新率，第一次是将原来的模具、清洗机、研磨机的成新率各增加 1％、3％、1％；第二次是普提了进口机器设备一个百分点的成新率。

公诉机关指控评估人员是在企业要求增大评估值的情况下调整成新率，所以该调整"使评估值虚增"。一审法院亦认同公诉机关的指控。

但辩护律师作出的辩护认为：

第一，评估人员的初步结果是否就是正确无误而根本不可改变？那么，之后的三级审核对报告的修改又如何进行？

第二，根据《资产评估操作规范意见（试行）》第三十一条的规定"……对委托方指出的资产评估工作中和资产评估报告书中存在问题、遗漏、错误之处，评估机构应认真予以改正。对委托方提供的疑问，应予以解答"，企业有要求调整评估结果的权利，对评估值适当调整也是评估机构的正当评估行为。

第三，《中国资产评估手册》关于"如何确定机器设备的成新率"中，技术人员判断机器设备成新率的参考标准为：全新的机器设备成新率在 95％～100％；较好的机器设备成新率在 85％～94％之间；良好的机器设备成新率在 65％～84％之间；一般的成新率在 40％～60％之间。根据上述资料，成新率上下调整的空间是很大的，比如一般的机器设备成新率在 40％～60％之间，不能说 40％就是对的，调整为 60％就是错的，就是虚增。关键应看调整是否有专业依据，是否在专业允许的范围之内。对成新率的问题，《资产评估操作规范意见（试行）》有规定，但该规定较为笼统。

（2）公诉机关指控评估人员"没有进行询价，只按企业提供的虚构的设备清单价格核算评估值"。一审法院亦认同公诉机关的指控，认为"在没有评估过相似的设备，询价已是必须程序的情况下，凭空作出评估结论"，反映出评估人员"具有提供虚假证明，以达到让麦科特股份有限公司上市的犯罪嫌疑，及具有评估报告结论因没有规范评估而导致虚假的客观事实"。

评估过程及辩护：评估上述融资租赁进口机器设备时，评估人员根据海关解除监管证明所附清单上的价格和麦科特公司的会计资料以及财务账册（以上资料均是企业制作的虚假资料，但没有证据证明企业曾告知过评估人员资料虚假，也没有证据证明评估人员曾从某种渠道获悉该资料虚假）等核算评估值，但没有进行询价。

对于询价，评估专业人员比较一致的观点是询价只是一种手段，而不是评估的必经程序。但也仅是观点而已，有关的评估规则亦没有明确的规定。

（3）《刑法》第一百六十条和第二百二十九条规定，欺诈上市罪的最高刑期为 5 年有期徒刑，如果是单位犯罪，对单位判处罚金，并对直接负责的主管人员及其他直接责任人处 5 年以下有期徒刑或拘役；中介机构提供虚假证明文件罪的最高刑期亦为 5 年有期徒刑。

（二）问题讨论

（1）调整机器设备成新率就是虚假评估吗？为什么？

（2）在实际工作中，评估师认为应"竭诚"为委托方服务，其结果是给自己带来惨痛的教训，也给整个资产评估行业带来不利的影响。如果你是评估师，你认为应当如何处理或应对委托方诸如设定评估结果等一些不合理要求。

（3）询价是否是机器设备评估的必经程序？为什么？

（4）什么是"提供虚假证明文件罪"？其承担的法律责任是什么？

案例研究二

资产评估师如何做好资本市场的"守门人"

（一）背景资料

梳理 2016—2019 年中国证监会资产评估机构行政处罚决定书，资产评估机构及其专业人员在执业中存在的主要问题如表 5-28 所示。

表 5-28　2016—2019 年中国证监会资产评估机构行政处罚决定书

文号	主要问题
〔2019〕40 号	未通过询问、函证、核对等方式进行调查，未保持应有的职业谨慎，没有对收益预测履行必要的分析、判断和调整程序；未勤勉尽责，不符合资产评估准则的相关规定，导致出具的评估报告存在误导性陈述
〔2019〕36 号	对香榭丽应收账款执行函证程序时未保持有效控制；对作为评估基础的香榭丽历史财务数据评估程序不到位；未对采用其他证券服务机构的专业意见的内容审慎核查
〔2019〕34 号	未履行适当的评估程序（未对停车场进行询价、在商铺可比较交易案例的交易时间与评估基准日相差 7 个月的情况下未执行修正程序、评估底稿倒签相关文件日期）；以预先设定的价值作为评估结论；制作与出具的《评估说明书》《评估报告书》存在虚假记载
〔2018〕114 号	未对作为未来销售预测的意向性协议适当关注并实施有效的评估程序，导致评估值高估，对市场和投资者产生严重误导；评估底稿中缺失部分合同评估资料及评估记录
〔2018〕98 号	收入预测依据不充分及调整收入预测数据无依据且未进行分析说明；工作底稿中的纸质盈利预测基础资料系评估报告出具之后补入；以预先设定的价值作为评估结论；独立性风险控制和评估程序不到位；其他违反业务规则未勤勉尽责的行为
〔2017〕79 号	未勤勉尽责，出具的资产评估报告存在虚假记载（对风险实施的评估程序不到位；形成未来收益预测的评估假设明显不合理，导致评估值高估；以预先设定的价值作为评估结论）；对九好集团银行存款实施的评估程序不到位，出具的资产评估报告存在重大遗漏
〔2017〕68 号	未勤勉尽责，制作、出具的评估报告有虚假记载（对美利纸业中段水和氧化塘项目评估方法不当、计算公式错误，参数计算不科学，从而导致评估结果错误；对碱回收项目机器设备评估依据不充分、评估程序不到位、评估值计算公式适用错误，导致评估结果错误；其他未勤勉尽责情况）；在被检查调查期间伪造、篡改有关文件和资料

（续表）

文号	主要问题
〔2016〕90号	以预先设定的价值作为评估结论；评估结论存在具有重要影响的实质性遗漏；未披露评估基准日（2013年12月31日）至评估报告日（2014年6月19日）期间发生的影响评估结论的重大事项；未对现金、银行存款、预付账款、其他应收款和访谈记录等实施有效的评估程序；评估工作底稿不符合规定；未按规定取得银行询证函、编制银行存款余额调节表；评估报告的出具日期早于内部审核日期，部分评估工作底稿缺失"主管经理签字"
〔2016〕23号	对苏山岛海域使用权评估的假设不合理；未能勤勉尽责，及时关注期后事项

（二）问题讨论

1. 请将上述问题归类，并分析上述有关问题形成的成因是什么？

2. 资产评估师执业如何才算"勤勉尽责"？

3. 请你以资产评估师的身份提出如何解决上述有关问题的主要策略或办法。

第六章

房地产评估

1. 掌握影响房地产价格的一般因素、区域因素和个别因素的具体内容
2. 掌握收益法评估房地产的计算公式及其应用
3. 掌握市场法评估房地产的因素修正
4. 掌握市场法评估房地产的计算公式及其应用
5. 掌握成本法评估土地、新建房地产及旧建筑物的计算公式和具体操作步骤
6. 掌握假设开发法评估房地产的操作步骤、计算公式及其应用
7. 熟悉路线价法的基本法则、计算公式及其应用
8. 熟悉在建工程评估的形象进度法的应用
9. 熟悉基准地价修正法的基本思路、适用范围及操作步骤
10. 了解我国土地使用权的基本特性

为使学生对本章内容有一个概括性认识和全局性把握，我们描述了本章的内容结构框架、知识点之间的逻辑结构，如图 6-1 所示。

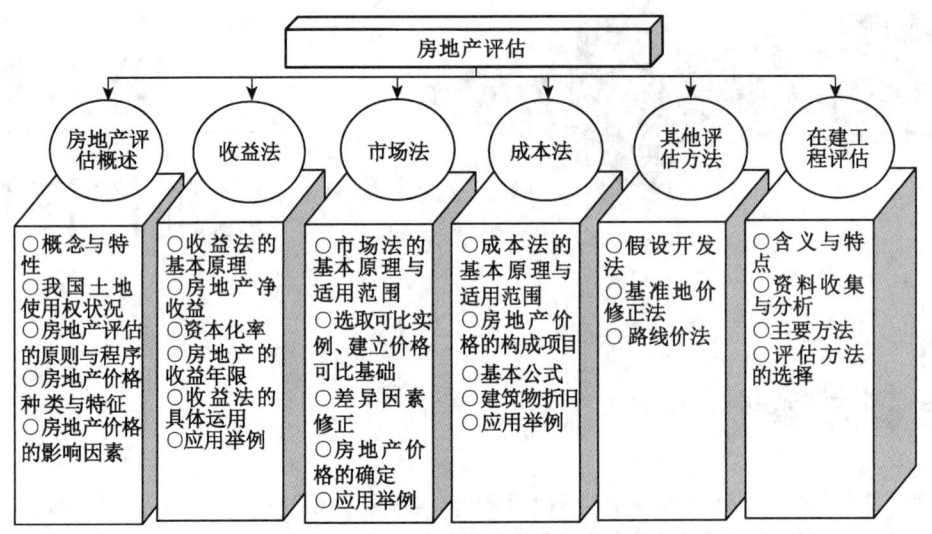

图 6-1　本章的知识点逻辑结构图

案例导入

温州 20 年产权房续期引热议

2016 年 3 月份，温州市民王女士买了一套二手房，办理房产证和契证后，买卖双方去过户土地证时却发现，房子的土地使用证只有 20 年，而且已在 3 月 4 日过期了。这种情况并非个例，经当地国土资源局初步排查，仅市区土地使用年限在 2017 年年底到期的房产就有 600 多套。国家规定的居住用地最高年限 70 年，为何部分地区出现二三十年就到期的现象？无论房屋土地使用年限是多少，未来到期之后怎么办？有关部门该如何缓解公众对于房产续期的焦虑？

1990 年 5 月 19 日，国务院颁布了 55 号令《中华人民共和国城镇国有土地使用权出让和转让暂行条例》（简称《条例》），开始对城镇国有土地使用权实行出让制度。其中，第八条规定：土地使用权出让是指国家以土地所有者的身份将土地使用权在一定年限内让与土地使用者，并由土地使用者向国家支付土地使用权出让金的行为；第十二条规定：居住用地出让年限最高为 70 年。

《条例》发布后，温州市区开始实施国有土地使用权出让工作。20 世纪 90 年代初期，市区在办理划拨国有土地使用权转让交易时，将划拨性质的国有土地使用权转为出让性质的国有土地使用权，并收取土地出让金。当时，为了顺利推进国有土地使用权出让工作，在不超过居住用地最高年限 70 年的前提下，按 20 年到 70 年分档，由受让方自行选择办理出让手续，并缴纳相应的土地出让金额。

《中华人民共和国物权法》（简称《物权法》）第一百四十九条规定，住宅建设用地使用权期间届满的，自动续期。但《物权法》只规定了"自动续期"，该如何续期，需不需要缴纳土地出让金以及缴纳标准都没有明确。国家也未出台出让土地续期的实施细则，更没有对出让土地使用权续期出让金收取标准作出规定。

在国家没有具体实施细则的情况下，目前基层国土部门只能参照国有土地出让的做法，先由第三方评估机构评估土地价格，根据单位地价或折算出楼面地价，算出总的土地出让金，重新签订国有土地使用权出让合同。

温州并非孤例，2000 年前后，深圳国际商业大厦因使用"特区年限"的土地就有 73 平方千米。这些都是在 1988 年之前，依据深圳地方法规无偿划拨的。国际商业大厦的土地使用权只有 20 年，到 2001 年 12 月 31 日截止。为了应对上述情况，2004 年 4 月，深圳市人民政府出台《深圳市到期房地产续期若干规定》（简称《规定》），《规定》明确，到期房地产，业主需继续使用该土地的，在不改变用途的情况下，按有偿使用土地的原则，延长土地使用年期，在剩余年期（国家规定的最长使用年期减去已使用年期）范围内约定年期的，补缴地价数额为公告基准地价的 35％，并按约定年期一次性支付。《规定》对此作了详细规定，虽然不补缴地价并不影响使用，但这样的房产无法出售过户。同时，基准地价不断上涨（2006 年出台的基准地价比 2004 年上调了 30％~40％），早交地价成本更低，这也鼓励业主及早缴纳。据当时的媒体报道，《规定》受到了业主们的欢迎，因为不再是 100％补地价，而是打了个 3.5 折。

思考并回答：①结合我国相关法律法规，商品房到期续展是否需要缴纳有关费用？缴纳或者不缴纳的理由是什么？如果缴纳，你认为应当如何计算续期土地的出让金？②假如你在房地产评估中遇到类似土地到期的情况，针对不同的评估方法，你认为应当注意些什么？③有新闻报道江苏常州外国语学校周边"毒土地"影响学生身体健康，那么受污染的土地价值应当如何评估呢？

不动产是现代社会经济运行的重要资产，是企业资产的重要组成部分。不动产评估也是资产评估的重要组成部分，合理发现不动产的价值是实现评估目的不可或缺的重要环节。一个完善的评估准则体系离不开对不动产评估的规范。在评估实践中，我国住房和城乡建设部和自然资源部目前也有一套成熟的房地产评估、土地估价的技术规范，诸如《房地产估价规范（GB/T 50291—2015）》《城镇土地估价规程（GB/T 18508—2014）》等。

第一节　房地产评估概述

一、房地产的概念与特性

（一）房地产的概念

房地产是指土地、建筑物和其他地上定着物及其权属的总称。其中，土地是指地球表面及其上下一定范围的空间。建筑物是指人工建筑而成，由建筑材料、建筑构配件和设备等组成的整体物，包括房屋和构筑物两大类。其他地上定着物是指固定在土地或建筑物上，与土地、建筑物不能分离，或者能够分离，但是分离不经济，或者分离后会破坏土地、建筑物的完整性、使用价值或功能，或者使用土地、建筑物的价值受到明显损害的植物或人工建筑等。

房地产可以从实物形态（或自然形态）和经济形态两个角度来加以阐述。当把房地产作为自然物来考察时，房地产可定义为土地和土地附属物，或者被定义为不动产，即不能移动，一经移动，其物理、化学性质就会改变。它在现实经济生活中的表现形式主要有房屋、土地及与之相关的其他设施和建筑物等。当从经济学的角度来考察时,房地产则是一种十分重要的资产,不仅指房屋和土地,更主要的是包含着产权、资产等权属关系的意义,即它不仅仅表现为一种物,更表现为一种权利——人们拥有的财产权利。在商品经济和市场经济条件下,房地产的财产权利有着丰富的内涵和不同的权属状态,房地产的各种经济活动的实质就是其权属(也就是产权)的运行过程。由此可见,经济学意义上的房地产有着比其自然属性更为广泛的内涵,它不仅包括土地和土地上的建筑物、附属物,而且还包括由此衍生的各种权属关系。

(二)土地的特性

房地产的特性是指房地产有别于其他类型资产的特殊性质。房地产的特性主要取决于土地特性,是以土地特性为基础的,所以首先介绍土地的特性。

土地一般是指地球表层的陆地部分,包括内陆水域和滩涂。如果广义地看,土地是指陆地及其空间的全部环境因素,是由土壤、气候、地质、地貌、生物和水文、水文地质等因素构成的自然综合体。土地具有两重性,它是自然资源,同时也是社会资源和资产。作为自然资源,它有许多自然特性,作为社会资源和资产,它又有许多法律特性和经济特性。

(1)土地的自然特性。土地的自然特性是指作为自然物体的土地本身所具有的特殊性质。土地的自然特性如表 6-1 所示。

表 6-1　土地的自然特性

特　　性	特　性　描　述
(1)土地位置的固定性	土地具有位置的固定性,不能随土地产权的流动而改变其空间的位置。地产交易,不是土地实体本身的空间移动,而是土地产权的转移。土地位置的固定性决定了土地价格具有明显的地域性特征
(2)土地质量的差异性	因土地位置的固定性,造成了不同位置的土地之间在地质、地貌、温度、湿度及日照等方面均有一定的差异,这种自然差异使土地有优劣之分,导致土地级差地租的产生
(3)土地资源的不可再生性	土地是自然的产物,是不可再生资源,就其整体而言即不会增加了,因而使土地具有独占性和有限性
(4)土地效用的永续性	只要土地使用得当,土地的效用即利用价值会一直延续下去。而其他类型的资产,经长久或一定年限的使用之后,不管如何慎重管理,最终均会因损耗而丧失其使用价值。因土地具有效用永续性的特性,所以可以给占有人带来永续不断的收益

(2)土地的经济特性。土地的经济特性是指土地在被人们利用过程中表现出来的特性。土地的经济特性如表 6-2 所示。

表 6-2　土地的经济特性

特　　性	特　性　描　述
(1)土地供给的稀缺性	土地供给的稀缺性主要是指某一地区的某种用途的土地供不应求,不能满足经济发展、人口增加和城市化等对土地的需求。土地经济供给的稀缺性,与土地总量的有限性、土地位置的固定性、土地质量的差异性等有关

（续表）

特　性	特　性　描　述
（2）土地产权的可垄断性	土地的所有权和使用权都可以垄断。由于土地具有可垄断性，因此，在土地所有权或使用权让渡时，就必然要求实现其垄断利益，在经济上获得收益
（3）土地利用的多方向性	一块土地的用途是多种的，可以作为农田，也可以建住宅或建写字楼，或者造商场。土地利用的多方向性在客观上要求在房地产估价中需要确定土地的最佳用途
（4）土地地理位置的可变性	虽然土地的自然地理位置固定不变，但人类的活动会改变土地的经济地理位置。随着城市的发展和基础设施的完善，原来较差的土地区位会变成较好的土地区位

（三）房地产的特性

房地产兼有地产与建筑物的特性，而它们的结合又形成了一些新的特性。

1. 位置的固定性

土地具有位置的固定性，而建筑物离不开土地，所以房地产的位置具有固定性。房地产位置的固定性派生出房地产的区域性，即任何一宗房地产只能就地开发、利用或消费，而且要受制于其所在的空间环境，不像其他商品，可以把它从不景气的城市市场移动到另一个景气的城市市场。因此，房地产市场一般是以一个城市为一个市场，其供求状况、价格水平和价格走势都是当地的，存在着区域之间的差异性。房地产位置的固定性也派生出房地产的个别性。即没有两幢完全相同的房屋。即使两处的建筑物的用途、结构、面积等完全一致，但由于其坐落位置、周围环境等不同，这两幢房屋也是有差别的；甚至同一幢房屋，也有楼层、朝向、装修等方面的差异。房地产的个别性使得房地产之间不能实现完全的替代，从而房地产市场不可能实现完全竞争，房地产的价格是千差万别的。

2. 长期使用性

由于土地可以永续利用，建筑物也是耐用品，使用年限可达数十年甚至长达上百年，使用期间即使房屋变旧或受损，也可以通过不断的翻修以延长其使用期。

3. 保值增值性

随着社会经济的发展和时间的推移，房地产的价格呈现出不断上涨的趋势，即房地产具有保值增值性。引起房地产价格上涨的原因主要有：①随着人口的增加和经济的发展，社会对房地产的需求不断增长，而土地数量的有限性决定了土地的供给缺乏弹性；②对房地产本身的投资改良，如装修改造、更新或增添设备设施等，提高了房地产的使用功能；③社会经济的发展相应提升了房地产的价值，例如，道路交通、能源、商业、文教卫生、绿化水电的发展必然提高所在地域房地产的价格；④通货膨胀。

4. 大量投资性

房地产生产和经营管理要经过一系列过程：取得土地使用权、土地开发和再开发、建筑设计和施工、房地产销售等环节，都要投入大量的资金。例如，大城市地价和房屋的建筑成本都相当高，无论开发者和消费者，一般都难以依靠自身的资金进行房地产投资，需要向银行贷款，从而使得房地产投资与金融紧密融合。

5. 难以变现性

由于房地产位置固定性、用途不易改变等,房地产不像股票和外汇那样,可以迅速变现,其变现性较差。

6. 政策限制性

房地产市场受国家和地区政策影响较大。城市规划、土地利用规划、土地用途管理、住房政策、房地产信贷政策、房地产税收政策等都会对房地产的价格产生直接或间接的影响。

7. 投资风险性

房地产使用的长期性和保值增值性使之成为投资回报率较高的行业,同时房地产投资风险也比较大。房地产投资的风险主要来自三个方面:其一,房地产无法移动,建成后又不易改变用途,如果市场销售不对路,容易造成长期的空置、积压。其二,房地产的生产周期较长,从取得土地到房屋建成销售,通常要3~5年的时间,在此期间影响房地产发展的各种因素发生变化,都会对房地产的投资产生影响。其三,自然灾害、战争、社会动荡等,都会对房地产投资产生无法预见的影响。

二、我国土地使用权状况

我国实行的是国有土地所有权与使用权相分离的制度。城市市区的土地属于国家所有;农村和城市郊区的土地,除由法律规定属于国家所有的以外,属于农民集体所有;宅基地和自留地、自留山,属于农民集体所有。在符合规划的前提下,村庄、集镇、建制镇中的农民集体所有建设用地使用权可以依法流转。国有土地所有权不能进入房地产市场流转,国有土地使用权可以转让,因此地价一般是土地使用权的价格。

土地使用权出让是指国家以土地所有者的身份将土地使用权在一定年限内让与土地使用者,并由土地使用者向国家支付土地使用权出让金的行为。国有土地使用权出让可以采取协议、招标、拍卖和挂牌方式。土地使用权出让最高年限由国务院按下列用途确定:①居住用地70年;②工业用地50年;③教育、科技、文化、卫生、体育用地50年;④商业、旅游、娱乐用地40年;⑤综合或者其他用地50年。

2019年5月7日更新的《中华人民共和国物权法》第一百四十九条、2021年1月1日起施行的《中华人民共和国民法典》第三百五十九条,对住宅建设用地使用权和非住宅建设用地使用权进行了法律规范。《中华人民共和国民法典》第三百五十九条指出,住宅建设用地使用权期限届满的,自动续期。续期费用的缴纳或者减免,依照法律、行政法规的规定办理。非住宅建设用地使用权期限届满后的续期,依照法律规定办理。该土地上的房屋以及其他不动产的归属,有约定的,按照约定;没有约定或者约定不明确的,依照法律、行政法规的规定办理。

土地使用权转让是指土地使用者将土地使用权再转移的行为,包括出售、交换和赠与。凡未按土地使用权出让合同规定的期限和条件投资开发、利用土地的,土地使用权不得转让。土地使用权转让时,土地使用权出让合同和登记文件中所载明的权利、义务随之转移。土地使用权转让时,其地上建筑物、其他附着物所有权随之转让。土地使用者通过转让方式取得的土地使用权,其使用年限为土地使用权出让合同规定的使用年限减去原土地使用者已使用年限后的剩余年限。地上建筑物、其他附着物的所有人或者共有人,享有该建筑物、附着物使用范围内的土地使用权随之转让,但地上建筑物、其他附着物作为动产转让的除外。土地使用权和地上建筑物、其他附着物所有权转让,应当依照规定办理过户登记。

土地使用权出租是指土地使用都作为出租人将土地使用权随同地上建筑物、其他附着物租赁给承租人使用,由承租人向出租人支付租金的行为。未按土地使用权出让合同规定的期限和条件投资开发、利用土地时,土地使用权不得出租。

土地使用权抵押时,其地上建筑物、其他附着物随之抵押。地上建筑物、其他附着物抵押时,其使用范围内的土地使用权随之抵押。土地使用权抵押,抵押人与抵押权人应当签订抵押合同。抵押合同不得违背国家法律、法规和土地使用权出让合同的规定。土地使用权和地上建筑物、其他附着物抵押,应当依照规定办理抵押登记。抵押人到期未能履行债务或者在抵押合同期间宣告解散、破产的,抵押权人有权依照国家法律、法规和抵押合同的规定处分抵押财产。因处分抵押财产而取得土地使用权和地上建筑物、其他附着物所有权的,应当依照规定办理过户登记。

三、房地产评估的原则与程序

(一)房地产评估的基本原则

房地产是资产的重要组成部分,适用于资产评估的所有评估技术原则也都适用于房地产评估,如预期原则、贡献原则、供求原则、替代原则、估价日期原则等。但作为一类具体的资产,它有其自身的特性,亦有其需要强调的适用评估技术原则。合法性原则和最有效使用原则在房地产评估中尤为突出。

1. 合法原则

合法原则是指房地产评估应以评估对象的合法产权、合法使用和合法处分等为前提进行。合法原则要求估价时必须首先确认估价对象具有合法的产权;其次要求估价对象的用途必须是合法的;同时还要求在估价中如果涉及估价对象的交易或处分方式时,该交易或处分方式也必须是合法的。

合法产权要求估价时就必须先确认估价对象房地产具有哪些权利、权利是否完整,以及权利是否合法。例如,已经签订了租约的房地产,在租约有效期内,其占有权和使用权已经让渡给承租人,因此用收益法估价测算收益时,租期内的收益应根据租约所确定的租金计算;又如,违章建筑,对其拥有的占有权是得不到法律保护的,因此是没有价格的。

合法用途要求估价时核查估价对象的现状用途是否与其法定用途相符。例如,现状用途是商业,而法定用途是住宅,我们只能按照其法定用途确定其价格,而不能考虑其现状用途;又如,在采用假设开发法估价时,需要设定估价对象未来的用途,在设定该用途时,就必须保证该用途的合法性,如必须符合城市规划限制的要求。

合法处分要求应以法律、行政法规或合同(如土地使用权出让合同)等允许的处分方式为依据。如在涉及划拨土地使用权单独设定抵押的估价时,就必须考虑到划拨土地使用权在得到土地行政主管部门的批准并补交土地使用权出让金或向国家上缴土地收益之后才能设定抵押,此时该目的下的估价对象才具有合法性。

2. 最有效使用原则

土地及其建筑物可以有商业、工业、住宅等多种用途。在市场经济条件下,房地产用途可以通过竞争决定,使房地产达到最有效的使用。因此评估房地产价值时,不能仅仅考虑房地产现时的用途和利用方式,而是结合预期原则考虑何种情况下房地产才能达到最佳使用及实现的可能,以最佳使用所能带来的收益评估房地产的价值。

(二)房地产评估程序

房地产评估一般应依照以下程序进行:明确评估基本事项、签订评估合同、制订工作计划、实地勘察与收集资料、测算被估房地产的价值、综合分析确定评估结果和撰写评估报告。

1. 明确评估基本事项

在房地产评估时,必须了解评估对象的基本情况,这是拟订房地产评估方案、选择评估方法的前提。评估基本事项包括以下内容。

(1)明确评估目的。不同的评估目的,其所评估的价值的内涵也不完全相同。例如,土地使用权出让评估、房地产转让价值评估、房地产租赁价值评估、房地产抵押评估、房地产保险评估、房地产课税评估、征地和房屋拆迁补偿评估等,因此,在受理评估业务时,通常由委估方提出评估目的,并将评估目的明确地写在评估报告上。

(2)了解评估对象。即对被估房地产的实体和权益状态进行了解。对房地产的实体了解包括:土地面积、土地形状、临路状况、土地开发程度、地质、地形及水文状况;建筑物的类型、结构、面积、层数、朝向、平面布置、工程质量、新旧程度、装修和室内外的设施等。

对房地产的权益状态了解包括:土地权利性质、权属、土地使用权的年限、建筑物的权属、评估对象设定的其他权利状况等。

(3)确定评估基准日。所谓确定评估基准日,就是确定待估对象的评估时点,通常以年、月、日表示。由于房地产价格经常处于变化之中,而且房地产价格随着其价格影响因素的变化而变动,因此,必须事先确定所评估的是某一具体时点的价值。

2. 签订评估合同

在明确评估基本事项的基础上,双方便签订评估合同,用法律的形式保护各自的权益。评估合同是委托方和受理方就评估过程中双方的权利和义务达成的协议,包括对评估对象、评估目的、评估时点、评估收费、双方责任、评估报告等事宜的约定。评估日期一般也要写入评估项目委托合同中,一旦确定,评估人员必须按期保质完成。评估合同的内容要明确规定双方的权益和应尽的义务,以及对违反合同的处理办法。一旦合同签订后,任何一方未经对方同意不得随意更改合同内容,如有未尽事宜,需通过双方协商解决。

3. 制订工作计划

制订工作计划,就是对评估工作日程、人员组织等作出安排。在对被评估对象有一基本了解之后,就可以对资料的收集、分析和价值的测算等工作程序和组织作出科学的安排。工作计划的合理制定,有助于提高工作效率和评估质量。

4. 实地勘察与收集资料

虽然受理评估业务时评估师已通过对方提供的资料大体了解到评估对象的基本状况，但此时评估人员仍需要亲临现场勘察。因为评估需要的资料和数据十分广泛，委托方提供的资料有限，并不能完全满足评估工作的需要。实地勘查是房地产评估工作的一项重要的步骤。房地产市场是地域性很强的市场，房地产交易都是个别交易，非经实地勘查难以对房地产进行评估。实地勘查就是评估人员亲临房地产所在地，对被估房地产实地调查，以充分了解房地产的特性和所处区域环境。实地勘查要做记录，形成工作底稿。

评估资料的收集在评估过程中是一项耗时较长，而且艰苦细致的工作。其内容涉及选用评估方法和撰写评估报告所需要的资料数据，包括：①评估对象的基本情况；②有关评估对象所在地段的环境和区域因素资料；③与评估对象有关的房地产市场资料，如市场供需状况、建造成本、租售价格等；④国家和地主涉及房地产评估的政策、法规和定额指标。获得上述资料的途径除了委托方提供外，主要通过现场的勘测和必要的调查访问。

5. 测算被估房地产价值

在调查研究和资料分析的基础上，便可根据选定的评估方法，进行价值测算。房地产评估的基本方法有：成本法、市场法和收益法。三种方法各有利弊，如表6-3所示。

表 6-3　市场比较法、成本法和收益法比较

项目	市场法	成本法	收益法
适用范围	房地产市场化程度较高，容易获得相关的可比销售数据	对新开发项目的估算；对不在公开市场交易的公共房地产或特殊房地产评估	多用于住宅、商业楼盘、工业房地产
优点	评估所得价值最接近当前市场价值；主观估计较少；土地和房屋整体评估	以建造成本为依据，受房地产市场波动的影响较小；可以用于评估特殊房地产	在租赁数据充分的情况下计算简单；可以揭示房地产经济价值；受市场影响小
缺点	受房地产市场波动影响较大；很难获得某些房地产交易数据	土地和房屋分别评估，土地适用市场比较法，房屋根据建筑成本的波动而波动；对折旧的估计主观性较强	资本化率等关键指标主观性强；未来的长期租金回报并不确定
可能遇到的问题	需要花费较大成本搜集房地产交易数据	土地交易的市场化程度不及房屋，土地估值有一定难度；建筑材料价格大幅波动	租赁数据未得到有效监控，搜集数据难度很大；国内城市发展不平衡，营业费用、空置情况差别较大

由这三种基本评估方法所派生的其他评估方法，如假设开发法、路线价法、长期趋势法等，也是目前常用的评估方法。由于被估房地产的性质差异和资料取得的难易，并非每一种评估方法都适用于各类具体条件下的房地产。为求得一个公平合理的价值，一般以一种评估方法为主，同时以另一种或几种评估方法为辅，以求互相对照和检验修正。

无论采用何种方法,评估人员均应对收集到的数据、参数进行认真的分析检验,特别是对一些有变化幅度的参数,如市场法中的修正系数,收益法中的资本化率,成本法中的土地开发成本、房屋新旧程度等。虽然都有一些经验参数可供参考,但最终确定还需依靠评估人员正确的判断和选择。此时评估人员的经验对计算结果具有重要的影响。

6. 综合分析确定评估结果

同一宗房地产运用不同评估方法评估出来的价值往往不一致,需要进行综合分析。综合分析是对所选用的评估方法、资料及评估程序的各阶段,作客观的分析和检查。此时应特别注意以下几点:所选用的资料是否适当;评估原估原则的运用是否适当;对资料分析是否准确,特别是对影响因素权重的赋值是否恰当。

7. 撰写评估报告

评估报告是评估过程和评估成果的综合反映,通过评估报告,不仅可以得到房地产评估的最后结果,还能了解整个评估过程的技术思路、评估方法和评估依据。

四、房地产价格种类与特征

(一) 房地产价格种类

房地产价格有各种表现形式,或根据其权益、价格形成方式和实物形态等加以分类。具体如下:

(1)根据权益的不同,可分为所有权价格、使用权价格、其他权利价格。房地产发生交易行为时,所针对的权益有所有权、使用权、抵押权、租赁权、典权等。所针对的房地产权益不同,其价格就不同,如房地产使用价格、房地产抵押权价格、房地产租赁权价格等。房地产的使用权价格,是指房地产使用权的交易价格。一般情况下,房地产所有权价格高于房地产使用权价格。抵押价格是为房地产抵押而评估的房地产价格。抵押价格由于要考虑抵押贷款清偿的安全性,一般要比市场交易价格低。租赁价格是承租方为取得房地产租赁权而出租方支付的价格。

(2)根据形成方式可分为市场交易价格和评估价格。市场交易价格是房地产在市场交易中实际成交的价格。在正常的市场条件下,买卖双方均能迅速地获得交易信息,买方能自由地在市场上选择其需要,卖方亦能自由地出售其房地产,买卖双方均以自身利益为前提,在彼此自愿的条件下,以某一价格完成房地产交易。由于交易的具体环境不同,市场交易价格经常波动。市场交易价格一般具有如下作用:交易双方收支价款的依据、缴纳契税和管理费的依据等。

评估价格是对市场交易价格的模拟。由于评估人员的经验、对房地产价格影响因素理解的不同,同一宗房地产可能得出不同的评估价格,评估结果也可能不同,但在正常的情况下,不论运用何种方法,评估结果都不应有太大的差距。房地产评估价格根据使用目的及其作用可分为基本地价、标定地价、房屋重置价格、交易底价、课税价格等几种。其中基准地价、标定地价、房屋重置价格由政府制定,且由政府定期公布。交易底价则不一定由政府制定,而由交易有关方面制定。房屋重置价格是指在重置时的建筑技术、工艺水平、建筑材料价格、工资水平及运输费用等条件下,重新建造与原有房屋相仿的结构、式样、设备和装修的新房屋时所需的费用。课税价格是指政府为课征有关房地产税而由评估人员评估的作为课税基础的价格。

（3）根据房地产的实物形态可划分为土地价格、建筑物价格和房地产价格。土地价格是指单纯的土地及附有建筑物的房地产中所占有的土地的价格。土地价格会因土地开发条件和开发程度的不同,产生不同的价格,如生地价格、毛地价格和熟地价格。生地是指已征为国家所有并支付了征地补偿费,办理了土地征用手续的尚未被开发的土地。毛地是指城区内附有待拆迁建筑物的土地。熟地是指已达到三通一平或七通一平开发程度的土地。土地价格还会因价格形成机制的不同划分为一级市场地价和二级市场地价。一级市场地价是由政府制定的,具体包括基准地价和标定地价等。基准地价是按照城市土地级别或均质地域分别评估的商业、住宅、工业等各类用地和综合土地级别的土地使用权的平均价格。基准地评估以城市为单位进行。标定地价是市、县政府根据需要评估的正常地产市场中,具体宗地在一定使用年期内的价格。标定地价可以基准地价为依据,根据土地使用年限、地块大小、土地形状、容积率、微观区位等条件,通地系数修正进行评估得到,也可以通过市场交易资料,直接进行评估得到。二级市场地价是由市场形成的,包括了正常市场条件下形成的各种地价(如公开市场交易地价)和非正常条件下形成的各种地价(如拍卖地价)。

建筑物价格是指纯建筑物部分的价格,不包含其占用的土地的价格。

房地产价格是指建筑物连同其占用的土地的价格。

（4）根据房地产价格表示单位可划分为总价格、单位价格、楼面地价等。房地产总价格,是指一宗房地产的整体价格。房地产单位价格,有三种情况:对土地而言,是指单位土地面积的土地价格;对建筑物而言,是指单位建筑面积的建筑物价格;对房地产单位价格而言,是指单位建筑面积的房地产价格。房地产的单位价格能反映房地产价格水平的高低,而房地产总价格则一般不能说明房地产价格水平的高低。

楼面地价又称单位建筑面积地价,是指平均到每单位建筑面积上的土地价格。

$$楼面地价 ＝ 土地总价格 ÷ 建筑总面积$$

由于
$$建筑总面积 ÷ 土地总面积 ＝ 容积率$$

所以
$$楼面地价 ＝ 土地单价 ÷ 容积率$$

（5）其他价格类型。公告地价是政府定期公布的土地价格,在有些国家和地区,一般作为征收土地增值税和征用土地补偿的依据。

申报地价是土地所有人或使用人参照公告地价向政府申报的土地价格,《城市房地产管理法》第三十四条规定:"国家实行房地产成交价格申报制度。房地产权利人转让房地产,应当向县级以上地方人民政府规定的部门如实申报成交价,不得瞒报或者作不实的申报。"

（二）房地产价格的特征

房地产价格与一般物价既有共同之处,也有其自身的特性,如表6-4所示。

表6-4　房地产价格的特性

特　　性	特　性　描　述
(1)地租的资本化	一般商品是劳动产品,其价格反映生产成本,从长期(或总体)上来看,其售价是由成本决定的。但土地价格不一定含有生产成本因素,地价本质上不是劳动价值的货币表现,而是地租的资本化
(2)权益价格	由于房地产位置不可移动,因此房地产的买卖、抵押等并不能转移房地产的物质实体本身,而只有转移与房地产有关的各种权益,诸如所有权、使用权、抵押权、租赁权等。因此,发生经济行为的地产转移方式不同,形成的地产权益不同,其权益价格也不相同,评估时必须对此仔细考虑
(3)与用途相关	一般商品的价格由其生产成本、供给和需求等因素决定,其价格一般并不因使用状况不同而产生差别。但同一宗房地产,不同用途产生的收益是不一样的。尤其是土地,在不同的规划用途下,其使用价值是千差万别。例如,在市场经济条件下,一宗土地如果合法地用于经营商业比用于住宅更有利,其价格必然由商业用途决定
(4)个别性	由于房地产位置的固定性,没有两宗条件完全一致的房地产。在房地产价格形成中,交易主体之间的个别因素也很容易起作用。因此,房地产的价格形成具有个别性。房地产不像一般商品,可以开展商品交易、批量交易。每一宗土地交易都具有个别性
(5)可比性	房地产价格尽管有与一般商品不同的许多特征,但并不意味着其价格之间互不联系。事实上,人们可以根据房地产价格的形成规律,对影响房地产价格的因素进行比较,从而能够比较房地产的价格

五、房地产价格的影响因素

影响房地产价格的因素众多而复杂。从经济学的角度来看,影响房地产价格及评估价值的主要因素有:房地产的使用价值,即房地产的有用性;房地产的稀缺性和房地产的有效需求等。从房地产开发经营的角度来看,影响房地产的价格和评估价值的主要因素有:房地产的实物、房地产的权益和房地产的区位等。由于各个因素本身具有动态性,所以这些因素对房地产价格的影响也不是固定的,随着时间、地区、房地产用途的不同,它们的影响作用也各不相同。比如,本来是影响较小的因素,可能会成为主导因素;相反,主导因素也会成为次要因素,而且它们对房地产价格的影响程度有的可以量化,有的则难以量化,只能凭借评估人员的经验加以判断。为了便于把握和评估实践,通常将影响房地产价格和评估价值的因素归纳为一般因素、区域因素和个别因素(见图6-2)。

(一)一般因素

一般因素是指影响一定区域范围内所有房地产价格的一般的、普遍的、共同的因素。这些因素通常会对较广泛地区范围内的各宗房地产的价格产生全局性的影响。这类因素主要包括经济因素、社会因素、行政因素和心理因素等。

1. 经济因素

(1)经济发展因素。国民经济增长速度、国民生产总值、居民收入水平、物价指数等经济因素都会对地价的形成产生影响。比如,在国民经济增长快、国民生产总值大、

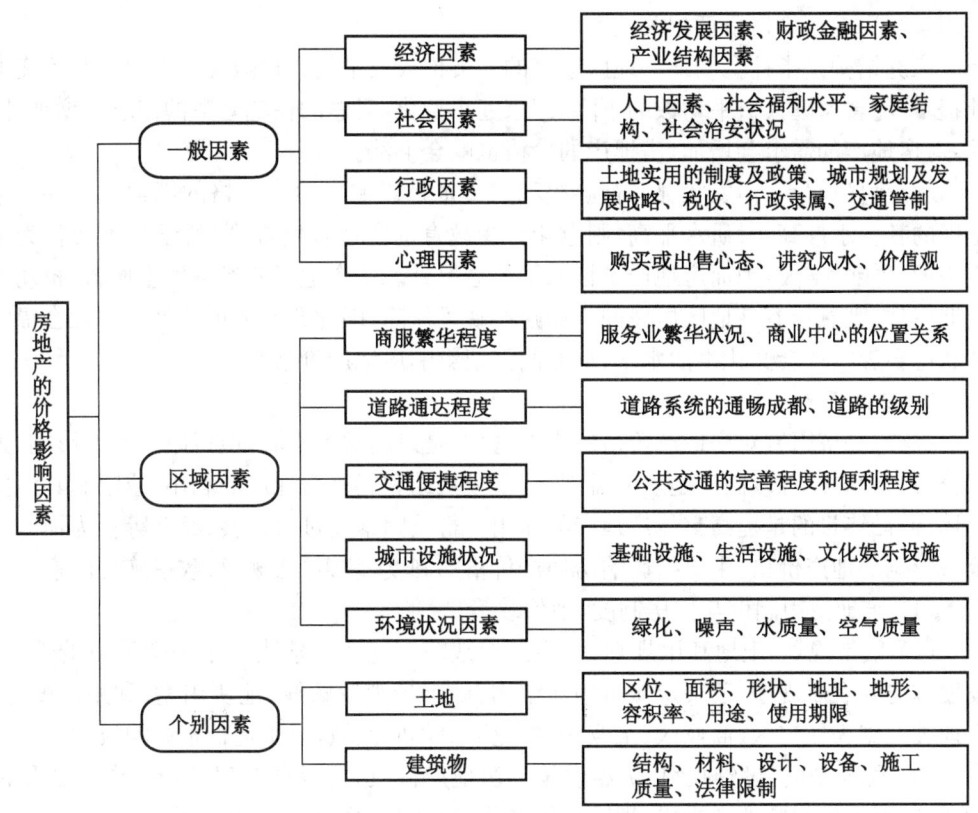

图 6-2　房地产价格影响因素体系

居民收入水平高、资金充裕的地区,国民生产总值用于投资、消费的部分加大,用于生产性、投资性或消费性等方面的房地产支出增加,从而促进房地产业的繁荣,带动房地产价格上涨。有关研究表明,房地产业的发展周期与国民经济发展周期总体趋势基本一致。房价或许可以连续上涨 20 年,但市场总有市场的波动铁律,全世界没有一个国家的房价能够走 L 型。随着人口老龄化和流动人口的减少,作为耐用消费品的房子的需求总是下降的,一轮房地产周期大致都是 18~25 年,包括上涨和下跌全过程。因此,房地产价格总水平与地区经济发展状况呈正相关关系。

（2）财政金融因素。存款利率、贷款利率、物价上升指数、税率、贷款比例和土地资本化率等财政金融因素对房地产价格的形成有着密切的关系。比如,利率和税率的变化,将会影响房地产的供给和需求,从而对房地产价格产生影响。

（3）产业结构因素。产业结构在这里主要是指第一产业、第二产业及第三产业在国民经济及国民生产总值中的比例关系以及房地产业在其中所占的比重。一般来说,第三产业的比重越大,房地产价格会相应上升。

2. 社会因素

社会因素对房地产价格的影响主要是由人口因素、社会福利水平、家庭结构、社会治安状况等因素构成。

房地产需求的主体是人,因此,人的数量和素质直接决定地产的需求程度,因而人口因素与房地产价格呈正相关关系。

家庭结构是指社会或某一地区家庭的人员构成或平均人口数。在人口总数不变的前提下,随着家庭人口平均数的下降,即家庭小型化,对总的住宅套数的需求将增加,因此,对房地产的需求会增加,房地产的价格也就会上涨。

教育科研水平、治安状况和社会福利因素也是影响房地产价格的因素。如果一个地区的教育水准高、科研水平高,则意味着受教育的方便程度提高,科学技术转化为生产力的可能性增大,因而房地产价格水平也会上升。一个地区若经常发生偷盗、抢劫等犯罪案件,则意味着该地区居民的生命财产缺乏保障,因此会造成地价低落。社会福利的状态会影响社会文化生活水平,从而间接地影响房地产价格水平。

3. 行政因素

社会、经济因素对房地产价格的影响,主要是以利益为中心,但行政因素的影响,则以公益为中心。行政因素是从公益观点,积极扶助和促进房地产的利用,或限制其消极作用,但最终目的是提高整体房地产的作用。行政因素通过对社会、经济等行为加以规范来影响房地产价格,主要指影响房地产价格的制度、政策、法规、行政措施等因素。

(1) 土地使用制度与住房制度、地价政策。

(2) 城市规划、土地利用规划、城市发展战略。这些因素决定了一个城市的性质、发展方向和发展规模,还决定城市用地结构、城市景观轮廓线、地块用途、利用程度等。土地被规划为住宅区、商业区、工业区、农业区等不同区域,对土地价格影响极大。

(3) 税收制度、投资倾斜、优惠政策。房地产税收,可以调节房地产投资者的积极性,抑制不正当的房地产投机,理顺房地产收益分配关系,稳定房地产市场。

(4) 行政隶属关系变更。一个地区的行政隶属关系发生变更,也会影响其房地产价格水平。

(5) 交通管制。交通管制包括禁止通行,实行单行道及限制通行时间等规定。

4. 心理因素

心理因素对房地产价格的影响是很微妙的,也是一个不可忽视的因素,主要表现为:购买或出售心态、对居住环境的认同度、欣赏趣味、时尚风气、接近名家住宅心理、讲究门牌号码或土地号码、讲究风水、价值观的变化等。

(二) 区域因素

区域因素是指某一特定的区域内的自然条件与社会、经济、行政、技术等因素相结合所产生的特性。

1. 商服繁华因素

这是指所在地区的商业、服务业繁华状况及各级商业、服务业中心的位置关系。如果商服繁华度较高,该地区的房地产价格水平也会较高。

2. 道路通达因素

这是指所在地区道路系统通畅程度,道路的级别(主干道、次干道、支路)越高,该地区的房地产价格水平也较高。

3. 交通便捷因素

这是指交通的便捷程度,包括公共交通系统的完善程度和公共交通的便利程度。

便捷度越高,房地产价格水平也较高。

4. 城市设施状况因素

(1) 基础设施:主要包括供水、排水、供电、供气、供热和通讯等设施。

(2) 生活设施:主要包括学校、医院、农贸市场、银行、储蓄所、邮局等设施。

(3) 文化娱乐设施:主要包括电影院、图书馆、博物馆、俱乐部、文化馆等设施。

以上三类设施可以用基础设施完善度、生活设施完备度、文化娱乐设备完备度等指标来衡量,这些指标一般都会对房地产价格形成正相关影响。

5. 环境状况因素

若一个地区绿地较多、公园充足、环境优美,则该地区的房地产价格水平较高;若噪声污染、大气污染、水污染较严重,则房地产价格水平较低。

(三) 个别因素

个别因素分为土地个别因素和建筑物个别因素。

1. 土地的个别因素

土地个别因素也叫宗地因素,是宗地自身的条件和特征对该地块价格产生影响的因素。

(1) 区位因素。区位也叫宗地位置,是影响地价的一个非常主要的因素。区位有自然地理区位与社会经济区位之别。土地的自然地理区位是固定不变的,但是,其经济地理区位却会随着交通建设和市政设施的变化而变化。当区位由劣变优时,地价会上升;相反,则地价下跌。

(2) 面积因素、宽度因素、深度因素。一般来说,宗地面积必须适宜,规模过大或过小都会影响土地效用的充分发挥,从而降低单位地价。宗地临街宽度过窄,会影响土地使用,影响土地收益,从而降低地价。宗地临街深度过浅、过深,都不适合土地最佳利用,从而影响地价水平。

(3) 形状因素。土地形状有长方形、正方形、三角形、菱形、梯形等。形状不规则的土地,不便于利用,从而降低地价。一般认为宗地形状以矩形为佳,特殊情况,在街道的交叉号,三角形等不规则土地的地价也可能畸高。

(4) 地力因素、地质因素、地势因素、地形因素。地力又称土地肥沃程度或土地肥力,这个因素只与农业用地的价格有关。地质条件决定着土地的承载力,直接关系到建筑物的造价和建筑结构设计。地质条件对高层建筑和工业用地的土地影响尤其大。地质条件与地价呈正比关系,即地质条件越优地价越高。地势因素是指该土地与相邻土地的高低关系,特别是与邻近道路的高低关系,一般来说,地势高的宗地比地势低的宗地地价高。地形是指地面的起伏形状,一般来说,土地平坦,地价较高;反之,土地高低不平,地价较低。

(5) 容积率因素。容积率越大,地价越高;反之,容积率越小,地价越低。容积率与地价的关系一般不呈线性关系。

(6) 用途因素。土地的用途对地价影响相当大,同一宗土地,规划为不同用途,则地价不相同。一般来说,对于同一宗土地而言,商业用地、住宅用地、工业用地的地价是递减的。

(7) 土地使用年期因素。在年地租不变的前提下,土地使用年期越长,地价越高。

2. 建筑物的个别因素

影响房地产价格的个别因素主要有以下几个方面。

(1)面积、结构、材料等。建筑物的建筑面积、居住面积、高度等不同,则建筑物的重建成本也不相同。建筑物的结构及使用的建筑材料的质量也对建筑物的重建成本有影响,从而影响其价格。如果建筑物的面积或高度与基地及周围环境不相协调,该建筑物的价值会大大降低。

(2)设计、设备等是否良好。建筑物形状、设计风格、建筑装潢应与建筑物的使用目的相适应,建筑物设计、设备是否与其功能相适应,对建筑物价格有很大的影响。

(3)施工质量。建筑物的施工质量不仅影响建筑物的投入成本,更重要的是影响建筑物的耐用年限和使用安全性、方便性和舒适性。因此施工质量是否优良,对建筑物的价格亦有很大影响。

(4)法律限制。有关建筑物方面的具体法律限制,主要是城市规划及建筑法规。例如,建筑物高度限制、消防管制、环境保护等,评估时应考虑这些法律限制对建筑物价值已经产生和可能产生的影响。

(5)建筑物是否与周围环境协调。建筑物应当与其周围环境相协调,否则就不是最有效使用状态。建筑物不能充分发挥使用效用,其价值自然会降低。

第二节 收益法在房地产评估中的应用

一、收益法的基本原理与适用范围

收益法在国外被广泛运用于收益性房地产价值的评估,收益法又称为收入资本化法、投资法、收益还原法,在我国也是最常用的评估方法之一。收益法的本质是以房地产的预期收益能力为导向求取估价对象的价值。运用收益法评估房地产价值,首先要求取纯收益,通过总收益减总费用求得;然后确定资本化率;最后选用适当的计算公式求得待估房地产的价值。

收益为有限年期的房地产价值计算公式为:

$$P = \frac{a}{r}\left[1 - \frac{1}{(1+r)^n}\right]$$

这是一个在估价实务中经常运用的计算公式,成立条件为:①净收益 a 每年不变;②资本化率 r 固定且大于零;③收益年期有限为 n。

若上述计算公式中收益为无限年期,则计算公式转化为:

$$P = \frac{a}{r}$$

收益法适用于有收益的房地产价值评估,如商场、写字楼、旅馆、公寓等,对于政府机关、学校、公园等公用、公益性房地产价值评估大多不适用。

运用收益法估价一般分为五个步骤进行:①搜集并验证与估价对象未来预期收益

有关的数据资料；②预测估价对象的未来收益；③求取报酬率或资本化率；④确定房地产的收益年限；⑤选用适宜的收益法公式计算收益价格。

二、房地产净收益

（一）净收益的测算原理

运用收益法估价，核心是预测净收益。净收益的测算途径根据收益获取方式可分为两种：一是基于租赁收入测算净收益，如存在大量租赁实例的普通住宅、公寓、写字楼、商铺、标准工业厂房、仓库等类房地产；二是基于营业收入测算净收益，如旅馆、疗养院、影剧院、娱乐场所、加油站等类房地产。在实际估价中只要能够通过租赁收入测算净收益的，宜通过租赁收入测算净收益来估价。所以，基于租赁收入测算净收益的收益法是收益法的典型形式。

1. 基于租赁收入测算净收益

净收益 ＝ 总收益－总费用 ＝ 潜在毛收入－空置等造成的收入损失－总费用

（1）潜在毛收入是假定房地产在充分利用、无空置（即 100％出租）情况下的收入。

（2）空置等造成的收入损失是因空置、拖欠租金（延迟支付租金、少付租金或不付租金）以及其他原因造成的收入损失。一般是以潜在毛收入的某一百分率来计算。

（3）总收益是由潜在毛收入扣除空置等造成的收入损失后的收入。

（4）总费用是维持房地产正常使用或营业所必须支出的费用，包括管理费、维修费、保险费和税金等。与会计上的成本费用有所不同，这里的费用是从估价角度考虑的，不包含会计上的建筑物折旧额等。

2. 基于营业收入测算净收益

有些收益性房地产通常不是以租赁方式而是以营业方式获取收益的，如旅馆、娱乐中心、加油站等。这些收益性房地产的净收益测算与基于租赁收入的净收益测算主要有两个方面的不同：一是潜在毛收入或总收益变成了经营收入；二是除了要计算总费用外，还要扣除归属于其他资本或经营的收益，如商业、餐饮、工业、农业等经营者的正常利润。

（二）实际收益和客观收益

房地产的收益可分为实际收益和客观收益。实际收益是在现状下实际取得的收益，它只反映了现实的状况，一般不能直接用于估价。因为具体经营者的经营能力等对实际收益影响很大，如果将实际收益进行资本化，可能得到不切实际的结果。例如，城市中有一块空地，目前未作任何使用，实际收益为零，甚至为负数（因为要缴纳各种税费），但如此并不表示这块空地无价值。再如，某企业占用一宗交通便利的房地产，但由于经营不善，由收入减去费用所得的结果可能为负数，这也不意味着该宗房地产无价值。相反的情形，如一个交通不便、环境不太好的宾馆，但有特殊的关系能将一些会议、活动指定在该宾馆举行，因此可以获得较高的收益，但这并不意味着该宾馆的价值较高。

客观收益是排除了实际收益中属于特殊的、偶然的因素之后所能得到的一般正常收益，这种正常收益必须是其处于最佳利用状态下的结果。最佳利用状态，是指该房地产处于最佳利用方向和最佳利用程度。在现实经济中,应该为正常使用下的正常收益。一般来说只有这种收益才可以作为估价的依据。所以,估价中采用的潜在毛收入、有效毛收入、运营费用或者净收益,有租约限制的,租赁期限内应采用租约约定的数据,租赁期限外应采用正常客观的数据,并在评估报告中恰当披露租约情况。

三、资本化率

资本化是将房地产未来净收入转变为等量资本价值的过程,资本化率是这一转化过程的百分率,即资本化率就是将收益转换为其等量价值的回报率,又称为还原利率,它是决定评估价值的最关键的因素。

(一) 资本化率的实质

由于投资购置有收益或有潜在收益房地产是一种投资行为,而非消费行为,因此,与其说是买房地产本身,还不如说是买该收益性房地产的未来收益,这是收益法的理论出发点。收益法一般式为:

$$V = \sum_{t=1}^{n} \frac{A_t}{(1+r)^t}$$

从上述公式中可以看出,房地产价格 V 等于其未来净收益之和,当然这种年净收益 A_t 相加不是简单相加,而是要利用一个 r 进行贴现后的相加。原因很简单,因为我们是估价房地产的现在价值,而其净收益值均是未来数值,从资金时间价值角度上看,未来的 1 万元与现在的 1 万元是不相等的,未来数值等于现在数值即等效值的大小取决于该贴现率 r,也就是资本化率。

资本化率的实质是一种投资收益率,是投资者所投资房地产行业的基准收益率或最低的期望收益率,任何投资行为一旦所预测的收益率低于该最低期望收益率,该投资行为就不会发生。可以这样理解资本化率,投资者购置该房地产的收益率至少要达到资本化率,否则他会认为相对其他机会而言,该项投资是亏损的。因此,有些评估人员认为资本化率是一种机会成本,也是对的。资本化率一般有这样一些特征:首先,它会随所投资房地产的地段、用途的不同而不同,随时间的变化而发生变化。其次,若预期未来会产生高通货膨胀率,或该收益性房地产未来的年收入存在较大风险,且更具有投机性时,则资本化率就较高,房价就低。反之;亦然,即房地产未来收入更具有确定性,或没有明显的通货膨胀率,则资本化率就较低,房价就高。

(二) 求取资本化率的方法

1. 市场提取法(纯收益与售价比率法)

评估人员搜集市场上近期交易的与被估房地产相同或相似的房地产的净收益、价格等资料,反算出它们各自的资本化率。这种方法运用的基础是房地产商品的替代性。选取的交易案例均来自市场,能直接地反映出市场供求状况,因此,反算出来的资本化率基本上能够反映投资于该房地产的利润率。此时求得的各资本化率是用实际收益与房地产价格之比求出来的,可以通过选取多个案例的资本化率取平均值的办法来消除各种偶然因素的影响。

市场提取法是获得资本化率优先选择的方法，也是最容易理解的方法。但在使用过程中需要一定的努力和技巧。首先，需要充分的可比实例，一般需要 3～4 个可比实例。在这里可比性与市场法中一样重要，地区、面积、使用年限和使用状况、单元的数量以及土地使用强度都应该与估价对象相似。其次，当暂时的可比实例选好之后，需要甄别每一个实例的交易数据，只有近期的公开市场交易才能使用。最后，必须对每一个交易实例所记载的净收益进行核实，市场提取法结果的准确性取决于这些数据的准确性。

【例 6-1】 在房地产市场中收集到 5 个与待估房地产类似的交易实例，见表 6-5（假设交易价格为无限年期）。

表 6-5　市场提取法交易实例

交易实例	纯收益（元/年·平方米）	交易价格（元/平方米）	资本化率
1	418.9	5 900	7.1%
2	450.0	6 000	7.5%
3	393.3	5 700	6.9%
4	459.9	6 300	7.3%
5	507.0	6 500	7.8%

对以上 5 个可以实例的资本化率进行简单算术平均就可以得到资本化率为：

$$r = (7.1\% + 7.5\% + 6.9\% + 7.3\% + 7.8\%) \div 5 = 7.32\%$$

2. 安全利率加风险调整值法

即以安全利率加上风险调整值作为资本化率。安全利率通常选用银行中长期利率，风险调整值则是估价人员根据估价对象所在地区的社会环境、经济状况、房地产发育程度、未来预测以及估价对象的用途和新旧程度等因素确定的对安全利率的风险加减值。这种方法是确定贴现率的最原始方法之一，简便易行，对市场要求不高，但是风险调整值的确定主观性较强，不容易掌握。

3. 各种投资收益率排序插入法

评估人员搜集市场上相关投资类型及其收益率、风险程度，按风险大小排序，将估价对象与这些投资的风险程度进行比较，判断、确定资本化率。采用投资收益率排序插入法，通常按以下方式操作。

首先，通过调查找出社会上各种类型的投资及其收益率。这些投资包括银行存款、贷款、国债、股票、债券、保险等类型。

其次，将调查取得的各种投资类型的收益率按一定顺序（从高到低或从低到高）排列，制作相应图表。

再次，将估价对象房地产的投资与其他投资类型进行比较分析，考虑投资的风险性、流动性、管理难易性及作为资产的安全性，找出类似风险投资类型。

最后，依据找出的类似投资类型判断资本化率相应的取值范围，确定资本化率。

采用投资收益率排序插入法计算资本化率需要估价人员对资本市场有一定的熟悉

程度和丰富的实践经验,并充分了解当地的投资及房地产市场,方能求出比较贴切、适合的资本化率。

(三) 资本化率的种类

由于估价对象不同,如评估的是房地价值,还是土地价值,或是建筑物价值,采用的资本化率应有所不同,相应的三种资本化率分别是综合资本化率、土地资本化率、建筑物资本化率。

1. 综合资本化率

这是将土地和附着于其上的建筑物看作一个整体评估所采用的资本化率。此时评估的是房地产整体的价值,采用的纯收益也是房地合一的纯收益。

2. 建筑物资本化率

建筑物资本化率用于评估建筑物的自身价值。这时采用的纯收益是建筑物自身所产生的纯收益,把房地产整体收益中的土地纯收益排除在外。

3. 土地资本化率

土地资本化率用于求取土地自身的价值。这时采用的纯收益是土地自身的纯收益,把房地产整体收益中的建筑物纯收益排除在外。

综合资本化率、土地资本化率、建筑物资本化率三者虽然有严格区分,但又是相互联系的,可用公式表示如下:

$$r = \frac{r_1 \times L + r_2 \times B}{L + B} = \frac{L}{L + B} \times r_1 + \frac{B}{L + B} \times r_2$$

式中:r——综合资本化率;

r_1——土地资本化率;

r_2——建筑物资本化率;

L——土地价值;

B——建筑物价值。

【例 6-2】 某宗房地产的土地价值占总价值的 40%,建筑物价值占总价值的 60%,由可比实例房地产中所求出的土地资本化率为 6%,建筑物资本化率为 8%。试计算综合资本化率。

综合资本化率计算如下:

$$r = 40\% \times 6\% + 60\% \times 8\% = 7.2\%$$

四、房地产的收益年限

单独的土地或建筑物的收益年限,房地产应分别根据土地使用权剩余年限和建筑物剩余经济寿命确定。

土地与建筑物合二为一的房地产的收益年限,分为两种情况。

(1) 当建筑物剩余经济寿命长于或等于土地使用权剩余期限时,以土地使用权剩余年限为准。

(2) 当建筑物剩余经济寿命短于土地使用权剩余期限时,房地产的收益年限分两段处理。第一段以建筑物剩余经济寿命为收益期计算房地合一的房地产价值;第二段以土地使用权剩余期限超出建筑物剩余经济寿命的时间,作为计算土地剩余使用权价值的年限。

五、收益法的具体运用

运用收益法,只要待估对象具有连续的、可预测的净收益,就可以评估其价值。具体又分为以下几种情况。

(一)由房地产收益评估房地产价值

$$房地产价值 = \frac{房地产净收益}{综合资本化率} = \frac{房地产总收益 - 房地产总费用}{综合资本化率}$$

$$房地产总收益 = 潜在毛收入 - 空置等造成的收入损失$$

$$房地产总费用 = 管理费 + 维修费 + 保险费 + 税金$$

(二)由土地收益评估土地价值

$$土地价值 = \frac{土地净收益}{土地资本化率} = \frac{土地总收益 - 土地总费用}{土地资本化率}$$

$$土地总费用 = 管理费 + 维修费 + 税金$$

(三)由房地产收益评估土地价值或建筑物价值

由房地产收益评估土地价值或建筑物价值是指在房地合一的情况下,单独评估土地价值和建筑物价值。由于房地合一的房地产由土地和建筑物两部分构成,根据资产评估中的贡献原理,房地产的整体收益是由房地产各个组成部分(土地和建筑物)对房地产整体的贡献产生的。评估人员通过从房地产总收益中扣除属于土地的局部收益得到建筑物的收益,再对建筑物的收益进行折现或资本化处理,而得到建筑物的评估价值;或者先从房地产总收益中扣除建筑物的局部收益得到土地的收益,再对土地的收益进行折现或资本化处理,而得到土地的评估价值。这种方法在房地产估价中又称为残余估价法、剩余技术,它是收益法的一种具体运用。

1. 由房地产收益评估土地价值

(1)土地价值 = 房地产价值 - 建筑物现值

建筑物现值 = 建筑物重置价 - 年贬值额 × 已使用年限

$$年贬值额 = \frac{建筑物重置价 - 残值}{使用年限}$$

(2)土地价值 = $\dfrac{房地产净收益 - 建筑物净收益}{土地资本化率}$

建筑物净收益 = 建筑物现值 × 建筑物资本化率

2. 由房地产收益评估建筑物价值

(1)建筑物价值 = 房地产价值 - 土地价值

(2)建筑物价值 = $\dfrac{房地产净收益 - 土地净收益}{建筑物资本化率}$

3. 残余估价法的适用前提和适用范围

运用残余估价法首先要求能够估测房地产整体收益,能用收益法以外的方法和技术估算出土地或建筑物的价值,同时土地和建筑的折现率或资本化率能够得到。

残余估价法在土地难以采用其他估价方法估价时,是有效的方法。例如,城市商业区内的土地,有时没有可参照的土地交易实例,难以采用市场法估价,成本法往往也不适用,但存在着大量的房屋出租、商业经营行为,此时可以采用残余估价法估价。另外,在需要对附有旧建筑物的土地进行估价时,虽然采用市场法可求得设想该旧建筑物不存在时的空地价值,但对于因附有旧建筑物而导致的土地价值降低应减价多少,市场法通常难以解决,这时如果运用残余估价法便可以求得。

残余估价法对于检验建筑物相对于土地是否规模过大或过小很有用处。此外,它还可用来测算建筑物的折旧。将建筑物的重新购建价格减去运用残余估价法求取的建筑物价值即为建筑物的折旧。

六、应用举例

【例6-3】 某房地产公司于2003年5月以出让方式取得一块土地50年使用权,并于2005年5月在此地块上建成一座钢混结构的写字楼,当时造价为每平方米3 800元,经济耐用年限为60年。目前,该类型建筑的重置价格为每平方米4 800元。该大楼总建筑面积为12 000平方米,全部用于出租,每月平均实收租金为60万元。据调查,当地同类型写字楼的租金一般为每天每平方米2.5元,空置率在10%左右,每年需支付的管理费用一般为年租金的3.5%,维修费为建筑物重置价的1.5%,房产税为租金收入的12%,其他税为租金收入的6%,保险费为建筑物重置价的0.2%,资本化率确定为10%。试根据以上资料评估该写字楼在2008年5月的价格。

(1)选定评估方法。该宗房地产有经济收益,适宜采用收益法。

(2)估算总收益。总收益应该为客观收益而不是实际收益。

$$年总收益 = 潜在毛收入 - 空置等造成的收入损失$$
$$= 2.5 \times 360 \times 12\ 000 \times (1 - 10\%) = 9\ 720\ 000(元)$$

(3)估算年总费用。

$$年管理费 = 9\ 720\ 000 \times 3.5\% = 340\ 200(元)$$
$$年维修费 = 4\ 800 \times 12\ 000 \times 1.5\% = 864\ 000(元)$$
$$年保险费 = 4\ 800 \times 12\ 000 \times 0.2\% = 115\ 200(元)$$
$$年税金 = 9\ 720\ 000 \times (12\% + 6\%) = 1\ 749\ 600(元)$$
$$年总费用 = 340\ 200 + 864\ 000 + 115\ 200 + 1\ 749\ 600 = 3\ 069\ 000(元)$$

(4)估算房地产年净收益。

$$年净收益 = 总收益 - 年总费用 = 9\ 720\ 000 - 3\ 069\ 000 = 6\ 651\ 000(元)$$

(5)计算房地产价值。

房地产的剩余收益期为45年,则:

$$房地产价值 = 6\ 651\ 000 \times (P/A, 10\%, 45) = 65\ 597\ 483(元)$$
$$房地产单价 = 65\ 597\ 483 \div 12\ 000 = 5\ 466(元)$$

【例6-4】　某房地产公司于2002年3月以有偿出让方式取得一块面积500平方米，容积率为1.8的土地50年使用权，并于2004年3月在此地块上建成一座砖混结构的写字楼，经济耐用年限为55年，残值率为2%。该写字楼现用于出租，评估师通过估算得到每年净收益为412 740元。目前该类建筑重置价格为每平方米2 500元，土地资本化率7%，建筑物资本化率8%。试根据以上资料评估该宗地2008年3月的土地使用权价格。

（1）选定评估方法。该题为房地合一的情况下单独评估土地价值，由于房地产整体收益已知，土地和建筑物的资本化率已知，建筑物价值可通过成本法估算，因此采用收益法中的残余估价法，土地价值＝（房地产净收益－建筑物净收益）÷土地资本化率

（2）计算房地产年净收益＝412 740元

（3）计算建筑物年净收益。

建筑物年贬值额＝（建筑物重置价－残值）÷使用年限
　　　　　　　　＝（2 500×900－0）÷48＝46 875（元）

建筑物现值＝建筑物重置价－年贬值额×已使用年限
　　　　　＝2 500×900－46 875×4＝2 062 500（元）

建筑物年净收益＝建筑物现值×建筑物资本化率（假设房屋收益年期为无限年期）
　　　　　　　＝2 062 500×8%＝165 000（元）

（4）计算土地纯收益。

土地纯收益＝房地产净收益－建筑物净收益＝412 740－165 000＝247 740（元）

（5）计算土地使用权价格。

土地使用权价格＝247 740×(P/A, 7%, 44)＝3 358 836.15（元）
单价＝3 358 836.15÷500＝6 717.67（元）

（6）评估结果。本宗土地使用权在2008年3月的土地使用权价值为3 358 836.15元，单价为每平方米6 717.67元。

第三节　市场法在房地产评估中的应用

一、市场法的基本原理与适用范围

市场法是房地产评估方法中最常用的基本方法之一，也是目前国内外广泛应用的评估方法。市场法又称买卖实例比较法、交易实例比较法、市场比较法、市场资料比较法、现行市价法等。市场法是将估价对象与在估价时点的近期发生过交易的类似房地产进行比较，对这些类似房地产的成交价格作适当的处理来求取估价对象价值的方法。市场法的本质是以房地产的市场交易价格为导向求取估价对象的价值。市场法的理论依据是房地产价格形成的替代原理。

只要有适合的类似房地产交易实例，市场法即可应用。在同一地区或同一供求范围内的类似地区中，与被评估房地产相类似的房地产交易越多，市场法应用越有效。而在下列情况下，市场法往往难以适用：①没发生房地产交易或在房地产交易发生较少的地区；②某些类型少见的房地产或交易实例很少的房地产，如古建筑等；③很难成为交

易对象的房地产,如教堂、寺庙等;④风景名胜区土地;⑤图书馆、体育馆、学校用地等。

运用市场法估价一般分以下几个步骤进行:①选取可比实例;②建立价格可比基础;③进行交易情况修正;④进行交易日期调整;⑤进行房地产状况调整;⑥求取评估对象价格。

二、选取可比实例、建立价格可比基础

在进行一宗房地产价值评估时,需要针对被估房地产的特点,从平时收集的众多房地产交易实例中选择符合一定条件的交易实例作为供比较参照的交易实例。可比实例选取恰当与否,直接影响到市场法评估出的价格的准确性,因此应特别慎重。选取可比实例的基本要求如下。

(1) 可比实例应是估价对象的类似房地产,具体指:①可比实例与估价对象房地产在同一地区或同一供求范围内;②可比实例与估价对象房地产用途、结构、权利性质相同,规模、档次相当。

(2) 可比实例的成交日期应与估价时点接近。

(3) 可比实例的交易类型应与估价目的吻合。

(4) 可比实例的成交价格应为正常价格或能够修正为正常价格。

选取的可比实例数量从理论上讲越多越好,但是如果要求选取的数量过多,一是可能由于交易实例缺乏而难以做到;二是后续进行修正、调整的工作量大。所以一般要求选取 3 个以上(含 3 个)、10 个以下(含 10 个)的可比实例即可。

选取了可比实例之后,应先对这些可比实例的成交价格进行换算处理,使其之间的口径一致、相互可比,并统一到需要求取的估价对象的价格单位上,为进行后续的修正、调整建立共同的基础。建立价格可比基础包括:①统一付款方式;②统一采用单价;③统一币种和货币单位;④统一面积内含;⑤统一面积单位。

三、差异因素修正

差异因素修正包括:交易情况修正、交易日期修正、房地产状况修正等。

(一) 交易情况修正

1. 交易情况修正的含义

可比实例的成交价格可能是正常的,也可能是不正常的。由于要求评估的估价对象的价格是客观合理的,所以,如果可比实例的成交价格是不正常的,则应将其调整为正常的,如此才能作为估价对象的价格。这种对可比实例成交价格进行的调整,称为交易情况修正。因此,经过交易情况修正后,就将可比实例的实际而可能是不正常的价格变成了正常价格。

2. 造成成交价格偏差的特殊因素

由于房地产具有不可移动、独一无二、价值量大等特性,以及房地产市场是不完全市场,房地产的成交价格往往容易受交易中的一些特殊因素的影响,从而使其偏离正常的市场价格。交易中的特殊因素较复杂,归纳起来主要有下列几个方面:

(1) 有特殊利害关系的经济主体间的交易,如亲友之间、有利害关系的公司之间、

公司与本单位职工之间,通常都会以低于市价的价格进行交易。

（2）交易时有特别的动机,这以急于脱售或急于购买最为典型。如有人为了扩大经营面积,收买邻近的建筑用地,往往会使交易价格抬高。

（3）买方或卖方不了解市场行情,往往使房地产交易价格偏高或偏低。

（4）其他特殊交易的情形。如契税本应由买方负担,却转嫁给了卖方。

（5）特殊的交易方式。如拍卖、招标等。

3. 交易情况修正的方法

有上述特殊交易情况的交易实例不宜选为可比实例,但当可供选择的交易实例较少而不得不选用时,则应对其进行交易情况修正。

$$交易情况修正的正常价格 = 可比实例价格 \times \frac{正常交易情况指数}{参照实例交易情况指数} = \frac{100}{(100 \pm \quad)}$$

交易情况修正需要测定交易中的一些特殊因素使其成交价格偏离正常价格的程度,但由于缺乏客观、统一的尺度,这种测定有时非常困难。因此,在哪种情况下应当修正多少,主要由估价人员凭其专业知识和丰富的经验加以判断。不过,估价人员平常就应搜集整理交易实例并加以分析,在积累了丰富经验的基础上,把握适当的修正系数也是不难的。

（二）交易日期(时间)修正

1. 交易日期修正的含义

可比实例的成交价格是其成交日期时的价格,是在其成交日期时的房地产市场状况下形成的。要求评估的估价对象的价格是估价时点时的价格,是应该在估价时点时的房地产市场状况下形成的。如果成交日期与估价时点不同(往往是不同的,而且通常成交日期早于估价时点),房地产市场状况可能发生了变化,如政府出台新的政策措施、利率发生变化、出现通货膨胀或通货紧缩等,从而房地产价格就有可能不同。因此,应将可比实例在其成交日期时的价格调整为在估价时点时的价格,如此才能将其作为估价对象的价格。这种对可比实例成交价格进行的修正,称为交易日期修正。

交易日期修正实质上是房地产市场状况对房地产价格影响的修正。经过交易日期修正后,就将可比实例在其成交日期时的价格变成了在估价时点时的价格。

2. 交易日期修正的方法

$$评估基准日价格 = 可比实例价格 \times \frac{评估基准日价格指数}{参照实例交易时价格指数}$$

在实际的交易日期修正中,有下列几类价格指数或价格变动率可供选用:①一般物价指数或变动率;②建筑造价指数或变动率;③建筑材料价格指数或变动率;④建筑人工费指数或变动率;⑤房地产价格指数或变动率。房地产价格指数或变动率又可细分为:①全国房地产价格指数或变动率;②某地区房地产价格指数或变动率;③全国某类房地产价格指数或变动率;④某地区某类房地产价格指数或变动率。

最适用的房地产价格指数或变动率,是可比实例所在地区的同类房地产的价格指数或变动率。

（三）房地产状况

1. 房地产状况修正的含义

如果可比实例房地产与估价对象房地产本身之间有差异,则还应对可比实例成交价格进行房地产状况修正,因为房地产价格还反映房地产本身的状况。进行房地产状况修正,是将可比实例在其房地产状况下的价格,修正为在估价对象房地产状况下的价格。因此,经过房地产状况调整后,就将可比实例在其房地产状况下的价格变成了在估价对象房地产状况下的价格。

2. 房地产状况修正的内容

由于房地产状况可以分为区位、权益和实物三大方面,从而房地产状况修正可分为区位状况修正、权益状况修正和实物状况修正。在这三大方面的修正中,还可进一步细分为若干因素的修正。区位状况比较、修正的内容主要包括:繁华程度、交通便捷程度、环境景观、公共服务设施完备程度、临路状况等;权益状况比较、修正的内容主要包括:土地使用年限,城市规划限制条件(如容积率)等;实物状况比较、修正的内容很多,对于土地来说,主要包括:面积、形状、基础设施完备程度、土地平整程度、地势、地质水文状况等;对于建筑物来说,主要包括:新旧程度、建筑规模、建筑结构、设备、装修、平面格局、工程质量等。

3. 房地产状况修正的方法

$$房地产状况修正系数 = \frac{待估对象房地产状况指数}{参照实例房地产状况指数}$$

$$= \frac{100}{(100 \pm \quad)} \text{ 或} \frac{(100 \pm \quad)}{100}$$

房地产状况修正系数一般应以估价对象房地产状况为基准来确定,即 $\dfrac{100}{(100 \pm \quad)}$。

如果评估对象权益状况中的容积率和土地使用年限对房地产价格影响较大,也可单独进行修正。

（四）容积率修正

容积率与地价并非呈线性关系,在一定范围内,容积率与地价成同方向变化,但并非呈线性关系,需视具体区域的情况具体分析。

容积率与地价的关系,可通过编制容积率地价指数表来反映。

例如,某类用地容积率与地价的关系为:当容积率在 1~1.5 之间时,容积率每增加 0.1,宗地单位地价比容积率为 1.0 时的地价增加 5%;超过 1.5 时,超出部分的容积率每增长 0.1,单位地价比容积率为 1.0 时的地价增加 3%。要求编制容积率地价指数表(见表 6-6)。

表 6-6　容积率地价指数表

容积率	1.0	1.1	1.2	1.3	1.4	1.5	1.6	1.7
地价指数	100	105	110	115	120	125	128	131

$$容积率因素修正系数 = \frac{待估对象容积率地价指数}{参照实例容积率地价指数}$$

如果确定可比案例宗地地价每平方米为 800 元,容积率为 1.7 ,待估宗地规划的容积率为 1.2,则待估宗地容积率修正计算如下:

$$经容积率修正后的可比实例价格 = 800 \times 131 \div 110 = 952.72(元/平方米)$$

(五) 土地使用年期修正

我国实行有限年期的土地使用权有偿使用制度,土地使用年期的长短,直接影响到土地收益的多少。土地的年收益确定以后,土地的使用期限越长,土地的总收益就越多,土地利用资产也就越高,土地的价格也会因此提高。通过土地使用年期修正,可以消除由于使用期限不同而对房地产价格造成的影响。

土地使用年期修正系数按下式公式计算:

$$k = \frac{1-(1+r)^{-m}}{1-(1+r)^{-n}} = \frac{(P/A, r, m)}{(P/A, r, n)}$$

式中:K——将可比实例年期修正到被估对象使用年期的年期修正系数;

　　　r——资本化率;

　　　m——被估对象的剩余使用年期;

　　　n——可比实例的剩余使用年期。

四、房地产价格的确定

由前述内容可知,市场法估价需要进行交易情况、交易日期、房地产状况等方面的修正和调整。如果把这几个方面的修正、调整综合起来,计算公式如下:

$$\frac{被估房地产}{评估价值} = \frac{参照物}{价格} \times \frac{交易情况}{修正系数} \times \frac{交易日期}{修正系数} \times \frac{房地产状况}{修正系数}$$

或

$$\frac{被估房地产}{评估价值} = \frac{参照物}{价格} \times \frac{交易情况}{修正系数} \times \frac{交易日期}{修正系数} \times \frac{房地产状况}{修正系数} \times \frac{容积率}{修正系数} \times \frac{土地使用年期}{修正系数}$$

每个可比实例的成交价格经过上述各项修正、调整之后,都会相应地得到一个评估值。例如,有 5 个可比实例,经过各项修正、调整之后会得到 5 个评估值。但这些评估值可能是不相同的,最后需要将它们综合成一个评估值,以此作为市场法的测算结果。求取最终的房地产评估价值可采用统计学的方法,如简单算术平均数法、加权算术平均数法、中位数法、众数法等。

五、应用举例

【例 6-5】 有一待估宗地 G 需评估,现收集到与待估宗地条件类似的于 20×7 年进行交易的 6 宗地块,具体情况如表 6-7 所示。

表 6-7　类似交易的 6 宗地块

宗地	成交价(元/平方米)	交易情况	交易时间	房地产状况	容积率	剩余使用年期
A	680	+1%	4 月	+1%	1.3	45
B	610	0	4 月	−1%	1.1	40
C	700	+5%	3 月	−2%	1.4	45
D	680	0	5 月	−1%	1.0	45
E	750	−1%	6 月	+2%	1.6	50
F	700	0	7 月	+1%	1.3	45
G		0	7 月	0	1.1	45

上述对交易情况、房地产状况的修正,都是案例宗地与被估宗地比较,表中负号表示案例条件比待估宗地产差,正号表示案例宗地条件优于被估宗地,数值大小代表对宗地地价的修正幅度。土地资本化率为 8%。

另据调查,该城市 20×7 年地价指数如表 6-8 所示。

表 6-8　地　价　指　数

时间	1 月	2 月	3 月	4 月	5 月	6 月	7 月	8 月	9 月	10 月	11 月	12 月
价格指数	100	103	107	110	108	107	112	109	111	108	109	113

该城市此类用地容积率地价指数如表 6-9 所示。

表 6-9　用地容积率地价指数

容积率	1.0	1.1	1.2	1.3	1.4	1.5	1.6	1.7
地价指数	100	105	110	115	120	125	128	131

试根据以上条件,评估该宗地 20×7 年 7 月的价值。

(1)土地使用年期修正。案例宗地 B 和 E 的剩余使用年期与评估宗地不一样,需要计算年期修正系数。

$$宗地 B 的年期修正系数 = \frac{1-(1+8\%)^{-45}}{1-(1+8\%)^{-40}} = 1.015$$

$$宗地 E 的年期修正系数 = \frac{1-(1+8\%)^{-45}}{1-(1+8\%)^{-50}} = 0.989\,8$$

(2)案例修正计算如表 6-10 所示。

表 6-10　案 例 修 正

宗地	成交价 （元/平方米）	交易情况 修正系数	交易时间 修正系数	房地产状况 修正系数	容积率修 正系数	剩余使用年 期修正系数	评估价值
A	680	100/101	112/110	100/101	105/115	1	620
B	610	100/100	112/110	100/99	105/105	1.015	637
C	700	100/105	112/107	100/98	105/120	1	623
D	680	100/100	112/108	100/99	105/100	1	748
E	750	100/99	112/107	100/102	105/128	0.989 8	631
F	700	100/100	112/112	100/101	105/115	1	633

（3）评估结果。案例 D 的值为异常值，应予剔除。其他结果较为接近，取其平均值作为评估结果。因此，待估宗地 G 的评估结果为：

$$（620＋637＋623＋631＋633）÷5＝629（元/平方米）$$

第四节　成本法在房地产评估中的应用

一、成本法的基本原理与适用范围

成本法是先求取估价对象在估价时点的重新购建价格和贬值，然后将重新购建价格减去贬值来求取估价对象价值的方法。成本法的本质是以房地产的重新开发建设成本为导向求取估价对象的价值。成本法也可以说是以房地产价格各构成部分的累加为基础来测算房地产价格的方法。所以，成本法这个概念中的"成本"，并不是通常意义上的成本，而是指价格。但在该方法中也用到了通常意义上的成本。

成本法的理论依据是生产费用价值论——商品的价格是依据其生产所必要的费用而决定。一个是不低于开发建设已经花费的代价，一个是不高于预计重新开发建设所需花费的代价，买卖双方可以接受的共同点必然是正常的代价（包含正常的费用、税金和利润）。因此，估价人员便可以根据开发建设估价对象所需的正常费用、税金和利润之和来测算其价格。如果所购买的房地产中的建筑物是旧的，通常还要考虑建筑物的贬值。

只要是新近开发建设、可以假设重新开发建设或者计划开发建设的房地产，都可以采用成本法估价。成本法特别适用于估价那些既无收益又很少发生交易的房地产，如学校、图书馆、体育场馆、医院、政府办公楼、军队营房、公园等公用、公益房地产，以及化工厂、钢铁厂、发电厂、油田、码头、机场等有独特设计或只针对个别用户的特殊需要而开发建设的房地产。单纯建筑物的估价通常也是采用成本法。

但由于土地的价格大部分取决于它的效用，即土地成本的增加并不一定会增加它的使用价值，所以成本法在土地估价中的应用受到一定的限制。同时成本法估价比较费时费力,测算重新购建价格和贬值也有一定的难度,尤其是那些过于旧的建筑物,往往需要估价人员针对建筑物进行实地勘察,依靠其主观判断。因此,成本法主要适用于比较新的建筑物的估价,不大适用于过于旧的建筑物的估价。

二、房地产价格的构成项目

房地产价格通常由七大项构成:①土地取得费用;②开发成本;③管理费用;④投资利息;⑤销售费用;⑥销售税费;⑦开发利润。

(一)土地取得费用

土地取得费用是指取得房地产开发用地所需的费用、税金等。在完善的市场经济下,土地取得费用一般是由购置土地的价款和在购置时应由开发商(作为买方)缴纳的税费(如契税、交易手续费)构成。在目前情况下,土地取得费用的构成根据房地产开发用地取得的途径,可分为下列3种:

(1)通过征用农地取得的,土地取得费用包括农地征用中发生的费用和土地使用权出让金(或土地增值收益)等。具体计算应按国家和当地政府规定征地补偿标准和土地出让金标准计算。

(2)通过在城市中进行房屋拆迁取得的,土地取得成本包括城市房屋拆迁中发生的费用和土地使用权出让金等。具体计算应按国家和当地政府规定拆迁安置补偿费标准和土地出让金标准计算。

(3)通过在市场上交易取得的,如取得政府出让或其他开发商转让的已完成征用或拆迁补偿安置的熟地,土地取得成本包括购买土地的价款和在购买时应由买方缴纳的税费等。具体计算可按实际支出额或通过与类似土地进行比较分析后确定。

(二)开发成本

开发成本是指在取得房地产开发用地后进行土地开发和房屋建设所需的直接费用、税金等,划分为土地开发成本和建筑物建造成本。具体包括如下几项。

(1)勘察设计和前期工程费,包括可行性研究、规划、勘察、设计及"三通一平"等工程前期所发生的费用。

(2)基础设施建设费,包括所需的道路、给水、排水、电力、通信、燃气、热力等设施的建设费用。

(3)房屋建筑安装工程费,包括建造房屋及附属工程所发生的土建工程费用和安装工程费用。

(4)公共配套设施建设费,包括所需的非营业性的公共配套设施的建设费用。

(5)开发建设过程中的税费。

(三)管理费用

管理费用是为管理和组织房地产开发经营活动所发生的各种费用,包括开发商的人员工资及福利费、办公费、差旅费等,可总结为土地取得成本与开发成本之和的一定比率。所以,在估价时管理费用通常可按土地取得成本与开发成本之和乘以这一比率来测算。

（四）投资利息

此处的投资利息与会计上的财务费用不同，是指资金的时间价值。土地取得费用、开发成本，无论它们的来源是借贷资金还是自有资金，都应计算利息，且按复利计算。

由于在房地产开发过程中，土地取得费用和开发成本，这两部分资金的投入时间和占用时间不同，因此计算期也各不相同。土地取得费在期初一次性投入，而在开发销售后方能收回，因此计息期应为整个开发期和销售期；土地开发费在开发过程中逐步投入，销售后收回，若在整个开发期间均匀投入的，计息期为开发期的一半和整个销售期，若是分段均匀投入（如第一年投入 30%，第二年投入 70%），计息期为各段时间一半加上剩余占用期间。

（五）销售费用

销售费用是指销售开发完成后的房地产所需的费用，包括广告宣传费、销售代理费等。销售费用通常是按售价乘以一定比率来测算。

（六）销售税费

销售税费是指销售开发完成后的房地产应由开发商（作为卖方）缴纳的税费，又可分为下列两类：

（1）销售税金及附加，包括营业税、城市维护建设税和教育费附加（通常简称"两税一费"）等。

（2）其他销售税费，包括应由卖方负担的交易手续费等。

销售税费通常是售价的一定比率，所以，在估价时通常是按售价乘以这一比率来测算。

（七）开发利润

运用成本法估价需要先测算出开发利润。开发利润是指在正常条件下开发商所能获得的平均利润，开发利润是按一定基数乘以同一市场上类似房地产开发项目所要求的相应平均利润率来计算。开发利润的计算基数和相应的利润率有下列几种。

（1）计算基数＝土地取得成本＋开发成本，相应的利润率可称为投资利润率。

（2）计算基数＝开发完成后的房地产价值（售价），相应的利润率可称为销售利润率。

所以，在测算开发利润时要注意计算基数与利润率的匹配，即采用不同的计算基数，应选用相对应的利润率；反过来，选用不同的利润率，应采用相对应的计算基数，不能混淆。从理论上讲，同一个房地产开发项目的开发利润，无论是采用哪种计算基数与其相对应的利润率来测算，所得的结果都是相同的。

三、基本公式

由于房地产既包括房地合一的房地产，也包括单独的土地和建筑物，因此其计算公式有所差别。

（一）新开发土地基本公式

新开发土地包括填海造地、开山造地、征用农地后进行"三通一平"等开发的土地，在旧城区中拆除旧建筑物等开发的土地。

$$新开发土地价格 = 土地取得费用 + 土地开发成本 + 管理费用$$
$$+ 投资利息 + 销售费用 + 销售税费 + 开发利润$$

（二）新建房地产的基本公式

$$新建房地价格 = 土地取得费用 + 土地开发成本 + 建筑物建造成本$$
$$+ 管理费用 + 投资利息 + 销售费用 + 销售税费 + 开发利润$$

如果是新建建筑物价格的评估，则上述公式中不含土地取得费用、土地开发成本及应归属于土地的管理费用、投资利息、销售费用、销售税费和开发利润，即：

$$建筑物价格 = 建筑物建造成本 + 管理费用 + 投资利息 + 销售费用 + 销售税费 + 开发利润$$

（三）旧房地产的基本公式

$$旧房地价格 = 土地的重新构建价格 + 建筑物的重新构建价格 - 建筑物的折旧$$

注意：在上式中，建筑物重新购建价格，必要时还应扣除由于旧建筑物的存在而导致的土地价值减损。

$$旧建筑物价格 = 建筑物的重新构建价格 - 建筑物的折旧$$

四、建筑物折旧

（一）建筑物折旧的含义及内容

这里所讲的建筑物折旧，是指估价上的折旧而非会计上的折旧。估价上的折旧是指由各种原因所造成的价值损失，其数额为建筑物在估价时点时的市场价值与其重新购建价格之间的差额。

在实际估价中，建筑物折旧分为物质折旧、功能折旧和经济折旧三个方面。

（1）物质折旧又称物质磨损、有形损耗，是指建筑物在实体方面的损耗所造成的价值损失。

（2）功能折旧又称精神磨损、无形损耗，是指建筑物成本效用的相对损失所引起的价值损失，它包括由于消费观念变更、设计更新、技术进步等原因导致建筑物在功能方面的相对缺乏、落后或过剩所造成的价值损失。

（3）经济折旧又称外部性折旧，是指建筑物本身以外的各种不利因素所造成的价值损失，包括供给过量、需求不足、自然环境恶化、环境污染、交通拥挤、城市规划改变、政府政策变化等。

（二）建筑物折旧的计算方法

求取建筑物折旧的方法很多，常用的方法是直接折旧法和成新率法。

1. 直线折旧法

直线折旧法是最简单的和迄今应用最普遍的一种折旧方法，它假设建筑物的价值

损耗是均匀的,即在耐用年限内每年的贬值额相等,则建筑物每年的贬值额为:

$$D = \frac{C-S}{N} = C \times \frac{1-R}{N}$$

式中:D——年贬值额;

  C——建筑物的重新建造成本;

  S——建筑的净残值,即建筑物在达到耐用年限后的剩余价值扣除旧建筑物拆除、清理等处理费用后所剩余的价值;

  N——建筑的耐用年限;

  R——建筑物的残值率,即建筑物的净残值与重新建造成本的比率。

各种结构的非生产用房的耐用年限和残值率一般如下:

钢筋混凝土结构:60年,0%;

砖混结构一等:50年,2%;

砖混结构二等:50年,2%;

砖木结构一等:40年,6%;

砖木结构二等:40年,4%;

砖木结构三等:40年,3%。

2. 成新率法

成新率法是根据建筑物的建成年代、新旧程度等,确定建筑物的成新率,直接求取建筑物的现值。其计算公式为:

建筑物价值 = 重置成本 × 成新率

成新率法适用于同时需要对大量建筑物进行估价的场合,尤其是进行建筑物现值调查,但比较粗略。

五、应用举例

【例6-6】 某市经济技术开发区内有一块土地面积为15 000平方米,该地块的土地征地费用(含安置、拆迁、青苗补偿费和耕地占用税)为每亩10万元,土地开发费为每平方千米2亿元,土地开发周期为2年,第一年投入资金占总开发费用的35%,开发商要求的投资回报率为10%,当地土地出让增值收益率为15%,银行贷款年利率为6%,试评估该土地的价格。

该土地各项投入成本均已知,可以用成本法进行评估。

(1) 计算土地取得费=10万元/亩=150(元/平方米)

(2) 计算土地开发费=2亿元/平方千米=200(元/平方米)

(3) 计算投资利息:

取得费利息 $= 150 \times [(1+6\%)^2 - 1] = 18.54$(元/平方米)

开发费利息 $= 200 \times 35\% \times [(1+6\%)^{1.5} - 1] + 200 \times 65\% \times [(1+6\%)^{0.5} - 1]$
$= 10.23$(元/平方米)

(4) 计算开发利润 $=(150+200) \times 10\% = 35$(元/平方米)

（5）计算土地价格：

土地单价 $= (150 + 200 + 18.54 + 10.23 + 35) \times (1 + 15\%) = 475.84$（元/平方米）

土地总价 $= 475.84 \times 15\,000 = 7\,137\,600$（元）

第五节　其他方法在房地产评估中的应用

一、假设开发法

（一）假设开发法的概念与理论依据

假设开发法又称假开法、开发法、预期开发法、剩余法，是预测估价对象未来开发完成后的价值，然后减去预测的未来开发成本、税费和利润等来求取估价对象价值的方法。

基本理论依据与收益法相同，是预期原理。假设开发法估价的基本思路，用下列模拟一个典型投资者思想活动的例子，可以较好地反映出来。

假如你是一个房地产开发商，同时有一块可供开发建设的土地，你将愿意以多高的价格来购买它？而为了得到这块土地，你首先得仔细分析这块土地的内外条件，如坐落位置、面积大小和形状、基础设施完备程度和土地平整程度、地质和水文状况、规划允许的用途、建筑高度和容积率等。根据土地的内外条件，你知道了这块土地在规划许可的范围内最适宜做何种用途、规模多大、什么档次，如是建商场还是建写字楼或住宅。在做了这些工作之后，你要预测这座建筑物假如建成后连同土地一起出售，将会卖到多高的价钱；为了建造这座建筑物你将要花多少费用，包括投资利息；此外，你在交易中要缴纳有关税费及要获得开发利润。确定了这些之后，你便知道了愿意为这块土地支付的最高价格是多少。毫无疑问，它等于预测的未来开发完成后的价值减去各种开发成本、费用以及利息、税费和利润等之后所剩的数额。

由上可以看出，假设开发法在形式上是评估新开发完成的房地产价格的成本法的倒算法。两者的主要区别是：成本法中的土地价格为已知，需要求取的是开发完成后的房地产价格；假设开发法中开发完成后的房地产价格已事先通过预测得到，需要求取的是土地价格。

（二）假设开发法的适用范围

假设开发法适用于具有投资开发或再开发潜力的房地产的估价，如待开发的土地（包括生地、毛地、熟地）、在建工程（包括房地产开发项目）、可装修改造或可改变用途的旧房（包括装修、改建、扩建，如果是重建就属于毛地的范畴），以下统称为"待开发房地产"。

在实际中运用假设开发法估价的结果的可靠性，关键取决于下列两个预测：①是否根据房地产估价的合法原则和最高最佳使用原则，正确地判断了房地产的最佳开发利用方式（包括用途、规模、档次等）。②是否根据当地房地产市场行情或供求状况，正确地预测了未来开发完成后的房地产价值。由于这两个预测包含着较多的可变因素，假设开发法有时被指责为较粗糙。不过,当估价对象具有潜在的开发价值时,假设开发法几乎是唯一实用的估价方法。

(三)假设开发法的计算公式

以待开发土地为例:

待开发房地产价值(地价) = 开发完成后的房地产价值－建筑费用－专业费用－投资利息
－销售费用－销售税费－开发利润

上述公式中具体应减去的项目,掌握的基本原则是设想得到估价对象后,往后至开发完成还需要支出的一切合理、必要的费用、税金及应取得的利润。

(四)假设开发法的操作步骤

运用假设开发法估价一般分为下列六个步骤进行:①调查待开发房地产的基本情况;②确定被估房地产的最佳开发利用方式;③预测开发完成后的房地产价值;④测算各项成本费用,包括建筑费用、专业费用、投资利息、销售费用、销售税费;⑤测算开发利润;⑥进行具体计算,求出待开发房地产的价值。下面说明如何调查待开发房地产的基本情况和选择最佳的开发利用方式,其他步骤的内容将在下一部分介绍。

1. 调查待开发房地产的基本情况

调查内容具体包括几项内容。①调查土地的限制条件。在我国,待开发土地的使用年限、城市规划设计条件(如用途、建筑高度、容积率)等,通常是政府事先确定的。购地者如果获得该类土地,只能在政府的这些限制之内开发利用。因此,政府的这些限制,也是评估这类待开发土地的价格时必须遵守的前提条件。②弄清土地的位置。包括土地所在城市的性质及其具体的坐落状况。以及周围的土地条件和利用现状。③弄清土地的面积大小、形状、平整程度、基础设施通达程度、地质和水文状况等。④弄清房地产利用要求,掌握城市规划对此宗土地的规划用途、建筑高度、容积率等。⑤弄清将拥有的土地权利状态。包括弄清权利性质(目前均为使用权)、使用年限、可否续期,以及对转让、出租、抵押等的有关规定等。这些权利状况对确定开发完成后的房地产价值、售价及租金水平有着非常密切的关系。

2. 确定被估房地产的最佳开发利用方式

选择最佳的开发利用方式包括用途、规模、档次等的确定。这些内容的确定都要在城市规划许可的范围内选取,也就是说在这个许可范围内的最佳。在选择最佳的开发利用方式中,最重要的是要选择最佳的用途。最佳用途的选择,要考虑土地位置的可接受性及这种用途的现实社会需要程度和未来发展趋势,或者说要分析当地市场的接受能力,究竟市场在项目建成后最需要什么类型的房地产。例如,某块土地城市规划规定的用途可为宾馆,可为公寓,可为写字楼,但在实际估价时究竟应选择哪种用途? 这首先要调查该块土地所在城市和区域的宾馆、公寓、写字楼的供求关系及其走向。如果对宾馆、写字楼的需求开始趋于饱和,表现为客房入住率、写字楼出租率呈下降趋势,但希望能租到或买到公寓住房的人逐渐增加,而近年能提供的数量又较少时,则可以选择该块土地的用途为兴建公寓。

(五) 假设开发法中各项目内容的求取

1. 开发完成后的房地产价值

开发完成后的房地产价值,是指开发完成时的房地产状况的市场价值。该市场价值所对应的日期,通常是开发完成时的日期,一般通过预测来求取,有两条途径:①对于销售的房地产,如居住用商品房、工业厂房等,通常是采用市场法,根据类似房地产过去和现在的价格及其未来可能的变化趋势来推测。②对于出租和营业的房地产,如写字楼、商店、旅馆、餐馆,预测其开发完成后的价值,首先用市场法预测其租赁或经营的净收益,然后采用收益法将该净收益转换为价值。

【例 6-7】 根据当前的市场租金水平,预测未来建成的某写字楼的月租金为每平方米使用面积 35 元,出租率为 90%,运营费用占租金的 30%,报酬率为 8%,可供出租的使用面积为 8 000 m²,运营期为 47 年,则该写字楼的未来总价值可估计为:

$$8\ 000 \times 35 \times 90\% \times 12 \times (1 - 30\%) \times (P/A, 8\%, 47) = 2\ 575\ (万元)$$

2. 建筑费用、专业费用、销售费用、销售税费

由于假设开发法可视为成本法的倒算法,所以在实际估价中测算建筑费用、专业费用、销售费用、销售税费时,可根据当地的房地产价格构成情况来分项测算。测算的方法也与成本法中的相同,所不同的是需要预测。

建筑费用可采用类似于市场法的方法来求取,即通过当地同类房地产开发项目当前的建筑费用来推算。如果预计建筑材料价格、建筑人工费等在未来可能有较大变化,还要考虑未来建筑材料价格、建筑人工费等的变化对建筑费和专业费用的影响。

专业费用包括建筑设计费、工程概预算费用等,一般采用建造费用的一定比率估算。

销售费用是指销售开发完成后的房地产所需的广告宣传、销售代理等费用。

销售税费是指销售开发完成后的房地产应缴纳的税金及附加,以及交易手续费等其他销售税费。

销售费用和销售税费通常是按照开发完成后的房地产价值的一定比率来测算。

3. 投资利息

投资利息的计算与成本法的计算思路相同,主要把握以下两个方面。

(1) 应计息的项目。根据等量资本要获得等量利润的原理,利息应为开发全部预付资本的融资成本,具体应计息的项目包括:①未知的地价;②建筑费和专业费用。销售费用和销售税费一般不计息。

(2) 计息期的长短。计息期是某项费用应计息的时间长度。其起点是该项费用发生的时间点,终点通常是开发期结束的时间点,不考虑预售和延迟销售的情况。另外值得注意的是,求知的地价是假设在估价时点一次付清,所以,其计息的起点是估价时点。有些费用不是发生在一个时间点,而是在一段时间(如开发期)内连续发生,但计息时通常将其假设为在所发生的时间段内均匀发生,具体视为发生在该时间段的期中。发生

的时间段通常按年来划分。

4. 开发利润

测算开发利润的方法与成本法中的相同,通常是以一定基数乘以同一市场上类似房地产开发项目所要求的相应平均利润率。在测算时要注意计算基数与利润率的对应。

$$利润 ＝（地价＋建筑费用＋专业费用）×投资利润率$$

或:

$$利润 ＝ 开发完成后的房地产价值×销售利润率$$

【例6-8】 有一宗"七通一平"的待开发建筑用地,土地面积为2 000平方米,建筑容积率为2.5,拟开发建设写字楼,建设期为2年,建筑费用为3 000元/平方米,专业费为建筑费的10%建筑费和专业费在建设期内均匀投入。该写字楼建成后即出售,预计售价为9 000元/平方米,销售费用为预期楼价的2.5%,销售税费为预期楼价的6.5%,当地银行年贷款利率为6%,开发商要求的投资利润率为10%。

试估算该宗地目前的单位地价和楼面地价。

(1) 确定评估方法。现已知写字楼未来预期楼价和各项开发成本及费用,可用假设开发法评估,计算公式为:

$$地价 ＝ 开发完成后的房地产价值－建筑费用－专业费用－投资利息－销售费用$$
$$－销售税费－开发利润$$

(2) 计算预期楼价:

$$楼价 ＝ 2\ 000×2.5×9\ 000 ＝ 45\ 000\ 000（元）$$

(3) 计算建筑费、专业费、销售费用和税费:

$$建筑费 ＝ 3\ 000×2\ 000×2.5 ＝ 15\ 000\ 000（元）$$
$$专业费 ＝ 建筑费×10\% ＝ 15\ 000\ 000×10\% ＝ 1\ 500\ 000（元）$$
$$销售费用 ＝ 45\ 000\ 000×2.5\% ＝ 1\ 125\ 000（元）$$
$$销售税费 ＝ 45\ 000\ 000×6.5\% ＝ 2\ 925\ 000（元）$$

(4) 计算利息:

$$利息 ＝ 地价×[(1+6\%)^2－1]＋(15\ 000\ 000＋1\ 500\ 000)×[(1+6\%)^1－1]$$
$$＝ 0.123\ 6×地价＋990\ 000$$

(5) 计算利润:

$$利润 ＝（地价＋建筑费＋专业费）×10\% ＝（地价＋16\ 500\ 000）×10\%$$

(6) 求取地价:

$$地价 ＝ 45\ 000\ 000－16\ 500\ 000－1\ 125\ 000－2\ 925\ 000－0.1×地价－1\ 650\ 000$$
$$－0.123\ 6×地价－990\ 000$$
$$地价 ＝ 21\ 810\ 000÷1.223\ 6 ＝ 17\ 824\ 452（元）$$

(7) 评估结果:

单位地价＝17 824 452÷2 000＝8 912(元/平方米)

楼面地价＝8 912÷2.5＝3 565(元/平方米)

二、基准地价修正法

(一) 基准地价的含义

基准地价是指土地管理部门组织评估并经同级人民政府确认的在一定时期内按照城市土地级别或均质地域分别评估的商业、住宅、工业等各类用地和综合土地级别的土地使用权的平均价格。从其定义可以看出,基准地价不同于具体的宗地地价,它是特定区域的平均价格。具体的测算方法如下:首先,依据土地使用权出让、转让、出租和房屋出租、买卖等资料,分别采用多种方法试算样点地价,对样点地价经过年期、容积率、交易情况、土地条件等修正,得到标准宗地地价;然后,根据评估区域内的标准宗地地价求取基准地价。通常我国城镇都会定期公布其城市建成区内的基准地价。表 6-11 是某城市公布的在某一时期的基准地价。

表 6-11　某市市区基准地价表　　　　　　　　　　　　　　单位:元/平方米

标准　土地级别 土地用途	I级	II级	III级	IV级	V级	VI级	VII级	VIII级	IX级	X级	XI级	XII级
商业用地	9 100	6 910	5 270	4 430	2 850	1 600	1 050	660	550	420	350	300
综合用地	7 500	6 560	5 100	4 070	2 530	1 520	980	580	480	380	320	270
住宅用地	6 600	5 780	4 770	3 410	2 430	1 460	930	540	440	350	300	250
工业用地	1 530	1 220	970	750	390	300	250	190	170	150	130	110
说明	1. 基准地价内涵:各土地级别内"五通一平"土地开发程度下的完整土地使用权平均价格,地价内涵构成由土地开发成本、级差地租和市政配套费等三部分组成,这三部分在地价中所占的比例分别为45％、20％、35％。 2. 基准条件界定:商业、综合、住宅和工业用地的容积率均为2.0。本标准适用于容积率小于等于上述标准时的标定地价测算,当容积率大于上述标准时,按附件3～5确定的楼面地价标准执行。 3. 土地使用年限:商业用地 40 年、综合用地 50 年、住宅用地 70 年、工业用地 50 年。 4. 本表中的土地级别按土地级别划分范围(及土地级别图)确定。 5. 当地块临市区主要街道时,还应按其他标准另行加价											

基准地价确定以后,还要评估标定地价。标定地价是市、县政府根据需要评估的宗地在正常土地市场中,在正常经营管理条件下,在一定使用期限内的价值。标定地价评估可以以基准地价为依据,根据土地使用年限、地块大小、形状、容积率等条件通过系数修正进行评估,也可以利用房地产市场交易资料,采用宗地评估的一般方法评估。因此,在基准地价评估项目中,一般要编制基准地价修正系数表,以满足评估标定地价的需要。

（二）基准地价的特点和作用

基准地价一般具有下列特点。①基准地价是区域性价格。这个区域可以是级别区域，也可以是区段，因而基准地价的表现形式通常为区片价和路段价，或两者结合起来共同反映某种用途的土地使用权价格。②基准地价是土地使用权价格。③基准地价是区域平均价格。④基准地价一般都要覆盖整个城市建成区。⑤基准地价是单位土地面积的地价。⑥基准地价具有现实性，是评估出的特定时点的价格。

基准地价的作用如下：①基准地价具有政府公告的作用；②基准地价是宏观调控地价水平的依据；③基准地价是国家征收城镇土地税收的依据；④基准地价是政府参与土地有偿使用收益分配的依据；⑤基准地价是进一步评估宗地地价的基础；⑥基准地价可以引导土地资源在行业部门间的合理配置。

（三）基准地价修正法的基本思路

基准地价修正法是利用城镇基准地价和基准地价修正系数表等评估成果，按照替代原则，将被估宗地的区域条件和个别条件等与其所处区域的平均条件相比较，并对照修正系数表选取相应的修正系数对基准地价进行修正，从而求取被估宗地在评估基准日价值的方法。在我国许多城市，尤其是房地产市场不太发达的城市，基准地价修正法也是常用的方法。

基准地价修正法的基本原理是替代原理，即在正常的市场条件下，具有相似土地条件和使用功能的土地，在正常的房地产市场中，应当具有相似的价格。基准地价是某级别或均质地域内分用途的土地使用权平局价格，基准地价相对应的土地条件是土地级别或均质地域内该类用途土地的平均条件。因此，通过被估宗地条件与级别或区域内同类用地平均条件的比较，并根据两者在区域条件、个别条件、使用年期、容积率和价格期日等方面的差异，对照因素修正系数表选取适宜的修正系数，对基准地价进行修正，即可得到被估宗地地价。

（四）基准地价修正法的适用范围

基准地价修正法适用于完成基准地价评估的城镇的土地评估，即该城市具备基准地价成果图和相应修正体系成果，可在短时间内大批量进行宗地地价的评估。因此，可快速方便地进行大面积的、数量众多的土地价值评估。不过，基准地价修正法评估的精度取决于基准地价及其修正系数的精度。因此，该方法一般在宗地地价评估中不作为主要的评估方法，而作为一种辅助方法。

（五）基准地价修正法评估的程序

（1）收集、整理土地定级评估成果资料。定级估计资料是采用基准地价修正法评估宗地地价必不可少的基础性资料。因此在评估前必须收集当地定级估价的成果资料，主要包括土地级别图、基准地价图、样点地价分布图、基准地价表、基准地价修正系数表和相应的因素条件说明表等，并进行归纳、整理和分析，作为宗地评估的基础资料。

（2）确定修正系数表。根据被估宗地的位置、用途、所处的土地级别、所对应的基准地价，确定相应的因素条件说明表和因素修正系数表，以确定地价修正的基础和需要调查的影响因素项目。

（3）调查宗地地价影响因素的指标条件。按照与被估宗地所处级别和用途相对应的基准地价修正系数表和因素条件说明表中所要求的因素条件，确定宗地条件的调查项目，调查项目应与修正系数表中的因素一致。

宗地因素指标的调查，应充分利用已收集的资料和土地登记资料及有关图件，不能满足需要的，应进行实地调查采样，在调查基础上，整理归纳宗地地价因素指标数据。

（4）制定被估宗地因素修正系数。根据每个因素的指标值，查相对应用途土地的基准地价影响因素指标说明表，确定因素指标对应的优劣状况；按优劣状况再查对相应的基准地价修正系数表，得到该因素的修正系数。对所有影响宗地地价的因素都同样处理，即得到宗地的全部因素修正系数。

（5）确定被估宗地使用年限修正系数。基准地价对应的使用年期，是各用途土地使用权的最高出让年期，而具体宗地的使用年期可能各不相同，因此必须进行年期修正。土地使用年期修正系数可按下式计算：

$$k = \frac{1-(1+r)^{-m}}{1-(1+r)^{-n}} = \frac{(P/A, \ r, \ m)}{(P/A, \ r, \ n)}$$

式中：K——被估对象使用年期的年期修正系数；

　　　r——资本化率；

　　　m——被估对象的剩余使用年期；

　　　n——该宗地最高出让年期。

（6）确定期日修正系数。基准地价对应的是基准地价评估基准日的地价水平，随着时间的迁移，土地市场的地价水平会有所变化，因此必须进行期日修正，把基准地价对应的地价水平修正到宗地地价评估基准日时的地价水平。期日修正一般可以根据地价指数的变动幅度进行。

（7）确定容积率修正系数。这是一个非常重要的修正系数。基准地价对应的是该用途土地在该级别或均质地域内的平均容积率，各宗地的容积率可能各不相同，同时容积率对地价的影响也非常大，并且在同一个级别区域内，各宗地的容积率的差异甚至很大。因此，一定要重视容积率的修正。也就是说，必须将区域平均容积率下的地价水平修正到宗地实际容积率水平下的地价。

（8）评估宗地地价。依据前面的分析和计算得到的修正系数，按下式求算待估宗地的地价水平。

$$\genfrac{}{}{0pt}{}{待估宗}{地地价} = \genfrac{}{}{0pt}{}{待估宗地所处}{地段的基准地价} \times \genfrac{}{}{0pt}{}{年期修}{正系数} \times \genfrac{}{}{0pt}{}{期日修}{正系数} \times \genfrac{}{}{0pt}{}{容积率}{修正系数} \times \genfrac{}{}{0pt}{}{其他因素}{修正系数}$$

三、路线价法

（一）路线价法的含义

路线价法是根据土地价值高低随距街道距离增大递减的原理，在特定街道上设定单价,并依此单价配合深度百分率表及其他修正率表,用数学方法来计算临接同一街道的宗地地价的评估方法。与市场法、收益法等对个别宗地地价评估方法相比,这种方法能对大量土地迅速进行评估,是评估大量土地的一种常用方法。

所谓路线价,是指对面临特定街道而接近距离相等的市街土地,设定标准深度,求取的该标准深度的若干宗地的平均单价。路线价法在英美早已施行,应用于课税标准价格的评定。1923 年,日本采用这种方法,在关东大地震后为复兴城市办理市地重划事业时,用于确定补偿金额标准,以后在课税方面也采用这种方法评估。

(二) 路线价法的理论依据

路线价法认为,市区内各宗土地的价值与其临街深度大小关系很大,土地价值随临街深度而递减,一宗土地越接近道路部分价值越高,离开街道愈远价值愈低。临接同一街道的宗地根据其地价的相似性,可划分为不同的地价区段。在同一路线价区段内的宗地,虽然地价基本接近,但由于宗地的深度、宽度、形状、面积、位置等的差异,地价也会出现差异,所以需制定各种修正率,对路线价进行调整。因此,路线价法的理论基础也是替代原理,路线价是标准宗地的单位地价,可看作比较实例,对路线价进行的各种修正可视为因素修正。

(三) 路线价法的计算公式

路线价法的计算公式有不同的表现形式,下面是常用的一种表达方式:

$$宗地总价 = 路线价 \times 深度百分率 \times 临街宽度$$

如果宗地条件特殊,如宗地属街角地、两面临街地、三角形地、梯形地、不规则形状地、袋地等,则需依下列公式计算:

$$宗地总价 = 路线价 \times 深度百分率 \times 临街宽度 \times 其他条件修正率$$

或

$$宗地总价 = 路线价 \times 深度百分率 \times 临街宽度 \pm 其他条件修正额$$

需要注意的是,路线价的表示方式有以标准宗地的总价作为路线价和以标准宗地的单价作为路线价两种。因此,运用路线价法计算临街各宗土地的价格,需要弄清路线价的含义、深度百分率的含义、标准宗地的条件,并结合所需计算价格的临街土地的形状和临街状况。其中就路线价与深度百分率两者的对应关系来说,在单独深度百分率、累计深度百分率和平均深度百分率中,究竟应采用哪一种,要根据所给路线价的含义来确定。采用不同的深度百分率,路线价法的计算公式有所不同。

(1) 当以标准宗地的总价作为路线价时,应采用累计深度价格修正率。

(2) 当以单位宽度的标准宗地[如临街宽度 1 英尺(1 英尺=0.304 9 米)、临街深度 100 英尺]的总价作为路线价时,也应采用累计深度价格修正率。计算公式为:

$$宗地总价 = 路线价 \times 累计深度百分率 \times 临街宽度$$
$$宗地单价 = 宗地总价 \div 估价对象土地面积 = 路线价 \times 累计深度百分率 \div 临街深度$$

(3) 当以标准宗地的单价作为路线价时,应采用平均深度价格修正率,计算公式为:

$$宗地单价 = 路线价 \times 平均深度百分率$$
$$宗地总价 = 路线价 \times 平均深度百分率 \times 临街宽度 \times 临街深度$$

(四) 路线价法的适用范围

一般的土地评估方法(如收益法、市场法)仅适用于对单个宗地进行评估,而路线价法则适用于同时对大量土地进行评估,特别适用于土地课税、土地重划、征地拆迁等需要在大范围内对大量土地进行评估的场合。路线价法是否运用得当,还依赖于较为完整的道路系统和排列整齐的宗地,以及完善合理的深度修正率表和其他条件修正率。

(五) 路线价法的程序

路线价法的操作步骤主要包括以下内容:路线价区段的划分、标准深度的确定、路线价的评估、深度百分率表和其他条件修正率表的制作、宗地价值的计算。

1. 路线价区段的划分

地价相近、地段相连的地段一般划分为同一路线价区段,路线价区段为带状地段。街道两侧接近性基本相等的地段长度称为地线价区段长度。路线价区域一般以路线价显著增减的地点为界。原则上街道不同的路段,路线价也不相同,如果街道一侧的繁华状况与对侧有显著差异,同一路段也可划分为两种不同的路线价。繁华街道有时需要附设不同的路线价,住宅区用地区位价差异较小,所以住宅区的路线价区段较长,甚至几个街道路线价区段都相同。

路线价区段划分完毕,对每个路线价区段求取该路线价区段内标准宗地的平均地价,附设于该路线价区段上。

2. 标准宗地的确定

路线价是标准宗地的单位价格,路线价的设定必须先确定标准宗地面积。标准宗地是指从城市一定区域中沿主要街道的宗地中选定的深度、宽度和形状标准的宗地。标准深度是指标准宗地的临街深度。临街深度是指宗地离开街道的垂直距离。标准宗地的面积大小随各国而异。美国为使城市土地的面积单位计算容易,把位于街区中间宽 1 英尺、深 200 英尺(约 60.96 米)的细长形地块作为标准宗地。日本的标准宗地为宽 3.63 米、深 16.36 米的长方形土地。实际评估中的标准深度,通常是路线价区段内临街各宗土地深度的众数。

3. 路线价的评估

路线价的确定主要采取两种方法:第一种是熟练的评估员依买卖实例用市场法等基本评估方法确定;第二种是采用评分方式,将形成土地价格的各种因素分成几类分别加以评分然后合计,换算成附设于路线价上的点数。

第一种方法是各国通用的方法。根据选定的标准宗地的形状、大小,然后评估标准宗地价格,根据标准宗地价格水平及街道状况、公共设施的接近情况、土地利用状况划分地价区段、附设路线价。标准宗地价格计算适用宗地地价的计算方法,如收益法、市场法等,在应用市场法评估标准宗地价格时,应对评价区域调查的买卖实例宗地进行地价影响因素分析,实例宗地条件如果与标准宗地条件不同,应对不同条件部分进行因素修正,因此求的标准宗地的正常买卖价格。不同地段的标准宗地价格应能反映区位差异,互相均衡。

4. 深度百分率表的制作

深度百分率又称深度指数,是地价随临街深度长短变化的比率。深度百分率表又称深度指数表,深度百分率表的制作是路线价法的难点和关键所在。路线价法在美国由来已久,长久以来根据丰富的实际资料,制定了各种路线价法则,如四三二一法则、苏慕斯法则(克利夫兰法则)、霍夫曼法则、哈柏法则、爱迪生法则等。

5. 宗地价值的计算

依据路线价和深度百分率及其他条件修正率表,运用路线价法计算公式,则可以计算得到宗地价值。

(六) 深度百分率表

临街同一街道的土地,路线价虽然相同,但由于宗地的宽度、深度、形状、面积的不同,单位面积价格也不同。在影响地价的因素中,深度对地价的影响较大。理论上,深度百分率为待估宗地的单位价格与标准宗地单位价格的比率。而实际评估中,深度百分率是根据所在街区多个非标准宗地单位价格与标准宗地的单位价格的比率,通过统计分析而得出的,并以列表的方式表示出来。假设有一临街宽度为 m 米,深度为 n 米的长方形宗地,每平方米平均单价为 A 元,则该宗地的总价为 mnA 元,如图 6-3 所示。

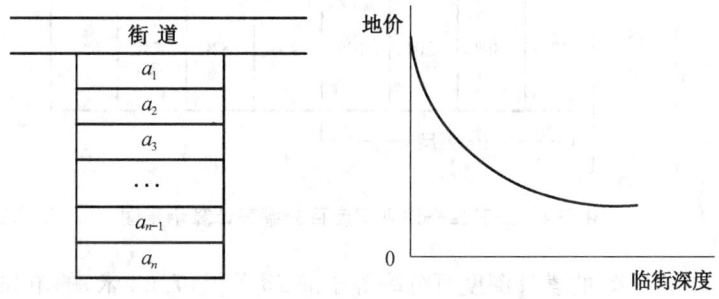

图 6-3　地价与地块临街深度的关系

对图 6-3 中的宗地,沿街道的平行方向将深度以 1 米为单位分成 n 块细片地块,从临街方向起依次每片地块的单位面积价格为 a_1, a_2, a_3, …, a_{n-1}, a_n, 且 $a_1 > a_2 > a_3 > \cdots > a_{n-1} > a_n$,因为地块愈接近街道,价值愈高。虽然深度同为 1 米之差,但其地价不同,即 a_1 与 a_2 之差最大,a_2 与 a_3 之差次之,依次递减,参见图 6-3 地价与临街深度的关系曲线。由此,土地总价值为:

$$mnA = ma_1 + ma_2 + \cdots + ma_{n-1} + ma_n$$

从而
$$A = \frac{a_1 + a_2 + \cdots + a_{n-1} + a_n}{n}$$

即土地单位面积价格等于各地块单位面积价格的面积加权平均值。如将各小地块单位面积价格表示为占整个地块的百分率,即为单独深度百分率。

深度百分率的表现形式有三种,分别为单独深度百分率、累计深度百分率和平均深度百分率。单独深度百分率呈递减现象,累计深度百分率呈递增现象,平均深度百分率呈递减现象。

一般来说,将标准深度的平均深度百分率设为100%,平均深度百分率与累计深度百分率之间的关系就表现为:

$$平均深度百分率 = \frac{累计深度百分率 \times 标准深度}{宗地深度}$$

制作深度百分率表,要考虑以下几个方面:①确定标准深度;②确定级距;③确定单独深度百分率;④根据需要采用累计或平均深度百分率。

根据深度百分率表的制作要求,将标准宗地的平均深度百分率(平均单价)作为100%,将单独深度百分率、平均深度百分率、累计深度百分率综合制成一表,即得到深度百分率表。

下面以四三二一法则为例,说明深度百分率表的制作方法。

如图6-4所示,标准深度为100英尺(30.48米)的宗地,每25英尺(7.62米)其单独深度百分率为40%、30%、20%、10%、9%、8%、7%和6%,求其深度百分率表。

累计、平均深度百分率的计算示例如图6-4所示。

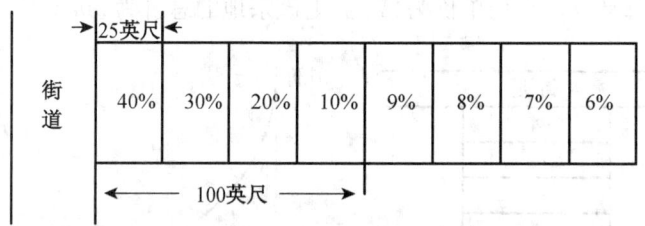

图6-4 四三二一法则深度百分率表计算示意图

50英尺(15.24米)的累计深度百分率等于前25英尺(7.62米)的单独深度百分率加上后25英尺的单独深度百分率,即40%+30%=70%。

50英尺的平均深度百分率等于前25英尺的单独深度百分率加上后25英尺的单独深度百分率乘以标准深度100英尺再除以宗地深度50英尺,即(40%+30%)×100÷50=140%。

75英尺(22.86米)的平均深度百分率为120%[(40%+30%+20%)×100÷75]。

根据同样的方法计算得到表6-12。

表6-12 深度百分率表制作示例

深度(英尺)	25%	50%	75%	100%	125%	150%	175%	200%
单独深度百分率	40%	30%	20%	10%	9%	8%	7%	6%
累计深度百分率	40%	70%	90%	100%	109%	117%	124%	130%
平均深度百分率	160%	140%	120%	100%	87.2%	78%	70.9%	65%

(七)典型路线价法则介绍

欧美国家很早就将路线价法应用于课税之上,下面主要介绍欧美国家著名的几种路线价法则。

1. 四三二一法则

四三二一法则(4-3-2-1 Rule)是将标准深度 100 英尺(30.48 米)的普通临街地与街道平行划分为四等分,即由临街面算起,第一个 25 英尺的价值为路线价的 40%,第二个 25 英尺的价值为路线价的 30%,第三个 25 英尺的价值为路线价的 20%,第四个 25 英尺的价值为路线价的 10%。如果超过 100 英尺,则需要用九八七六法则来补充,即超过 100 英尺的第一个 25 英尺的价值为路线价的 9%,第二个 25 英尺的价值为路线价的 8%,第三个 25 英尺的价值为路线价的 7%,第四个 25 英尺的价值为路线价的 6%。

应用四三二一法则评估,简明易记,但深度划分过于粗略,可能出现评估不够精细的问题。

【例 6-9】 现有临街宗地 A、B、C、D 和 E,如图 6-5 所示,深度分别为 25 英尺、50 英尺、75 英尺、100 英尺和 125 英尺,宽度分别为 10 英尺、10 英尺、20 英尺、20 英尺和 30 英尺。路线价为 2 000 元/英尺,设标准深度为 100 英尺,试运用四三二一法则计算各宗土地价值。

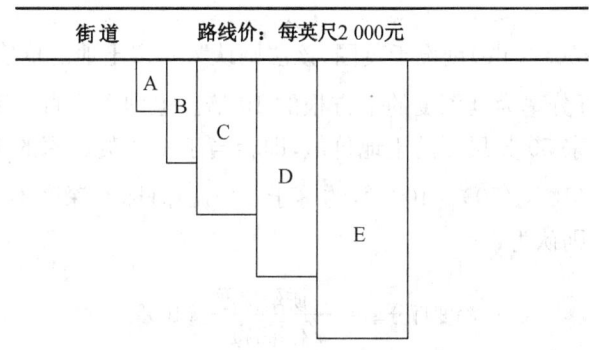

图 6-5　路线价法

根据表 6-12 查得累计深度百分率,然后计算如下:

$$A=2\ 000\times0.4\times10=8\ 000(元)$$
$$B=2\ 000\times0.7\times10=14\ 000(元)$$
$$C=2\ 000\times0.9\times20=36\ 000(元)$$
$$D=2\ 000\times1.0\times20=40\ 000(元)$$
$$E=2\ 000\times1.09\times30=65\ 400(元)$$

承上例,如果我们获得的路线价是 20 元/平方英尺,则计算方法如下:

$$A=20\times1.6\times25\times10=8\ 000(元)$$
$$B=20\times1.4\times50\times10=14\ 000(元)$$
$$C=20\times1.2\times75\times20=36\ 000(元)$$
$$D=20\times1.0\times100\times20=40\ 000(元)$$

$$E = 20 \times 0.872 \times 125 \times 30 = 65\,400(元)$$

2. 苏慕斯法则

苏慕斯法则(Somers Rule)是由苏慕斯(William A. Somers)根据其多年实践经验,并对众多的买卖实例价格调查比较后创立的。苏慕斯经过调查证明,100英尺深的土地价值,前半临街50英尺部分占全部宗地总价的72.5%,后半50英尺部分占27.5%,若再深50英尺,则该宗地所增加的价值仅为15%。其深度百分率即在这种价值分配的原则下所拟定。由于苏慕斯法则在美国俄亥俄州克利夫兰市应用而著名,因此又称其为克利夫兰法则(Cleveland Rule)。

3. 霍夫曼法则

霍夫曼法则(Hoffman Rule)是1866年由纽约市法官霍夫曼(Hoffman)所创造的,是最先被承认对于各种深度的宗地评估的法则。霍夫曼法则认为:深度为100英尺的宗地,在最初50英尺的价值应占全宗地价值的2/3;在此基础上,则深度100英尺的宗地,最初的25英尺等于37.5%;最初的一半,即50英尺等于67%;75英尺等于87.7%;全体的100英尺等于100%。

在霍夫曼之后,尼尔(Neil)修正了霍夫曼法则,由此创造了所谓的霍夫曼—尼尔法则(Hoffman-Neil Rule)。

4. 哈柏法则

哈柏法则(Harper Rule)创设于英国,该法则认为一宗土地的价值与其深度的平方根成正比,即深度百分率为其深度的平方根的10倍。也即深度百分率=$(10 \times \sqrt{深度}) \times 100\%$。例如,一宗50英尺深的土地价值,即相当于100英尺深的土地价值的70%,因为深度百分率=$(10 \times \sqrt{50}) \times 100\%$,约等于70%。但标准深度不一定为100英尺,经过修订的哈柏法则认为:

$$深度百分率 = \frac{\sqrt{所给深度}}{\sqrt{标准深度}} \times 100\%$$

第六节 在建工程评估

一、在建工程的含义与特点

在建工程是指在评估时点尚未完工或虽已经完工,但尚未竣工验收、交付使用的建设项目。在建工程评估的特点如表6-13所示。

表6-13 在建工程评估特点

特征	特征描述
情况复杂	在建工程的范围很广,情况复杂。以建筑工程为例,它包括建设中的各种房屋建筑物,又包含各种设备安装,范围涉及各个行业,情况比较复杂,具有较强的专业技术特点

（续表）

特征	特征描述
可比性差	在建工程的工程进度差异很大,有的是刚刚投资兴建,有的已经完工但尚未交付使用。这些工程进度上的差异就会造成在建工程资产功能上的差异。因此,在建工程之间可比性差,评估时直接可比案例少
形象进度	由于在建工程的投资方式和会计核算的要求,其账面价值往往包括预付材料款和预付设备款,同时也记录在建工程中的应付材料款和应付设备款等。如出包工程的付款方式是由合同规定的,可能有时预付很多而工程进度未能跟上,有时预付较少而进度超出。因此,在建工程的投资并不能完全体现在建工程的形象进度
工期长短	有些在建工程如厂区的道路、设备基础等,一般工期较短;而有些在建工程如高速公路、港口码头等的建设工期很长
工程价格	对于建设工期较长的在建工程,建造期间的材料、工费、设计等都可能发生变化,使在建工程的成本以及建成后发挥的效益都具有很多不确定性。因此,在建工程的价格和后续工程的进度和质量有着非常密切的关系

二、在建工程评估的资料收集与分析

评估人员通过收集与在建工程有关的资料,确定被估在建工程的合法性,分析在建工程有关技术和经济指标。在建工程的评估资料一部分由委托方提供,同时评估人员还必须到施工现场实地考察,以获取更详细直观的资料。在收集有关资料和实地勘察的基础上,要对被估在建工程有关的宏观经济形势、市场情况和在建工程本身、区位条件、投资计划进度、发展商、施工等情况进行综合分析。

（1）收集与被估在建工程有关的政府批准文件和工程其他详细资料。政府批准文件,如土地使用权出让合同、建设用地许可证、开工许可证、预售许可证等。其他资料,如工程图纸、工程预算书、施工合同、有关账簿及原始记录等。从上述资料中明确项目名称、建筑面积、工程结构、工程预算、实际用款和完工程度,以及需要安装的设备名称、规格、型号、数量、合同金额、实际预付款、到货和工程安装情况等。

（2）评估人员到工程现场勘查工程进度和工程形象进度,明确工程竣工、达到交付使用的日期以及评估基准日工程形象进度是否与总工程进度计划相符。

（3）了解开发商有关情况,检查工程质量。要了解开发商的资质、财务状况、工程监管等情况。同时检查在建工程质量和建筑材料质量,明确建筑工程各组成部分是否存在缺陷及待修理的因素,在建工程整体布局是否合理。

（4）收集有关法定参数。如有关部门规定或指定的当地建筑工程预算定额、建筑工程间接费用标准、地方建筑材料价差指数、建筑工程预备费用及其他费用标准(如在建工程贷款利率)。

三、在建工程评估的主要方法

（一）形象进度法

形象进度法是选择足够的可比销售资料,根据在建工程建造完成后的房地产市场价格,结合工程形象进度评估在建工程价值的方法。

应用形象进度法评估在建工程的计算公式为:

$$\text{在建工程价值} = \text{建造完成的房地产市场价值} \times \text{工程形象进度百分比} \times (1-\text{折扣率})$$

其中,在建工程建造完成的房地产市场价值,一般可以采用市场法或收益法评估。

$$\text{工程形象进度百分比} = \left(\text{实际完成建筑工程量} + \text{实际完成安装工程量}\right) \div \text{总工程量} \times 100\%$$

折扣率的确定应考虑营销支出、广告费用和风险收益等因素。

(二) 成本法

成本法评估在建工程是按在建工程客观投入的成本评估,即以开发或建造被估在建工程已经耗费的各项必要费用之和,再加上正常的利润和应纳税金来确定被估在建工程的价值的方法。

$$\text{在建工程价值} = \text{土地取得费用} + \text{专业费用} + \text{建造建筑物费用} + \text{正常利税}$$

其中,土地取得费用是指为获得土地而发生的费用,包括相关手续费和税金;专业费用包括咨询、规划、设计等费用;建造建筑物费用是指在评估基准日在建工程已经耗费的各项必要建造费用之和;正常利税包括建造商的正常利润和营业税等。

(三) 假设开发法

用假设开发法评估在建工程,是在求取被估在建工程的价值时,将被估在建工程预期开发完成后的价值,扣除后续的正常的开发费用、销售费用、销售税金及开发利润,以确定被估在建工程价值的一种评估方法。

应用假设开发法评估在建工程的公式为:

$$\text{在建工程价值} = \text{房地产预期售价} - \left(\text{后续工程成本} + \text{后续工程费用} + \text{正常利税}\right)$$

其中,房地产预期售价可以采用市场法或收益法评估。

四、在建工程评估方法的选择

根据在建工程的上述特点,在建工程评估一般根据工程形象进度,选择适用的评估方法。

(1) 整个建设工程已经完成或接近完成,只是尚未交付使用的在建工程,可采用工程形象进度法进行评估,按在建工程建成后的房地产市场价值结合工程形象进度作适当扣减作为其评估值。

(2) 对于实际完成工作量较少的在建工程,可采用成本法或假设开发法进行评估。

(3) 属于停建的在建工程,要查明停建原因,并要考虑在建工程的功能性和经济型贬值,进行风险系数调整。

课外阅读材料

1. 叶路.运用市场法进行房地产评估时存在的问题及改进意见[J].中国资产评估,2005(11).

2. 中华人民共和国住房城乡建设部.房地产估价规范(GB/T 50291—2015).2015.

3. 中华人民共和国国土资源部.城镇土地估价规程(GB/T 18508—2014).2014.

4. 中国资产评估协会.资产评估执业准则——不动产[EB/OL].http://www.cas.org.cn/pgbz/pgzc/55883.htm.

5. 纪益成,胡卓娟.空间分析在住宅价值评估中应用研究综述[J].中国房地产,2014(12).

6. 刘德运,焦睿,庞永悦.按套内使用面积计量商品房面积对房地产评估的影响[J].中国资产评估,2020(6).

7. 刘小峰,陈睿源,吴孝灵.邻避设施导致的资产损失评估研究——以南京市为例[J].中国环境管理,2018(2).

复习思考题

1. 影响房地产价格的因素有哪些?

2. 遵循房地产评估中的合法原则应具体体现在哪些方面?

3. 房地产的市场价格与房地产的评估值有什么联系和区别?

4. 简述建筑物评估的方法及其运用。

5. 收益法、市场法、成本法和剩余法的计算方法和应用。

6. 什么是基准地价和标定地价?

7. 在建工程评估应注意哪些问题?

实训练习题

1. 有一宗土地,出让年期为40年,资本化率为6%,预计未来5年的纯收益分别为30万元、32万元、35万元、33万元和38万元,从第6年开始,大约稳定保持在40万元。

要求:试用收益法评估该宗土地的价值。

2. 有一宗房地产,假设其使用年期为无限期,未来第1年年纯收益为100万元,资本化率为10%,若:①未来各年的纯收益均在上一年的基础上增加1万元;②未来各年的纯收益均在上一年的基础上增长1%。

要求:计算在这两种情况下该宗房地产的评估价值。

3. 有一待估宗地,剩余使用年限为40年,还原利率为6%,现收集到A、B、C、D四宗土地交易实例,具体情况见表6-14。表中的交易情况、区域因素和个别因素都是参照物与评估标的相比较,以评估标的为基准确定的数值。该城市此类用地容积率与地价的关系为:当容积率在1.5~2之间时,容积率每增加0.1,宗地地价比容积率为1.5时增加2%。该城市2012~2016年,每年地价指数上升1%。

要求:试根据上述条件评估该待估宗地2002年1月的价值。

表 6-14 土地交易实例

宗地	（元/平方米）	交易时间	交易情况	容积率	区域因素	个别因素	（年）
评估标的		2016年1月	0	1.7	0	0	40
A	2 200	2015年1月	−1%	1.6	0	−1%	38
B	2 400	2015年1月	0	1.8	+2%	0	40
C	2 300	2015年1月	0	1.7	0	0	39
D	2 100	2014年1月	−2%	1.6	0	−1%	38

4. 有一宗"七通一平"待开发建筑用地,面积为1 000平方米,使用期限为50年,容积率为5,拟开发建设写字楼,建设期为2年,建筑费用为3 500元/平方米,专业费用为建筑费用的10%,建筑费用和专业费用在整个建设期内均匀投入。写字楼建成后拟对外出租,租金水平预计为2元/平方米·日,管理费用为年租金的2%,维修费用为建筑费用的1.5%,保险费用为建筑费用的0.2%,税金为年租金的17.5%,贷款利率为6%,房地产综合还原利率为7%,开发商要求的利润率为地价和开发成本(建筑费用＋专业费用)之和的20%。

要求:试评估该宗地地价。

5. 某房地产公司于2013年1月以有偿出让方式取得一块土地50年的使用权,并于2015年1月在此地块上建成一座框架结构的写字楼,经济耐用年限为60年,残值率为0。评估基准日,该类建筑重置价格为每平方米2 500元。该建筑物占地面积为1 000平方米,建筑面积为1 800平方米,现用于出租,每年实收租金为72万元。另据调查,当地同类写字楼出租租金一般为每月每建筑平方米50元,空置率为10%,每年需支付的管理费为年租金的3%,维修费为重置价格的1.5%,土地使用税及房产税为每建筑平方米25元,保险费为重置价格的0.2%,土地资本化率为6%,建筑物资本化率为8%。

要求:试根据以上资料评估该宗地2016年1月土地使用权的市场价值。

6. 被评估对象为一宗待开发商业用地,土地面积5 000平方米,该宗地的使用权年限自评估基准日起为40年,当地城市规划规定,待估宗地的容积率为5,覆盖率为60%。评估师根据城市规划的要求及房地产市场现状及发展趋势,认为待估宗地的最佳开发方案为建设一幢25 000平方米的大厦,其中1～2层为商场,每层建筑面积为3 000平方米,3层及3层以上为写字楼,每层建筑面积为1 900平方米。

评估师根据相关资料,经分析、测算得到如下数据资料。

(1) 将待估宗地开发成"七通一平"的建筑用地需要投资500万元,开发期为1年,投资在1年内均匀投入。

(2) 大厦建设期为2年,平均每平方米建筑面积的建筑费用为3 000元,所需资金分两年投入,第一年投入所需资金的60%,第二年投入所需资金的40%,各年投资均匀投入。

(3) 专业费用为建筑费用的10%。

(4) 预计大厦建成后即可出租,其中1～2层每平方米建筑面积的年租金为2 000元,出租率可达100%,第3至第5层(即写字楼部分的1～3层)平均每天每平方米建筑面积租金为2元,第6层及以上各层平均每天每平方米建筑面积租金为2.5元,写字楼平均空置率约为10%。

(5) 管理费用为租金的5%,税金为租金的17.5%,保险费为建筑费及专业费用的0.1%,维修费用为建筑费用的1%,年贷款利率为5%,复利计息。

（6）开发商要求的利润为建筑费用、专业费用、地价及土地开发费用之和的25%。

（7）房地产综合资本化率为8%。

（8）每年按365天计算。

（9）所得税税率为25%。

要求：根据上述条件，试对该宗地的价值进行评估（评估结果保留两位小数）。

案例研究

一个小数点之差引发的评估悲剧①

（一）背景资料

四川长江包装控股股份有限公司（以下简称"长江控股"）及有关中介机构证券违法一案，中国证监会于2002年4月立案调查，并已调查终结。经查明，2001年6月，长江控股以1.626亿元债权等资产与四川泰港实业（集团）有限责任公司（以下简称"四川泰港"）所持四川省甘孜州大香格里拉旅游发展有限公司（以下简称"大香格里拉"）54.67%的股权进行置换，另外以现金2 972.99万元收购四川泰港所持大香格里拉10%的股权。东方资产评估事务所有限公司（以下简称"东评所"）受委托对大香格里拉资产（主要为土地使用权）进行评估时，将耕地在整个土地中所占比例为1.05%作10.5%加以计算，导致耕地21亩计为210亩，使评估值高估581万元，占评出的大香格里拉资产总资产1.95%，致使长江控股拥有的64.67%的大香格里拉股权价值相应高估了375.73万元。作为具有证券从业资格的专业评估事务所，东评所在对该项土地使用权评估时未能勉尽责，在评估报告上签字的注册资产评估师王宗芝、刘永贵（年仅29岁），对出具的评估报告中评估不实的事项承担责任。

上述事实，有东评所（2001）78号和（2001）86号资产评估报告以及相关评估工作底稿、土地转让合同和缴款凭证、当地政府的情况说明、询问笔录、评估业务约定书、东评所有关情况的说明及备查文件等证据支持，足以认定。

中国证券监督管理委员会认为，东评所出具评估不实的评估报告的行为构成《股票发行与交易管理暂行条例》第七十三条规定的"资产评估机构违反本条例规定，出具的文件有虚假、严重误导性内容或者有重大遗漏的"行为，鉴于其情节比较轻微，根据上述规定，经研究决定，对东评所处以警告，对在评估报告上签字的注册资产评估师王宗芝、刘永贵处以警告。

（二）讨论问题

（1）中国证券监督管理委员会是如何查证东评所将1.05%作10.5%加以计算的？错误和舞弊的区别有哪些？

（2）为什么说东评所在对该项土地使用权评估时未能勉尽责？如何规避资产评估中的计算错误？

---

① 根据中国证券监督管理委员会行政处罚决定书（证监罚字〔2004〕4号）整理。

第七章

无形资产评估

👉 学习目标

1. 掌握无形资产的含义、分类
2. 掌握影响无形资产评估价值的因素、无形资产评估目的、评估程序、评估的前提假设及对象
3. 掌握收益法、成本法在无形资产评估中的应用
4. 掌握专利资产评估的基本方法
5. 掌握商标资产评估的基本方法
6. 掌握商誉的特性及其评估方法
7. 掌握著作权资产、专有技术评估的基本方法
8. 熟悉收益法评估无形资产时确定收益额的直接估算法、差额法、分成率法和要素贡献法等具体方法的具体要求、估算要点和估算过程
9. 熟悉品牌资产评估方法
10. 了解市场法评估无形资产的技术思路,运用时需注意的问题
11. 了解文化企业无形资产评估
12. 了解集成电路布图设计、植物新品种评估方法

为使学生对无形资产评估有一个概括性认识和全局性把握,我们描述了本章的内容结构框架、知识点之间的逻辑结构,如图7-1所示。

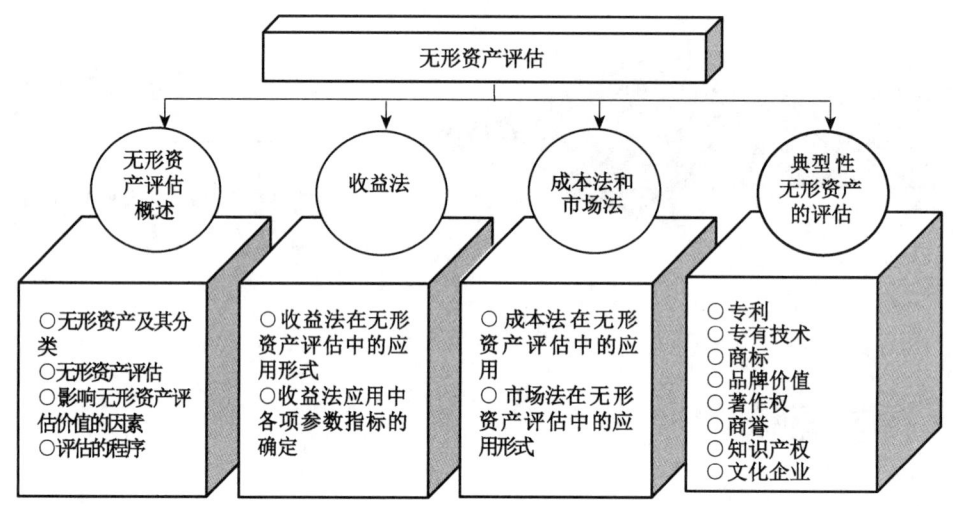

图7-1　本章的知识点逻辑结构图

案例导入

广州医药集团向加多宝索赔29.3亿元的计算方式是否恰当

广州医药集团(以下简称"广药集团")于2010年11月委托专业机构对"王老吉"商标进行评估,评估确认"王老吉"品牌价值高达1 080.15亿元,跻身当时中国第一品牌。公开资料显示,2010年和2011年这两年间红罐王老吉的销售额多达160亿元至180亿元。按照国际惯例,商标使用费应该是销售额的5%,以年销售160亿元红罐王老吉计算,鸿道集团应赔偿约8亿元;广药集团许可其他合作伙伴如广粮集团等的商标使用费标准是销售额的2.3%～3%,如照此标准计算,鸿道集团每年赔偿金也高达3.68亿元至4.8亿元;即便是广药集团下属的合资公司广州王老吉药业有限公司,因使用"王老吉"商标也要按销售额的2.1%向集团缴纳商标使用费,每年达到两三千万元。

其后,王老吉与加多宝又发生了"红罐之争"。法院审理认为,在"王老吉"商标被许可给鸿道集团使用之前,该商标已是中华老字号和广东省著名商标,在公众中已享有相当高的知名度。在红罐凉茶包装装潢上突出使用"王老吉"就承载着相应的巨大商誉和价值,这种商誉和价值是从广药前身开始一脉相传。尽管加多宝公司在后来确实对王老吉红罐凉茶知名度提高作出了贡献,但由此所产生的商誉仍然是附属于知名商品王老吉凉茶的。

2016年6月24日,加多宝侵犯"王老吉"商标一案在广东省高级人民法院一审正式开庭,广药方面以加多宝在2010年5月至2012年5月期间侵犯王老吉商标使用权生产销售净利润为29.3亿元为由,向加多宝索赔29.3亿元,这也是中国知识产权领域最大的侵权索赔案件。加上之前的红罐装潢案赔偿1.5亿元、红罐装潢案追加起诉另外5家加多宝公司赔偿15亿元、改名案以及"七连冠""十罐凉茶七罐加多宝"等广告语案,索赔金额合计约46亿元。"中国饮料第一罐"之间的纷争不仅成为两家企业角逐的目标,更成为各方关注的焦点。

第一节　无形资产评估概述

一、无形资产及其分类

(一)无形资产的定义及基本特征

《资产评估执业准则——无形资产》指出,无形资产是指特定主体所拥有或者控制的,不具有实物形态,能持续发挥作用并且能带来经济利益的资源。其基本特征如表7-1所示。

表 7-1　无形资产的基本特征

特征	特征描述
非实体性	相对有形资产而言,无形资产没有物质实体形态,因此,也就不会像有形资产那样,其价值会因物质实体的变化损坏而贬值。但是无形资产也有其一定的有形表现形式,如专利文件、商标标记、技术图纸、工艺文件、软盘等。无形资产与有形资产的根本区别在于有形资产的价值取决于有形要素的贡献,无形资产的价值则取决于无形要素的贡献
控制性	无形资产应当为特定主体所控制,如那些尽管能产生效益,但不能给特定主体创造效益的公知技术,就不能被确认为无形资产
效益性	并非任何无形的事物都是无形资产,成为无形资产的前提是其必须能够以一定的方式,直接或间接地为其控制主体(所有者、使用者或投资者)创造效益,而且必须能够在较长时期内持续产生经济效益
排他性	无形资产往往是由特定主体排他占有,凡不能排他或者不需要任何代价即能获得的,都不是无形资产。无形资产的这种排他性有的是通过特定主体自身保护取得,有的则是以适当公开其内容为代价来取得广泛而普遍的法律保护,有的则是借助法律保护并以长期生产经营服务中的信誉取得社会的公认

(二)无形资产功能特性

无形资产发挥作用的方式明显区别于有形资产,因而在评估时需把握其固有的特性。

1. 共益性

无形资产区别于有形资产的一个重要特点是,它可以作为共同财产。一项无形资产可以在不同的地点、同一个时间,由不同的主体所使用,而一项有形资产则不可能在不同地点、同一时间,由不同的主体所使用、控制。例如,一项技术专利在一个企业使用的同时,并不影响将其转让给其他企业使用。但是,无形资产的共益性也受到市场有限性和竞争性的制约。例如,由于追求自身利益的需要,各主体对无形资产的使用还必须受相关合约的限制。因此,有形资产的界定是通过物质实体直接界定,而评估无形资产则需要根据其权益界限而确定。

2. 积累性

无形资产的积累性体现在两个方面:①无形资产的形成基于其他无形资产的发展;②无形资产自身的发展也是一个不断积累和演进的过程。因此,一方面,无形资产总是在生产经营的一定范围内发挥特定的作用;另一方面,无形资产的成熟程度、影响范围和获利能力也处在变化之中。

3. 替代性

在承认无形资产具有积累性的同时,还要考虑到它的替代性。例如,一种技术取代另一种技术,一种工艺替代另一种工艺等,其特性不是共存或积累,而是替代、更新。一种无形资产可能会被更新的无形资产所取代,因而必须在无形资产评估中考虑它的作用期间,尤其是尚可使用年限。这要取决于该领域内技术进步的速度,取决于无形资产带来的竞争。

4. 附着性

无形资产没有物质实体,因此它必须通过一定的物质实体作为载体来存在并发挥作用,它附着于某种有形资产之中发挥固有的功能,可以通过某种载体来体现并发挥作用。无形资产的直接载体是专利证书、商标标记、注册商标、图纸资料、工艺文件、软盘、标牌等;无形资产的间接载体是与此项无形资产相关的有形资产及其他资产通过内容和价格来表现,它的价值与间接物质载体不可分离地构成物质的总体价值。

(三) 无形资产的分类

无形资产可以按不同标准进行分类,常见的分类如下:

(1) 按取得无形资产的方式分类。按取得无形资产的方式,无形资产可分为自创的无形资产和外购的无形资产。前者是由自己研制创造获得的以及由于客观原因形成的,如自创专利、专有技术、商标权、商誉等;后者则是以一定代价从其他单位或个人购入的,如外购专利权、商标权等。

(2) 按无形资产能否独立存在分类。按能否独立存在,无形资产可以分为可确指无形资产和不可确指无形资产。凡是那些具有专门名称,可单独取得、转让或出售的无形资产,称为可确指的无形资产,如专利权、商标权、著作权、专有技术、销售网络、客户关系、商业特许权、合同权益等;那些不可辨认、不可单独取得,离开企业整体就不复存在的无形资产,称为不可确指的无形资产,如商誉。

(3) 按照其构成内容分类。按构成内容,可以分为单项无形资产和无形资产组合。评估对象是若干项专利、专有技术等;有时包含有专利、商标等无形资产这些均称为无形资产组合。

(4) 按照特定主体对无形资产拥有的权益内容分类。按特定主体对无形资产拥有的权益内容分,可以将无形资产分为拥有所有权的无形资产和拥有使用权的无形资产。前者主要有特定主体拥有的专利权、商标权、域名、著作权和技术秘密等;后者包括专利使用权、商标使用权、作品使用权、特许经营权等。

二、无形资产评估

(一) 无形资产评估的定义

无形资产评估是指资产评估机构及其资产评估专业人员遵守法律、行政法规和资产评估准则,根据委托对评估基准日特定目的下的无形资产价值进行评定和估算,并出具资产评估报告的专业服务行为。把握这个概念需要理解以下几方面:

（1）无形资产评估必须和无形资产的具体属性相联系。从不同的角度考虑，无形资产有不同的属性。例如，无形资产的物理属性、功能属性、经济属性等，这些属性需要不同的方法、程序去把握和评价，而这里讲的资产评估主要特指从无形资产的经济属性出发来确定无形资产的某种经济属性。当然，无形资产的经济属性也有很多，我们这里强调的是无形资产经济属性中的价值属性。在实际评估时，无形资产的价值有多种表现形式，需要评估人员根据实际情况，运用专业判断来确定。

（2）确定无形资产的价值量必须和特定时间点相联系。不同时点，无形资产的价值量不一样，没有时间点，评估人员就无法确定无形资产的价值量。评估人员不能泛泛确定无形资产的价值量，如果价值量不和时间点相联系，是没有任何意义的。而且没有一定时间点，"评估确定资产的价值量"也没有使用价值，使用人无法利用这种价值量作出决策。一般地，评估时所采用的评估对象价值量的基准时间点称为"评估基准日"。

（3）无形资产评估的本质是对其获利能力的评估。在通常情况下，这种获利能力表现为无形资产给持有者带来的纯收益，因此，无形资产评估就是对获利能力的评估。当然，这里说无形资产评估就是对获利能力的评估，并不否认在满足条件的前提下，也可以采用成本法评估无形资产的价值。这里要区分的是，评估的价值内涵是无形资产价值量的源泉——无形资产的获利能力，但评估获利能力高低的途径和方法可以采用收益法，也可以采用成本法和市场法。

（二）无形资产评估的特点

和有形资产评估一样，无形资产评估也具有市场性、专业性、公正性、咨询性和预测性的特点。但是，无形资产自身的特点决定了无形资产评估具有其独特性。一般来说，无形资产的独特性体现在以下几方面。

1. 无形资产评估具有单件性

一般来说，无形资产不能批量生产，每项无形资产都是不同的，都有自身的特殊性。无形资产研发和产生决定了其评估具有单件性，而且每一个评估对象都有其自身的特点。当然，有形资产的评估一般也是单件进行评估的。但是，对于有形资产来讲，很多时候是批量生产和批量采购并使用的，对于同时购入的大批量设备或者原材料可以采用抽样的方式根据有代表性的部分资产的价值推出总体的价值。而对于无形资产而言，就不存在这样的情况。对无形资产的评估只能一项一项地进行，不能简单笼统地进行类比。只有针对无形资产逐项单件进行评估才有可能正确估测无形资产的真实价值，提高评估的精确度。

2. 无形资产评估具有复杂性

无形资产评估的复杂性体现在以下几点：①无形资产的种类多，彼此之间可比性差，每评估一项无形资产都要认真地研究、比较各项无形资产的特点、参数、指标等；②对于绝大多数无形资产而言，都要采用收益折现的思路来进行评估，在这种思路下，预测未来收益的时间、效益的金额及折现率等的不确定性因素很多，不仅预测的工作量大，而且预测的准确程度也比较低；③宏观经济环境与无形资产作用的发挥有着较为密切的关系，但把握和正确估算宏观经济环境对无形资产效能所起的作用的难度很大，需要从各个方面、各个角度运用多种方法对各种情况综合、全面、系统地分析和测算，要做到这一点，不但资料收集困难，而且计算的工作量大。

3. 无形资产评估具有明显的预测性和动态性

由于无形资产具有的一些特点,无形资产的价值更多地取决于其带来的收益,所以收益途径和思路是评估无形资产的首选方法和最主要的方法。在这种方法下,就要预测无形资产未来的收益期、收益额等,这些因素取决于未来的市场、政策等方面的变化,所以无形资产的评估具有明显的预测性和动态性。

三、影响无形资产评估价值的因素

由于无形资产种类的多样性和无形资产评估的复杂性,进行无形资产评估,首先要明确影响无形资产评估价值的因素。一般说来,影响无形资产评估价值的因素如表7-2所示。

表7-2 无形资产评估价值的影响因素

因 素	主 要 影 响
1. 产权因素	知识产权是无形资产的主要组成部分,作为一种法律赋予的权利,知识产权的获得及在经济活动中的运用,必然受到相关法律条款的影响,从而影响知识产权的价值。例如,评估的是知识产权的所有权还是知识产权的使用权;知识产权的使用权是独占许可使用还是普通许可使用。权属范围不同,价值不同
2. 获利能力因素	获利能力因素主要是指无形资产的预期收益能力,也就是一项无形资产预期所能带来的超额收益。这是影响无形资产评估价值的最重要的因素之一。获利能力越强,其价值越高;反之,价值越低。分析获利能力因素对无形资产评估价值影响时,主要考虑以下几个因素:①被评估无形资产的获利能力因素,包括技术因素、法律因素、经济因素;②被评估无形资产的获利方式;③被评估无形资产获利的取得与其他资产的相关性;④收益与成本费用、现金流量;⑤收益期限;⑥收益风险因素
3. 技术因素	技术因素主要影响专利权及专有技术等技术型无形资产的评估价值,对于商标等知识产权的价值,技术因素的影响程度较小。技术成熟程度及国内外该种无形资产的发展趋势、更新换代情况和速度等因素都将影响技术型无形资产的价值。专利技术和专有技术的成熟程度如何,也会直接影响到技术类无形资产的评估价值
4. 风险因素	无形资产从开发到受益会遇到多种类型的风险,包括:开发风险、转化风险、实施风险、市场风险等,这些风险因素使无形资产价值的实现存在一定的不确定性,从而对无形资产价值产生影响
5. 取得成本	对企业无形资产来说,外购无形资产较易确定成本,自创无形资产的成本计量较为困难。无形资产价值的成本主要包括开发成本、转化成本、获权及维权成本、交易成本等。一般来说,一项无形资产成本越高,价值越高,这是运用成本法估算无形资产价值的理论基础。但是,这个规律并不是绝对的
6. 机会成本	无形资产的机会成本是指因将无形资产用于某一确定用途后所导致的无形资产不能用于其他用途所受损失
7. 市场因素	①市场供需状况。无形资产的评估价值会受到市场因素的制约和影响。例如市场供需状况,它一般反映在两个方面。一是无形资产市场需求情况及无形资产的适用程度。对于可出售、转让的无形资产,其价值随市场需求的变动而变动。市场需求大,则评估价值就高。市场需求小,评估价值就低。二是无形资产的供给,即是否有同类无形资产替代,供给越大,替代无形资产越多,无形资产的评估价值就越低。②同类无形资产的价格水平。如与待估无形资产相关无形资产的市场价格,会直接制约着待估无形资产的价值

（续表）

因　　素	主　要　影　响
8. 使用期限	无形资产一般都有一定的使用期限。无形资产的使用期限，除了应考虑法律保护期限外，更主要的是考虑其具有实际超额收益的期限。比如某项发明专利保护期20年，但由于无形损耗较大，拥有该项专利实际能获超额收益期限为10年，则这10年即为评估该项专利时所应考虑的期限
9. 其他因素	其他因素（如宏观经济政策、转让内容等）也会影响待估无形资产的价值。从转让内容看，无形资产转让有完全产权转让和许可使用。在转让过程中有关条款的规定，会直接影响其评估价值。同一无形资产的完全产权转让的评估价值高于许可使用的评估价值。在技术贸易中，同是使用权转让，由于许可程度和范围不同，评估价值也应不同

四、无形资产评估的程序

无形资产评估程序是评估无形资产的操作规程。评估程序既是评估工作规律的体现，也是提高评估工作效率、确保评估结果科学有效的保证，无形资产评估一般按下列程序进行。

（一）明确评估目的

无形资产因其评估目的不同，其评估的价值类型和选择的方法也不一样，评估结果也会不同。评估目的由发生的经济行为决定，无形资产常见的评估目的主要有：①无形资产的转让；②无形资产出资；③无形资产的许可使用；④企事业单位股份制改造；⑤企业合资、合作、重组及兼并；⑥质押；⑦法律诉讼；⑧财务报告；⑨纳税；⑩其他目的。

（二）确认无形资产

对无形资产进行评估时，评估人员首先应对被评估的无形资产进行确认。这是进行无形资产评估的基础工作，直接影响到评估范围和评估价值的科学性。通过无形资产的确认，应当解决以下问题：一是确认无形资产的存在，二是区别无形资产种类，三是确定其有效期限。

（1）确认无形资产存在。确认无形资产存在主要是验证无形资产来源是否合法，产权是否明确，经济行为是否合法、有效。可以从以下几方面进行。①查询被评估无形资产的内容、国家有关规定、专业人员评价情况、法律文书（如专利证书、商标注册证、著作权登记证书等），核实有关资料的真实性、可靠性和权威性。②分析无形资产使用所要求的与之相适应的特定技术条件和经济条件，鉴定其应用能力。③核查无形资产的归属是否为委托者所拥有。④分析评估委托的资产是否形成了无形资产。有的专利并没有实际经济意义，尽管已获得了专利证书。有的商标还没有使用，在消费者中间没有影响力，这些专利、商标没有形成无形资产。

（2）区别无形资产种类。区别无形资产种类主要是确定无形资产的种类、具体名称、存在形式。有些无形资产是由若干项无形资产综合构成，应加以确认、合并或分离，避免重复评估和漏评估。如有的专利技术必须用与其相配套的其他专利技术及专有技术一起构成一项有实际效果的技术，而单从专利技术而言，难以发挥技术作用，这时，就应将专利技术、其他专利技术及专有技术一并作为一项无形资产进行评估。

（3）确定无形资产有效期限。无形资产有效期限是其存在的前提。某项专利权如超过法律保护期限，就不能作为专利资产评估。有的未交专利年费，被视为撤回，专利权失效。有效期限对无形资产评估价值具有很大影响，比如有的商标，历史越悠久，价值越高，当然有的商标时间长，但不一定有较高的价值。

（三）收集相关资料

收集无形资产的相关资料，一般来说这些资料的内容包括：①有关无形资产权利的法律文件、权属有效性文件或其他证明资料；②无形资产是否能带来显著、持续的可辨识经济利益；③无形资产的性质和特点，目前和历史发展状况；④无形资产的剩余经济寿命和法定寿命，无形资产的保护措施；⑤无形资产实施的地域范围、领域范围、获得能力与获利方式；⑥无形资产以往的评估及交易情况；⑦无形资产实施过程中所受到国家法律、法规、合约或其他资产的限制；⑧无形资产转让、出资、质押等的可行性；⑨类似无形资产的市场价格信息；⑩宏观经济环境；⑪行业状况及发展前景；⑫企业状况及发展前景；⑬其他相关信息。

（四）确定评估方法

应根据评估无形资产的具体类型、特点、评估目的、评估前提条件、评估原则及外部市场环境等具体情况，选用合适的评估方法。无形资产的评估方法主要包括收益法、市场法和成本法。

采用收益法时，要注意合理确定超额获利能力和预期收益，分析与之有关的预期变动、受益期限，与收益有关的资金规模、配套资产、现金流量、风险因素及货币时间价值。注意被评估无形资产收益额的计算口径与折现率口径保持一致，不要将其他资产带来的收益误算到被评估无形资产收益中；要充分考虑法律法规、宏观经济环境、技术进步、行业发展变化、企业经营管理、产品更新和替代等因素对无形资产收益期、收益额和折现率的影响，当与实际情况明显不符时，要分析产生差异的原因。

采用市场法评估无形资产，特别要注意被评估无形资产是否满足运用市场法的前提，确定具有合理比较基础的类似无形资产交易参照对象，收集类似无形资产交易的市场信息和被评估无形资产以往的交易信息。当与类似无形资产具有可比性时，根据宏观经济、行业和无形资产变化情况，考虑交易条件、时间因素、交易地点和影响价值的其他各种因素的差异，调整确定评估价值。

采用成本法评估时，要注意根据现行条件下重新形成或取得该项无形资产所需的全部费用（含资金成本）及合理利润确定评估价值，在评估中要注意扣除实际存在的功能性贬值和经济性贬值。

（五）作出评估结论，整理并撰写报告

无形资产评估报告是无形资产评估过程的总结，也是评估者履行评估义务、承担法律责任的依据。评估报告要简洁、明确、避免误导。无形资产的评估报告应符合《资产评估执业准则——评估报告》的要求。应当强调的是，无形资产评估报告中要注重评估过程的陈述，明确阐述评估结论产生的前提、假设及限定条件，各种参数的选用依据，评

估方法使用的理由及逻辑推理方式。

具体而言,无形资产评估报告中应明确说明:无形资产的性质、权利状况及限制条件;无形资产实施的地域限制、领域限制及法律法规限制条件;无形资产评估的价值类型及其定义;评估方法的选择及其理由、各重要参数的来源、分析、比较与测算过程等。

第二节　收益法在无形资产评估中的应用

一、收益法在无形资产评估中的应用形式

(一)收益法的基本含义及应用形式

由于无形资产本身的特点,在评估无形资产价值时,收益法是一种最常用的方法,其基本技术思路是:评估人员通过预测被评估无形资产在评估基准日后使用所能获得的收益(在无形资产评估中,收益被界定为无形资产带来的超额收益),采用折现或资本化计算,将无形资产带来的超额收益资本化或折成现值,进而得到资产评估价值。其基本原理在于资产的效用越大,获利能力越强,价值越大。收益法的运用涉及三大基本参数,即超额收益、折现率和收益期限。根据评估无形资产转让或许可使用选取参数的渠道不同,收益法在应用上可以表示为下列方式:

$$无形资产评估价值 = \sum_{i=1}^{n} \frac{K \times R_i}{(1+r)^i}$$

式中:K——无形资产分成率;

r——折现率;

R_i——第 i 年使用无形资产带来的收益;

i——收益期限序号;

n——收益期限。

经济效益分成理论认为:无形资产的价值来自其创造的经济效益中无形资产应占的份额。即以使用价值为基础,就实施该项技术创造的经济效益(节约的劳动时间)中技术应占的份额来确定技术成果的价值。联合国有关技术贸易的规定也倾向于采用这种理论,称这种理论为"利润分成率",也叫 LSLP(Licensor's Share on Licensee's Profit)。

(二)收益法的适用前提和注意事项

使用收益法评估无形资产必须满足以下基本前提。

(1)被评估无形资产的未来预期收益额可以预测并可用货币来衡量。

(2)收益期内,无形资产拥有者或使用者获得未来预期收益额所要承担的风险可以预测。

(3)被评估无形资产预期获利年限可以预测。

值得注意的是,运用收益现值法对无形资产评估时,是以无形资产投入使用后连续获利为基础的。无形资产是一种特殊商品,在现实买卖中,人们购买它的目的往往并不在于无形资产本身,而是该项资产的获利能力。如果在资产上进行投资不是为了获利,

进行投资后没有预期收益或预期收益很少而且又很不稳定,则不能采用收益法。

此外,资产评估人员在运用收益法进行评估时应当注意下列事项。

(1)在获取的无形资产相关信息基础上,根据被评估无形资产或者类似无形资产的历史实施情况及未来应用前景,结合无形资产实施或者拟实施企业经营状况,重点分析无形资产经济收益的可预测性,恰当考虑收益法的适用性。

(2)合理估算无形资产带来的预期收益,合理区分无形资产与其他资产所获得收益[①],分析与之有关的预期变动、收益期限、与收益有关的成本费用、配套资产、现金流量、风险因素。

(3)保持预期收益口径与折现率口径一致。

(4)根据无形资产实施过程中的风险因素及货币时间价值等因素合理估算折现率,无形资产折现率应当区别于企业或者其他资产折现率。

(5)综合分析无形资产的剩余经济寿命、法定寿命及其他相关因素,合理确定收益期限。无形资产预期收益期限一般按经济寿命与法定寿命孰短原则。

二、收益法评估的技术思路

基于收益法的基本原理,无形资产的价值由其带来的收益、现金流和所节省成本的现值所决定。收益法关于无形资产评估的技术思路有许可费节省法、增量收益法、超额收益法等三种。

(一)许可费节省法

1. 许可费节省法的概念

许可费节省法也称为权利金节省法(relief from royalty method),无形资产的价值由未来年度因拥有该无形资产所能节省下的特许使用金的价值总和,或授权该无形资产所能获得的权利金收入的现值总和确定。

2. 许可费节省法的评估思路与计算公式

许可费节省法的评估思路:测算由于拥有该项资产而节省的向第三方定期支付许可使用费的金额,并对该无形资产经济寿命期内每年节省的许可费支出,通过适当的折现率折现到评估基准日,以此作为该项无形资产的价值。在某些情况下,许可使用费包括一笔期初入门费和建立在每年经营业绩基础上的分成费。许可费节省法的计算公式如下:

$$无形资产评估值 = Y + \sum_{t=1}^{n} \frac{KR_t}{(1+r)^t}$$

式中:Y——入门费/最低收费额;

K——无形资产分成率,即许可费率;

R_t——第 t 年分成基数;

t——许可期限;

r——折现率。

---

① 分配到包括无形资产在内的单项资产的收益之和不超过企业资产总和带来的收益。

3. 许可费节省法的操作步骤

许可费节省法的操作步骤包括三步。第一,确定入门费(最低收费额或保底费),通常在确定比例收费时预先予以扣除。第二,确定许可费率。具体有两种方法:①以市场上可比的或相似的许可费使用费率为基础确定;②基于收益的分成确定;假设被许可方自愿支付给许可方的金额,通常包括边际分析法、经验数据法等不同确定方法。因此,许可费节省法也称为收益分成许可法。第三,确定许可期限。许可期限可能短于经济寿命年限,还可能短于法定保护期限。在资产评估实践中,通常依据与被评估无形资产相同或相近无形资产在法律或合同、企业申请书中规定的许可使用期限确定被评估无形资产的许可期限。第四,确定折现率。通常可以采用风险累加法、回报率拆分法等方法测算折现率。采用许可费节省法评估无形资产的折现率有别于企业价值评估中的折现率。最后,确定无形资产评估值。

4. 许可费节省法使用的注意事项

许可费节省法使用的注意事项包括两项。第一,许可费率的可获得性与可靠性。具体需注意以下四个方面:①对于相关财务数据的预测,应注意所取得的适当收益以及对该项无形资产寿命年限的估计应当与所采用的许可费率相对应;②所采用的许可费率是否可以使许可费在税前抵扣;③所采用的许可费率是否包括营销成本和被许可方所承担的使用该项资产的任何成本的考虑;④市场上明显相似的资产的许可使用费率可能会存在显著不同,可以采用经营者所要求的毛利率作为许可费率参数衡量的参考。第二,许可费节省法的适用情形。①许可费节省法多用于无形资产使用权转让、出租的评估,主要包括商标、专利以及技术特许。②许可费节省法须在可比资产存在、经济行为双方独立、熟悉情况并且自愿的情形下适用。③由于无形资产许可费只能反映无形资产的部分权利收益,即被许可部分的价值,因此利用此种方法得到的评估结果一般只反映无形资产的使用权价值,比无形资产的所有权价值低。

(二)增量收益法

1. 增量收益法的概念

增量收益法亦称溢价利润法(Premium Profits Method),是指企业若使用某无形资产相比于不使用该无形资产所能创造的额外的未来收益或现金流。即根据未来产生的利润的差异,确定一个恰当的折现率将未来定期增加的收益或现金流折算为现值,或确定一个恰当的资本化率将未来固定增长的收益或现金流资本化。

增量收益法既可用来评估能节约成本的无形资产,也可用来评估创造额外收益或现金流的无形资产。

2. 增量收益法的评估思路与计算公式

增量收益法的评估思路为:预测由于使用该项无形资产而使企业得到的利润或现金流量,与一个没有使用该项无形资产的企业所得到的利润或现金流量进行对比,将二者的差异作为被评估无形资产所创造的增量收益,然后进行折现得到无形资产的价值。具体计算公式如下:

$$无形资产评估值 = \sum_{t=1}^{n} \frac{R_t}{(1+r)^t}$$

其中：R_t——第 t 年无形资产预期增量收益；

r——折现率或资本化率；

n——收益年限。

3. 增量收益法的操作步骤

依据收益法的基本原理，增量收益法的操作有三个步骤：首先，确定增量收益。收益是假定其他资产因素不变的情况下，通过将未使用无形资产与使用无形资产的前后收益情况对比分析得出，具体分为收入增长型和费用节约型两种效果。其次，确定收益期限。无形资产获得增量收益能力的期限才是真正的无形资产收益期限，可以采用法定年限法、更新周期法以及剩余经济寿命预测法等具体方法进行确定。最后，确定折现率或资本化率。可以采用风险累加法、回报率拆分法等方法进行测算，注意保持预期收益口径与折现率或资本化率的口径一致。

4. 增量收益法使用的注意事项

第一，增量收益的合理性。资产评估专业人员应根据情况，对增量收益进行综合性的运用和测算，既不能简单地把增量收益归为仅由无形资产形成的增量收益，也不能将实际由无形资产带来的增量收益错误地归属于其他因素，从而避免"多评"或"漏评"。第二，增量收益法的适用情形。一是使用无形资产可以产生额外的利润或现金流量，即增加收入；二是使用无形资产可以带来成本的节省，即节省成本。

（三）超额收益法

1. 超额收益法的概念

超额收益法(Excess Earnings Method)是指一项无形资产的价值由其未来现金流的现值所确定，仅指标的无形资产带来的未来现金流，而不包括附带资产带来的未来现金流。超额收益法往往用来评估客户合同、客户关系以及正在进行中的研究和开发项目。

2. 超额收益法的评估思路与计算公式

超额收益法的评估思路：①先测算无形资产与其他相关贡献资产共同创造的整体收益；②在整体收益中扣除其他相关贡献资产的相应贡献，将剩余收益确定为超额收益；③超额收益折现，获得无形资产价值。超额收益法的计算公式如下：

$$\text{无形资产评估值} = \sum_{t=1}^{n} \frac{R_t}{(1+r)^t}$$

式中：R_t——第 t 年无形资产预期超额收益；

r——折现率或资本化率；

n——收益年限。

3. 超额收益法的分类

超额收益法试图在实体中找到一个能包含标的无形资产全部收益的最小经济单元或资产组合，然后将标的无形资产的未来现金流分配到此经济单元或资产组合中，尤其适用于对现金流量有较大影响的无形资产或无形资产组合的情形。超额收益法按照超额收益的预测期间可分为单期超额收益法和多期超额收益法。

（1）单期超额收益法。即仅使用单一期间超额收益的预测判断被评估无形资产的价值,因预测期限过短而较少被采用。

（2）多期超额收益法。即使用多个期间的超额收益进行预测,在评估能长期带来货币性收益的无形资产时,往往使用多期超额收益法。

4. 超额收益法的操作步骤与注意事项

超额收益法的操作步骤分三步。首先,确定超额收益。包括:①直接收益方式,即直接销售无形资产产品获取收益,如著作权、计算机软件等;②间接收益方式,如专利实施→生产产品→销售产品;③混合收益方式。其次,确定收益期限。无形资产具有获得超额收益能力的期限。最后,确定折现率或资本化率。可以采用风险累加法、回报率拆分法等方法测算。

超额收益法使用的注意事项有以下三点。一是超额收益与组合收益的量化。超额收益计算至关重要,尤其是从组合收益中扣除其他资产相应贡献过程中,既不能简单地把组合收益归为仅由无形资产创造的超额收益,也不能将实际由无形资产带来的超额收益错误地归属于其他资产的贡献,从而避免"多评"或"漏评"。二是可辨认无形资产与不可辨认无形资产的超额收益。可辨认无形资产,评估时可适当考虑其更大范围内的使用价值,此时的无形资产可能创造的超额收益不再简单等同于组合收益中目前该无形资产的贡献程度。可以通过市场价值类型评估中的最高最佳使用原则得以解释。不可辨认无形资产(商誉)此时应以其当前使用所产生的超额收益为基础进行评估。三是超额收益法的适用情形,主要包括:①特许经营权、公路收费权、矿权;②企业合并对价分摊、商誉减值测试、可辨认无形资产减值测试等以财务报告为目的的无形资产评估。

三、收益法应用中各项参数指标的确定

（一）无形资产超额收益的确定

无形资产收益额的测算,是采用收益法评估无形资产的关键步骤。如前所述,无形资产收益额是由无形资产带来的超额收益。评估人员在估算无形资产的超额收益时,应当注意区分并扣除无形资产以外的其他因素对超额收益的贡献。就一般无形资产而言,无形资产形成的超额收益就其形成过程而言,无非是由于无形资产作用的发挥,进一步挖掘了存量有形资产的作用并体现在产量、销量、售价的提高上,或成本费用的降低等方面。因此,无形资产发挥作用并不是孤立的,它通常需借助于有形资产共同达到实现超额收益的效果。由于无形资产这种需要附着于有形资产共同发挥作用的特性,使得如何从这些共同收益中分离出属于无形资产创造的部分,成为评估中的关键问题。

下面介绍一些常用的估算法。

1. 直接估算法

评估人员通过未使用无形资产与使用无形资产的前后收益情况对比分析,确定无形资产带来的收益额。在许多情况下,从无形资产为特定持有主体带来的经济利益上看,我们可以将无形资产划分为收入增长型和成本费用节约型。

收入增长型无形资产是指无形资产应用于生产经营过程,能够使产品的销售收入大幅度增大。增大的原因在于以下几个。

（1）生产的产品能够以高出同类产品的价格销售。

（2）生产的产品采用与同类产品相同价格的情况下，销售数量大幅度增加，市场占有率扩大，从而获得超额收益。

第一种原因，在销售量不变、单位成本不变的情况下，形成的超额收益可以参考下列公式：

$$R = (P_2 - P_1)Q(1 - T)$$

式中：R—— 超额收益；

$\quad$ P_2—— 使用无形资产后单位产品的价格；

$\quad$ P_1—— 未使用无形资产前单位产品的价格；

$\quad$ Q—— 产品销售量（此处假定销售量不变）；

$\quad$ T—— 所得税税率。

第二种原因，在单位价格和单位成本不变的情况下，形成的超额收益可以参考下列公式：

$$R = (Q_2 - Q_1)(P - C)(1 - T)$$

式中：R—— 超额收益；

$\quad$ Q_2—— 使用无形资产产品的销售量；

$\quad$ Q_1—— 未使用无形资产前产品的销售量；

$\quad$ P—— 产品价格（此处假定价格不变）；

$\quad$ C—— 产品的单位成本；

$\quad$ T—— 所得税税率。

同时应该注意的是，销售收入增加可以引起收益的增加，它们是同方向的，由于存在着税收因素，销售收入和收益一般不是同比例变动，这在计算中应予以考虑。

费用节约型无形资产，是指无形资产的应用，使得生产产品中的成本费用降低，从而形成超额收益。当假定销售量不变，价格不变时，可以参考下列公式计算为投资者带来的超额收益。

$$R = (C_1 - C_2)Q(1 - T)$$

式中：R—— 超额收益；

$\quad$ C_1—— 未使用无形资产前的产品单位成本；

$\quad$ C_2—— 使用无形资产后产品的单位成本；

$\quad$ Q—— 产品销售量（此处假定销售量不变）；

$\quad$ T—— 所得税税率。

实际上，收入增长型和费用节约型无形资产的划分，是假定其他资产因素不变的情况下，为了明晰无形资产形成超额收益来源情况的人为划分方法。通常在实际中，无形资产应用后，其他资产因素也会发生变化，超额收益是各资产因素共同作用的结果。评估者应根据情况，加以综合性的运用和测算，以科学地测算超额收益。不能简单地把超额收益归为仅由无形资产形成的超额收益。

2. 差额法

当无法将使用无形资产和没有使用无形资产的收益情况进行对比时，采用无形资产和其他类型资产在经济活动中的综合收益与行业平均水平进行比较,可得到无形资产获利能力,即"超额收益"。

第一,收集有关使用无形资产的产品生产经营活动财务资料,进行盈利分析,得到经营利润和销售利润率等基本数据。

第二,对上述生产经营活动中的资金占用情况(固定资产、流动资产和已有账面价值的其他无形资产)进行统计。

第三,收集行业平均收益率等指标。

第四,计算无形资产带来的超额收益。

$$无形资产带来的超额收益 = 净利润 - 净资产总额 \times 行业平均净利润率$$

使用这种方法,应注意这样计算出来的超额收益,有时不完全由被评估无形资产带来(除非能够认定只有这种无形资产存在),往往是一种组合无形资产超额收益,还需进行分解处理。

3. 分成率法

无形资产收益通过分成率来获得,是目前国际和国内技术交易中常用的一种实用方法。即:

$$无形资产收益额 = 销售收入(利润) \times 销售收入(利润)分成率 \times (1 - 所得税税率)$$

对于销售收入(利润)的测算已不是较难解决的问题,重要的是确定无形资产分成率。

既然分成对象是销售收入或销售利润,那么,就有两个不同的分成率。而实际上,由于销售收入与销售利润有内在的联系,可以根据销售利润分成率推算出销售收入分成率;反之,亦然。

因为:

$$收益额 = 销售收入 \times 销售收入分成率 \times (1 - 所得税税率)$$
$$= 销售利润 \times 销售利润分成率 \times (1 - 所得税税率)$$

所以:

$$销售收入分成率 = 销售利润分成率 \times 销售利润率$$
$$销售利润分成率 = 销售收入分成率 \div 销售利润率$$

在无形资产转让实务上,一般是确定一定的销售收入分成率,俗称"抽头"。例如,在国际市场上一般技术转让费不超过销售收入的 $1\% \sim 10\%$,如果按社会平均销售利润率 10% 推算,当技术转让费为销售收入的 3% 时,则利润分成率为 30%。从销售收入分成率本身很难看出转让价格是否合理,但是,换算成利润分成率,则可以加以判断。

评估人员在利用分成率法确定无形资产收益额时要根据实际情况分析,合理确定分成收益。

4. 要素贡献法

有些无形资产,已经成为了生产经营的必要条件,由于某些原因不可能或很难确定其带来的超额收益,这时可以根据构成生产经营的要素在生产经营活动中的贡献,从正常利润中粗略估计出无形资产带来的收益。我国理论界通常采用"三分法",即主要考虑生产经营活动中的三大要素:资本、技术和管理,这三种要素的贡献在不同行业是不一样的。

以上所述关于无形资产收益额的测算思路和方法都是从一般或通常的情况出发

的。事实上无形资产的情况非常复杂,其转让、投资等的情况也非常复杂。关于无形资产收益额的一般或通常测算思路不可能涵盖所有的无形资产情况,在许多场合下,还需要评估者根据被估无形资产的具体情况,因事制宜地运用评估技术判断其收益额。

除了无形资产自身以外,拥有和使用无形资产的企业或单位的内部支持系统结构和外部约束系统结构也将对无形资产作用的发挥起着巨大的作用。例如,技术型无形资产是与企业的技术研究和开发能力相联系,品牌是与企业的产品质量和信誉有关,商誉是企业良好管理素质的积累和经营优势的长期保持。另外,国家的产业政策、市场竞争、替代无形资产、无形资产所体现的产品和服务的市场变化等,都会对无形资产预期收益的产生和实现发挥约束作用。这些都应是测算无形资产超额收益时需考虑的因素。当然,这些因素也可以在折现率的确定中考虑。

(二) 无形资产评估中折现率的确定

折现率一般包括无风险报酬率和风险报酬率。一般来说,无形资产投资收益高,风险性强,因此,无形资产评估的折现率往往要高于有形资产评估的折现率。评估时,评估者应根据无形资产的不同种类情况,对未来收益的风险影响因素,及收益获得的其他外部因素进行分析,科学地测算其风险利率,以进一步测算出其适合的折现率。另外,折现率的口径应与无形资产评估中采用的收益额的口径保持一致。

(三) 无形资产收益期限的确定

无形资产收益期限或称有效期限,是指无形资产发挥作用,并具有超额获利能力的时间。有些无形资产在发挥作用的过程中,其损耗是客观存在的。无形资产损耗的价值量,是确定无形资产有效期限的前提。无形资产因为没有物质实体,所以,它的价值不会由于它的使用期的延长发生实体上的变化,即它不像有形资产那样存在由于使用或自然力作用形成的有形损耗。然而,无形资产价值降低是由于无形损耗形成的,具体来说,主要由下列三种情况决定产生。

(1) 新的、更为先进、更经济的无形资产出现,这种新的无形资产可以替代旧的无形资产,使采用原无形资产无利可图时,原有无形资产价值就丧失了。

(2) 因为无形资产传播面扩大,其他企业普遍合法掌握这种无形资产,使拥有这种无形资产的企业获取超额收益的能力降低,它的价值也就减小。

(3) 企业拥有的某项无形资产所决定的产品需求大幅度下降时,这种无形资产价值就会减少,以致完全丧失。

以上说明的是确定无形资产的有效期限的理论依据。需要强调的是,无形资产具有获得超额收益能力的时间才是真正的无形资产有效期限。资产评估实践中,预计和确定无形资产的有效期限,可依照下列方法确定。

(1) 法律或合同、企业申请书分别规定有法定有效期限和受益年限的,可按照法定有效期限与受益年限孰短的原则确定。

(2) 法律未规定有效期,企业合同或企业申请书中规定有受益年限的,可按照规定的受益年限确定。

(3) 法律和企业合同或申请书均未规定有效期限和受益年限的,按预计受益期限确定。预计受益期限可以采用统计分析或与同类资产比较得出。

同时应该注意的是,无形资产的有效期限可能比其法定保护期限短,因为它们要受许多因素的影响,如废弃不用、人们爱好的改变以及经济形势变化等,特别是科学技术发达的今天,无形资产更新周期加快,使得其经济寿命缩短。评估时,对这种情况都应给予足够的重视。

第三节　成本法和市场法在无形资产评估中的应用

一、成本法在无形资产评估中的应用

(一)成本法的含义及基本思路

无形资产评估成本法是指根据重建或重置的思路,利用重新取得全新无形资产的费用,扣除截至评估基准日被评估无形资产发生的贬值因素而得到评估结论的各种评估技术方法的总称。

基本思路:在条件允许的情况下,任何一个潜在的投资者在决定投资某项无形资产时,他所愿意支付的价格不会超过购建该项无形资产的现行购研成本;当被评估无形资产是全新的,重新取得该全新资产的全部费用便是其价值的上限,如果被评估无形资产为非全新资产,其评估价值就应是其全新取得成本扣减其业已存在的各种贬值后的价值。

需要注意的是,无形资产成本包括研制或取得、持有期间的全部物化劳动和活劳动的费用支出,其成本特性明显区别于有形资产。无形资产的成本具有账面记录的不完整性、弱对应性和虚拟性等特点,所以运用成本法评估无形资产受到了一定限制。尤其是知识型、技术类无形资产,不仅没有物质实体,而且其开发研制成本与其功能也不完全对称,这也就使运用成本法评估知识型、技术类等无形资产的重置成本时会遇到许多困难。

无形资产成本包括研制或取得、持有期间的全部物化劳动和活劳动的费用支出。其成本特性,尤其就研制、形成费用而言,明显区别于有形资产。

(二)无形资产成本特性

无形资产成本特性如表 7-3 所示。

表 7-3　无形资产成本特性

特性	特性描述
不完整性	与购创无形资产相对应的各项费用是否计入无形资产的成本,是以费用支出资本化为条件的。在企业生产经营过程中,科研费用一般都是比较均衡地发生的,并且比较稳定地为生产经营服务,因而我国现行财务制度一般把科研费用从当期生产经营费用中列支,而不是先对科研成果进行费用资本化处理,再按无形资产折旧或摊销的办法从生产经营费用中补偿。这种办法简便易行,大体上符合实际,并不影响无形资产的再生产。但这样一来,企业账簿上反映的无形资产成本就是不完整的,大量账外无形资产的前期成本的存在是不可忽视的客观事实。同时,即使是按国家规定进行费用支出资本化的无形资产的成本核算一般也是不完整的。因为无形资产的创立具有特殊性,有大量的前期费用,如培训、基础开发或相关试验等往往不计入该无形资产的成本,而是通过其他途径进行补偿

（续表）

特性	特 性 描 述
弱对应性	无形资产的创建历经基础研究、应用研究和工艺生产开发等漫长过程，成果的出现带有较大的随机性和偶然性，其价值并不与其开发费用和时间产生某种既定的关系。如果在一系列的研究失败之后偶尔出现一些成果，由这些成果承担所有的研究费用显然不够合理。而在大量的先行研究（无论是成功，还是失败）成果的积累之上，往往可能产生一系列的无形资产，然而，继起的这些研究成果是否应该以及如何承担先行研究的费用也很难明断
虚拟性	既然无形资产的成本具有不完整性、弱对应性的特点，因而无形资产的成本往往是相对的。特别是一些无形资产的内涵已经远远超出了它的外在形式的含义，这种无形资产的成本只具有象征意义

（三）成本法在无形资产评估中的应用

采用成本法评估无形资产，其基本公式为：

$$无形资产评估价值 = 无形资产重置成本 \times (1 - 贬值率)$$

从这一公式看出，估算无形资产重置成本（或称重置完全成本）和贬值率，从而科学确定无形资产评估价值，是评估者所面临的重要工作。就无形资产重置成本而言，它是指现时市场条件下重新创造或购置一项全新无形资产所耗费的全部货币总额。根据企业取得无形资产的来源情况，无形资产可以划分为自创无形资产和外购无形资产。不同类型的无形资产，其重置成本构成和评估方式不同，需要分别进行估算。

1. 自创无形资产重置成本的估算

自创无形资产的成本是由创制该资产所消耗的物化劳动和活劳动费用构成的，自创无形资产如果已有账面价格，由于它在全部资产中的比重一般不大，可以按照定基物价指数作相应调整，即得到重置成本。在实务上，自创无形资产往往无账面价格，需要进行评估。其方法主要有两种。

（1）核算法。核算法的基本计算公式为：

$$无形资产重置成本 = 成本 + 期间费用 + 合理利润$$

其中，

$$期间费用 = 管理费用 + 财务费用 + 销售费用$$

期间费用是指创建无形资产过程中分摊到该项无形资产的费用。

（2）倍加系数法。对于投入智力比较多的技术型无形资产，考虑到科研劳动的复杂性和风险，可用以下公式估算无形资产重置成本：

$$无形资产重置成本 = \frac{C + \beta_1 V}{1 - \beta_2} \times (1 + L)$$

式中：C——无形资产研制开发中的物化劳动消耗；

V——无形资产研制开发中活劳动消耗；

β_1——科研人员创造性劳动倍加系数；

β_2——科研的平均风险系数；

L——无形资产投资报酬率。

2. 外购无形资产重置成本的估算

外购无形资产一般有购置费用的原始记录,也可能有可以参照的现行交易价格,评估相对比较容易。外购无形资产的重置成本包括购买价和购置费用两部分,一般可以采用以下两种方法。

(1)市价类比法。在无形资产交易市场中选择类似的参照物,再根据功能和技术先进性、适用性对其进行调整,从而确定其现行购买价格,购置费用可根据现行标准和实际情况核定。

(2)物价指数法。它是以无形资产的账面历史成本为依据,用物价指数进行调整,进而估算其重置成本。其计算公式为:

$$无形资产重置成本 = 无形资产账面成本 \times (评估时物价指数 \div 购置时物价指数)$$

从无形资产价值构成来看,主要有两类费用:一类是物质消耗费用;一类是人工消耗费用。前者与生产资料物价指数相关度较高,后者与生活资料物价指数相关度较高,并且最终通过工资、福利标准的调整体现出来。不同的无形资产两类费用的比重可能有较大差别,一些需利用现代科研和实验手段的无形资产,物质消耗的比重就比较大。在生产资料物价指数与生活资料物价指数差别较大的情况下,可按两类费用的大致比例按结构分别适用生产资料物价指数与生活资料物价指数估算。两种价格指数比较接近,且两类费用的比重有较大倾斜时,可按比重较大费用类适用的物价指数来估算。

【例 7-1】 某企业 2×14 年外购的一项无形资产账面价值为 100 万元,2×16 年进行评估,试按物价指数法估算其重置完全成本。分析:经鉴定,该无形资产系运用现代先进的实验仪器经反复试验研制而成,物化劳动耗费的比重较大,可适用生产资料物价指数。根据资料,此项无形资产购置时物价指数和评估时物价指数分别为 120% 和 150%,故该项无形资产的重置完全成本为:

$$100 \times (150\% \div 120\%) = 125(万元)$$

3. 无形资产贬值率的估算

通常,无形资产贬值率的确定,可以采用专家鉴定法和剩余经济寿命预测法进行。

(1)专家鉴定法。它是指邀请有关技术领域的专家,对被评估无形资产的先进性、适用性作出判断,从而确定其贬值率的方法。

(2)剩余经济寿命预测法。它是由评估人员通过对无形资产剩余经济寿命的预测和判断,从而确定其贬值率的方法。其计算公式为:

$$无形资产的贬值率 = \frac{无形资产已使用年限}{无形资产已使用年限 + 无形资产尚可使用年限} \times 100\%$$

公式中,已使用年限比较容易确定,剩余使用年限应由评估人员根据无形资产的特征,分析判断获得。

贬值率是运用成本法评估有形资产时使用的一个重要概念,无形资产不存在有形损耗,成本法评估无形资产时只是为了操作上的方便借用这一概念,因此它的运用也受到较大程度的限制。在评估实践中,一般选择综合考虑了被评无形资产的各种无形损耗(功能和经济方面的)后的折算比率。在确定适用的贬值率时应注意无形资产使用效用与时间的关系,这种关系通常是非线性的。有的无形资产其效用呈非线性递减(如技术型无形资产),有的无形资产其效用在一定时间内呈非线性递增(如商标、商誉等)。评估人员应对这种变化趋势进行分析并予以说明。

二、市场法在无形资产评估中的应用

虽然无形资产具有的非标准性和唯一性特征限制了市场法在无形资产评估中的使用,但这不排除在评估实践中仍有应用市场法的必要性和可能性。国外学者认为,市场法强调的是具有合理竞争能力的财产的可比性特征。如果有充分的源于市场的交易案例,可以从中取得作为比较分析的参照物,并能对评估对象与可比参照物之间的差异作出合适的调整,就可应用市场法。

使用市场法评估无形资产,评估人员应注意以下事项。

(1)具有合理比较基础的类似的无形资产。作为参照物的无形资产与被评估无形资产至少要满足形式相似、功能相似、载体相似及交易条件相似的要求。所谓形式相似,是指参照物与被评估资产按照无形资产分类原则,可以归并为同一类。所谓功能相似,是指尽管参照物与被评估资产的设计和结构不可避免地存在差异,但它们的功能和效用应该相同或近似。所谓载体相似,是指参照物与被评估资产所依附的产品或服务应满足同质性要求,所依附的企业则应满足同行业与同规模的要求。所谓交易条件相似,是指参照物的成交条件与被评估资产模拟的成交条件在宏观、中观和微观层面上都应大体接近。参照物与被评估无形资产必须处于同一行业,或处于对相同经济变量有类似反应的行业。

(2)收集类似的无形资产交易的市场信息是为横向比较提供依据,而收集被评估无形资产以往的交易信息则是为纵向比较提供依据。关于横向比较,评估人员在参照物与被评估无形资产在形式、功能和载体方面满足可比性的基础上,应尽量收集致使交易达成的市场信息,即要涉及供求关系、产业政策、市场结构、企业行为和市场绩效的内容。其中对市场结构的分析尤为重要,即需要分析卖方之间、买方之间、买卖双方,包括市场内已有的买方和卖方与正在进入或可能进入市场的买方和卖方之间的关系。评估人员应熟悉经济学市场结构作出的完全竞争、完全垄断、垄断竞争和寡头垄断的分类。对于纵向比较,评估人员既要看到无形资产具有依法实施多元和多次授权经营的特征,使过去交易的案例成为未来交易的参照依据。同时也应看到,时间、地点、交易主体和条件的变化也会影响被评估无形资产的未来交易价格。

(3)作为市场法应用基础的价格信息应满足相关、合理、可靠和有效的要求。相关是指所收集的价格信息与需要作出判断的被评估无形资产的价值有较强的关联性;合理是指所收集的价格信息能反映被评估无形资产载体结构和市场结构特征,不能简单地用行业或社会平均的价格信息推理具有明显差异的被评估无形资产的价值;可靠是指所收集的价格信息经过对信息来源和收集过程的质量控制,具有较高的置信度;有效是指所收集的价格信息能够有效地反映评估基准目的被评估资产在模拟条件下的可能的价格水平。

(4)横向比较抑或纵向比较,参照物与被评估无形资产会因时间、空间和条件的变化而产生差异,评估人员应对此作出言之有理、持之有据的调整。当以被评估无形资产以往的交易记录作为评估的参照依据时,则可能需要根据时间的推移,经济、行业和无形资产的环境变化进行调整。

第四节　典型无形资产的评估

一、专利资产评估

(一)专利资产及其评估目的

1. 专利资产的自身特征

专利资产是指权利人所拥有的,能持续发挥作用且能带来经济利益的专利权益。专利资产评估业务的评估对象是指专利资产权益,包括专利所有权和专利使用权。除具有无形资产的基本特性外,专利资产还具有自身特征如表7-4所示。

表7-4　专利资产具有的自身特征

特征	特征描述
时间性	是指其权利的时限是由法律确定的。由于《专利法》对三种专利的保护期限作了明确规定,也就是说,一旦超过规定的保护期限,《专利法》将不再提供保护,则该技术成为公知技术,不再为其权利所有者带来超额经济收益,也就不具有无形资产价值。在此需要指出是,资产评估中的无形资产价值不包括该项专利资产带来的社会价值
地域性	是指一项技术仅在其获得专利权的国家或地区,依当地专利法的规定获得保护。这主要是由于专利法是一个国内法,地域性特征对国外专利技术及国内专利技术在国际市场的价值有决定性作用
排他性	是指由法律赋予专利所有人一段时间对该资产的垄断,这是该专利获得超额经济收益的保证
可转让性	专利权所有权可以转让,由当事人订立合同,并经原专利登记机关或相应机构登记和公告后生效。专利权一经转让,原发明者不再拥有专利权,购买者继承专利权

2. 专利资产评估目的

专利资产评估依专利权发生的不同经济行为,按特定目的确定其评估的价值类型和方法。在不同情形下的专利权以及不同转让形式,确定的评估方法也不相同。专利权转让一般有两种情形:一种是刚刚研究开发的新专利技术,专利权人尚未投入使用就直接转让给接受方;另一种情形是转让的专利已经过长期的或一段时间的生产,是行之有效的成熟技术。

专利权转让形式很多,但总的来说,可以分为全权转让和许可使用权转让。许可使用权转让往往通过专利许可证贸易形式进行,这种使用权的权限、时间期限和地域范围都是在专利许可合同中加以明确的。①专利使用权,具体形式包括专利权独占许可、独家许可、普通许可和其他许可形式。②地域范围,专利许可合同大多数都规定明确的地域范围,如某个国家或地区,买方的使用权不得超过这个地域范围。③时间期限,专利许可合同一般都规定有效期限,时间长短因技术而异。一项专利技术的许可期限一般要和该专利的法律保护期限相适应。

(二) 专利资产的评估方法

专利资产评估的主要评估方法有收益法、市场法和成本法。目前采用较多的为收益法和成本法。

1. 收益法

收益法应用于专利资产评估的根本问题是如何寻找、判断、选择和测算评估中的各项技术指标和参数,即专利资产的收益额、折现率和获利期限。

(1) 专利资产收益额的估测。即直接由专利资产带来的预期收益。对于收益额的测算,通常可以通过直接测算超额收益和利润分成率获得。由于专利资产收益的来源不同,可以将专利资产划分为收入增长型专利和费用节约型专利来测算,也可以用分成率方法测算。采用利润分成率测算专利资产收益额,即以专利资产投资产生的收益为基础,按一定比例即按利润分成率分成确定专利资产的收益。利润分成率反映专利资产对整个利润额的贡献程度。利润分成率确定为多少合适,据联合国工业发展组织对印度等发展中国家引进技术价格的分析,利润分成率在 16%~27% 是合理的;在挪威召开的许可贸易执行协会上,多数代表提出利润分成率为 25% 左右较为合理;美国一般认为在 10%~30% 是合理的。我国理论工作者和评估人员通常认为利润分成率在 25%~33% 较合适。这些基本分析在实际评估业务过程中具有参考价值,但更重要的是对被评估专利资产进行切合实际的分析,确定合理的、准确的利润分成率。

利润分成是将资产组合中专利对利润的贡献分割出来,实际操作过程中也可以采用一种变通的方法,即以销售收入分成率替代利润分成率,相应的分成基础也就由利润变成销售收入了。尽管销售收入分成率和利润分成率之间存在一定关系,并可以通过数学关系进行互换,但销售收入分成率合理性的基础仍然是利润分成率。

专利资产利润分成率也可以采用综合评价法确定。综合评价法是对评价对象的多种因素的综合价值进行权衡、比较、优选和决策的活动,又称为多属性效用理论,简称MAUT(Multiple Attributive Utility Theory)。利用综合评价法确定分成率,主要是通过对分成率的取值有影响的各个因素,即法律因素、技术因素及经济因素,进行评测,确定各因素对分成率取值的影响度,再根据由多位专家确定的各因素权重,最终得到分成率。在确定评价指标体系时,首先对分成率及它的各种影响因素进行系统分析。专利资产价值主要受到四方面因素的影响,即法律因素、技术因素、经济因素及风险因素,其中,风险因素对专利资产价值的影响主要在折现率中体现,其余三个因素均可在分成率中得到体现。

(2) 专利资产折现率的估测。根据资产评估的特点和收集资料的情况,可采用国际通用的社会平均收益率法模型来估测评估中的适用折现率。即:

$$折现率 = 无风险报酬率 + 风险报酬率$$

无风险报酬率一般应考虑社会平均报酬率,对我国的资产进行评估时,一般选取当年的国债利率,换算为复利计算的年利率。至于风险报酬率(风险系数)的确定。对专利资产投资而言,风险系数由技术风险系数、市场风险系数、资金风险系数及管理风险系数之和确定。根据无形资产的特点及目前评估惯例,各个风险系数的取值范围在一定范围之内,而具体的数值则根据评测表求得。而任何一项风险大到一定程度,不论该项风险在总风险中的比重多低,该项目都没有意义。即任一风险达到一定程度都是否定性指标。

(3)专利资产收益期的确定。通常根据法律法规或合同等确定专利资产的收益期限。

【例7-2】 北京某科技发展公司5年前自行开发了一项大功率电热转换体及其处理技术,并获得发明专利证书,专利保护期为20年。现在,该公司准备将该专利资产出售给京郊某乡镇企业,现需要对该项专利资产进行评估。评估分析和计算过程如下:

(1)评估对象和评估目的。由于北京某科技发展公司系出售该项专利,因此,转让的是专利技术的所有权。

(2)专利资产确认。该项技术已申请专利,该技术所具备的基本功能可以从专利说明书以及有关专家鉴定书中得到。此外,该项技术已在北京某科技发展公司使用了5年,产品已进入市场,并深受消费者欢迎,市场潜力较大。因此,该项专利技术的有效功能较好。

(3)评估方法选择。该项专利技术具有较强的获利能力,而且,同类型技术在市场上被授权使用情况较多,分成率容易获得,从而为测算收益额提供了保证。因此,决定采用收益法进行评估。

(4)判断确定评估参数。根据对该类专利技术的更新周期以及市场上产品更新周期的分析,确定该专利技术的剩余使用期限为4年。根据对该类技术的交易实例的分析,以及该技术对产品生产的贡献性分析,采用销售收入的分成率为3%。

根据过去经营绩效以及对未来市场需求的分析,评估人员对未来4年的销售收入进行预测,结果如表7-5所示。

表7-5　预期销售收入测算结果　　　　　　　　单位:万元

年　　　度	第1年	第2年	第3年	第4年
销售收入	600	750	900	900

根据当期的市扫投资收益率,确定该专利资产评估中采用的折现率为10%。

(5)计算评估价值。得出结论如表7-6所示。

表7-6　评估价值计算表　　　　　　　　单位:万元

年　　　度	销售收入①	分成额＝①×3%	②收益现值($r=10\%$)
第1年	600	18	16.36
第2年	750	22.5	18.60
第3年	900	27	20.29
第4年	900	27	18.44
合　　　计			73.69

因此,该专利资产转让价的评估价值为 73.69 万元。

2. 成本法

成本法应用于专利资产的评估,重要的在于分析计算其重置完全成本构成、数额以及相应的贬值率。专利资产分为外购和自创两种,外购专利资产的重置成本确定比较容易。自创专利资产的成本一般由下列因素组成。

(1)研制成本。研制成本包括直接成本和间接成本两大类。直接成本是指研制过程中直接投入发生的费用,间接成本是指与研制开发有关的费用。①直接成本。直接成本一般包括:材料费用,即为完成技术研制所耗费的各种材料费用;工资费用,即参与研制技术的科研人员和相关人员的费用;专用设备费,即为研制开发技术所购置或专用设备的摊销;资料费,即研制开发技术所需的图书、资料、文献、印刷等费用;咨询鉴定费,即为完成该项目发生的技术咨询、技术鉴定费用;协作费,即项目研制开发过程中某些零部件的外加工费以及使用外单位资源的费用;培训费,即为完成本项目,委派有关人员接受技术培训的各种费用;差旅费,即为完成本项目发生的差旅费用;其他费用。②间接成本。间接成本主要包括:管理费,即为管理、组织本项目开发所负担的管理费用;非专用设备折旧费,即采用通用设备,其他设备所负担的折旧费用;应分摊的公共费用及能源费用。

(2)交易成本。交易成本是指发生在交易过程中的费用支出,主要包括:技术服务费,即卖方为买方提供专家指导、技术培训、设备仪器安装调试及市场开拓费;交易过程中的差旅费及管理费,即谈判人员和管理人员参加技术洽谈会及在交易过程中发生的食宿及交通费等;手续费,即有关的公证费、审查注册费、法律咨询费等;税金,即无形资产交易、转让过程中应缴纳的营业税。

(3)专利费。专利费是指为申请和维护专利权所发生的费用,包括专利代理费、专利申请费、实质性审查请求费、维护费、证书费、年费等。

由于评估目的的不同,其成本构成内涵也不一样,在评估时应视不同情形考虑以上成本的全部或一部分。下面举例说明成本法用于专利资产评估的过程。

【例7-3】 某实业股份有限公司由于经营管理不善,企业经济效益不佳,亏损严重,将要被同行业的利达股份有限公司兼并,需要对某实业股份有限公司全部资产进行评估。该公司有一项专利技术(实用新型),两年前自行研制开发并获得专利证书。现需要对该专利资产进行评估。

资产评估专业人员分析和计算过程如下。

(1)确定评估对象。该项专利资产系某实业股份有限公司自行研制开发并申请的专利权,该公司对其拥有所有权。被兼并企业资产中包括该项专利技术,因此,确定的评估对象是专利资产的完全产权。

(2)技术功能鉴定。该专利资产的专利权证书、专利权利要求书、说明书及其附图、缴纳专利费用凭证、技术检验报告书均齐全。根据专家鉴定和现场勘察,该专利技术有一点效果,但还未实际应用于生产之中,技术还有待完善,技术产品的售价、成本及参数还难以取得。该技术从实验的结果反映,将会为未来的生产带来较好的效果。

(3)评估方法选择。鉴于该专利技术新做的鉴定结论,应用成本法能反映该项专利资产的价值,故选用成本法。

（4）各项评估参数的估算。

首先,分析测算其重置完全成本。该项专利技术系自创形成,其开发形成过程中的成本资料可从企业中获得。具体如表7-7所示。

表7-7　自创专利技术成本资料　　　　　　　　单位:元

材料费用	45 000
工资费用	10 000
专用设备费	6 000
资料费	1 000
咨询鉴定费	5 000
培训费	2 500
差旅费	3 100
管理费分摊	2 000
非专用设备折旧费分摊	9 600
专利费用及其他	3 600
合　　计	87 800

根据专利技术开发的过程分析,各类消耗仍按过去实际发生定额计算,对其价格可按现行价格计算。根据考察、分析和测算,近2年生产资料价格上涨指数分别为5%和8%。因生活资料物价指数资料难以获得,该专利技术开发中工资费用所占份额很少,因此,可以将全部成本按生产资料价格指数调整,即可估算出重置完全成本。

$$重置完全成本=87\ 800×(1+5\%)×(1+8\%)=99\ 565(元)$$

其次,确定该项专利资产的贬值率。该项实用新型的专利技术,法律保护期限为10年,但根据专家鉴定分析和预测,该项专利技术使用期限为8年,现已使用了2年,剩余使用年限为6年,由此可以计算贬值率为:

$$贬值率=2÷8×100\%=25\%$$

（5）计算评估价值,作出结论。

$$评估价值=99\ 565×(1-25\%)=74\ 673.75(元)$$

最后,确定该项专利资产的评估价值为74 674元。

二、专有技术评估

（一）专有技术及其与专利技术的区别

专有技术又称技术秘密、商业秘密、技术诀窍,是指不为公众所知悉、能为权利人带来经济利益、具有实用性并经权利人采取保密措施的技术信息和经营信息,包括设计、程序、产品配方、制作工艺、制作方法、管理诀窍、客户名单、货源情报、产销策略、招投标中的标底及标书内容等信息。

专有技术与专利权不同,从法律角度讲,它不是一种法定的权利,而仅仅是一种自然的权利,是一项收益性无形资产。从这一角度来说,进行专有技术的评估,首先应该鉴定专有技术,分析、判断其存在的客观性,通常是根据以下特性判断的:①实用性,专有技术的价值取决于其是否能够在生产实践过程中操作,不能应用的技术不能称为专有技术;②新颖性,专有技术所要求的新颖性与专利技术不同,专有技术并非要具备独一无二的独特性不可,但它也绝不能是任何人都可以随意得到的东西;③保密性,保密性是专有技术的最主要特性,如前所述,专有技术不是一种法定的权利,其自我保护是通过保密性进行的;④价值性,专有技术必须有价值,表现在它能为企业带来超额利润。价值是专有技术能够转让的基础。

归结起来,专有技术与专利技术的区别表现在:①专有技术具有保密性,而专利技术则是在专利法规定范围内公开的。一项技术一经公开,获取它所耗费的时间与投资远远小于研制它所耗费的时间和投资,必须要有法律手段保护发明者的所有权。而没有专利权又不公开的技术,所有者只有通过保密手段进行自我保护。②专有技术的内容范围很广,包括设计资料、技术规范、工艺流程、材料配方、经营诀窍和图纸等。③专利技术有明确的法律保护期限,专有技术没有法律保护期限。④专利技术受《中华人民共和国专利法》的保护,对专有技术进行保护的法律主要有《中华人民共和国合同法》《中华人民共和国反不正当竞争法》等。

(二)影响专有技术价值的因素分析

在专有技术评估中,应注意研究影响专有技术评估价值各项因素,如表7-8所示。

表7-8　影响专有技术价值的因素

因素	对专有技术价值的影响
1. 使用期限	专有技术依靠保密手段进行自我保护,没有法定保护期限。但是,专有技术作为一种知识和技巧,会因技术进步、市场变化等原因被先进技术所替代。作为专有技术本身,一旦成为一项公认的使用技术,它就不存在无形资产价值了。因此,专有技术的使用期限应由评估者根据本领域的技术发展情况、市场需求情况及技术保密情况进行估算,也可以根据双方合同的规定期限、协议情况估算
2. 预期获利能力	专有技术的价值在于专有技术的使用所能产生的超额获利能力。因此,评估时应充分研究分析专有技术的直接和间接获利能力,这是确定专有技术评估价值的关键,也是评估过程中的困难所在
3. 市场情况	市场需求越大,其价格越高,反之则低。从专有技术本身来说,一项专有技术的价值高低取决于其技术水平在同类技术中的领先程度。在科学技术高速发展的情况下,技术的更新换代的速度加快,无形损耗加大,一项专有技术很难持久处于领先水平。另外,专有技术的成熟程度和可靠程度对其价值量也有很大的影响。技术越成熟、可靠,其获利能力越强,风险越小,卖价越高
4. 开发成本	专有技术取得的成本,也是影响专有技术价值的因素。评估中应根据不同技术特点,研究开发成本和其获利能力的关系
5. 保密措施	对专有技术的保密措施的核查,是核查专有技术是否处于保密状态及易于公开的环节。评估中,评估人员可从核心技术人员的流动情况、保密协议及保密制度以及其他相关的保密措施入手核查

（三）专有技术的评估方法

专有技术的评估方法与专利资产评估方法基本相同。下面举例介绍专有技术评估中成本法和收益法的应用。

【例 7-4】 某企业现有不同类型的设计工艺图纸 8 万张，需进行评估，以确定该设计工艺图纸的价值。估算过程如下。

第一步，分析鉴定图纸的使用状况。评估人员根据这些图纸的尺寸和所给产品的种类、产品的周期进行分析整理。根据分析，将这些图纸分成以下四种类型（这也是一般用于确定图纸类型的标准）：①活跃/当前型——6.2 万张，指现正在生产，可随时订货的产品零件、部件、组合件的工程图纸及其他工艺文件；②半活跃/当前型——0.9 万张，指目前已不再成批生产但仍可订货的产品零部件、组合件的工程图纸及其他工艺文件；③活跃/陈旧型——0.7 万张，指计划停止生产但目前仍可供销售的产品的零部件、组合件的工程图纸及其他工艺文件；④停止生产而且不再销售的产品的零部件、组合件的工程图纸及其他工艺文件，计 0.2 万张。

根据分析确定，继续有效使用的图纸计 7.1 万张。

第二步，估算图纸的重置完全成本。根据图纸设计、制作耗费及其现行价格分析确定，这批图纸每张的重置成本为 120 元。由此可以计算出这批图纸的重置完全成本。

$$图纸的重置完全成本 = 71\ 000 \times 120 = 8\ 520\ 000（元）$$

【例 7-5】 某评估公司对中佳股份有限公司准备投入中外合资企业的一项专有技术进行评估。根据双方协议，确定该专有技术收益期限 5 年，试根据有关资料确定该专有技术评估价值。

资产评估专业人员的分析及计算过程如下。

（1）预测、计算未来 5 年的收益（假设评估基准日为 2019 年 12 月 31 日），如表 7-9 所示。

表 7-9 未来 5 年专有技术收益预测表

项 目	第 1 年	第 2 年	第 3 年	第 4 年	第 5 年
销售量（件）	35	45	45	45	45
销售单价（万元）	2.2	2.2	2.2	2.2	2.2
销售收入（万元）	77	99	99	99	99
减：成本、费用（万元）	21.84	27.94	27.94	27.94	27.94
利润总额（万元）	55.16	71.06	71.06	71.06	71.06
减：所得税（万元）	18.20	23.45	23.45	23.45	23.45
税后利润（万元）	36.96	47.61	47.61	47.61	47.61
专有技术分成率（对净利润的分成）	40%	40%	40%	40%	40%
专有技术收益（万元）	14.78	19.04	19.04	19.04	19.04

（2）确定折现率。根据银行利率确定安全利率为 2.5%，根据技术所属行业及市场

情况确定风险率为 17.5％,由此确定折现率为 20％(2.5％＋17.5％)。

（3）计算确定评估价值。

专有技术评估价值 ＝ 14.78×0.833 3＋19.04×2.588 7×0.833 3 ＝ 53.39(万元)

三、商标资产评估

（一）商标及其经济权利

商标是商品或服务的标记,是商品生产者或经营者为了把自己的商品或服务区别于他人的同类商品或服务,在商品上服务中使用的一种特殊标记。这种标记一般是由文字、图形、字母、数字、三维标志和颜色组合,以及上述要素的组合。商标标志一定的商品或服务的质量,并反映向市场提供某种商品或服务的特定企业的声誉。消费者通过商标可以了解这个企业形象,企业也可以通过商标宣传自己的商品或服务,提高企业的知名度。从经济学角度来说,商标最终能为企业带来超额收益。从法律角度来说,保护商标也就是保护企业获取超额收益的权利。

我国《商标法》规定:"经商标局核准注册的商标为注册商标,包括商品商标、服务商标和集体商标、证明商标;商标注册人享有商标专用权,受法律保护。"我们所说的商标资产的评估,指的是注册商标专用权的评估。

商标权是商标注册后,商标所有者依法享有的权益,它受到法律保护,未注册的商标不受法律保护。商标权一般包括排他专用权(或独占权)、转让权、许可使用权、继承权等。

（二）影响商标资产价值的因素

商标带来超额收益的原因,是它所代表的企业的商品质量、性能、服务等效应因素的综合性、重复性的显示,甚至是一定的效用价格比的标志。它实际上是对企业生产经营的素质,尤其是技术状况、管理状况营销技能的综合反映。另外,商标资产的评估价值还与评估基准日的社会、经济状况以及评估目的等密切相关。因此,商标资产价值的评估应重点考虑如下几个方面。

1. 商标的法律状态

商标的法律状态对商标价值的影响如表 7-10 所示。

表 7-10　商标法律状态对商标价值的影响

因素	对商标价值的影响
（1）商标注册情况	我国实行的是"不注册使用与注册使用并行,仅注册才能产生专用权"的商标专用权制度。按照这种制度,只有获得了注册的商标使用人才享有专用权,才有权排斥他人在同类商品上使用相同或相似的商标,也才有权对侵权活动起诉。因而只有注册了的商标才具有经济价值。未注册的商标即便能带来经济效益,其经济价值也得不到确认
（2）商标权的失效	我国注册商标的有效期是 10 年,10 年届满如果没有申请续展,则商标的注册将被注销,商标权失效。另外还有几种情况可能导致商标权的失效:自行改变注册商标的;自行改变注册商标的注册人名义、地址或者其他注册事项的;自行转让注册商标的;连续 3 年停止使用的。商标权一旦失效,原商标所有人不再享有商标专用权,也就不再具有经济价值

（续表）

因素	对商标价值的影响
（3）商标权的续展	商标注册人按期提出续展申请，经商标局核准，商标权可以无限续展。在合法续展的情况下，商标权可成为永久性收益的无形资产，驰名老牌商标权的价值一般与其寿命成正比，寿命越长，价值越高。如果没有商标续展的规定，一个驰名商标在临近保护期的前一年进行评估，其评估价值可能不如一个刚刚注册、有效期还有 10 年的非驰名商标。但实际上，由于有续展期的规定，没有人愿意出高价购买非驰名商标，原因是驰名商标通过续展可以长期为购买者带来比较高的超额收益
（4）商标权的地域性	商标权具有严格的地域性，商标权只有在法律认可的一定地域范围内受到保护。商标所有者所享有的商标权，只能在授予该项权利的国家领域内受到保护，在其他国家则不发生法律效力。如果需要得到其他国家的法律保护，必须按照该国的法律规定，在该国申请注册，或向世界知识产权组织国际局申请商标国际注册。国际上一些经济学家们在评估"可口可乐"商标权价值为 434.27 亿美元时，并未注意说明该商标权是在美国转让还是在世界各国转让的价值，而这两者之间可能相差 100 倍。因此，商标注册的地域范围也是影响商标权价值的因素
（5）特定的商品范围	商标注册申请采用"一类商品、一个商标、一份申请"的原则。评估商标资产价值时，要注意商标注册的商品种类及范围，要考虑商品使用范围是否与注册范围相符合，商标权只有在核定的商品上使用时才受法律保护，对超出注册范围部分所带来的收益不应计入商标资产的预期收益中

2. 商标的知名度

商标的知名度，即商标的驰名度。商标的知名度越大，其价值就越高。很多国家对驰名商标的保护力度远大于非驰名商标，对驰名商标的认定一般也有着苛刻的条件和复杂的手续。因而一般情况下，同一行业，驰名商标价值高于非驰名商标价值，取得驰名商标认定的商标，其价值高于普通商标的价值。是否完成驰名商标认定影响着商标资产的价值。

不同的商标可为商标权人带来不同的收益，同样的商品给企业带来的收益会相差甚远。驰名商标依照《保护工业产权巴黎公约》、世界贸易组织的《知识产权协议》及多数国家的商标法，都享有受特殊保护的权利，因此，驰名商标的法律地位也会增加它的价值。

3. 商标所依托的商品

商标权是商标所有者享有禁止他人未经许可在同一种商品劳务或类似商品劳务上使用其商标的权利。商标权本身不能直接产生收益，其价值大都是依托有形资产来实现的。商标资产的经济价值是由商标所带来的效益决定的，带来的效益越大，商标资产价值越高。商标所带来的效益是依托相应的商品来体现的。主要与以下因素有关，如表 7-11 所示。

表 7-11 商标所依托的商品对商标价值的影响

因素	对商标价值的影响
（1）行业及前景	一种商品离不开其所在的行业，行业的状况直接影响到商品的生产规模、价格、利润率等经济指标，进而影响到商标的价值。另外，一个行业，很难保持长久的繁荣与稳定。总有一些新兴的行业不断产生，一些陈旧的行业不断衰退，甚至消亡。商标所依托的商品所在的行业发展情况，对商标资产的价值能产生重大影响。商标资产的价值在于其获得超额利润的能力，在销量相同的情况下，新兴行业往往是产品附加值高的行业，其商标资产价值也高

因素	对商标价值的影响
（2）生命周期	商品的生命周期一般有四个阶段：研制阶段、发展阶段、成熟阶段、衰落阶段。若有形的商品处于发展或成熟阶段，获得超额利润的能力强，其相应的商标资产价值高；若处于衰退阶段，获得超额利润的能力弱，其商标资产价值相对较低。若处于研制阶段，要考虑商品是否有市场、单位产品可获得的利润等因素综合确定商标资产的价值
（3）市场占有率、竞争状况	商品的市场占有率标志着商标资产的价值范围。商标资产的价值体现在获得超额利润的能力。同样单价，其市场占有率越大，商品销量越大，利润及超额利润也越大，商标资产价值也就越大。竞争状况同样影响着商标资产价值，竞争越激烈、其他知名商标越多，商标资产价值越小
（4）利润情况	商标资产的价值最终体现在能给拥有者带来的超额收益上。商品所带来的利润越大，才有可能获得更高的超额利润，商标资产才有可能有价值。因此，商品的利润率大小是影响商标资产价值的重要因素
（5）企业素质	一个商标在有些企业手中，可能是价值连城的无形资产，而在另一些企业手中，也可能变得一文不值。良好的企业经营素质可为企业带来优秀的管理、良好的商品质量和优良的企业信誉等。企业的经营素质同样影响到商标资产的价值
（6）经营业绩	使用商标的商品，历史上的经营业绩的好坏可能影响到未来收益的预测情况。好的经营业绩，预测的未来收益可能大，超额利润才可能更大，商标资产价值也更高；反之，商标资产价值低

4. 宏观经济状况

商标资产的价值与宏观经济形势密切相关，在评估基准日宏观经济景气高涨时，评估价值相对较高，低迷时评估价值较低。另外，宏观经济政策如财政政策、货币政策等也是商标评估必须考虑的因素。

5. 评估目标

从商标权转让方来说，可分为商标权转让和商标权许可使用。前者是指转让方放弃商标权，归受让方所有，实际上是商标权的出售。后者是指拥有商标权的商标权人，在不放弃商标所有权的前提下，特许他人按照许可合同规定的条款使用商标。商标权转让方式不同，评估价值也不同。一般来说，商标所有权转让的评估价值高于商标权许可使用的评估价值。

从股份制企业商标评估情况来说，通常包括以商标权投资入股、商标权许可使用、商标权转让等。根据评估目标的不同，评估出商标资产的不同价值。

6. 类似商标的交易情况

市场上类似商标的交易情况也影响商标资产的价值。当使用市场法进行商标价值评估时，可比实例及其交易情况对商标价值评估起决定性的作用。这些因素包括可比实例的交易价格、交易情况、本身情况、交易日期等。

7. 商标设计

商标的优劣关系到企业的胜败兴衰。一个好商标的设计要求美观、内涵丰富并能展示企业风格，而商标设计的基础则在于商标名称的创意和设计。

8. 商标声誉的维护

商标资产的价值与商标声誉的维护有关。商标资产维护时间越长,价值越大。但若不维护商标的声誉,商标的价值就会贬值。商标的广告宣传是扩大商标知名度、影响力及维护商标的重要因素。企业通过广告宣传使大众熟悉该种产品或服务,刺激和维持消费需求,从而扩大产品销量,从而为企业带来更多超额利润。另外,商标的广告宣传费用,也是商标成本的重要组成部分。因而商标的广告宣传对其价值产生重大影响。商标资产的价值与商标的广告宣传费的多少有关,但商标资产的价值并不等于商标的广告宣传费用。

9. 其他因素

除上述影响商标价值评估的因素外,还有其他一些情况对商标价值评估也构成影响。例如,商标的注册、使用、购买成本,商标注册时间、有无许可使用等都是影响商标资产价值的重要因素。

(三) 商标资产评估方法

商标资产评估也主要有收益法、市场法和成本法,比较常用的是收益法。

1. 商标资产转让的评估

【例 7-6】 某企业有一种已经使用 10 年的注册商标。根据历史资料,该企业近 5 年使用这一商标的产品比同类产品的价格每件高 0.7 元,该企业每年生产 100 万件。该商标目前在市场上有良好趋势,产品基本上供不应求。根据预测估计,如果在生产能力足够的情况下,这种商标产品每年生产 150 万件,每件可获超额利润 0.5 元,预计该商标能够继续获取超额利润的时间是 10 年。前 5 年保持目前超额利润水平,后 5 年每年可获取的超额利润为 32 万元,请评估这项商标资产的价值。

(1) 首先计算其预测期内前 5 年每年的超额利润:

$$前 5 年每年的超额利润 = 150 \times 0.5 = 75(万元)$$

(2) 根据企业的资金成本率及相应的风险率,确定其折现率为 10%。

(3) 确定该项商标资产价值:

$$
\begin{aligned}
商标资产价值 =\ & 75 \times [(1+10\%)^{-1} + (1+10\%)^{-2} + (1+10\%)^{-3} + (1+10\%)^{-4} \\
& + (1+10\%)^{-5}] + 32 \times [(1+10\%)^{-6} + (1+10\%)^{-7} + (1+10\%)^{-8} \\
& + (1+10\%)^{-9} + (1+10\%)^{-10}] \\
=\ & 75 \times 3.790\,7 + 32 \times 2.353\,6 \\
=\ & 284.3 + 75.316\,7 = 359.616\,7(万元)
\end{aligned}
$$

由此确定商标资产转让评估价值为 359 万元。

2. 商标许可价值评估(商标使用权评估)

【例 7-7】 甲自行车厂将红鸟牌自行车的注册商标使用权通过许可使用合同允许乙厂使用,使用时间为 5 年。双方约定由乙厂每年按使用该商标新增利润的 27% 支付给甲厂,作为商标使用费,试评估该商标使用权价值。评估过程如下:

首先,预测使用期限内新增利润总额取决于每辆车的新增利润和预计产量。对于产量的预测,应根据许可合同的有关规定及市场情况进行。如果许可合同中规定有地域界限,在预测时必须予以考虑,否则就可能导致预测量过多,引致评估价值失实。根据评估人员预测,每辆车可新增净利润 5 元,第 1 至第 5 年生产的自行车分别是 40 万辆、45 万辆、55 万辆、60 万辆、65 万辆。则新增净利润额计算结果如表 7-12 所示。

其次,确定分成率。按许可合同中确定的 27% 作为分成率。

再次,确定折现率。假设折现率为 14%。

由此,可以计算出每年新增净利润的折现值如表 7-12 所示。

表 7-12　每年新增净利润折现值

年份	每辆车可新增净利润(元)	销售量(万辆)	新增净利润额(万元)	折现系数	折现值(万元)
第 1 年	5	40	200	0.877 2	175.442
第 2 年	5	45	225	0.769 5	173.143
第 3 年	5	55	275	0.675 0	185.634
第 4 年	5	60	300	0.592 1	177.635
第 5 年	5	65	325	0.519 4	168.81
合计					880.65

最后,按 27% 的分成率计算确定商标使用权的评估价值为:

$$880.65 \times 27\% \approx 237.78(万元)$$

四、品牌价值评估

(一) 商标和品牌的关系

品牌一般表现形式为名称、术语、标记、符号和设计等,或是它们的组合运用等。商标和品牌是两个内含不完全相同的概念,两者既有联系,又有区别。

1. 两者的联系

品牌和商标都是商品的标志,商标是品牌的一个组成部分,是品牌的标志和名称,便于消费者记忆识别。

2. 两者的区别

(1) 商标是一种法律概念,而品牌是一种经济概念。商标和品牌尽管都是商品的标记,但商标是一个法律名词,而品牌是一个经济名词。品牌不受法律保护,而商标受法律保护。品牌只有打动消费者的内心,才能产生市场经济效益,同时品牌只有根据《商标法》登记注册后才能成为注册商标,才能受到法律的保护,避免其他任何个人或企业的侵权模仿使用。例如,"奔驰"既是一个商标,又是一个品牌,"奔驰"商标的价值表现为法律意义上的专用权和垄断,而"奔驰"品牌的价值则表现为该品牌的市场份额和超额利润率。

(2) 商标是品牌的一部分,但品牌的内涵远远大于商标。品牌不仅仅是一个易于区分的名称和符号,更是一个综合的象征,需要赋予其形象、个性、生命。例如,可口可乐的品牌内涵远不止是"可口可乐"这几个字构成的标志和名称,它体现着美国几代人

"乐观向上"的美国文化。并且,"可口可乐"还作为传播这种美国文化的载体,进入了全球的每个角落。

（3）品牌只需使用而无须注册,商标只有注册后方可受法律保护并享有商标专用权,仅注册不使用的商标不是品牌。品牌和商标可以一致,也可以不同,品牌比商标有更宽泛的外延。

（4）商标属于注册人,而品牌则属于消费者。商标的所有权是掌握在注册人手中的,商标注册人可以转让、许可自己的商标,可以通过法律手段打击别人侵权使用自己的商标。但品牌则植根于广大消费者心中,品牌巨大的价值及市场感召力是来源于消费者对品牌的信任、偏好和忠诚,如果一个品牌失去信誉,失去消费者的信任,品牌则一文不值。

此外,商标和品牌给拥有者带来的价值和作用不同。

（二）品牌价值评估方法

评估品牌价值的关键是首先要明确需要从哪些方面来评估一个品牌的价值,或者说通过哪些指标可以客观地判断和评价一个品牌的价值乃至从数量上来精确估量这个价值。因此,品牌价值的评估并不像其他类别无形资产的评估那样简单套用收益法或者成本法的模型就可以进行,而是需要考虑在较复杂环境和多重因素影响下的一种无形资产价值的累加和总和。

一般来说,常用的品牌价值评估方法包括有 Interbrand 价值评估模型、Financial World 方法、WBL 模型、Keller CBBE 模型和品牌十要素评价模型。这些评估方法引入了品牌强度、品牌附加值和品牌忠诚度等维度的概念,将品牌价值影响因素细分为各种影响因子,并且大量采用了专家评价的方法对各因子进行详细分析和量化,最终形成品牌价值的评估结果。

1. Interbrand 价值评估模型

Interbrand 自 1988 年起在行业内率先开创了品牌价值研究。作为第一个通过 ISO10668 国际认证的品牌价值评估体系,Interbrand 的整个分析方法论被业界公认为具有特殊战略管理价值的工具。Interbrand 品牌模型同时考虑主客观两方面的事实依据。客观的数据包括市场占有率、产品销售量以及利润状况;主观判断是确定品牌强度。计算公式如下:

$$V = P \times S$$

式中：V—— 品牌价值;

P—— 品牌带来的净利润;

S—— 品牌强度系数。

Interbrand 方法的一个基本假定是,品牌之所以有价值不全在于创造品牌所付出了成本,也不全在于有品牌产品较无品牌产品可以获得更高的溢价,而在于品牌可以使其所有者在未来获得较稳定的收益。就短期而言,一个企业使用品牌与否对其总体收益的影响可能并不很大。然而,就长期看,在需求的安全性方面,有品牌产品与无品牌产品,品牌影响力大的产品与品牌影响力小的产品,会存在明显的差异。Interbrand 主要从 7 个方面和 80～100 个参数评价一个品牌的强度系数,如表 7-13 所示。

表 7-13　Interbrand 评价因素

评价因素	含　义	权重
领导力	品牌在同行业中所处的综合竞争地位	25%
国际力	品牌穿越地理文化边界的能力,反映了品牌蕴含的文化包容性	25%
稳定力	品牌维护消费者特权的能力	15%
市场力	品牌所处市场的成长和稳定情况	10%
趋势力	品牌在什么程度上与社会发展趋势相一致,对行业发展方向的影响力	10%
支持力	品牌与社会公众,特别是与目标市场群体沟通的有效程度	10%
保护力	品牌的合法性和受保护的程度	5%

Interbrand 方法的计算过程如下。

第一步是确定影响品牌价值的 80～100 个参数,并进行评分,然后对各种参数进行综合,合并成表示品牌实力的 7 个指标类别,给出每个指标类别的得分值。这些构成要素在品牌竞争中所起作用大小的不同决定了它们在品牌竞争中所占权重的不同。

第二步是对公司品牌获得的利润进行分解,一旦由品牌获得的利润额得到确认,再分析非品牌商品可能产生的利润额,从而计算出与品牌有关的净利润额。

第三步是根据品牌强度推算出倍数,再乘以当期品牌净利润额,从而得出品牌的价值。

Interbrand 评估方法中最为关键的参数是倍数,倍数一般是 6～20 倍不等,用以表示品牌可能的获利年限。品牌的市场信誉越高,市场越受欢迎,可预期的获利年限越长,则乘以净利润的倍数就越高,那么该品牌的价值就会越高。

2. 品牌资产十要素模型

该模型把评价品牌资产的评价指标分为十个要素:①价格优惠;②满意度或忠诚度;③感觉中的价值;④公司组织联想;⑤品牌个性;⑥品牌认知;⑦感觉中的品质;⑧领导品牌或普及度;⑨市场份额;⑩市场价格和分销区域。该模型中包含了品牌评估的诸多方面,考虑范围较为齐全,但是皆以专家打分的方法为主,因此主观性较大。

3. WBL 模型

世界品牌实验室(简称 WBL)认为品牌价值应当由财务要素(营业收益)、品牌附加值要素(贡献程度)、品牌强度要素三个指标构成。由于营业收入具有受外力影响的可能性,因此,考察一个品牌的营业收入,不应当只采用 1 年的数据,而应当采用多年的数据,甚至根据品牌发展的趋势判断其未来营业收入的趋向。其计算公式为:

$$V = E \times BI \times S$$

式中:E——企业经济增值(EVA);

　　　BI——品牌附加值指数;

　　　S——品牌强度乘数。

评估程序如下。①通过对当年在内的前 3 年及今后 2 年的销售收入、利润等财务数据以及市场竞争的综合分析,判断企业的盈利状况,并确定不同的权重,运用经济增值法(EVA)确定企业的平均经济增值。②运用"品牌附加值工具箱"计算出品牌对目前收入的贡献程度,品牌附加值工具箱建立在市场定性分析的基础上,认为消费需求推动力影响因素包含品牌创新、产品质量、服务质量、广告、价格、品牌形象、销售网络、特别服务等八个方面。③通过数理分析方法,预测企业今后一段时间内的盈利趋势以及品牌贡献在未来收入中的比例。④通过对品牌强度因子的调查和赋值,获得品牌强度乘数。其中,各个强度因子的赋值为:行业性质(0~20)、外部支持(0~10)、品牌认知度(0~15)、品牌忠诚度(0~15)、领导地位(0~10)、品牌管理(0~10)、扩张能力(0~10)、品牌年龄(0~10)。这 8 个因素及其赋值系从品牌外部的宏观环境和微观环境进行定性分析,以反映一个品牌的未来收益。⑤计算得出品牌价值。

4. Keller CBBE 模型

美国学者凯文·莱恩·凯勒(Kevin Lane Keller)于 1993 年提出 CBBE 模型(Customer-Based Brand Equity),即基于消费者的品牌价值模型,为自主品牌建设提供了关键途径。该模型的创建旨在回答如下两个问题:一是哪些要素构成一个强势品牌;二是企业如何构建一个强势品牌。根据 CBBE 模型,构建一个强势品牌需要进行四个步骤的工作:建立正确的品牌标识;创造合适的品牌内涵;引导正确的品牌反应;缔造适当的消费者—品牌关系。同时,上述四个步骤又依赖于构建品牌的六个维度:显著性;绩效;形象;评判;感觉;共鸣。其中,显著性对应品牌标识,绩效和形象对应品牌内涵,评判和感觉对应品牌反应,共鸣对应品牌关系。CBBE 模型金字塔如图 7-2 所示。

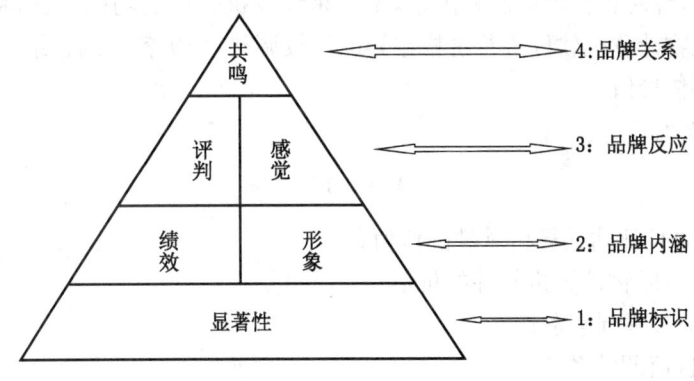

图 7-2 CBBE 模型金字塔

五、著作权资产评估

(一)著作权及其权利

著作权资产是指权利人所拥有或者控制的,能够持续发挥作用并且预期能带来经济利益的著作权的财产权益和与著作权有关权利的财产权益。著作权资产评估对象是指著作权中的财产权益以及与著作权有关权利的财产权益。

著作权财产权利种类包括:复制权、发行权、出租权、展览权、表演权、放映权、广播权、信息网络传播权、摄制权、改编权、翻译权、汇编权以及著作权人享有的其他财产权利。

与著作权有关权利包括:出版者对其出版的图书、期刊的版式设计的权利,表演者对其表演享有的权利,录音、录像制作者对其制作的录音、录像制品享有的权利,广播电台、电视台对其制作的广播、电视所享有的权利以及由法律法规规定的其他与著作权有关的权利。

著作权资产的财产权利形式包括著作权人享有的权利,以及转让或者许可他人使用的权利。许可使用形式包括法定许可和授权许可;授权许可形式包括专有许可、非专有许可和其他形式许可等。

(二)著作权的保护期

著作权中作者的署名权、修改权、保护作品完整权的保护期不受限制,永远归作者所有。我国《著作权法》对作品的保护采用自动保护原则,即作品一旦产生,作者便享有版权,登记与否都受法律保护。公民作品的发表权、使用权和获得报酬权的保护期为作者终生至死亡后 50 年,若为合作作品至最后死亡的作者死亡后 50 年。单位作品的发表权、使用权和获得报酬权的保护期为首次发表后 50 年。电影、电视、录像和摄影作品的发表权、使用权和获得报酬权的保护期为首次发表后的 50 年。

(三)计算机软件价值评估方法

1. 市场法

市场法主要是通过计算机软件市场或技术市场、资产市场上选择相同或近似的资产作为参照物,针对各种价值影响因素,主要是计算机软件的功能类比,将被评估计算机软件与参照物计算机软件进行价格差异的比较调整,分析各项调整结果,确定计算机软件资产的评估价值。

计算公式为:

$$V = \alpha \beta V'$$

式中:V—— 委托评估计算机软件的价值;

V'—— 参照物计算机软件的价值;

α—— 生产率调整系数;

β—— 价值调整系数。

2. 成本法

对于大型系统软件,一般可采用成本法进行评估。当用于计算机软件产品定价,或者以计算机软件合资入股,确定计算机软件价值时,可以考虑采用成本法。其基本公式为:

$$评估价值 = 重置全价 - 贬值$$

成本法评估计算机软件价值的基本模型有开发成本要素、开发过程成本或语句行数等三种成本评估模型。

国内的评估界,在采用成本法评估计算机软件的时候,将以上三种方法结合起来,并参考国外评估理论,总结出一套操作性较强,目前评估实际应用比较广泛的计算机软件成本评估模型——参数成本法模型。该成本评估方法最初由美国参数成本预测计算机软件计费发展而来。美国从 20 世纪 50 年代开始了参数成本计费的研究,80 年代基本形成了参数成本计费的基本理论和实践体系,90 年代初期开始推广运用。

该模型对于系统软件、大型专业应用软件、刚开发完成还没有进入市场的计算机软件产品,以及不存在交易市场的自用计算机软件都可采用。基本公式和原理:

$$P = C_1 + C_2$$

式中:P—— 计算机软件成本评估价值;

$\quad$ C_1—— 计算机软件开发成本;

$\quad$ C_2—— 计算机软件维护成本。

计算机软件开发成本 C_1 由计算机软件工作量 M 和单位工作量成本 W 所决定,其公式为:

$$C_1 = M \times W$$

式中:C_1—— 计算机软件开发成本;

$\quad$ M—— 工作量,单位人·月;

$\quad$ W—— 单位工作量成本。

此处,计算机软件工作量 M 为在现时以及现有条件下,重新开发此计算机软件所需工作量,为一般水平下的计算机软件劳动工作量。单位工作量成本 W 为待估软件开发公司实际投入的成本除该计算机软件实际工作量,体现的是该软件公司开发该计算机软件的实际生产能力。因此,可以认为系统软件的开发成本按其工作量及单位工作量成本来测算是可行的。

3. 收益法

收益现值法是通过估算待估软件在未来的预期收益,并采用适宜的折现率折算成现值,然后累加求和,得出软件价值的一种评估方法。其基本公式为:

评估价值 ＝ 未来收益期内各收益现值之和

即:

$$P = \sum_{i=1}^{n} \frac{R_i}{(1+r)^i}$$

式中:P—— 无形资产评估价值;

$\quad$ R_i—— 第 i 年收益期内的预期收益额;

$\quad$ n—— 收益可以持续的年限;

$\quad$ r—— 适用的折现率。

其中,软件产品的收益预测值存在一个一般的趋势,即使用者对新推出软件的适用性和稳定性有一个认识过程,所以第一阶段收益相对较低,处于市场开拓期间;第二阶段有所上升,处于发展期;第三阶段达到峰值,属于稳定期;以后由于功能更强的新一代软件的推出或者市场容量的饱和,先进性相对减弱,收益发生下滑,至此为衰减期。

六、商誉的评估

(一) 商誉及其特点

商誉通常是指企业在一定条件下,能获取高于正常投资报酬率的收益所形成的价值。这是企业由于所处地理位置的优势,或由于经营效率高、管理基础好、生产历史悠久、人员素质高等多种原因,与同行业企业相比较,可获得超额利润。亦即企业所有无形资产扣除各单项可确指无形资产以后的剩余部分。因此,商誉是不可确指的无形资产。商誉具有如下特性。

(1) 商誉不能离开企业而单独存在,不能与企业可确指的资产分开出售。

(2) 商誉是多项因素作用形成的结果,但形成商誉的个别因素,不能以任何方法单独计价。

(3) 商誉本身不是一项单独的、能产生收益的无形资产,而只是超过企业可确指的各单项资产价值之和的价值。企业价值包括有形资产、可确指无形资产及商誉。商誉能成为资产是由于预期的未来超额经济利益代表它的实质,即商誉是能为企业带来超额获利能力的资源。从评估角度来说,企业是否具有超额收益及超额收益大小是判断该企业是否存在商誉和商誉价值量的重要标准。

(4) 商誉是企业长期积累起来的一项价值。

(二) 商誉评估的方法

1. 割差法

割差法是根据企业整体评估价值与可确指的各单项资产评估价值之和进行比较确定商誉评估价值的方法。基本公式是:

商誉评估价值 = 企业整体资产评估价值 - 企业可确指的各单项资产评估价值之和

企业整体资产评估价值可以通过预测企业未来预期收益并进行折现或资本化获取;对于上市公司,也可以按股票市价总额确定。采取上述评估方法的理论依据是,企业价值与企业可确指的各单项资产价值之和是两个不同的概念。如果有两个企业,企业可确指的各单项资产价值之和大体相当,但由于经营业绩悬殊,预期收益悬殊,其企业价值自然相去甚远。企业中的各项单项资产,包括有形资产和可确指的无形资产,由于其可以独立存在和转让,因此,评估价值在不同企业中趋同。但它们由于不同的组合,不同的使用情况和管理,使之运行效果不同,导致其组合的企业价值不同,使各类资产组合后产生的超过各项单项资产价值之和的价值,即为商誉。

【例 7-8】 某企业进行股份制改组,根据企业过去经营情况和未来市场形势,预测其未来 5 年的净利润分别是 13 万元、14 万元、11 万元、12 万元和 15 万元,并假定从第 6 年开始,以后各年净利润均为 15 万元。根据银行利率及企业经营风险情况确定的折现率和资本化率均为 10%。并且,采用适当的资产评估方法,评估确定该企业可确指的各单项资产评估之和(包括有形资产和可确指的无形资产)为 90 万元,试确定该企业商誉评估价值。

首先,采用收益法确定该企业整体评估价值。

企业整体评估价值 $=13\times0.909\ 1+14\times0.826\ 4+11\times0.751\ 3+12\times0.683\ 0$
$+15\times0.620\ 9+15\div10\%\times0.620\ 9$
$=49.161\ 7+93.135=142.296\ 7(万元)$

因为该企业各单项资产评估价值之和为 90 万元,由此可以确定商誉评估价值,即:

商誉的价值 $=142.296\ 7-90=52.296\ 7(万元)$

2. 超额收益法

商誉评估价值是指企业超额收益的本金化价格。把企业超额收益作为评估对象进行商誉评估的方法称为超额收益法。超额收益法视被评估企业的不同又可分为超额收益本金化价格法和超额收益折现法两种具体方法。

(1) 超额收益本金化价格法。超额收益本金化价格法是把被评估企业的超额收益经本金化还原来确定该企业商誉价值的一种方法。计算公式为:

$$商誉的价值 = \frac{\dfrac{企业预期}{年收益额} - \dfrac{行业平均}{收益率} \times \dfrac{该企业的单项资}{产评估值之和}}{适用的资本化率}$$

$$商誉的价值 = \frac{被评估企业单项}{资产评估值之和} \times \left(\dfrac{被评估企业}{预期收益率} - \dfrac{行业平均}{收益率}\right)}{适用的资本化率}$$

式中:被评估企业预期收益率 $= \dfrac{企业预期年收益额}{企业的单项资产评估值之和}\times100\%$

【例 7-9】　某企业的预期年收益额为 20 万元,该企业的各单项资产的评估价值之和为 80 万元,企业所在行业的平均收益率为 20%,并以此作为适用资产收益率。

商誉的价值 $=(200\ 000-800\ 000\times20\%)\div20\%$
$=40\ 000\div20\%=200\ 000(元)$

商誉的价值 $=800\ 000\times(200\ 000\div800\ 000-20\%)\div20\%$
$=800\ 000\times(25\%-20\%)\div20\%=200\ 000(元)$

超额收益本金化价格法主要适用于经营状况一直较好、超额收益比较稳定的企业。如果在预测企业预期收益时,发现企业的超额收益只能维持有限期的若干年,这类企业的商誉评估不宜采用超额收益本金化价格法,而应改按超额收益折现法进行评估。

(2) 超额收益折现法。超额收益折现法是把企业可预测的若干年预期超额收益进行折现,把其折现值确定为企业商誉价值的一种方法。其计算公式为:

$$商誉的价值 = \sum_{i=1}^{n}\frac{R_i}{(1+r)^i}$$

式中:R_i—— 第 i 年企业预期超额收益;

　　　i—— 收益期限序号;

　　　r—— 折现率;

　　　n—— 收益期限。

【例 7-10】　某企业预计将在今后 5 年内保持其具有超额收益的经营态势。估计预期年超额收益额保持在 22 500 元的水平上，该企业所在行业的平均收益率为 12%，则：

商誉的价值＝ 22 500×0.892 9＋22 500×0.797 2＋22 500×0.711 8＋22 500×0.635 5
　　　　　　＋22 500×0.567 4
　　　　　＝81 108(元)

或：
$$商誉的价值 ＝ 22 500×3.604 8 ＝ 81 108(元)$$

(三) 商誉评估需要注意的几个问题

由于商誉本身的特性，决定了商誉评估的困难性。商誉评估的理论和操作方法争议较大，现在虽然尚难定论，但在商誉评估中，下列问题应该予以明确。

(1) 不是所有企业都有商誉，商誉只存在于那些长期具有超额收益的企业之中。一个企业在同类型企业中超额收益越高，商誉评估价值越大。因此，商誉评估过程中，如果不能对被评估企业所属行业收益水平有全面的了解和掌握，也就无法评估出该企业商誉的价值。

(2) 商誉评估必须坚持预期原则。企业是否拥有超额收益是判断企业有无商誉和商誉大小的标志，这里所说的超额收益指的是企业未来的预期超额收益，并不是企业过去或现在的超额收益。在评估过程中，对于目前亏损的企业，经分析预测，如果其未来超额收益潜力很大，则该企业也会有商誉存在，这在评估时必须加以综合分析和预测。

(3) 商誉价值形成既然是建立在企业预期超额收益基础之上的，那么，商誉评估价值高低与企业为形成商誉投入的费用和劳务没有直接联系，不会因为企业为形成商誉投资越多，其评估价值就越高。尽管所发生投资费用和劳务会影响商誉评估价值，但它是通过未来预期收益的增加得以体现的。因此，商誉评估不能采用投入费用累加的方法进行。

(4) 商誉是由众多因素共同作用的结果，但形成商誉的个别因素具有不能够单独计量的特征，致使各项因素的定量差异调整难以运作，所以商誉评估也不能采用市场类比的方法进行。当然，完全相同的商誉更为鲜见。在对商誉评估方法的研究中，有一种观点主张按形成商誉的因素将其分解成为地缘商誉、人缘商誉、质量商誉、组织商誉和其他商誉等，然后分别测定每个因素带来的超额收益，最后分别进行收益折现或本金化后汇总计算商誉的价值。这种观点是值得商榷的，从定性分析角度，可以将形成商誉的因素加以分解和列举，用以说明商誉形成的内涵和构成因素。但要定量分析确定，在实际操作过程中，仍然存在较大的技术障碍。

(5) 企业负债与否、负债规模大小与企业商誉没有直接关系。有观点认为，企业负债累累，不可能有商誉。这种认识显然有失偏颇。市场经济条件下，负债经营是企业融资策略之一。按财务学原理分析，企业负债不影响资产收益率，而影响投资者收益率，即资本收益率。资本收益率与资产收益率的关系可以表述为：

$$资本收益率 ＝ \frac{资产收益率}{1－资产负债率}$$

在资产收益率一定且超过负债资金成本的条件下，增大负债比率，可以增加资本收益率，并不直接影响资产收益率。资产收益率高低受制于投资方向、规模以及投资过程中的组织管理措施。商誉评估价值取决于预期资产收益率，而非资本收益率。当然，资产负债率应保持一定的限度,负债比例增大会增大企业风险,最终会对资产收益率产生影响。这在商誉评估时应有所考虑,但不能因此得出负债企业就没有商誉的结论。

(6)商誉与商标是有区别的,反映两个不同的价值内涵。企业中拥有某项评估价值很高的知名商标,但并不意味着该企业一定就有商誉,为了科学地确定商誉的评估价值,注意商誉与商标的区别是必要的。①商标是产品的标志,而商誉则是企业整体声誉的体现。商标与其产品相结合,它所代表的产品质量越好,市场需求越大,商标的信誉越高,据此带来的超额收益越大,其评估价值也就越大。而商誉则是与企业密切相关的,企业经营机制完善并且运转效率高,企业的经济效益就高,信誉就好,其商誉评估价值也就越大。可见,商标价值来自产品所具有的超额获利能力,商誉价值则来自企业所具有的超额获利能力。②商誉作为不可确指的无形资产,是与企业及其超额获利能力结合在一起的,不能够脱离企业而单独存在。商标则是可确指的无形资产,可以在原组织继续存在的同时,转让给另一个组织。③商标可以转让其所有权,也可以转让其使用权。而商誉只有随企业行为的发生实现其转移或转让,没有所有权与使用权之分。

尽管商誉与商标的区别可以列举许多,但商誉与商标在许多方面是密切关联的,两者之间有时存在相互包含的因素。例如,与商誉相对应的企业超额收益中包含有商标作用的因素,这也是需要在评估中必须加以分析确定的。

【例7-11】　某企业为了整体资产转让,需进行评估。现收集的有关资料如下。

(1)该企业多年来经营一直很好,在同行业中具有较强的竞争优势。

(2)经预测被评估企业未来5年预期净利润分别为100万元、110万元、120万元、120万元、130万元,从第6年起,每年收益处于稳定状态,保持在130万元的水平上。

(3)该企业一直没有负债,其有形资产只有货币资金和固定资产,且其评估价值600万,该企业有一项可确指无形资产,即一个尚有5年剩余经济寿命的非专利技术,该技术产品每件可获超额净利润10元,目前该企业每年生产产品8万件,经综合生产能力和市场分析预测,在未来5年,每年可生产10万件。

(4)经调查,在评估基准日时,社会的平均收益率为8%,无风险报酬率为4%,被评估企业所在行业的β系数为1.5。

要求:

(1)说明评估该企业商誉的主要思路和方法。

(2)评估该企业的商誉价值(以万元为单位)。

解:(1)评估商誉的主要思路和方法。

评估商誉的主要思路和方法是用割差法。首先用收益法评估企业整体资产价值,然后采用加和法计算出企业单项资产价值之和,最后用企业整体价值减去企业单项资产评估价值之和即得出该企业的商誉价值。

(2)评估商誉价值:

折现率 $= 4\% + (8\% - 4\%) \times 1.5 = 10\%$

未来5年的收益现值 $= \dfrac{100}{(1+10\%)} + \dfrac{110}{(1+10\%)^2} + \dfrac{120}{(1+10\%)^3} + \dfrac{120}{(1+10\%)^4} + \dfrac{130}{(1+10\%)^5}$

$\qquad = 434.77(万元)$

$$第二段评估值 = \frac{130}{10\%} \times \frac{1}{(1+10\%)^5} = 807.17(万元)$$

$$企业价值 = 434.77 + 807.17 = 1\ 241.94(万元)$$

可确指无形资产：

$$非专利技术评估价值 = 10 \times 10 \times (P/A, 10\%, 5) = 100 \times 3.790\ 8 = 379.08(万元)$$

因为该企业各单项有形资产评估价值之和为 90 万元，由此可以确定商誉评估价值。

$$商誉评估价值 = 1\ 241.94 - 379.08 - 600 = 262.86(万元)$$

七、知识产权资产评估

知识产权资产一般包括专利权、商标专用权、著作权、商业秘密、集成电路布图设计和植物新品种等资产的财产权益，其评估目的通常有转让、许可使用、出资、质押、诉讼、财务报告等。

1. 集成电路布图设计

集成电路布图设计是指集成电路中至少有 1 个是有源元件的 2 个以上元件和部分或者全部互连线路的三维配置，或者为制造集成电路而准备的上述三维配置。其中，集成电路是指半导体集成电路，即以半导体材料为基片，将至少有一个是有源元件的两个以上元件和部分或者全部互连线路集成在基片之中或者基片之上，以执行某种电子功能的中间产品或者最终产品。

集成电路布图设计资产评估对象是指集成电路布图设计资产的权益，包括专有权和许可他人使用的权利。

2. 植物新品种

植物新品种是指经过人工培育的或者对发现的野生植物加以开发，具备新颖性、特异性、一致性和稳定性，并有适当命名的植物品种。植物新品种资产评估对象是指权利人所拥有的，能够持续发挥作用并且预期能带来经济利益的由农业部门或者林业部门授予的植物新品种权益。

资产评估专业人员执行涉外转让植物新品种资产的评估业务，应当要求委托方提供包括相应审批机关予以登记的证明、相应审批机关同意转让的批准回复以及相应审批机关发布的转让公告等经济行为依据。资产评估专业人员执行植物新品种资产评估业务，应当考虑植物新品种是否已经相关部门审定以及审定对植物新品种应用范围的限制。

八、文化企业无形资产评估

（一）文化企业及其无形资产评估

文化企业包括新闻出版发行服务企业、广播电视电影服务企业、文化艺术服务企业、文化信息传输服务企业、文化创意和设计服务企业、文化休闲娱乐服务企业和工艺美术品生产企业等。文化企业无形资产通常包括著作权、专利权、专有技术、商标专用权、销售网络、客户关系、特许经营权、合同权益、域名和商誉等。它不局限于无形资产会计科目核算的资产,符合资产评估准则关于无形资产定义的资产,均可以构成无形资产评估对象。

文化企业无形资产评估业务,分为单项资产评估业务中的无形资产评估和企业价值评估业务中的无形资产评估。前者所涉及的经济行为主要包括质押、出资、转让、许可使用、财务报告、涉税和诉讼等。后者所涉及的经济行为主要包括改制、并购重组和清算等。

(二) 评估方法

在用收益法、市场法和成本法评估文化企业无形资产时,除考量一般相关因素外,资产评估师应当关注文化企业社会效益对相关参数的影响。

1. 收益法

(1) 确定收益期限。应当综合考虑无形资产对应的产品和服务的经济寿命期限、相关法律保护期限、合同约定期限和被评估企业及其所属行业的发展状况等影响因素。资产评估师应当了解,大部分文化产品和服务具有生命周期短、重复利用价值低的特征。如果对应的无形资产不能用于开发其他新产品和服务,则无形资产的经济寿命期限不会超过该文化产品和服务的经济寿命期限。

(2) 预测无形资产收益。可以通过节省许可费、收益分成、增量收益或者超额收益等方式预测无形资产收益。通常需要考虑以下因素对无形资产收益的影响。①文化企业运营模式、产品和服务的类型。文化企业主要进行文化内容的创作与传播,内容是文化产品的核心。不同类型文化产品和服务由于自身特点,在创作目的、内容载体、创作人员、创作成本、创作流程、传播方式、传播成本、传播范围等方面都可能存在差异,进而影响收益范围和收益水平。例如,预测电影作品著作权收益,除宏观经济环境、产业政策等因素外,需要考虑该电影作品类型、制片人、导演、演员、剧本以及制作人员对电影作品的影响,同时考虑发行方、院线、放映场次和档期等因素。电影作品制作投资高并不必然产生高的票房收入。对于已经播映过的电影作品,需要关注信息网络传播渠道可能产生的收益,形成衍生产品的可能性及其收益。②文化产品和服务的价格、文化基础设施的建设、公众的收入水平、文化素质、闲暇时间等因素。③文化产品和服务具有高固定成本和传播边际成本递减等特点。④无形资产在不同阶段的获利能力差异。例如,著作权的盈利能力通常在产出初期高于后期衍生权益阶段,后期衍生著作权收益中可能包括前期原创著作权应分享的收益。⑤结合行业特征考虑无形资产对文化产品和服务收益的贡献程度。在难以直接区分或者没有必要区分各类无形资产收益贡献的情况下,可以综合预测多种无形资产的共同收益。⑥区分文化企业整体收益与无形资产对应的文化产品和服务的收益。文化产品和服务的收益取决于该文化产品和服务的盈利能力,文化企业整体收益取决于不断开发和传播新的文化产品和服务的能力。例如,广播电视电影服务企业主要依靠制作电影、电视剧并通过发行、放映、信息网络传播等方式获得收益。此类企业的电影、电视剧作品制作能力受到被评估企业品牌、资金规模、剧本储备、签约艺人、专业管理人员等因素的影响。传播能力受宏观经济环境、行业发展趋势、院线放映能力、电视台频道资源、信息网络平台等因素影响。

(3) 确定折现率。估算文化企业无形资产折现率,可以采用风险累加、企业加权平均资本成本途径等方式。在快速变动的社会中,消费者对文化产品和服务价值的认知随时可能会改变,文化政策的调整可能形成文化需求变动,大部分文化产品和服务的生命周期短,重复利用的价值较低,技术更新换代和替代品的竞争可能产生技术风险。同时,资产评估专业人员应当关注国家或者地区有关法律规范以及文化产品在内容审查、传播限制等方面可能产生的法律风险,关注产品复制难易程度、传播成本、法律保护力度、法定赔偿等因素,综合考虑侵权风险,关注不同区域、民族、性别、年龄、收入的人群间文化的差异所产生的风险。

2. 市场法

评估文化企业中与人力资源有关的合同权益等无形资产,可以结合人才流动市场的定价方式或者文化企业与生产要素供应方的合作模式收集交易案例,分析评估对象与可比案例在交易时间、权利种类或者形式、维护费用、贡献水平、风险程度、经济寿命期限等方面的差异,并考虑该差异因素对无形资产价值的影响。

3. 成本法

资产评估专业人员应当分析无形资产投入成本与价值的相关程度,恰当考虑成本法的适用性。例如,评估文艺创作与表演服务企业、文化创意和设计服务企业的无形资产,其投入成本与价值的关联程度较低,一般不宜采用成本法。

资产评估专业人员采用成本法评估文化企业无形资产,应当结合评估对象和范围合理确定评估对象的重置成本。例如,评估景区游览类文化企业无形资产,应当关注景区无形资产与景观资源在成本上的合理划分。重置成本包括合理的成本、利润和相关税费等。资产评估专业人员应当结合形成无形资产所需的研发人员、管理人员、材料、设备、场地等投入要素,合理确定评估对象的重置成本。同时,应当结合评估对象的价值变化规律,合理确定评估对象的贬值。例如,著作权资产的贬值在其经济寿命期内可能不是均匀分布的。

课外阅读材料

1. 中国资产评估协会. 资产评估执业准则——无形资产[EB/OL]. http://www. cas. org. cn/pgbz/pgzc/55884. htm.

2. 中国资产评估协会. 专利资产评估指导意见[EB/OL]. http://www. cas. org. cn/pgbz/pgzc/55871. htm.

3. 中国资产评估协会. 著作权资产评估指导意见[EB/OL]. http://www. cas. org. cn/pgbz/pgzc/55870. htm.

4. 中国资产评估协会. 商标资产评估指导意见[EB/OL]. http://www. cas. org. cn/pgbz/pgzc/55869. htm.

5. 中国资产评估协会. 知识产权资产评估指南[EB/OL]. http://www. cas. org. cn/pgbz/pgzc/55876. htm.

6. 中国资产评估协会. 文化企业无形资产评估指导意见[EB/OL]. http://www. cas. org. cn/gztz/51533. htm.

7. 赵强. 无形资产评估中税收摊销收益(TAB)的估算[J]. 中国资产评估,2019(9).

8. 唐静,文豪. 专利价值分析指标体系在专利资产评估中的运用——基于资产评估人员的调查分析[J].中国资产评估,2019(6).

9. 赵振洋,邓银龙,钱肖依.收益法在游戏类无形资产价值评估中的应用[J].中国资产评估,2019(1).

10. 王竞达,徐煊琦,刘登清,阮咏华.初创期互联网公司价值评估案例研究[J].中国资产评估,2020(6).

复习思考题

1. 影响无形资产评估价值的因素有哪些?

2. 采用收益法评估无形资产需要注意哪些问题?

3. 采用收益法评估无形资产的优势体现在哪些方面?

4. 用市场法评估无形资产应注意哪些问题?

5. 专利和专有技术的异同点有哪些?

6. 说明商标权和品牌价值间的关系。品牌价值评估的方法有哪些?

7. 说明版权评估和我国文化影视产业发展的关联。

8. 商誉的含义是什么? 评估商誉的方法有哪几种?

实训练习题

1. 某企业的预期年收益额为25万元,该企业的各单项资产的重估价值之和为90万元,企业所在行业的平均收益率为20%,并以行业平均收益率作为适用的资本化率。

要求:确定该商誉的评估价值。

2. 某企业拟转让其拥有的某产品的商标使用权,该商标产品单位市场售价为1 000元/台,比普通商标同类产品单位售价高100元/台,拟购买商标企业年生产能力100 000台,双方商定商标使用许可期为3年,被许可方按使用该商标的产品年超额利润的30%作为商标特许权使用费,每年支付一次,3年支付完价款。被许可方的正常销售利润率为10%,折现率按10%计算(暂不考虑税的因素)。

要求:请根据上述条件计算该商标使用权的价值。

3. 某项技术为一项新产品设计及工艺技术,已使用3年,证明技术可靠,产品比同类产品性能优越。经了解,同类产品平均价格为150元/件,该产品价格为180元/件。目前该产品年销量为2万件。经分析,产品寿命还可以维持8年,但竞争者将会介入。由于该企业已较稳固地占领了市场,竞争者估计将采取扩大市场范围的市场策略,预计该企业将会维持目前的市场占有,但价格将呈下降趋势。产品价格预计为:今后第1~第3年维持现行价格;第4~第5年降为170元/件;第6~第8年降为160元/件,估计成本变化不大,故不考虑其变化(折现率为12%,所得税税率为15%,暂不考虑流转税的因素)。

要求:用超额收益法评估该项技术。

4. 某企业进行股份制改组,根据企业过去的经营情况和未来市场形势,预测其未来5年的收益额分别是13万元、14万元、11万元、12万元和15万元,并假定从第6年开始,以后各年的收益额均为14万元。根据银行利率及企业经营风险情况确定的折现率和资本化率均为10%。并且,采用单项资产评估方法确定该企业各单项资产评估之和(包括有形资产和可确指的无形资产)为90万元。

要求:确定该企业的商誉评估价值。

5. 被评估资产为一待开采金属矿的探矿权。该矿由甲勘探队于2014年1月初开始进行投资勘探,2016年12月末完成了全部勘探工作,并形成了完整的资料,具备了投资开采的条件。2017年1月甲勘探队拟将勘探成果转让给乙企业,并由乙企业进行开采,要求评估探矿权价值,并将评估基准日确定为 2017 年 1 月 1 日。

评估人员调查得知,甲勘探队在 3 年的勘探过程中,每年投资 100 万元,资金均匀投入,相应物价指数每年递增 5%。该金属矿可开采量为 1 000 万吨。乙企业从 2017 年 1 月开始投资,如果每年投资 500 万元,资金均匀投入,3 年后可形成年开采矿石 100 万吨的生产能力。假设该矿矿石每吨售价 500 元,每年获得的利润总额为销售收入的 15%,所得税税率为 25%,适用折现率为 10%。

要求:假设除投资条件外不考虑其他因素,求该探矿权的转让价值(结果以万元为单位,小数点后保留两位)。

6. 甲企业许可乙企业使用其生产可视对讲电话的专利技术,已知条件如下:甲企业与乙企业共同享用可视对讲电话专利,甲乙企业设计能力分别为 150 万部和 50 万部。该专利为甲企业外购,账面价值 100 万元,已使用 4 年,尚可使用 6 年,假设前 4 年技术类资产累计价格上涨率为 15%;该专利对外许可使用对甲企业生产经营有较大影响,由于失去垄断地位,市场竞争会加剧,预计在以后 6 年,甲企业减少收益按折现值计算为 50 万元,增加研发费用以提高技术含量、保住市场份额的追加成本按现值计算为 10 万元。

请评估该项专利许可使用的最低收费额(以万元为单位,小数点后保留两位)。

案 例 研 究

××股份有限公司 B 商标独家使用权价值评估

一、评估对象
A 市××股份有限公司的 B 商标独家使用权。

二、评估目的
为 A 市××股份有限公司进行中外合资提供 B 商标独家使用权的依据。

三、评估基准日
本次评估的基准日为 2012 年 4 月 30 日。

四、评估资产概况
被评估 B 商标包括文字商标和图形商标。商标注册的使用商品为轿车、小汽车、汽车等;类别为第 12 类。商标注册证号分别为:第 AA 号、第 BB 号、第 CC 号、第 DD 号、第 EE 号和 FF 号。注册商标人:A 市×××股份有限公司。B 商标主要使用在 B 牌汽车上。B 牌产品先后荣获"消费者喜爱品牌""国产精品""最佳中国市场名牌"等各种荣誉称号。B 牌产品已获得了消费者和社会的赞誉和认同,在特定的市场范围内有着广泛的知名度。

五、评估依据
①委托方提供的资产评估申报资料;②委托方提供的有关商标权属证明;③《中国汽车工业年鉴》;④《中国统计年鉴》;⑤《汽车工业产业政策》国家计划委员会 2004 年 4 月 29 日;⑥A 市汽车工业(集团)有限公司发展规划;⑦《中华人民共和国商标法》;⑧2008—2011 年 B 牌产品销售量、价格变动表;⑨评估公司所掌握的其他资料。

六、评估方法及步骤
(一)评估分析与评估方法
商标的价值是使用该商标的商品质量、性能、服务等效用因素的综合显示,甚至是效用性能比的标志。具体地说,B 商标是 B 牌产品性能、质量,生产企业经营素质、技术状况、管理状况、营销技能的综合体现,因此,严格地说,本次商标评估的内涵应该是综合体现其超额收益能力的商标及其他无形资产的价值,其中主要包括引进外方的 H 型汽车生产技术、B 三厢式汽车技术等专有技术贡献。B 商标的经济价值源于企业所拥有的技术和管理水平,由企业的超额收益所体现。因此,本次评估选用超额收益法,对 B 商标(上述第四部分评估资产概况中所限定的商标)独家使用权的价格进行评估。

(二)评估思路

(1)根据企业提供的企业评估基准日前 5 年(实为 4 年 4 个月)的财务报告和相关企业的经济指标统计数据,进行历史数据分析,获取企业销售额和"利润总额/销售收入"的变化状况,计算出"利润总额/销售收入"指标。

(2)将企业的"利润总额/销售收入"指标与同行业相比,测算出企业的超额利润率(超额利润/销售收入)。

(3)在企业持续经营的条件下,按照国际评估惯例,对企业未来 5 年的销售收入、超额利润率进行预测;对未来 5 年以后的数据,取第 5 年的值。

(4)确定适当的折现率。

(5)评估商标独家使用权的价值。

(三)评估过程说明

(1)销售收入和利润总额变动情况。根据财务报表,计算出企业的销售收入和利润总额变动情况(见表 7-14)。

表 7-14　2008—2011 年 4 月 30 日 B 汽车销售收入、利润情况　　单位:万元

项目	2008 年	2009 年	2010 年	2011 年	2012 年 1~4 月	均值
销售收入	334 742.20	379 523.60	392 873.70	504 373.70	169 860.90	
比上年递增		13.34%	11.80%	28.38%		17.84%
利润总额	21 326.40	33 547.10	57 183.90	66 903.80	19 287.80	
利润总额/销售收入	6.371	8.839	14.555	13.264	11.368	10.75

从表 7-14 数据看出:销售收入迅速增长,平均增长速度为 17.84%。除 2011 年由于生产能力的扩大产生了一个飞跃,其增长趋势较为平稳。

(2)确定超额收益率。经分析,"利润总额/销售收入"是一个较稳定地反映企业收益高低的相对指标。因此,我们选择被评估企业与同行业的利润总额/销售收入之差,作为本次评估的超额收益率,相应的超额收益=超额收益率×销售收入。

根据被评估企业的历史数据及同行业(中国汽车工业年鉴)的相应数据,计算出评估基准日前被评估企业的超额收益率,如表 7-15 所示。

表 7-15　2008—2011 年利润总额/销售收入增长情况

项目	2008 年	2009 年	2010 年	2011 年	均值
被评估企业的 g	6.371%	8.839%	14.555%	13.264%	10.76%
比上年递增		38.74%	64.67%	−8.87%	31.51%
汽车行业的 g	5.561%	6.868%	8.175%	9.482%	7.56%
比上年递增		23.50%	19.03%	15.99%	19.51%
超额收益率	0.81%	1.97%	6.38%	3.78%	3.2%
比上年递增		143.21%	223.80%	−40.75%	108.77%

从表7-15可以看出：①g值增长速度较快，2008年为6.371%，2011年则增至13.264%，平均增长率达31.51%，g值幅度波动大，并趋于收敛；②汽车行业的g值，逐年递增，但增长速度较被评企业的g值增长速度慢，且相对平稳；③超额收益率波动较大，平均值为3.2%，但由于上述①②所述两种g值的趋势的综合，超额收益率趋于递减，超额收益率的这一趋势是与超额利润平均化这一经济规律相符。

（3）企业未来销售收入和超额收益率的预测。在企业持续经营、资产持续使用、技术进步基本不变和政策稳定的前提下，根据资产占有方提供的2008年至2012年1~4月的财务报表、企业规划、企业的生产能力、产品销售计划、市场预测资料、同行业2008年至2011年的历史数据、汽车产业政策，对被评估企业2012年（5~12月）至2016年的产品销售收入用增长曲线法建立预测模型拟合销售收入曲线进行预测，如表7-16所示。

表7-16　2012—2016年被评估企业的销售收入和超额收益预测　　单位：元

项目	2012年5~12月	2013年	2014年	2015年	2016年
销售收入	365 350.90	588 820.41	631 244.21	690 524.53	723 509.50
超额收益率	3.5%	3.25%	3.00%	2.75%	2.50%

（4）折现率的选择。在本次评估中，以2006年《中国汽车工业统计年鉴》公布的数据为基础参考汽车行业的平均利润率及风险收益等因素，选取折现率（r）为15%。

（5）评估价值的计算。

① 商标独家使用权评估价值的计算如表7-17所示。

表7-17　评估价值计算　　单位：万元

项目	2012年5~12月	2013年	2014年	2015年	2016	均值
总销售收入	365 350.90	588 820.41	631 244.21	690 524.53	723 509.50	
超额收益率	3.5%	3.25%	3.00%	2.75%	2.50%	
超额收益	12 787.28	19 136.66	18 937.33	18 989.42	18 087.74	
净超额收益	8 567.48	12 821.56	12 688.01	12 722.91	12 118.78	
折现系数	0.911 0	0.792 2	0.688 9	0.599 0	0.520 9	
净现值	7 805.027	10 157.29	8 740.43	7 621.28	6 312.52	42 083.437
评估价值	82 720.22					

② 商标年独家使用费的测算。在无限期等额支付年使用费的假设下，年金率取12%，年使用费的评估价值为：

$$82\ 720.22 \times 12\% = 9\ 926.43（万元）$$

七、评估结果

经评估，在既定的使用状况下，B商标独家使用权于评估基准日2012年4月30日年使用费评估价值为玖仟玖佰贰拾陆万元（取整）。

问题讨论：

（1）B商标独家使用权与非商标独家使用权的主要区别有哪些？

（2）本案例的评估思路和评估过程及参数选取是否允当？有无进一步可完善之处？为什么？

（3）如果采用市场法、成本法分别评估B商标独家使用权价值，请分别描述可能的评估思路和评估过程。

第八章

长期投资性资产评估

☞ 学习目标

1. 掌握债券投资的特点
2. 掌握评估非上市交易债券的方法
3. 掌握非上市普通股评估的技术思路
4. 掌握固定红利型、红利增长型和分段型股利分配政策假设前提下的股票价值评估方法
5. 掌握优先股的评估方法
6. 掌握非控股型长期股权投资和控股型长期股权投资的评估方法
7. 熟悉长期投资性资产的内涵及其对应的资产
8. 熟悉长期投资性资产评估的特点、局限性及程序
9. 熟悉上市交易债券和上市交易股票的价值的基本要求和评估方法
10. 了解股票的票面价格、发行价格、账面价格、清算价格、内在价格和市场价格的关系

为使学生对本章有一个概括性认识和全局性把握，我们描述了本章的内容结构框架、知识点之间的逻辑结构，如图8-1所示。

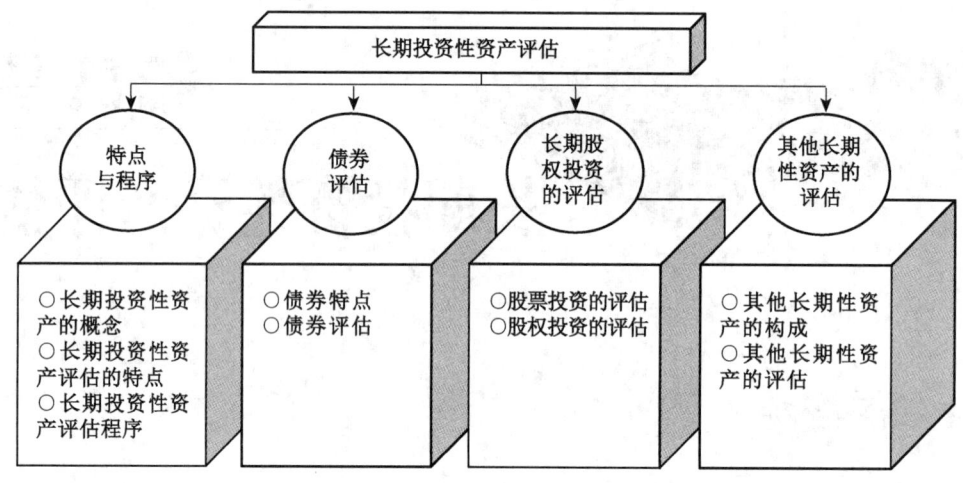

图 8-1 本章的知识点逻辑结构图

案例导入

控制权溢价与流动性折扣比率

控股股东在股东大会和董事会中有更大的话语权，对企业经营有主导影响。由于可知和可控的企业内部信息比较多，控股股东对企业的投资风险可能小于其他股东，因此企业的控股权对于股东有附加价值。有研究显示，我国上市公司控制权溢价平均值在18%左右。相反，由于非流通股不能上市流通，非流通股相对于流通股有一个流动性折价。自20世纪70年代以来，美国的学者、机构和监管部门先后进行过多次的实证分析，采集的样本涉及纽约证券交易所、美国证券交易所、OTC市场等各板块，涵盖了各种规模的公司，跨越了近40年的时间周期，得出的平均折价率基本在30%～35%之间。我国学者在既定的假设下，以每股净资产的1～1.5倍为非流通股价值的标准，用看跌期权法进行分析，其结果表明，整个A股市场（有效样本公司为1 010家）非流通股的平均折价率约为24%～41%。

第一节 长期投资性资产评估的特点与程序

一、长期投资性资产的概念

长期投资性资产是指不准备随时变现、持有时间超过1年以上的投资性资产。长期投资性资产按其投资的性质可分为长期股权投资、持有至到期投资和混合性投资等。

长期股权投资是指为了获取其他企业的权益或净资产所进行的投资,如对其他企业的股票投资、为获取其他企业股权的联营投资等。持有至到期投资是指企业的长期债权,如购买其他公司的债券、购买国库券、购买金融债券等。混合性投资是指兼有股权和债权双重性质的投资。这种投资通常表现为混合性证券投资,如购买优先股股票、购买的可转换公司债券等。

二、长期投资性资产评估的特点

由于长期投资性资产是以对其他企业享有的权益而存在的,因此,长期投资性资产评估主要是对长期投资性资产所代表的权益进行评估。其主要特点如表 8-1 所示。

表 8-1　长期投资性资产评估的特点及涵义

特　点	特点的涵义
对资本的评估	长期投资性资产中的长期股权投资是投资者在被投资企业所享有的权益,虽然投资者的出资形式有货币资金、实物资产和无形资产等,但是,一旦该项资产被转移到被投资企业,即被作为资本的象征。因此,对长期股权投资的评估实质上是对被投资单位资本的评估
对被投资企业获利能力的评估	长期投资性资产中的长期股权投资是投资者不准备随时变现,持有时间超过 1 年的对外投资。其根本目的是为了获取投资收益和实现投资增值。因此,被投资企业的获利能力就成为长期投资评估的决定因素
对被投资企业偿债能力的评估	由于长期投资中的持有至到期投资到期应收回本息,被投资企业偿债能力的大小直接影响着投资企业债权到期收回本息的可能性。因此,被投资企业偿债能力就成为持有至到期投资评估的决定因素

三、长期投资性资产评估程序

(一)明确长期投资性资产的具体内容

在进行长期投资的评估时,应明确长期投资性资产的种类、原始投资额、评估基准日余额、投资收益计算方法、历史收益额、长期股权投资占被投资企业实收资本的比例以及相关会计核算方法等。

(二)进行必要的职业判断

在进行长期投资性资产评估时,应判断长期投资性资产预计可收回金额计算的正确性和合理性。判断被评估的长期投资性资产余额在资产负债表上列示的准确性。而这些金额合理性的判断需要必要的职业判断能力。

(三)根据长期投资性资产的特点选择合适的评估方法

可以在证券市场上市交易的股票和债券一般应采用市场法(现行市价)进行评估,按评估基准日的收盘价确定评估值;对于非上市交易及不能采用市场法(现行市价)评估的股票和债券一般采用收益法,评估人员应根据综合因素选择适宜的折现率,确定评估值。

(四) 测算长期投资性资产价值,得出评估结论

根据长期投资性资产不同的种类,选择相应的评估方法,得出相应的评估结论。

第二节　债　券　评　估

一、债券特点

债券是政府、企业、银行等债务人为了筹集资金,按照法定程序发行的并向债权人承诺于指定日期还本付息的有价证券。债券投资与股权投资相比较,具有如下特点。

(一) 投资风险较小,安全性较强

相对于股权投资而言,债券投资风险相对较小,因为国家对债券发行有严格的规定,发行债券必须满足国家规定的基本要求。比如,政府发行国库券由国家担保;银行发行债券要以其信誉及一定的资产作为后盾;企业发行债券也有严格的限定条件,通常以其实力及发展潜力作为保证。当然,债券投资也具有一定的风险,一旦债券发行主体出现财务困难,债券投资者有发生损失的可能。但是,相对于股权投资,债券投资具有较高的安全性,即使债券发行企业破产,在破产清算时,债券持有者也有优先受偿权。

(二) 到期还本付息,收益相对稳定

债券收益主要受两大因素制约:一是债券面值;二是债券票面利率。而且,这两大因素都是事前约定,债券利率通常是比较稳定的,在正常情况下要高于同期存款利率。只要债券发行主体不发生较大变故,债券的收益是相当稳定的。

(三) 具有较强的流动性

如果购买的债券是可以上市交易的债券,其变现能力较强,投资企业可以随时在证券市场上交易变现。

二、债券评估

债券作为一种有价证券,从理论上讲,它的市场价格是收益现值的市场反映。当债券可以在市场上自由买卖、变现时,债券的现行市价就是债券的评估值。但是,如果企业购买的是不能在证券市场自由交易的债券,其价值就需要通过一定的方法进行评估。

(一) 上市交易债券的评估

上市交易的债券是指可以在证券市场上交易、自由买卖的债券,对此类债券一般采用市场法(现行市价)进行评估,按照评估基准日的收盘价确定评估值。如果在特殊情况下,某种可上市交易的债券市场价格严重扭曲、不能代表实际价格时,就应该采用其他的评估方法进行评估。

运用市场法评估债券,债券价值的计算公式为:

$$\begin{array}{c}债券评\\估价值\end{array} = \begin{array}{c}债券\\数量\end{array} \times \begin{array}{c}评估基准日债券\\的市价（收盘价）\end{array}$$

需要特别说明的是：采用市场法进行评估债券的价值，应在评估报告书中说明所用评估方法和结论与评估基准日的关系，并说明该评估结果应随市场价格变化而适当调整。

【例 8-1】　某评估公司受托对某企业的持有至到期投资进行评估，持有至到期投资账面余额为 20 万元（购买债券 2 000 张、面值 100 元/张）、年利率 10％、期限 5 年，已上市交易。在评估前，该债券未计提减值准备。根据市场调查，评估基准日的收盘价为130 元/张。据评估人员分析，该价格比较合理，其评估值为：

$$2\,000 \times 130 = 260\,000（元）$$

（二）非上市交易债券的评估

对于非上市交易债券不能直接采用市价进行评估，应该采取相应的评估方法进行价值评估。对距评估基准日 1 年内到期的债券，可以根据本金加上持有期间的利息确定评估值；超过 1 年到期的债券，可以根据本利和的现值确定评估值。但对于不能按期收回本金和利息的债券，评估人员应在调查取证的基础上，通过分析预测，合理确定评估值。通过本利和的现值确定其评估值的债券，宜采用收益法进行评估。根据债券付息方法，债券又可分为到期一次还本付息债券和分次付息、一次还本债券两种。评估时应采用不同的方法计算。

1. 到期一次还本付息债券的价值评估

到期后一次性还本付息债券，是指平时不支付利息，到期后连本带利一次性返还的债券。此类债券的评估可按下列公式计算：

$$P = \frac{F}{(1+r)^n}$$

式中：P—— 债券的评估值；

　　　F—— 债券到期时本利和；

　　　n—— 从评估时点算起到债券期满的期限（以年或月为单位）；

　　　r—— 折现率。

本利和 F 的计算还可区分单利和复利两种计算方式。

（1）采用单利计算的债券本利和。

$$F = B(1+m \times r)$$

（2）采用复利计算的债券本利和。

$$F = B(1+r)^m$$

式中：B—— 债券面值；

　　　m—— 债券计息期限；

　　　r—— 债券票面利息率。

债券票面利息率、计息期限、债券本金在债券上均有明确记载，而折现率是评估人员根据评估时的实际情况分析确定的。折现率包括无风险报酬率和风险报酬率,无风险报酬率通常以银行储蓄利率、国库券利率或国家公债利率为准;风险报酬率的大小则取决于债券发行主体的具体情况。国库券、金融债券等有良好的担保条件,其风险报酬率一般较低;企业债券如果发行企业经营业绩较好,有足够的还本付息能力,则风险报酬率较低;否则,应以较高风险报酬率调整。

【例 8-2】 某评估公司受托对 B 企业拥有的 A 公司债券进行评估,被评估债券面值 60 000 元,系 A 公司发行的 5 年期一次还本付息债券,票面利率 10%,单利计息,评估基准日距离到期日为 3 年,当时国库券利率为 6%。经评估人员分析调查,发行企业经营业绩尚好,财务状况稳健。3 年后具有还本付息的能力,投资风险较低,取 3%的风险报酬率,以国库券利率作为无风险报酬率,故折现率取 9%。

根据前述的公式,该债券的评估价值为:

$$F = B(1 + m \times r)$$
$$= 60\ 000 \times (1 + 5 \times 10\%)$$
$$= 90\ 000(元)$$

$$P = \frac{F}{(1 + r)^n}$$
$$= 90\ 000 \div (1 + 9\%)^3$$
$$= 90\ 000 \times 0.772\ 2$$
$$= 69\ 498(元)$$

2. 分次付息,到期一次还本债券的评估

前已述及,分次付息,到期一次还本债券的价值评估宜采用收益法,其计算公式为:

$$P = \sum_{i=1}^{n} [R_i(1 + r)^{-i}] + B(1 + r)^{-n}$$

式中:P——债券的评估值;

R_i——第 i 年的预期利息收益;

r——折现率;

B——债券面值;

i——评估基准日距收取利息日期限;

n——评估基准日距到期还本日期限。

【例 8-3】 以[例 8-2]的资料为例,假定该债券是每年付一次息,债券到期一次还本。其评估值为:

$$P = \sum_{i=1}^{n} [R_i(1 + r)^{-i}] + B(1 + r)^{-n}$$
$$= 60\ 000 \times 10\% \times (1 + 9\%)^{-1} + 60\ 000 \times 10\% \times (1 + 9\%)^{-2} + 60\ 000 \times 10\%$$
$$\times (1 + 9\%)^{-3} + 60\ 000 \times (1 + 9\%)^{-3}$$
$$= 6\ 000 \times 0.917\ 4 + 6\ 000 \times 0.841\ 7 + 6\ 000 \times 0.772\ 2 + 60\ 000 \times 0.772\ 2$$
$$= 61\ 519.8(元)$$

第三节 长期股权投资的评估

一、股票投资的评估

(一) 股票投资的特点

股票投资是指企业通过购买等方式取得被投资企业的股票而实现的投资行为。股票投资具有高风险、高收益的特点，如果被投资的企业破产，股票投资人不仅没有红利可分，而且有可能"血本无归"。股票按不同的分类标准可分为：记名股票和不记名股票；有面值股票和无面值股票；普通股股票、优先股股票；公开上市股票和非上市股票等。股票的价格包括票面价格、发行价格、账面价格、清算价格、内在价格和市场价格。股票的价值评估通常与股票的票面价格、发行价格和账面价格的联系并不紧密，而与股票的内在价格、清算价格和市场价格有着较为密切的联系。

股票的清算价格是公司清算时公司的净资产与公司股票总数的比值。如果因经营不善或者其他原因被清算时，该公司的股票价值就相当于公司股票的清算价格。

股票的内在价值是一种理论价值或模拟市场价值，它是根据评估人员对股票未来收益的预测，经过折现后得到的股票价值。股票的内在价值主要取决于公司的财务状况、管理水平、技术开发能力、公司发展潜力，以及公司面临的各种风险。

股票的市场价格是证券市场上买卖股票的价格。在证券市场比较完善的条件下，股票的市场价格基本上是市场对公司股票内在价值的一种客观评价，在某种程度上可以将市场价格直接作为股票的评估价值。当然，当证券市场发育尚未成熟，股票市场的投机成分太大时，股票的市场价格就不能完全代表其内在价值。

因此，在具体进行股票价值评估时，也就不能不加分析地将其市场价格作为股票的评估值。对于股票的价值评估，一般分为上市交易股票和非上市交易股票两类进行。

(二) 上市交易股票的价值评估

上市交易股票是指企业公开发行的、可以在证券市场上市交易的股票。对上市交易股票的价值评估，正常情况下，可以采用现行市价法，即按照评估基准日的收盘价确定被评估股票的价值。所谓正常情况是指股票市场发育正常，股票自由交易，不存在非法炒作的现象。此时，股票的市场价格可以代表评估时点被评估股票的价值；否则，股票的市场价格就不能完全作为评估的依据，而应以股票的内在价值作为评估股票价值的依据。通过对股票发行企业的经营业绩、财务状况及获利能力等因素的分析，综合判断股票内在价值。除此之外，以控股为目的而长期持有上市公司的股票，其评估时一般可采用收益法进行评估其内在价值。

依据股票市场价格进行评估的结果，应在评估报告中说明所用的方法，并说明该评估结果应随市场价格变化而予以适当调整。

(三) 非上市交易股票的价值评估

非上市交易的股票，一般应采用收益法评估，即综合分析股票发行企业的经营状况及风险、历史利润水平和分红情况、行业收益等因素,合理预测股票投资的未来收益,并选择合理的折现率确定评估值。非上市交易股票按普通股和优先股的不同而采用不同的评估方法。普通股没有固定的股利,其收益大小完全取决于企业的经营状况和盈利水平;优先股是在股利分配和剩余财产分配上优先于普通股的股票。优先股的股利是固定的,一般情况下,都要按事先确定的股利率支付股利。在这方面,优先股与债券很相似,两者的区别在于:债券的利息是在所得税前支付,而优先股的股利是在所得税后支付。

1. 普通股的价值评估

对非上市普通股的价值评估,实际是对普通股预期收益的预测,并折算成评估基准日的价值。因此,需要对股票发行企业进行全面、客观地了解与分析。首先,应了解被评估企业历史上的利润水平;其次,了解企业的发展前景,其所处行业的前景、盈利能力、企业管理人员素质和创新能力等因素;再次,应分析被评估公司的股利(利润)分配政策。

因为公司的股利分配政策直接影响着被评估股票价值的大小。股份公司的股利分配政策,通常可以划分为固定红利型、红利增长型和分段型等三种类型。在不同类型的股利政策下,其股票价值的评估方法也不完全相同,特作如下说明。

(1) 固定红利型股利政策下股票价值评估。固定红利型是假设企业经营稳定,分配红利固定,并且今后也能保持固定水平。在这种假设条件下,普通股股票评估值的计算公式为:

$$P = \frac{R}{r}$$

式中:P—— 股票评估值;

R—— 股票未来收益额;

r—— 折现率。

【例 8-4】 假设被评估企业拥有 C 公司的非上市普通股 20 000 股,每股面值 1 元。在持有期间,每年的收益率一直保持在 18% 左右。经评估人员了解分析,股票发行企业经营比较稳定,管理人员素质高、管理能力强。在预测该公司以后的收益能力时,按稳健的估计,今后若干年内,其最低的收益率仍然可以保持在 15% 左右。评估人员根据该企业的行业特点及当时宏观经济运行情况,确定无风险报酬率为 6%(国库券利率),风险报酬率为 4%,则确定的折现率为 10%。根据上述资料,计算评估值为:

$$P = R/r = 20\,000 \times 15\% \div 10\% = 30\,000(元)$$

(2) 红利增长型股利政策下股票价值评估。红利增长型适用于成长型股票的评估。成长型企业发展潜力大,收益率会逐步提高。该类型的假设条件是发行企业并未将剩余收益分配给股东,而是用于追加投资扩大再生产,因此,红利呈增长趋势。在这种假设前提下,普通股股票价值评估值公式为:

$$P = R/(r-g) \cdots\cdots\cdots\cdots r > g$$

式中：P——股票的评估值；

R——评估基准日后预期第一期的股利；

r——折现率；

g——股利增长率。

股利增长率 g 一般综合以下各因素来确定：企业发展前景及利润趋势；影响企业经营的内部因素和外部环境；企业负债和股本的比例；企业追加投入计划；企业领导者素质和管理水平，等等。其测定有两种基本方法：

第一种是统计分析法，即在分析企业历年红利分配数据的基础上，利用多种方法（算术平均法、几何平均法和统计平均法）计算出股票红利历年的平均增长速度，作为确定股利增长率的基本依据。

第二种是趋势分析法，即依据股票发行企业股利分配政策，以企业剩余收益中用于再投资的比率与企业净资产利润率的乘积确定股利增长率。

$$股利增长率 = 剩余收益再投资比率 \times 净资产利润率$$

【例 8-5】 某评估公司受托对 D 企业进行资产评估。D 企业拥有某非上市公司的普通股股票 30 万股，每股面值 1 元，在持有股票期间，每年股票收益率在 13% 左右。股票发行企业每年以净利润的 70% 用于发放股利，其余 30% 用于追加投资。根据评估人员对企业经营状况的调查分析，认为该行业具有发展前途，该企业具有较强的发展潜力。经过分析后认为，股票发行企业至少可保持 4% 的发展速度，净资产收益率将保持在 18% 的水平，无风险报酬率为 6%（国库券利率），风险报酬率为 4%，则确定的折现率为 10%。该股票评估值为：

$$
\begin{aligned}
P &= \frac{R}{r-g} \\
&= 300\ 000 \times 13\% \div [(6\% + 4\%) - 30\% \times 18\%] \\
&= 24\ 000 \div (10\% - 5.4\%) \\
&= 521\ 739.13(元)
\end{aligned}
$$

（3）分段型股利政策下股票价值评估。前两种股利政策一种是股利固定，另一种是增长率固定，过于模式化，很难适用于所有的股票评估。分段式模型是针对前两种模型过于模式化、很难运用于所有股票评估这一特点，有意将股票的预期收益分为两段，以针对被评估股票的具体情况灵活运用。分段型股利政策模型可采用两段式或多段式模型，具体步骤是：

第一步，以能够较为客观地估测出股票具体收益的年限为第一段，或以股票发行企业的某一生产经营周期为第一段，将期间每年预测的收益直接折现加和。

第二步，以不易直接估测出股票具体收益的时间为起点，以企业持续经营到永续为第二段，采取趋势分析法分析或其他方法确定股票的收益额，运用固定红利模型或红利增长模型进行评估。

第三步，将两段收益现值相加，得到股票评估值。实际计算时，第一段以预测收益直接折现；第二段可以采用固定红利型或红利增长型，收益额采用趋势分析法或其他方法确定,先资本化再折现。

【例8-6】 某资产评估公司受托对 E 公司的资产进行评估。E 公司拥有某一公司非上市交易的普通股股票 20 万股,每股面值 1 元。在持有期间,每年股票收益率均在 18% 左右。评估人员对发行股票公司进行调查分析后认为,前 3 年可保持 18% 的收益率;从第 4 年起,一套大型先进生产线交付使用后,可使收益率提高 3 个百分点,并将持续下去。评估时国库券利率为 6%,假定该股份公司是公用事业企业,其风险报酬率确定为 2%,折现率为 8%,则该股票评估值为:

股票的评估价值 = 前 3 年收益的折现值 + 第 4 年后收益的折现值

$$= 200\ 000 \times 18\% \times (P/A, 8\%, 3) + (200\ 000 \times 21\% \div 8\%) \times (1 + 8\%)^{-3}$$

$$= 36\ 000 \times 2.577\ 1 + 42\ 000 \div 8\% \times 0.793\ 8$$

$$= 92\ 775.6 + 416\ 745 = 509\ 520.6(元)$$

2. 优先股的评估

优先股是在股利分配和剩余财产分配上优先于普通股的股票。优先股的股利是固定的,在正常情况下,优先股在发行时就已规定了股息率。评估优先股主要是判断股票发行主体是否有足够税后利润用于优先股的股息分配。这种判断是建立在对股票发行企业的全面了解和分析的基础上,包括股票发行企业生产经营情况、利润实现情况、股本构成中优先股所占的比重、股息率的高低,以及股票发行企业负债状况等。如果股票发行企业资本构成合理,企业盈利能力强,具有很强的支付能力。评估人员可以根据事先确定的股息率,计算出优先股的年收益额,然后进行折现计算,即可得出评估值。计算公式如下:

$$P = \sum_{i=1}^{\infty} \left[R_i (1+r)^{-i} \right] = \frac{A}{r}$$

式中:P—— 优先股的评估值;

R_i—— 第 i 年的优先股收益;

r—— 折现率;

A—— 优先股的年等额股息收益。

【例8-7】 F 纺织厂拥有甲染料厂 200 股累积性、非参加分配优先股,每股面值 100 元,年股息率为 13%。评估时,甲染料厂的资本构成不尽合理,负债率较高,可能会对优先股股息的分配产生消极影响。因此,评估人员对 F 纺织厂拥有的甲染料厂的优先股票的风险报酬率定为 6%,加上无风险报酬率 4%,该优先股的折现率为 10%。根据上述数据,该优先股评估值如下:

$$P = \frac{A}{r}$$

$$= 100 \times 200 \times 13\% \div (6\% + 4\%)$$

$$= 2\ 600 \div 10\%$$

$$= 26\ 000(元)$$

如果非上市优先股有上市的可能,持有人又有转售的意向,这类优先股评估可参照下列公式评估：

$$P = \sum_{i=1}^{n} [R_i(1+r)^{-i}] + F(1+r)^{-n}$$

式中：F——优先股的预期变现价格；

　　　n——优先股的持有年限；

　　　其他符号的含义同前。

二、长期股权投资的评估

（一）长期股权投资概述

1. 长期股权投资评估的概念与特点

长期股权投资是投资主体以现金资产、实物资产或无形资产等直接投入到被投资企业，取得被投资企业的股权，从而通过控制被投资企业获取收益的投资行为。股权投资通常是长期持有，以期通过股权投资达到控制被投资单位，或对被投资单位施加重大影响，或为了与被投资单位建立密切关系，以分散经营风险。股权投资通常具有投资大、投资期限长、风险大以及能为企业带来较大的利益等特点。

长期股权投资评估，是指采用企业价值评估方法对被投资企业在某一时点的股东权益价值所作的评判和估算。长期股权投资评估，包括对具有控制权的股权评估及缺乏控制权的股权评估。

长期股权投资评估的基本特点如下。

（1）股权投资评估是对资本或权益的评估。投资方出资形式可能包括货币资金、实物资产及无形资产等，自被投资单位接受之日起即转换为资本或权益，投资方不能再去自由支配出资的资产。

（2）被投资单位的获利能力或其战略投资价值成为长期股权投资评估的关键因素。股权投资评估可能是对被投资企业获利能力的评估，也可能是为间接提高投资方自身盈利能力的战略投资价值的评估。

（3）股权投资评估通常是建立在被投资企业持续经营的基础上。

（4）企业的权益可分为股东全部权益和股东部分权益，不同的权益份额可能有不同的价值内涵。当评估对象为同一标的企业的不同权益时，评估方法、模型、影响因素等均有可能不同，股东部分权益不必然等于股东全部权益与股权比例的乘积。

2. 长期股权投资评估应注意的问题

（1）应当把被投资单位作为一个有机整体。不仅要关注企业财务账内的资产和负债，也要关注重要的可识别的账外资产和负债。

（2）应关注公司章程或投资协议。了解股东在利益分配、股权转让等方面的权利和义务是否存在特殊的约定，如分红限制、清算约定和存在限售期等，考虑其对评估的影响。

（3）应关注公司最新的工商登记情况和近期的董事会决议等材料，了解被评估单位股权结构及股东权益。

（4）应关注评估范围内的重要资产和负债。

（5）应关注可能影响评估结论的重要事项。

（6）应关注亏损企业采用收益法评估的适用性。亏损企业往往不能简单理解为收益法不适用，因为导致亏损的因素是多方面的，有可能是经营决策失误等主观因素，也有可能是突发事件等客观因素，应剔除非正常因素影响。

（7）应关注关联交易的影响。母公司编制合并财务报表时应当将整个企业集团视为一个会计主体，依据相关企业会计准则的确认、计量和列报要求，按照统一的会计政策，反映企业集团整体财务状况、经营成果和现金流量。当采用母公司报表口径单独对其长期股权投资单位评估时，应关注评估基准日母子公司间的产品（或服务）销售等关联交易及合并会计分录。内部关联销售产生利润可能导致虚增净资产，而低于市场价格的内部关联销售可能导致虚减净资产。

（二）具有控制权股权的评估

1. 具有控制权股权评估的特点

（1）评估程序及评估方法不受限制。对于具有控制权股权的评估，被投资单位在配合实施评估程序方面与母公司基本相同，有利于评估工作的开展。因而在评估方法选择上，通常可结合被投资单位所处行业及自身特点，全面考虑评估方法适用性，从而做出合理选择。

（2）关注资产权属资料完善情况。需关注被投资单位土地、房屋建筑物及无形资产等重要资产的权属和使用状况。关注是否有账外资产、或有负债，资产（土地、车辆等）权利人与实际使用人是否一致，是否存在隐匿或遗漏等。

（3）可能存在控制权溢价因素。控制权溢价通常是指一个投资者为了获得公司普通股的控股权益而愿意付出比市场流通的少数权益价值更高价格的附加价值。如控股方能够控制公司董事会，任命关键管理人员，决定公司发展战略、发展方向、重大投资决策、股利政策等。控制权溢价往往与被收购公司管理层的管理水平成反比。被收购企业的管理水平越差，控制权的价值越高。

2. 评估程序

（1）明确评估范围。评估范围通常为被投资单位法人全部资产，包括企业拥有权属清晰并投入经营或未投入经营的资产，企业实际拥有但尚未办理产权登记的资产。对于股权投资单位持有的长期股权投资中具有控制权的被投资单位，仍需采用同样的评估程序"向下"延伸。

（2）核实投资（并购）协议、账面记录。收集股权投资的初始协议，了解长期股权投资取得方式和初始计量方法，核对会计核算是否正确，核实长期股权投资企业在评估基准日近期的信息，包括企业名称，注册地，业务性质，当期的主要财务信息，与子公司、合营企业及联营企业投资相关的或有负债等。

（3）核对持股比例。

（4）选择评估方法，编制评估计划。根据评估目的、评估对象、价值类型、资料收集情况等相关条件，分析收益法、市场法和资产基础法三种资产评估基本方法的适用性，综合判断，恰当选择评估方法。

（5）确定（计算）股权评估值。

3. 清查核实方法

(1) 核对。主要核对被投资企业法人资产数量、使用状态、法律权属状态及其他影响评估作价的重要因素。

(2) 抽查（会计凭证）。一是随机抽查。在实施评估程序时，从被评估的长期股权投资单位总体会计凭证中，根据重要程度，随机选取一定数量的样本进行抽查，以便核实其历史成本或核算入账的背景。二是重点抽查。发现资产权责不对应、资产权属或边界不清晰。例如，母公司已将某项资产作价投入子公司（但仍将其在母公司账上核算，而子公司账上未核算该项资产或核算内容为对该资产的追加投资）；母公司将为子公司对外垫付费用等款项核算在对子公司投资中而子公司未入账；母公司替子公司购买资产支付款项并记长期股权投资而子公司未将资产入账；母子公司往来账余额不一致等情形，需抽取母子公司相关会计凭证，查证问题。三是处理方式。将抽查发现的问题提交企业会计负责人及审计师，共同商讨解决办法，将处理结果归纳整理到工作底稿。

(3) 尽职调查。对被投资单位的评估尽职调查通常包括两个方面：一是对企业的历史数据和文档资料、管理层背景、市场风险、管理风险、技术风险和资金风险等作全面调查，对企业作初步定性评价。具体方式包括调查问卷及独立调查。二是对评估基准日企业各项资产负债全面清查。

(4) 访谈。访谈对象：企业高管、财务/企划/供应/销售/人力/技术/研发等职能部门负责人。完成目标：通过访谈了解企业基本信息，对财务数据和经营参数具体分析，通过了解企业历史经营状况及未来发展趋势对其作出总体评价，就盈利预测相关内容与管理人员讨论。

4. 评估结论的确定

(1) 通常需要采用两种以上的评估方法。根据现行评估执业准则和有关规定，企业价值评估通常需要采用两种以上的评估方法，并得出不同评估方法下的初步评估结果，需要对形成的初步评估结果进行分析，确定最终的评估结论。

(2) 评估结论确定的基本思路。评估专业人员在评价各种评估方法所得出的初步评估结果时，应重点考虑以下方面：各种方法的评估范围及价值内涵是否一致；不同方法与评估目的及评估结果的用途是否匹配；不同的企业特点与资产使用状况对不同方法初步评估结果的影响。如被评估企业是直接进行生产经营的企业还是投资公司或不动产经营企业，是否处于正常经营状态，是否拥有大量非经营性或溢余资产等；不同方法初步评估结果所依据的信息资料的质量和可靠性是否满足要求。

(3) 采用不同方法需要考虑的具体问题。①资产基础法和收益法：首先，应考虑两者的评估对象与评估范围的一致性。资产基础法是以被评估企业资产负债表为基础，合理评估企业表内及表外各项资产、负债价值，确定评估对象价值的评估方法。企业表内及表外的资产和负债，是否列为资产负债表内资产和负债，取决于企业会计准则的规定，即符合资产定义并同时满足两个条件：与该资源有关的经济利益很可能流入企业；该资源的成本或者价值能够可靠计量。收益法将被评估企业预期收益资本化或折现所得出的评估结果有时并不完全对应于账面资产，可能还包含了表外资产的贡献，特别是轻资产公司。其次，当收益法评估结果高于资产基础法评估结果。应关注资产基础法评估结果是否涵盖了企业全部有形资产和无形资产价值。处于成长期企业或预期业绩将出现高增长的企业,资产基础法评估结果通常无法充分体现其价值,而收益法评估结果必然会高于资产基础法评估结果。最后,当收益法评估结果低于资产基础法评估结果。应关注企业的收益和资产使用状况,判断持续经营前提下企业经营性资产是否存在经济性贬值。对评估基准日前后资产价格处于较大波动中的企业,应关注该波动对评估结果的影响程度。对长期处于亏损状态的企业,或者现金流为负数的企业,预期的未来亏损也无法客观地体现在资产基础法评估结果中,其收益法结果必然会低于资产基础法结果。②市场法和收益法:第一,应当关注收益法估算折现率时对风险的评估与市场法调整价值比率所隐含的风险评估是否相匹配。第二,关注收益法预测的明确增长假设与市场法中的隐含增长假设是否一致。特别要关注收益法中对于中小企业明确预测期后的永续价值的合理性问题。第三,关注两种方法对非经营性、溢余资产负债的判断是否一致,如不一致是否符合各自方法对经营趋势判断的影响,并能合理反映企业的财务状况和营利能力。第四,市场法中上市公司比较法应关注流动性对价值的影响,当某些股票市场交易价格严重偏离价值或合理回报时可能不被理性投资者接受,应充分考虑将其作为可比企业是否合适。第五,市场法中交易案例比较法应关注可比案例与评估对象的实际相似性、会计政策及税收差异、二手数据的可靠性、特殊交易背景或动机、交易价中的协同效应、差异因素修正等影响。第六,关注收益法对存在明显周期性波动的企业,是否只采用了波峰或波谷价格和销量等不具有代表性的指标来预测长期收入水平。关注历史上采用关联方销售定价的企业,是否分析确认定价的公允性及可持续性。考虑对享有税收优惠政策的企业进行持续性预测是否合适等。③市场法和资产基础法:需要注意的是,当市场法的价值比率选取了市净率时,与资产基础法如何衔接的问题就更加突出。第一,应当关注资产基础法中的溢余闲置资产、非经营性资产、存在经济性贬值的经营性资产等,在市场法中是否直接作为企业净资产乘以市净率价值比率或单独处理。第二,应当关注市场法选取的可比交易案例中,是否存在被评估企业同类资产,在调整修正过程中是否合理考虑,并形成最终的价值比率。

【例 8-8】 甲公司为一中等规模电气制造企业,截至评估基准日 2016 年 6 月 30 日,账面总资产 5 000 万元,其中流动资产 1 000 万元,固定资产 3 000 万元,无形资产 1 000 万元。负债合计 2 000 万元。企业在 2013 年、2014 年、2015 年分别实现主营业务收入 12 000 万元、10 000 万元、9 000 万元,净利润分别为 600 万元、500 万元、400 万元。分别采用资产基础法及收益法评估,资产基础法评估结果为 5500 万元,收益法评估结果为 5 000 万元。

经分析,资产基础法中固定资产评估值为 4 000 万元,评估增值 1 000 万元;无形资产评估值 2 500 万元,评估增值 1 500 万元。

本案例中,在企业持续经营前提下,若评估对象为甲公司具有控制权的股权,则应选择资产基础法评估结果作为评估结论,因为控股股东可以实现股东权益最大化为目标分享资产处置收益。若评估对象为甲公司缺乏控制权的股权,则应选择收益法评估结果作为评估结论,因为处置公司资产要获得多数股东同意,在不出售该资产的前提下少数股东无法分享评估增值,无实际控制权的投资者无法分享各类资产的市场价值,能够收获的仅仅是利润分配。

5. 几种特殊情形对股权评估的影响

（1）股东出资不同步。因股东出资不同步，确定评估范围及股权比例是评估难点之一。依据公司章程股东采取分期出资方式，评估基准日在股东承诺出资期限之前，因此出现各股东出资不一致、个别股东出资不到位现象。也存在个别股东承诺以知识产权等非货币资产出资但因故未到位现象。评估对此通常需查阅章程约定了解具体原因，结合实际情况合理确定股权比例，并充分披露可能对评估结论造成的影响。不能简单按出资协议约定比例计算，评估专业人员自行判断有难度的也可请律师给出专业判断。

（2）股东独享权益。国资委曾在决算编制说明中规定："属于合资、合作、股份制等多元投资主体性质的企业，国有资本享有的权益年初、年末余额及本年发生额按以下公式计算填列：（资本公积＋盈余公积＋未分配利润－国有独享部分）×（国有实收资本/实收资本）＋国有独享部分，国家独享部分包括国家专项拨款、各项基金转入、土地估价入账、税收返还或专项减免、国家拨付流动资本等政策因素形成的国家独享权益数额。"在一些地方国有企业改制中，企业享受了地方财政某项优惠政策，如减免缴纳土地出让金、矿业权价款等，地方财政或国资部门成为改制后企业的股东，在引进新投资者时主张将此优惠计为原股东独享权益。对于有明确证据表明的股东独享权益，凡可在评估结论中体现的应单独列示，无法在评估结论中体现的应在特别事项说明中充分披露可能对评估结论造成的影响。如 X 公司在公司制改建处置划拨土地时采用"作价入股"方式处置，X 公司定期向"持股单位"缴纳经营收益，而在 X 公司工商登记的股东中并无该"持股单位"，俗称暗股或代持股。当 X 公司拟引进新投资者需评估其股东全部权益时，通常应提请企业重组方案对此作出安排，建议会计核算单独计量此类归属部分股东的独享权益，无论采用什么评估方法，股东权益评估均应单独考虑该影响，并在特别事项说明中充分披露。

（3）分红与股比不一致。股权比例与红利分配比例或实际出资比例不一致，其合法性可依据法律意见书判断，收益法评估股东权益时可按股东实际可获红利比例计算。但成本法评估通常按照股东持有的股份比例分配财产的规定，即按股权比例确定。

（4）名股实债。名义上是以股权方式投资但实质上却签署了具有刚性兑付的保本约定。该投资方式已被私募基金和信托公司广泛运用于房地产开发或其他现金流短缺的行业。国家税务总局公告 2013 年第 41 号《关于企业混合性投资业务企业所得税处理问题的公告》对符合"混合性投资"条件的"名股实债"税务处理问题作出了规定。名股实债的投资业务中，如约定利息由被投资方的原始股东以溢价收购的方式在期限届满时支付，而非由被投资企业支付，在评估核实过程中应特别关注。对于评估基准日已收到但未确认收入的利息原则上应视同预收账款评估。当约定利息由被投资方的原始股东以溢价收购的方式在期限届满时支付而非由被投资企业支付时，应判断其可实现性和风险，在特别事项说明中充分披露。

（5）被投资企业资不抵债。评估基准日是否持续经营是重要的评估假设，对于待清算企业和持续经营企业会采用不同的评估方法，在评估报告中应充分披露。如果计划清算，应考虑债权人公告、职工安置、税务清算等可能新增的或有负债对评估值的影响,资产价值类型应选择清算价值而非市场价值。

（6）被投资企业经营不独立。在母公司为非投资性主体,且母子公司主营业务相同或相近,或存在较多关联交易,或子公司经营活动完全受制于母公司而缺乏决策的独立性等情形下,采用合并报表口径评估母公司的股东权益价值,较分别采用母子公司报表口径更能客观真实地反映其公允价值,避免对子公司股权价值的错误估计。采用合并报表口径评估所使用的评估方法通常为收益法和市场法,资产基础法应用的前提通常是以母公司报表为基础。

（三）缺乏控制权股权的评估

1. 缺乏控制权股权评估的特点

一是缺乏控制权股权评估在评估程序及评估方法选择可能受到限制。如何评估不具有活跃市场或流动性受限制的股权价值,如处于 IPO 限售期内的股权,以及产业投资基金投入到拟上市公司中的股权价值,是评估实践中的难点之一。二是应关注流动性影响。流动性是指在市场上快速买卖一项物品,而不导致价格大幅波动的能力。

2. 评估程序

缺乏控制权的股权投资单位能否实施单独评估,取决于该投资的重要程度、委托人的管控程度、被投资单位的配合意愿等。具体程序如表 8-2 所示。

表 8-2　缺乏控制权的股权投资评估程序

序号	程序	具体内容
1	确定评估范围	单独评估时,评估范围通常为被投资单位产权涉及的全部资产和负债,包括企业拥有权属清晰并投入经营或未投入经营的资产,企业实际拥有但尚未办理产权登记的资产。非单独评估时,评估范围可以是被投资单位的全部资产和负债,也可以是长期股权投资本身
2	核实投资（并购）协议、账面记录	单独评估时,核实内容与具有控制权的股权一致。非单独评估时,应向母公司取得股权投资的初始协议,了解长期股权投资取得方式和初始计量方法,核对会计核算是否准确无误,核实长期股权投资企业在评估基准日近期的会计信息,包括企业名称、注册地、业务性质、当期的主要财务信息
3	核实持股比例	一般应向母公司取得股权投资企业在工商登记部门备案的公司章程,核实母公司对其持股比例和表决权比例。被投资企业的注册资金、地址、法人、经营范围、投资人信息、企业变更情况、有无违法纪录等均可通过全国企业信用信息公示系统(gsxt. saic. gov. cn)或天眼查全国企业信息查询(tianyancha. com)等系统查询
4	选择评估方法	单独评估,首先对其会计信息作了解分析,考虑评估程序实施是否受限等,根据评估目的、评估对象、价值类型、资料收集情况等相关条件,分析收益法、市场法和资产基础法三种资产评估基本方法的适用性,综合判断恰当选择评估方法。非单独评估,主要根据被投资企业所处细分行业市场及竞争态势、业绩表现、股利分配、近期规划,判断市场法及收益法的适用性,合理选择评估方法
5	确定（计算）股权评估值	在选择确定评估方法后,依据评估执业准则和相关规定,合理采用评估依据及评估假设,确定相关评估参数,开展评定算工作。在所采用评估方法形成的初步评估结果基础上,对各种方法使用的信息资料及参数的数量和质量进行比对分析,最终确定股权评估值

3. 清查核实方法

（1）核对。单独评估时，核对工作主要针对被投资企业。主要核对企业资产数量、使用状态、法律权属状态及其他影响评估作价的重要因素。针对不同的资产性质及特点分别采取不同的核实方法。对于实物资产，主要依据资产清查评估明细表，通过现场盘点勘查方式进行清查核实，同时收集被评估资产的产权证明文件和反映性能、状态、经济技术指标等情况的文件资料，进一步完善资产清查评估明细表，以做到表、实相符，对评估范围内评估对象法律权属资料和来源进行必要的查验。对于非实物资产，主要通过查阅企业的原始会计凭证、函证和核实有关经济行为证明文件的方式核查，关注债权债务的形成过程和账面数字的准确性。非单独评估时，核对工作主要针对母公司核算及管控长期股权投资的全部档案资料及被投资单位的近期财务报告，必要时也可向被投资企业发函确认。

（2）抽查（会计凭证）。单独评估时，抽查方法与具有控制权股权评估相同。非单独评估时，抽查主要针对母公司核算长期股权投资的各期会计凭证，以及母子公司关联往来科目的会计凭证，核实其历史成本或核算入账的背景以及关联往来情况。

（3）尽职调查。单独评估时，与具有控制权股权相同。非单独评估时，考虑被评估企业配合意愿较低，很难完成调查问卷的回收，通常以独立调查为主、调查问卷为辅。对于境外投资企业，在获取公司审计报告和必要的评估资料基础上，考虑不同国家会计政策的差异和母公司报表核算方式，关注报表是否为公允价值计量，以电子邮件问卷等替代程序完成该工作。

（4）访谈。单独评估时，访谈内容与具有控制权的股权评估相同。非单独评估时，访谈对象主要为母公司负责该长期股权投资核算的财务人员及母公司派驻投资单位任职的高管。访谈内容及完成目标与具有控制权的股权评估相同。

4. 评估方法

（1）资产基础法。需要被投资企业配合实施的评估程序较复杂，因此，对于缺乏控制权的股权的评估通常不作为首选方法，但对已停业或拟清算的长期股权投资企业仅能采用资产基础法评估，此时要关注债权申报和税务清算等进程，合理确认负债。

（2）收益法。采用收益法中的现金流量折现法，除必要的财务尽职调查工作外，还需了解企业发展定位、战略规划、管理层应对市场制定的对策等，很大程度上需要企业管理层对企业未来盈利预测提供必要配合。收益法中的股利折现法是将预期股利进行折现以确定评估对象价值的具体方法，通常适用于缺乏控制权的股东部分权益价值的评估。被投资企业属轻资产类且近期盈利较好，通常可结合其历年财务报表及利润分配情况采用收益法评估。

（3）市场法。与采用收益法评估的基础工作有很多相同之处，除上述必要的工作内容外，还需在市场上找到与被评估企业类似的可比交易案例或可比上市公司。

（4）对于缺乏控制权的股权无法单独评估时。可使用被投资企业评估基准日财务报表分析确定长期股权投资评估价值。此时应说明不能单独评估的理由和使用财务报表分析确定股东权益价值的过程。具体情况如表8-3所示。

表 8-3　被投资企业或投资特征及评估方法

被投资企业或投资特征		评估方法
被投资企业特征	重资产类且近期盈利不佳	对资产负债表作分析,估算固定资产及无形资产可能产生的增减值
	轻资产类且近期盈利较好	结合其历年财务报表及利润分配情况采用收益法评估
长期股权投资特征	设立时间较短	采用评估基准日经核实后的企业账面投资成本评估
	评估基准日近期收购	分析投资成本(收购价格)与被投资企业账面净资产成差异形成的原因及对商誉的影响
	缺乏控制权的股权无法单独评估	使用被投资企业评估基准日财务报表分析确定长期股权投资评估价值。此时应说明不能单独评估的理由和使用财务报表分析确定股东权益价值的过程

【例 8-9】　因经济行为需要评估 G 公司股东权益价值,截至评估基准日 G 公司长期股权投资共 4 家(见表 8-4)。

表 8-4　G 公司 4 家长期股权投资情况

长期股权投资企业	所属行业	持股比例	账面值(万元)
L	金属冶炼	20%	800
M	物流运输	30%	300
N	电子信息	25%	250
P	高新技术	18%	180

经 G 公司相关人员协调确认,上述被投资单位均不能配合进行单独评估。评估专业人员通过调查获取被投资单位的基本信息汇总如下。

(1) L 近年主营业务连续亏损,截至评估基准日账面资产合计 4 000 万元,其中流动资产 800 万元,固定资产 2 400 万元(冶炼厂房及生产装置),无形资产 800 万元(土地使用权)。负债合计 3 000 万元,实收资本 4 000 万元,未分配利润－3 000 万元。

(2) M 业务稳定且用户满意度高,截至评估基准日账面资产合计 2 000 万元,其中流动资产 1 400 万元,固定资产 200 万元(车辆及办公设备),其他长期资产 400 万元(经营场所预缴租金)。无负债。实收资本 1 000 万元,未分配利润 600 万元。近三年主营业务净利润分别为 280 万元、320 万元、300 万元。

(3) N 设立不足一年,截至评估基准日账面资产合计 900 万元,其中流动资产 800 万元,固定资产 100 万元。无负债,无收入。实收资本 1 000 万元,未分配利润－100 万元。

(4) P 为高新技术企业,由初创期过渡至成长期。截至评估基准日资产合计 5 000 万元,其中流动资产 4 600 万元,固定资产 150 万元,无形资产及其他长期资产 250 万元。流动负债 4 100 万元,总股本 1 000 万股,实收资本 1 000 万元,未分配利润 100 万元。近三年净利润分别为－400万元、100万元、400万元。

在获取评估所需信息后,资产评估专业人员分别采取如下方法评估。

(1)对L采用资产负债表分析法。据估算,因技术更新及钢材降价,结合固定资产计提折旧情况,评估基本无增减值变化。土地使用权评估可增值约200万元。评估基准日净资产账面价值1 000万元,评估价值约1 200万元。因而其20%股权的评估价值为240万元。评估减值560万元,增值率为－70%。

(2)对M结合其历年财务报表及尽职调查情况采用简单收益法。预测未来年均收益为300万元,折现率取12%,M公司股东权益价值为(300/12%)2 500万元。其中30%股权的评估价值为750万元,评估增值450万元,增值率为150%。

(3)N设立较短且尚未开展业务,如简单按其账面净资产计算股权则会有约10%的减值,不符合对处于开办期内的新公司股权价值的公允判断,因此G公司持有的25%股权,按其实收资本计算,股权价值为250万元,评估无增减值变化。

(4)P处于成长期,假设P公司预期现金流9 000万元,可比上市公司收益波动率为0.4,无风险收益率0.03,早期成长阶段投资1 800万元,加速成长阶段投资3 000万元,稳定阶段投资2 000万元,成熟阶段投资1 600万元,每阶段间隔1年,发行总股本3 000万股。采用实物期权模型评估P未来上市股票发行价格现值为1.328元/股,故该股权投资评估价值为(180×1.328)239万元,评估增值59万元,增值率为33%。

第四节　其他长期性资产的评估

一、其他长期性资产的构成

其他长期性资产是指不能包括在流动资产、长期股权投资、持有至到期投资、固定资产、无形资产等以外的资产,主要包括具有长期性质的待摊费用和其他长期资产。长期待摊费用是指企业已经支出,但摊销期在1年以上(不含1年)的各项费用,包括股票发行费用、筹建期间费用(开办费)等。其他长期资产主要包括特准储备物资、银行冻结存款、冻结物资以及涉及诉讼的财产等。长期待摊费用本质上是一种费用,而不是资产,只是这种费用的影响不仅体现在本年度,而且延续到以后若干会计年度。

二、其他长期性资产的评估

由于其他长期性资产除特种储备物资、冻结存款、冻结物资以及涉及诉讼的财产外,主要是已发生费用的摊余价值,这些未摊销的费用不能单独对外交易或转让。只有当企业发生整体产权变更时,才可能涉及对其价值的评估。所以,其他长期性资产能否作为评估对象取决于它能否在评估基准日后带来经济利益。

在评估其他长期性资产时,必须了解其合法性、合理性、真实性和准确性,了解费用支出和摊余情况,了解形成新资产和权利的尚存情况。其评估值要根据评估目的实现后资产的占有情况和尚存情况,而且与其他评估对象没有重复计算的现象存在。按此原则,其他长期性资产的不同构成内容应采取不同的评估和处理方法。

(一) 开办费

开办费是企业在筹建期间发生的、不能计入固定资产或无形资产价值的费用,主要包括:筹建期间人员的工资、员工培训费、差旅费、办公费、注册登记费以及不能计入固定资产或无形资产购建成本的汇兑损益、利息支出等。根据现行会计制度的规定,企业筹建期间发生的费用,应于开始生产经营起一次计入开始生产经营当期的损益。因此,如果企业不是在筹建期间评估,则不存在开办费的评估问题。如果企业是在筹建期间评估,由于开办费的尚存资产或权利的价值难以准确计算,故可按其账面价值计算其评估值。

(二) 其他长期待摊费用

其他长期待摊费用,比如股票发行费用,其影响可能延续到以后若干年,从理论上讲,对这类项目的评估,应依据企业的收益状况、收益时间及货币的时间价值,以及现行会计制度的规定等因素确定评估值。货币的时间价值因素因受益时间长短而定。1 年内的一般不予考虑,超过 1 年时间的要根据具体内容、市场行情的变化趋势处理。但从实践上看,由于这些费用对未来产生收益的能力和状况并不能准确界定,如果物价总水平波动不大,可以将其账面价值作为其评估价值,或者按其发生额的平均数计算。

课外阅读材料

1. 田辉.股权估值模型及其比较研究[J].中国资产评估,2003(6).
2. 孙健,葛从锋.商业银行股票内在价值的确定[J].中国资产评估,2007(7).
3. 顾桂贤.限售股评估实务研究[J].中国资产评估,2009(4).
4. 耿建.中国 A 股市场估值的探讨[J].现代商业,2011(17).
5. 李向罡.长期股权投资对投资单位评估结果的影响分析[J].中国资产评估,2014(5).
6. 胡景涛,王建华.基于财务视角的非上市公司股权流动性折价评估模型的构建研究——来自互联网行业的经验数据[J].中国资产评估,2015(10).

复习思考题

1. 简述长期投资性资产评估的程序。
2. 对普通股评估需了解的发行企业内容主要有哪些?
3. 控股股权与少数股权在评估上有哪些区别?
4. 股票的内在价值是什么?
5. 红利增长模型的假设前提是什么?
6. 简述分段型模型的计算方法。
7. 简述上市股票及其评估方法。
8. 长期股权投资评估有哪些特点?
9. 采用市场法评估债券和股票时应注意什么?
10. 在企业价值评估中如何处理"开办费"?

实训练习题

1. 被评估企业甲持有 A 企业发行的 3 年期一次性还本付息非上市债券 100 000 元,票面利率 10%,单利计息,评估基准日距债券到期日尚有 2 年。企业甲还持有 B 上市公司发行的可流通的股票 20 万股,每股面值 1 元,评估基准日市场收盘价 15 元;企业甲还持有 C 上市公司发行的非流通股 20 万股,每股面值 1 元,每年股票收益率 13%。已知 C 企业将保持 3% 的经济发展速度,每年以净利润的 50% 发放股利,另 50% 用于追加投资,其净资产收益率将保持 16% 的水平。企业甲还持有 D 公司发行的优先股 1 000 股,每股面值 100 元,股息率为年息 18%。已知 A 企业债券风险报酬率为 3%,B、C、D 三家企业的股票风险报酬率均为 4%,国库券利率为 10%。

要求:

(1) 计算该企业债券评估值。

(2) 计算甲企业持有的 B 公司可流通股票评估值。

(3) 计算甲企业持有的 C 公司非上市流通股票评估值。

(4) 计算甲企业持有的 D 公司优先股评估值。

2. 被评估企业曾以实物资产(机器设备)与 B 企业进行联营投资,投资额占 B 企业资本总额的 20%。双方协议联营 10 年,联营期满,B 企业将按机器设备折余价值 20 万元返还投资方。评估时双方联营已有 5 年,前 5 年 B 企业的税后利润保持在 50 万元水平,投资企业按其在 B 企业的投资份额分享收益,评估人员认定被评估企业未来 5 年的收益水平不会有较大的变化,折现率设定为 12%。

要求:计算投资企业的直接投资的评估值。

3. 被评估企业以无形资产向 A 企业进行长期股权投资,协议规定投资期 10 年,A 企业每年以运用无形资产生产的产品销售收入的 5% 作为投资方的回报,10 年后投资方放弃无形资产产权及股权。评估时此项投资已满 5 年,评估人员根据前 5 年 A 企业产品销售情况和未来 5 年市场预测,认为今后 5 年 A 企业产品销售收入保持在 200 万元水平,折现率为 12%。

要求:计算该项无形资产的评估值。

4. 被评估债券为 2016 年发行,面值 100 元,年利率 10%,3 年期。2018 年评估时,债券市场上同种同期债券,面值 100 元的交易价为 110 元。

要求:计算该债券的评估值。

5. 被评估债券为非上市企业债券,3 年期,年利率为 17%,单利计息,按年付息到期还本,面值 100 元,共 1 000 张,评估时债券购入已满 1 年,第 1 年利息已经收账,若折现率为 10%。

要求:计算被评估企业债券的评估值。

6. 被评估债券为 4 年期一次还本付息债券 10 000 元,年利率 18%,不计复利,评估时债券的购入时间已满 3 年,当年的国库券利率为 10%,评估人员通过对债券发行企业的了解,认为应该考虑 2% 的风险报酬率。

要求:计算该被评估债券的评估值。

7. 甲评估机构于 2019 年 1 月对 A 公司进行评估,A 公司拥有 B 公司发行的非上市普通股 200 万股,每股面值 1 元。经评估人员预测,评估基准日后该股票第一年每股收益率为 5%,第二年每股收益率为 8%,第三年每股收益率为 10%,从第四年起,因生产、销售步入正轨,专利产品进入成熟期,因此每股收益率可达 12%,而且从第六年起,B 公司每年年终将把税后利润的 80% 用于股利分配,另 20% 用于公司扩大再生产,B 公司净资产收益率将保持在 15% 的水平上。如果无风险报酬率为 4%,风险报酬率为 6%,评估基准日为 2019 年 1 月 1 日。

要求:计算 A 公司所拥有的 B 公司股票的评估值(最终结果以万元为单位,小数点后保留两位)。

案 例 研 究

计算利息支出时未扣除相关所得税造成企业评估值高估①

2012年3月12日,恒信德律珠海分公司与 Beverage Packaging Investment Limited(以下简称 BPI)签订资产评估业务约定书,恒信德律对 BPI 相关参股企业股东权益价值进行评估并出具资产评估报告书。2012年7月22日,恒信德律对 BPI 相关参股企业股东权益价值出具了《资产评估报告书》。恒信德律评估获得业务收入118.90万元。

(1) 恒信德律采用收益法进行评估,计算利息支出时未扣除相关所得税,造成恒信德律对 BPI 的 30 家参股企业评估值高估。具体涉及恒信德律出具京恒信德律评报字〔2012〕0090 号、0091 号、0093 号、0094 号、0095 号、0096 号、0097 号、0098 号、0100 号、0104 号、0108 号、0110 号、0111 号、0112 号、0113 号、0115 号、0116 号、0117 号、0119 号、0120 号、0121 号、0122 号、0128 号、0129 号、0130 号、0132 号、0133 号、0134 号、0135 号,高估部分占评估值的 0.57%～20.06%。

(2) 恒信德律采用收益法进行评估,计算利息支出时未扣除相关所得税,对非经营性资产、非经营性负债的数据使用错误,造成恒信德律对广州富粤评估值高估。

恒信德律采用收益法进行评估,计算利息支出时未扣除相关所得税,造成高估广州富粤股东权益 299.97 万元。

恒信德律对广州富粤的非经营性资产、非经营性负债的计算不准确,造成高估广州富粤股东权益 15 515.26 万元。具体情况如下:

恒信德律评估时认为广州富粤非经营性资产 15 669.23 万元,非经营性负债 1 489.30 万元,付息债务 3 500 万元。

经查,广州富粤非经营性资产项下有其他应收款 16 344.30 万元、其他流动资产 1.70 万元、在建工程 733.78 万元,即非经营性资产 17 079.78 万元;非经营性负债项下有短期借款 3 500 万元、其他应付款 1 560.21 万元、应付账款 16 854.91 万元,即非经营性负债 21 915.11 万元。

恒信德律高估广州富粤股东权益 15 815.23 万元,高估部分占评估值的 88.87%。

(3) 资产评估师徐沛、陈志勇、石松在陈述、申辩意见中提出,本次评估值高估的情形未给投资者造成损失,对社会未造成危害和重大社会影响。认为对其行政处罚明显过重,并要求从轻处罚。

根据相关事实和证据,中国证监会认为,2012年9月8日,珠海中富发布了恒信德律出具的《资产评估报告书》,恒信德律的未勤勉尽责行为对投资者的投资行为造成不良影响,扰乱了证券市场秩序。根据当事人违法行为的事实、性质、情节与社会危害程度,依据《证券法》二百二十三条的规定,中国证监会决定:

(1) 对恒信德律责令整改,没收其业务收入 118.90 万元,并处以 118.90 万元罚款;

(2) 对徐沛给予警告,并处以 5 万元罚款;对陈志勇、石松给予警告,并分别处以 3 万元罚款。

问题讨论:

(1) 利息支出应当如何计算? 本案例中评估师出现计算问题的可能原因是什么? 为什么?

(2) 中国证监会对资产评估师徐沛、陈志勇、石松处罚的具体依据是什么? 如果你是评估师,如何规避本案例所出现的评估问题? 为什么?

---

① 根据中国证监会行政处罚决定书(北京恒信德律资产评估有限公司、徐沛、陈志勇、石松)(〔2015〕3 号)整理。

第九章

流动资产评估

🖝 学习目标

1. 掌握流动资产评估的特点
2. 掌握采用市场法、成本法评估不同类型材料、低值易耗品的技术思路、约束条件和具体方法
3. 掌握采用成本法和市场法评估在产品、产成品及库存商品价值的技术思路、约束条件和具体方法
4. 掌握应收账款评估的基本程序,坏账损失估计方法中的坏账比例法和账龄分析法
5. 熟悉流动资产评估的特点、局限性及评估程序
6. 熟悉待摊费用和预付费用的评估方法
7. 熟悉应收票据贴现值的计算方法
8. 了解流动资产的内容和特点
9. 了解货币性资产的评估方法
10. 了解应收账款评估的局限性

为使学生对本章内容有一个概括性认识和全局性把握,我们描述其内容结构框架、知识点之间的逻辑结构如图 9-1 所示。

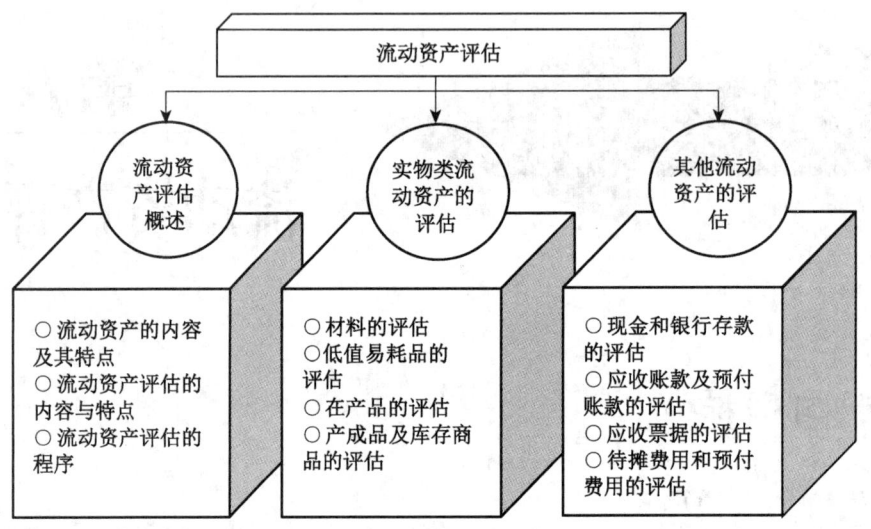

图 9-1　本章的知识点逻辑结构图

案例导入

摸牛屁股、数鸡、数猪——我很忙,但很快乐

盘点现金、货物等在现场工作日的实有数量,并在账实核对相符的基础上倒算出资产评估基准日的数额,是流动资产评估的基本环节。

早就听学长们传言,做流动资产评估中的库存材料评估、在产品评估、产成品评估有可能会去冷库、养牛场、养猪场、养鸡场、养鱼场等,去"数冻鸡腿""数牛""数猪""数鸡"……去冷库你得先把自己裹成个粽子,隔一会出来暖和一下,戴眼镜的则什么都看不清……去化工厂,你得先把一大堆古怪的原料名称搞明白。

有个客户是养牛场,项目负责人看你有空,过来拍你肩膀:"走,到农场数牛去!"到了那里,站在围栏口,牵过一头牛,就往它屁股上盖个章,最后算个总数。

总体说来,在空旷的田野上,盘点还是蛮开心的——不用呼吸办公室循环过的空气,去郊外享受"真"空气!姑且就算是一次郊游吧。

由于流动资产的流动性及其他特殊的资产特性,国际上极少涉及流动资产评估问题(特别是非实物类流动资产)。我国资产评估起步于企业价值评估,在评估技术上又多采用成本法或资产加和法,资产评估专业人员经常且必须对资产负债表内的各项资产发表评估意见,包括对流动资产的价值发表意见。因此,流动资产评估在我国的资产评估活动中占有一席之地。

第一节　流动资产评估概述

一、流动资产的内容及其特点

（一）流动资产的含义

资产满足下列条件之一的,应当归类为流动资产:①预计在一个正常营业周期中变现、出售或耗用;②主要为交易目的而持有;③预计在资产负债表日起1年内(含1年)变现;④在资产负债表日起1年内,交换其他资产或清偿负债的能力不受限制的现金或现金等价物。

（二）流动资产的内容

流动资产一般包括库存现金、各种银行存款以及其他货币资金、应收及预付款项、存货以及其他流动资产等。

现金是指企业的库存现金,包括企业内部各部门用于周转使用的备用金。各项银行存款是指企业的各种不同类型的银行存款。其他货币资金是指除现金和银行存款以外的其他货币资金,包括外埠存款、银行本票存款、银行汇票存款、存出投资款、信用卡存款、信用证保证金存款等。应收账款是指企业因销售商品、提供劳务等应向购货单位或受益单位收取的款项,是购货单位所欠的短期债务。预付账款是指企业按照购货合同规定预付给供货单位的购货定金或部分货款。存货是指企业的库存材料、在产品、产成品等。其他流动资产是指除以上资产之外的流动资产。

（三）流动资产的特点

流动资产与非流动资产比较,其基本特点如表9-1所示。

表 9-1　流动资产的特点

特征	特征描述
1. 循环周转速度快	流动资产的实物形态只参加一个生产周期,便改变了原有形态,其价值也转移到产品价值中,并在产品销售后随之收回。所以,循环周转速度较快是流动资产的一个显著特点,并且周转速度的加快能给企业带来增值
2. 变现能力强	各种形态的流动资产都可以在较短的时间内出售和变卖,具有较强的变现能力,是企业对外支付和偿还债务的重要保证。变现能力强是企业中流动资产区别于其他资产的重要标志,但各种形态的流动资产,其变现速度是有区别的。变现能力由强到弱的一般顺序是:货币形态的流动资产、短期内出售的存货和近期可变现的债权性资产、生产加工过程中的在制品及准备耗用的物资。一个企业拥有变现能力强的流动资产越多,企业对外支付和偿还债务的能力越强,企业经营的风险性就越小
3. 占用形态同时并存又相继转化	在企业的再生产过程中流动资产依次经过购买、生产、销售三个阶段,并分别通过货币资产、储备资产、生产资产和成品资产等形态,不断地循环流动。因此,企业的流动资产是以多种形态并存于企业生产经营过程各个阶段的。同时,各种形态的流动资产又按照生产经营过程的顺序相继转化,如此周而复始地形成流动资金循环和周转过程

特 征	特 征 描 述
4. 波动性	由于企业的流动资产一般要不断地进行购买和售卖,受市场商品供求变化和生产、消费的季节性影响较大。另外,还受到外部经济环境、经济秩序等因素的制约,使其总量以及不同形态流动资产的构成比例呈现出波动性

二、流动资产评估的内容与特点

（一）流动资产评估的内容

流动资产评估包括实物类流动资产评估和非实物类流动资产评估。前者一般包括材料、在产品、产成品及库存商品的评估,后者一般包括货币性资产的评估、应收账款及预付账款的评估、应收票据的评估、待摊费用和预付费用的评估等。

（二）流动资产评估的特点

一般而言,由于流动资产的流动性和变现能力较强,其账面价值与现行市场价格较为接近,因此,与其他资产的评估相比,流动资产评估的基本特点如表9-2所示。

表9-2 流动资产评估的特点

特征方面	特 征 描 述
1. 单项资产评估	对流动资产的评估主要是以单项资产为对象进行价值评估,因此,不需要以其综合获利能力进行综合性价值评估
2. 选择适宜的评估基准日	流动资产与其他资产的显著区别在于其资产的流动性和价值的波动性。不同形态的流动资产随时都在变化,而评估则是确定其某一时点上的价值,不可能人为地停止流动资产的周转。因此,评估基准日应尽可能选择在会计期末,并在规定的时点进行资产清查、登记和确定流动资产数量和账面价值,避免重登和漏登现象的发生
3. 分清主次,掌握重点	由于流动资产一般具有数量大、种类多的特点,清查工作量大,所以流动资产清查应考虑评估的时间要求和评估成本。流动资产评估往往需要根据不同企业的生产经营特点和流动资产分布的情况,对流动资产分清主次、重点和一般,选择不同的方法进行清查和评估,做到突出重点,兼顾一般。清查采用的方法有抽查、重点清查和全面清查。当抽查核实中发现原始资料或清查盘点工作可靠性较差时,应扩大抽查面,直至核查全部流动资产
4. 账面价值基本上可以反映其现值	由于流动资产周转快、变现能力强,在物价水平相对比较稳定的情况下,正常流动资产的账面价值基本上可以反映出流动资产的现值。因此,在特定情况下,可以采用历史成本作为其评估值。同时,评估流动资产时一般可以不需要考虑资产的功能性贬值因素,其有形损耗(实体性损耗)的计算只适用于诸如低值易耗品、呆滞、积压存货类流动资产的评估

三、流动资产评估的程序

（一）确定评估对象和评估范围

进行流动资产评估前,首先要确定被评估资产的对象和范围,这是保证评估质量的重要条件之一。被评估对象和评估范围应依据经济活动所涉及的资产范围而定。同时，在实施评估前应做好下列工作。

（1）明确流动资产的评估范围。进行流动资产评估，首先应明确被评估流动资产的范围，必须注意划清流动资产与非流动资产的界限，防止将不属于流动资产的机器设备等作为流动资产，也不得把属于流动资产的低值易耗品等作为非流动资产，以避免重复评估和漏评估。

（2）查核待评估流动资产的产权。企业在进行资产评估前，首先应核实流动资产的产权，比如存放在被评估企业的外单位委托加工材料、代为保管的材料物资等，尽管存在于该企业中，但由于其产权不属于被评估单位，故不应将其列入流动资产的评估范围。

（3）对被评估流动资产进行抽查核实。对被评估流动资产进行抽查核实，验证基础资料。准确的评估资产清单是正确评估资产价值的基础资料，被评估资产的清单应以实存数量为依据，而不能仅仅以账面记录为准。

（二）对具有实物形态的流动资产进行质量和技术状况调查

对企业需要评估的材料、半成品、产成品等流动资产进行质量和技术状况调查，目的是了解这部分资产的质量状况，以便确定其是否还具有使用价值，并核对其技术情况和等级与被评估资产清单的记录是否一致。对被评估资产进行技术调查是正确评估资产价值的重要基础。特别是对那些时效性较强的存货，如有保鲜期要求的食品、有有效期要求的药品、化学试剂等，对其进行技术调查尤为重要。存货在存放期内质量发生变化，会直接影响其变现能力和市场价格。因此评估必须考虑各类存货的内在质量因素。对各类存货进行技术质量调查，可由被评估企业的有关技术人员、管理人员与评估人员合作完成，也可以参考独立第三方的专业报告，再由资产评估专业人员进行专业判断。

（三）对企业的债权情况进行分析

根据对被评估企业与债务人经济往来活动中的资信情况的调查了解，以及对每项债权资产的经济内容、发生时间的长短及未清理的原因等因素进行核查，综合分析确定各项债权回收的可能性、回收的时间、回收时将要发生的费用等。

（四）合理选择评估方法

评估方法的选择，一是根据评估目的；二是根据不同种类流动资产的特点。对于实物类流动资产，可以采用市场法或成本法。对存货类流动资产的评估，如果其价格变动较大，则以市场价格为基础，对购入价格较低的存货，按现行市价进行调整；而对购入价格较高的存货，除考虑现行市场价格外，还要分析最终产品价格是否能够相应提高，或存货本身是否具有按现行市价出售的可能性。对于货币类流动资产，其清查核实后的账面价值本身就是现值，无需采用特殊方法进行评估，只是对外币存款应按评估基准日的汇率进行折算。对于债权类流动资产评估，宜采用可变现净值进行评估。对于其他流动资产，应视不同情况进行，其中有物质实体的流动资产，则应视其价值情形，采用与机器设备等相同或相似的方法进行评估。

（五）评定估算流动资产，得出评估结论

经过上述评估程序对有关流动资产进行评估后，即可得出相应的评估结论。

第二节　实物类流动资产的评估

实物类流动资产主要包括各种材料、低值易耗品、在制品、半成品、产成品及库存商品等，实物类流动资产评估是流动资产评估的重要内容。

一、材料的评估

（一）材料价值评估的内容与步骤

企业中的材料，按其存放地点可分为库存材料和在用材料。在用材料在生产过程中已形成产成品或半成品，不再作为单独的材料存在，故材料评估主要是对库存材料进行评估。

库存材料包括原料及主要材料、辅助材料、燃料、修理用备件、外购半成品等。由于低值易耗品和包装物在一定程度上与材料类似，故应采用与材料类似的评估方法。

库存材料具有品种多、金额大，而且性质、计量单位、购进时间、自然损耗各不相同等特点。因此，评估时可按图9-2进行。

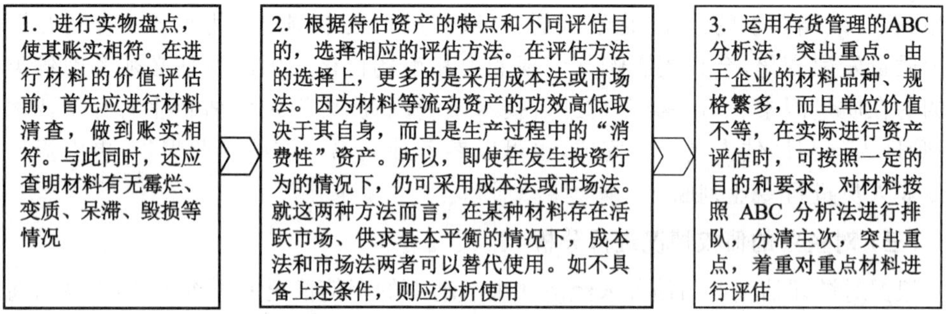

1. 进行实物盘点，使其账实相符。在进行材料的价值评估前，首先应进行材料清查，做到账实相符。与此同时，还应查明材料有无霉烂、变质、呆滞、毁损等情况	2. 根据待估资产的特点和不同评估目的，选择相应的评估方法。在评估方法的选择上，更多的是采用成本法或市场法。因为材料等流动资产的功效高低取决于其自身，而且是生产过程中的"消费性"资产。所以，即使在发生投资行为的情况下，仍可采用成本法或市场法。就这两种方法而言，在某种材料存在活跃市场、供求基本平衡的情况下，成本法和市场法两者可以替代使用。如不具备上述条件，则应分析使用	3. 运用存货管理的ABC分析法，突出重点。由于企业的材料品种、规格繁多，而且单位价值不等，在实际进行资产评估时，可按照一定的目的和要求，对材料按照ABC分析法进行排队，分清主次，突出重点，着重对重点材料进行评估

图9-2　库存材料评估步骤

（二）库存材料的评估

对库存材料进行评估时，可以根据材料购进情况的不同而选择相适应的方法。

1. 近期购进库存材料的评估

近期购进的材料库存时间较短，在市场价格变化不大的情况下，其账面价值与现行市价基本接近。评估时，可采用成本法，也可以采用市场法。

【例9-1】　甲企业中A材料系两个月前从外地购进，材料明细账的记载为：数量5 000千克，单价400元/千克，运杂费为600元。根据材料消耗的原始记录和清查盘点，评估时库存尚有1 500千克。根据上述资料，可以确定该材料的评估值如下：

$$材料评估值 = 1\,500 \times (400 + 600 \div 5\,000) = 600\,180(元)$$

对于购进时发生运杂费的材料，如果是从外地购进的，因运杂费数额较大，评估时应将由被评估材料分担的运杂费计入评估值;如果是从本地购进的,而运杂费数额较小,评估时则可以不考虑运杂费。

2. 购进批次间隔时间长、价格变化较大的库存材料

对这类材料评估时,可以采用最接近市场价格的材料价格或直接以市场价格作为其评估值。

【例 9-2】 乙企业要求对其库存的 B 材料进行价值评估。该材料分两批购进,第一批购进时间为上年 10 月,购进 1 000 吨,单价 3 800 元/吨;第二批购进时间为本年 4 月,数量 100 吨,单价 4 500元/吨。今年 5 月 1 日进行价值评估,经核实,去年购进的该材料尚存 500 吨,今年 4 月购进的尚未使用。因此,需评估 B 材料的数量是 600 吨,经过分析,第二批购进材料的价格能够反映市场正常情况,可直接采用市场价格 4 500 元计算,评估值为:

$$B 材料的评估值 = 600 \times 4\,500 = 2\,700\,000(元)$$

本例中,因评估基准日 5 月 1 日与今年 4 月购进时间较近,因而直接采用 4 月份购进材料价格作为评估值。如果近期内该材料价格变动很大,或者评估基准日与最近一次购进时间间隔期较长,其价格变动较大时,应采用评估基准日的市价。另外,由于材料的分期购进,且购进价格各不相同,企业采用的存货计价方法不同,如先进先出法、后进先出法、加权平均法等,其账面余额也就不一样。但需要特别注意的是:存货计价方法的差异不应影响评估结果。评估时关键是核查库存材料的实际数量,并按最接近市场的价格计算确定其评估值。

3. 缺乏准确现行市价库存材料的评估

企业库存的某些材料可能购进的时间早,市场已经脱销,目前无明确的市价可资参考或使用。对这类材料的评估,可以通过寻找替代品的价格变动资料来修正材料价格;也可以在分析市场供需的基础上,确定该项材料的供需关系,并以此修正材料价格;还可以通过市场同类商品的平均物价指数进行评估。

4. 呆滞材料价值的评估

呆滞材料是指从企业库存材料中清理出来,需要进行处理的材料。由于这类材料长期积压,时间较长,可能会因为自然力作用或保管不善等原因造成使用价值下降。对这类资产的评估,首先应对其数量和质量进行核实和鉴定,然后区别不同情况进行评估。对其中失效、变质、残损、报废、无用的,应通过分析计算,扣除相应的贬值数额后,确定其评估值[1]。其数学表达式为:

$$材料的评估值 = 材料实有数量 \times 现行市场购买价格 + 合理购置费用 - 各项贬值额$$

或:

$$材料的评估值 = 材料实有数量 \times 现行市场购买价格 \times (1 + 购置费率)$$
$$\times (1 - 各项贬值率)$$

---

[1] 购置费用指材料运杂费、验收整理入库费及其他费用。如果是从外地购进的原材料(本地没有这种材料),因购置费用发生额较大,评估时应将由被评估材料分担的购置费用计入评估值;如果是本市购进,购置费用发生额较少,评估时则可以不考虑。材料的贬值额主要是针对呆滞材料,对这类资产的评估,除了核实数量外,还需要进行质量鉴定,对其中失效、变质、残损、报废、无用的,应通过分析计算,估算相应的贬值额。

在库存材料评估过程中,可能还存在盘盈、盘亏的情况,评估时应以有无实物存在为原则进行评估,并选用相适应的评估方法。

二、低值易耗品的评估

低值易耗品是指不构成固定资产的劳动工具。不同行业对固定资产和低值易耗品的划分标准是不完全相同的。比如,服装行业的缝纫机,虽然其单位价值较小,但它是该行业的主要劳动工具,应作为固定资产核算和管理。但在其他行业,一般情况下,则把缝纫机作为低值易耗品处理。因此,在评估过程中判断劳动资料是否为低值易耗品,原则上视其在企业中的作用而定,一般可尊重企业原来的划分标准。同时,低值易耗品又是特殊流动资产,与典型流动资产相比,它具有周转时间长、不构成产品实体等特点。掌握低值易耗品的特点,是做好低值易耗品评估的前提。低值易耗品种类较多,为了准确评估其价值,可以对其进行必要的分类。一般按照其用途和使用情况分类。

(1) 按低值易耗品用途分类。低值易耗品按其用途可以分为一般工具、专用工具、替换设备、管理用具、劳动保护用品、其他低值易耗品等类别。

(2) 按低值易耗品使用情况分类。低值易耗品按其使用状况可分为在库低值易耗品和在用低值易耗品两种类别。

上述第一种分类的目的,在于可以按大类进行评估,以简化评估工作;第二种分类,则是考虑了低值易耗品使用的具体情况,直接影响评估方法的选用。

在库低值易耗品的评估,可以根据具体情况,采用与库存材料评估相同的方法。

在用低值易耗品的评估,可以采用成本法进行评估。计算公式为:

$$在用低值易耗品评估值=全新低值易耗品的成本价值×成新率$$

对于全新成本价值,可以直接采用其账面价值(价格变动不大的情况下),也可以采用现行市场价格,还可以在账面价值基础上乘以物价变动指数确定。

在对低值易耗品评估时,由于其使用期限短于固定资产,一般不考虑其功能性损耗和经济性损耗。成新率计算公式为:

$$成新率=1-\frac{低值易耗品实际已使用月数}{低值易耗品可使用总月数}$$

由于对低值易耗品采用摊销的方式将其价值转入成本、费用,而摊销的目的是在于计算成本、费用。但是,低值易耗品的摊销在会计上采用了较为简化的方法,并不完全反映低值易耗品的实际损耗程度。因此,评估者在确定低值易耗品成新率时,应根据其实际损耗程度确定,而不能完全按照其摊销方法确定。

【例 9-3】 丙企业 C 低值易耗品,原价 750 元,预计使用 1 年,现已使用 9 个月。该低值易耗品现行市价为 1 200 元,由此确定其评估值为:

$$C 低值易耗品评估值=1\ 200×(1-9÷12)=300(元)$$

三、在产品的评估

在产品包括生产过程中尚未加工完毕的在制品、已加工完毕但不能单独对外销售的半成品(可直接对外销售的半成品视同产品评估),一般可采用成本法或市场法进行评估。

对在产品的评估应注意以下几个问题:①在产品变动频繁,流动性大,其数量不易核实,要合理地选择评估时点,力求核实准确;②在产品是未完工产品,在评估时应注意确定其完工程度;③注意企业的成本核算资料是否真实可靠,与同行业一般产品成本是否相一致,以及社会平均成本水平如何。

(一) 成本法在在产品评估中的应用

成本法是根据技术鉴定和质量检测的结果,按评估时的相关市场价格及费用水平重置同等级在制品及半成品所需合理的料工费计算评估值。这种评估方法只适用于生产周期较长的在产品的评估。对生产周期较短的在产品,主要以其实际发生的成本作为价值评估依据,在没有变现风险的情况下,可根据其账面价值进行调整。有以下几种具体方法可以选择使用。

1. 根据价格变动系数调整原成本

此种方法主要适用于生产经营正常、会计核算水平较高的企业在产品的评估。可参照实际发生的原始成本,根据评估日的市场价格变动情况,调整成重置成本。具体评估方法和步骤如下。

第一,对被评估在产品进行技术了解,将其中不合格在产品的成本从总成本中剔除。

第二,分析原成本构成,将不合理的费用从总成本中剔除。

第三,分析原成本构成中材料成本从其生产准备开始到评估日止市场价格变动情况,并测算出价格变动系数。

第四,分析原成本中的工资、燃料、动力费用以及制造费用从开始生产到评估日有无大的变动,是否需要进行调整,如需调整,测算出调整系数。

第五,根据技术鉴定、原始成本构成的分析及价值变动系数的测算,调整成本,确定评估值,必要时,从变现的角度修正评估值。评估价值计算的基本公式如下:

$$某项或某类在产品评估值 = 原合理材料成本 \times (1 + 价格变动系数) + 原合理工资、费用$$
$$(含借款费用) \times (1 + 合理工资、费用变动系数)$$

需要说明的是,公式中"合理"是指实际发生的各项成本费用中应剔除不合格在产品耗费的成本费用。在产品成本包括直接材料、直接人工、制造费用和借款费用四部分,制造费用属间接费用,直接人工尽管是直接费用,但也同间接费用一样较难测算。因此评估时可将直接人工和制造费用合并为一项费用进行测算。而借款费用一般用于需要经过相当长时间的购建或者生产活动才能达到预定可使用或者销售状态的存货。

2. 按社会平均消耗定额和现行市价计算评估值

采用此法即按重置同类资产的社会平均成本确定被评估资产的价值。用此方法对在产品进行评估需要掌握以下资料。

第一,被评估在产品的完工程度。

第二,被评估在产品有关工序的工艺定额。

第三，被评估在产品耗用物料的近期市场价格。

第四，被评估在产品的合理工时及单位工时的取费标准，而且合理的工时及其取费标准应按正常生产经营情况进行测算。

这种方法是在清查核实在产品数量的基础上，通过计算各道工序在产品定额成本，求得各工序上在产品的资产价值。采用此法计算评估值的基本公式为（这里只考虑了某几道工序，而在产品可能已经过若干道工序）：

$$某在产品评估值 = 在产品实有数量 \times (该工序单件材料工艺定额 \times 单位材料现行市价 + 该工序单件工时定额 \times 正常工资费用)$$

在评估时，工艺定额如果有行业的平均物料消耗标准的，可按行业的标准计算；没有行业统一标准的，可按企业现行的工艺定额计算；材料现行市场价格，可根据库存材料评估的有关数据确定；正常工资费用标准应按行业的一般水平确定，或按企业的实际情况确定。

3. 按在产品的完工程度计算评估值

因为在产品的最高形式为产成品，因此，计算确定在产品评估值，可以在计算产成品重置成本的基础上，按在产品完工程度计算确定在产品评估值。计算公式为：

$$在产品评估值 = 产成品重置成本 \times 在产品约当量$$
$$在产品约当量 = 在产品数量 \times 在产品完工率$$

在产品约当量、完工率可以根据其完成工序与全部工序比例、生产完成时间与生产周期比例确定。当然，确定时应分析完成工序、完成时间与其成本耗费的关系。

（二）市场法在在产品评估中的应用

采用这种方法是按同类在产品和半成品的市价，扣除销售过程中预计发生的费用后计算评估值。一般来说，被评估资产通用性好，能够作为产成品的部件，或用于维修等，其评估的价值就较高。对不能继续生产，又无法通过市场调剂出去的专用配件等，只能按废料回收价格进行评估。

对此类在产品计算评估值的基本公式为：

$$某在产品评估值 = 该在产品实有数量 \times 市场可接受的不含税的单价 - 预计销售过程中发生的费用$$

如果在调剂过程中有一定的变现风险，还要考虑设立一个风险调整系数，计算可变现的评估值。

$$某报废在产品评估值 = 可回收废料的重量 \times 单位重量现行的回收价格$$

【例 9-4】 丁企业因产品技术落后而全面停产，现准备与 M 公司合并，有关在产品的资料如下：在产品原账面记录的成本为 175 万元。按其状态及通用性分为三类。

第一类：已从仓库中领出，但尚未进行加工的原料。

第二类：已加工成部件，可通过市场销售且流动性较好的在产品。

第三类：加工成的部件无法销售，又不能继续加工，只能报废处理的在产品。

对于第一类,可按实有数量、技术鉴定情况、现行市场价格计算评估值;第二类在产品可根据市场可接受的现行价格、调剂过程中的费用、调剂的风险确定评估值;第三类在产品只能按废料的回收价格计算评估值。

根据评估资料可以确定评估结果,如表9-3、表9-4、表9-5所示。

表9-3　车间已领用尚未加工的原材料　　　　　金额单位:元

材料名称	编号	计量单位	实有数量	现行单位市价	按市价计算的资产价值
黑色金属	A001	吨	150	1 600	240 000
有色金属	A002	千克	3 000	18	54 000
有色金属	A003	千克	7 000	12	84 000
合计					378 000

表9-4　车间已加工成部件并可直接销售的在产品　　　　　金额单位:元

部件名称	编号	计量单位	实有数量	现行单位市价	按市价计算的资产价值
A	B001	件	1 800	54	97 200
B	B002	件	600	100	60 000
C	B003	台	100	250	25 000
D	B004	台	130	165	21 450
合计					203 650

表9-5　报废在产品　　　　　金额单位:元

在产品名称	计量单位	实有数量	可回收废料（千克/件）	可回收废料数量（千克）	回收价格（元/千克）	评估值
D001	件	5 000	35	175 000	0.4	70 000
D002	件	6 000	10	60 000	0.4	24 000
D003	件	4 500	2	9 000	6	54 000
D004	件	3 000	11	33 000	5	165 000
合计						313 000

四、产成品及库存商品的评估

产成品及库存商品是指已完工入库和已完工并经过质量检验但尚未办理入库手续的产成品以及商品流通企业的库存商品等。

对此类存货应依据其变现能力和市场可接受的价格进行评估,适用的方法有成本法和市场法。

（一）成本法在产成品及库存商品的评估中的应用

采用成本法对生产及加工工业的产成品评估,主要根据生产、制造该项产成品全过程发生的成本费用确定评估值。具体应用过程中,可分以下两种情况进行。

（1）评估基准日与产成品完工时间接近。当评估基准日与产成品完工时间较接近、成本变化不大时,可以直接按产成品的账面成本确定其评估值。计算公式为:

$$产成品评估值 = 产成品数量 \times 产成品单位成本$$

（2）评估基准日与产成品完工时间间隔较长。当评估基准日与产成品完工时间相距较远,产成品的成本费用变化较大时,产成品评估值可按下列两种计算方法计算。

方法一:

$$产成品评估值 = 产成品实有数量 \times [合理材料工艺定额 \times 材料单位现行价格$$
$$+ 合理工时定额 \times 单位小时合理工时工资、费用(含借款费用)]$$

方法二:

$$产成品评估值 = 产成品实际成本 \times [材料成本比例 \times 材料综合调整系数$$
$$+ 工资、费用(含借款费用)成本比例 \times 工资、费用综合调整系数]$$

借款费用一般用于需要经过相当长时间的购建或者生产活动才能达到预定可使用或者可销售状态的存货。

【例 9-5】 某资产评估事务所对 K 企业进行资产评估。经核查,该企业产成品实有数量为 1 200 件,根据该企业的成本资料,结合同行业成本耗用资料分析,合理材料工艺定额为 500 千克/件,合理工时定额为 20 小时。评估时,由于生产该产成品的材料价格上涨,由原来的 60 元/千克涨至 62 元/千克,单位小时合理工时工资、费用不变,仍为 15 元/小时。根据上述分析和有关资料,可以确定该企业产成品评估值为:

$$产成品评估值 = 1\ 200 \times (500 \times 62 + 20 \times 15) = 37\ 560\ 000(元)$$

【例 9-6】 C 企业的产成品实有数量为 60 台,每台实际成本 58 元,根据会计核算资料,生产该产品的材料费用与工资、其他费用的比例为 60:40,根据目前价格变动情况和其他相关资料,确定材料综合调整系数为 1.15,工资、费用综合调整系数为 1.02。由此可以计算该产成品的评估值为:

$$产成品评估值 = 60 \times 58 \times (60\% \times 1.15 + 40\% \times 1.02) = 3\ 821.04(元)$$

（二）市场法在产成品及库存商品的评估中的应用

市场法是按被评估产成品不含价外税的可接受的市场价格,扣除销售费用和销售税金后的变现价值确定产成品评估值的方法。采用此方法对产成品估价时,应注意对产品本身的技术水平和内在质量进行技术鉴定,确定产品是否具有使用价值以及产品的实际等级,以及特别注意区分哪些产品是比较畅销或是有销路的,哪些产品是滞销的和需降价销售的产品,以便选择合理的市场价格。同时,应对市场供求关系和被评估产成品市场前景进行分析,从而确定被评估产成品的变现时间、变现比率和变现成本。对于报废产品应按残值处理;对于对外销售的在制品、自制半成品一般应按其折算为产成品的约当量随产成品进行评估。应用市场法评估产成品的价值,在选择市场价格时应注意考虑下面几项因素。

(1)产成品的使用价值。根据对产品本身的技术水平和内在质量的技术鉴定,确定产品是否具有使用价值以及产品的实际等级,以便选择合理的市场价格。

(2)分析市场供求关系和被评估产成品的前景。

(3)所选择的价格应是在公开市场上所形成的近期交易价格,非正常交易价格不能作为评估的依据。

(4)对于产品技术水平先进,但产成品外表存有不同程度的残缺的,可根据其损坏程度,通过调整系数予以调整。

采用市场法评估产成品时,由于现行市价中包含了成本、税金和利润的因素,如何处理待实现的利润和税金,是一个不可忽视的问题。对这一问题应作具体分析,应视产成品评估的特定目的和评估的性质而定。一般在运用市场法评估产成品时,对于十分畅销的产品,根据其出厂销售价格减去销售费用和全部税金确定评估值;对于正常销售的产品,根据其出厂销售价格减去销售费用、全部税金和适当数额的税后净利润确定评估值;对于勉强能销售出去的产品,根据其出厂销售价格减去销售费用、全部税金和税后净利润确定评估值;对于滞销、积压、降价销售产品,应根据其可收回净收益确定评估值。

第三节　现金和银行存款、应收账项及其他流动资产的评估

一、现金和银行存款的评估

众所周知,资产评估主要是对非货币性资产而言,货币性资产不会因时间的变化而发生差异。因此,对于现金和各项银行存款的评估,实际上是对现金的盘点,并与现金日记账和现金总账核对,实现账实相符;对各项银行存款的清查确认,核实各项银行存款的实有数额;最后,以核实后的实有额作为评估值,如有外币存款,应按评估基准日的汇率折算成等值人民币。

(一)现金的评估

现金评估的技术路线一般为,对被评估单位所持有的库存现金进行实地盘点→根据评估基准日后的现金收入与支出额→倒推出评估基准日的库存现金金额→确认评估值。

评估基准日现金余额 = 现场工作日现金盘点额 - 评估基准日至现场工作日的现金收入数
+ 评估基准日至现场工作日的现金支出数

【例9-7】　2019年3月5日对N公司全部现金进行监盘后,确认实有现金数额为1 000元。

N公司3月4日账面库存现金余额为2 000元,3月5日发生的现金收支全部未登记入账,其中收入金额为3 000元,支出金额为4 000元,2019年1月1日至3月4日现金收入总额为165 200元,现金支出总额为165 500元,2018年12月31日库存现金余额应为多少元?

根据上述资料,资产评估专业人员分析计算如下:

2019年3月5日现金账面余额＝2 000＋3 000－4 000＝1 000(元)(账实相符)

2019年1月1日至3月5日现金收入总额168 200元。

2019年1月1日至3月5日现金支出总额为169 500元。

则:

2018年12月31日库存现金余额＝1 000－168 200＋169 500＝2 300(元)

(二)银行存款的评估

银行存款评估的技术路线一般为,核查被评估单位银行存款的账面余额→检查被评估单位银行存款余额的正确性、存在性→函证银行存款余额→编制银行存款余额调节表或审查被评估单位编制的银行存款余额调节表。在核实银行存款的实有数额后,根据评估基准日之后银行存款的进出数,倒推出评估基准日银行存款的账面余额,并以此金额作为银行存款的评估值。

【例9-8】 N公司某银行账户的银行对账单余额为585 000元。

在审查N公司编制的该账户银行存款余额调节表时,注意到以下事项:N公司已收、银行尚未入账的某公司销货款100 000元;N公司已付、银行尚未入账的预付某公司材料款50 000元;银行已收、N公司尚未入账的某公司退回的押金35 000元;银行代扣、N公司尚未入账的水电费25 000元。假定不考虑审计的重要性水平,应确认该账户的银行存款日记账余额应为多少?

资产评估专业人员在编制N公司银行存款余额调节表时,应在银行对账单余额585 000元的基础上加"企业已收、银行尚未入账金额"100 000元、减去"企业已付、银行尚未入账金额"50 000元,从而得到调整后的银行对账单金额:

585 000＋100 000－50 000＝635 000(元)

由于企业银行存款日记账金额应与银行存款对账单余额相等,确认该账户的银行存款日记账余额应是635 000元。

二、应收账款及预付账款的评估

企业的应收账款和预付账款主要指企业在经营过程中由于赊销等原因形成的尚未收回的款项以及企业根据合同规定预付给供货单位的货款等。由于应收款项存在一定的回收风险,因此,在对这些资产估算时,一般应从两方面进行:一是清查核实应收账款数额;二是估计可能的坏账损失。应收账款评估价值计算的基本公式为:

应收账款评估值＝应收账款账面余额－已确定的坏账损失－预计可能发生的坏账损失与费用

具体进行应收账款的评估时，其基本程序如下。

(一) 确定应收账款账面价值

在进行应收账款的评估时，除了进行账证核对、账表核对外，应要求按客户名单发函核对，查明每项应收账款发生的时间、金额、债务人单位的基本情况，并进行详细记录，作为评估时预计坏账损失的重要依据。需要特别注意的是：对机构内部独立核算单位之间的往来必须进行双向核对，以避免重计、漏计。

(二) 确认已发生的坏账损失

已发生的坏账损失是指评估时债务人已经死亡或破产，以及有明显证据证明确实无法收回的应收账款。对于已确认的坏账损失，在评估其价值时，应该从应收账款价值中扣除。

(三) 确定可能发生的坏账损失

对于被评估企业的应收账款，应根据应收账款收回的可能性进行判断。一般可以根据企业与债务人的业务往来和债务人的信用情况将应收账款分为几类，并按不同类别估计坏账损失发生的可能性及其数额。应收账款的分类情况如下。

第一类：业务往来较多，债务人结算信用好。这类应收账款一般能够如期全部收回。

第二类：业务往来少，债务人结算信用一般。该类应收账款收回的可能性很大，但收回时间不能完全确定。

第三类：偶然发生业务往来，债务人信用状况未能调查清楚。这类应收账款可能只收回一部分。

第四类：有业务往来，但债务人信用状况较差，有长期拖欠货款的记录。这类应收账款可能无法收回。

上述分类方法，既是对应收账款坏账损失可能性的判断过程，也是对预计坏账损失定量分析的准备过程。对预计坏账损失的估计方法主要有如下几种。

1. 坏账比例法

此法是按坏账占全部应收账款的比例来判断不可收回的应收账款，从而确定坏账损失的数额。坏账比例的确定，可以根据被评估企业前若干年（一般为 3～5 年）的实际坏账损失额与其应收账款发生额的比例确定，然后用核实后的应收账款数额乘以坏账比例，得出预计坏账损失数额。其数学式为：

$$坏账损失额 = 核实后的应收账款数额 \times 预计坏账比例$$

$$预计坏账比例 = \frac{评估前若干年发生的坏账数额}{评估前若干年应收账款发生额} \times 100\%$$

需要说明的是，如果一个企业的应收账款多年未清理，账面找不到处理坏账的数额，也就无法推算出坏账损失率，在这种情况下就不能采用这种方法。同时确定坏账损失比率时，还应该分析其特殊原因造成的坏账损失，这部分坏账损失产生的坏账比率有其特殊性，不能直接作为未来预计损失计算的依据，而应将特殊原因造成的坏账从中剔除后计算。

【例 9-9】 对某企业进行整体资产评估,经核实,截至评估基准日,应收账款的账面余额为 520 万元,前 5 年的应收账款发生情况及坏账损失情况如表 9-6 所示。

表 9-6 坏账损失情况表　　　　　　　　　　　单位:元

年　　度	应收账款余额	处理坏账额	备　　注
第 1 年	1 500 000	200 000	
第 2 年	2 450 000	72 000	
第 3 年	2 500 000	120 000	
第 4 年	3 050 000	83 500	
第 5 年	2 140 000	10 100	
合　　计	11 640 000	485 600	

由此计算前 5 年坏账占应收账款的百分比为:

坏账占应收账款的比例＝485 600÷11 640 000×100%＝4.17%
预计坏账损失额＝520×4.17%＝21.69(万元)

需要特别说明的是:确定坏账损失比率时,还应该分析因特殊原因造成的坏账损失。在计算坏账损失比例时,应将因特殊原因造成的坏账从中剔除,不能直接作为预计未来坏账损失的依据。

2. 账龄分析法

此法是根据应收账款账龄的长短,分析应收账款预计可收回的金额及其产生坏账的可能性。一般来说,应收账款账龄越长,产生坏账损失的可能性就越大。因此,可将应收账款按账龄长短分成不同的组别,按不同组别估计坏账损失的可能性,进而估计坏账损失的金额。

【例 9-10】 在对某企业进行评估时,经核实,该企业应收账款实有额为 858 000元,具体发生情况以及由此确定坏账损失情况如表 9-7 和表 9-8 所示。

表 9-7 应收账款账龄分析表　　　　　　　　　　　单位:元

欠款单位	总金额	其中:未到期	其中:已过期			
			半年	1 年	2 年	3 年及 3 年以上
甲	487 000	202 000	85 000	160 000	40 000	—
乙	176 000	80 000	40 000	—	10 000	46 000
丙	66 000	—	—	18 400	32 000	15 600
丁	129 000	22 000	18 000	24 000	25 000	40 000
合计	858 000	304 000	143 000	202 400	107 000	101 600

表 9-8　坏账损失计算分析表　　　　单位:元

账　龄	应收金额	预计坏账损失率	坏账金额
未到期	304 000	1%	3 040
已过期:半年	143 000	10%	14 300
1 年	202 400	15%	30 360
2 年	107 000	25%	26 750
3 年以上	101 600	43%	43 688
合　计	858 000	—	118 138

根据表 9-8 计算,应收账款评估值＝858 000－118 138＝739 862(元)

应收账款的评估应该考虑相应的费用。而且,评估以后,"坏账准备"账户应按零值计算。因为"坏账准备"账户是应收账款的备抵账户,是企业根据坏账损失发生的可能性采用一定的方法计提的。对应收账款评估时,是按照实际可收回的可能性进行的。因此,应收账款评估值就不必再考虑坏账准备数额。

三、应收票据的评估

应收票据是由付款人或收款人签发、由付款人承兑、到期无条件付款的一种书面凭证。应收票据按承兑人不同可分为商业承兑汇票和银行承兑汇票;按其是否带息分为带息商业汇票和不带息商业汇票。商业汇票可依法背书转让,也可以向银行申请贴现。由于商业汇票有带息和不带息之分,所以对不带息票据,其评估值即为票面金额。对于带息票据,应收票据的评估值除票据面值外,还包括票据利息。

应收票据的评估可采用下列两种方法进行。

(一) 按票据的本利和计算

应收票据的评估价值为票据的面值加上应计的利息。其计算公式为:

$$应收票据评估值 = 本金×(1＋利息率×时间)$$

【例 9-11】　某企业拥有一张期限为 6 个月的商业汇票,本金 75 万元,月息为 10‰,截至评估基准日离付款期尚差 3.5 个月的时间,由此确定评估值为:

$$应收票据的评估值 = 750\,000×(1＋10‰×2.5) = 768\,750(元)$$

(二) 按应收票据的贴现值计算

应收票据的评估价值为按评估基准日到银行申请贴现的贴现值。其计算公式为:

$$应收票据评估值 = 票据到期价值－贴现息$$
$$贴现息 = 票据到期价值×贴现率×贴现期$$

【例 9-12】　某企业向甲企业售出一批材料,价款 500 万元,商定 6 个月收款,采取商业汇票结算。该企业于 4 月 10 日开出汇票,并经甲企业承兑。汇票到期日为 10 月

10 日。现对该企业进行评估,基准日为 6 月 10 日。由此确定贴现日期为 120 天,贴现率按月息 6‰ 计算。则有:

$$贴现息=(500×6‰÷30)×120=12(万元)$$
$$应收票据评估值=500-12=488(万元)$$

与应收账款类似,如果被评估的应收票据系在规定的时间尚未收回的票据,由于会计处理上将不能如期收回的应收票据转入应收账款账户。此时,按应收账款的评估方法进行价值评估。

四、待摊费用和预付费用的评估

(一)待摊费用的评估

待摊费用是指企业已经支付或发生,但应由本月和以后月份负担的费用。待摊费用本身不是资产,它是已耗用资产的反映。因此,对于待摊费用的评估,原则上应按其形成的具体资产价值来确定。例如,某企业待摊费用中,发生的待摊修理费用 1 万元,而在机器设备评估时,由于发生大修理费用会延长机器设备寿命或增加其功能,使机器设备评估值增大,因此,待摊费用 1 万元已在机器设备价值中得以实现,这部分反映在待摊费用中的价值不应体现。

(二)预付费用的评估

预付费用与待摊费用类似,只是这类费用在评估日之前企业已经支出,但在评估日之后才可能产生效益,如预付的报纸、杂志费、预付保险金、预付租金等。因而,可将这类预付费用看做是未来取得服务的权利。预付费用的评估依据其未来可产生效益的时间。如果预付费用的效益已在评估日前全部体现,只因发生的数额过大而采用分期摊销的办法,这种预付费用不应在评估中作价。只有那些在评估日之后仍将发挥作用的预付费用,才是评估的对象。

【例 9-13】 某资产评估公司受托对某企业待摊费用和预付费用进行单项评估,评估基准日为 2019 年 6 月 30 日。有关资料如下:企业截至评估基准日待摊和预付费用账面余额为 86.78 万元,其中有预付 1 年的保险金 7.56 万元,已摊销 1.89 万元,余额为 5.67 万元;尚待摊销的低值易耗品余额 39.71 万元;预付的房租租金 25 万元,已摊销 5 万元,余额为 20 万元。根据租约,起租时间为 2017 年 6 月 30 日,租约终止期为 2022 年 6 月 30 日。资产评估专业人员根据上述资料进行如下评估。

(1)预付保险金的评估。根据保险金全年支付数额计算每月应分摊数额为:

$$每月应分摊数额=75\ 600÷12=6\ 300(元)$$
$$应预留保险金(评估值)=6\ 300×6=37\ 800(元)$$

(2)未摊销的低值易耗品的评估。低值易耗品根据实物数量和现行市场价格评估,评估值为 412 820 元[①]。

---

① 体现在未摊销的低值易耗品的评估应避免与在用的实物低值易耗品重复评估。

（3）租入固定资产租金的评估。租入固定资产的价值按租约规定的租期和 5 年总租金计算，每年的租金为 5 万元，租赁的房屋尚有 3 年使用权。

$$评估值＝50\ 000×3＝150\ 000（元）$$
$$评估结果为：37\ 800＋412\ 820＋150\ 000＝600\ 620（元）$$

课外阅读材料

1. 祝建文.关于产成品等存货资产的评估及方法探讨[J].中国资产评估，2011(12).
2. 郑炳南,文幸端.对应收账款评估问题的探讨[J].中国资产评估，2001(4).
3. 范娟.关于企业应收账款评估方法的探析[J].商情，2013(34).
4. 陈三林.应收账款评估方式缺陷解析[J].财会通讯，2005(9).
5. 孟宪锋.如何评估应收账款[J].中国资产评估，2001(3).

复习思考题

1. 什么是流动资产？流动资产的特点主要表现在哪些方面？
2. 流动资产评估的特点表现在哪些方面？
3. 简述流动资产评估程序。
4. 简述对应收账款进行评估的基本程序。
5. 采用市场法对产成品评估时，选择市场价格时应考虑哪些因素？
6. 对库存材料的评估应如何选择评估方法？
7. 为确定可能发生的坏账损失，对应收账款如何分类？
8. 如何判断预付费用是否是评估对象？

实训练习题

1. 2019 年 3 月 1 日对库存甲种材料进行评估，库存该材料共两批：2018 年 10 月购入 500 千克，单价 1 200 元，已领用 400 千克，结存 100 千克；2017 年 2 月购入 200 千克，单价 1 500 元，尚未领用，企业会计采用先进先出法核算。

要求：计算该库存材料评估值。

2. 某被评估企业截至评估基准日，经核实后的应收账款余额为 1 460 000 元，该企业前 5 年的应收账款累计余额 7 200 000 元，处理坏账累计额 610 000 元。

要求：按坏账比例法确定该企业应收账款的评估值。

3. 某企业向甲企业售出材料，价款 500 万元，商定 6 个月后收款，采取商业承兑汇票结算。该企业于 4 月 10 日开出汇票，并由甲企业承兑，汇票到期日为 10 月 10 日。现对该企业进行评估，基准日定为 6 月 10 日，由此确定贴现日期为 120 天，贴现率按月息 6‰ 计算。

要求：该应收票据的评估值。

4. 某项在用低值易耗品，原价 900 元，按五五摊销法，账面余额为 450 元，该低值易耗品使用寿命为 1 年，评估时已使用了 9 个月，该低值易耗品的现行市场价格为 1 200 元。

要求：确定该在用低值易耗品价值。

5. 某企业产成品实有数量80台,每台实际成本94元,该产品的材料费与工资、其他费用的比例为70：30,根据目前有关资料,材料费用综合调整系数为1.20,工资、其他费用综合调整系数为1.08。

要求:确定该产品的评估值。

6. 某企业3月初预付6个月的房屋租金90万元,当年5月1日对该企业评估。

要求:确定该预付费用评估值。

7. 对某企业进行评估时,一部分产品正处于生产加工中尚未完工,数量为200个,这部分在制品已经过16个小时的加工工序,而完成单位产成品需要20个工时。已知在评估基准日同类产品的单位重置成本为100元,经评估人员确定该产品的成本消耗与生产工时成正比。

要求:确定该在制品的评估值。

8. 丁企业因产品技术落后而全面停产,现准备与M公司合并,有关在产品的资料如下:在产品原账面记录的成本为2 675万元。按其状态及通用性分为三类:第一类:已从仓库中领出,但尚未进行加工的原料;第二类:已加工成部件,可通过市场销售且流动性较好的在产品;第三类:加工成的部件无法销售,又不能继续加工,只能报废处理的在产品。有关资料如表9-9、表9-10、表9-11所示。

表9-9　车间已领用尚未加工的原材料　　　　　　　　单位:元

材料名称	编　号	计量单位	实有数量	现行单位市价
黑色金属	A001	吨	150	3 600
有色金属	A002	千克	3 000	1 800
有色金属	A003	千克	7 000	1 200

表9-10　车间已加工成部件并可直接销售的在产品　　　　单位:元

部件名称	编　号	计量单位	实有数量	现行单位市价
A	B001	件	2 800	740
B	B002	件	600	1 000
C	B003	台	100	2 500
D	B004	台	130	1 650

表9-11　报废在产品　　　　　　　　　　　单位:元

在产品名称	计量单位	实有数量	可回收废料 (千克/件)	可回收废料数量 (千克)	回收价格 (元/千克)
D001	件	5 000	35	175 000	10.0
D002	件	6 000	10	60 000	8.0
D003	件	4 500	2	9 000	6.5
D004	件	3 000	11	33 000	5.8

要求:

(1) 说明为什么评估师要按其状态及通用性将有关在产品分为三类分别评估,以及具体应当采用的评估方式。

(2) 计算并确定评估结果。

9. 应收账款评估是流动资产评估中的一个重要方面,其计算的基本公式为:应收账款评估价值＝应收账款账面余额－已确定的坏账损失－预计可能发生的坏账损失与费用。注册资产评估师何建芳在对某企业进行评估时，经核实，该企业应收账款实有额为858 000元，具体发生情况以及由此确定坏账损失情况如表9-12所示。预计坏账损失率如表9-13所示。同时，根据以往经验，预计发生的催收应收账款相关的费用为15 600元。

表9-12　应收账款账龄分析表　　　　　　　　　　　　单位：元

欠款单位	总金额	其中：未到期	其中：已过期			
			半年	1年	2年	3年及3年以上
甲	889 000	487 000	202 000	160 000	40 000	0
乙	351 000	176 000	80 000	0	10 000	85 000
丙	162 000	66 000	0	18 400	32 000	45 600
丁	240 000	129 000	22 000	24 000	25 000	40 000
合计	1 642 000	858 000	304 000	202 400	107 000	170 600

表9-13　预计坏账损失率

账　龄	预计坏账损失率	账　龄	预计坏账损失率
未到期	1%	2年	25%
已过期：半年	10%	3年以上	43%
1年	15%	合　计	—

要求：(1) 如果不考虑预计发生的催收应收账款相关的费用，试评估应收账款的评估值。

(2) 如果考虑预计发生的催收应收账款相关的费用，试评估应收账款的评估值。

(3) 说明应收账款的评估应该考虑相应的费用的缘由及注意事项，为什么评估以后，"坏账准备"科目应按零值计算。

案例研究一

浙江枫林有限责任公司流动资产评估

一、流动资产概况

浙江枫林有限责任公司是一家中型工程机械企业，主要生产推土机、挖掘机、铲运机、装载机等大型工程机械，年销售收入5 458万元，年净利润653万元。

在评估基准日2019年9月30日，该企业流动资产共计68 367 328.16元，具体构成如下：货币资金1 232 275.65元；短期投资307 000.00元；预付账款923 157.46元；应收账款45 059 915.28元；其他应收款3 253 758.59元；存货25 605 156.38元；待摊费用675 295.25元。

二、评估目的

该企业为实行股份制改造进行资产评估。

三、评估基准日

评估基准日为2019年9月30日。

四、流动资产评估程序和方法

（一）货币资金的评估程序和方法

企业提供的货币资金账面金额为 1 232 275.65 元。其中现金 182 666.03 元，银行存款 1 049 609.62元。

1. 现金的评估程序和方法

评估人员于 2019 年 10 月 15 日对现金进行现场盘点，并以盘点日实盘数加上盘点日至评估基准日的支出数减去盘点日至评估基准日的收入数，倒推评估基准日的实盘数，与评估基准日账面相符后，确认账面值为评估值。具体过程如表 9-14、表 9-15 所示。

表 9-14　库存现金盘点表　　　　　　　　　　　单位：元

清 点 现 金			核 对 金 额	
货币金额	张数	金额	项目	金额
100 元	231	23 100.00	现金账面余额	59 184.54
50 元	15	750.00	加：收入凭证未记账	55 000.00
20 元	42	840.00	调整后现金余额	84 529.90
10 元	178	1 780.00	实盘现金	29 654.64
5 元	151	755.00	长款	
2 元	499	998.00	短款	
1 元	2	2.00	评估基准日	2012 年 9 月 30 日
5 角	2 717	1 358.00	现金盘点日	2012 年 10 月 15 日
2 角	50	10.00		
1 角	512	51.20		
分币		9.94		
合 计		29 654.64		

财务负责人：王东　　　　　　出纳员：张莉　　　　　　评估人员：孙浩

表 9-15　货币资金——现金清查评估工作底稿

被评估单位名称：浙江枫林有限责任公司

评估基准日：2019 年 9 月 30 日　　　评估人员：孙浩　　　清查日期：2019 年 10 月 15 日

评估方法：实地盘点　　　　　　　审核人员：赵力　　　审核日期：2019 年 10 月 20 日

项　　目	金　额	备　注
清查日调整后现金余额	29 654.64	
加：评估基准日至清查日支出	632 438.73	
减：评估基准日至清查日收入	479 427.34	
评估基准日账面余额	182 666.03	评估基准日外汇汇率
调整事项：无		
评估基准日清查调整数		
评估基准日评估值	182 666.03	

2. 银行存款的评估程序和方法

银行存款账面余额 1 049 609.62元，包括在工商银行、中国银行、建设银行等银行开设的 20 个账户的余额。银行存款的评估,首先将银行存款日记账与银行存款总账进行核对,其金额相符,并取得银行对账单和银行存款余额调节表,经调节后相符,未发现金额大、时间长的未达账项,对在评估基准日余额较大的银行存款账户,向其开户银行进行了函证,经函证后无误,最后以核实无误的账面值作为评估值。银行存款的评估值为 1 049 609.62 元。

(二)短期投资的评估程序和方法

浙江枫林有限责任公司在评估基准日的短期投资情况及评估值计算过程如表9-16所示。

表9-16 短期投资评估计算表 单位:元

股票名称	股数(股)	账面成本	评估基准日市价	评估值
深发展A	1 000	15 000.00	16.5	16 500.00
深万科A	1 500	24 000.00	15.2	22 800.00
陕长岭A	8 000	48 000.00	8.5	68 000.00
西安旅游	10 000	145 000.00	16	160 000.00
青岛双星	5 000	75 000.00	14.8	74 000.00
合　　计		307 000.00		341 300.00

该公司的短期投资均为购买的上市股票,故评估值可按评估基准日股票的收盘价确定,经计算该公司短期投资的评估值为 341 300.00 元。

(三)预付账款的评估程序和方法

预付账款账面金额923 157.46元,是预付的材料和设备款。评估时,首先将评估基准日的明细账余额、总账余额及报表数进行了核对,其金额相符;其次对预付账款中金额大、账龄长的进行了函证;对各个明细项目的发生原因、时间进行了分析,对其可收回程度进行了判断,从而确定有2笔85 950.50元因供货单位停业,无法追回材料或贷款,认定为坏账,预付账款的评估值为 837 206.96 元。

(四)应收账款的评估程序和方法

浙江枫林有限责任公司在评估基准日有应收账款45 059 915.28元,共508笔,经与财务处管理人员和收账组成员座谈了解,其中有许多应收账款不能收回,又难以确定哪笔应收账款不能收回,决定采用账龄分析法确定坏账损失,结合该公司应收账款的回收情况和债务人的经营状况,确定以下计算坏账损失的政策:账龄在2年以内(不含2年),不确认坏账损失;账龄在2~3年(不含3年),预计坏账率定为10%;账龄在3~4年(不含4年),预计坏账率定为15%;账龄在4~5年(不含5年),预计坏账率定为20%;账龄在5年以上(含5年),预计坏账率定为50%。对千元以下的小金额,如果属于客户往来结算的尾数,不再发生业务往来,且账龄较长,该应收账款的评估值按零值处理。应收账款评估的具体计算过程如表9-17所示。

故应收账款的评估值为 40 672 677.90 元。

表9-17 应收账款评估值计算分析表 单位:元

拖欠时间	应收金额	预计坏账率	坏账金额	评估值
2年以内	23 078 643.46	0.00	0.00	23 078 643.46
2~3年	9 798 562.38	10%	979 856.24	8 818 706.14
3~4年	5 099 188.39	15%	764 878.26	4 334 310.13
4~5年	2 997 525.47	20%	599 505.09	2 398 020.38
5年及以上	4 085 995.58	50%	2 042 997.79	2 042 997.79
合　　计	45 059 915.28		4 387 237.38	40 672 677.90

（五）其他应收款的评估程序和方法

其他应收款账面金额为 3 253 758.59 元,包括和其他单位往来款和备用金,其中和其他单位往来款共 2 403 404.09 元,备用金 850 354.50 元。评估时,我们先将评估基准日的其他应收款明细账的余额、总账的余额与报表数进行了核对,其金额相符;然后对其他应收款中账龄长、金额大的进行函证;对其他应收款的发生时间、原因进行了分析,对其可收回程度进行了判断,从而确定有 5 笔其他应收款 189 687.00 元系职工所借住院费,因职工死亡,该借款无法收回,故确认为坏账,其他应收款的评估值为 3 065 071.59 元。

（六）存货的评估程序和方法

浙江枫林有限责任公司在评估基准日有存货 25 605 156.38 元,主要为原材料。该公司的原材料品种繁多,有钢材、铜材、各种半成品和零部件等。经评估人员现场盘点和查看,原材料保存情况良好,账实相符,并且由于该公司销售形势较好,材料储存时间较短,周转较快,材料的账面成本基本上反映市场价格,因而评估值按账面成本确定,材料的评估值为 25 605 156.38 元。

（七）待摊费用的评估程序和方法

浙江枫林有限责任公司在评估基准日的待摊费用共 675 295.25 元,其中财产保险费 217 281.25 元,设备修理费 458 014.00 元。

经核实,该公司在 2018 年 12 月预付 2019 年全年财产保险费 869 125 元,在评估基准日已摊销 9 个月,评估值计算如下:

$$869\ 125 \div 12 \times 3 = 217\ 281.25(元)$$

设备修理费的价值已在固定资产评估值中考虑,该项待摊费用的评估值为零。待摊费用的评估值为 217 281.25 元。

流动资产评估结果如表 9-18 所示。

表 9-18　流动资产清查评估汇总表

评估基准日:2019 年 9 月 30 日

资产占有单位:浙江枫林有限责任公司　　　　　　　　　　　　　　　金额单位:元

科目名称	账面价值	调整后账面价值	评估价值	增值额	增值率
货币资金	1 232 275.65	1 232 275.65	1 232 275.65	0.00	0.00%
短期投资	307 000.00	307 000.00	341 300.00	34 300.00	11.17%
应收账款	45 059 915.28	45 059 915.28	40 672 667.90	−4 387 247.38	−9.74%
预付账款	923 157.46	923 157.46	837 206.96	−85 950.50	−9.31%
其他应收款	3 253 758.59	3 253 758.59	3 064 071.59	−189 687.00	−5.83%
存货	25 605 156.38	25 605 156.38	25 605 156.38	0.00	0.00%
待摊费用	675 295.25	675 295.25	217 281.25	−458 014.00	−67.82%
流动资产合计	77 056 558.61	77 056 558.61	71 969 959.73	−5 086 598.88	−6.60%

五、问题讨论

(1)流动资产评估的基本原则和指导思想是什么?为什么?

(2)不同流动资产评估的方法是什么?

(3)流动资产种类繁多(如库存材料等),如果你是项目负责人,你如何进行流动资产评估?

案例研究二

不同类型流动资产评估的基本技术路线

（一）背景资料

1. 货币资金

货币资金为现金和银行存款。

（1）现金。账面价值 47 583.77 元，由财务部出纳保管，币种为人民币。首先，评估人员进行总账、明细账、会计报表及清查评估明细表的核对。其次，对企业出纳的盘点进行监盘；以盘点日的经核实的金额，加上评估基准日至盘点日支出现金金额，减评估基准日至盘点日收入现金金额作为评估基准日实有金额。

经核实，评估基准日实有金额与评估基准日账面金额一致，则以核实的账面金额作为评估值。

经上述评定估算程序，得出评估结论：现金的评估值为 47 583.77 元。

（2）银行存款。银行存款的账面值为 12 728 675.63 元，为白山热电分别在中电投财务有限公司、中信银行长春经开支行两家银行开设两个账户的存款，币种为人民币。首先，评估人员进行总账、明细账、会计报表及清查评估明细表的核对。其次，将银行存款清查评估明细表中各银行账户金额与对账单核对，如与对账单的金额一致，则确认该账户的银行存款数。如与对账单金额不一致，则要求企业提供银行存款余额调节表，检查未达账项的内容；如未达账项不影响企业的净资产，则确认该账户的银行存款数；如未达账项影响企业的净资产，则对银行存款对应的账户进行调整，以经核实的调整后账面金额作为评估值。

经上述评定估算程序，得出评估结论：银行存款的评估值为 12 728 675.63 元。

2. 应收账款

评估人员首先进行总账、明细账、会计报表及清查评估明细表的核对，按账龄分析法及个别认定法、账龄分析法综合判断应收账款收回的可能性，以预计可收回金额确定评估值。由于账龄较短，本次预计评估风险损失为零，按账面价值确认评估值。

3. 预付账款

首先，评估人员进行总账、明细账、会计报表及清查评估明细表的核对。其次，通过个别认定法及账龄分析法相结合，综合分析预付账款的可收回金额及预计未来可收回金额的风险损失确定预付账款的评估值。如评估人员现场核实日，该预付账款的服务已经提供，评估人员检查预付账款明细账，核实无误后，以账面值作为评估值；如评估人员现场核实日，该预付账款的服务还未提供，评估人员通过函证，检查原始凭证，查询债务人的经营状况、资信状况，进行账龄分析等程序，综合分析判断，以该预付账款可获得服务、或收回货币资金等可以形成相应资产和权益的金额的估计作为评估值。

4. 其他应收款

首先，评估人员进行总账、明细账、会计报表及清查评估明细表的核对。其次，通过结合个别认定法及账龄分析法，借助于历史资料和现在调查了解的情况，具体分析数额、欠款时间和原因、款项回收情况、欠款人资金、信用、经营管理现状等，综合分析其他应收款的可收回金额及预计未来可收回金额的风险损失确定其他应收款的评估值。如评估人员现场核实日，该其他应收款已经收回，则检查银行收款凭证、银行存款和其他应收款明细账，核实无误后，以账面值作为评估值；如评估人员核实日，该其他应收款还未收回，评估人员通过函证，检查原始凭证，查询债务人的经营状况、资信状况，进行账龄分析等程序，综合分析判断，并采用个别认定的方法估计评估风险损失，本次以其他应收款合计减去评估风险损失后的金额确定评估值。

5. 应收票款

应收票据主要为销售货款收到的银行承兑汇票。清查时，核对明细账与总账、报表余额是否相符，核对与委估明细表是否相符，查阅核对票据票面金额、发生时间、业务内容及票面利率等与账务记录的一致性，以证实应收票据的真实性、完整性，核实结果账、表、单金额相符。经核实应收票据真实，金额准确，无未计利息，以核实后账面值为评估值。

6. 预付账款

评估人员首先核对申报表以及总账、明细账并查阅原始凭证，验证申报表列金额的正确性。在对预付账款核实无误的基础上，根据申报的预付账款明细表中所列客户业务内容、发生日期、金额，向该公司财务人员及相关人员进行了了解，由财务人员及相关人员详细介绍各债务单位的实际情况，评估人员按照《企业会计准则》以及评估相关法规的规定，具体分析数额、欠款时间和原因、款项回收情况、欠款人资金、信用、经营管理现状等，以核实后账面值确定评估值。

7. 存货

首先，评估人员进行总账、明细账、会计报表及清查评估明细表的核对。其次，查询企业存货核算流程、内控制度、账面价值构成。再次，对主要存货进行抽盘。在抽盘过程中观察、询问存货的产品种类和品质状况等，并详细记录，和企业提供的其他资料进行相互印证。在以上工作的基础上，各类存货具体评估方法如下：

（1）原材料。原材料主要为除镁剂、液氮、喷粉精炼剂、柴油、五金备件等原材料。对于近期购买的原材料，由于周转相对较快，账面单价接近基准日市场价格，以实际数量乘以账面单价确定评估值。

（2）自制半成品。自制半成品主要为正在生产加工中的A铝合金液，包含了物料成本及人工制造费用等，这部分在产品的账面价值基本反映了该等资产的现实成本，按核实后的账面值计算确认评估值。

（3）产成品。评估人员依据调查情况和企业提供的资料分析，对于产成品以不含税销售价格减去销售费用、全部税金和一定的产品销售利润后确定评估值。

$$评估价值 = 实际数量 \times 不含税售价 \times [1 - 产品销售税金及附加费率 - 销售费用率$$
$$- 营业利润率 \times 所得税率 - 营业利润率 \times (1 - 所得税率) \times r]$$

式中：不含税售价按照评估基准日前后的市场价格确定；产品销售税金及附加费率按以流转税为税基计算缴纳的城市维护建设税与教育费附加占销售收入的比率平均计算；销售费用率按销售费用与销售收入的比例平均计算；营业利润率 = 主营业务利润 ÷ 营业收入；所得税率按企业现实执行的税率计算；r 为一定的比率，由于产成品未来的销售存在一定的市场风险，具有一定的不确定性，根据基准日调查情况及基准日后实现销售的情况确定其风险。其中 r 对于畅销产品为 0，一般销售产品为 50%，勉强可销售的产品为 100%。

被评估单位对原材料的管理，采用随需随购的方式进行，严格按照购货合同进行，运用最经济批量，材料基本为近期按需要购入，账面单价与基准日市场销售单价相近，故本次以核实后原材料账面单价作为评估单价，以基准日实际数量乘以评估单价确定原材料的评估价值。

（二）问题讨论

1. 请分别以流程图形式描述流动资产评估评估的技术路线和方法，并说明关键节点在哪里，为什么？

2. 针对本案例所涉及的流动资产评估过程和方法，你有没有更好的方案或者建设性意见？没有的原因是什么？有的理由有哪些？

第十章

资源资产评估

☞学习目标

1. 掌握资源性资产的自然属性、经济属性和法律属性
2. 掌握森林资源资产价格的构成
3. 掌握林木资产评估的市场法、收益法、成本法和剩余法的计算公式
4. 掌握采矿权评估的贴现现金流量法、可比销售法的计算公式
5. 熟悉探矿权评估的约当投资——贴现现金流量法、重置成本法的计算公式
6. 熟悉资源性资产评估的特点
7. 了解探矿权评估的地勘加和法、地质要素评序法、联合风险勘察协议法和粗估法的基本思路

本章讨论资源资产评估的基本原理与方法,为使学生对其有一个概括性认识和全局性把握,我们描述本章的内容结构框架、知识点之间的逻辑结构如图 10-1 所示。

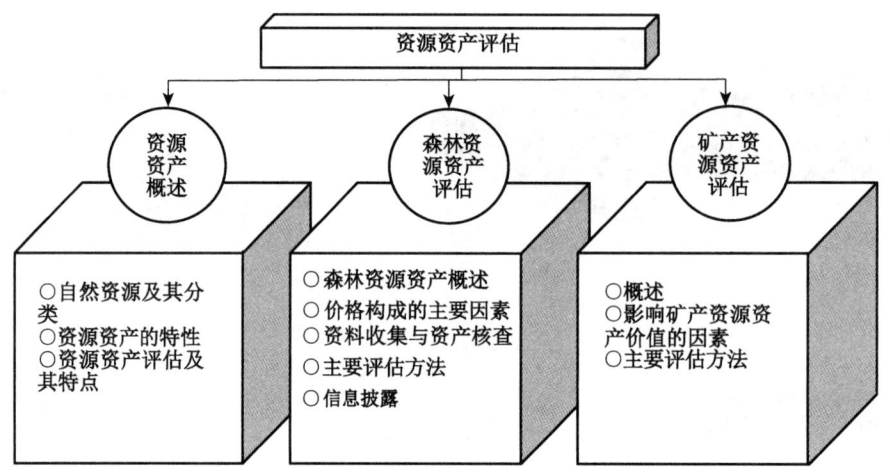

图 10-1　本章的知识点逻辑结构图

案例导入

自然资源资产离任审计与资源资产评估

众所周知,中国自改革开放以来取得了举世瞩目的成就,但也留下了一些惨痛的教训。比如,一些河流、土壤被工业废弃物污染,一些地方过度开采自然资源,有了"金山银山",却毁了绿水青山。出现这些问题很大一部分原因是急功近利以及单纯追求经济效益的发展模式,而其背后则是某些领导干部不良的政绩观、违背法治的发展观。中共十八届三中全会《关于全面深化改革若干重大问题的决定》提出:要划定生态保护红线,强化生态修复建设,探索编制自然资源资产负债表,对领导干部实行自然资源资产离任审计,建立生态环境损害责任终身追究制。

自然资源资产负债表的资产方应当是各种自然资源资产,其结构大致可以分为土地资产、矿产资产、森林资产和水资产等几类。土地资产又可以按照用途分为建设用地和农用地等子项,矿产资产则可以按种类分为石油、天然气、煤炭等子项,森林资产和水资产也可以按照种类或用途等做进一步细分,如防护林资产、地下水资产等。负债方则主要包括污染成本、治理成本等。

北京中林资产评估有限公司在陕西省森林资产和生态产品价值的评估工作中,参考了目前国内外常用的,且被普遍认可的技术方法,为陕西省"绿色核算"奠定了专业数据基础。

阅读上述资料并思考回答:自然资源资产与资产评估中资产概念的异同是什么?资产评估公司可以进行生态环境、空气、阳光等自然资源资产评估吗?为什么?

资源是人类赖以生存和发展的基础,是可供人类利用的宝贵财富。资源资产是在现有认识和科学技术水平条件下,通过开发利用,能够为产权主体带来一定经济利益的自然资源。广义的资源包括自然资源、经济资源和人文社会资源等;狭义的资源是指自然资源,包括矿产资源、森林资源、土地资源、水资源等。在本章中,资源资产是指由狭义的自然资源转化而成的资产。

第一节 资源资产概述

一、自然资源及其分类

自然资源是指自然界中人类可以直接获得的、用于生产和生活的物质要素。未被发现或被发现了但不知其用途的物质不是资源,因而也没有价值。自然资源是一个动态的概念,信息、技术和相对稀缺性的变化都能把以前没有价值的物质变成宝贵的资源。按照研究的角度和目的不同,根据自然资源的自然属性和经济属性,可以对自然资源进行多种分类。

(一)自然资源根据在开发过程中能否再生划分

1. 耗竭性资源

耗竭性资源的主体是矿产资源,是经过漫长的地质过程形成的,随着人类的开发利用,其绝对数量有明显减少的现象,是不可再生资源。

2. 非耗竭性资源

非耗竭性资源基本上是由环境要素构成的,在合理开发利用的限度内,人类可以永续利用。非耗竭性资源可分为三种:

(1)恒定的非耗竭性资源。其不受或基本不受人为因素的影响,具有恒定特性,如气候资源和海洋动力资源。

(2)可再生的非耗竭性资源。其在人为因素的干预下发生增减变化,虽然数量减少,但可以恢复,如生物资源。森林资源只要适度采伐,就可不断更新,不会导致资源枯竭。

(3)不可再生的非耗竭性资源。例如,土地资源,只要合理利用,就可永续使用;如果不合理开发,就会造成沙化、盐碱化、荒漠化。

具体分类如图10-2所示。

(二)从自然资源与人类的经济关系角度,按照资源的性质划分

1. 环境资源

它包括太阳光、地热、空气和天然水等,这类资源比较稳定,一般不会因人类的开发利用而明显减少,为非耗竭性资源。

2. 生物资源

它包括森林资源、牧草资源、动物资源和海洋生物资源等。生物资源吸收了流动的太阳能和水资源,消耗土壤的养分。在太阳能量一定,生物繁殖能力一定,以及人类合理利用和保护的条件下,生物资源是可以再生的。

3. 土地资源

它是由地形、土壤、植被、岩石、水文和气候等因素组成的一个独立的自然综合体。

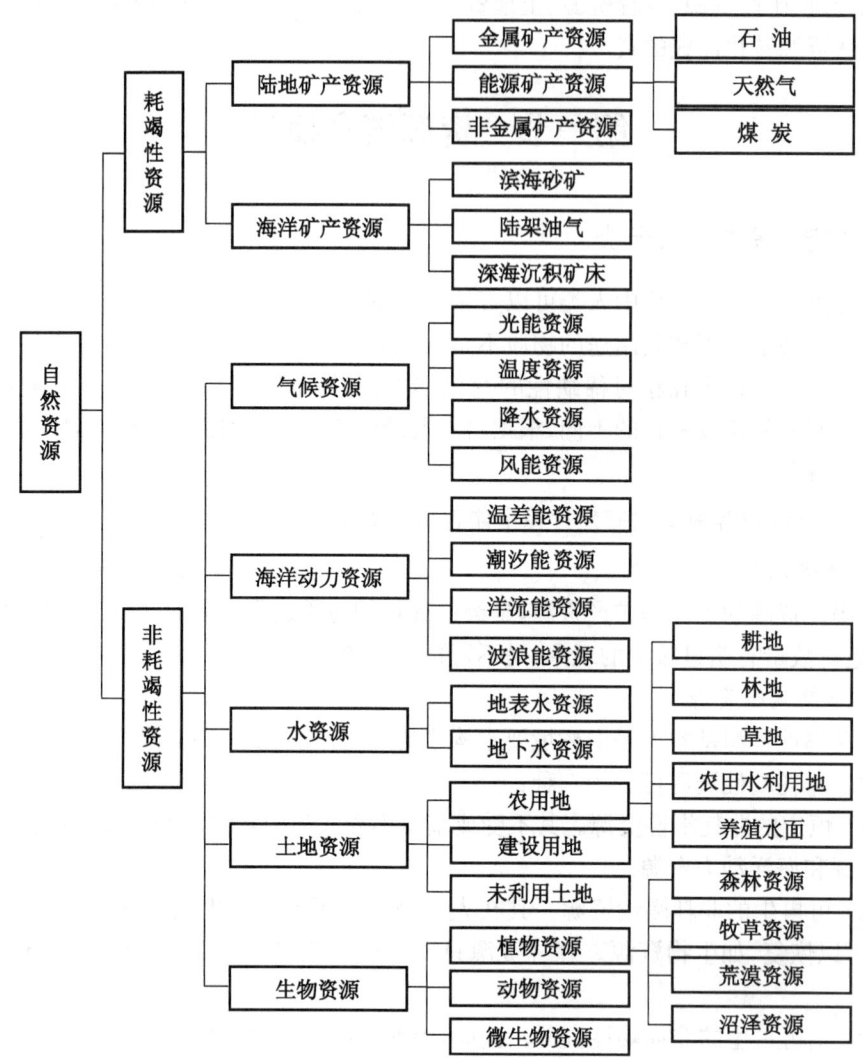

图 10-2　自然资源分类图

土地一般是指地球陆地的表面部分,包括滩涂和内陆水域。土地可以划分为农用地、建设用地和未利用土地。农用地主要包括耕地、林地、草地、农田水利用地、养殖水面等。

4. 矿产资源

它是经过一定的地质过程形成的,赋存于地壳或地壳上的固态、液态或气态物质,包括各种能源和各种矿物等。矿产资源包括陆地矿产资源和海洋矿产资源。陆地矿产资源包括金属矿产资源、能源矿产资源和非金属矿产资源;海洋矿产资源包括滨海砂矿、陆架油气、深海沉积矿床等。

5. 景观资源

它主要是指自然景物、风景名胜等,能为人们提供游览、观光、知识、乐趣、度假、探险、考察研究等作用,一般是附着在其他资源之上而存在。

二、资源资产的特性

资源资产是一部分自然资源资产化的表现形式。资源资产与自然资源相比,其物质内含是一致的,除了具有自然资源的基本特性外,根据资产的含义,其还具有经济属性和法律属性。

(一) 自然属性

1. 天然性

自然资源是天然形成的,由自然物质组成,最初完全是由自然因素形成的,处于自然状态。随着人类对自然干预能力的加强,部分资源资产表现为人工投入与天然生长的共生性。

2. 有限性和稀缺性

资源资产的有限性和稀缺性主要表现在三个方面:①资源资产的数量是有限的,人类活动使某些自然资源数量减少、枯竭或耗尽;②自然资源和自然条件的贫化、退化和质变;③自然资源的生态结构、生态平衡被破坏。例如,矿产资源随着开发利用,消耗一点少一点。又如,土地资源,其自然总量是一定的,不会有所增加。

3. 生态性

各种资源如太阳、大气、地质、水文、生物等构成了一个复杂的体系,形成特定的生态结构,构成不同的生态系统。不同的资源间互相依存,具有一定的生态平衡规律。如果毫无顾忌地开采和获取资源,使消耗超过补偿的速度,会导致这些资源毁灭;向陆地圈、水圈、大气圈以超过自然净化能力的速度排放废物,就会破坏生态系统的平衡,从而导致某些自然资源难以持续利用。

4. 区域性

资源资产在地域上分布不均衡,存在显著的数量或质量上的地域差异。在我国,金属矿产资源基本上分布在由西部高原到东部山地丘陵的过渡地带;森林资源也呈集中分布的状态,长白山林地面积和木材蓄积就分别占全国的 11% 和 13.8%。

(二) 经济属性

(1) 资源资产具有使用价值。自然资源是人类发展的物质基础,也是经济发展的基础。全部物质财富都必须以自然资源为物质基础,其相对丰度影响着经济的发展速度。

(2) 资源资产价值能够以货币计量。资源资产除了能够用实物单位计量以外,还可以用价值量来表示,这是资源资产评估的基础。对于无法用货币计量的自然资源,如空气、太阳光等就不能成为资产。

(3) 资源资产具有可收益性。只有具有经济价值的自然资源才能成为资产,没有经济价值或在当今知识与技术条件下尚不能确定其有经济利用价值的资源不能成为资产。

(三) 法律属性

(1) 资源资产必须能够为特定的产权主体所拥有和控制。资源资产产权在法律上具有独立性。

（2）资源资产的使用权可以依法交易。我国实行资源资产的所有权和使用权相分离的制度,法律不允许资源资产的所有权转让,但是使用权可以依法进行交易。

三、资源资产评估及其特点

资源资产评估是对资源资产价值的估算。资源资产评估不仅为国民经济资源价值核算服务,还可以在资源资产产权的出让、转让、资产经营、抵押、环保等经济活动中,为有关权益各方包括国家和企业等提供专业服务。资源资产评估的基本方法有三种,即收益法、成本法和市场法,但在具体运用以及参数确定上,不同类型的资源资产具有派生的、适合各类资源资产评估的特定评估方法。

由于资源资产具有独特的自然、经济和法律属性,与其他资产相比,资源资产的评估具有如下特点。

（一）资源资产价格是自然资源的使用权价格

我国自然资源大部分属于国家所有,只有一部分属于集体所有。例如,矿产资源属于国家所有,大部分森林资源也属于国家所有,并实行所有权和使用相分离的制度。由于法律不允许资源资产的所有权转让,因此资源资产评估的对象主要是资源资产的使用权,是对资源资产权益的价值评估。

（二）资源资产价格一般受资源的区位影响较大

鉴于资源资产的有限性、稀缺性和区域性,资源资产价格受自然资源所在区位的影响很大。

（三）资源资产评估须遵循自然资源形成和变化的客观规律

资源条件包括资源的质量品位、资源的赋存开采条件和产地至销地的运输距离及运输条件(运输工具和地貌等)。资源资产的类别多种多样,不同资产其资源条件、经营方式、市场供求等都不相同。例如,矿产资源是经过一定的地质过程形成的,森林资源是一种生物资源。因此,矿山企业对矿产资源的开发利用、对矿业权的经营,森林企业的营林生产过程等都有其自身的客观规律。因此,在资产评估中要充分了解资源资产实体和资产使用权的专业特点,以合理评估资源资产的价值。

第二节　森林资源资产评估

一、森林资源资产概述

森林资源是一种可再生的自然资源,包括森林、林木、林地以及依托森林、林木林地生存的野生动物、植物和微生物。森林资源资产是指由特定主体拥有或者控制并能带来经济利益的,用于生产、提供商品和生态服务的森林资源,包括森林、林木、林地、森林景观等。森林资源资产评估是指资产评估师对森林资源资产价值进行分析估算并发表专业意见的行为和过程。资产评估专业人员执行森林资源资产评估业务,应当具备从事森林资源资产评估的专业胜任能力。当执行某项特定的森林资源资产评估业务缺乏相关的专业知识和经验时,可以聘请林业专业技术人员或者专业核查机构协助工作,但要对其意见或者专业核查报告的独立性与专业性进行判断,并予以恰当利用。

森林资源资产是一种特殊资产,除具有一般资产的属性外,还具有可再生性,生长周期长,受自然因素影响大,兼具生态、社会和经济效益于一体的特性。森林资源资产培育过程风险大、管护难度大、投资回收期长。现阶段,由于野生动植物及微生物资源、森林生态资源等的价值暂时难以计量,森林资源资产主要包括由投资及投资收益所形成的人工林以及依法认定的天然林、林地、森林景观资产等。因此,森林资源资产评估主要是指林木资产、林地资产和森林景观资产的评估。

(1)林木资产。林木资产是指林地内所有林木所形成的资产。按林木的用途可分为用材林、经济林、薪炭林、防护林、竹林、特种用途林和未成林造林地上的幼树。用材林可分为幼龄林、中龄林、近熟林、成熟林、过熟林等。

(2)林地资产。林地资产是森林生长的承载体,是指依法确认的林业用地。林地包括乔木林地、疏林地、未成林造林地、灌木林地、采伐迹地、火烧迹地、苗圃地和国家规划的宜林地。

(3)森林景观资产。森林景观资产包括风景林、部分名胜古迹和纪念林等。

二、森林资源资产价格构成的主要因素

森林资源作为一种可再生的自然资源,包括天然林和人工林。天然林与人工林相比,除了更新方式不同之外,都要进行管理,国家每年都要投入千百万元的资金进行森林资源的保护。资产评估专业人员执行森林资源资产评估业务,应当考虑国家相关林业法规和政策,以及森林资源的自然属性、经营特性、使用期限、用途等因素对森林资源资产价值的影响。森林资源资产的价格影响因素包括市场供求因素以及所投入的必要的劳动量因素等,如表 10-1 所示。

表 10-1　森林资源资产的价格影响因素

影响因素	具 体 描 述
1. 营林生产成本	营林生产成本是确定森林资源资产价格的基础。营林生产成本应以能够提供商品材的劣等宜林地的营林生产成本作为依据
2. 资金时间价值	森林资源的生产周期长,从栽植到采伐往往需要几年、十几年或几十年的时间。且在营林生产过程中需不断投入资金,评估时应以复利计算方式考虑资金投入或占用的利息。同时,林木在不同的时间有不同的价值,同一树种在不同年龄时的林木价值不同,形成森林的时序成本和时序价格
3. 利润	营林利润是森林资源资产价格的组成部分。在评估中,营林利润率的确定可以以社会平均资本利润率为基础,同时应考虑到营林生产周期长、风险大,再加上林木的实际情况进行适当调整
4. 税金	指森林资源资产经营过程中应缴纳的各种税费
5. 林木生产中的损失	在漫长的森林培育过程中,林木可能会遭受各种各样的自然灾害,如火、风、雷、水、病虫害等,会带来一定的经济损失。在评估中,必须对林木生产过程中的这些意外损失作出合理的估计

（续表）

影响因素	具 体 描 述
6. 地租	我国林地的所有权和使用权相分离,森林资源资产的价格中应包括绝对地租和级差地租,地租量应根据不同林地、不同树种、不同经营水平等因素确定,如气候条件、土地肥沃程度、交通条件、宜林性质等因素
7. 地区差价和树种差价	林木是在一定的自然地理条件下,经过人类劳动而生产出来的,其成本与价格既受自然条件的制约,又受林木本身生态特性的影响,形成了林木的地区差价和树种差价。因此,差价是森林资源资产价格的重要特征
8. 生态服务价值	执行涉及生态公益林等特殊用途的森林资源资产评估业务,除评估其经济价值外,还应当评估其生态服务价值

三、森林资源资产评估资料收集与资产核查

（一）森林资源资产评估资料收集

资产评估专业人员应当要求委托方或者相关当事方明确森林资源资产的权属,出具林权证或者相关权属证明文件以及森林资源资产实物量清单,并对其真实性、合法性作出承诺。同时,应当对森林资源资产的权属资料进行必要的查验。一般需要搜集的技术经济指标资料主要有如下几种。

（1）营林生产技术标准、定额及有关费用资料。

（2）木材生产、销售等定额及有关成本费用资料。

（3）评估基准日各种规格的木材、林副产品市场价格,及其销售过程中的税、费征收标准。

（4）当地及附近地区的林地使用权出让、转让和出租的价格资料。

（5）当地及附近地区的林业生产投资收益率。

（6）各种树种的生产过程表、生长模型、收获预测等资料。

（7）使用的立木材积表、原木材积表、材种出材率表、立地指数表等资料。

（8）其他与评估有关的资料。

（二）森林资源资产有关的资料

森林资源资产的实物量是价值量评估的基础,评估机构在对森林资源资产价值量进行评定估算前,应由林业专业技术人员对被评估的森林资源资产进行实地核查。根据评估目的、评估对象特点和委托方要求,可选择抽样控制法、小班抽查法和全面核查法进行核查。

森林资源资产核查项目,主要包括林地和林木的权属、数量、质量和空间位置等内容,具体项目如下。

（1）林地:所有权、使用权、地类、面积、立地质量等级、地利等级等。

（2）林木:树种权属、树种组成、林龄、平均胸径、平均树高、幼龄林的单位面积株数、中龄林的单位面积活立木蓄积,近、成、过熟林的立木蓄积、材种出材率等级、经济林的单位面积产量、薪炭林的单位面积立木蓄积量,未成林造林地上的幼树的造林成活率、造林保存率,竹林的立竹度、均匀度、整齐度、产笋量等。

（3）其他与评估有关的内容。

四、森林资源资产主要评估方法

森林资源资产评估的对象主要是林木资产、林地资产和森林景观资产。森林资源资产评估的基本方法主要是市场法、收益法和成本法。由于森林资源资产的特殊性，根据具体的评估对象和资料情况，针对林木资产、林地资产和森林景观资产，又有相对应的评估方法。其中，林地资产评估主要是林地使用权评估，其评估方法与土地使用权的评估方法原理相同。

本章重点阐述林木资产评估的主要方法。

在林木资产评估中，资产评估专业人员应当根据评估对象、价值类型、资料收集情况等相关条件，合理分析市场法、收益法和成本法三种资产评估基本方法及其衍生方法的适用性，恰当选择一种或者多种方法。林分质量调整系数须综合考虑林分的生长状况、立地质量和经济质量等来确定。

（一）市场法

该方法是以相同或类似林木资产的现行市价作为比较基础，评估待估林木资产价值的方法。其计算公式为：

$$P = K \times K_b \times G \times Q$$

式中：P —— 林木资产评估值；

K —— 林分质量调整系数；

K_b —— 物价指数调整系数；

G —— 参照物单位蓄积量的交易价格；

Q —— 被估林木资产的蓄积量。

所谓林分，是指内部特征大体一致而与邻近地段又有明显区别的一片林子。一个林区的森林，可以根据树种组成、森林起源、林相、林龄、疏密度、地位级、林型以及其他因素的不同，划分成不同的林分。不同的林分，常要求采取不同的森林经营措施。

资产评估专业人员使用市场法时，应当考虑：①森林资源资产市场的活跃程度，市场提供足够数量可比森林资源资产交易数据的可能性及其可靠性；②森林资源所在地域的差异性对森林资源资产交易价格的影响；③森林资源资产的用途和功能对交易价格的影响；④不同林分质量、立地等级、地利条件、交易情况等因素对森林资源资产价值的影响。

（二）剩余法

剩余法又称市场价倒算法，是用被评估林木采伐后所得的木材的市场销售总收入，扣除木材经营所消耗的成本（含有关税费）及合理利润后，将剩余部分作为林木资产的评估价值的方法。其计算公式为：

$$P = W - C - F + S$$

式中：P —— 林木资产评估值；

W —— 销售总收入；

C —— 木材经营成本(包括采运成本、销售费用、管理费用、财务费用及有关税费);

F —— 木材经营合理利润;

S —— 林木资源的再生价值。林木资源的再生价值,是指林木被砍伐后重新生长所产生的价值。

【例 10-1】 浙江临安某片森林的林木被采伐后市场销售总收入为 6 000 万元,主材经营成本总计为 1 800 万元,木材经营的合理利润为 600 万元,该森林的再生价值为 900 万元。请计算该森林资源的林木资产评估值为多少?

解:依据剩余法计算原理和公式计算如下:

$$P = W - C - F + S = 6\,000 - 1\,800 - 600 + 900 = 4\,500(万元)$$

(三) 收益法

收益法又称收益净现值法,是将被评估林木资产在未来经营期内各年的净收益按一定的资本化率折现为现值,然后累计求和得出林木资产评估价值的方法。其计算公式为:

$$P = \sum_{t=1}^{n} \frac{(A_t - C_t)}{(1+r)^t}$$

式中:P —— 林木资产评估值;

A_t —— 第 t 年的年收入;

C_t —— 第 t 年的营林生产成本;

n —— 经营期;

r —— 资本化率。

资产评估专业人员使用收益法时,应当考虑:①森林资源结构、功能、质量、自然生长力等对收益的影响;②森林资源管理相关法律法规、财政补贴政策、采伐制度等对收益的影响;③根据森林资源资产的特点、经营类型、风险因素等相关条件合理确定折现率;④森林资源采伐方式和采伐周期对收益的影响。

(四) 成本法

成本法是以按现时工价及生产水平,重新营造一块与被评估林木资产相类似的林分所需的成本费用,作为被评估林木资产评估价值的方法。其计算公司为:

$$P = K \cdot \sum_{t=1}^{n} C_t (1+i)^{n-t}$$

式中:P —— 林木资产评估值;

K —— 林分质量调整系数;

C_t —— 过去第 t 年以现时工价及生产水平为标准计算的生产成本,主要包括各年投入的工资、物质消耗、地租等;

i —— 折现率;

n —— 林分年龄。

资产评估专业人员使用成本法时,应当考虑:①森林资源培育过程的复杂性对成本的影响;②森林资源经营的长期性对价值的影响;③森林资源质量对价值的影响;④森林资源培育技术、林地利用方式等造成的影响。

【例 10-2】　浙江安吉某块面积为 65 公顷的毛竹林,全部为新造 5 年的新毛竹,投资收益率为每年 6%,竹林培育成本如表 10-2 所示。请用成本法计算该块毛竹林的评估值。

表 10-2　浙江安吉某块竹林培育成本

成本项目	作业内容	计价单位	计价数量	单价	成本
1. 整地	劈草去杂、炼山挖茅根、挖穴	日/公顷	90	20 元/日	1 800 元/公顷
2. 竹苗	购买或挖取母竹,运送至造林地	株/公顷	450	1.8 元/株	810 元/公顷
3. 种竹	母竹栽植	日/公顷	60	20 元/日	1 200 元/公顷
4. 竹林抚育					
① 新造竹林抚育	除草劈杂松土	日/(公顷·年)	22.5	20 元/日	450 元/公顷·年
② 新垦复及已投产成年竹抚育	除草劈杂深挖垦复	日/(公顷·年)	30	20 元/日	600 元/公顷·年
5. 施肥	① 挖沟、施肥、复土	日/(公顷·年)	7.5	20 元/日	150 元/公顷·年
	② 购买肥料	千克/公顷、元/千克	400	1.5 元/千克	600 元/公顷·年
6. 竹林防护	① 新造竹林管护				90 元/公顷·年
	② 新垦复及已投产竹林管护、护笋养竹				525 元/公顷·年

解:依据成本法的思路和公式计算如下。

1. 计算年度营林成本

(1)第 1 年造林、抚育、管护、施肥、地租成本为:

$$1\ 800 + 810 + 1\ 200 + 450 + 750 + 90 + 525 = 5\ 625(元／公顷)$$

(2)第 2 年抚育、管护、施肥、地租成本为:

$$450 + 750 + 90 + 525 = 1\ 815(元／公顷)$$

(3)第 3 年、第 4 年、第 5 年成本同第 2 年。

2. 计算新造毛竹林单价

因新造毛竹林生长较好,接近当地参照林生长标准,故取 $K = 1$。

$$该块毛竹林单价 = 5\ 625 \times (1 + 6\%)^5 + 1\ 815 \times [(1 + 6\%)^4 + (1 + 6\%)^3$$
$$+ (1 + 6\%)^2 + (1 + 6\%)]$$
$$= 7\ 527.5 + 8\ 416.3 = 15\ 944(元／公顷)$$

3. 计算该块毛竹林的评估值

该块毛竹林的评估值 = 15 944 × 65 = 103.636(万元)

（五）森林资源资产评估方法的选择

从理论上讲,市场法适用于各种有交易的森林资源资产的评估,采用该方法时,至少应选取三个以上参照物进行测算。但是,由于市场条件限制,在有些情况下,如防护林的评估,市场法就并不适用。剩余法特别适用于成熟龄林木资产的评估。收益法适用于有经常性收益的林木资产的评估,如经济林资产、竹林资产、实验林资产、母树林资产等。幼龄林常用成本法进行评估。

五、信息披露

资产评估机构及其专业人员执行森林资源资产评估业务,应当在评估报告中披露必要信息,使评估报告的使用者能够合理理解评估结论。尤其应当包括以下几个方面。①对森林资源资产的权属状况、自然条件、地理分布、生产经营情况进行恰当描述。对评估范围内具有典型代表性或经济价值高的森林资源资产,应当进行重点描述。②利用森林资源资产核查报告的情况。③重大事项对评估结论可能产生的影响,包括林地使用费用支付方式的影响等。④森林资源资产存在的抵押及其他权利受限情形。⑤将森林资源资产的权属证明、图面材料等资料作为评估报告的附件。国家法律法规另有规定的从其规定。

第三节　矿产资源资产评估

一、矿产资源资产评估概述

我国的矿产资源属于国家所有,由国务院行使矿产资源的所有权,矿产资源物质实体及其所有权属于国家所有。国家实行探矿权、采矿权有偿取得制度,矿产资源的探矿权和采矿权可以依法出让和转让。勘查、开采矿产资源,必须依法分别申请,经批准取得探矿权、采矿权,并办理登记。探矿权和采矿权通常合称矿业权,简称矿权。在我国,探矿权和采矿权是分别设置的,必须依法分别申请,但是,已经依法申请取得采矿权的矿山企业在划定的矿区范围内为本企业的生产而进行的勘查除外。所谓矿业权,是指在依法取得的勘查或采矿许可证规定的范围和期限内,对矿产资源进行勘查、开采等一系列生产经营活动权利。因此,矿业权也是一种特许经营国家所有的矿产资源的权利。矿业生产是一个包括矿产资源勘查、开发、采选的连续过程,涉及资源所有者、地质勘查部门和矿山经营者的利益。

探矿权人有权在划定的勘查作业区内进行规定的勘查作业,有权优先取得勘查作业区内矿产资源的采矿权。探矿权人在完成规定的最低勘查投入后,经依法批准,可以将探矿权转让他人。矿产资源由取得采矿权的国有矿山企业和其他经济成分的矿山企业开采使用,已取得采矿权的矿山企业,因企业合并、分立,与他人合资、合作经营,或者因企业资产出售以及有其他变更企业资产产权的情形而需要变更采矿权主体的,经依法批准可以将采矿权转让给他人。开采矿产资源,必须按照国家有关规定缴纳资源税和资源补偿费。矿床勘探报告及其他有价值的勘查资料,按照国务院规定实行有偿使用。

矿业市场流通的是探矿权和采矿权,本节讨论的矿产资源资产评估是指探矿权价值和采矿权价值的评估。

二、影响矿产资源资产价值的因素

影响矿产资源资产价值的因素主要包括:矿产资源本身的稀缺程度和可替代程度、矿产品的供求状况、矿床自然丰度和地理位置、科技进步、资本化率和社会平均利润率等。

(一)矿产资源本身的稀缺程度和可替代程度

在我国,不同的矿种,资源的稀缺程度差别很大。在市场需求一定的情况下,占有和经营质量好、使用价值高的矿产资源,往往能够获得更多的超额利润。同时,由于国家一般对稀缺资源实行保护性开采政策,稀缺的矿产资源一般具有更高的价值。

一般而言,资源的稀缺程度越高,其可替代程度往往越低,凡是可替代程度低的矿产资源,其资产价值也较高。

(二)矿产品的供求状况

矿产品的供求状况决定矿产品价值的实现程度,决定何种等级的矿产资源将被投入到生产过程,从而决定矿产资源资产的价格水平。

(三)矿床自然丰度和地理位置

矿床的自然丰度是通过矿体规模、形态、产状、厚薄、品位、埋深等一系列指标综合反映的。在一定的技术经济条件下,矿床的自然丰度越高,开采所需投入的成本越低,企业的超额利润会越大,矿产资源资产价值也会相应增加。金属矿石的选冶性能、矿床含有的有益伴生组分以及矿床地质构造的复杂程度等,都会直接影响矿产品的产出率,从而影响企业的利润率。

矿床的地理位置对矿产资源资产价格的影响有时甚至超过矿床本身的自然度。矿床距离加工和消费地的远近和运输条件的优劣,会影响企业的生产成本。因此,矿床自然丰度与地理位置对矿产资源资产价格都有影响。

(四)科技进步

科技进步对矿产资源资产价值的影响主要有:①会使一些原来没有被利用的或者被认为无法利用的伴生元素或矿物得到开发和利用,从而使矿产资源总规模扩大,市场供给增加;②可以发现已被使用的矿产资源新的或更有效的利用价值,从而改变和增加矿产资源资产的价值;③可以发现和创造对矿产资源开发、利用更有效的方法,使采掘企业的技术经济指标发生显著变化,如采矿损失率、矿石贫化率等降低,采矿回来率、选矿回收率、综合利用率、尾矿处理水平等上升,降低了矿产资源的耗减速度,使采矿企业的收益增加,也使矿产资源资产的价值上升;④可以发现和创造更加有效或现代化的找矿方法,使矿产资源普查和详查的成本和风险降低,环境治理的费用水平下降,从而改变矿产资源资产的价值构成和价格水平。

（五）资本化率

资本化率的高低反映潜在投资者向矿山资源资产投资所要求的回报率，以及矿山资源资产投资风险的大小。

三、矿产资源资产的主要评估方法

矿产资源资产评估，根据不同的评估对象和评估目的，有多种评估方法。采矿权评估主要采用贴现现金流量法和可比销售法。探矿权可在不同精度勘查阶段转让，资产评估师应针对不同精度勘查阶段合理选择评估方法。高精度勘查阶段是指达到了详查和勘探阶段，在该阶段，探明或控制了一定的矿产储量，做过一定数量的试验室选矿实验。低精度勘查阶段是指处于普查及普查前地质勘查阶段。高精度勘查阶段的探矿权评估方法主要包括约当投资——贴现现金流量法、重置成本法和地勘加和法；低精度勘查阶段的探矿权评估方法主要包括地质要素评序法、联合风险勘查协议法和粗估法。

（一）贴现现金流量法

贴现现金流量法是指根据矿山企业现有的或设计的矿山设备、生产条件和方案等，预测矿山企业在预测收益期内各年开发利用矿产资源所取得的年剩余利润额，扣除社会平均收益额后折算成现值，即为采矿权的价值的方法。

$$P = \sum_{t=1}^{n} \left[(W_{at} - W_{bt}) \frac{1}{(1+r)^t} \right]$$

式中：P——采矿权价值；

$\quad\quad W_{at}$——年剩余利润额；

$\quad\quad W_{bt}$——社会平均收益额；

$\quad\quad r$——折现率。

$$W_{at} = \frac{\text{年销售}}{\text{收入}} - \frac{\text{年经营}}{\text{成本}} - \frac{\text{年资源}}{\text{补偿费}} - \frac{\text{资源}}{\text{税金}} - \frac{\text{其他}}{\text{税金}}$$

$$W_{bt} = \text{年销售收入} \times \text{社会销售收入平均利润率}$$

【例 10-3】 某评估机构于 2019 年 10 月 16 日对河北唐山 M 铁矿山的采矿权进行评估。根据该矿山现有的设备和生产条件，预计该矿山企业的收益期约为 6 年。各年的销售收入分别为 1 830 万元、1 680 万元、1 630 万元、1 610 万元、1 430 万元、1 260 万元；各年的生产经营成本和各种税费分别为 1 360 万元、1 280 万元、1 210 万元、1 190 万元、1 100 万元、680 万元。经评估师分析判断，社会销售收入平均利润率为 15%，折现率为 10%。

$$
\begin{aligned}
\text{唐山 M 铁矿山采矿权评估值} = & (1\ 830 - 1\ 360 - 1\ 830 \times 15\%) \div (1 + 10\%) \\
& + (1\ 680 - 1\ 280 - 1\ 680 \times 15\%) \div (1 + 10\%)^2 \\
& + (1\ 630 - 1\ 210 - 1\ 630 \times 15\%) \div (1 + 10\%)^3 \\
& + (1\ 610 - 1\ 190 - 1\ 610 \times 15\%) \div (1 + 10\%)^4 \\
& + (1\ 430 - 1\ 100 - 1\ 430 \times 15\%) \div (1 + 10\%)^5 \\
& + (1\ 260 - 680 - 1\ 260 \times 15\%) \div (1 + 10\%)^6 \\
= & 846.25 (\text{万元})
\end{aligned}
$$

（二）可比销售法

可比销售法是指利用已知采矿权转让中的市场价,经过差异因素调整,来估算待估的采矿权价格的方法。可比销售法评估采用下列公式:

$$P = P_x \times \mu \times \xi \times \phi \times \theta$$

式中:P——采矿权价值;

P_x——参照的采矿权成交价格;

μ——规模调整系数;

ξ——品位调整系数;

ϕ——价格调整系数;

θ——差异调整系数。

应用可比销售法时,要对参照的采矿权价格进行矿床规模差异调整、品位调整、矿产品价格调整、采矿权差异要素调整。其中:

$$规模调整系数 = \frac{被评估的采矿权探明储量}{参照的采矿权探明储量}$$

$$品味调整系数 = \frac{被评估的采矿权精矿平均品位}{参照的采矿权精矿平均品位}$$

$$矿产品价格调整系数 = \frac{被评估的采矿权采用的矿产品价格}{参照的采矿权当时采用的矿产品价格}$$

$$采矿权差异要素调整 = \frac{被评估的采矿权差异要素评判总值}{参照的采矿权差异要素评判总值}$$

采矿权差异要素包括矿产资源的交通条件、自然条件、经济环境和地质采选条件等。具体的差异要素参见表 10-3。

表 10-3　采矿权差异要素参考表

交通条件	公路类型	经济环境	劳动力状况
	距国道距离		供电供气状况
	距火车站距离		农业状况
	距市中心距离		所在地国民收入
	距公共设施距离		地方经济政策
自然条件	地形环境	地质采选条件	埋藏深度
	水源状况		矿床工业类型
	气候环境		矿石选冶性能
	土地状况		水文、工程地质条件
			开采方式
			采选规模

可比销售法要求参照的采矿权具有可比性、即矿种相同、自然成因类型相同、工业类型大致相似,同时要取得足够的地质参数。该方法在矿业权市场发达的国家应用较为广泛。由于我国的矿业权交易尚不普遍,该方法的应用受到一定的限制。

【例 10-4】 已知某可参照的采矿权成交价格为 18 000 万元,被估采矿储量为 2 400万吨,参照物储量为 1 500 万吨,被估采矿权矿石的品位为 3.8%,参照物矿石的品位为 4%,价格调整系数为 0.95,差异调整系数为 1.50。请采用可比销售法估算被估采矿权的价值。

解:被估采矿权的价值=18 000×2 400÷1 500×3.8%÷4%×0.95×1.50=38 988(万元)

(三) 约当投资—贴现现金流量法

约当投资—贴现现金流量法评估探矿权价值,是指通过对新探矿权人未来开采投入的全部资产的未来预期收益现值进行估算,按原探矿权人和新探矿权人投资的比例对预期收益现值进行分割后,以原探矿权人分割所得的预期收益现值来确定探矿权的评估价值的方法。因此,约当投资——贴现现金流量法并不是直接对探矿权资产的未来预期收益进行估算。该方法的应用须具有一定勘查程度,并具有较详细的地勘投资财务资料。

第一步:根据贴现现金流量法的计算原理,计算新探矿权的资产收益现值。

$$W = \sum_{t=1}^{N}\left[W_t \times \frac{1}{(1+r)^t}\right]$$

式中:W—— 资产收益现值;

W_t—— 第 t 年的收益额;

r—— 资本化率;

N—— 计算年限。

$$W_t = 年销售收入 - 年经营成本 - 年资源补偿费 - 资源税金 - 其他税金$$

第二步:计算原探矿权人、新探矿权人投资现值。原探矿权人投资现值 T_y 可采用重置成本法计算,新探矿权人投资现值 T_x 可采用贴现法计算。

$$T_x = \sum_{t=1}^{n}\left[T_t \times \frac{1}{(1+r)^t}\right]$$

式中:T_x—— 新探矿权人投资累计现值;

T_t—— 第 t 年投资值;

n—— 投资年限。

第三步:计算探矿权评估价值,其计算公司为:

$$P = \frac{T_y}{T_y + T_x} \times W$$

式中:P—— 探矿权评估价值;

T_y—— 原探矿权人投资现值;

T_x—— 新探矿权人投资现值。

【例 10-5】 被评估资产为一待开采金属矿的探矿权。该矿由甲勘探队于 2016 年 1 月初开始进行投资勘探,2018 年 12 月末完成了全部勘探工作,并形成了完整的资料,具备了投资开采的条件。2019 年 1 月甲勘探队拟将勘探成果转让给乙企业并由乙企业进行开采,要求评估探矿权价值,并将评估基准日确定为 2019 年 1 月 1 日。

资产评估专业人员调查得知,甲勘探队在 3 年的勘探过程中,每年投资 120 万元,资金均匀投入,在这 3 年的过程中,相应物价指数每年递增 5%,该金属矿可开采量为 1 000 万吨。乙企业从 2019 年 1 月开始投资,如果每年投资 520 万元,资金均匀投入,3 年后可形成年开采矿石 100 万吨的生产能力。假设该矿矿石每吨售价 500 元,每年获得的利润总额为销售收入的 15%,所得税税率为 25%,适用折现率为 10%,假设除投资条件外不考虑其他因素,求该探矿权的转让价值。

要求:采用约当投资—贴现现金流量法,结果以万元为单位,小数点后保留两位。

该探矿权价值评估过程如下。

1. 计算甲勘探队投资所占比例

$$甲勘探队投资现值 = 120 \times (1+5\%)^{2.5} + 120 \times (1+5\%)^{1.5} + 120 \times (1+5\%)^{0.5}$$
$$= 135.57 + 129.11 + 122.96 = 387.64(万元)$$

$$乙勘探队投资现值 = 520 \times (1+10\%)^{-0.5} + 520 \times (1+10\%)^{-1.5} + 520 \times (1+10\%)^{-2.5}$$
$$= 495.80 + 450.73 + 409.75 = 1\,356.28(万元)$$

$$甲勘探队投资所占比例 = 387.64 \div (387.64 + 1\,356.28) \times 100\%$$
$$= 387.64 \div 1\,743.92 \times 100\%$$
$$= 22.23\%$$

2. 计算矿山可开采年限

$$矿山可开采年限 = 1\,000 \div 100 = 10(年)$$

3. 计算开采矿山收益现值

$$开采矿山收益现值 = \frac{500 \times 100 \times 15\% \times (1-25\%)}{10\%} \times \left[1 - \frac{1}{(1+10\%)^{10}}\right] \times \frac{1}{(1+10\%)^3}$$
$$= 5\,025 \div 10\% \times (1-0.385\,5) \times 0.751\,3$$
$$= 23\,199.11(万元)$$

4. 计算探矿权评估值

$$探矿权评估值 = 23\,199.11 \times 22.23\% = 5\,157.16(万元)$$

(四) 重置成本法

探矿权评估的重置成本法与一般资产评估的重置成本法原理相同,是指在现行技术条件下,采用新的价格费用标准,获得与被评估的探矿权具有相同勘探效果的探矿权重置价值,扣除技术性贬值来评估探矿权净值的方法。根据探矿权的地质勘查特点,主要采用有效实物工作量计算重置价值,其他投入按照分摊的办法处理。计算公式为:

$$P = P_b \times (1+f) \times (1-\xi)$$
$$= \sum_{i=1}^{n} (U_{bi} \times P_{ui})(1+\varepsilon)(1+f)(1+\xi)$$

式中:P——探矿权评估值;

P_b——探矿权资产重置全价；

f——地勘风险系数；

ξ——技术性贬值系数；

U_{bi}——各类地勘实物工作量；

P_{ui}——相对应的各类地勘实物工作量现行市价；

n——地勘实物工作量项数；

ε——其他地质工作、综合研究及编写报告、岩矿实验、工地建筑等4项费用分摊系数。

4项费用分摊系数是根据行业（部门）多年的资料初步统计出来的。在地勘工作中，这4项费用一般是由几个地勘项目共同耗费的，难以算出单个项目耗费的具体数额，所以通常采用分摊的办法处理。

地勘风险系数是经过测算得出的。表10-4是10个主要矿种的全过程勘查风险系数参考表。

表10-4　10种矿产地质勘查风险系数参考表

矿　　种	全过程	普查	详查	勘探
铁	1.55	4.77	1.4	0.21
铜	1.13	2.92	0.96	0.30
铅·锌	0.92	2.56	0.78	0.18
金	1.74	6.13	1.55	0.07
金刚石	7.37	17.76	6.82	2.29
熔剂用石灰岩	0.58	2.55	0.44	0.03
菱镁矿	0.71	2.00	0.57	0.04
高岭土	1.29	3.20	1.10	0.39
水泥用石灰岩	0.78	2.12	0.63	0.10
玻璃用砂	0.09	0.35	0.02	0.00

技术性贬值是指由于地质勘查技术的原因，导致探矿权所依托的地勘成果质量出现问题，或者由于其他技术原因引起的已探明矿产储量的损失，从而影响探矿权持续使用，降低其获利能力。因此，评估时需要做技术性贬值处理。

（五）地勘加和法

地勘加和法利用地勘投入的重置成本加上以地勘投入所分配的超额利润来确定探矿权价值，是指重置成本法和贴现现金流量法相结合的一种评估方法。该方法既考虑了探矿权投入的成本，也考虑了探矿权未来的获利能力。其计算公式为：

$$P = P_x + L_n$$

$$L_n = M \times \frac{T}{T+G}$$

式中：P——探矿权评估值；

P_x —— 不含勘查风险的探矿权净价；

L_n —— 应分配的超额利润；

M —— 超额利润总额；

T —— 地勘总投资；

G —— 矿山建设总投资。

(六) 地质要素评序法

地质要素评序法是指以基础购置成本为基数,通过对地勘成果综合评价,将定性的地质要素转化为定量的价值调整系数,对基础购置成本进行调整来确定探矿权价值的方法。基础购置成本包括国家规定缴纳的探矿权使用费和矿业权人承诺履行的地质基础支出或者已经形成的原始地质勘查费。主要的地质要素包括：成矿显示、异常显示、品位显示、成因显示、蕴藏规模显示和前景显示。针对被评估的矿业权的具体情况,将每种显示划分为若干级,并赋予相应的价值指数,可确定其地质要素价值调整系数。

(七) 联合风险勘查协议法

联合风险勘查协议法是指根据该勘查区已经签订的联合风险经营协议的条款,或类似的勘查区所签订的协条款,按照合作公司所承诺的勘查投资及其所获得的相应的股权,评估探矿权价值的方法。

(八) 粗估法

粗估法是在低勘查精度阶段采用的一种近似方法,是指根据上市公司公开的地质信息报告或定期披露的地质资料以及矿业股票市场和资本市场走势的长期分析资料,如价格与收益比、价格与现金流量比等指标来估算探矿权价值的方法。目前常用的有以资源品级价值为基础的粗估法和以单位国土面积资源价值为基础的粗估法。

课外阅读材料

1. 国家林业局. 森林资源资产评估技术规范(LY/T2407−2015)[EB/OL]. http://www.gov. cn/fwxx/bw/lyj/index. htm.

2. 中国资产评估协会. 资产评估执业准则——森林资源资产[EB/OL]. http://www. cas. org. cn/pgbz/pgzc/55880. htm.

3. 刘降斌. 森林资源资产批量评估研究[D]. 东北林业大学,2012.

4. 董敏,陈平留,张国防. 基于资本资产定价模型的森林资源资产评估基准折现率测算[J]. 资源科学,2019(3).

5. 黄小杰. 矿业权收益途径评估方法中折现率确定的研究[D]. 昆明理工大学,2010.

6. 王苹. 基于实物期权模型对采矿权评估的案例研究[D]. 成都理工大学,2013.

复习思考题

1. 资源资产的特性有哪些?

2. 森林资源资产价格的主要构成要素是什么?

3. 森林资源资产评估有哪些评估方法？各有何应用范围？

4. 矿产资源资产价值的影响因素有哪些？

5. 矿产资源资产评估方法有哪些？要掌握哪些要点？

案例研究

已进入稳产期成年竹林资产评估

（一）背景资料

本次评估目的是为福建省永安林业（集团）股份有限公司拟将其所有的森林资源资产作为银行贷款抵押物提供价值参考依据。经现场调查，本次拟评估的森林资源分布于永安市青水畲族乡、槐南镇境内，林分面积 16 256 亩（其中 597 亩天然阔叶树林分，43 亩经济林，297 亩零星分布无林地未予以评估），林分蓄积 172 886 立方米，其中：杉木面积 3 610 亩，林分蓄积 19 080 立方米；马尾松面积 11 013 亩，林分蓄积 113 942 立方米；人工阔叶树面积 675 亩，林分蓄积 2 375 立方米；桉树面积 502 亩，林分蓄积 3 186 立方米；竹林面积 456 亩，平均亩立竹数 150 株/亩。林地的立地条件以Ⅱ、Ⅲ类为主，山场运输条件较为便利，森林资源经营管理水平中等，林分生长水平中等。

本次评估对象的价值类型为市场价值。本项目评估基准日是 2015 年 3 月 16 日。森林资源资产评估结果汇总表如表 10-5 所示。

表 10-5　森林资源资产评估结果汇总表

地类或林种	树种组	起源	龄组	面积（亩）	蓄积（m³）	评估值（元）	单位面积评估值（元/亩）	备注
人工未成林造林	杉木	人工	幼龄林	685	0	617 300.00	901.17	
	马尾松	人工	幼龄林	572	0	393 400.00	687.76	
	小计			1 257	0	1 010 700.00	804.06	
用材林	杉木	人工	中龄林	307	1 394	720 700.00	2 347.56	
			近熟林	240	2 870	1 222 200.00	5 092.50	
			成熟林	851	9 263	4 640 000.00	5 452.41	
			小计					
	马尾松	天然	中龄林	192	2 476	363 900.00	1 895.31	
			近熟林	1 057	9 806	3 300 300.00	3 122.33	
			成熟林	5 187	75 384	25 697 300.00	4 954.17	
			小计	6 436	87 666	29 361 500.00	4 562.07	
	阔叶树	天然	中龄林	2	10	—	—	未列入评估范围
			成熟林	595	7 099	—	—	
			小计	597	7 109	—	—	
	桉树	人工	成熟林	502	3 186	695 800.00	1 386.06	
			小计	502	3 186	695 800.00	1 386.06	
...	...	...	...	...	...	...	...	

（续表）

地类或林种	树种组	起源	龄组	面积（亩）	蓄积（m³）	评估值（元）	单位面积评估值（元/亩）	备注
竹林	毛竹	天然	稳产期	456	0	1 253 000.00	2 748.20	
无林地				297	0	—	—	未列入评估范围
经济林				43	0	—	—	
总计				17 193	145 692	51 993 900.00	3 024.13	

（二）竹林评估技术指标

（1）毛竹林生长期划分标准。根据毛竹林资源现场核查及当地的竹林经营状况，将毛竹林所处的生长阶段分为三种类型：亩立竹量少于100株的竹林，目前产竹笋量较少，预计3～4年后进入正常生产；亩立竹量在100～140株的竹林，生产能力恢复快，目前已生产部分竹、笋，且产量逐年上升，预计1～2年后进入正常生产；亩立竹量在140株以上的竹林已进入稳产状态。

经调查，本次拟评估的毛竹林亩立竹量均已进入稳产期。

（2）竹、笋产量。根据当地稳产成年竹林近年平均年产竹材20～35根/亩、平均年产春笋100～200千克/亩、冬笋8～13千克/亩，结合现地综合调查情况确定：稳产成年竹林近年平均年产竹材30根/亩，平均年产春笋150千克/亩、冬笋10千克/亩。

（3）产品销售价格及生产成本。①竹、笋价格：竹材平均价格为15元/根，春笋平均价格为1.2元/千克，冬笋平均价格为10元/千克。②竹材采伐成本（含运输费用材林及采伐生产利润）：按售价30%计。③挖笋成本（含运输费用材林及采伐生产利润）：按售价50%计算。

（4）竹（笋）销售税费。依据市场调查确定，竹材0.41元/根，笋0.018元/千克。

（5）竹林培育成本（每年）。①施肥：每年60元/亩；②深翻抚育四年一次，每次200元/亩，平均每年50元/亩；③除草、劈杂：每年50元/亩；④管护费（主要包括护林、病虫害防治及日常管理等费用材林）：5元/亩；⑤合计：165元/亩。

（6）竹林经营投资收益率。根据竹林种植水平和市场波动等因素，结合当地的类似投资回报率，竹林经营投资收益率取10%。

（三）已进入稳产期成年竹林的资产评估方法

已进入稳产期成年竹林在经营期内每年都有相对稳定的纯收入，采用材林收益现值法进行评估。收益现值法是将被评估林木资产在未来经营期内各年的净收益按一定的折现率折现为现值，然后累计求和得出林木资产评估价值的方法。其计算公式为：

$$P = \frac{A}{r}\left[1 - \frac{1}{(1+r)^n}\right]$$

式中：P——竹林资产评估值；

A——年纯收益；

n——经营期；

r——折现率。

（四）举例

1. 概况

根据现场调查，该宗地中二类经营小班7林班1大班4小班，有林面积24亩，地类为竹林，林种为毛竹林，立地质量等级为2级，坡度为30°，树种组成10竹，亩立竹数为150株/亩，平均胸径16厘米，平均树高10米，起源为天然，龄组为稳产竹，经营类型为一般竹。

2. 评估单价的测算

(1) 竹材年纯收益。竹材年纯收益＝销售收入－采伐成本－销售税费。

$$年竹材纯收益＝30×15－30×15×30\％－30×0.41＝302.70(元/亩)$$

(2) 春笋年纯收益。春笋年纯收益＝销售收入－挖笋成本－销售税费。

$$春笋纯收益＝150×1.2－150×1.2×50\％－150×0.018＝87.30(元/亩)$$

(3) 冬笋年纯收益。冬笋年纯收益＝销售收入－挖笋成本－销售税费。

$$春笋纯收益＝10×10－10×10×50\％－10×0.018＝49.82(元/亩)$$

(4) 培育成本。合计 165 元/亩。

(5) 年单位面积纯收益。年单位面积纯收益＝竹材年纯收益＋春笋年纯收益＋冬笋年纯收益－培育成本。

$$年单位面积纯收益＝302.70＋87.30＋49.82－165＝274.82(元/亩)$$

(6) 单位面积评估值。

$$单位面积评估值＝274.82÷10\％＝2\,748.20\,(元/亩)$$

3. 小班评估值确定

$$小班评估值＝单位面积评估值×竹林面积＝2\,748.20×24$$
$$＝65\,956.80≈66\,000(元)(取整至佰元)$$

4. 竹林评估值确定

$$竹林评估值＝456×2\,748.20＝1\,253\,179.20≈1\,253\,000.00(元)(取整至佰元)$$

(五) 讨论问题

(1) 说明本案例竹林评估技术指标参数的来源及渠道。

(2) 本案例竹林单位面积评估值的计算过程和方法。

第十一章
企业价值评估

学习目标

1. 理解企业的性质和内涵
2. 理解企业价值评估的实质内涵
3. 掌握企业价值的内涵及价值类型的含义
4. 掌握企业价值评估的内涵
5. 掌握企业价值评估的范围界定
6. 理解转轨经济时期企业价值评估注意的问题
7. 理解控股权溢价和非流动性折价问题
8. 掌握收益法在企业价值评估中的应用
9. 掌握市场法在企业价值评估中的应用
10. 了解资产基础法的应用局限性和这一方法应用中注意的应用前提

为使学生对本章内容有一个概括性认识和全局性把握,我们描述了本章的内容结构框架、知识点之间的逻辑结构,如图 11-1 所示。

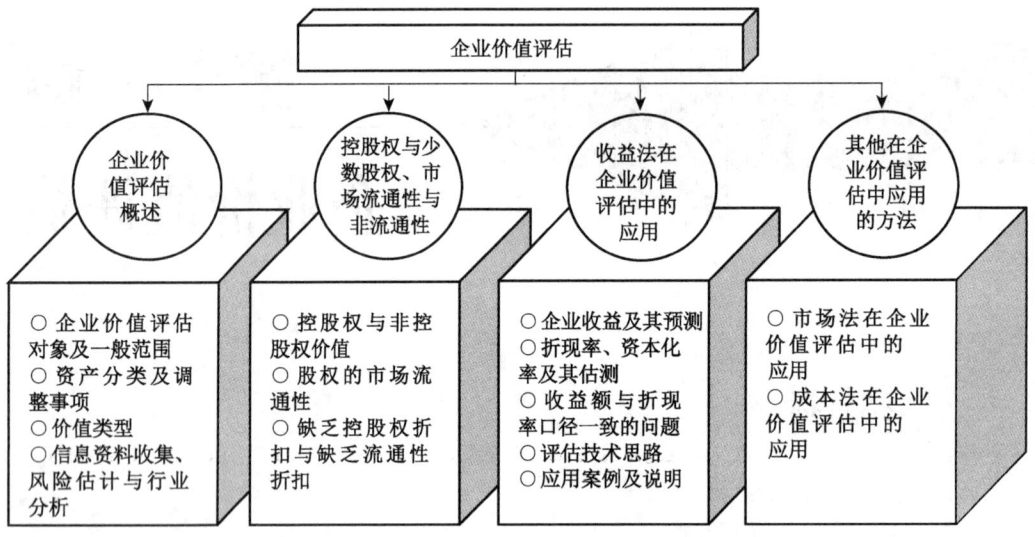

图 11-1　本章的知识点逻辑结构图

案例导入

为何高科技互联网企业经营亏损却不妨碍其获得市场较高的估值

九言科技 2016 年 3 月 30 日正式挂牌新三板,目前总股本 1.5 亿股,挂牌后至今尚无交易。若按去年 4 月 27 日的增资价格 11.87 元/股计算,该公司估值已达 17.8 亿元。九言科技属于互联网平台型企业,公司主要有两款产品,一个是女性时尚品牌导购平台"爱图购",一个是移动社交平台"in APP"。目前公司收入主要来自"爱图购"导购平台,通过对接天猫商城、品牌独立站,一方面向商家收取导流订单的分成,另一方面向商家提供展位广告服务。2013 年和 2014 年九言科技分别实现主营业务收入 133.48 万元和 534.05 万元,与此同时净利润分别亏损 437 万元和 1 497 万元。九言科技发布的 2015 年度报告显示,公司实现营业收入 67 万元,净利润亏损 2.13 亿元。该"战绩"位列新三板公司已披露年报成绩单"倒数第二"。公司在年报中坦言,由于将主要资源投入到"in APP"的研发、升级和推广中,公司或面临产品单一、新增用户数量趋缓、未来收入不确定的风险。"平台型企业的估值,初期不会看盈亏情况,更注重该公司的用户数量及黏性。"有 PE 机构人士如此表示。据公司方面称,截至 2015 年 10 月 31 日,"in APP"注册用户规模已达到 5 490 万。

第一节　企业价值评估概述

企业价值评估是现代市场经济的产物,它适应频繁发生的企业改制、公司上市、企业购并和跨国经营等经济活动的需要而产生和发展。由于评估对象的特殊性和复杂性，使其成为一项涉及面较广和技术性较强的资产评估业务。

一、企业价值评估对象及一般范围

(一) 企业价值评估对象与特点

《资产评估执业准则——企业价值》第二条指出，企业价值评估，是指资产评估机构及其资产评估专业人员遵守法律、行政法规和资产评估准则，根据委托对评估基准日特定目的下的企业整体价值、股东全部权益价值或者股东部分权益价值等进行评定和估算，并出具资产评估报告的专业服务行为。不同企业价值形式的关系如图11-2所示。

流动资产价值(A)	流动负债和长期负债中的非付息债务价值(C)
固定资产和无形资产价值(F)	付息债务价值(D)
其他资产价值(O)	股东全部权益价值(E)

图 11-2　企业整体价值、股东全部权益价值或者股东部分权益价值及其关系

(1) 企业整体价值是企业总资产价值减去企业负债中的非付息债务价值后的余值，或用企业所有者权益价值加上企业的全部付息债务价值表示。即：

$$\begin{aligned}\text{企业整体价值} &= \text{企业总资产价值} - \text{非付息债务价值}\\ &= \text{企业所有者权益价值} + \text{企业全部付息债务价值}\\ &= (A+F+O)-C\\ &= D+E\end{aligned}$$

(2) 企业股东全部权益价值就是企业的所有者权益价值或净资产价值。即：

$$\begin{aligned}\text{企业股东全部权益价值}(E) &= \text{企业所有者权益价值或净资产价值}\\ &= \text{企业整体价值} - \text{企业全部债务价值}\\ &= (A+F+O)-(C+D)\end{aligned}$$

(3) 股东部分权益价值其实就是企业一部分股权的价值，或股东全部权益价值的一部分。股东部分权益价值概念并不难以理解，但由于存在着控股权溢价和少数投权折价因素，资产评估专业人员应当知晓股东部分权益价值并不必然等于股东全部权益价值与股权比例的乘积。在资产评估实务中，股东部分权益价值的评估通常是在得到股东全部权益价值后再来评定，资产评估专业人员应当在适当及切实可行的情况下考虑由于控股权和少数股权等因素产生的溢价或折价，应当在评估报告中披露是否考虑了控股权和少数股权等因素产生的溢价或折价。

综上所述，由于企业价值的表现形式是多层次的，资产评估专业人员在评估企业价值时，应当根据评估目的的不同、委托方的要求等谨慎区分本次评估的是企业整体价值、股东全部权益价值，还是股东部分权益价值，并在评估报告中明确说明。

企业价值评估具有以下特点：①评估对象是由多个或多种单项资产组成的资产综

合体;②决定企业价值高低的因素,是企业的整体获利能力;③企业价值评估是一种整体性评估。

(二) 企业价值评估的一般范围

企业价值评估的一般范围,就一般意义上讲,是为进行企业价值评估所应进行的具体工作范围,通常是指企业产权涉及的具体资产范围。不论是进行企业整体价值评估、股东全部权益价值评估,还是进行股东部分权益价值的评估,其实都要求对企业进行整体性评估,企业价值评估的工作范围必然要涉及企业产权内的所有资产。从产权的角度界定,企业价值评估的一般范围应该是企业产权涉及的全部资产,包括企业产权主体自身拥有并投入经营的部分,企业产权主体自身拥有未投入经营部分,虽不为企业产权主体自身占用及经营,但可以由企业产权主体控制的部分,如全资子公司、控股子公司以及非控股公司中的投资部分;企业拥有的非法人资格的派出机构、分部及第三产业;企业实际拥有但尚未办理产权的资产等。

在具体界定企业价值评估的一般范围时,应根据以下有关数据资料进行:①企业价值评估申请报告及上级主管部门批复文件所规定的评估范围;②企业有关产权转让或产权变动的协议、合同、章程中规定的企业资产变动的范围;③企业有关资产产权证明、账簿、投资协议、财务报表;④其他相关资料等。

二、企业价值评估中的资产分类及调整事项

(一) 企业资产、收益与评估值的对应关系

企业价值的形成基于企业整体盈利能力,评估专业人员判断估计企业价值,就是要正确分析和判断企业的盈利能力。但是,企业是由各类单项资产和单项负债组合而成的综合体,这些单项资产和单项负债对企业盈利能力的形成具有不同的作用,对企业价值的形成具有不同的贡献。因此,在运用收益法和市场法进行企业价值评估时,应当与委托方和相关当事方进行沟通,在界定企业价值的评估范围基础上,了解企业资产配置和使用情况,对企业价值评估范围的资产和负债的配置及使用情况进行必要的分析,谨慎识别非经营性资产、负债和溢余资产,并对其单独分析与评估。

根据资产和负债的经营属性进行区分。根据资产的经营属性,可以将企业的资产区分为经营性资产和非经营性资产。经营性资产对企业盈利能力的形成过程产生直接或间接贡献。非经营性资产对企业盈利能力的形成过程不产生直接或间接贡献。在评估实务中,检验某项资产是否属于非经营性资产,可运用模拟抽离法,即在企业盈利能力的形成过程中,将某项资产模拟抽离该企业,分析抽离行为是否会影响企业的盈利能力,若抽离该资产对企业盈利能力的形成不产生任何影响,则该项资产属于非经营性资产,否则为经营性资产。

根据负债的经营属性,可以将企业的负债区分为经营性负债和非经营性负债。在企业盈利能力的形成过程中,已考虑了某项负债的偿还义务对企业盈利能力的影响,则该项负债为经营性负债,否则为非经营性负债。

同一类资产、负债在不同行业或不同企业中的经营属性可能存在差异。独立于企

业的单项资产、负债本身并没有经营性和非经营性的区别,资产、负债的经营性或非经营性的区分,取决于资产、负债在具体企业中的具体配置和利用情况。不同行业或不同企业中,对资产负债的配置和使用情况往往存在差异,同一类资产在某些行业中可能是经营性资产,而在其他行业中可能是非经营性资产。比如,对于一般的工业企业而言,投资性房地产通常是非经营性资产,但对于以经营管理持有型物业为主营业务的企业来说,投资性房地产是经营性资产。

对资产、负债的经营属性进行区分,不能仅根据资产、负债与主营业务收入、其他业务收入的关系进行判断。按照企业所从事日常活动的重要性,可将收入分为主营业务收入、其他业务收入等,但其他业务收入所形成的资产,或为开展其他业务而准备的资产并非全部为非经营性资产。企业的其他业务收入可进一步区分为经常性收入和偶然性收入,经常性的其他业务收入对应的资产通常可界定为经营性资产,而偶然性的其他业务收入对应的资产一般应界定为非经营性资产。

根据资产的配置属性进行区分。根据资产的配置属性,可以将企业的资产区分为必备资产和溢余资产。根据资产规模与企业经营规模的配置关系,可将经营性资产细分为必备的经营性资产和溢余的经营性资产。必备的经营性资产是形成企业盈利能力所必需的资产,溢余的经营性资产是超过了企业盈利能力形成的必备规模的资产。对于非经营性资产,因其与企业盈利能力的形成过程无关,对其按配置属性进行区分并无现实意义。

将企业的资产、负债根据经营属性和配置属性进行区分,目的在于正确揭示企业价值。企业盈利能力是企业必备的经营性资产共同作用的结果,也决定着必备的经营性资产的价值。非经营性资产和溢余的经营性资产虽然也可能有交换价值,但其交换价值与必备的经营性资产的决定因素、形成路径是有差别的。要正确揭示和评估企业价值,评估专业人员就需要将企业价值评估范围内的资产、负债根据经营属性和配置属性进行区分,并选择恰当的评估方法和技术路径分别对必备的经营性资产、溢余的经营性资产、非经营性资产进行评估。必备的经营性资产的评估方法,与溢余的经营性资产、非经营性资产的评估方法可能存差异。必备的经营性资产和经营性负债的评估价值,与非经营性资产和溢余的经营性资产的评估价值相加,得出企业整体价值。企业资产、收益与评估值对应关系如图11-3所示。企业资产、负债根据经营属性和配置属性划分

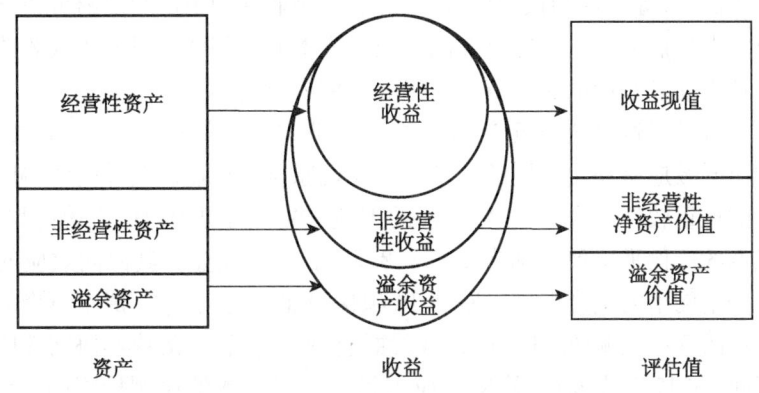

图11-3　资产、收益与评估值的对应关系

得是否合理,将直接影响运用不同评估途径与评估方法评估企业价值的结果合理性与可信度。

(二)调整事项

在运用收益法和市场法进行企业价值评估时,应当根据评估对象、价值类型等相关条件,在与委托方和相关当事方协商并获得有关信息的基础上,对被评估企业和可比企业财务报表进行必要的分析和调整,以合理反映企业的财务状况和盈利能力。

根据评估业务的具体情况,分析和调整事项通常包括:①财务报表编制基础;②非经常性收入和支出;③非经营性资产、负债和溢余资产及其相关的收入和支出。

(三)注意问题

(1)资产评估人员应当知晓评估对象在持续经营前提下的价值并不必然大于在清算前提下的价值。如果相关权益人有权启动清算程序,资产评估人员应当根据委托评估事项,分析评估对象在清算前提下价值大于在持续经营前提下价值的可能性。

(2)资产评估人员在对具有多种业务类型、涉及多种行业的企业进行企业价值评估时,应当根据业务关联性合理界定业务单元,并根据被评估企业和业务单元的具体情况,采用适宜的财务数据口径进行评估。

(3)协同效应。在涉及重组、并购等企业价值评估时,通常应当考虑协同效应。协同效应是指并购后竞争力增强,导致净现金流量超过两家公司预期现金流之和,或者合并后公司业绩比两个公司独立存在时的预期业绩高。协同效应有很多种类型,最常见的有经营协同效应、管理协同效应和财务协同效应。

经营协同效应是指实现协同后的企业生产经营活动在效率方面带来的变化及效率的提高所产生的效益。协同改善了公司的经营,从而提高了公司效益,包括产生的规模经济、优势互补、成本降低、市场份额扩大、更全面的服务等。管理协同效应又称差别效率理论,是指协同给企业管理活动在效率方面带来的变化及效率的提高所产生的效益。如果协同公司的管理效率不同,在管理效率高的公司与管理效率不高的另一个公司协同之后,低效率公司的管理效率得以提高。管理协同效应来源于行业和企业专属管理资源的不可分性。财务协同效应是指协同的发生在财务方面给协同公司带来收益,包括财务能力提高、合理避税和预期效应。例如,在企业并购中产生的财务协同效应就是指在企业兼并发生后通过将收购企业的低资本成本的内部资金投资于被收购企业的高效益项目上从而使兼并后的企业资金使用效益更为提高。

国际投资银行通过对全球近 10 年的重大企业并购案例进行研究,结果表明,不同行业并购的协同效应呈现出不同的特性。①建筑原材料行业。其并购的协同效应占目标公司成本的比重较低。在 1994 年之后的 16 宗并购中,协同效应占销售收入、协同效应占现金成本的比例平均值分别为 2.4%、2.7%。②保险业。其协同效应的大小取决于并购公司分销网络的整合能力。欧洲 14 项保险业并购交易中,成本下降的协同效应占到合并成本的 5%、并购公司的 6%。③油气行业。该行业的成本协同效应表现出很大的变动区间,在 17 项交易中,协同效应占目标公司成本的比例最高的达到 34.3%,最低的为 1.7%,平均达到 9.3%。而且,越小的目标公司其协同效应的比例越高;已完成并购的实际协同效应数一般要高于先前宣布数。④汽车制造业。在主要的汽车制造业并购案例中,协同效应占合并公司成本的比例基本相同。而且在并购后 5 年内,随着整合的深入,协同效应会逐步发挥出来,该比例会逐年提高到 3.6%~4.5%。⑤日用品行业。协同效应也表现出较大的变动幅度,协同效应占目标公司销售收入的比重在 5%~15%之间,平均值为 7.9%。⑥公司事业。协同效应主要来自消除重叠,占目标公司成本的 1.3%~18.1%,平均值为 6.9%。

三、企业价值评估中的价值类型与评估假设

(一) 企业价值评估中的价值类型

与其他资产评估结果的价值类型分类一样,企业价值中的价值类型也划分为市场价值和非市场价值两类。

1. 市场价值

企业价值评估中的市场价值,是指企业在评估基准日公开市场上正常使用状态下最有可能实现的交换价值的估计值。评估企业的市场价值要求评估人员评估所使用的信息资料都来源于市场,就是说,即使是企业提供的并且真实的数据资料,评估人员也需要进行认真分析,判断这些信息资料是否属于公开市场信息,用于企业市场价值评估的信息资料必须是公开市场信息,这种市场价值的公允合理性是面向整个市场的,而不是针对某个特殊投资者的。

2. 非市场价值

企业价值评估中的非市场价值(市场价值以外的价值)并不是一种具体的企业价值存在形式,它是一系列不符合企业价值评估中的市场价值定义条件的价值形式的总称或组合。企业价值评估中的非市场价值也是企业公允价值具体表现形式的一类概括,企业价值评估中的非市场价值主要有投资价值、持续经营价值、保险价值、清算价值等。

(1) 投资价值是指企业对于具有明确投资目标的特定投资者或某一类投资者所具有的价值,如企业并购中的被评估企业对于特定收购方的收购价值;关联交易中的企业交易价值;企业改制中的管理层收购价值等。企业的投资价值可能正好等于企业的市场价值,也可能高于或低于企业的市场价值。企业的投资价值与投资性企业价值是两个不同的概念,投资性企业价值是指特定主体以投资获利为目的而持有的企业在公开市场上按其最佳用途实现的市场价值。

(2) 持续经营价值是指被评估企业按照评估基准日时的用途、经营方式、管理模式等继续经营下去所能实现的预期收益(现金流量)的折现值。企业的持续经营价值是一个整体的价值概念,是相对于被评估企业自身既定的经营方向、经营方式、管理模式等所能产生的现金流量和获得能力的整体价值。由于企业的各个组成部分对企业的整体价值都有相应的贡献,企业持续经营价值可以按企业各个组成部分资产的相应贡献被分配给企业的各个组成部分资产,即构成企业各局部资产的在用价值。企业的持续经营价值可能正好等于企业的市场价值,也可能高于或低于企业的市场价值。

(3) 在用价值是指作为企业组成部分的特定资产对其所属企业能够带来的价值,而并不考虑该资产的最佳用途或资产变现的情况。一般情况下,是以该特定资产未来

预计可实现的现金流量,以及处置该资产可实现的变现值的折现值表示。

(4)保险价值是指根据企业的保险合同或协议中规定的价值定义所确定的价值。

(5)清算价值是指企业处于清算、迫售、快速变现等非正常市场条件下所具有的价值,或设定企业处于清算、迫售、快速变现等非正常市场条件下所具有的价值。从数量看,企业的清算价值是指企业停止经营,变卖所有的企业资产减去所有负债后的现金余额。这时企业价值应是其构成要素资产的可变现价值。破产清算企业的价值评估,不是对企业持续经营前提下的价值揭示,该类企业作为生产要素整体继续经营已经不经济了,或者企业作为生产要素整体已经丧失了盈利能力,因而也就不具有通常意义上的持续经营企业所具有的价值。对破产清算企业进行价值评估,实际上是对该企业的单项资产的变现价值之和进行判断和估计。

在企业作为生产要素整体继续经营已经不经济了或者已经丧失了盈利能力的情况下,企业在清算前提下的清算价值并不必然小于企业在持续经营前提下的价值。如果出现了企业生产要素整体继续经营已经不经济了或者已经丧失了盈利能力这种情况,评估人员可以向委托方提出咨询建议,建议相关权益人启动被评估企业的清算程序。如果相关权益人有权启动被评估企业的清算程序,资产评估人员应当根据委托,分析被评估企业在清算前提下价值大于在持续经营前提下价值的可能性和评估价值。

(二)企业价值类型的界定

界定企业价值类型主要从两个方面进行考虑。

(1)资产评估揭示的是评估对象的公允价值,企业作为资产评估中的一类评估对象,在评估中其价值也应该是公允价值,企业作为资产评估中的一类评估对象,在评估中其价值也应该是公允价值。但是,资产评估中的公允价值是一个抽象的概念,在具体的企业价值评估中,评估人员必须根据评估目的和评估时的条件将企业价值评估的公允价值具体化。

正常市场条件下和正常使用条件下的企业公允价值——企业的市场价值;非正常市场条件下的企业公允价值——非市场价值及其具体价值表现形式。即使是同一个企业,正常市场条件下和正常使用条件下的企业公允价值与非正常市场条件下的企业公允价值可能有着较大的差异。准确界定和选择企业评估价值类型直接决定着评估结果的合理性。

(2)企业作为一类特殊的评估对象,其评估价值的判断或估计是服务于委托人及其他评估报告使用者。由于企业本身的复杂性和企业评估价值类型的多样性及量的差异性,要求评估人员在进行企业价值评估时,必须恰当厘定和选择企业评估价值类型,并提示报告使用者恰当使用企业价值评估报告和评估结论。

(三)企业价值评估假设

企业价值评估实际上是一种模拟市场判断企业价值的过程。在企业价值评估过程中,由于被评估企业所处的内外部环境是不断变化的,需要根据已掌握的信息对评估基准日企业价值的某些特征或全部情况做出合乎逻辑的判断。依据有限事实,通过一系列推理,对于所研究的事物做出合乎逻辑的假定说明就叫假设。因此,企业价值评估也可以理解为是评估专业人员根据实际条件或模拟条件,对企业的价值进行理性分析、论证和比较的过程。

企业价值评估结论应当公允,而所有公允的评估结论又都是有条件约束的,企业价值评估假设正是表现企业评估条件约束的重要形式。也就是说,假设前提会直接影响企业价值评估的价值类型以及评估专业人员将选用何种评估方法进行评估,进而决定最终评估结果以及评估结果的适用性。在企业价值评估中要科学合理地设定和使用评估假设,需要与企业价值评估目的及其对市场条件的宏观限定情况、企业目前自身经营状况和产权变动后企业经营状态以及评估所实现的价值类型和价值目标等相联系和匹配。因此,评估专业人员需要对收集的企业资料进行充分分析和判断,合理设定企业价值评估的假设。企业价值评估的假设可分为基本假设和具体假设。

1. 企业价值评估的基本假设

企业价值评估的基本假设主要有交易假设、公开市场假设、持续经营假设和清算假设等,这里重点阐述企业价值评估中的持续经营假设和清算假设。

(1)持续经营假设。持续经营假设是企业价值评估中最常用的假设。该假设假定被评估企业在评估基准日后仍将按照原来的经营目的、经营方式持续经营下去。它意味着企业在出售、兼并、重组、合并以后,其继续使用价值持续发生作用,提供的产品或服务仍能满足市场需求,并产生一定的效益。在进行企业价值评估时,是否选择持续经营假设需考虑以下三个方面的因素。第一,评估目的,即引起企业价值评估的经济活动是否要求企业持续经营,或评估结果的具体用途是否需要以企业持续经营为前提。第二,企业提供的产品或服务是否能满足市场需求。若企业的产品或服务不能满足市场需求,企业无未来收益,则不适用持续经营假设。第三,企业要素的功能和状态。若企业各个要素资产破损严重、工艺落后或严重比例失调而不能满足企业持续经营的需要,也不能适用持续经营假设。

一般情况下,企业价值评估中持续经营假设的情况主要包括存量持续经营假设、增量持续经营假设、并购整合持续经营假设三种情况(见表 11-1)。

表 11-1　持续经营假设具体分类情况

	含义	内容	条件
存量持续经营假设	维持企业原有经营规模及产品结构的持续经营假设	在宏观环境方面假设国家现行的有关法律、法规及产业政策无重大变化,行业的准入制度、市场分割状况等维持目前格局;在微观环境方面假设被评估企业的资本结构、经营结构和产品结构得以维持现状,企业的会计政策和税收政策的主要方面在评估基准日时没有发生显著变化、企业继续具有独立的生产经营地位,其现有规模的资产可继续使用下去	评估目的中的经济行为实现后,企业的控制权不发生变化或虽有控制权的变化但企业的主要经营方向和经营策略不发生重大变化;企业现有的财务政策、定价政策和市场份额不会因为评估目的中所涉经济行为的实现而发生重大变化;评估目的中的经济行为实现后的资本投入主要是为了弥补评估基准日存量资产的消耗,保持评估基准日存量资产的生产能力,而不形成明显的增量资产,也不会出现企业的生产经营能力大幅提高的情形;评估目的中的经济行为实现后企业不会发生转产或经济方向的根本改变

（续表）

	含义	内容	条件
增量持续经营假设	企业在其存量资产对应的经营规模基础上通过追加投入以实现扩大再生产，扩大企业经营规模或丰富企业产品结构的持续经营假设	对于企业股东拟对收益较好的企业追加投入资本并使其在短期内新增生产经营能力的情况，此时如果继续以企业维持原有生产经营规模为前提进行收益预测，显然与企业未来的真实情况不符，而应当使用增量持续经营假设	企业投入资本能够顺利形成新增生产能力，不会受到土地、厂房、设备、人员、管理等诸多因素的制约；企业的新增生产能力能够通过市场的考验，即生产的产品或服务能够被市场所接受；企业投入资本的回报率能够高于企业的债务资本成本，并成为企业新增的获利能力
并购整合持续经营假设	通过企业并购及并购后的重组整合，考虑并购整合过程对标的企业产生的协同效应的持续经营假设	协同效应的获取是企业并购发生的重要原因。考虑协同效应对企业未来收益及企业价值的影响，则应当使用并购整合持续经营假设	如果通过并购各方在并购及并购后整合过程中的协调与合作，使并购标的企业在生产、营销、管理的不同环节、不同阶段、不同方面共同利用同一资源而产生整体效应，或使并购标的企业因并购各方相互协作共享业务行为和特定资源而增强盈利能力，则标的企业就实现了协同效应

（2）清算假设。清算假设是对资产在非公开市场条件下被迫出售或快速变现条件的假定说明。清算假设首先是基于被评估资产面临清算或具有潜在被清算的事实或可能性，再根据相应数据资料推定被评估资产处于一种被迫出售或快速变现的状态。由于清算假设假定被评估资产处于被迫出售或快速变现条件之下，被评估资产的评估价值通常要低于在公开市场假设下或持续使用假设下同样资产的评估价值。因此，在清算假设下的资产评估结果的适用范围是非常有限的。

清算假设与持续经营假设相比，其区别主要体现在以下两个方面：首先是企业资源自由支配方面的差异。在持续经营假设下，企业的经济资源能够按原有的计划投入使用，企业对这些经济资源保留自由支配权；同时，企业将按其经营目标，运用可控资源进行独立决策和进行正常的经营活动，并按过去和现实承诺的条件去清偿各种债务。但在清算假设下，企业的经济资源将按规定变卖出售，企业不能按原有计划考虑资产的继续使用。此时，企业的债务清偿金额只能依赖于清算资产变卖所得的多少，而不能按原有的承诺进行清偿。其次是资产计价方面的差异。在持续经营假设下，企业可以进行正常的生产经营活动，其经济资源也将按原有用途使用，因此企业资产的计价也可以在资产正常使用的前提下进行，这样资产的价值可以得到真实体现。但是，在清算假设下，企业将不再继续经营，其资产将在短期内进行处置。因此企业也只能以短期内对外处置价格对资产进行计价，通常来说，此时企业的资产价值会低于其在正常使用下的价值。

2. 企业价值评估的具体假设

（1）具体假设的主要类别。企业价值评估的具体假设主要包括基于企业外部环境的假设和基于企业内部环境的假设（见表11-2）。此外，也包括评估专业人员获取资料和履行评估程序方面的假设,比如假设委托人和被评估企业提供的资料是真实、合法、完整的,对于受条件限制未履行或无法履行相应的评估程序、采用了未经调查确认或无法调查确认的资料数据所做出的假设等。

表 11-2　具体假设分类情况

类别	子类别	内容
基于企业外部环境的假设	基于宏观环境的假设	主要包括政治环境假设、宏观经济环境假设、法律法规假设、财政政策假设、货币政策假设以及产业政策假设等
	基于中观环境的假设	主要包括行业发展前景假设、行业政策假设、区域经济政策假设以及对被评估企业进行规范、监管、审批、规划等方面的假设(比如环保政策假设、土地政策假设、税收政策假设、政府补贴假设等)
基于企业内部环境的假设	对被评估企业的假设	主要包括对企业生产经营模式、业务或产品的种类及结构、生产能力、行业竞争地位、产业链关系(与供应商和客户的关系)、资本结构、会计政策、生产经营管理方式、人力资源、企业管理水平以及关联交易情况等方面做出的假设
	对被评估企业具体资产的假设	主要是对具体资产利用或使用的方式、程度、范围、效果所做的假设。如对具体资产的物理、法律、经济状况的假设,追加投资假设,产权变动后可利用的资产范围以及资产的可能用途、利用方式和利用效果的假设,继续使用或者变现假设,原地使用或者移地使用假设,现行用途使用或者改变用途使用假设等

(2)具体假设的设定依据及应注意的问题。

① 设定依据。企业价值评估假设的设定与使用应建立在科学合理的基础之上。评估专业人员执行企业价值评估业务时,应当依据评估目的、价值类型、市场条件、评估对象自身条件等因素综合分析确定评估假设,不能仅凭主观判断设定不合理的假设。

企业价值评估假设应当与评估目的相匹配。评估目的规定了企业价值评估结果的具体用途,同时也规范了评估对象或被评估企业的作用空间和可利用资源的范畴。企业价值评估特定目的对评估对象或被评估企业的作用空间和可利用资源的范畴的规范,具体是通过企业价值评估假设体现出来的。

企业价值评估假设应当与企业价值类型相协调。评估假设是在价值类型已经确定的基础上对相关评估条件的设定。企业价值评估是评估专业人员根据实际条件约束下的企业或模拟条件约束下的企业的价值进行理性分析、论证和比较的过程。不同的价值类型建立在与之相适应的价值基础之上。价值基础是选择价值类型的约束性条件,而价值基础对选择价值类型的约束性是通过评估假设来实现的。评估假设作为评估条件的浓缩形式,是连接评估目的、价值基础与价值类型以及评估结论的纽带。企业价值评估价值类型的选择应当考虑价值类型与评估假设之间的相关性。比如,在投资价值类型的企业价值评估中,可以就特定投资者对被评估企业可能产生或实施的影响做出假设;但在市场价值类型的企业价值评估中,并不能考虑股权交易行为实施后的协同效应,因而不能对被评估企业实现这些协同效应的条件做出假设,更不能假设被评估企业可以实现这些协同效应。

企业价值评估假设应当与市场条件相适应。企业价值评估依据的市场条件是企业价值基础的重要组成部分,是决定企业价值类型和企业价值的重要因素,企业价值评估时所面临的市场条件及交易条件,是企业价值评估的外部环境,是影响企业价值评估结果的外部因素。在不同的市场条件下或交易环境中,即使是相同的评估对象也会有不同的评估结果。

企业价值评估假设应当与评估对象自身条件相契合。评估对象自身的功能、使用方式和利用状态是评估对象自身的条件,也是影响企业价值的内因。不同功能的评估对象会有不同的评估结果,而功能相同的资产在不同的使用方式或利用状态下也会有不同的评估结果。企业价值评估假设中,与评估对象自身条件有关的具体假设主要包括资产使用范围假设、资产利用方式假设、资产利用程度假设和资产利用效果假设等。

② 应注意的问题。企业价值评估假设的设定与使用应特别注意以下问题:第一,应当科学合理地设定企业价值评估假设。企业价值评估假设的设定与使用应该建立在科学合理的基础之上。评估假设的设定不是任意的,应充分考虑企业所处政治、经济和法律环境,技术发展,市场前景,资产状况,经营能力,商业化程度等,合理设定与之相适应的假设条件。评估专业人员不得随意设定没有依据、不合情理的企业价值评估假设;不得在已知委托人或其他信息来源方提供的某些信息资料不真实的情况下,用假设形式设定这些资料是真实的,并在此基础上出具评估意见;也不能在没有进行必要的分析和判断、未履行必要的调查分析或核实程序情形下,直接以评估假设替代本应履行的评估程序,评估专业人员应确信相关假设有可靠证据表明其很有可能在未来发生,或者虽然缺乏可靠证据,但没有理由认为这些假设明显不切合实际。第二,不能简单地对企业基于相关条件所可能产生的结果进行假设。企业价值评估假设应围绕被评估企业所处外部环境和内部环境进行,将市场条件及影响企业价值的相关不确定因素暂时"凝固"在某种状态下,以达到对企业价值做出判断的目的,而不是简单地对企业所处外部环境和内部环境可能产生的结果进行假设。比如,在运用收益法评估企业价值的过程中,对委托人和相关当事方提供的盈利预测,应进行必要的分析、判断和调整,不能简单假设盈利预测能够如期实现。第三,应谨慎使用非真实性假设。在企业价值评估实务中,评估企业价值所需要的条件与评估基准日时企业的现实情况可能一致,也可能并不完全吻合,甚至是相反的,评估专业人员需要借助于合乎逻辑的评估假设以构建价值基础。如果假设是为了特定的评估项目而做出的与真实情况相反的假设,该假设为非真实性假设。只有在下列情况下,评估专业人员才应使用非真实性假设:该假设是分析并得出可靠的评估结论所必需的;该假设有合理的依据;只有使用该假设才能得以进行可靠的分析;在评估报告中对该假设进行充分披露。第四,企业价值的评估过程应当与企业价值评估假设相呼应。从本质上讲,评估假设是对评估条件的某种抽象,而这些评估条件通过具体评估过程最终影响或决定着企业价值的评估结果。因此,企业价值的评估过程应当与企业价值评估假设相呼应,不能使评估假设与评估具体过程相脱节。

四、信息资料收集、风险估计与行业分析

(一) 企业价值评估中的信息资料收集

企业价值评估中的信息资料收集是做好企业价值评估的一项非常重要的工作。评估人员可以根据对本次企业价值评估所选择的价值类型,以及评估途径和方法,收集与本次企业价值评估相关的、有针对性的、有用的信息资料。

从本质上讲,企业价值评估是评估人员根据资产评估原理和技术方法,利用所掌握的信息资料,对影响企业价值的各种因素进行综合分析和判断的过程。评估人员占有信息量的多少将直接影响评估人员对企业价值的判断和估计,占有充分的信息资料是合理评价企业价值的重要基础。

根据企业价值评估准则的要求,以及评估实践经验,企业价值评估需要收集的信息资料通常包括以下几个方面。

(1) 评估对象相关权益状况及有关法律文件、评估对象涉及的主要权属证明资料。例如,公司章程、企业各项规章制度、企业重要经营协议合同,包括供货、销货、特许经营、技术转让、房屋设备租赁、银行贷款、保险、劳动协议合同等。

(2) 企业的历史沿革、主要股东及持股比例、主要的产权和经营管理结构资料。例如,企业机构组织示意图、主要领导人简介、人力管理模式等。

(3) 企业的资产、财务、经营管理状况资料。例如,企业的财务报表,包括近几年的资产负债表、利润表、现金流量表、企业资产清单,以及上述资料的比较表等。

(4) 企业的经营计划、发展规划和未来收益预测资料。例如,企业的类型、规模、主要产品或服务、行业竞争地位、企业年度生产经营计划及执行情况分析、企业发展规划及其相应配套规划等。

(5) 评估对象、被评估企业以往的评估及交易资料。例如,企业已做过的资产评估报告、尚未判决的法律诉讼、税务信息等。

(6) 影响企业经营的宏观、区域经济因素的资料,主要是指与企业经营发展密切相关的宏观经济信息,以及区域经济信息。例如,当前国家经济发展趋势、经济增长速度、国家宏观经济政策等。

(7) 企业所在行业现状与发展前景的资料。例如,产业发展趋势、产业布局、产业在国民经济发展中的地位和作用、产业发展速度、产业技术指标、经济指标和财务指标等。

(8) 证券市场、产权交易市场等市场的有关资料。

(9) 可比企业的财务信息、股票价格或者股权交易价格等资料。例如,与被评估企业相同相似的上市公司的市场价格、投资回报率、各种价值比率;与被评估企业相同或相似的并购企业交易价格、投资回报率、各种价值比率等。

(10) 应当尽可能获取被评估企业和可比企业的审计报告。无论财务报表是否经过审计,评估师都应当对其进行必要的分析和专业判断。

(二) 企业价值评估的风险估计

在企业价值评估中,收益法是被国内外公认的主要评估方法,我国评估界也开始从

过去的加和法转向收益法评估企业价值。在运用收益法时,一个关键的因素就是需要用同风险相符的折现率来折现企业未来的现金流。在成熟市场经济条件下,企业面临的宏观经济环境较为稳定,市场行为较为规范,企业面临的未来风险相对更易预期和估计。但在转型经济条件下,企业交易双方所面临的风险和障碍远大于成熟市场,企业价值评估也变得格外困难。在我国转型经济中,企业面临的风险包括通胀率波动、经济不稳定、资本控制权变动、国家有关政策的变化、合同法和投资者权益定义模糊、法律保护不力、会计制度松弛等。对这些风险的评估不同,对企业的估值就会大相径庭。传统的评估方法大多数将风险反映在折现率中,缺乏深入的分析,也无助于人们对风险更好的理解。评估人员也可采用另外一种方法考虑风险,即进行加权平均风险概率的分析,将风险反映在现金流预测中。首先,评估人员可以根据宏观经济各项指标及行业和公司未来可能面临的风险建立不同的假设情境,并对各种假设情境的概率进行估计。其次,分析各种假设情境下现金流的各组成部分是如何变化的,并对现金流量进行调整。

(三)行业分析

行业是由许多同类企业构成的群体,行业特征制约或决定着企业的生存和发展。企业价值评估中的行业分析,是指根据经济学原理,综合应用统计学、计量经济学等分析工具对被评估企业所在行业经济的运行状况、产品生产、销售、消费、技术、行业竞争力、市场竞争格局、行业政策等行业要素进行深入的分析,从而发现行业运行的内在经济规律,进而进一步预测未来行业发展的趋势。行业分析是介于宏观经济与微观经济分析之间的中观层次的分析,解释行业本身所处的发展阶段及其在国民经济中的地位,是发现和掌握行业运行规律的必经之路,也是资产评估师正确把握被评估企业产品市场份额、可比公司、销售量、价格、收入增长趋势、折现率、折现期等评估参数确定的必由之路。

行业分析的主要内容包括:①行业基本状况分析,如行业概述、行业发展的历史回顾、行业发展的现状与格局分析、行业发展趋势分析、行业的市场容量、销售增长率现状及趋势预测,行业的毛利率,净资产收益率现状及发展趋势预测等;②行业一般特征分析,如行业的市场类型(完全竞争、垄断竞争、寡头垄断、完全垄断)、行业的经济周期(增长型、周期型、防守型)、行业生命周期(引入期、成长期、成熟期、衰退期);③行业结构分析;④行业影响因素分析。

行业分析的主要方法有 PEST 分析、SWOT 分析、行业生命周期分析、麦克·波特价值链分析、麦克·波特五力分析、波士顿矩阵、行业经济结构分析等。

第二节 控股权与少数股权、市场流通性与非流通性

一、控股权与非控股权价值

一般而言,企业拥有控股权的股东享受一些非控股股东享受不到的很有价值的权利。因此,如果在企业价值评估中涉及控股股权,评估人员应该判断和评价在各种具体情况下控股的因素是否存在以及控股的程度,并考虑这些因素对于控股价值的影响。

在某些时候,非控股股东仍然可以享有一些控股的权利,比如说这个非控股股东可能在决定性的投票中投出至关重要的一票,进而影响了企业的重要政策和决定。

股权的分配情况也可能影响企业股权的价值。如果有三个股东或合伙人,各持有公司 1/3 的股权,则没有一个人完全控股。然而也没有一个人处于相对的劣势地位,除非其中两个人结成联盟。在这种情况下,按照相等的股权比例价值所应用的折扣要比完全没有控股的少数股权折扣小一些。事实上,1/3 的少数股权持有者在和其他两个1/3 股东的竞价叫买中,是可以产生一个特殊目的的价格溢价(如决定性投票的价格溢价)的。

许多典型的控股权利也可能通过公司其他股东的关系,如银行家,加以限制和否决。和债务有关或高级别股票的契约限制性条款都经常在公司采取下列行为时起到阻止的作用,如公司在支付红利、提高管理层奖金、变卖资产、收购企业或改变公司经营方向时,股东协议书里面也包含一些限制性条款。

政府的经济法规可以使企业优先享受某些控制的特权。比如,清算保险公司和公用设施公司的经营可能会是一个漫长而难以忍受的过程,或许它们想卖掉或与别人合资合作等,但政府的法规可能会防止这种收购,同样也防止它们把公司卖给别的公司或投资者。

不同地方(国家、地区及各国不同的省或州)的不同法规也会影响其公司里控股或非控股股东的权利。在美国,大概有一半以上的州,公司里超过半数的多数股权可以决定兼并、出售、清算或资产重组这样的重大事项。其他的州,需要 2/3 以上的多数股份才能批准这样的重大事项,这就意味着只要比 1/3 多一点点的少数股权就可以否决这些重大事项的提议。在加州和其他一些州少数股权在某些特定的环境下还可以享受一定的权利。各州有关控股权方面法律的不同肯定会影响到企业股权价值评估的结果。

选举权是影响企业价值的变量之一,也是最难量化的变量之一。对于极端的少数股权,市场给予他的选举权很有限。然而,在决定性的投票中,在两边票数相等、只差一票的情况下,这有决定意义的一票,对价值的影响就相当大。事实上,一个多数股权反对非选举事项的价值可能要低于少数股权反对选举事项的价值,因为没有人会对没有公司事务选举权的多数股权感兴趣。

一般情况下,非控股股权的价值要低于它按整个公司价值分摊到其股份比例下的价值。控股权溢价和缺乏控股权的折扣这部分内容也是目前国外评估界研究的热门,是公司估值中值得深入探究的问题。

二、股权的市场流通性

如果一种证券随时都可以流通,其价值肯定要高。相反,某种证券和某一票据完全一致,只是缺乏流通性则其价值肯定要低于这一票据。换言之,市场给予流通性一定的溢价,或是给缺乏流通性一定的折扣。

根据定义,封闭持股公司的股权不能像上市公司一样可以随时流通,所以,其价值也就要低于上市公司的股权。许多因素影响不同企业股权的相对流通性。有时候,股权的规模是一个因素。对于市场来说,小盘子的股权可能比大盘子股权要容易流通一些。大部分情况下,缺乏流通性对少数股权影响十分明显,然而在封闭持股公司,即使是控股股权也不能像上市公司一样可以随时流通。

股东协议对股权交易的影响也是非常大,如美国有些买卖协议要求股东必须是公司的雇员,而且是签协议的州所在地的居民。其他一些协议可能会决定自动或非自动交易的价格、交易的环境、叫买叫卖的限制条款以及什么人有优先取舍权等。这些实际存在的任何形式的限制性协议都或多或少地减少封闭持股公司股权评估的市场价值。

三、缺乏控股权折扣与缺乏流通性折扣

当委托人、评估人员和评估报告的其他读者(包括一些政府部门和法院)都不能区别缺乏控股权折扣和缺乏流通性折扣的时候,就可能导致一些概念上的混乱。虽然两种折扣也有一些相关性,但这是两个独立的概念。有时候,人们往往看到这样的事实:如果要打折扣的价值基础没有定义清楚的话,所谓的折扣实际上没有任何意义。

缺乏控股权折扣的价值基础就是企业整个股权价值中有控股权这一比例股权的价值(如果没有优先股,就是全部普通股的股权价值),此时把整个股权看作一个整体,包括所有的控股权利。而缺乏流通性折扣的价值基础,就是与被评估企业或股权相比较有更高流动性(能够更容易被卖掉或转换为现金)的企业实体或股权的价值。

如果参考上市公司股票的交易价格,评估封闭持股公司非控股股权的价值,那么这个非控股股权要和其他非控股股权作比较。比较的结果是封闭持股公司的股权要进行缺乏流通性的折扣,而并非缺乏控股权折扣,因为上市公司股权流通性好。如果采用资本化盈利法、账面价值法、调整账面价值法或其他一些评估方法评估封闭持股企业的非控股股权价值,而且是采用控股股权交易的参数或乘数,则所进行缺乏控股权和缺乏流通性的折扣都是合适的。相反,如果是用上市公司每天交易的价格作参数,评估封闭持股公司控股股权的价值,则可能要加上价格溢价,因为上市公司的交易股份是少数股权。

如果采用未来经济收益折现的方法,比如说折现现金流量法(DCF),一般在求取折现率时是采用上市公司股票市场的数据,也就是说是建立在公开市场少数股权交易基础上的数据。在这种情况下评估非控股股权价值,则要在评估计算出来的价值基础上,进行缺乏流通性折扣而不用缺乏控股权折扣。在这里评估中被折现的现金流并没有调整,尽管一般认为现金流的利益多半是控股股东的利益而很少是非控股股东的利益。但这种做法是正确的。

尽管控股股权在某种程度上也是缺乏流通性的,甚至百分之百的股权也可能不能流通,但少于百分之百处于控股地位的多数股权要卖出去肯定比百分之百的控股股权需要更长的时间。这样一段增加的出手时间,由于货币的时间价值,将会降低这些多数股权的现值。缺乏控股权折扣与缺乏流通性折扣的关系是基于这样的事实:为了反映缺乏完全的控股,而在价值基础上减去股权价值中按比例计算的部分,但在封闭持股公司里要出手一份所有者股权通常还是要比上市公司艰难得多,所花成本也高得多。

有些情况,控股权的价值正好弥补缺乏流通性的劣势。然而,这种情况只是在对那些特殊的环境因素进行仔细考虑后的可能结果,而并非那些没有任何信息来源的假设

的结果。

在许多公布的法庭决议中,特别是以前的那些包括以遗产税和地产税为目的的评估案例中,都是以一次性的总的折扣来反映缺乏控股权和缺乏流通性,甚至还包括其他考虑的折扣因素。然而,运用评估过程中的概念性思考,通过利用经验数据,我们是可以分离和分别定量考虑各种价值评估的因素的,特别是这几个比较重要的因素。近年来,评估师和政府部门以及法庭都对缺乏控股权和缺乏流通性对价值评估结果的影响分别有了认识。下面在美国税务法庭的一段文字对这两种折扣的区别讲得非常清楚:

在这次法庭辩论中,无论是原告还是被告,都对这两种概念上有区别的折扣没有清醒的认识。这里一个是缺乏控股权的折扣,而另一个是缺乏流通性折扣。一方面,少数股东折扣就是为反映不能控制封闭持股公司而导致的股权价值减量。另一方面,缺乏流通性折扣反映对于封闭持股公司没有公开交易的市场。虽然这两种折扣可能有一些重叠的部分,因为缺乏控股权本身就会减少流通性,但是我们应牢牢记住的是非上市公司里即使是控股股权也是缺乏流通性的,因为本身就缺乏一个私人股份的交易市场,而公司想要上市发行股票,则要摊上一大笔上市发行的成本。

第三节　收益法在企业价值评估中的应用

企业价值评估中的收益法,是指将预期收益资本化或者折现,确定评估对象价值的评估方法。资产评估人员应当结合企业的历史经营情况、未来收益可预测情况、所获取评估资料的充分性,恰当考虑收益法的适用性。收益法常用的具体方法包括股利折现法和现金流量折现法。股利折现法是将预期股利进行折现以确定评估对象价值的具体方法,通常适用于缺乏控制权的股东部分权益价值的评估。现金流量折现法通常包括企业自由现金流折现模型和股权自由现金流折现模型。资产评估人员应当根据企业未来经营模式、资本结构、资产使用状况以及未来收益的发展趋势等,恰当选择现金流折现模型。运用收益法对企业进行价值评估的关键在于企业收益的界定、企业收益的预测和选择合适的折现率。

一、企业收益及其预测

企业的收益额是运用收益法对企业价值进行评估的关键参数,在企业的价值评估中,企业的收益额需要从两个方面来认识和把握:其一,在将企业收益额作为企业获利能力的标志来认识和把握的时候,企业的收益额是指企业在合法的前提下所获得的归企业所有的所得额。其二,在将企业收益额作为运用收益法评价企业价值的一种媒介的时候,企业的收益额可以是广义上的企业收益额,如息税前利润、企业自由现金流量等。

(一) 企业收益的界定

在对企业收益进行具体界定时,应首先注意以下两个方面。

(1) 从性质上讲,即从企业价值决定因素的角度上讲,企业创造的不归企业权益主体所有的收入,不能作为企业价值评估中的企业收益。例如,税收,不论是流转税还是所得税都不能视为企业收益。

（2）凡是归企业权益主体所有的企业收支净额，都可视为企业的收益。无论是营业收支、资产收支，还是投资收支，只要形成净现金流入量，就可视为企业收益。

企业的收益有两种基本表现形式：企业净利润和企业净现金流量。而选择净利润还是净现金流量作为企业价值评估的收益基础对企业的最终评估值存在一定的影响。因此，在对企业的收益进行具体界定时，除了需要对企业创造的收入是否归企业所有进行确认之外，还要对企业的收益形式进行明确的界定。一般而言，应选择企业净现金流量作为用收益法进行企业价值评估的收益基础。就企业价值与收益额的关系而言，实证研究表明，企业的利润虽然与企业价值高度相关，但企业价值最终由其现金流量决定而非由其利润决定。就反映企业价值的可靠性而言，企业的净现金流量是企业实际收支的差额，不容易被更改，而企业的净利润则要通过一系列复杂的会计程序进行确定，而且可能由于企业管理当局的利益而被更改。当然，作为运用收益法评价企业价值的一种媒介的企业收益，还可以通过息前净现金流量（企业自由现金流量＝税后净利润＋折旧与摊销＋利息费用－资本性支出－营运资金净增加额）、息税前利润、息税前净现金流量等具体指标反映和表示，并通过间接法评估出企业价值。在企业价值评估中选择什么形式和口径的收益额作为折现的基础和标的，则要与每次的评估目标和评估效率相关。

在对企业的收益形式作出说明之后，在企业价值的具体评估中还需要根据评估目标的不同，对不同口径的收益作出选择，如净现金流量（股权自由现金流量＝税后净利润＋折旧与摊销－资本性支出－营运资金净增加额＋付息债务的净增加额）、净利润、息前净现金流量（企业自由现金流量）等的选择。因为不同口径的收益额，其折现值的价值内含和数量是有差别的。在假设折现率口径与收益额口径保持一致的前提下，净利润或净现金流量（股权自由现金流量）折现或资本化为企业股东全部权益价值（净资产价值或所有者权益价值）；净利润或净现金流量加上扣税后的长期负债利息折现或资本化为企业投资资本价值（所有者权益＋长期负债）；净利润或净现金流量加上扣税后的全部利息（企业自由现金流量）折现或资本化为企业整体价值（所有者权益价值和付息债务之和）。

选择什么口径的企业收益作为收益法评估企业价值的基础，首先，应服从企业价值评估的目的和目标，即企业价值评估的目的和目标是评估反映股东全部权益价值，还是反映企业所有者权益及长期债权人权益之和的投资资本价值，或企业整体价值。其次，对企业收益口径的选择，应在不影响企业价值评估目的的前提下，选择最能客观反映企业正常盈利能力的收益额作为对企业进行价值评估的收益基础。对于某些企业，净现金流量就能客观地反映企业的获利能力，而另一些企业可能采用息前净现金流量更能反映企业的获利能力。如果企业评估的目标是企业的股东全部权益价值（净资产价值），使用净现金流量最为直接，即评估人员直接利用企业的净现金流量评估出企业的股东全部权益价值来。此种评估方式也被称作企业价值评估的"直接法"。当然，评估人员也可以利用企业的息前净现金流量，首先估算出企业的整体价值，然后再从企业整体价值中扣减企业的付息债务后得到股东全部权益价值。此种评估方式也被称作企业价值评估的"间接法"。评估人员是运用企业的净现金流量直接估算出企业的股东全部权益价值(净资产价值),还是采用间接的方法先估算企业的整体价值,再估算企业的股东全部权益价值(净资产价值),取决于企业的净现金流量或是企业的息前净现金流量更能客观地反映出企业的获利能力。掌握收益口径和表现形式与不同层次的企业价值的对应关系,以及不同层次企业价值之间的关系是企业价值评估中非常重要的事情。

(二) 企业收益预测

企业的收益预测,大致分为三个阶段。首先,是对企业收益的历史及现状的分析与判断。其次,是对企业未来可预测的若干年的预期收益的预测。最后,是对企业未来持续经营条件下的长期预期收益趋势的判断。

1. 判断企业正常盈利能力

对企业收益的历史与现状进行分析和判断的目的,是对企业正常的盈利能力进行掌握和了解,为企业收益的预测创造一个工作平台。通过对企业收益的历史及现状的分析,判断企业的正常盈利能力,首先要根据企业的具体情况确定分析的重点。对于已有较长经营历史且收益稳定的企业,应着重对其历史收益进行分析,并在该企业历史收益的平均趋势的基础上判断企业的盈利能力。而对于发展历史不长的企业,就要着重对其现状进行分析并主要在分析该企业未来发展机会的基础上判断企业的盈利能力。此外,还要对财务数据并结合企业的实际生产经营情况加以综合分析。可以作为分析判断企业盈利能力参考依据的财务指标有:企业资金利润率、投资资本利润率、净资产利润率、成本利润率、销售收入利润率、企业资金收益率、投资资本收益率、净资产收益率、成本收益率、销售收入收益率等。有关利润率指标与收益率指标的区别主要在于:前者是企业的利润总额与企业资金占用额之比,而后者是企业的净利润与企业的资金占用额之比。

为较为客观地判断企业的正常盈利能力,评估人员还必须结合影响企业盈利能力的内部及外部因素进行分析。首先,要对影响企业盈利能力的关键因素进行分析与判断。评估人员应通过与企业管理人员的充分交流和自身的分析判断,对企业的核心竞争力存在一个较为清晰的认识。其次,要对企业所处的产业及市场地位有一个客观的认识。企业所处产业的发展前景、企业在该产业及市场中的地位、企业的主要竞争对手的情况等都是评估人员应该了解和掌握的。再次,对影响企业发展的可以预见的客观因素,评估人员也应该加以分析和考虑。如对某家污染严重的企业价值进行评估时,评估人员就应该考虑国家的环境政策对企业未来盈利的影响。总之,只有结合企业内部与外部的因素进行分析,才能对企业的正常盈利能力作出正确的判断。

2. 企业收益预测的基础

对用于衡量企业盈利能力的企业收益不仅存在不同形式及口径上的界定问题,还存在收益预测基础的问题。企业收益预测的基础存在以下两个方面的问题:

(1) 什么是预期收益预测的出发点,即是否以企业的实际收益为出发点。企业在评估基准日的实际收益是企业内部与外部各种因素共同作用的结果。在这些因素中,许多是属于一次性的或偶然性的因素。如果以企业评估基准日的实际收益作为预测企业未来预期收益的基础而不加以调整,意味着将在企业未来经营中不复存在的因素仍然作为影响企业未来预期收益的因素加以考虑。因此,企业价值评估的预期收益的基础,应该是在正常的经营条件下,排除影响企业盈利能力的偶然因素和不可比因素之后的企业正常收益。

(2) 如何客观把握新的产权主体的行为对企业预期收益的影响。企业的预期收益既是企业存量资产动作的函数,又是未来新产权主体经营管理的函数。但评估人员对企业价值的判断,只能基于对企业存量资产运作的合理判断,而不能基于对新产权主体行为的估测。因此,新产权主体的行为对企业预期收益的影响,也不应成为预测企业预期收益的影响因素。从这个角度来说,对于企业预期收益的预测,应以企业的存量资产为出发点,可以考虑对存量资产的合理改进乃至合理重组,但必须以反映企业的正常盈利能力为基础,任何不正常的个人因素或新产权主体的超常行为等因素对企业预期收益的影响不应予以考虑。

3. 企业收益预测的基本步骤

企业预期收益的预测大致可分为以下三个步骤。

第一步,评估基准日审计后企业收益的调整。评估基准日审计后企业收益的调整包括两部分工作。其一是对审计后的财务报表进行非正常因素调整,主要是损益表和现金流量表的调整。将一次性、偶发性,或以后不再发生的收入或费用进行剔除,把企业评估基准日的利润和现金流量调整到正常状态下的数量,为企业预期收益的趋势分析打好基础。其二是研究审计后报表的附注和相关揭示,对在相关报表中揭示的影响企业预期收益的非财务因素进行分析,并在该分析的基础上对企业的收益进行调整,使之能反映企业的正常盈利能力。

第二步,企业预期收益趋势的总体分析和判断。企业预期收益趋势的总体分析和判断,是在对企业评估基准日审计后实际收益调整的基础上,结合企业管理层提供的预期收益预测数据或预算和评估机构调查收集到的有关信息的资料进行的。这里需要强调指出:第一,对企业评估基准日审计后的调整财务报表,尤其是客观收益的调整仅作为评估人员进行企业预期收益预测的参考依据,不能用于其他目的。第二,企业提供的关于预期收益的预测是评估人员预测企业未来预期收益的重要参考资料。但是,评估人员不可以仅仅凭企业提供的收益预测作为对企业未来预期收益预测的唯一根据,评估人员应在自身专业知识和所收集的其他资料的基础上作出客观、独立的判断。第三,尽管对企业在评估基准日的财务报表进行了必要的调整,并掌握了企业提供的收益预测,评估人员还必须深入到企业现场进行实地考察和现场调研,与企业的核心管理层进行充分的交流,了解企业的生产工艺过程、设备状况、生产能力和经营管理水平,再辅之以其他数据资料对企业未来收益趋势作出合乎逻辑的总体判断。

第三步,企业预期收益的预测。企业预期收益的预测是在前两个步骤完成的前提下,运用具体的技术方法和手段进行测算。在一般情况下,企业的收益预测也分两个时间段,即详细预测期和详细预测期后的预测期。对于已步入稳定期的企业而言,收益预测的分段较为简单:一是对企业评估基准日后前若干年的收益进行预测(详细预测期);二是对企业(详细预测期)后的各年收益进行预测。而对于仍处于发展期,其收益尚不稳定的企业而言,对其收益预测的分段应是首先判断出企业在何时步入稳定期,其收益呈现稳定性。而后将其步入稳定期的前一年作为收益预测分段的时点。对企业何时步入稳定期的判断，应在与企业管理人员的充分沟通和占有大量资料并加以理性分析的基础上进行，其确定较为复杂。以下主要介绍处于稳定期的企业预期收益的预测。

对企业详细预测期的预期收益进行预测，详细预测期可以是 3 年，也可以是 5 年，或其他时间跨度。详细预测期的时间跨度的长短取决于评估人员对预测值的精度要求，以及评估人员的预测手段和能力。对详细预测期后的收益预测是在评估基准日调整的企业收益或企业历史收益的平均收益趋势的基础上，结合影响企业收益实现的主要因素在未来预期变化的情况，采用适当的方法进行的。目前较为常用的方法有综合调整法、产品周期法、实践趋势法等。不论采用何种预测方法，首先都应进行预测前提条件的设定，因为企业未来可能面临的各种不确定性因素是无法一项不漏地纳入评估工作中。科学合理地设定预测企业预期收益的前提条件是必需的，这些前提条件包括：国家的政治、经济等政策变化对企业预期收益的影响，除已经出台尚未实施的以外，只能假定其将不会对企业预期收益构成重大影响；不可抗拒的自然灾害或其他无法预期的突发事件，不作为预期企业收益的相关因素考虑；企业经营管理者的某些个人行为也未在预测企业收益时考虑等。当然，根据评估对象、评估目的和评估的条件，还可以对评估的前提作出必要的限定。但是，评估人员对企业预期收益预测的前提条件设定必须合情合理，否则的话，这些前提条件不能构成合理预测企业预期收益的前提和基础。

在明确了企业收益预测前提条件的基础上，就可以着手对企业详细预测期后的预期收益进行预测。预测的主要内容有：对影响被评估企业及所属行业的特定经济及竞争因素的估计；市场的产品或服务的需求量或被评估企业市场占有份额的估计；销售收入的估计；成本费用及税金的估计；完成上述生产经营目标需追加投资及技术、设备更新改造因素的估计；预期收益的估计等。关于企业的收益预测，评估人员不得不加分析地直接引用企业或其他机构提供的方法和数据，应把企业或其他机构提供的有关资料作为参考，根据可搜集到的数据资料，在经过充分分析论证的基础上作出独立的预测判断。

当然，企业预期收益的预测和选择还与企业价值评估价值类型有关。评估企业市场价值的，收益额应该是企业的客观收益，即并不完全按照评估基准日时企业的经营方式、经营水平、管理水平所能实现的收益作为评价企业价值的基础。而是按照企业本身具有的、企业外部环境允许，企业在正常合理的经营方式、经营水平、管理水平下所能实现的收益，即企业的客观收益作为评价企业价值的收益基础。无论是在预测过程中，还是在具体选择过程中，都应该注意所使用的收益额与评估结果的价值类型的匹配与协调。如果评估结果是市场价值以外的价值的某一具体价值表现形式，则要根据评估结果的价值定义对收益额的要求，合理预测企业收益，选择恰当的收益额。

运用损益表或现金流量表的形式表现预期企业收益的结果通俗易懂，便于理解和掌握。需要说明的是，用企业损益表或现金流量表来表现企业预期收益的结果，并不等于说企业预期收益预测就相当于企业损益表或现金流量表的编制。企业收益预测的过程是一个比较具体、需要大量数据并运用科学方法的分析运作过程。用损益表或现金流量表表现的仅仅是该过程的结果。所以，企业的收益预测不能简单地等同于企业损益表或现金流量表的编制,而是利用损益表或现金流量表的已有栏目或项目,通过对影响企业收益的各种因素变动情况的分析,在评估基准日企业收益水平的基础上,对应表内各项目(栏目)进行合理的测算、汇总分析得到所测年份的各年企业收益。

企业收益预测表(见表11-3)是一张可供借鉴的收益预测表。如测算的收益层次和口径与本表有差异,可在本表的基础上进行适当的调整。如采用其他方式测算企业收益,评估人员可自行设计企业收益预测表。

表 11-3　企业 20××—20××年收益预测表　　　　　　　　单位:万元

项目＼年份	20××年	20××年	20××年	20××年
一、产品销售收入				
减:产品销售税金				
产品销售成本				
其中:折旧				
二、产品销售利润				
加:其他业务利润				
减:管理费用				
财务费用				
三、营业利润				
加:投资收益				
营业外收入				
减:营业外支出				
四、利润总额				
减:所得税				
五、净利润				
加:折旧和无形资产摊销				
减:追回资本性支出				
六、净现金流量				

不论采用何种方法测算企业收益,都需注意以下几个基本问题。

(1) 一定收益水平是一定资产运作的结果。在企业收益预测时应保持企业预测收益与其资产及其盈利能力之间的对立关系;企业的销售收入或营业收入与产品销售量(服务量)及销售价格的关系,会受到价格需求弹性的制约,不能不考虑价格需求弹性而想当然地价量并长;在考虑企业销售收入的增长时,应对企业所处产业及细分市场的需求、竞争情况进行分析,不能在不考虑产业及市场的具体竞争情况下对企业的销售增长作出预测;企业销售收入或服务收入的增长与其成本费用的变化存在内在的一致性,评估人员应根据具体的企业情况,科学合理地预测企业的销售收入及各项成本费用的变化,企业的预期收益与企业所采用的会计政策、税收政策关系极为密切,评估人员不可以违背会计政策及税收政策,以不合理的假设作为预测的基础,企业收益预测应与企业未来实行的会计政策和税收政策保持一致。

(2) 企业未来前若干年(详细预测期)的预期收益测算可以通过一些具体的方法进行。而对于企业未来更久远的年份(详细预测期后)的预测收益,则难以具体地进行测算。可行的方法是在企业详细预测期收益测算的基础上,从中找出企业收益变化的取向和趋势,并借助某些手段,诸如采用假设的方式把握企业未来长期收益的变化区间和趋势。比较常用的假设是持续经营假设,即假定企业详细预测期后各年的收益水平维持在一个相对稳定的水平上不变。当然也可以根据企业的具体情况,假定企业收益在详细预测期后将在某个收益水平上,每年保持一个递增比率等。但是,不论采用何种假设,都必须建立在合乎逻辑、符合客观实际的基础上,以保证企业预期收益预测的相对合理性和准确性。

(3) 预期收益预测结果的合理性检验。检验可以从以下几个方面进行。第一,将预测与企业历史收益的平均趋势进行比较,如预测的结果出现较大的偏差,又无充分理由加以支持,则该预测的合理性值得质疑。第二,对影响企业价值评估的敏感性因素加以严格的检验。在这里,敏感性因素具有两方面的特征,一是该类因素未来存在多种变化;二是其变化能对企业的评估值产生较大影响。如对销售收入的预测,评估人员可能基于对企业所处市场前景的不同假设而会对企业的销售收入作出不同的预测,并分析不同预测结果可能对企业评估值产生的影响。在此情况下,评估人员就应对销售收入的预测进行严格的检验,对决定销售收入预测的各种假设反复推敲。第三,对所预测的企业收入与成本费用的变化的一致性进行检验。企业收入的变化与其成本费用的变化存在较强的一致性,如预测企业的收入变化而成本费用不进行相应变化,则该预测值得质疑。第四,企业预期收益的预测应与评估结果的价值类型联系起来,保证收益预测相对合理。

二、折现率、资本化率及其估测

折现率是将未来有限期收益还原或转换为现值的比率。资本化率是指将未来非有限期收益成现值的比率。资本化率在资产评估业务中有不同的称谓:资本化率、本金化率、还原利率等。折现率和资本化率在本质上是相同的,都属于投资报酬率。作为投资报酬率通常由两部分组成:一是无风险报酬率(正常投资报酬率);二是风险投资报酬率。

(一) 企业评估中选择折现率的基本原则

在运用收益法评估企业价值时,折现率起着至关重要的作用,它的微小变化会对评估结果产生较大的影响。因此,在选择和确定折现率时,必须注意以下几方面的问题。由于折现率与资本化率的构成相同,测算及选择思路也相同,下面我们就以折现率为代表来说明折现率与资本化率的测算原则和方法。

(1) 折现率不低于投资的机会成本。在存在着正常的资本市场和产权市场的条件下,任何一项投资的回报率不应低于该投资的机会成本。在现实生活中,政府发行的国库券利率和银行储蓄利率可以作为投资者进行其他投资的机会成本。由于国库券的发行主体是政府,几乎没有破产或无力偿付的可能,投资的安全系数大。银行虽大多属于商业银行,但我国的银行仍属国家垄断或严格监控,其信誉也非常高,储蓄也是一种风险极小的投资。因此,国库券利率和银行储蓄利率可看成是其他投资的机会成本,相当于无风险投资报酬率。

(2)行业基准收益率不宜直接作为折现率,但行业平均收益率可作为确定折现率的重要参考指标。我国的行业基准收益率是基本建设投资管理部门为筛选建设项目,从拟建项目对国民经济的净贡献方面,按照行业统一制定的最低收益率标准,凡是投资收益率低于行业基准收益率的拟建项目不得上马。只有投资收益率高于行业基准收益率的拟建项目才有可能得到批准进行建设。行业基准收益率旨在反映拟建项目对国民经济的净贡献的高低,包括拟建项目可能提供的税收收入和利润,而不是对投资者的净贡献。再者,行业基准收益率的高低也体现着国家的产业政策。在一定时期,属于国家鼓励发展的行业,其行业基准收益率可以相对低一些;属于国家控制发展的行业,国家就可以适当调高其行业基准收益率,达到限制项目建设的目的。因此,行业基准收益率不宜直接作为企业价值评估中的折现率。

(3)贴现率不宜直接作为折现率。贴现率是商业银行对未到期票据提前兑现所扣金额(贴现息)与期票票面金额的比率。贴现率虽然也是将未来值换算成现值的比率,但贴现率通常是银行根据市场利率和贴现票据的信誉程度来确定的。且票据贴现大多数是短期的,并无固定期间周期。从本质上讲,贴现率接近于市场利率。而折现率是针对具体评估对象的风险而生成的期望投资报酬率。从内容上讲,折现率与贴现率并不一致,简单地把银行贴现率直接作为企业评估的折现率是不妥当的。但也要看到,在有些情况下,如对采矿权评估所使用的贴现现金流量法,正是以贴现率折现评估价值的。但就是在这种情况下,所使用的贴现率也包括安全利率和风险溢价两部分,与真正意义的贴现率也不完全一样。

(二)风险报酬率的估测

在折现率的测算过程中,无风险报酬率的选择相对比较容易一些,通常是以政府债券利率和银行储蓄率为参考依据。而风险报酬率的测度相对比较困难。它因评估对象、评估时间的不同而不同。就企业而言,在未来的经营过程中要面临着经营风险、财务风险、行业风险、通货膨胀风险等。从投资者的角度,要投资者承担一定的风险,就要有相对应的风险补偿。风险越大,要求补偿的数额也就越在大。风险补偿额相对于风险投资额的比率就叫风险报酬率。

在测算风险报酬率的时候,评估人员应注意以下因素:①国民经济增长率及被评估企业所在行业在国民经济中的地位;②被评估企业所在行业的发展状况及被评估企业在行业中的地位;③被评估企业所在行业的投资风险;④企业在未来的经营中可能承担的风险等。

在充分考虑和分析了以上各因素以后,风险报酬率可通过以下两种方法估测。

1. 风险累加法

企业在其持续经营过程可能要面临着许多风险,像前面已经提到的行业风险、经营风险、财务风险、通货膨胀等。风险因素累加法通常应当考虑的因素包括:市场权益风险、公司规模风险、行业和市场经营风险、财务风险等。将企业可能面临的风险对回报率的要求予以量化并累加,即可得到企业评估折现率中的风险报酬率。用数学公式表示为:

风险报酬率 ＝ 行业风险报酬率＋经营风险报酬率＋财务风险报酬率＋其他风险报酬率

行业风险主要是指企业所在行业的市场特点、投资开发特点,以及国家产业政策调整等因素造成的行业发展不确定性给企业预期收益带来的影响。

经营风险是指企业在经营过程中,由于市场需求变化、生产要素供给条件变化以及同类企业间竞争给企业的未来预期收益带来的不确定性影响。

财务风险是指企业在经营过程中的资金融通、资金调度、资金周转可能出现的不确定性因素影响企业的预期收益。

其他风险包括了国民经济景气状况、通货膨胀等因素的变化可能对企业预期收益的影响。注意,如果在折现率中的风险报酬率中考虑了通货膨胀率因素。则在企业收益额的预测中也应考虑通货膨胀可能对企业预期收益的影响。

量化上述各种风险所要求的回报率,可以采取参照物类比加经验判断的方式测算。它要求评估人员充分了解国民经济的运行态势、行业发展方向、市场状况、同类企业部分情况等,只有在充分了解和掌握上述数据资料的基础上,对于风险报酬率的判断才能较为客观合理。当然,在条件认可的情况下,评估人员应尽量采取统计和数理分析方法对风险回报率进行量化。

2. β 系数法

β 系数法主要用于估算被评估企业(或被评估企业所在行业)的风险报酬率。其基本思路是,被评估企业(或行业)风险报酬率是社会平均风险报酬率与被评估企业(或被评估企业所在行业)风险和社会平均风险的相关系数(β 系数)的乘积。

从理论上讲,β 系数是指某个上市公司相对于充分风险分散的市场投资组合的风险水平的参数。在企业价值评估实践中,有时也将 β 系数作为代表了相对于充分风险分散的市场投资组合而言的某个行业的系统风险是多少。在成熟市场国家和地区,β 系数可以采用参照行业比较法、参照企业比较法,以及相关的数字模型测算。

β 系数法估算风险报酬率的步骤如下:

(1)将市场期望报酬率扣除无风险报酬率,求出市场期望平均风险报酬率;

(2)将企业(或企业所在行业)的风险与充分风险分散的市场投资组合的风险水平进行比较及其测算,求出企业所在行业的 β 系数;

(3)用市场平均风险报酬率乘以企业(或企业所在行业)的 β 系数,便可得到被评估企业(或企业所在行业)的风险报酬率。

用数学公式表示为:

$$R_r = (R_m - R_f) \times \beta$$

式中:R_r——被评估企业所在行业的风险报酬率;

　　　R_m——市场期望报酬率;

　　　R_f——无风险报酬率;

　　　β——被评估企业(或企业所在行业)的 β 系数。

如果所求 β 系数是被评估企业所在行业的 β 系数，而不是被评估企业的 β 系数，则需要再考虑企业的规模、经营状况及财务状况。确定企业在其所在的行业中的地位系数，即企业特定风险调整系统 (α)，然后与企业所在行业的风险报酬率相乘，得到该企业的风险报酬率 R_q。如下式表示：

$$R_q = (R_m - R_f) \times \beta \times \alpha$$

如果所求 β 系数是被评估企业的 β 系数，直接利用 β 系数就可以了，而不需要再考虑企业特定风险调整系数 α 因素了。

3. 有财务杠杆和无财务杠杆的 β 系数

对于国外上市公司而言，一般都有公开发布的贝塔系数，反映了实际的资本结构。目前我国也有很多企业或研究机构进行上市公司 β 系数的测算工作。如由中联资产评估公司上市公司业绩评价课题组编写的《中国上市公司业绩评价报告（2005）》中就发布了 882 只沪深 A 股票 150 个交易周的 β 系数值。这个时候的 β 系数被称为有财务杠杆的 β 系数，因为这个 β 系数反映了公司资本结构的实际财务杠杆。如果在评估非上市公司的时候，被评估公司的财务杠杆与拿来分析的样本参照公司的财务杠杆有很大的不同，则直接引用样本参照公司的 β 系数显然是不合适的。此时，要把样本参照公司的 β 系数进行调整，以便得出适合于被评估公司的 β 系数。

调整的过程：第一步就是把样本上市公司的 β 系数转换为无财务杠杆的 β 系数。所谓的无财务杠杆 β 系数就是公司在没有债务情况下的 β 系数。第二步就是确定在同样没有财务杠杆的情况下，被评估公司的风险相对于样本参照公司来说有多大。第三步根据一种或多种假设的资本结构，再把无财务杠杆 β 系数转换为被评估公司的 β 系数。那么这个最后的结果就是根据被评估公司的财务杠杆得出的、市场参数推导出来的 β 系数。总结上面的几个步骤如下：

（1）计算每个样本参照公司的无财务杠杆 β 系数；

（2）确定在同样没有财务杠杆的基础上，被评估公司的风险与样本参照公司风险的差异；

（3）根据设定的资本结构，由被评估公司的无财务杠杆 β 系数转换为有财务杠杆的 β 系数。

无财务杠杆贝塔系数的计算公式为：

$$\beta_U = \frac{\beta_L}{1 + (1-t)\dfrac{W_d}{W_e}}$$

式中：β_U——无财务杠杆贝塔系数；

β_L——有财务杠杆贝塔系数；

t——公司税率；

W_d——资本结构中债务的权重；

W_e——资本结构中权益的权重。

【例 11-1】 假设某样本参照上市公司公布的贝塔系数为 1.2，所得税税率为

25％,资本结构为债务占 30％,权益占 70％。那么,第一步计算这个公司无财务杠杆贝塔系数如下:

$$\beta_U = \frac{\beta_L}{1+(1-t)\dfrac{W_d}{W_e}} = \frac{1.2}{1+(1-0.25)\dfrac{0.3}{0.7}} = 0.908$$

当然一般选取样本参照公司也不止一家,我们假定也选定了其他几家样本参照公司,并且用同样的方法计算了它们的无财务杠杆贝塔系数。最后得出这几家公司无财务杠杆贝塔系数的平均值为 0.90。第二步,经分析判断确定被评估公司在没有债务的情况下与这些样本参照公司的风险大致相等,即无财务杠杆贝塔系数就等于上述样本参照公司无财务杠杆贝塔系数的平均值 0.90。那么,第三步就是把这个无财务杠杆贝塔系数再转换为有财务杠杆的贝塔系数。公式如下:

$$\beta_L = \beta_U\left[1+(1-t)\frac{W_d}{W_e}\right]$$

假设被评估公司的资本结构为债务 60％,权益 40％。

把上面的参数再加入公式可以求得:

$$\beta_L = 0.9\left[1+(1-0.25)\frac{0.6}{0.4}\right] = 1.91$$

这就是通过样本参照公司的市场参数,结合被评估公司的资本结构求出来的贝塔系数。

上面把企业贝塔系数转换为无财务杠杆贝塔系数,然后再转换为有财务杠杆的贝塔系数的过程是基于这样的假设:设定被评估的企业股权是控股权,有能力来改变被评估企业的资本结构。而在评估少数股权价值的时候,被评估股权没有能力来任意改变企业的资本结构。

(三) 折现率的测算方法

如果能通过一个系统方法测算出风险报酬率,则企业评估的折现率的测算就相对简单了。其中,累加法、资本资产定价模型和加权平均资本模型是测算企业价值评估中的折现率及资本化率较为常用的方法。

1. 累加法

累加法是采用无风险报酬率加风险报酬率的方式确定折现率或资本化率。如果风险报酬率是通过 β 系数法或资本资产定价模型估测出来的,此时,累加法测算的折现率或资本化率适用于股权收益的折现或资本化。累加法测算折现率的数学表达式如下:

$$R = R_f + R_r$$

式中：R—— 企业价值评估中的折现率；

R_f—— 无风险报酬率；

R_r—— 风险报酬率。

2. 资本资产定价模型

资本资产定价模型是用来测算权益资本折现率的一种工具,其数学表达式是:

$$R = R_{f1} + (R_m - R_{f2}) \times \beta \times \alpha$$

式中：R——企业价值评估中的折现率；

R_{f1}——现行无风险报酬率；

R_m——市场期望报酬率历史平均值；

R_{f2}——历史平均无风险报酬率；

β——被评估企业所在行业权益系统风险系数；

α——企业特定风险调整系数。

3. 加权平均资本成本模型

加权平均资本成本模型是以企业的所有者权益和企业负债所构成的全部资本，以及全部资本所需求的回报率，经加权平均计算来获得企业评估所需折现率的一种数学模型。

$$R = E \div (D + E) \times K_e + D \div (D + E) \times (1 - T) \times K_d$$

式中：$E \div (D + E)$——权益资本占全部资本的权重；

$D \div (D + E)$——债务资本占全部资本的权重；

K_e——权益资本要求的投资回报率（权益资本成本）；

K_d——债务资本要求的回报率（债务资本成本）；

T——被评估企业适用的所得税税率。

加权平均资本成本模型作为一种工具，有时也可以利用其参数测算评估人员需要求取的资本成本或投资回报率。例如，使用企业的权益资本与长期负债所构成的投资资本，可按投资资本组成要素各自要求的回报率和它们各自的权重，经加权平均获得企业投资资本价值评估所需要折现率。用数学公式表示为：

企业投资资本要求的折现率 ＝ 长期负债占投资资本比重×长期负债成本

＋权益资本占投资资本比重×权益资本成本

其中：权益资本要求的回报率＝无风险报酬率＋风险报酬率。负债成本是指扣除了所得税后的长期负债成本。

实务中确定各种资本权数的方法一般有三种：①以企业资产负债表中（账面价值）各种资本的比重为权数；②以占企业外发证券市场价值（市场价值）的现有比重为权数；③以在企业的目标资本构成中应该保护的比重为权数。

三、收益额与折现率口径一致的问题

根据不同的评估目的和评估价值目标，用于企业评估的收益额可以有不同的口径，如净利润、净现金流量（股权自由现金流量）、息前净利润、息前净现金流量（企业自由现金流量）等。而折现率作为一种价值比率，就要注意折现率的计算口径。有些折现率是从股权投资回报率的角度考虑，有些折现率既考虑了股权投资的回报率同时又考虑了债权投资的回报率，净利润、净现金流量（股权自由现金流量）是股权收益形式，因此只能用股权投资回报率作为折现率。而息前净利润、息前净现金流量和企业自由现金流量等是股权与债权收益的综合形式，因此，只能运用股权与债权综合投资回报率，即只能运用通过加权平均资本成本模型获得的折现率。如果运用行业平均资金收益率作为折现率，就要注意

计算折现率时的分子与分母的口径与收益额的口径的一致的问题。折现率既有按不同口径收益额为分子计算的折现率,也有按同一口径收益额为分子,而以不同口径资金占用额或投资额为分母计算的折现率。如企业资产总额收益率、企业投资资本收益率、企业净资产收益率等。所以,在运用收益法评估企业价值时,必须注意收益额与计算折现率所使用的收益额之间结构与口径上的匹配和协调,以保证评估结果合理且有意义。

四、收益法的具体评估技术思路

(一)企业永续经营假设前提下的收益法

1. 年金法

年金法是评价企业价值的一种具体技术方法,适用于未来预期收益相对稳定、所在行业发展相对稳定的企业价值评估。

年金法的计算公式为:

$$P = \frac{A}{r}$$

式中:P —— 企业评估价值;

A —— 企业每年的年金收益;

r —— 折现率及资本化率。

由于企业预期收益并不能表现为年金形式,评估人员如果要运用年金法评估企业价值,还需要对被评估企业的预期收益进行综合分析,确定被评估企业的预期年金收益。将企业未来若干年的预期收益进行年金化处理而得到企业年金是若干种分析测算企业年金收益方法中的一种。如果采用将企业未来若干年的预期收益进行年金化处理而得到企业年金的方法,年金法的数学公式又可以写成:

$$P = \sum_{i=1}^{n} \left[R_i \times (1+r)^{-i} \right] \div \sum_{i=1}^{n} \left[(1+r)^{-i} \right] \div r$$

式中:$\sum\limits_{i=1}^{n} \left[R_i \times (1+r)^{-i} \right]$ —— 企业前 n 年预期收益折现值之和;

$\sum\limits_{i=1}^{n} \left[(1+r)^{-i} \right]$ —— 普通复利现值系数之和;

r —— 折现率及资本化率。

用于企业价值评估的年金法,是将已处于均衡状态,其未来收益具有充分的稳定性和可预测性的企业若干年的预期收益进行年金化处理,然后再把已年金化的企业预期收益进行收益资本化,估测企业的价值。将企业相对稳定的、可预测的未来若干年预期收益进行年金化处理,仅仅是评估人员分析判断企业未来预期收益的一种方式。如果评估人员认为通过将企业未来若干年的预期收益进行年金化处理而得到的这个企业年金,足以反映出被评估企业未来预期收益能力的水平,这个企业年金就可以作为评价企业价值的收益额。如果评估人员并不能确信通过年金化处理而得到的这个企业年金可以反映出被评估企业未来预期收益能力和水平,这个企业年金就不可以直接作为企业价值评估的收益额,而需要通过其他方法估测适合于被评估企业价值评估的收益额。

【例 11-2】 待估企业预计未来 5 年(详细预测期)的预期收益额为 100 万元、120 万元、110 万元、130 万元和 120 万元,假定企业永续经营,不改变经营方向、经营模式和管理模式,折现率及资本化率均为 10%,运用年金法估测该企业的持续经营价值接近 1 153 万元。具体过程如下:

$$P = \sum_{i=1}^{n}[R_i \times (1+r)^{-i}] \div \sum_{i=1}^{n}[(1+r)^{-i}] \div r$$
$$= (100 \times 0.909\ 1 + 120 \times 0.826\ 4 + 110 \times 0.751\ 3 + 130 \times 0.683\ 0 + 120 \times 0.620\ 9)$$
$$\div (0.909\ 1 + 0.826\ 4 + 0.751\ 3 + 0.683\ 0 + 0.620\ 9) \div 10\%$$
$$= (91 + 99 + 83 + 89 + 75) \div 3.790\ 7 \div 10\% = 437 \div 3.790\ 7 \div 10\% = 1\ 153(万元)$$

2. 分段法

分段法是将永续经营的企业的收益预测分为详细预测期和详细预测期后的预测期前后两段。将企业的收益预测分为前后两段的理由在于:在企业发展的某一个期间,企业的生产经营可能处于不稳定状态,因此企业的收益也不稳定的,而在这个不稳定期间之后,企业的生产经营可能会达到某种均衡状态,其收益是稳定的或按某种规律进行变化。对于不稳定阶段企业的预期收益采取逐年预测,并折现累加方法。而对于稳定阶段的企业收益,则可以根据企业预期收益稳定程度,按企业年金收益,或按企业的收益变化规律所对应的企业预期收益形式进行折现和资本化处理。将企业前后两段收益现值加在一起便构成企业的评估价值。

假设以企业评估基准日后第二段收益取得了年金收益形式(企业评估基准日后第一段收益期最后一年的收益),分段法的数学概括式可写成:

$$P = \sum_{i=1}^{n}[R_i \times (1+r)^{-i}] + \frac{R_n}{r} \times (1+r)^{-n}$$

假设从 $(n+1)$ 年起的后段,企业预期年收益将按一固定比率 (g) 增长,则分段法的数学概括式可写成:

$$P = \sum_{i=1}^{n}[R_i \times (1+r)^{-i}] + \frac{R_n(1+g)}{(r-g)} \times (1+r)^{-n}$$

【例 11-3】 待估企业预计未来 5 年(详细预测期)的预期收益额为 100 万元、120 万元、150 万元、160 万元和 200 万元,并根据企业的实际情况推断,从第 6 年开始(预测期后的预测期),企业的年收益额将维持在 200 万元水平上,假定本金化率为 10%,使用分段法估测企业的价值。

运用公式:

$$P = \sum_{i=1}^{n}[R_i \times (1+r)^{-i}] + \frac{R_n}{r} \times (1+r)^{-n}$$
$$= (100 \times 0.909\ 1 + 120 \times 0.826\ 4 + 150 \times 0.751\ 3 + 160$$
$$\times 0.683 + 200 \times 0.620\ 9) + 200 \div 10\% \times 0.620\ 9$$
$$= 536 + 2\ 000 \times 0.620\ 9 = 1\ 778(万元)$$

承[例 11-3]资料,假如评估人员根据企业的实际情况推断,企业从第 6 年起,收益额将在第 5 年的水平上以 2% 的增长率保持增长，其他条件不变，试估测待估企业的价值。

运用公式：

$$P = \sum_{i=1}^{n}\left[R_i \times (1+r)^{-i}\right] + \frac{R_n(1+g)}{(r-g)} \times (1+r)^{-n}$$

$$= (100 \times 0.909\ 1 + 120 \times 0.826\ 4 + 150 \times 0.751\ 3 + 160 \times 0.683$$

$$+ 200 \times 0.620\ 9) + 200 \times (1 + 2\%) \div (10\% - 2\%) \times 0.620\ 9$$

$$= 536 + 204 \div 8\% \times 0.620\ 9 = 536 + 2\ 550 \times 0.620\ 9$$

$$= 536 + 1\ 583 = 2\ 119(万元)$$

（二）企业有限持续经营假设前提下的收益法

（1）关于企业有限持续经营假设的适用。对企业而言，它的价值在于其所具有的持续盈利能力。一般而言，对企业价值的评估应该在持续经营前提下进行。只有在特殊情况下，才能在有限持续经营假设前提下对企业价值进行评估。如企业章程已对企业经营期限作出规定，而企业的所有者无意逾期继续经营企业，则可在该假设前提下对企业进行价值评估。评估人员在运用该假设对企业价值进行评估时，应对企业能否适用该假设作出合理判断。

（2）企业有限持续经营假设是从最有利于回收企业投资的角度，争取在不追加资本性投资的前提下，充分利用企业现有的资源，最大限度在获取投资收益，直至企业无法持续经营为止。

（3）对于有限持续经营假设前提下企业价值评估的收益法，其评估思路与分段法类似。首先，将企业在可预测期经营期限内的收益加以估测并折现；其次，将企业在经营期限后的残余资产的价值加以估测及折现。而后，将两者相加。其数学表达式为：

$$P = \sum_{i=1}^{n}\left[R_i \times (1+r)^{-i}\right] + p_n \times (1+r)^{-n}$$

式中：P_n——第 n 年时企业资产的变现值；其他符号含义同前。

在企业价值评估中应用的收益法的具体技术思路和方法还有许多，评估人员可以参考本教材关于评估途径和方法的有关章节的内容，在遵循收益法基本原理的基础上，依据被评估企业的具体情况设计具体的评估技术思路和方法，这里不做过多的介绍。

五、收益法应用案例及其说明

【例 11-4】　某大型化工企业有与外商合资的意向（已签订意向书），需要了解企业股东全部权益价值，因此要进行企业价值评估。评估基准日为 2020 年 1 月 1 日，根据委托人的要求，以及评估人员对本次评估目的及相关条件的分析，同意将持续经营价值作为本次评估结果的价值类型。评估过程和结果如下。

1. 被评估企业有关历史资料的统计分析

根据本次评估目的及价值类型对评估信息资料的要求，评估人员对被评估企业评估基准日以前年度的财务决算和有关资料进行了整理分析，2014—2019 年收支情况见表 11-4 和 11-5 所示。

表 11-4　企业 2010—2015 年各项收入支出在年度与年度之间的比较

金额单位：万元

项目	2019年		2018年		2017年		2016年		2015年		2014年	
	金额	增长比例	金额	增长比例	金额	增长比例	金额	增长比例	金额	增长比例	金额	增长比例
销售收入	4 200.0	14.49%	3 668.3	8.96%	3 366.6	18.76%	2 834.9	17.80%	2 406.5	−4.99%	2 533.0	100%
销售税金	626.6	14.49%	547.3	11.17%	492.3	15.94%	424.6	23.68%	343.3	−1.44%	348.3	100%
销售成本	2 283.7	18.17%	1 932.6	31.13%	1 473.8	30.00%	1 133.7	15.58%	980.9	1.43%	967.1	100%
其中:折旧	374.0		354.0		303.0		254.0		238.0		214.0	100%
销售及其他费用	162.3	−5.25%	171.3	3.76%	165.1	69.51%	97.4	135.27%	41.4	7.53%	38.5	100%
产品销售利润	1 127.4	10.86%	1 017	−17.65%	1 235.0	4.73%	1 179.2	13.29%	1 040.9	−11.73%	1 179.2	100%
其他销售利润			306.8	8 923.53%	3.4	−54.05%	7.4	3 600.00%	0.2	−88.89%	1.8	100%
营业外支出	100.0	4.93%	95.3	29.84%	73.4	32.97%	55.2	129.05%	24.1	83.97%	13.1	100%
营业外收入	22.0	−39.56%	36.4	313.64%	8.8	−49.71%	17.5	32.58%	13.2	26.92%	10.4	100%
利润总额	1 049.4	−17.04%	1 264.9	7.74%	1 174.0	2.18%	1 148.9	11.52%	1 030.2	−12.57%	1 178.3	100%
税款(按实际税额)	356.1	−32.08%	524.3	4.42%	502.1	−0.89%	506.6	2.49%	494.3	−4.76%	519.0	100%
净利润	693.3	−6.39%	740.6	10.21%	672.0	4.62%	642.3	19.85%	535.9	−18.72%	659.3	100%
(+)折旧	374.0		354.0		303.0		254.0		238.0		214.0	100%
(-)追加投资	662.5	27.60%	519.2	27.07%	408.6	27.89%	319.5	18.38%	269.9	15.34%	234.0	100%
企业净现金流量	404.8	−29.65%	575.4	1.59%	566.4	−1.80%	576.8	14.44%	504.0	−21.16%	639.3	100%

金额单位:万元

表 11-5 企业 2010—2015 年各项收入支出结构比例

项目	2019 年		2018 年		2017 年		2016 年		2015 年		2014 年	
	金额	增长比例	金额	增长比例	金额	增长比例	金额	增长比例	金额	增长比例	金额	增长比例
销售收入	4 200.0	100.00%	3 668.3	100.00%	3 366.6	100.00%	2 834.9	100.00%	2 406.5	100.00%	2 533.0	100.00%
销售税金	626.6	14.92%	547.3	14.92%	492.3	14.62%	424.6	14.98%	343.3	14.27%	348.3	13.75%
销售成本	2 283.7	54.37%	1 932.6	52.68%	1 473.8	43.78%	1 133.7	39.99%	980.9	40.76%	967.1	38.18%
其中:折旧	374.0	8.90%	354.0	9.65%	303.0	9.00%	254.0	8.96%	238.0	9.89%	214.0	8.45%
销售及其他费用	162.3	3.86%	171.3	4.67%	165.1	4.90%	97.4	3.44%	41.4	1.72%	38.5	1.52%
产品销售利润	1 127.4	26.84%	1 017	27.72%	1 235.0	36.68%	1 179.2	41.60%	1 040.9	43.25%	1 179.2	46.55%
其他销售利润			306.8		3.4		7.4		0.2		1.8	
营业外支出	100.0	2.38%	95.3	2.60%	73.4	2.18%	55.2	1.95%	24.1	1.00%	13.1	0.52%
营业外收入	22.0	0.52%	36.4	0.99%	8.8	0.26%	17.5	0.62%	13.2	0.55%	10.4	0.41%
利润总额	1 049.4	24.99%	1 264.9	34.48%	1 174.0	34.87%	1 148.9	40.53%	1 030.2	42.81%	1 178.3	46.52%
税款(按实际税额)	356.1	8.48%	524.3	14.29%	502.1	14.91%	506.6	17.87%	494.3	20.54%	519.0	20.49%
净利润	693.3	16.51%	740.6	20.19%	672.0	19.96%	642.3	22.66%	535.9	22.27%	659.3	26.03%
(+)折旧	374.0	8.90%	354.0	9.65%	303.0	9.00%	254.0	8.96%	238.0	9.89%	214.0	8.45%
(一)追加投资	662.5		519.2		408.6		319.5		269.9		234.0	
企业净现金流量	404.8	9.64%	575.4	15.69%	566.4	16.82%	576.8	20.35%	504.0	20.94%	639.3	25.24%

评估人员采用的主要指标有:销售收入、成本、利润以及企业净现金流。分析结果如下:

(1) 从近几年被评估企业的发展情况看,只有 2015 年出现过负增长,但下降幅度很小,销售收入下降 4% 左右,从 2016 年开始出现稳定的增长趋势;

(2) 2014—2019 年企业收支结构的比例没有太大的变化,销售成本占销售收入的比例基本上维持在 40% 左右。

2. 分析、预测企业未来发展情况

根据本次评估目的及价值类型对评估信息资料预测的要求,对被评估企业评估基准日以后年度的相关资料进行了分析预测,分析预测都是基于被评估企业现有的经营方向、经营能力、管理能力及合理的改进前提下进行的,具体情况如下。

(1) 按被评估企业目前设备使用状况及其他生产条件分析,被评估企业每年只要有 200 万元左右的技术改造资金投入,企业的生产经营就能长期进行下去,并能保持略有增长的势头。

(2) 对被评估企业未来市场预测。从目前及可以预测的年份来看,被评估企业生产的主要产品具有较高的声誉,产品行销全国 20 多个省市,现有用户 15 000 多个。企业所在地区有 23 条送货上门的供应渠道,其他地区有 31 个代销售网点。该企业产品的主要用户均为重点骨干企业,从经济发展的趋势来看,市场对该企业产品的需求还会进一步增加。因此,被评估企业拥有一个比较稳定且能发展的销售市场。

(3) 未来产品成本预测。该企业产品的主要原料来源并不稀缺,也不受季节影响,故未来市场物价变动对其产品的影响不大。占成本比重较大的电费,在 2018 年和 2019 年已做了较大的调整,在今后一段时间里不会有太大的升幅。如果以后电价继续调整,产品价格也会相应调整,从而电价因素不会对企业未来收益造成太大的影响。

(4) 从目前情况分析,在今后一段时间里,国家主要经济政策不会有太大变化,经济继续保持平稳增长。

(5) 未来 5 年(2020—2024 年)企业收益情况预测如表 11-6 所示。

表 11-6　企业收益情况预测

年份项目	2020	2021	2022	2023	2024
销售收入	4 437.6	4 705.8	5 213.8	5 473.9	5 730.9
销售税金	670.8	704.9	746.6	775.1	813.5
销售成本	2 350	2 500	2 700	2 900	3 100
销售及其他费用	200.9	211.7	222.4	233	223.7
产品销售利润	1 215.9	1 289.2	1 554.8	1 565.8	1 593.7
其他销售利润					
营业外收入	8	8	8	8	8
营业外支出	90	95	100	105	110
利润总额	1 133.9	1 202.2	1 452.8	1 468.8	1 491.7

（续表）

年份项目	2020	2021	2022	2023	2024
税款(按年际税额)	283.5	300.6	363.2	367.2	372.9
净利润	850.4	901.6	1 089.6	1 101.6	1 118.8
(+)折旧	385	410	442	475	508
(-)追加投资	655.2	425.4	454.1	521	541
企业净现金流量	580.2	886.2	1 077.5	1 055.6	1 085.8
折现系数(按9%)	0.917	0.842	0.772	0.708	0.65
折现值	532.0	746.2	831.8	747.4	705.8

3. 评定估算

(1) 依据企业以前年度生产增减变化及企业财务收支分析,以及对未来市场预测,评估人员认为被评估企业未来 5 年的销售收入,将在 2019 年的基础上略有增长,增长速度将保持在 4%～6%之间。

(2) 根据企业的生产能力状况,从 2021 年开始需要追加的投资将会减少(2015—2016 年追加的投资高于正常年份水平),即从 2021 年起企业的净现金流量将会增加,2025 年及以后各年的预期收益将维持在 2024 年的收益水平上。

(3) 适用的折现率及资本化率的确定。因为本次评估目标是企业股东全部权益价值,适用的折现率及资本化率的测算方式采用了资本资产定价模型。

根据评估人员对资本市场的深入调查分析,初步测算证券市场平均期望报酬率为 10%,被评估企业所在行业对于风险分散的市场投资组合的系统风险水平 β 值为 0.8,无风险报酬率取 3%,由于被评估企业是一个非上市公司,股权的流动性不强,且企业规模不大,在行业中的地位并不突出。但由于被评估企业产品信誉较高,生产经营稳步增长,而且未来市场潜力很大,企业的投资风险并不很大。所以,确定企业在其所在的行业中的地位系数,即企业特定风险调整系数 α 为 1.07。依据资本资产定价模型测算被评估企业的折现率为 9%。

$$R_q = (R_m - R_f) \times \beta \times \alpha = 3\% + (10\% - 3\%) \times 0.8 \times 1.07 = 9\%$$

(4) 按所得税税率 25% 进行计算。

(5) 评估人员根据现有掌握的数据对被评估企业永续经营期间的风险因素进行了初步的分析,没有发现明显高于已预测年份的风险迹象,因此假设资本化率与折现率相同。

4. 评估结果

按收益法中的分段法评估思路估算,企业股东全部权益价值为 10 128 万元。企业股东全部权益价值的评估步骤如下。

(1) 计算未来 5 年(2020—2024 年)企业净现金流量的折现值之和:

$$532.0 + 746.2 + 831.8 + 747.4 + 705.8 = 3 563.2(万元)$$

（2）从未来第 6 年（2025 年）开始，计算永久性现金流量现值。

① 将未来永久性收益折成未来第 5 年（2024 年）的价值：

$$1\ 085.8 \div 9\% = 12\ 064.44（万元）$$

② 按第 5 年的折现系数，将企业预期第二段收益价值折成现值：

$$12\ 064.44 \times 0.65 = 7\ 841.89（万元）$$

（3）企业股东全部权益价值的评估价值。

$$3\ 563.2 + 7\ 841.89 = 11\ 405.09（万元）$$

第四节　其他方法在企业价值评估中的应用

一、市场法在企业价值评估中的应用

（一）运用市场法评估企业价值的技术路线及主要障碍

企业价值评估中的市场法，是指将评估对象与可比上市公司或者可比交易案例进行比较，确定评估对象价值的评估方法。上市公司比较法是指获取并分析可比上市公司的经营和财务数据，计算适当的价值比率，在与被评估企业比较分析的基础上，确定评估对象价值的具体方法。上市公司比较法中的可比企业应当是公开市场上正常交易的上市公司，评估结论应当考虑流动性对评估对象价值的影响。交易案例比较法是指获取并分析可比企业的买卖、收购及合并案例资料，计算适当的价值比率，在与被评估企业比较分析的基础上，确定评估对象价值的具体方法。运用交易案例比较法时，应当考虑评估对象与交易案例的差异因素对价值的影响。

（1）企业价值评估的市场法是基于相同及类似企业应该具有相同或类似交易价格的理论推断。因此，企业价值评估市场法的技术路线是首先在市场上寻找与被评估企业相类似的可比企业的交易案例，通过对所寻找到的交易案例中类似可比企业交易价格及其价值比率的分析，从而确定适用于被评估企业的价值比率和评估价值。

（2）运用市场法评估企业价值存在两个障碍。一是被评估企业与参照企业之间的"可比"性问题，企业不同于普通的资产，企业间或多或少都存在着个体差异。每一个企业都存在不同的特性，除了所处行业、规模大小等可确认的因素各不相同外，影响企业形成盈利能力的无形因素更是纷繁复杂。因此，几乎难以找寻到能与被评估企业直接进行比较的类似企业。二是企业交易案例的差异。即使存在能与被评估企业进行直接比较的类似企业，要找到能与被评估企业的产权交易相比较的交易案例也相当困难。首先，目前我国市场上不存在一个可以共享的企业交易案例资料库，因此，评估人员无法以较低的成本获得可以应用的交易案例；其次，即使有渠道获得一定的案例，但这些交易的发生时间、市场条件和宏观环境又各不相同。评估人员对这些影响因素的分析也会存在主观和客观条件上的障碍。因此，运用市场法对企业价值进行评估，不能基于直接比较的简单思路，而要通过间接比较分析影响企业价值的相关因素，对企业价值进行评估。

（二）运用市场法评估企业价值的基本步骤

（1）明确被评估企业的基本情况，包括评估对象范围及其相关权益情况。

（2）恰当选择与被评估企业进行比较分析的参照企业。参照企业应与被评估对象在同一行业或受同一经济因素影响，它们已经交易或具有交易价格，参照企业与被评估企业之间具有可比性。

（3）将参照企业与被评估企业的财务数据和经济指标进行必要的分析、对比和调整，保证它们之间在财务报告的编制基础、评估对象范围、重要数据的计算、反映方式等具有可比性。例如，调整非正常收入和支出、调整非经营性资产和无效资产等。

（4）选择并计算恰当的价值比率。在选择并计算价值比率过程中，评估人员应当注意以下若干事项：①选择的价值比率应当有利于评估对象价值的判断；②用于价值比率计算的参照企业的相关数据应当恰当可靠；③用于价值比率计算的相关数据口径和计算方式应当一致；④被评估企业与参照企业相关数据的计算方式应当一致；⑤合理将参照企业的价值比率应用于被评估企业。

（5）将价值比率应用于被评估企业所对应的财务数据，并考虑适当的调整得出初步评估结论。

（6）根据被评估企业的特点，在考虑了对于缺乏控制权、流动性，以及拥有控制权和流动性等因素可能对评估对象的评估价值产生影响的基础上，评估人员在进行必要分析的基础上，以恰当的方式进行调整，以形成最终评估结论并在评估报告中明确披露。

（三）市场比较法的运用

不论是上市公司比较法，还是交易案例比较法，其核心问题是确定适当的价值比率，价值比率的测算思路可用公式表示如下：

$$\frac{V_1}{X_1} = \frac{V_2}{X_2} \quad 即：V_1 = X_1 \times \frac{V_2}{X_2}$$

式中：V_1——被评估企业价值；

V_2——参照可比企业价值；

X_1——被评估企业与企业价值相关的可比指标；

X_2——参照比可企业与企业价值相关的可比指标。

V_2/X_2 通常又称为可比价值倍数。式中 X_1、X_2 参数通常选用以下财务变量：①利息、折旧和税收前利润，即 $EBIDT$；②无负债净现金流量，即企业自由现金流量；③净现金流量，即股权自由现金流量；④净利润；⑤销售收入；⑥净资产；⑦账面价值等。

确定价值比率的关键在于两点。

1. 对可比企业的选择

判断企业的可比性存在两个标准，首先是行业标准。可比企业应当与被评估企业属于同一行业，处于同一行业的企业存在着某种可比性。其次是受相同经济因素的影响标准。在同一行业内选择可比企业时应注意，目前的行业分类过于宽泛，处于同一行业的企业可能所生产的产品和所面临的市场完全不同,在选择时应加以注意。即使是处于同一市场,生产同一产品的企业,由于其在该行业中的竞争地位不同,规模不同,相互之间的可比性也不同。因此,在选择时应尽量选择与被评估企业的地位相类似的企业,并关注业务结构、经营模式、企业规模、资产配置和使用情况、企业所处经营阶段、成长性、经营风险、财务风险等因素。

2. 对可比指标的选择

对可比指标的选择只遵循一个原则:即可比指标应与企业的价值直接相关。在企业价值的评估中,现金流量和利润是最主要的候选指标,因为企业的现金流量和利润直接反映了企业的盈利能力,也就与企业的价值直接相关。

基于成本和便利的原因,目前运用市场法对企业价值进行评估主要在证券市场上寻找与被评估企业可比的上市公司作为参照企业,即采用上市公司比较法。通常使用盈利比率、资产比率、收入比率和其他特定比率,如市盈率、市净率、市销率等。具体算式如表 11-7 所示。在选择、计算、应用价值比率时,应当考虑:①选择的价值比率有利于合理确定评估对象的价值;②计算价值比率的数据口径及计算方式一致;③对可比企业和被评估企业间的差异进行合理调整。价值比率分母的常用指标有销售收入、息税折旧摊销前利润、息税前利润、净利润、净现金流量;价值比率分母的特定指标有制造业的年生产量、电力企业的年发电量、电信运营商的用户数量、交通运输企业的客(货)运周转量、基金管理公司的管理资产规模、石油勘探开采企业的油气资源储量等。

表 11-7　常见比率及其在企业价值评估中的应用

参照比率	比率	企业价值
市盈率(价格与收益比率)	每股市价/每股收益	市盈率×收益基数
市净率(价格与账面价值比率)	每股市价/每股净资产	市净率×净资产基数
市销率(价格与营业收入比率)	每股市价/每股营业收入	市销率×营业收入基数

以市盈率为例,其思路是将上市公司的股票年收益和被评估企业的利润作为可比指标,在此基础上评估作业价值的方法。其基本思路是:首先,从证券市场上搜寻与被评估企业相似的可比企业,按企业的不同的收益口径,如利息、折旧和税收前利润、息前净现金流、净利润等,计算出与之相应的市盈率。其次,确定被评估企业不同口径的收益额。再次,以可比企业相应口径的市盈率乘以被评估企业相应口径的收益额,初步评定被估企业的价值。最后,对于按不同样本计算的企业价值分别给出权重,加权平均计算企业价值。在运用该方法时,还需对评估结果进行适当调整,以充分考虑被评估企业与上市公司的流动性、控制权等差异。

【例 11-5】　某企业拟进行整体资产评估,评估基准日为 2019 年 12 月 31 日。评估人员在同行业的上市公司中选择了 9 家可比公司,分别计算了可比公司 2019 年的市盈率。被评估企业 2019 年的净收益为 5 000 万元,则采用市盈率乘数法评估企业整体价值的过程如下:

9 家可比公司 2019 年的市盈率如表 11-8 所示。

表 11-8　可比公司 2016 年的市盈率

可比公司	C1	C2	C3	C4	C5	C6	C7	C8	C9
市盈率	16.7	12.3	15.0	16.5	28.6	14.4	50.5	17.8	15.1

所选的 9 家可比公司 2019 年平均市盈率为 20.77。但我们应该注意到,所选的可比公司中 C5 和 C7 的市盈率明显高于其他可比公司,属于异常值,在计算市盈率均值时应该消除异常值的影响,剔除异常值。剔除了 C5 和 C7 后市盈率的均值是 15.40,因此,我们可以把 15.40 确定为 2019 年被评估企业的参照市盈率,则:

$$被评估企业的价值 = 5\,000 \times 15.40 = 77\,000(万元)$$

由于企业的个体差异始终存在,把某一个相似企业的某个关键参数作为比较的唯一的标准,往往会产生一定的误差。为了降低单一样本、单一参数所带来的误差和变异性,目前国际上比较通用的办法是采用多样本、多参数的综合方法。

【例 11-6】　评估 W 公司的值,我们从市场上找到了 3 个(一般为 3 个以上的样体)相似的公司 A、B、C,然后分别计算各公司的市场价值与销售额的比率、与账面价值的比率以及与净现金流量的比率,这里的比率即为可比价值倍数(V/X),得到结果如表 11-9 所示。

表 11-9　参照公司价值比率汇总表

	A 公司	B 公司	C 公司	平均
市价/销售额	1.2	1.0	0.8	1.0
市价/账面价值	1.3	1.2	2.0	1.5
市价/净现金流量	20	15	25	20

把 3 个样本公司的各项可比价值倍数分别进行平均,就得到了应用于 W 公司评估的 3 个倍数。需要注意的是,计算出来的各个公司的比率或倍数值上相对接近是十分重要的。如果它们差别很大,就意味着平均数附近的离差是相对较大的,所选择样本公司与目标公司在某项特征上就存在着较大的差异性,此时的可比性就会受到影响,需要重新筛选样本公司。

表 11-9 显示,得出的数值结果具有较强的可比性,我们设 W 公司的年销售额为 1 亿元,账面价值为 6 000 万元,净现金流量为 500 万元,然后我们使用从上表得到的 3 个倍数计算出 W 公司的指示价值,再将 3 个指示价值进行算术平均,如表 11-10 所示。

表 11-10　W 公司的评估价值　　　　　　　　　　　　　　单位:万元

项　目	W 公司实际数据	可比公司平均比率	W 公司指示价值
销售额	10 000	1.0	10 000
账面价值	6 000	1.5	9 000
净现金流量	500	20	10 000
W 公司的平均价值			9 700

表 11-10 中得到的 3 个可比价值倍数分别是 1.0、1.5、20,然后分别以 W 公司的 3 个指标 10 000 万元、6 000 万元、500 万元分别乘以 3 个可比价值倍数,得到 W 公司的

3 个指示价值 10 000 万元、9 000 万元、10 000 万元,将 3 个指示价值进行平均得到 W 公司的评估价值为 9 700 万元。

在当前高科技互联网公司快速发展的背景下,很多公司都趋于轻资产化。在这些企业的初创期,财务指标作为价值比率中的 X 值,可能不尽合理。公司价值的本质在于其未来创造收益,这些轻资产公司在当前的收益数据可能不甚理想,甚至处于亏损状(比如京东商城等),但未来创造收益的可能性却比较大,这就是为什么很多当前亏损的高科技互联网公司获得较大市场估值的原因。因此,这类公司采用市场法估值的价值比率确实有了很大的创新。比如游戏类公司、电信类公司等,ARPU(ARPU-Average Revenue Per User,即每用户平均收入)可能是一个可行的估值指标①。又如平台类电子商务公司,GMV(Gross Merchandise Volume)指标经常被用来作为估值参照指标之一。总之,在构建价值比率时应该结合被评估企业的行业模式和特点,深入分析价值创造根源,从而创造性的选择 X 值。

二、成本法在企业价值评估中的应用

(一)资产基础法及其局限性

企业价值评估中的成本法,亦称资产基础法,是指以被评估企业评估基准日的资产负债表为基础,合理评估企业表内及表外各项资产、负债价值,确定评估对象价值的评估方法。计算公式为:

$$企业整体价值 = 有形资产价值 + 无形资产价值$$
$$股东全部权益价值 = 企业整体价值 - 企业负债$$

资产基础法实际上是通过对企业账面价值的调整得到企业价值。其理论基础也是"替代原则",即任何一个精明的潜在投资者,在购置一项资产时所愿意支付的价格不会超过建造一项与所购资产具有相同用途的替代品所需的成本。资产基础法以企业单项资产的再建成本为出发点,有忽视企业的获利能力的可能性,而且在评估中很难考虑那些未在财务报表上出现的项目,如企业的管理效率、自创商誉、销售网络等。因此,资产评估师应当根据会计政策、企业经营等情况,对被评估企业资产负债表表内及表外的各项资产、负债进行识别,并应当知晓并非每项资产和负债都可以被识别并用适当的方法单独评估。当存在对评估对象价值有重大影响且难以识别和评估的资产或者负债时,应当考虑资产基础法的适用性。

同时,以持续经营为前提对企业价值进行评估时,资产基础法一般不应当作为唯一使用的评估方法。因为该法是通过分别估测构成企业的所有可确指资产价值后加和而成的,无法把握持续经营企业价值的整体性,亦难以把握各个单项资产对企业的贡献。对企业各单项资产间的工艺匹配和有机组合因素产生的整合效应,即不可确指的无形资产,很难进行有效衡量。在特殊情况下,评估人员采用资产基础法对持续经营企业价

---

① ARPU 用于衡量电信运营商业务收入的指标。ARPU 注重的是一个时间段内运营商从每个用户所得到的收入。很明显,高端的用户越多,ARPU 越高。

值进行评估,应予以充分的说明。

(二) 资产基础法的应用

在具体运用资产基础法评估企业价值时,人们通常又称之为加和法,即各项资产的价值根据其具体情况选用适当的具体评估方法得出,并加总求得企业价值。

在进行资产基础法评估之前,应对企业的盈利能力以及相匹配的单项资产进行认定,以便在委托方委托的评估范围基础上,进一步界定纳入企业盈利能力范围内的资产和闲置资产的界限,明确评估对象的作用空间和评估前提。作为一项原则,评估人员在对构成企业的各个单项资产进行评估时,应该首先明确各项资产的评估前提,即持续经营假设前提和非持续经营假设前提。在不同的假设前提下,运用资产基础法评估出的企业价值是有区别的。对于持续经营假设前提下的各个单项资产的评估,应按贡献原则评估其价值。而对于非持续经营假设前提下的单项资产的评估,则按变现原则进行。下面列举了对企业某些单项资产及负债评估时应注意的问题。

(1) 现金。除对现金进行点钞核数外,还要通过对现金及企业运营的分析,判断企业的资金流动能力和短期偿债能力。

(2) 应收账款及预付款。从企业财务的角度,应收账款及预付款都构成企业的资产。而从企业资金周转的角度,企业的应收账款必须保持一个合理比例。企业应收账款占销售收入的比例,以及账龄的长短大致可以反映一个企业的销售情况、企业产品的市场需求及企业的经营能力等,并为预期收益的预测提供参考。

(3) 存货。存货本身的评估并不复杂,但通过对存货进行评估,可以了解企业的经营情况,至少可以了解企业产品在市场中的竞争地位。畅销产品、正常销售产品、滞销产品和积压产品的比重,将直接反映企业在市场上的竞争地位,并为企业预期收益预测提供基础。

(4) 机器设备与建筑物。机器设备和建筑物是企业进行生产经营和保持盈利能力的基本物质基础。设备的新旧程度、技术含量、维修保养状况、利用率等,不仅决定机器本身的价值,同时还对企业未来的盈利能力产生重大影响。按照机器设备及建筑物对企业盈利能力的贡献评估其现时价值,是持续经营假设前提下运用加和法评估企业单项资产的主要特点。

(5) 长期投资。资产评估人员运用资产基础法进行企业价值评估,应当对长期股权投资项目进行分析,根据相关项目的具体资产、盈利状况及其对评估对象价值的影响程度等因素,合理确定是否将其单独评估。

(6) 无形资产。资产负债表上的无形资产,一般仅反映其取得成本。在评估过程中,要弄清每一种无形资产的盈利潜力,并采用收益法、市场法或成本法确定其合理的市场价值。

(7) 负债。主要涉及与资产相关的负债,例如,如果房产从资产项扣除,则任何与之相关的负债也应相应扣除。

(8) 非经营性或偶然性资产和负债。非经营性资产和负债一般是指那些与维持经营活动非直接相关的资产和负债。偶然性资产和负债是指那些非持续性取得的资产和负债。评估人员应当对非经营性或偶然性资产和负债予以调整。

在对企业各个单项实施评估并将评估值加和后,就可以以此作为运用成本法评估出的企业价值。资产评估人员如对同一企业采用多种评估方法评估其价值时,应当对运用各种评估方法形成的各种初步价值结论进行分析,在综合考虑运用不同评估方法及其初步价值结论的合格性及所使用的质量和数量的基础上,形成合理评估结论。

三、期权定价法在企业价值评估中的应用

如前所述,对于存在投资机会的高新技术公司的价值,可用期权理论进行评估。首先,按照现金流量折现的方法计算现有业务本身部分的价值;其次,把现有业务的每一个未来投资机会看作是一个买方期权,分别计算其价值,即得到现有业务的投资扩张价值;最后,将业务投资扩张价值和现有业务部分价值相加得到企业价值。

【例 11-6】 某"新经济"网站为我国某大城市的门户网站。网站目前设有新闻网、资讯网、商贸网、旅游网、教育网、医疗网、社区网和用户网等八大服务平台。该网站是一个综合性中文网站,它一方面保留了传统媒体的信息发布功能以满足用户的信息需求为主要服务内容;另一方面体现了互联网的多媒体互动功能以满足用户的互动需求为主要服务内容,其最终目是在互联网上构建一个能够全方位全时段满足用户信息需求和互动需求的全球化中文服务平台。

1. 网站整体价值的评估思路

由于互联网站作为一个整体资产,其价值体现类似于企业整体,只不过网站不同于一般的传统产业企业,而是更加类似于高新科技企业。这类企业或整体资产的特点就是:目前或近期只产生很少的正现金流,或产生负的现金流,但却因为其具有创造价值的巨大潜力而受到人们的青睐,从而使风险资金趋之若鹜。所以我们在采用收益现值法对网站整体资产进行评估时,不是单纯采用收益法中的折现现金流量法对网站所有的可能收益进行测算评估,而是把网站现有的业务和以后投资扩展的业务(注意:现在尚未投资,只是一个投资机会)分别进行评估。即:用折现现金流量法评估其现有业务的价值,而用期权定价法确定其投资扩展业务的价值,然后相加得出网站的整体价值。实际上投资扩展业务这一部分价值也就是网站发展潜力的期权价值。这样更能反映网站价值的机会特点和未来收益的不确定性。

(1) 收益法评估网站资产价值的基本公式:

$$P = \sum_{t=1}^{m} \frac{F_t}{(1+r)^t} + \sum_{t=m}^{n} \frac{F_t(1+g)^t}{(1+r)^t} \times \frac{1}{(1+r)^m} + \frac{P_n}{(1+r)^n}$$

$$P = \sum_{t=1}^{n} \frac{F_t}{(1+r)^t} + \frac{F_n(1+g)}{(r-g)(1+r)^n}$$

式中:P——评估值;

F_t—— 未来第 t 个收益期的预期收益额;

P_n—— 终值;

r—— 折现率;

g—— 预期收益增长率;

t—— 收益预测年期;

m—— 明确的收益预测期限;

n—— 总收益预测期限。

（2）期权定价法评估网站未来扩展业务的基本公式为：

$$V = SN(d_1) - Xe^{-rT}N(d_2)$$

式中：S—— 投资项目收益的未来现金流的折现值；

$\quad\quad X$—— 未来可能投资的投资额；

$\quad\quad t(T)$—— 投资到期日的时间；

$\quad\quad r$—— 这期间的无风险利率；

$\quad\quad \sigma^2$—— 投资收益的方差。

由以上公式计算出期权的价值即为网站扩展业务的机会价值。

（3）以上两种业务的价值相加即为网站整体资产的评估价值。即：网站价值＝$P + V$。

2. 实例评估测算过程

（1）用折现现金流量法评估网站现有业务的价值。根据以上测算，新经济网络公司所拥有的新经济网站现有业务价值为 114.70 万元。

（2）用期权定价法评估网站投资扩展业务价值。由于互联网站目前正处在一个成长发育的阶段：其现有业务所产生的现金流极其有限，从而无法反映网站具有未来发展机会的巨大价值。所以我们在用折现现金流量法评估网站现有业务价值的同时，采用期权定价法评估其未来投资扩展业务的价值。其思路是把未来投资扩展的业务机会看作是一个买方期权。扩展业务现金流的现值即为标的物资产的现价，未来的投资额即为期权的约定价格，投资的时间即为期权的到期期限，然后运用期权定价公式即可求出这个买方期权的价值——也就是网站未来投资扩展业务的机会价值。

新经济网站的具体数据加以说明：

第一，根据新经济网站发展规划和可行性研究报告，网站从第二年起，有连续三次的投资扩展计划。业务扩展的内容包括注册用户的大量增加（不是增长百分之几，而是成倍增长）、与××区劳动局职业技术学校及××区房产公司技工学校联合办学，开办互联网应用技术培训的专业班、其他各种各样的互联网有关业务。所以我们认定为三个不同时点的投资扩展，并分别命名为 1#、2# 和 3# 投资。

第二，1# 投资计划在 2 年后，增加 10 台服务器、30 台计算机和 7 条 ISDN 专线，计划投资 144.8 万元。投资实现后，可新增注册用户 2 000 户，每天 20 万个点击量，从而实现各类业务收入共 180 万元。2# 投资计划在 3 年后，新增服务器 30 台、计算机 50 台、ISDN 专线 10 条，计划投资 295 万元。投资实现后，可新增注册用户 5 000 户，每天 50 万个点击量，从而实现各类业务收入 450 万元。3# 投资计划在 4 年后，新增服务器 50 台、计算机 100 台、ISDN 专线 30 条，计划投资 625 万元。投资实现后，可新增注册用户 10 000 户，每天 100 万个点击量，从而实现各类业务收入 680 万元。

第三，测算公式所需各项数据。

（A）测算投资扩展业务的现值作为标的物资产的现价。采用折现现金流量法进行估算：1#投资业务收入180万元；经营成本等于租线路费5万、ISDN专线费用1.63万、人员工资办公费及其他60万、折旧费用28.96万（等于投资额144.8万除以5）之和共计95.59万元；营业税金为销售收入的6%；管理费用为收入的10%；所得税率仍为25%（33%）。由此可以得出该业务当年的净现金流量为66.22万元。投资以后年度基本不作变化。把每年的净现金流折现并累计至当前价值为213.19万元。注意这里是先把现金流折现至投资当年值，然后再折现至当前现值。2#投资业务、3#投资业务可用同样的方法求出其价值为264.06万元和542.82万元。这三个数据可记为：S1、S2、S3。

（B）确定期权的约定价格：对于未来投资扩展业务而言，未来的投资额即为期权的约定价格。1#投资业务投资额为144.8万元；2#、3#投资分别为295万元和625万元。所以我们记为：$X_1 = 144.8$万元，$X_2 = 295$万元，$X_3 = 625$万元。

（C）确定期权的期限：期权的期限即为投资到期时间。所以对于1#投资来说是2年，2#投资是3年，3#投资是4年。即：$T_1 = 2$年，$T_2 = 3$年，$T_3 = 4$年。

（D）确定σ值。这个值是标的资产价格变动的均方差，说明标的资产价格变化的波动率。对于网站业务而言，可保守地估计为20%。也就是$\sigma = 0.20$，则方差$\sigma^2 = 0.04$。这个数据对三个投资都是一样的。

（E）无风险利率采用与期权期限相同的国库券利率$r = 3.56\%$。

第四，基于上述输入变量，运用Black-Scholes期权定价模型求得网站投资扩展业务价值如表11-11所示。

表11-11 网站投资扩展业务价值

	d_1	$N(d_1)$	d_2	$N(d_2)$	V（万元）
1#投资	1.760 7	0.960 9	1.477 9	0.930 3	79.40
2#投资	0.161 7	0.564 2	0.184 7	0.426 7	35.86
3#投资	0.203 6	0.580 7	0.196 5	0.422 1	86.37

第五，网站投资扩展业务为三个投资价值之和：

$$V = V_1 + V_2 + V_3 = 79.40 + 35.86 + 86.37 = 201.63（万元）$$

（3）以上两种业务的价值相加即为网站整体资产的评估价值。

$$网站价值 = P + V = 114.70 + 201.63 = 316.33（万元）$$

课外阅读材料

1. 中国资产评估协会. 资产评估执业准则——企业价值[EB/OL]. http://www.cas.org.cn.

2. 余炳文，曹吉超. 行业分析在企业价值评估中的应用探析[J]. 中国资产评估，2014(8).

3. 应尚军，龚国光. 企业价值评估方法及其在金融企业价值评估中的应用——综述与展望[J]. 中国资产评估，2011(8).

4. 张志强，俞明轩. 理论比率模型与股票价值评估[J]. 中国资产评估，2010(4).

5. 常隽逸. 同济堂股权收购案例中的资产评估问题研究[J]. 中国资产评估，2019(5).

6. 北京证监局课题组.上市公司重大资产重组估值报告问题研究[J].中国资产评估,2019(1).

7. 纪益成,丘开浪,徐梁灵.收益法运用中的随意性与内在不一致问题及其对策——基于运用收益法评估某光学科技企业价值的案例分析[J].中国资产评估,2020(4).

8. 胡晓明,张祖遥.我国上市公司控制权溢价及其影响——2012—2016年相关数据的分析[J].中国资产评估,2018(11).

复习思考题

1. 如何评估一家经营亏损酒店的价值？为什么？

2. 试说明区分企业有效资产与无效资产的意义。

3. 简述企业价值评估的一般范围包括哪些？

4. 行业分析的作用是什么？主要分析的内容和方法有哪些？

5. 为什么贴现率不宜直接作为折现率？如何把握企业预期收益的基础？

6. 具有代表性的正常资产收益率有哪几种？

7. 为什么行业基准收益率不能作为整体企业评估中的折现率或资本化率？

8. 简述市盈率、市净率、市销率进行企业价值评估的基本思路。

9. 为什么企业评估中适用的资本化率不应低于无风险报酬率？

10. 判断企业能否持续经营需考虑哪些因素？

11. 简述企业评估价值与账面价值、公司市值和清算价值的区别。

12. 运用收益法对企业价值进行评估需解决的关键问题是什么？

13. 如何把握控股权溢价、少数股权折价与缺乏流通性折价问题？

计　算　题

1. 某企业预计未来5年的预期收益额为10万元、11万元、12万元、12万元和13万元,假定资本化率为10%。

要求:试用年金法估测该企业持续经营条件下的企业价值。

2. 某企业预计未来5年的预期收益额为10万元、11万元、12万元、12万元和13万元,并从第6年开始,企业的年收益额将维持在15万元水平上,假定资本化率为10%。

要求:试估测该企业持续经营条件下的企业价值。

3. 某企业预计未来5年的预期收益额为10万元、11万元、12万元、12万元和13万元,并从第6年开始,企业的年收益额将在第5年的水平上以1%的增长率增长,假定资本化率为10%。

要求:试估测该企业持续经营条件下的企业价值。

4. 某企业距其企业章程规定的经营期限只剩5年,到期后不再继续经营。预计未来5年的预期收益额为10万元、11万元、12万元、12万元和13万元,5年后,该企业变现预计可收回100万元,假定资本化率为10%。

要求:试估测该企业价值。

5. 假定社会平均资金收益率为7%,无风险报酬率为4%,被评估企业所在行业的平均风险与社会平均风险的比率为1.2。

要求:求被评估企业适用的折现率。

6. 假定社会平均资金收益率为8%,无风险报酬率为4%,被评估企业所在行业的平均风险与社会平均风险的比率为1.5,被评估企业长期负债占全部投资资本的40%,平均税后利率为6%,所有者权益占投资资本的60%。

要求:试求用于评估该企业投资资本价值的资本化率。

7. 某被评估企业,基本情况如下:

(1) 该企业未来5年预期利润总额分别为100万元、110万元、120万元、120万元和130万元,从第6年开始,利润总额将在第5年的基础上,每年比前一年度增长2%。

(2) 该企业适用的所得税税率为25%。

(3) 据查,评估基准日社会平均收益率为9%,无风险报酬率为4%,被评估企业所在行业的基准收益率为9%,企业所在行业的平均风险与社会平均风险的比率为1.2。

(4) 被评估企业生产经营比较平稳,将长期经营下去。

要求:试评估该企业的净资产价值。

8. 某被评估企业,基本情况如下:

(1) 该企业未来5年预期净利润分别为100万元、110万元、120万元、120万元和130万元。

(2) 该企业适用的所得税税率为25%。

(3) 据查,评估基准日社会平均收益率为9%,无风险报酬率为4%,被评估企业所在行业的基准收益率为9%,企业所在行业的平均风险与社会平均风险的比率(β)为1.2。

(4) 该企业长期负债占投资资本的50%,平均长期负债税后利率为6%,未来5年中年平均长期负债利息额为20万元,年流动负债利息额为10万元。

(5) 被评估企业生产经营比较平稳,将长期经营下去。

要求:试用年金法评估该企业的投资资本价值。

案例研究一

用于价值比率计算的相关数据口径和计算方式应当一致①

(一)背景资料

沃克森评估公司接受广联达软件股份有限公司(以下简称广联达)委托,采用资产基础法和市场法对北京梦龙软件有限公司(以下简称梦龙软件)股东全部权益在2010年11月30日的市场价值进行了评估,评估值为9 434.42万元,评估值较账面净资产增值8 465.3万元,增值率873.51%;对兴安得力股东全部权益在2010年12月31日的市场价值进行了评估,评估值为33 735.47万元,评估值较账面净资产增值26 861.36万元,增值率390.76%。

沃克森评估公司使用的评估方法具体如下:首先,选择与被评估企业处于同一行业且股票交易活跃的上市公司作为对比公司,并通过交易股价计算对比公司的市场价值,其选取的对比公司为新大陆(股票代码:000997)、用友软件(股票代码:600588)、东软集团(股票代码:600718)和金证股份(股票代码:600446);其次,选择对比公司的一个或几个收益性和/或资产类参数,如息税前利润(EBIT),息税折旧摊销前利润(EBITDA)或总资产、净资产等作为"分析参数",并计算对比公司市场价值与所选择分析参数之间的比例关系;最后,通过比较分析被评估企业与参考企业的异同,计算出使用于被评估企业比率乘数,从而得到委估对象的市场价值。

通过审核相关工作底稿,沃克森评估公司该两个项目的评估工作存在以下三方面的问题:

---

① 根据"中国证监会行政处罚决定书(沃克森(北京)国际资产评估有限公司、李文军、黄立新)〔2014〕88号"整理。

一是对比公司流通股市值计算公式错误。根据梦龙软件、兴安得力评估项目的"可比公司股权价值表"工作底稿记载,流通股市值＝股价×流通股票数量×流通股占总股本比例。上述计算公式明显错误。

二是对比公司市场价值评估依据标准不统一。主要表现在:第一,选取的对比公司股权价值计算标准不统一。在"对比公司折现率计算表"的工作底稿中,对比公司新大陆、东软集团股权价值＝流通股市值＋限售股市值;而用友软件、金证股份的股权价值＝流通股市值＋限售股市值＋负息负债－非经营性资产净值(整体价值)。第二,选取的对比公司 EBIT 计算方法不统一。根据梦龙软件、兴安得力评估项目工作底稿,EBIT＝扣除非主营业务收入后利润总额＋利息支出。梦龙软件项目工作底稿中,4 家可比公司"利润表"中"扣除非主营业务收入后利润总额＝营业利润＋资产减值损失－投资收益"。梦龙软件报表中"扣除非主营业务收入后利润总额＝营业利润＋资产减值损失－公允价值变动收益"。兴安得力项目工作底稿中,4 家可比公司"利润表"中"扣除非主营业务收入后利润总额＝营业利润－公允价值变动收益－投资收益"。第三,选取对比公司 EBITDA 的预期增长率计算方法不统一。根据梦龙软件评估项目工作底稿,4 家可比公司"利润表"中,新大陆、东软集团的"EBITDA 预期增长率＝EBITDA 增长率的 WACC 折现×税前加权资本成本",计算结果分别为8.43%、19.23%;用友软件、金证股份的"EBITDA 预期增长率＝息税折旧摊销前利润/主营业务收入百分比的 WACC 折现×税前加权资本成本",计算结果分别为 2.87%、1.54%。第四,选取的对比公司资产比率乘数修正系数计算方法不统一。根据梦龙软件、兴安得力评估项目工作底稿,比率乘数修正系数计算表中,新大陆、东软集团、金证股份的"EBITDA/总资产的五年平均值＝EBITDA/扣除非经营性资产后的总资产",用友软件的"EBITDA/总资产的 5 年平均值＝EBITDA/资产总计"。其中,扣除非经营性资产的总资产＝资产总计－非经营性资产。

三是选取对比公司相关参数的依据不明。沃克森评估公司认为东软集团计算取得的 EBITDA 的预期增长率不合理,直接以用友软件的 EBITDA 预期增长率加以替代,没有具体数据支持。沃克森评估公司两个项目的工作底稿显示,4 家对比公司计算所得的增长率包括 8.43%、19.23%、2.87%、1.54%、7.38%、18.45%、5.07%、2.14% 等 8 个数据,沃克森评估公司计算的软件行业EBITDA 预期增长率为 4.82%,而对梦龙软件和兴安得力的 EBITDA 预期增长率直接取用 8%,此数据与前述对比数据之间难以建立直接的因果关系,对其获取也缺少相关说明和计算依据。

沃克森评估公司的项目负责人、签字注册评估师李文军在回答调查询问时也承认评估报告有明显错误,对评估结果影响较大,原评估结果基本不可信。在使用该评估报告时,评估值会影响客户的合理判断。

上述事实分别有交易明细、当事人询问笔录、通讯记录、相关单位提供的说明、会议记录、评估报告、评估工作底稿等证据证明,足以认定。

中国证监会于 2014 年 1 月 6 日作出行政处罚事先告知书,认定沃克森评估公司的行为违反了《企业价值评估指导意见(试行)》第七条关于"注册资产评估师执行企业价值评估业务,应当恪守独立、客观、公正的原则,勤勉尽责,保持应有的职业谨慎,不得出现对评估结论具有重要影响的实质性疏漏和错误"和第三十三条第(三)项关于"用于价值比率计算的相关数据口径和计算方式应当一致"的规定,其出具的评估报告有误导性陈述,构成《证券法》第二百二十三条的情形。评估报告的签字评估师李文军、黄立新为直接责任人员。

(二) 讨论问题

(1) 为什么沃克森评估公司的两个项目的评估工作会出现三方面的问题? 这些问题是出于资产评估师的水平的原因,还是出于其他方面的原因或动机(可合理假设)?

(2) 请根据《资产评估准则——企业价值》的相关条款及有关理论方法,将所存在的三方面问题进行更正,并说明更正的理由是什么?

<h1 style="text-align:center">案例研究二</h1>

<h2 style="text-align:center">《景峰注射剂评估说明》的有关预测是否合理</h2>

(一)背景资料

2014年1月20日，*ST天一公告称"根据证监会的要求，在对重组方案中作价公允等问题进行修订完善后，重新提交证监会审核"。2013年12月25日，在证监会并购重组委当年最后一次审核会议上，否决*ST天一(000908.SZ)的重组方案。重组委审核意见认为，重组方案不符合《上市公司重大资产重组管理办法》第十条第(三)项重大资产重组所涉及的资产定价公允的规定。

据统计，2013年证监会并购重组委共举行46次审核会议，审核92家上市公司的并购重组事项，其中仅7家未通过，45家有条件通过，其余均无条件通过。*ST天一是2013年7家被否重组上市公司之一，也是当年唯一因"不符合重大资产重组所涉及的资产定价公允"而被否的。被否的原因引起评估业同行注意，一些评估师专门研究了*ST天一披露的评估报告，发现一份名为《贵州景峰注射剂有限公司股东全部权益价值评估说明》(下称《景峰注射剂评估说明》)出现了10处不合理之处或瑕疵，部分"疑点"推高了评估价格。出具评估说明的是北京中天华资产评估公司(下称中天华)，委托评估方是*ST天一和上海景峰制药股份公司(下称景峰制药)，后者是*ST天一发行股份购买的标的，而景峰注射剂是景峰制药全资子公司。*ST天一重组因有违资产定价公允被否的"失策"之处是在子公司上做了大手脚。

(二)存在的主要问题

2013年9月30日，*ST天一披露《详式权益变动报告书》，称拟以非公开发行股份的方式购买叶湘武等人持有的景峰制药100%股权，并同时披露相关评估报告和独立财务顾问核查报告。经中天华评估，景峰制药100%股权账面净资产值为6亿元，收益法对应的净资产评估值为35亿元，增值率为474.16%。截至评估报告出具日，景峰制药有景峰注射剂和景峰医药两家全资子公司，并控股安泰药业70%以及参股上海新科生物医药技术公司(下称上海新科)50%和海门慧聚药业有限公司10%(下称海门慧聚)。中天华出具的评估报告显示，景峰注射剂、景峰医药账面价值分别为2 361万元和200万元，长期投资评估价值分别为18.45亿元和6 412.73万元，增值率分别高达7 716%和3 106%；两家子公司的账面净资产分别为8 020万元和1 610万元，评估价值分别为18.45亿元和6 412.73万元，增值率分别为2 200.96%和298.4%。存在的主要问题有：

(1) 药品售价预测南辕北辙，与外部环境变化不吻合。随着药改深入和两票制度推行，药品价格将持续下降。但评估报告预测大部分产品的价格没变，甚至出现暴涨。例如，2013年上半年乐脉丸9袋装、18袋装、30袋装的单价分别是5.51元、8.67元和12.65元，其预测价2014年至2018年分别高达23元、45元和69.5元。

(2) 葡萄糖价格维持不变，虚增营业利润。葡萄糖是景峰注射剂主要原材料之一，2010年至2013年1～6月，价格分别为3.32元/千克、4元/千克、4.55元/千克和4.64元/千克，呈现逐年上涨趋势，且3年半涨40%。但中天华评估报告显示，原辅材料中的化学原料和包装材料，近年来的价格较为稳定，预测中保持2013年1～6月的采购单价不变。

(3) 营业费用预测与行业发展相悖。据同花顺Ifind统计，按证监会最新分类，2013年上半年137家医药企业营业费用共计248亿元，同比增长30%，营业收入总额1 600亿元，同比增17.8%。2012年和2011年，医药行业营业收入同比增15.7%和17.9%，营业费用同比增27.6%和15.5%。景峰注射剂的营业费用在2011年和2012年同比暴增59.5%和52.15%，但在预测中，2015—2017年的营业费用同比增速骤降，分别为14.7%、13.5%和10.5%，到了2018年营业费用同比增长更低至

3.7%。

（4）评估假设设置不合理。中天华的评估报告共列举了 11 项收益预测的假设条件，第 8 项为"假设收入的取得和成本的付出均在年末发生"。这与医药企业的真实情况不符，也与通行的现金流均匀流入假设不相符。第 9 项假设是"未来被评估单位仍为高新技术企业，享有上述优惠政策，未来所得税税率保持为 15%"。这是根据《高新技术企业认定管理办法》以及景峰注射剂 2008 年、2011 年经查阅贵州省科技厅、财政厅等的批准提出的。但根据《会计监管风险提示第 5 号——上市公司股权交易资产评估》规定，对享有税收优惠政策的企业，预测企业未来收益时应分析优惠政策到期后企业持续享有该政策的可能性，应当谨慎考虑长期税负水平。

（5）评估说明存在诸多计算瑕疵或概念混淆的问题。一是前后口径不一致。在景峰注射剂评估说明中，中天华评估师称，经查阅 Wind 资讯网，医药制造业证券数量为 84 只。但计算企业的资本结构时，选取近 5 年沪深 A 股医药制造业上市公司的资本结构作为企业稳定期的资本结构，所披露的证券名单仅有 78 只，相差 6 只。二是 Beta 系数计算时没有剔除 B 股和重组股。一般讲，计算风险系数 Beta 时应剔除 B 股和正在资产重组的股票。但景峰注射剂评估说明中计算企业的资本结构时，披露的 78 只证券名单包括了丽珠 B（200513. SZ）和永生 B（900904. SH）等 B 股和已重组为远东电缆（600869. SH）的三普药业。这导致其计算出的无杠杆 Beta 系数高于评估报告披露数据，按照 Wind 的 Beta 计算器计算出的数据也高于评估报告披露的系数。经过计算，采用按总市值加权方式计算有利于降低 Beta 值，评估报告运用的便是"按总市值加权"。把 Beta 系数做低的目的在于降低折现率，进而虚增评估值。

（三）问题讨论

（1）一般而言，评估报告从撰写到出具，需要经过评估项目负责人、审核部、首席评估师或合伙人等的三级复核甚至四级复核。为什么中天华评估公司的复核制度形同虚设？评估项目负责人及其他复核人员如何才能尽到履行复核的义务？

（2）资产评估假设是根据客观的正常情况或发展趋势所作的合乎情理的推断，也是资产评估结论成立的前提条件，否则将会严重影响资产评估结果。请指出并纠正本案例中的不合理假设，并说明理由和对评估值高低的可能影响。

（3）Beta 系数的正确计算是资产评估师的基本功，你会计算 Beta 系数吗？请指出并纠正本案例中 Beta 系数计算所存在的问题。

第十二章

资产评估报告

🖝 学习目标

1. 掌握资产评估报告的要素和内容
2. 掌握制作资产评估报告的步骤
3. 掌握制作资产评估报告的技术要点
4. 掌握评估报告编制的总体要求
5. 掌握评估对象和评估范围的信息披露
6. 掌握评估假设的信息披露
7. 掌握评估结论的信息披露
8. 掌握评估特别事项的披露
9. 熟悉资产评估报告的种类及作用
10. 熟悉资产评估报告的应用
11. 了解资产评估报告的内涵
12. 了解国外资产评估报告的要素与披露要求
13. 了解如何正确阅读和使用资产评估报告

为使学生对本章内容有一个概括性认识和全局性把握,我们描述了其内容结构框架、知识点之间的逻辑结构,如图12-1所示。

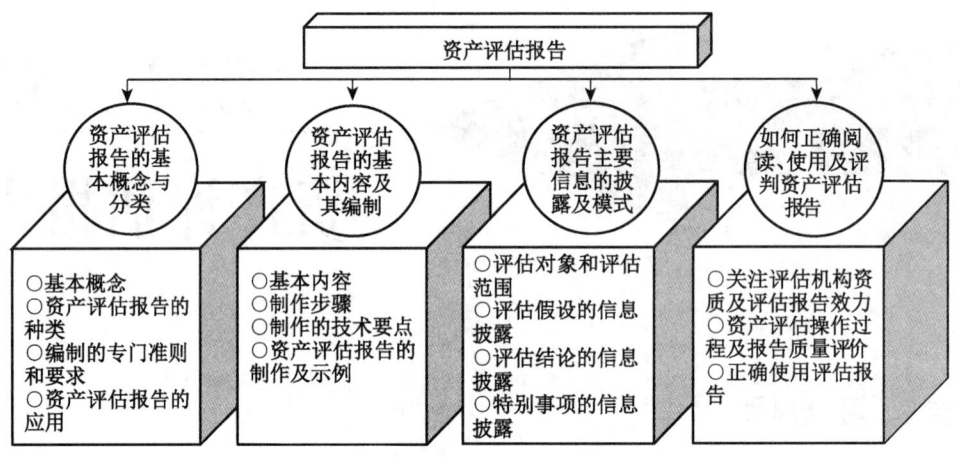

图 12-1 本章的知识点逻辑结构图

案例导入

四川 3 名评估师因"出具证明文件重大失实罪"被判刑

四川长江包装纸业股份有限公司(简称"长江包装")股票于1998年4月在上海证券交易所上市后,2000年4月被作"ST"处理。相关部门随即拟找有实力的公司与"长江包装"重组。刘邦成通过四川东方资产评估事务所(下称东方评估所)的有关人员,将自己几个公司的资产虚增了4.93亿元,重组了"长江包装",并疯狂骗贷1.66亿元。

2003年10月24日,成都法院对泰港公司骗贷案作出宣判,刘邦成被以合同诈骗罪、内幕交易罪数罪并罚执行有期徒刑15年,罚金10万元;泰港公司被以合同诈骗罪、内幕交易罪数罪并罚执行罚金1970万元,泰港公司副总裁汤建海被以合同诈骗罪判处有期徒刑13年。一审宣判后,刘、汤不服,提起上诉。2004年2月18日,四川省高级人民法院终审裁定维持成都中级人民法院原判。

检察机关查明,2000年11月至2001年6月,东方评估所受泰港公司的委托,对其控股的中岩公司和大香格里拉公司的资产进行评估。评估师许茂全、王宗芝在未取得两评估单位土地的全部合法手续,又未到当地有关部门调查核实土地权属、征地费用、土地等级等一系列涉及资产评估的重要依据的情况下,接受东方评估所总经理段志坚(当时尚未取得注册资产评估师资格)的指令,将中岩公司的资产虚高评估为人民币1.96亿元,将大香格里拉公司的资产虚高评估为人民币2.97亿元,累计为委托方作出了总价值4.93亿元的虚高评估结果,委托方据此向金融单位骗贷1.66亿元,造成国家贷款被骗1.66亿元无力偿还的严重后果。

2004年1月,3名涉嫌"出具证明文件重大失实罪"的评估师被成都市武侯区检察院起诉到法院。3月12日,武侯区法院开庭审理此案。近日,经过庭审,法院以"出具证明文件重大失实罪"判处东方评估所罚金100万元;段志坚有期徒刑2年,缓刑3年,罚金1.5万元;许茂全和王宗芝有期徒刑1年零 6 个月,缓刑 2 年,罚金 1 万元。

第一节　资产评估报告的基本概念与分类

一、资产评估报告的基本概念

资产评估报告是指资产评估机构及其资产评估专业人员遵守法律、行政法规和资产评估准则,根据委托履行必要的资产评估程序后,由资产评估机构对评估对象在评估基准日特定目的下的价值出具的专业报告。由此可见,资产评估报告是资产评估师的工作成果,是依据《资产评估执业准则——资产评估委托合同》,由评估机构提供的最终"成果"或"产品"。评估报告的质量影响到资产评估行业被市场的认可程度,影响行业的信誉,直接关系到资产评估行业的生存和发展。

资产评估报告是按照一定格式和内容来反映评估目的、假设、程序、标准、依据、方法、结果及适用条件等基本情况的评估报告。广义的资产评估报告还是一种工作制度,它规定评估机构在完成评估工作之后必须按照一定程序的要求,用书面形式向委托方及相关主管部门报告评估过程和结果。狭义的资产评估报告即资产评估结果评估报告,既是资产评估机构及其资产评估专业人员完成对资产作价,就被评估资产在特定条件下价值所发表的专家意见,也是评估机构履行评估合同情况的总结,还是评估机构及其资产评估专业人员为资产评估项目承担相应法律责任的证明文件。

就我国资产评估报告来讲,一般具有以下几个特征:一是报告形式通常为书面报告。二是原则导向为主。披露必要信息,使报告使用者能够合理理解评估结论。三是有效性规定。法定评估业务由两名资产评估师签字并加盖资产评估机构印章。四是国有资产评估报告通常在编制时有具体的要求。

二、资产评估报告的种类

国际上对资产评估报告有不同的分类,如将评估报告分为完整型评估报告、简明型评估报告、限制型评估报告等。随着我国资产评估业务种类的不断增加,我国的资产评估报告种类也在不断地丰富与完善。一般可以将资产评估报告分为以下几个不同的种类。

1. 整体资产评估报告与单项资产评估报告

按资产评估的范围划分,资产评估报告可分为整体资产评估报告和单项资产评估报告。凡是对整体资产进行评估所出具的资产评估报告称为整体资产评估报告。凡是仅对某一部分、某一项资产进行评估所出具的资产评估报告称为单项资产评估报告。尽管资产评估报告的基本格式是一样的,但因整体资产评估与单项资产的评估在具体业务上存在一些差别,两者在报告的内容上也必然会存在一些差别。一般情况下,整体资产评估报告的报告内容不仅包括资产,也包括负债和所有者权益方面。而单项资产评估报告除在建工程外,一般不考虑负债和以整体资产为依托的无形资产等。

2. 完整型评估报告、简明型评估报告与限制型评估报告

按照国际惯例,评估报告也可以分为完整型评估报告、简明型评估报告和限制型评估报告。资产评估专业人员应当在评估报告中明确说明评估报告的类型。

(1)在完整型评估报告中,资产评估专业人员应当详细地重点说明以下内容。第一,评估范围和评估对象的基本情况,评估目的的表述应当清晰、具体,不得引起误导。第二,评估程序实施过程和情况,重点说明:①评估业务承接过程和情况;②进行资产勘查、收集评估资料的过程和情况;③分析、整理评估资料的过程和情况;④选择评估方法的过程和依据、评估方法的基本原理、相关参数的选取和运用评估方法进行计算、分析、判断的过程;⑤对初步评估结论进行综合分析,形成最终评估结论的过程。

(2)在简明型评估报告中,资产评估专业人员应该注意:①简要说明评估范围和评估对象的基本情况,评估目的的表述应当清晰、具体、不得引起误导;②简要说明评估程序实施过程和情况。

(3)在限制型评估报告中,资产评估专业人员应该注意:①当评估报告的预定使用者不包括除评估委托方之外的人员时,才可以提供限制型评估报告;②在签署评估委托协议前,资产评估专业人员应使委托人正确了解报告类型的情况,并应保证委托人能恰当理解限制型评估报告的用途限制;③限制型评估报告也必须使预定的报告使用者能得到恰当的信息并且不产生误解。

美国《专业评估执业统一准则》(USPAP)2014—2015年版准则将评估报告分为"完整型评估报告"与"限制型评估报告",且需在报告的封面、页眉等显著位置标识提示。

3. 现实型评估报告、预测型评估报告与追溯型评估报告

根据评估基准日的不同选择,可以分为:评估基准日为现在时点的现实型评估报告;评估基准日为未来时点的预测型评估报告;评估基准日为过去时点的追溯型评估报告。评估报告的使用,要求评估基准日通常与经济行为实现日相距不超过1年。

三、资产评估报告编制的专门准则和要求

(一)评估报告编制的专门准则和专家指引

编制资产评估报告涉及的专门准则和专家指引包括《资产评估执业准则——资产评估报告》《企业国有资产评估报告指南》《金融企业国有资产评估报告指南》《资产评估专家指引第6号——上市公司重大资产重组评估报告披露》等,涉及评估报告披露的其他准则如表12-1所示。

表 12-1　涉及评估报告披露的其他准则

序号	准则名称	章节及条款
1	资产评估执业准则——机器设备	第五章,第23~24条
2	资产评估执业准则——不动产	第六章,第34~35条
3	资产评估执业准则——珠宝首饰	第五章,第23~25条

（续表）

序号	准则名称	章节及条款
4	资产评估执业准则——无形资产	第六章,第26~28条
5	资产评估执业准则——企业价值	第五章,第40~49条
6	资产评估执业准则——森林资源资产	第五章,第22~27条
7	以财务报告为目的的评估指南	第六章,第35~37条
8	金融不良资产评估指导意见	第四章,第18~20条
9	专利资产评估指导意见	第五章,第34条
10	著作权资产评估指导意见	第五章,第31条
11	商标资产评估指导意见	第五章,第31条
12	投资性房地产评估指导意见	第五章,第22~25条
13	实物期权评估指导意见	第五章,第19~21条
14	资产评估执业准则——利用专家工作及相关报告	第五章,第28~30条
15	人民法院委托司法执行财产处置资产评估指导意见	第五章,第25~30条

《资产评估专家指引第6号——上市公司重大资产重组评估报告披露》是以上市公司重大资产重组业务中的评估实践为基础,针对此类评估业务评估报告披露的重点、难点提出的建议。上市公司重大资产重组评估业务可能涉及多种资产类型和多重监管,资产评估师编写上市公司重大资产重组评估报告时,应当遵守相关监管规定和评估准则对于信息披露的格式和内容的要求。

（二）资产评估报告编写的原则性要求

评估披露是资产评估服务的重要环节。资产评估报告准则由原来的规则导向向原则导向转变,体现了评估业务的专业性特征,也对评估人员提出了更高的要求。资产评估报告编写的原则性要求如下。

（1）"评估报告应当能够满足委托方和其他评估报告使用者的合理需求"是对评估报告的总体要求。资产评估人员可根据评估对象的复杂程度、委托人要求,合理确定评估报告的详略程度。

（2）"披露必要信息,使评估报告使用者能够合理理解评估结论"既是资产评估基本准则、资产评估职业道德准则和评估执业准则的基本要求,也是对评估报告信息数量的要求。

（3）"表述清晰、准确,不使用存在歧义以及误导性描述"是对报告信息质量的要求,资产评估机构不得出具含有虚假、不实、有偏见或具有误导性的分析或结论的评估报告。

四、资产评估报告的应用

资产评估报告由评估机构出具后,资产评估委托人、资产评估管理机构、其他有关部门及评估机构对资产评估报告及有关资料根据需要进行应用。

（一）委托人对资产评估报告的使用

根据有关规定，委托人依据评估报告所揭示的评估目的及评估结论，可以因为以下几种具体的用途使用资产评估报告。

（1）作为资产业务的作价基础。它可以包括：①整体或部分改建为有限责任公司或股份有限公司；②以非货币资产对外投资；③合并、分立、清算；④除上市公司以外的原股东股权比例变动；⑤除上市公司以外的整体或部分产权（股权）转让；⑥资产转让、置换、拍卖；⑦整体资产或者部分资产租赁给非国有单位；⑧确定涉讼资产价值；⑨国有资产占有单位收购非国有资产；⑩国有资产占有单位与非国有资产单位置换资产；⑪国有资产占有单位接受非国有资产单位以实物资产偿还债务；⑫法律、行政法规规定的其他需要进行评估的事项。

（2）作为企业进行会计记录或调整账项的依据。委托人在根据资产评估报告所揭示的资产评估目的使用资产评估报告资料的同时，还可以依照有关规定，根据资产评估报告资料进行会计记录或调整有关财务账项。

（3）作为履行委托协议和支付评估费用的主要依据。当委托人收到评估机构的正式评估报告及有关资料后，在没有异议的情况下，应根据委托合同，将评估结果作为计算支付评估费用的主要依据。履行支付评估费用的承诺及其他有关承诺的协议。

此外，资产评估报告及有关资料也是有关当事人因资产评估纠纷向纠纷调处部门申请调处的申诉资料之一。

当然，委托人在使用资产评估报告及有关资料时也必须注意以下几个方面：①只能按评估报告所揭示的评估目的使用报告，一份评估报告只允许按一个用途使用；②只能在评估报告的有效期内使用报告，超过评估报告的有效期，原资产评估结果无效；③在评估报告有效期内，资产评估数量发生较大变化时，应由原评估机构或资产占有单位按原评估方法做相应调整后才能使用；④涉及国家资产产权变动的评估报告及有关资料必须经国有资产管理部门或授权部门核准或备案后方可使用；⑤作为企业会计记录和调整企业账项使用的资产评估报告及有关资料，必须根据国家相关法规执行。

（二）资产评估管理机构对资产评估报告的运用

资产评估管理机构主要是指对资产评估进行行政管理的主管机关和对资产评估行业进行自律管理的行业协会。目前，我国资产评估行政管理的主管机关主要涉及财政部及地方财政部门，行业协会为中国资产评估协会及地方资产评估协会。对资产评估报告的运用是资产评估管理机构实现对评估机构的行政管理和行业自律管理的重要过程。首先，资产评估管理机构通过对评估机构出具的资评估报告有关资料的运用，有助于了解评估机构从事评估工作的业务能力和组织管理水平。由于资产评估报告是反映评估机构资产评估职业道德、执业能力水平以及评估质量高低和机构内部管理机制完善程度的重要依据，通过对资产评估报告资料的检查与分析，评估管理机构能大致判断该机构的业务能力和组织管理水平。其次，评估报告也是对资产评估结果质量进行评价的依据。资产评估管理机构通过资产评估报告能够对评估机构的评估结果质量的好坏作出客观的评价,从而能够有效实现对评估机构和评估人员的管理。最后,评估报告能为国家资产管理提供重要的数据资料。资产评估管理机构通过对资产评估报告的统计与分析,可以及时了解国有资产占有和使用状况以及增减值变动情况,进一步为加强国有资产管理服务。

(三) 其他有关部门对资产评估报告的运用

除了资产评估管理机构可运用资产评估报告外,还有些政府管理部门也需要运用资产评估报告,它们主要包括国有资产监督管理部门,证券监督管理部门,保险监督管理部门,工商行政管理、税务、金融和法院等有关部门。

国有资产监督管理部门对资产评估报告的运用,主要表现在对国有产权进行管理的各个方面,通过对国有资产评估项目的核准或备案,可以加强国有产权的有效管理,规范国有产权的转让行为。

证券监督管理部门主要涉及对资本市场的资产评估监管,其对资产评估报告的运用,主要表现在对申请上市的公司有关申报材料及招股说明书的审核,对上市公司定向发行股票、公司并购、资产收购、以资抵债等重大资产重组行为时的评估定价行为的审核。当然,证券监督管理部门还可运用资产评估报告和有关资料加强对取得证券业务评估资格的评估机构及有关人员的业务管理。

工商行政管理部门对资产评估报告的运用,主要表现在对公司设立、公司重组、增资扩股等经济行为发生时,对资产定价进行依法审核。

工商行政管理部门、保险监督管理部门,税务、金融和法院等部门也均能通过对资产评估报告的运用来达到实现其管理职能的目的。

(四) 评估机构对资产评估报告的运用

资产评估报告是建立评估档案、归集评估档案资料的重要信息来源。评估人员在完成资产评估任务之后,都必须按照档案管理的有关规定,将评估过程中收集的资料、工作记录以及资产评估过程的有关工作底稿进行归档,以便进行评估档案的管理和使用。由于资产评估报告是对整个评估过程的工作总结,其内容包括了评估过程的各个具体环节和各有关资料的收集及记录。因此,不仅评估报告的底稿是评估档案归集的主要内容,撰写资产评估报告过程中采用的各种数据、各个依据、工作底稿和资产评估报告制度中形成的有关文字记录等都是资产评估档案的重要信息来源。

此外,资产评估报告是反映和体现资产评估工作情况,明确委托人、受托方及有关方面责任的依据。它用文字的形式,对受托资产评估业务的目的、背景、范围、依据、程序、方法等方面和评定的结果进行说明和总结,体现了评估机构的工作成果。同时,资产评估报告也反映和体现受托的资产评估机构与执业人员的权利与义务,并以此来明确委托人、受托方有关方面的法律责任。在资产评估现场工作完成后,资产评估人员就要根据现场工作取得的有关资料和估算数据,撰写评估结果评估报告,向委托人报告。负责评估项目的资产评估专业人员也同时在评估报告上行使签字的权力,并提出报告使用的范围和评估结果实现的前提等具体条款。当然,资产评估报告也是评估机构履行评估协议和向委托人或有关方面收取评估费用的依据。

第二节 资产评估报告的基本内容及其编制

一、资产评估报告的基本内容

《资产评估执业准则——评估报告》第11条规定:"资产评估报告的内容包括:标题及文号、目录、声明、摘要、正文、附件。"

《企业国有资产评估报告指南》第3条指出:"本指南所指企业国有资产评估报告,由标题、文号、声明、摘要、正文、附件、评估明细表和评估说明构成。"同样,《金融企业国有资产评估报告指南》第3条指出:"本指南所指金融企业国有资产评估报告,由标题、文号、声明、摘要、正文、附件、评估明细表和评估说明构成。"可见,企业国有资产评估报告或金融企业国有资产评估报告披露的内容更加丰富和具体。

《资产评估执业准则——资产评估报告》第14条规定:"资产评估报告正文应当包括下列内容:(一)委托人及其他资产评估报告使用人;(二)评估目的;(三)评估对象和范围;(四)价值类型;(五)评估基准日;(六)评估依据;(七)评估方法;(八)评估程序实施过和情况;(九)评估假设;(十)评估结论;(十一)特别事项说明;(十二)资产评估报告使用限制说明;(十三)资产评估报告日;(十四)资产评估专业人员签名和机构印章。"

二、资产评估报告的制作步骤

资产评估报告的制作是资产评估机构及其资产评估专业人员完成评估工作的最后一道工序,也是资产评估工作中的一个重要环节。制作资产评估报告主要有以下几个步骤。

(一)整理工作底稿和归集有关资料

资产评估现场工作结束后,资产评估人员必须着手对现场工作底稿进行整理,按资产的性质进行分类。同时对有关询证函、被评估资产背景材料、技术鉴定情况和价格取证等有关资料进行归集和登记。对现场未予确定的事项,还需要进一步落实和查核。这些现场工作底稿和有关资料都是编制资产评估报告的基础。

(二)评估明细表的数字汇总

在完成现场工作底稿和有关资料的归集任务后,资产评估人员应着手评估明细表的数字汇总。明细表的数字汇总应根据明细表的不同级次先明细表汇总,然后分类汇总,再到资产负债表的汇总。在数字汇总过程中应反复核对各有关表格数字的关联和各表格栏目之间数字勾稽关系,防止出错。

(三)评估初步数据的分析和讨论

在完成评估明细表的数字汇总,得出初步的评估数据,应召集参与评估工作过程的有关人员,对评估报告的初步数据的结论进行分析和讨论,比较各有关评估数据,复核记录估算结果的工作底稿,对存在作价不合理的部分评估数据进行调整。

（四）编写评估报告

编写评估报告又可分如下两步。

第一步，在完成资产评估初步数据的分析和讨论，对有关部分的数据进行调整后，具体参加评估的各组负责人员草拟出各自负责评估部分资产的评估说明，同时提交全面负责、熟悉本项目评估具体情况的人员草拟出资产评估报告。

第二步，资产评估人员将评估基本情况和评估报告初稿的初步结论与委托方交换意见，听取委托方的反馈意见后，在坚持独立、客观、公正的前提下，认真分析委托方提出的问题和建议，考虑是否应该修改评估报告，对评估报告中存在的疏忽、遗漏和错误之处进行修正，待修改完毕后即可撰写出正式的评估报告。

（五）资产评估报告的签发与送交

资产评估专业人员撰写出资产评估正式评估报告后，经审核无误，按以下程序进行签名盖章：先由负责该项目的资产评估专业人员签章（两名或两名以上），再送复核人审核签章，最后送评估机构负责人审定签章并加盖机构公章。

资产评估报告签发盖章后即可连同评估说明及评估明细表送交委托单位。

三、资产评估报告制作的技术要点

资产评估报告制作的技术要点是指在资产评估报告制作过程中的主要技能要求。总体说来，资产评估报告的编制应当架构完整、信息完备、清晰准确、客观有据（见图12-2）。资产评估报告的技术要点具体包括文字表达、格式与内容方面的技能要求，以及复核与反馈等方面的技能要求等。

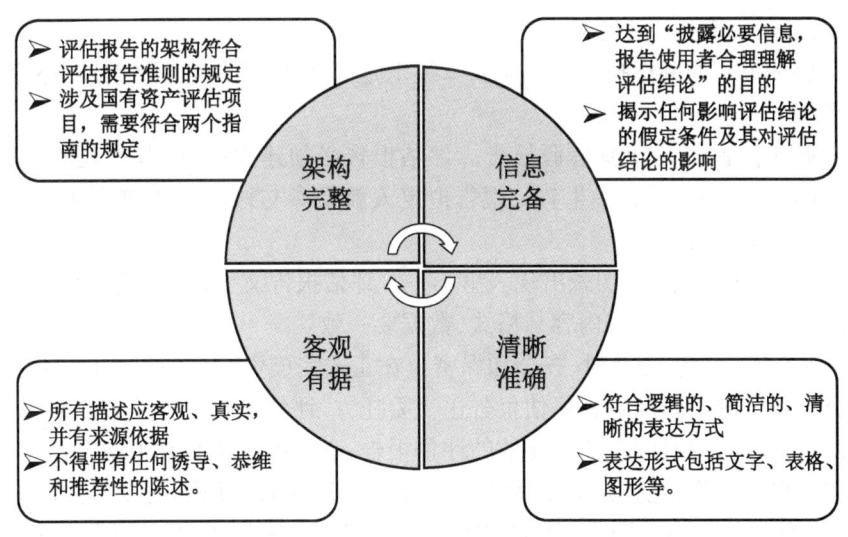

图 12-2　资产评估报告制作要求

1. 文字表达方面的技能要求

资产评估报告既是一份对被评估资产价值具有咨询性和公证性作用的文书，又是一份用来明确资产评估机构和资产评专业人员工作责任的文字依据，所以它的文字表达技能要求既要清楚、准确,又要提供充分的依据说明,还要全面地叙述整个评估的具体过程。其文字的表达必须准确,不得使用模棱两可的措辞。其陈述既要简明扼要,又要把有关问题说明清楚,不得带有任何诱导、恭维和推荐性的陈述。当然,在文字表达上也不能有大包大揽的语句,尤其是涉及承担责任条款的部分。

2. 格式与内容方面的技能要求

对资产评估报告格式与内容方面的技能要求,按照现行的政策规定,应该遵循《资产评估执业准则——资产评估报告》《企业国有资产评估报告指南》《金融企业国有资产评估报告指南》以及相关部门的规章制度。

3. 评估报告的复核与反馈方面的技能要求

资产评估报告的复核与反馈也是资产评估报告制作的具体技能要求。通过对工作底稿、评估说明、评估明细表和评估报告正文的文字、格式及内容的复核和反馈,可以使有关错误、遗漏等问题在出具正式评估报告之前得到修正。对评估人员来说,资产评估工作是一项必须由多个评估人员同时作业的中介业务,每个评估人员都有可能因能力、水平、经验、阅历及理论方法的限制而产生工作盲点和工作疏忽,所以,对资产评估报告初稿进行复核就成为必要。就对评估资产的情况熟悉程度来说,大多数资产委托人和占有人对委托评估资产的分布、结构、成新等具体情况总是会比评估机构和评估人员更熟悉。所以,在出具正式报告之前征求委托人意见,收集反馈意见也很有必要。

对资产评估报告必须建立起多级复核和交叉复核的制度,明确复核人的职责,防止流于形式的复核。收集反馈意见主要是通过询问委托人或占有人熟悉资产具体情况的人员。对委托或占有人意见的反馈信息,应谨慎对待,应本着独立、客观、公正的态度去接受其反馈意见。

4. 撰写评估报告应注意的事项

资产评估报告的制作技能除了需要掌握上述三个方面的技术要点外,还应注意以下几个事项。

(1)实事求是,切忌出具虚假报告。评估报告必须建立在真实、客观的基础上,不能脱离实际情况,更不能无中生有。报告拟定人就是参与该项目并较全面了解该项目情况的主要评估人员。

(2)坚持一致性做法,切忌出现表里不一。评估报告文字、内容前后要一致,摘要、正文、评估说明、评估明细表内容与格式、数据要一致。

(3)提交评估报告要及时、齐全和保密。在正式完成资产评估工作后,应按资产评估委托合同的约定时间及时将评估报告送交委托方,评估报告及有关文件要送交齐全。涉及外商投资项目的对中方资产评估的评估报告,必须严格按照有关规定办理。此外,要做好客户保密工作,尤其是对评估涉及的商业秘密和技术秘密,更要加强保密工作。

(4)评估机构应当在资产评估报告中明确评估报告使用人、报告使用方式,提示评估报告使用人合理使用评估报告。应注意防止评估报告的恶意使用,避免评估报告的误用,以合法规避执业风险。

(5)资产评估专业人员执行资产评估业务,应当关注评估对象的法律权属,并在评估报告中对评估对象法律权属及其证明资料来源予以必要说明。资产评估专业人员不得对评估对象的法律权属提供保证。

（6）资产评估专业人员执行资产评估业务受到限制无法实施完整的评估程序时，应当在评估报告中明确披露受到的限制、无法履行的评估程序和采取的替代措施。

四、资产评估报告的制作及示例

（一）资产评估报告封面

资产评估报告封面应当载明下列内容：编制依据、资产评估项目名称、资产评估机构出具评估报告的编号、资产评估机构全称和评估报告提交日期等。编写方式通常为"企业名称＋经济行为关键词＋评估报告"，有服务商标的，评估机构可以在报告封面载明其图形标志。此外，部分评估报告扉页还附有评估报告防伪报备回执单举例如下：

> 编制依据
> （参考格式，如：本报告依据中国资产评估准则编制）
> 资产评估报告标题
> （格式要求："企业名称＋经济行为关键词＋评估对象＋资产评估报告"
> 参考格式，如：A公司拟XX涉及的B公司YY资产评估报告）
> 资产评估报告文号
> （格式要求：包括资产评估机构特征字、种类特征字、年份、报告序号）
> 参考格式，如：XX评报字(202X)第XXXX号
> 资产评估报告册数
> （格式要求：包括装订总册数、装订序号
> 参考格式，如：共X册，第1册）
>
>
> XXXX资产评估有限公司
> 202X年X月X日

（二）评估报告声明

声明部分应当包括以下内容：①恪守独立、客观和公正的原则，遵循有关法律、法规和资产评估准则的规定，并承担相应的责任；②提醒评估报告使用者关注评估报告特别事项说明和使用限制；③其他需要声明的内容。

评估报告声明部分还包括：①资产评估专业人员的责任；②委托人和被评估单位对所提供资料承担的责任；③利益冲突的声明；④对现场核实工作和产权权属的声明；⑤就评估假设和限定条件的声明。

声明

1. 本资产评估报告依据财政部发布的资产评估基本准则和中国资产评估协会发布的资产评估执业准则和职业道德准则编制。

2. 委托人或者其他资产评估报告使用人应当按照法律、行政法规规定和资产评估报告载明的使用范围使用资产评估报告；委托人或者其他资产评估报告使用人违反前述规定使用资产评估报告的，资产评估机构及其资产评估专业人员不承担责任。

3. 资产评估报告仅供委托人、资产评估委托合同中约定的其他资产评估报告使用人和法律、行政法规规定的资产评估报告使用人使用；除此之外，其他任何机构和个人不能成为资产评估报告的使用人。

4. 资产评估报告使用人应当正确理解和使用评估结论，评估结论不等同于评估对象可实现价格，评估结论不应当被认为是对评估对象可实现价格的保证。

5. 资产评估报告使用人应当关注评估结论成立的假设前提、资产评估报告特别事项说明和使用限制。

6. 资产评估机构及其资产评估专业人员遵守法律、行政法规和资产评估准则，坚持独立、客观、公正的原则，并对所出具的资产评估报告依法承担责任。

（三）评估报告摘要

每份资产评估报告的正文之前应有表达该评估报告关键内容的摘要，用来让各有关方了解该评估报告的主要信息。具体包括：①简明扼要地反映经济行为、评估目的、评估对象和评估范围、价值类型、评估基准日、评估方法、评估结论及其使用有效期；②对评估结论产生影响的特别事项等关键内容；③提示阅读正文并关注特别事项说明等。该摘要与资产评估报告正文具有同等法律效力，由资产评估专业人员、评估机构等签字盖章和载明提交日期。该摘要还必须与评估报告揭示的结果一致，不得有误导性内容。资产评估报告摘要（示例）如下：

A 股份有限公司拟转让 B 有限公司 100% 股权项目

资产评估报告

西湖评报字〔2020〕第 1069 号

就 A 股份有限公司拟转让所持 B 有限公司 100% 股权项目之经济行为所涉及的 B 有限公司股东全部权益在评估基准日 2020 年 1 月 31 日的市场价值进行了评估。

西湖资产评估有限公司接受 A 股份有限公司的委托，就 A 股份有限公司拟转让所持 B 有限公司 100% 股权项目之经济行为，对所涉及的 B 有限公司股东全部权益在评估基准日的市场价值进行了评估。

评估对象为 B 股东全部权益，评估范围是 B 有限公司申报的在基准日的全部资产及相关负债。

评估基准日为 2020 年 1 月 31 日。

本次评估的价值类型为市场价值。

本次评估以持续使用和公开市场为前提，结合委估对象的实际情况，综合考虑各种影响因素，采用资产基础法对 B 进行了整体评估。考虑评估方法的适用前提和满足评估目的，并得出最终评估结论。

基于产权持有人及企业管理层对未来发展趋势的判断及经营规划，经实施清查核实、实地查勘、市场调查和询证、评定估算等评估程序，得出 B 股东全部权益在评估基准日时点的价值 10 127.59 万元。

在使用本评估结论时，特别提请报告使用者使用本报告时注意报告中所载明的特殊事项以及期后重大事项。

根据资产评估相关法律法规，涉及法定评估业务的资产评估报告，须委托人按照法律法规要求履行资产评估监督管理程序后使用。

评估结果使用有效期一年,即自 2020 年 1 月 31 日至 2021 年 1 月 30 日使用有效。超过一年,需重新进行评估。

以上内容摘自资产评估报告正文,欲了解本评估项目的详细情况和合理理解评估结论,应当阅读资产评估报告全文。

(四)评估报告正文

评估报告正文可以分为评估的基本事项、评估程序与方法、评估结论事项三个部分(见表 12-2),各个部分均向报告使用者提供必要的信息。资产评估专业人员可以根据评估业务性质、评估标的情况、委托人和其他评估报告使用人的要求,合理确定评估报告的详略程度。从每个独立的单元看,其各自为政,分别描述了不同的内容;但从整体的视角看,资产评估报告是一个前后有序、相互联系的有机整体。

表 12-2　资产评估报告正文基本结构及撰写方法

项目	主　要　内　容
首部	评估报告正文的首部应包括标题和评估报告序号,标题应含有×××项目资产评估报告字样
绪言部分	评估报告正文的起始部分,应写明该评估报告委托人全称、受托评估事项及评估工作整体情况,是行文的规范格式
A. 评估的基本事项	说明评估行为的基本事项
1.委托人及其他资产评估报告使用人	应较为详细地分别介绍委托人、资产占有人的情况,反映评估行为的相关方等,通常由委托合同决定。当委托人和占有人相同时,可作为资产占有人介绍,也要写明委托人和资产占有人之间的隶属关系或经济关系。无隶属关系或经济关系的,应写明发生评估的原因,当资产占有人为多家企业时,还须逐一介绍。对于单项资产评估,产权持有单位可以简单概况描述,但对企业价值评估,被评估单位应详尽介绍
2. 评估目的	评估目的具有唯一性。应写明本次资产评估是为了满足委托人的何种需要,及其所对应的经济行为类型,并简要准确说明该经济行为是否经过批准,若已获批准,应将批准文件的名称、批准单位、批准日期及文号写出
3.评估对象和范围	对评估对象、评估范围进行具体描述,说明其权属状况、经济状况、物理状况,以文字、表格的方式说明纳入评估范围的资产及其类型,并列出评估前的账面金额。评估资产为多家占有的,应说明各自的份额及对应资产类型
4.价值类型	明确价值类型及其定义,价值类型通常根据评估目的、评估对象和市场条件等相关因素合理选择
5. 评估基准日	写明评估基准日的具体日期,确定评估基准日的理由或成立条件,并尽可能与评估目的实现日接近。揭示确定基准日对评估结果影响程度。另外,还应对采用非基准日价值标准作出说明
B. 评估程序与方法	说明评估程序、方法的履行情况

项目	主 要 内 容
6. 评估依据	写明评估工作过程中遵循的各类原则和本次评估遵循国家及行业规定的公认原则。对所遵循的特殊原则也应作适当阐述。评估依据可分为经济行为依据、法规依据、准则依据、权属依据、作价依据、其他依据。表述方式应当明确、具体、规范；依据应当相关、合理、可靠、有效
7. 评估方法	说明评估过程所选择、使用的评估方法和选择评估方法的依据或原因。对某项资产评估采用一种以上评估方法的还应说明原因，并说明该资产价值的确定方法。选择特殊评估方法的，也应介绍其原理与适用范围
8. 评估程序实施过程和情况	说明自接受评估项目委托起至出具报告期间的主要评估工作过程。应反映评估机构自接受评估项目委托起至提交评估报告的全过程，包括接受委托过程中确定评估目的、对象及范围，基准日和拟定评估方案的过程；资产清查中的指导资产占有人清查、收集准备资料、检查与验证过程；评估估算中的现场检测与鉴定、评估方法选择、市场调查与分析过程；评估汇总中的结果汇总、评估结论分析、撰写报告与说明、内部复核过程；提交评估报告等过程
9. 评估假设	根据评估对象以及评估范围内资产的实际状况以及评估方法应用前提，合理作出评估假设。恰当披露评估假设及其对评估结论的影响
C. 评估结论事项	说明评估结论事项
10. 评估结论	这部分是报告正文的重要部分。应使用表述性文字和数字完整地叙述评估机构对评估结果发表的结论，对资产、负债、净资产的账面价值、调整后账面价值、评估价值及其增减幅度进行表述。还应单独列示不纳入评估汇总表的评估结果。①企业价值评估：对于资产基础法，用文字和汇总表形式表述结果；对于收益法或者市场法，用文字说明结果，然后说明两种方法初步评估结果差异的原因，最后用文字和数字表述最终评估结论。②单项资产，用文字形式说明账面价值、评估价值及其变动幅度
11. 特别事项说明	在评估值确定的前提下，应说明在评估过程中已发现可能影响评估结论、但非评估人员执业水平和能力所能评定估算的有关事项，也应提示评估报告使用者注意特别事项对评估结论的影响，还应揭示评估人员认为需要说明的其他事项。其主要包括引用评估报告、产权瑕疵、评估程序受限、评估资料不完整、未决事项、担保租赁或有负债事项、重大期后事项、经济行为中的瑕疵情形等
12. 资产评估报告使用限制说明	评估报告使用限制包括五个方面：报告只能用于报告载明的目的；只能由载明的报告使用者使用；评估报告的摘抄、引用、披露于公开媒体应当经过评估结构审阅和征得评估机构同意；评估报告有效期为评估基准日起1年；评估程序受限时评估报告的使用将会受到限制
13. 资产评估报告日	在这部分中，应写明最终评估专业意见形成日期
14. 资产评估专业人员签名和机构印章	资产评估报告应当由至少两名承办该项业务的资产评估专业人员签名并加盖资产评估机构印章。法定资产评估业务的资产评估报告应当由至少两名承办该项业务的资产评估师签名并加盖资产评估机构印章

●※课堂讨论:请认真阅读并比较以下5份资产评估报告,说明:①资产评估报告正文14个部分之间存在着什么样的有机联系? 其关系是什么? ②上述资产评估报告在编制上存在的异同有哪些? 这些差异符合资产评估准则要求吗? 为什么?

股东全部权益价值资产
评估报告1

股东全部权益资产
评估报告2

股东全部权益价值资产
评估报告3

资产组合价值评估项目资产
评估报告4

商誉减值测试资产
评估报告5

(五) 附件

评估报告的附件是评估报告的组成部分,其作用是为评估报告的内容提供支撑依据或者提供进一步的补充说明。《资产评估执业准则——资产评估报告》《企业国有资产评估报告指南》《金融企业国有资产评估报告指南》对附件的内容进行了细化,这些是关于附件的最低要求。主要涉及经济行为、评估要素、评估结论、特别事项说明等内容,凡是为了能够保证"报告使用者合理理解评估结论"的所有文件和明细均可以作为附件的内容。评估报告的附件通常包括以下内容:①经济行为相关的文件;②评估相关方,即委托人、被评估单位(产权持有人)、评估机构,相关的法人营业执照、评估机构及签字资产评估专业人员资质、资格证明文件;③委托人和相关当事人的承诺函;④评估对象所涉及的主要权属证明资料;⑤评估对象涉及的资产清单或资产汇总表及审计报告;⑥评估结果相关的资产清单、汇总表、主要计算表;⑦引用报告涉及的专业报告和单项资产评估报告等;⑧重要取价合同;⑨其他重要文件。

(六) 资产评估明细表

此部分为企业国有资产评估报告或金融企业国有资产评估报告所包含的内容。评估明细表是对评估结果提供进一步细化信息,评估说明为评估报告使用者理解报告和监管部门审核报告提供详细信息。首先,单项资产和资产组合评估项目,或者企业价值评估的资产基础法明细表,应当在附件中或者单独成册反映,并按照会计报表以及明细科目编制评估明细表。其次,运用收益法进行企业价值评估,应当在附件中披露主要的收益预测及结果预测表。比如,使用现金流量折现法时,附件应当包括:①资产、负债调整表;②营业收入预测表;③营业成本、营业税金及附加、销售费用、管理费用、财务费用预测表;④营运资金预测表;⑤折旧摊销预测表;⑥资本性支出预测表;⑦负债预测表;⑧折现率测算表;⑨折现现金流量测算表等。最后,运用市场法进行企业价值评估,应当在附件中披露:①可比上市公司或者可比案例的主要财务及非财务数据;②主要价值比率计算表;③市场法结果测算表。

(七) 资产评估说明

此部分为企业国有资产评估报告或金融企业国有资产评估报告所包含的内容。资产评估说明描述资产评估机构及其资产评估专业人员对其评估项目的评估程序、方法、依据、参数选取和计算过程,通过委托人、资产占有人充分揭示对资产评估行为和结果构成重大影响的事项,说明评估操作符合相关法律、行政法规和行业规范要求。资产评估说明也是资产评估报告的组成部分,在一定程度上决定评估结果的公允性,保护评估行为相关各方的合法利益。评估机构、资产评估专业人员及委托人、资产占有人应保证其撰写或提供的构成评估说明各组成部分的内容真实完整,未作虚假陈述,也未遗漏重大事项。资产评估说明应按以下顺序进行撰写和制作。

(1)"评估说明封面及目录"的基本内容。评估说明封面应载明该评估项目名称、该评估报告的编号、评估机构名称、评估报告提出日期,若需分册装订的评估说明,应在封面上注明共几册及该册的序号。

(2)"关于评估说明使用范围的声明"的基本内容。这部分应声明评估报告仅供资产管理部门、企业主管部门、资产评估行业协会在审查资产评估报告和检查评估机构工作之用,除法律、行政法规规定外,材料的全部或部分内容不得提供给其他任何单位和个人,不得见诸于公开媒体。

(3)"关于进行资产评估有关事项的说明"的基本内容。这部分应包括以下基本内容:①委托人与资产占有人概况;②关于评估目的的说明;③关于评估范围的说明;④关于评估基准日的说明;⑤可能影响评估工作的重大事项说明;⑥资产及负债清查情况的说明;⑦列示资产委托人、资产占有人提供的资产评估资料清单。

(4)"资产清查核实情况说明"的基本内容。这部分主要用来说明评估方对委托评估的企业所占有的资产和与评估相关的负债进行清查核实的有关情况及清查结论。这部分应包括以下基本内容:①资产清查核实的内容;②实物资产的分布情况及特点;③影响资产清查的事项;④资产清查核实的过程与方法;⑤资产清查结论;⑥资产清查调整说明。

(5)"评估依据说明"的基本内容。评估依据说明主要用来说明进行评估工作中所遵循的具体行为依据、法规依据、产权依据和取价依据。具体包括:①主要法律、法规;②经济行为文件;③重大合同协议及产权证明文件;④采用的取价标准;⑤参考资料及其他。

(6)"各项资产及负债的评估技术说明"的基本内容。这部分主要用来说明对资产进行评定估算的过程,反映评估中选定的评估方法和采用的技术思路及实施的评估工作。以资产基础法为例,主要包括以下内容:①流动资产评估说明;②长期投资评估说明;③机器设备评估说明;④房屋建筑物评估说明;⑤在建工程评估说明;⑥土地使用权评估说明;⑦无形资产及其他资产评估说明;⑧负债评估说明。

（7）"整体资产评估收益法评估说明"的基本内容。这部分主要说明运用收益法对企业整体资产进行评估的有关情况。其应包括以下基本内容：①收益法的应用简介；②企业的生产经营业绩；③企业的经营优势；④企业的经营计划；⑤企业的各项财务指标；⑥评估依据；⑦企业营业收入、成本费用和长期投资收益预测；⑧折现率的选取和评估值的计算过程；⑨评估结论。

（8）"评估结论及其分析"的基本内容。这部分主要总体概括说明评估结论，应包括以下内容：①评估结论；②评估结果与调整后账面值比较变动情况及原因；③评估结论成立的条件；④评估结论的瑕疵事项；⑤评估基准日的期后事项说明及对评估结论的影响；⑥评估结论的效力、使用范围与有效期。

第三节　资产评估报告主要信息的披露及模式

评估报告的主要作用在于为委托人提供评估对象的合理估值结果，并使报告使用者能够合理理解评估结论。因此，需要重点对评估对象和评估范围、评估假设、评估结论、特别事项说明等内容的披露要求进行详细说明。

一、评估对象和评估范围

评估对象和评估范围是报告中披露的重要内容之一，是评估报告使用者关注的重点。评估对象和评估范围通常与经济行为相关联，是由委托人确定的重要评估要素，也是评估委托合同明确约定的要素之一。

（一）评估对象和评估范围的特征

资产评估报告使用者只有通过报告了解了评估对象的特征及其价值决定因素，才能够合理理解评估结论，才能进一步合理使用评估报告，从而达到评估报告维护公共利益以及评估各方当事人权益的最高目标。因此充分披露评估对象和评估范围的信息，成为编制评估报告的重要内容之一。评估对象和评估范围具有四个基本特征：①经济行为决定了评估对象和评估范围；②评估对象的价值影响因素决定了其价值水平；③评估对象的价值创造所占用的资源决定了其评估范围；④评估范围构成了评估对象的外延。

（二）评估准则对评估对象和评估范围的披露要求

（1）《资产评估执业准则——资产评估报告》第17条规定，评估报告中应当载明评估对象和评估范围，并具体描述评估对象的基本情况，通常包括法律权属状况、经济状况和物理状况。

（2）《企业国有资产评估报告指南》第15条规定，评估报告应当对评估对象进行具体描述，以文字、表格的方式说明评估范围。分企业价值评估和单项资产评估，对评估对象和评估范围披露的信息进行了细化。

（3）《金融企业国有资产评估报告指南》第15条规定，评估报告应当对评估对象进行具体描述，以文字、表格等方式说明评估范围。分企业价值评估和单项资产评估，对评估对象和评估范围披露的信息进行了细化。

（4）其他实体性准则，针对特定的评估对象，对披露的信息进行了相应规定。

（三）企业价值评估的评估对象和评估范围

企业价值评估的评估对象主要分三种情况，即整体企业价值、股东全部权益价值、股东部分权益价值，而其对应的评估范围往往为被评估企业占用的全部资源，包括会计报表载明的各项资产和负债，以及表外资产和负债。对于企业重组设立或者改制设立有限公司或者股份公司，各投资方在重组或者改制协议中，明确了相关的资产范围，这时评估范围需要依据重组或者改制协议确定。根据报告的体例，对于企业价值评估，决定其评估对象经济状况的详细信息，通常会在被评估单位概况中说明。

（1）企业价值评估中评估对象的表述。根据公司章程、股权登记文件、法律意见书，对评估对象进行表述。它主要包括：评估的股权比例；股权取得方式；股权取得的义务是否履行完毕；该股权的特殊权利和义务；股权是否存在权利限制；对评估对象或者企业最近3年的评估事项进行披露。

（2）企业价值评估中评估范围的内容。①评估范围通常包括被评估企业的全部资产和相关负债，不仅包括企业财务报表内的资产和负债，也要考虑重要的可识别和评估的账外资产和负债，比如无形资产、或有资产/负债；对于账外资产和负债需要在评估范围部分明确表述，包括资产类别、资产权属、资产形成过程、资产的经济/技术状态等内容。②关注评估范围内的重要资产存在的可能影响评估结论的重要事项，如土地使用权未缴纳或者足额缴纳出让金、技术类无形资产未申请专利或者是否采取保密措施、矿业权未缴纳或者足额缴纳价款，应当关注并披露对评估结果的影响。③对于评估范围内，需要引用其他机构报告的情形进行描述，主要包括引用报告部分资产类别、数量、权属情况、使用状况、账面值等因素。④说明评估对象涉及的资产、负债与已经审计财务报表之间的对应关系。⑤说明评估范围与经济行为的一致性。

（3）企业价值评估中被评估单位披露的内容。被评估单位概况中需要描述的内容通常包括：基本情况；公司概况（企业历史沿革及股权结构、所持有的各项资质或者许可，比如高新技术企业证书、整车厂商给予的合格供应商证书等）；公司产权结构（投资结构）及控股子公司介绍；公司从事的主要经营业务及经营模式（包括提供的主要产品及服务、主要供应商和销售商）；公司主要资产概况（包括主要资产类别、主要资产权属状况、分布状况、运行状况，资产的配置情况）；最近3年一期财务状况和经营成果（列示主要的财务数据，披露财务数据是否经过审计以及审计意见）；公司竞争优势和劣势；执行的会计政策以及执行的各项主要税率（如果有优惠政策需要披露）；最近3年发生的股权交易行为及评估事项（披露企业近3年是否有涉及本次评估对象的交易或者评估行为，并披露主要信息）。

（四）机器设备评估的评估对象与评估范围描述

机器设备的评估对象一般为单台机器设备和机器设备组合。进一步划分，其可描述为单独的机器设备或者作为企业资产组成部分的机器设备。

（1）评估对象的描述。①权属状况。设备的权属是否完整，是否存在抵押、租赁等他项权利，如果为融资租赁取得的设备，需要说明应付款项是否全部支付。②经济状况。对于单台设备,需要描述设备的用途、利用状况、技术状态;对于设备组合,需要描述公司或车间的名称与地址、原始建设日期、生产的产品、设计生产能力及实际生产能力、主要工艺及流程、历史运营情况、设备及相关生产设施整体的维护保养情况、安全状况与环境标准、产品的市场情况等。③物理状况。它包括机器设备的数量、类型、安装、存放地点、使用情况等,可以结合评估明细表进行说明。

(2) 评估范围的描述。评估范围应当说明,是否包括设备的安装、基础、附属设施,确认是否包括软件、技术服务、技术资料等无形资产。对于附属于不动产的机器设备,资产评估师应当合理划分不动产与机器设备的评估范围,避免重复或者遗漏。

(五) 不动产评估的评估对象与评估范围描述

不动产是指土地、建筑物及其他附着于土地上的定着物,包括物质实体及其相关权益。不动产对应的全部权益,也可以是不动产对应的部分权益。

(1) 评估对象的描述。①权属状况。土地权利性质、权属、土地使用权的年限;建筑物的权属。不动产设定的其他权利状况以及法律限制等,如是否存在抵押、租赁等他项权利。②区位状况。区域位置、商服配套、道路通达、交通便捷、城市设施状况、产业配套和环境状况等。③物理状况(实体状况)。它包括不动产的数量、类型、结构、地点、外观状况等,可以结合评估明细表进行说明。具体包括土地的面积、四至界限、宽度、深度、形状、地形、地质及地基状况、用途、容积率、地面附着物情况等;建筑物的面积、体积、高度、层数、宽度、结构、材料、设计、设备设施、工程质量、维修养护、建筑物是否与周围环境协调等。④经济状况。不动产的用途、利用度。

(2) 评估范围的描述。单项不动产或者不动产组合,通常与评估对象一致。如果为企业价值中的不动产,应当在评估范围中描述与其他资产的界限,比如与土地使用权、机器设备的界限和评估范围。

(六) 专利资产的评估对象与评估范围描述

(1) 评估对象的描述。①权属状况。专利资产权益包括专利所有权和专利使用权。专利使用权的具体形式包括专利权独占许可、独家许可、普通许可和其他许可形式。②法律状态。专利的法律状态通常包括专利申请人或者专利权人及其变更情况,专利所处的专利审批阶段、年费缴纳情况、专利权的终止、专利权的恢复、专利权的质押,以及是否涉及法律诉讼或者处于复审、宣告无效状态。③技术状况。技术的新颖性、创造性以及实用性描述。④经济状况。技术的取得方式、开发成本/收购成本、技术利用状况。

(2) 评估范围的描述。单项专利资产需要说明与其他相关专利技术的关系;如果为专利资产组合,应当说明组合内各个专利之间的依存关系,并从技术产业化应用角度,判断其独立性。另外需要根据权利要求书,判断技术保护范围。

二、评估假设的信息披露

假设必须依据已经掌握的事实,运用已有的科学知识,通过推理(包括演绎、归纳和类比)而形成。评估人员应当科学合理使用评估假设,以使评估结论建立在合理的基础上,并使评估报告使用人能够正确理解和使用评估结论。

（一）准则对评估假设的要求

《资产评估基本准则》第22条规定,资产评估专业人员应当在评估报告中披露评估假设及其对评估结论的影响。《资产评估执业准则——资产评估报告》第23条规定,评估报告应当披露评估假设及其对评估结论的影响。《企业国有资产评估报告指南》《金融企业国有资产评估报告指南》第21条指出:"资产评估报告应当说明资产评估所使用的假设。"

（二）评估假设的合理性要求

评估师不得进行以下假设:①不得随意设定没有依据的评估假设;②不得随意设定不合情理的评估假设;③不得随意设定不合法律规定的评估假设;④不得随意设定未经证实的资料或者虚假资料真实性的假设。

评估假设的合理性判断标准有:①确信相关假设有可靠证据表明其很可能发生;②虽然缺乏可靠证据,但没有理由认为这些假设明显不切合实际;③重要的评估假设,应当说明其使用理由(比如一项新建工程);④检查预测数据与假设的一致性。

三、评估结论的信息披露

（一）准则对评估结论的披露规定

《资产评估执业准则——资产评估报告》第24条规定,资产评估报告应当以文字和数字形式清晰说明评估结论。通常评估结论应当是确定的数值,经与委托人沟通,评估结论可以使用区间值表达。《企业国有资产评估报告指南》第22条规定,评估报告应当以文字和数字形式清晰说明评估结论,评估结论通常是确定的数值。境外企业国有资产评估报告的评估结论可以用区间值表达。本条还对企业价值评估、单项资产或者资产组合评估、(多种评估方法下)评估结论的确定等进行了规定。《金融企业国有资产评估报告指南》第22条规定,评估报告应当以文字和数字形式清晰说明评估结论。评估结论通常是确定的数值。根据经济行为的特殊性,评估结论也可以用区间值表达。并分别对企业价值评估、单项资产或者资产组合评估、(多种评估方法下)评估结论的确定、引用其他报告的结果、特殊情况下评估区间值的披露等进行了规定。评估结论的披露归纳如表12-3所示。

表12-3　评估结论的披露

情 形	表达方式	表达内容
企业价值的成本法	文字和数字表达＋汇总表格	所有者权益以及各类资产和负债的账面价值、评估价值以及增减值、增减值率等信息
企业价值的收益法或者市场法	文字和数字表达(辅以附件中的计算表)	企业价值或者全部/部分股权的账面价值、评估价值以及增减值、增减值率等信息
单项资产或者资产组合	文字和数字表达＋分类汇总表格	资产的账面价值、评估价值以及增减值、增减值率等信息
两种(或以上)评估方法下最终评估结果的确定	文字和数字表达	两种以上评估方法结果的差异及其原因以及最终确定的评估结论及其理由

（二）评估结果选择通常考虑的因素

评估结果的选择过程就是评估结果合理性的判断过程。通常考虑以下因素：①评估目的；②评估方法应用前提的满足程度；③评估方法应用过程中可获取参数的质量；④评估结论与评估对象和评估范围的一致性；⑤评估结论与假设前提的一致性；⑥评估结论与评估对象收益模式及其价值影响因素的匹配性。

（三）关于评估结论区间值表达的准则规定

（1）《资产评估执业准则——资产评估报告》提出了区间值表达的概念，即通常评估结论应当是确定的数值。经与委托人沟通，评估结论可以使用区间值表达。

（2）《企业国有资产评估报告指南》第 22 条规定，境外企业国有资产评估报告的评估结论可以用区间值表达。……评估结论为区间值的，应当在区间之内确定一个最大可能值，并说明确定依据。

（3）《金融企业国有资产评估报告指南》第 22 条规定，评估结论通常是确定的数值。根据经济行为的特殊性，评估结论也可以用区间值表达。……特殊情况下，在与经济行为相匹配的前提下，评估结论可以用区间值表示，同时给出确定数值评估结论的建议。

（4）《投资性房地产评估指导意见》第 21 条规定，采用市场法和收益法无法得出投资性房地产公允价值时，可以采用符合会计准则的其他方法。如果仍不能合理得出投资性房地产公允价值，经委托人同意，还可以采用恰当的方式分析投资性房地产公允价值的区间值，得出价值分析结论，并提醒评估报告使用人关注公允价值评估结论和价值分析结论的区别。

（四）关于评估结论区间值表达的理解

原则上，评估结论应当是一个确定的数值。当无法履行必要的评估程序，得出评估对象的公允价值时，可以出具价值分析意见。价值分析结论可以用区间值表达。出具区间值表达的评估报告或者价值分析报告时，需要：①取得委托方同意（在资产评估委托合同中明确）；②清晰表达区间值并说明区间值的合理性；③尽量给出确定数值评估结论的建议（最有可能的评估值）。

四、特别事项的信息披露

（一）评估报告的特别事项

特别事项是指在已经确定评估结果的前提下，资产评估专业人员在评估过程中已经发现可能影响评估结果，但是非资产评估专业人员执业水平所能评定估算的有关事项。评估中的特别事项实际上是评估对象的现实状态与评估假设和限定条件不一致的事项。特别事项需要充分披露，以达到报告使用者"合理理解评估结论"的目标。

（二）准则对特别事项说明的披露规定

资产评估专业人员应当说明特别事项可能对评估结论产生的影响，并重点提示评估报告使用者予以关注。《资产评估执业准则——评估报告》第25条、《企业国有资产评估报告指南》第23条和《金融企业国有资产评估报告指南》第23条,均对特别事项应当披露的内容进行了细化说明(表12-4),资产评估机构及其资产评估专业人员在出具资产评估报告时,应当根据委托人及评估对象的具体情况,合理确定特别事项披露的项目及内容。

表 12-4　相关准则特别事项披露内容

		资产评估执业准则——评估报告	企业国有资产评估报告指南	金融企业国有资产评估报告指南
总体要求		资产评估报告应当重点提示使用人对特别事项予以关注	资产评估报告应当说明对特别事项的处理方式、特别事项对评估结论可能产生的影响,并提示资产评估报告使用人关注其对经济行为的影响	资产评估报告应当说明对特别事项的处理方式、特别事项对评估结论可能产生的影响,并提示资产评估报告使用人关注其对经济行为的影响
特别事项的种类	1	权属等主要资料不完整或者存在瑕疵的情形	引用其他机构出具报告结论的情况,并说明承担引用不当的相关责任	引用其他机构出具的报告结论情况,并说明承担引用不当的相关责任
	2	委托人未提供的其他关键资料情况	权属资料不全面或者存在瑕疵的情形	因权属资料不全面或者存在瑕疵、评估资料不完整等使评估程序受到限制的情形
	3	未决事项、法律纠纷等不确定因素	评估程序受到限制的情形	评估基准日存在的法律、经济等未决事项
	4	重要的利用专家工作及相关报告情况	评估资料不完整的情形	或有负债(或有资产)的性质、金额及与评估对象的关系
	5	重大期后事项	评估基准日存在的法律、经济等未决事项	被评估单位执行国家相关部门制定的行业监管指标的情况
	6	评估程序受限的有关情况、机构采取弥补措施及对评估结论影响的情况	担保、租赁及其或有负债(或有资产)等事项的性质、金额及与评估对象的关系	评估基准日至资产评估报告日之间可能对评估结论产生重大影响的事项,包括该期间利率、汇率、金融产品市场价格变化及国家对金融企业监管政策的变化等
	7	其他需要说明的事项	评估基准日至资产评估报告日之间可能对评估结论产生影响的事项	评估对应的经济行为中,可能对评估结论产生重大影响的瑕疵情形
	8		本次资产评估对应的经济行为中,可能对评估结论产生重大影响的瑕疵情形	

第四节　如何正确阅读、使用及评判资产评估报告

对一份资产评估报告的正确阅读及质量高低的评判，主要是围绕关注评估机构资质及评估报告效力、资产评估操作过程及报告质量评价和正确使用评估报告三个方面展开的，具体可通过以下12个问题进行评判。

（1）关注资产评估机构是否具备相应的资质。一般说来，证券类业务必须具备证券业资格；国资项目必须是入库的评估机构；银行抵押类项目必须是入围各个银行的评估机构，房产估价机构是否为一级资质，土地估价机构是否为A级资信。自2013年1月1日起，所有的土地评估报告不分机构登记和评估目的均需要报国土资源部备案，所以土地估价报告封面上必须有备案号。

（2）关注资产评估报告是否仍有效。评估报告具有时效性，一般评估报告的有效期是自评估基准日起1年之内有效。

（3）资产评估报告的评估目的与经济行为是否一致。目的具有唯一性，一个评估报告只能有一个评估目的，且只能为一个经济行为服务；不同评估目的下资产的价值内涵不同，不同的评估目的其价值类型也不同。

（4）评估对象与评估范围是否与经济行为涉及的对象及范围一致。整体资产评估的评估对象与评估范围为全部资产；单项资产或者资产组合的评估对象与评估范围是涉及经济行为的单项资产或资产组合。

（5）价值类型是否与评估目的匹配。一般而言，价值类型有市场价值和非市场价值之分。资产/股权转让、对外投资、抵押、质押、增资扩股、改制、重组以及以财务报告为目的的评估等，其价值类型通常为市场价值；对外投资的价值类型为投资价值；无在用价值资产处置的价值类型为残余价值；企业破产清算的价值类型为清算价值。

（6）评估基准日是否合适。评估基准日最好靠近经济行为日。

（7）评估依据是否充分合理。一般包括法律法规依据、准则依据、权属依据、取价依据。

（8）采用的评估方法是否合理。所选择评估方法是否满足前提条件和准则要求，参数获取的角度是否正确（见表12-5）。原则上国有资产评估报告都要用两种方法评估。证券重组类报告一般也采用两种以上方法。减值测试类报告方法优先选择顺序是市场法、收益法、成本法。

表 12-5　不同评估方法的角度与前提

评估方法	市场法	收益法	成本法
角度	现在	未来	历史
前提	公开交易市场及足够的交易案例	未来收益及风险能够合理预测	持续经营，未来收益及成本能够合理预测

（9）评估结论的分析和结果选取是否合理。采用两种方法评估得出的评估结果是否合理，其差异的原因在报告中解释是否恰当，最终选取的评估结论是否更符合本次的

评估目的。

（10）评估假设是否合理。一是基本合理的假设。在尽职调查时可以预见的变化因素作为变量处理，不能或难以预见的变化因素作为常量处理。一般假设：公开市场、持续经营、宏观经济等方面的。特殊假设：对评估结果有重大影响的假设，如非市场价格租赁、履行特殊评估程序、未履行详细的现场调查（或无法履行现场勘查）、采用了未经调查确认或无法调查确认的资料数据、对其状态、资料真实性的假设。二是是否存在滥用评估假设。①违背国家法律、法规规定或行业政策（包括行业准入制度）的假设；②与评估目的或价值类型明显相悖的假设；③与被评估资产权属明显相悖的假设；④对委托方提供的信息资料不加分析，用假设形式设定（委托方提供的）这些资料是真实的假设；⑤不考虑产品生命周期的假设；⑥超越企业生产能力而不考虑追加投资的假设；⑦只考虑企业生产能力而不考虑市场最大容量的假设；⑧无视正在发生的变化而假设其不变的假设；⑨违背科学规律的假设。

（11）资产评估报告披露的特别事项说明。存在产权瑕疵；资产存在法律纠纷、未决事项；担保、租赁；存在或有资产、负债；引用其他机构出具报告结论；属于资产价值构成部分中的土地出让金、税费或价款尚未支付情况；基准日期后发生重大事项；在不违背资产评估准则基本要求的情况下，采用的不同于资产评估准则规定的程序和方法。

（12）评估报告的正确使用。①只能用于载明的评估目的和用途；②仅在评估假设和限制条件下成立；③发生重大期后事项不能直接使用；④备查文件及评估明细表须与正文同时使用；⑤对法律权属只给予合理关注，不对法律权属提供保证或鉴证意见；⑥只能由载明的报告使用者使用；⑦除经同意以外，不得被摘抄、引用或披露于公开媒体；⑧报告有效期：评估基准日与行为实现日不超过1年；⑨报告解释权：评估机构。

课外阅读材料

1. 刘玉平. 研究和制定资产评估报告准则若干问题的思考[J]. 国有资产管理, 2007(11).

2. 程德元. 资产评估师出具资产评估报告是否应当编写评估说明[J]. 中国资产评估, 2011(11).

3. 于磊, 刘宇迪. 上市公司知识产权资产评估现状研究——基于资产评估报告书的实证分析[J]. 中国资产评估, 2010(6).

4. 于强, 纪瑞礼. 谈资产评估中对期后事项的揭示与处理[J]. 中国资产评估, 2004(6).

5. 陈蕾. 资产评估师引用其他评估报告存在的问题分析[J]. 财会月刊, 2011(1).

6. 中评协. 资产评估执业准则——资产评估报告[EB/OL]. http://www.cas.org.cn/pgbz/pgzc/59251.htm

7. 中评协. 企业国有资产评估报告指南[EB/OL]. http://www.cas.org.cn/pgbz/pgzc/55878.htm

8. 中评协. 金融企业国有资产评估报告指南[EB/OL]. http://www.cas.org.cn/pgbz/pgzc/55877.htm

9. 徐丹丹, 李向亮, 王生龙. 虚假资产评估报告界定研究[J]. 中国资产评估, 2020(5).

复习思考题

1. 什么是资产评估报告？广义上的、狭义上的资产评估报告有什么区别？

2. 资产评估基本程序包括哪些主要内容？

3. 简述资产评估报告的制作步骤。

4. 撰写资产评估报告应注意哪些事项？

5. 委托人使用资产评估报告及有关资料时应注意哪些方面？

6. 资产评估报告的基本要素有哪些？

实训练习题

（一）从网络下载一份 2018—2020 年的企业价值评估报告（PDF），以《资产评估执业准则——评估报告》《企业国有资产评估报告指南》《金融企业国有资产评估报告指南》《资产评估专家指引第 6 号——上市公司重大资产重组评估报告披露》等相关的条款为标准，在评估报告上标注出报告内容所对应的准则条款，并对该评估报告的撰写质量作出评价。

（二）分析案例，找出评估报告中的错误。

评 估 报 告

海生精密仪器有限责任公司：

我所接受贵公司委托，根据国家有关资产评估的规定和其他法律法规规定，对贵公司以与永生公司联营为目的的全部资产进行了评估。评估中结合贵公司的具体情况，实施了包括财产清查在内的我们认为必要的评估程序，现将评估结果报告如下：

1. 资产评估机构（略）。

2. 委托方和资产占有方（略）。

3. 评估目的：为贵公司与永生公司联营之目的，评估贵公司净资产现行价值。

4. 评估范围和对象：本次评估范围为海生精密仪器有限责任公司（简称海生公司）拥有的全部资产、负债和所有者权益。评估对象为海生公司的整体资产。

5. 评估原则：根据国家国有资产管理及评估的有关法规，我所遵循独立性、科学性和客观性的评估工作原则，并以贡献原则、替代原则和预期原则为基础进行评估。

6. 评估依据：

（1）××省国有资产管理局《关于同意海生公司与永生公司联营的批复》。

（2）委托方提供的资产清单及其他资料。

（3）有关资产的产权证明及相关资料。

（4）委托方提供的有关会计凭证、会计报表及其他会计资料。

（5）与委托方资产取得、销售业务相关的各项合同及其他资料。

7. 评估基准日：2018 年 7 月 1 日。

8. 评估方法：根据委托方评估目的和评估对象，此次评估方法为成本法，价格标准为重置成本标准。

9. 评估过程（略）。

10. 评估结果：在实施了上述评估程序和评估方法后，贵公司截至评估基准日的资产、负债和所有者权益价值为：资产总额 41 504 342 元；负债总额 22 722 000 元，净资产价值 18 782 342 元。

11. 评估结果有效期：根据国家有关规定，本报告有效期 1 年。自报告提交日 2018 年 9 月 20 日起至 2019 年 9 月 19 日止。

12. 评估说明：

（1）流动资产评估：

① 货币资金账面价值 421 588 元，其中现金 21 325 元，银行存款 400 263 元，考虑到货币资金即为现值不需折现，经总账明细账与日记账核实一致并对现金盘点无误后，按账面价值确认。

② 应收账款账面价值 5 481 272 元,经与明细账核对,确认评估价值为 5 083 252 元。

③ 存货账面价值为 11 072 460 元,抽查比例为 60%,在质量检测与抽查核实的基础上,确认评估值为 10 852 500 元。

④ 其他流动资产(略)。

流动资产账面价值 18 845 502 元,评估价值为 17 401 832 元。

表 12-6　评估基准表

金额单位:元

项　目	账面价值	评估价值	增减值	增减率
流动资产	18 845 502	17 451 832	−1 393 670	−7.4%
固定资产	20 248 470	23 542 510	3 294 040	16.27%
长期投资	500 000	510 000	10 000	2%
资产总计	39 593 972	41 504 342	1 910 370	4.82%
流动负债	14 450 000	14 250 000	−200 000	−1.38%
长期负债	8 862 000	8 462 000	−400 000	−4.51%
负债合计	23 312 000	22 722 000	−60 000	−2.57%
净资产	16 281 972	18 782 342	2 510 370	15.42%

(2) 长期投资评估(略)。

(3) 固定资产评估(略)。

(4) 其他资产评估(略)。

(5) 负债审核确认(略)。

13. 其他事项说明(略)。

14. 评估结果有效的其他条件(略)。

15. 评估时间:

本次评估工作自 2018 年 7 月 15 日起至 2018 年 9 月 20 日止,本报告提交日期为 2018 年 9 月 20 日。

中国资产评估师:××(签字盖章)

××资产评估事务所(盖章)

2018 年 9 月 20 日

案例研究一

资产评估报告内容规范性和完备性常见问题

(一)背景资料

梳理 2008—2019 年中评协及部分地方资产评估协会年度执业质量自律检查的披露信息,资产评估机构及其专业人员在执业中存在的主要问题如表 12-7 所示。

表 12-7　2008—2019 年行业协会年度执业质量检查发现的主要问题

问题	主要事实描述
组织结构和治理结构	股权过于集中于个别或少数股东,个别甚至持股比例较大,不利于发挥行业专业性的特点;存在股东挂名的现象,股东未在执业机构执业,没有履行其应尽职责;股东年龄老化,年龄结构不合理;人员、财务、业务和信息系统未实现一体化;独立性相关制度履行,三级复核制度的实施有待进一步提高或完善;内部管理不规范,股东会记录不完整,公司监事无相应的履职记录,财务管理工作不规范;部分高管是存在利益冲突的公司的股东;未对职业风险基金设立专户核算
经营理念和经营风格	个别执业机构管理层风险意识淡薄,以市场为导向,大量低价承揽业务,不重视执业机构的质量控制,不重视执业人员的专业胜任能力,没有形成质量至上的经营理念,没有建立有效的风险防范体系
经营战略	没有建立清晰的长远目标和明确的发展规划,没有着手建立与之匹配的质量控制制度和人力资源系统,造成业务量与执业机构职业胜任能力不匹配,给执业质量带来风险。个别执业机构对业务开拓部门的待遇明显好于质量复核部门的待遇,重业务开拓轻质量控制
文化建设	没有建立和倡导重视执业风险、质量至上的执业机构文化,如通过宣传栏、内部刊物、员工绩效评价、管理层职责分派等传递管理层重视质量的理念
收费	收费偏低或者采取低价竞争策略在资产评估行业是一种常见现象,甚至出现过零元竞标的情况。个别业务因特殊情况收费偏低,国有商业银行、资产管理公司、法院等均采取评估机构入围政策,评估机构需与其签订服务协议,确定的收费比率是标准的 30%～40%
工作底稿的规范性和完备性	未能严格遵守执业准则,执业质量差。缺少业务约定书或业务约定书内容不完整。评估计划编制的内容流于形式,缺少项目风险评价内容及计划调整的预案措施等。缺访谈记录、现场勘察记录。缺询价记录和定价依据资料。现场调查缺现金盘点、银行对账单、函证等。资料的收集不足以支持评估结论,缺少对模型选择、参数选取、公式中各因素的分析过程和计算过程。未见公司规定的相应级次的复核人的复核意见,大部分机构底稿中缺少对评估资料全面性、客观性、适时性的复核。与审计合作的部分评估项目,评估底稿直接为复印审计底稿,底稿未反映评估实施的清查核实、评定估算程序,也未就利用审计底稿的原因及合理性作出相关说明;工作底稿未编制索引号、排序较凌乱、归档目录填列不全、电子文档无标识及存储安全性不足;工作底稿归档前未履行必要复核程序,个别项目存在归档评估说明非最终定稿等。评估档案管理不规范,目录、索引、页码不完整
评估计划编制	部分机构未编制评估计划,部分机构的评估计划未涵盖现场调查、收集资料、评定估算、编制和提交评估报告等评估业务实施全过程
现场调查记录	①单项资产或资产组合评估业务中,无委托方评估申报明细表、评估明细申报表科目不完整、填列内容欠缺,无提供方盖章确认。无现场勘查记录,仅有照片且缺少必要的说明。现场勘察记录过于简单粗略,仅有资产数量记录,无资产现状描述,无勘察时间、签名。②企业价值评估业务中没有进行必要的访谈,未根据评估项目具体情况,确定合理的现场调查方式,缺少询问、函证、监盘、勘查等重要程序。如既未收集银行对账单又不进行函证,或将会计师事务所的函证复印件作为评估工作底稿。对于有产权瑕疵的资产,未取得委托方及相关当事方提供的说明、证明和承诺
评估假设	部分报告对评估假设说明较简单,特别是对于收益法评估、无形资产评估采用的评估假设针对性不强。评估假设不合理,未在报告中说明相关政策规定对评估结论的影响程度

（续表）

问题	主要事实描述
评估方法	运用市场法进行评估的项目缺少市场调查及数据分析资料,收集的交易实例与评估对象的可比性较差,甚至个别资产评估机构存在虚构交易实例的情况;运用收益法进行评估的项目收集评估对象历史经营资料、未来收益状况的预测资料以及客观收益信息不完整,折现率等重要参数的获取可靠性差;运用成本法进行评估的项目缺少主要资产的询价记录和定价依据资料,缺少确定资产成新率或各贬值因素相关的资料
评定估算	重要评估参数的确定无依据或说明、方法的选用无说明、重要数据的确定无计算过程。成本法评估时重置成本构成要素不完整。取价、取费无依据、确定成新率时未考虑经济性贬值和功能性贬值。聘请专家工作时,未对其工作成果进行分析并形成工作底稿。收益法评估时直接采用企业未经审计的账面会计数据,未对其不具有代表性的收入和支出进行调整;未收集企业非经营性资产、负债和溢余资产及与其相关的收入和支出的说明并对其进行分析调整;收益口径与选择的公式不一致;预测的收益成本费用各要素无依据,随意性较大。采用市场法的,部分报告存在交易案例和评估对象可比性和相似性较差,选做交易案例的信息不充分、不完整,交易案例的价格可信性不强;各项修正因素考虑不充分,有的存在逻辑关系错误
评估报告表述	评估对象和评估范围表述不完整,重复多记或遗漏少记评估对象,致使报告使用者无法获取足够信息,合理理解和应用评估结论。评估依据列示不全、不规范,未进行合理归类表述。评估披露不够充分,特别事项和评估过程的描述过于简单,存在正文和说明不一致的情况。评估方法选取的适用性分析、参数选择的原因分析及价值类型的选取理由未充分阐述
内部审核	审核记录所反映的审核程序与其审核制度不一致,比如制度规定的三级复核实际只执行了项目负责人和签字评估师二级复核。审核意见明显流于形式,无实质性内容,审核程度表中无审核意见及修改完善结果或意见答复,仅有打勾或签名。复核日期晚于报告日期。审核质量不高,报告存在多处文字及计算错误

（二）问题讨论

1. 资产评估年度检查常见问题存在的主要原因是什么? 为什么年年查年年犯(屡禁不止)?

2. 你认为如何才能避免资产评估工作底稿、评估报告表述常见问题的出现?

3. 你认为如何才能避免现场调查、假设、评估方法和评定估算存在的问题?

案例研究二

××评估机构引用其他专业报告是否恰当

（一）背景资料

2012 年 12 月,北京利尔披露的增发评估报告显示,公司拟以"增发新股＋承担债务"的方式购买金宏矿业、辽宁中兴各 100% 股权,其中金宏矿业 100% 股权账面价值仅为 2 893.68 万元,评估价值却高达 41 503.08 万元,增值率为 1 334.26%。为其提供资产评估服务的是××评估机构,采用的评估方法为资产基础法。

从资产评估明细表看,金宏矿业旗下资产增幅最大的为"无形资产——矿业权",该部分资产账面价值为 2 437.46 万元,评估价值高达 4.1 亿元,占整体评估价值的 99%。不过,作为金宏矿业估值中占比最大的资产，××评估机构并未对该项矿业权资产进行评估，而是由北京利尔另委托了北京经纬资产评估有限公司进行评估。××评估机构宣称："其本次（针对金宏矿业的）评估报告直接引用了（经纬资产评估所作的）《辽宁金宏矿业有限公司菱镁矿采矿权评估报告》中采矿权的评估价值，引用时未作调整。"

（二）问题讨论

1. 查阅相关准则或规定，指出资产评估机构引用其他专业报告结论环节的控制政策和程序是什么？评估机构如何恰当引用专业报告的评估结果？如果出现问题，谁对评估结果及其影响负责？

2. 本项目评估增值率高达 1 334.26%，即为账面价值的 13.34 倍。不过，这并不是资产评估报告中最高的。2011 年披露的 371 份评估报告中有 20 份的增值率在 1 000% 以上，其中 2 份更是达到 20 000% 以上。你认为有必要对资产评估增值率作出合理区间的界定吗？为什么？

案例研究三

为什么资产评估假设及期后事项是监管的重点[①]

（一）背景资料

为配合债券发行工作，开元评估公司对山东好当家海洋发展股份有限公司（简称好当家）拟发债抵押担保资产进行了两次评估，并于 2012 年 12 月 24 日出具了开元（京）评报字〔2012〕第 150 号评估报告，收取评估费 15 万元；于 2013 年 5 月 16 日出具了开元（京）评报字〔2013〕第 023 号评估报告，收取评估费 5 万元，两份评估报告签字注册评估师均为孟庆民和张革。

1. 对苏山岛海域使用权评估的假设不合理。2012 年 12 月，山东好当家决定以公司拥有的海域使用权及其围堰造礁工程等配套设施和一宗土地使用权作为抵押物发行 10 亿元公司债券，并于 2013 年 5 月 1 日决定在本次拟发债抵押担保资产的范围中增加 5 宗土地使用权和 7 幢房屋建筑物。2013 年 9 月 18 日，证监会发行审核委员会审核通过了好当家本次公开发行公司债券的申请。

涉案两份评估报告中苏山岛海域评估价值均为 55 554.23 万元，该价值占开元（京）评报字〔2012〕第 150 号评估报告评估总价值的 24.5%，占开元评报字〔2013〕第 023 号评估报告评估总价值的 21.34%。两份评估报告对苏山岛海域使用收益法预测的重要前提是：苏山岛约 89 603.55 亩全部采用人工鱼礁养殖方式，每亩每年投放参苗（秋苗）4 000 头。在收入预测时，假设好当家从 2012 年 10 月开始投苗，每亩每年投放参苗（秋苗）4 000 头，养殖时间满 2 年，可全部收获。采用人工鱼礁养殖方式进行养殖，从 2015 年起即可获得全面达产的稳定收益，并按每亩的年产量 70 千克预测收入。开元评估公司采用收益法对苏山岛海域使用权进行评估。在以上假设前提下，按照收益法的计算方式，得出苏山岛海域的海域使用权评估价值为 55 554.23 万元。

经调查，开元评估公司对苏山岛海域使用权评估的假设不合理。第一，2012 年上半年好当家在苏山岛海域进行了实验性投苗，共投放参苗 1 117 266.00 头，占评估假设投苗量的 0.31%。此外，在评估基准日（2012 年 9 月 30 日）至评估报告出具日（2012 年报告的出具日为 2012 年 12 月 24 日，2013 年报告的出具日为 2013 年 5 月 16 日）期间，好当家未继续在苏山岛海域投放海参苗。第二，好当家在苏山岛海域拟采用的海参养殖方式为深海网箱或者是深海网箱与人工鱼礁相结合的方式，而非单纯的人工鱼礁养殖方式，在不同养殖方式下海参的投苗量及成活率不同，会对海参预测产量产生较大影响。第三，在纳入评估范围的近 10 万亩海域中全面投放海参苗需要一个较长的过程，因此，

---

① 根据中国证监会行政处罚决定书〔2016〕23 号整理。

实现全面达产收益也需要一个过程。因此,我会认为,开元评估公司关于被评估海域能够自 2015 年起即可持续获得亩产量 70 千克稳定收益的假设不合理。

可见,在本次评估中,开元评估公司未根据评估业务实施过程中的情况变化及时补充收集评估资料,未考虑上述重要事实对 2015 年即可获得稳定收益假设产生的重大影响,未合理估算苏山岛海域海参的预测产量及收益产生的起始时间,在对被评估资产的未来收益产生的起始点及预测产量不能确定的情况下,选用收益法进行评估,违背了收益法应用的重要前提即被评估资产的未来预测收益和预测期限是可以预测的,导致形成的评估结论不合理,评估报告存在误导性陈述和重大遗漏。

2. 未能勤勉尽责,及时关注期后事项。经调查,自评估基准日至评估报告出具日,好当家没有在苏山岛海域投放海参苗。开元评估公司在进行评估时,没有关注到该重大期后事项,存在未勤勉尽责行为,导致出具的评估报告存在重大遗漏。

3. 中国证监会处罚决定。责令开元评估公司改正违法行为,没收两次评估业务收入共 20 万元,并处以 40 万元罚款。对孟庆民、张革给予警告,并分别处以 5 万元罚款。

(二)问题讨论

1. 什么是虚假证明文件罪?本案涉及的处罚法规有哪些?

2. 以本案例为例,说明资产评估假设及期后事项为什么是监管的重点及问题的多发区?

3. 听证会上,当事人辩称,本案中对苏山岛海域使用权的评估属于对单项资产的评估。在对单项资产进行评估时,评估机构不需对该资产实际所有人、使用人的生产经营条件和能力进行调查、核实。因此,尽管当事人存在《事先告知书》中认定的情形,但不属于未勤勉尽责情形。中国证监会认为,评估师在实际执业过程中,其未勤勉尽责的情形包括(但不限于)未按相关业务规则执业、未进行必要的现场调查、未收集充分的评估资料、未确定合理的评估假设,因此,相关当事人陈述申辩意见不成立。你是否赞同当事人的观点?为什么?

案例研究四

资产评估准则是评判资产评估质量的基本标准

(一)背景资料

××证监局检查发现,A 评估机构及 BBB、CCC 执业的江西特种电机股份有限公司 2018 年度商誉减值测试所涉及的子公司江苏九龙汽车制造有限公司(以下简称九龙汽车)预计未来现金流量现值评估项目(报告文号:A 评报字〔2019〕第 645 号)存在以下问题:

1. 存货清查核实工作不规范

(1)存在问题。工作底稿未见评估师签字的存货抽查盘点表,不符合《资产评估执业准则——资产评估程序》(中评协〔2018〕36 号)第十五条、《资产评估执业准则——资产评估档案》(中评协〔2018〕37 号)第六条的相关规定。

(2)违反准则。《资产评估执业准则——资产评估程序》第十五条:资产评估专业人员应当依法对资产评估活动中使用的资料进行核查验证。核查验证的方式通常包括观察、询问、书面审查、实地调查、查询、函证、复核等。《资产评估执业准则——资产评估档案》第六条:工作底稿应当反映资产评估程序实施情况,支持评估结论。

2. 评估依据不充分

(1)存在问题。包括:①营运资金占比预测依据不充分。九龙汽车预测期(2019—2020 年)营运资金占比采用的比率为 0.02。而 2014—2018 年实际营运资金占收入比例分别为 0.05、0.01、0.01、

0.49、0.80;该比例不断上升系 2017—2018 年财政补助延迟发放所致。截止 2018 年末,九龙汽车有大额补助不能及时收回。预测期营运资金占比与实际趋势差异大,评估底稿未说明差异原因。②部分产品毛利率预测依据不充分。预测期其他类产品的毛利率与 2018 年度实际毛利率差异较大,评估底稿未说明差异原因。③部分车型的预测销售数量依据不充分。"考斯特车型系列""艾菲车型系列""电动车型系列(EC6)""电动车型系列(EF9 电动车)"等车型的预测期(2019—2023 年)销量较 2016—2018 年同类车型的实际销量增长幅度较大,评估底稿未说明差异原因。

上述行为不符合《资产评估执业准则——资产评估程序》第十七条、第十九条、第二十条、第二十一条及《以财务报告为目的评估指南》第二十八条及《资产评估执业准则——资产评估档案》第十一条的规定。

(2) 违反准则。《资产评估执业准则——资产评估程序》第十七条:资产评估专业人员应当根据资产评估业务具体情况对收集的评估资料进行分析、归纳和整理,形成评定估算和编制资产评估报告的依据。《资产评估执业准则——资产评估程序》第十九条:资产评估专业人员应当根据所采用的评估方法,选取相应的公式和参数进行分析、计算和判断,形成测算结果。《资产评估执业准则——资产评估档案》第十一条:操作类工作底稿的内容因评估目的、评估对象和评估方法等不同而有所差异。

3. 评估计算错误

(1) 存在问题。一是 β 取值时,重复计算了可比公司。二是收益法预测期固定资产折旧测算中,未考虑新厂房转固及处置旧厂房所导致的固定资产原值变动的影响。三是收益法测算表中无形资产、长期待摊费用的原始入账价值、账面价值引用错误。

(2) 违反准则。《资产评估执业准则——资产评估程序》第十九条规定:资产评估专业人员应当根据所采用的评估方法,选取相应的公式和参数进行分析、计算和判断,形成测算结果。上述行为不符合《资产评估执业准则——资产评估程序》第十九条的规定。

(二) 问题讨论

(1) 请查阅《上市公司信息披露管理办法》及有关资产评估准则,进一步说明××证监局认定有关资产评估师违背相关条款的缘由是什么?

(2) 为什么说"资产评估准则是评判资产评估质量的基本标准"? 你认为遵守资产评估准则是资产评估专业人员执业的最低标准还是最高标准?

(3) 学习本案例的主要收获有哪些?

第十三章

以财务报告为目的的评估

☞学习目标

1. 掌握企业合并对价分摊评估中的评估对象
2. 掌握企业合并对价分摊评估中的无形资产评估
3. 掌握资产减值测试评估中的评估对象、价值类型、评估方法和评估参数
4. 掌握投资性房地产评估对象、评估方法及评估参数
5. 熟悉金融工具评估中的评估对象
6. 熟悉以财务报告为目的的评估的特点
7. 熟悉以财务报告为目的的评估报告的特别要求及重点披露内容
8. 熟悉权益工具的评估方法
9. 熟悉不含衍生工具的金融负债的评估方法
10. 了解以财务报告为目的的评估的国内发展状况

为使学生对本章内容有一个概括性认识和全局性把握,我们描述本章的内容结构框架、知识点之间的逻辑结构如图 13-1 所示。

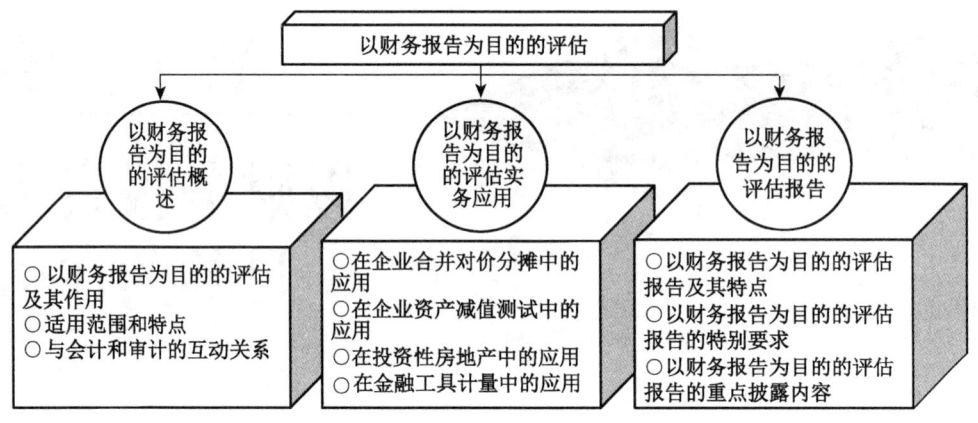

图 13-1　本章的知识点逻辑结构图

案例导入

"影帝"与"影后"——菜鸟工作的第一课

会计师事务所和资产评估公司业内有一种说法,在做项目时,新员工最基本的工作就是:复印(影印)材料、装订材料、打印材料、抄写数据,男的是"影帝",女的成"影后"……其实,这也没有什么值得大惊小怪的。尽管你可能在资产评估理论方面满腹经纶,但不同评估公司具体评估操作的流程及文化还是具有一定的差异性。

一旦有项目,你什么也不懂,怎么给你派任务?如果项目不太忙,好的上司会教你如何做,不够耐心的就让你自学,有问题再问他。资产评估业务的特点是团队成员之间既分工明确、各司其职,又相互合作、相互配合。因此,执业期间,大家各忙各的,"菜鸟"先做"影帝""影后"也不必抱怨,这也算是"人尽其才"吧!经验就是这样从底层一步步做出来的。

处处留心皆学问。有心的"菜鸟"在做"影帝""影后"时,会十分留意影印资料(评估工作底稿)上评估师记载的内容,以揣摩、思考和学习评估师在评估时的做法和思路,还原评估师执业时的轨迹、状况、职业判断及方法,并为自己今后在执行类似评估业务时奠定基础。

一般而言,在资产评估中发现问题一定要先问师父,千万不能自作主张,不能逾越师父直接去找项目负责人、部门经理、总经理。曾有"菜鸟"发现了个小问题,欣喜万分,以为发现了新大陆,就跑去告诉客户"你们有什么什么问题",害得人家紧张得马上开董事会讨论……

第一节　以财务报告为目的的评估概述

一、以财务报告为目的的评估及其作用

(一) 以财务报告为目的的评估的定义

随着《国际财务报告准则(国际会计准则)》在世界范围内的应用,公允价值计量及其他非历史成本的会计计量模式被越来越多地使用。我国 2006 年新发布的《企业会计准则》也引入了公允价值的概念和计量,因此,我国评估服务领域中新增了一项业务内容,即以财务报告为目的的评估。

以财务报告为目的的评估,是指资产评估机构及其资产评估专业人员遵守法律、行政法规、资产评估准则和企业会计准则及会计核算、披露的有关要求,根据委托对评估基准日以财务报告为目的所涉及的各类资产和负债公允价值或者特定价值进行评定和估算,并出具资产评估报告的专业服务行为。由定义可知,以财务报告为目的的评估是为会计的计量、核算及披露提供专业意见。评估对象是财务报告中各类资产和负债,如资产减值、投资性房地产、金融工具等涉及会计核算事项的资产,以及非同一控制下的企业合并中取得的被购买方的可辨认资产、负债及或有负债等。价值类型是公允价值或特定价值,它对评估技术(评估方法)具有一定的约束。评估技术(评估方法)是确定资产评估值的具体手段与途径,它既受估价标准的制约,又要根据实际可用资料和评估对象的具体情况来选择。

由于以财务报告为目的的评估是基于企业会计准则或相关会计核算、披露的要求,因此,在遵循评估准则的基础上,还要参照相关会计准则的规定,以满足财务报告披露的要求。

(二) 以财务报告为目的的评估的作用

对于财务报告中各类资产和负债的公允价值或特定价值的计量,国际上较通行的做法是由评估专业人士为公允价值的确定提供专业意见,保障会计信息的客观和独立,其作用如表 13-1 所示。

表 13-1　以财务报告为目的的评估的作用

作用	具 体 描 述
1. 满足会计计量专业上的需求	会计准则体系引入公允价值计量后,一些资产或负债并无活跃的市场,会计人员无法观察到这种由市场机制决定的金额,从而无法对公允价值进行计量,而一些无形资产、投资性房地产和金融工具公允价值的确定需要运用很强的专业性理论和评估技术。外部的专业评估机构能够通过运用评估技术,为会计公允价值计量提供专业支持
2. 为会计计量的客观性奠定基础	资产评估是一种专业行为,是建立在专业技术知识和经验基础上的一种专业判断。会计信息的这种客观性要求,能够通过评估过程中严格遵循相关的方法和程序取得充分的依据

（续表）

作用	具 体 描 述
3. 强化公允价值的公正性	独立性是资产评估的基本特征,在市场经济条件下,由专业化的资产评估机构依据相关评估法规、准则、规范和行业惯例,提供现时的价值尺度,对于政府监管部门、会计信息使用方和社会公众是一种具有较强公信力的信息服务,尤其是关于公允价值的信息

二、以财务报告为目的的评估的适用范围和特点

（一）以财务报告为目的的评估的规范体系

与传统资产评估业务相比,以财务报告为目的的评估业务涉及的评估对象更加多元化并且更加复杂。一般意义上,以财务报告为目的的评估业务涉及的评估对象不仅有各类单项资产、负债,也有资产组或资产组组合(对资产组或资产组组合的分析应当符合会计准则的要求)。一般常见的以财务报告为目的评估所涉及的评估对象如表13-2所示。

表 13-2   一般常见的以财务报告为目的评估所涉及的评估对象

序号	适用范围	评 估 对 象	会计准则
1	合并对价分摊	(1)构成合并对价的非现金资产、发行或承担的债务、发行的权益性证券等;(2)合并中取得的被购买方可辨认资产、负债及或有负债	企业会计准则第20号——企业合并
2	资产减值	单项资产或资产组或资产组组合	企业会计准则第8号——资产减值
3	投资性房地产的公允价值确定	已出租的土地使用权、持有并准备增值后转让的土地使用权、已出租的建筑物	企业会计准则第3号——投资性房地产
4	金融工具确认和计量	以公允价值计量且其变动计入当期损益的金融资产或金融负债,或可供出售金融资产	企业会计准则第22号——金融工具确认和计量
5	公允价值评估	以公允价值计量的相关资产或负债	企业会计准则第39号——公允价值
6	长期股权投资	权益法核算的长期股权投资的初始和后续计量	企业会计准则第2号——长期股权投资

（二）以财务报告为目的的评估的特点

以财务报告为目的的评估相对于其他评估业务,具有以下特点。

（1）以财务报告为目的的评估是为会计计量提供服务,会计计量模式、会计核算方法、会计披露要求影响了评估对象、价值类型的确定及评估方法的选择。资产评估师应当理解会计计量模式的概念,知晓企业合并、资产减值、投资性房地产、金融工具等会计核算方法,根据会计准则的要求,合理确定评估对象,选择与会计计量模式相符的价值类型和评估方法,更有效地服务于会计计量的特定要求。

（2）以财务报告为目的的评估业务具有多样性、复杂性。以财务报告为目的的评估涉及企业合并、资产减值、投资性房地产、金融工具、股份支付等多项会计核算业务,

每项会计核算业务不同,其所对应的评估对象、价值类型、评估方法均不同。比如固定资产,为资产减值事项提供评估服务时,所涉及的会计计量模式是可回收金额,对应的价值类型为公允价值减去处置费用的净额和资产预计未来现金流量的现值;为企业合并事项提供评估服务时,所涉及的会计计量模式是公允价值,对应的价值类型是市场价值。

(3)以财务报告为目的的评估所采用的评估方法的多样性。根据评估对象的特点和应用条件,可以采用现金流量折现法、增量收益折现法、节省许可费折现法、多期超额收益法等对无形资产进行评估,也可以采用以现值为基础的远期定价和互换模型、期权定价模型等对金融工具进行评估,这些评估方法结合了以财务报告为目的评估的需要,借鉴了国际上目前常用的评估方法。

三、以财务报告为目的的评估与会计和审计的互动关系

2006 年,我国会计准则引入了公允价值计量模式,财政部、中国资产评估协会为配合公允价值计量模式在我国会计实务中的应用,分别发布了相应的《审计准则》《以财务报告为目的的评估指南(试行)》,以规范财务报告中公允价值、其他价值类型的计量和信息披露。

(一)会计信息计量对评估的需求

《企业会计准则——基本准则》第 41 条规定"企业在将符合确认条件的会计要素登记入账并列报于会计报表及其附注时,应当按照规定的会计计量属性进行计量,确定其金额";第 43 条规定"企业在对会计要素进行计量时,一般应当采用历史成本,采用重置成本、可变现净值、现值、公允价值计量的,应当保证所确定的会计要素金额能够取得并可靠计量"。而会计计量中许多会计要素比如土地、投资性房地产、无形资产等公允价值的确定需要具备很强的专业知识,这一要求远远超出了会计人员的知识和能力范围,所以在确定这些资产公允价值时,需要借助外部评估人员的服务,由评估人员提供专业的评估结果。

同时由于企业会计信息已不仅仅局限于为内部管理层提供服务,在许多情况下,更多、更重要的是为投资者、债权人、潜在投资者、监管方等提供服务,对于专业性强、复杂程度高的公允价值确定,财务报告外部使用者更希望和愿意看到的是由独立专业人员提供的评估结果。

(二)审计对评估的需求

《中国注册会计师审计准则第 1322 号——公允价值计量和披露的审计》第 4 条规定"按照适用的会计准则和相关会计制度的规定,作出公允价值计量和披露是被审计单位管理层的责任。注册会计师应当获取充分、适当的审计证据,以确定公允价值计量和披露是否符合适用的会计准则和相关会计制度的规定"。注册会计师应当通过了解被审计单位的业务和行业情况以及实施适当的审计程序,评价以公允价值计量的资产和负债的会计处理的适当性,评价获取审计证据的充分性。但是基于独立性的要求,审计单位或人员不能对同一客户提供公允价值评估服务,审计人员是公允价值计量的最终审核人。在一些需要专业性评估的领域,如企业合并、无形资产、资产减值、投资性房地

产等领域,聘请外部独立评估人员更能发挥专业服务的优势,在提高会计信息质量的同时,也能降低审计人员的风险。

(三) 评估在会计计量、审计中的应用

中评协发布的《以财务报告为目的的评估指南》,规范了以财务报告为目的的评估行为,保护资产评估当事人合法权益和公共利益。资产评估专业人员可以参照本指南执行以下与以财务报告为目的的评估业务相关的其他业务,主要包括两类,一类是开展与价值估算相关的议定程序,以协助企业判断与资产和负债价值相关的参数、特征等,主要包括:①估算或者测算资产的更新或者复原重置成本;②协助企业判断、确定资产使用年限、尚可使用年限、实物状态、质量等参数、特征,以及验证资产的真实存在性;③协助企业确定、判断资产获利能力和预测资产的未来收益;④执行与负债价值有关的议定程序。另一类是协助企业管理层对能否持续可靠地取得公允价值做出正确的评价。

在公允价值计量体系中,外部专业人员的评估结果是计量工具,会计将根据评估结果直接对账目进行调整,评估结果通过会计计量成为资产、负债公允价值的会计信息。

会计人员对公允价值的计量和披露负责,外部评估人员对评估结论的合理性负责,审计人员对公允价值的审计结论负责。由此,公允价值的运用使会计信息责任体系发生了改变,由以往的会计责任和审计责任的二维责任体系,发展成为会计责任、评估责任和审计责任构成的三维责任体系。

第二节　以财务报告为目的的评估实务应用

一、资产评估在企业合并对价分摊中的应用

(一) 企业合并及对价分摊

1. 企业合并

根据财政部颁布的《企业会计准则第 20 号——企业合并》(以下简称《企业合并准则》)第 2 条规定,企业合并是指将两个或者两个以上单独的企业合并形成一个报告主体的交易或事项。企业合并分为同一控制下的企业合并和非同一控制下的企业合并。根据企业合并准则的相关规定,参与合并的企业在合并前后均受同一方或相同的多方最终控制且该控制并非暂时性的,为同一控制下的企业合并;参与合并的各方在合并前后不受同一方或相同的多方最终控制的,为非同一控制下的企业合并。

《企业合并准则》还规定,涉及业务的合并可比照企业合并准则的规定处理。业务是指企业内部某些生产经营活动或资产、负债的组合,该组合具有投入、加工、处理过程和产出能力,能独立计算其成本费用或生产的收入,但不构成一个企业,不具有独立的法人资格。此外,根据该准则以下类型的交易或事项因不符合企业合并的定义,不属于企业合并准则的规范范围;或虽然符合企业合并的定义,但因交易条件方面的限制,无法涵盖在企业合并准则的规范范围内,具体包括组建合营企业、购买子公司少数股权以及购买资产或资产组。

2. 企业合并对价分摊

合并对价分摊是指符合企业合并准则的非同一控制下的企业合并的成本在取得的可辨认资产、负债及或有负债之间的分配。

根据《企业合并准则》第 6 条规定，对于同一控制下的企业合并，合并方在企业合并中取得的资产和负债，应当按照合并日在被合并方的账面价值计量。因此，同一控制下的企业合并，不涉及合并对价分摊的问题。

根据《企业合并准则》第 13 条规定，对于非同一控制下的企业合并，购买方在购买日应当对合并成本进行分配，按照相关规定确认所取得的被购买方各项可辨认资产、负债及或有负债。购买方对合并成本大于合并中取得的对购买方购买可辨认净资产公允价值份额的差额，应当确认为商誉。

3. 合并对价分摊对合并报表的影响

(1) 对购买方合并日财务报表的影响。根据《企业合并准则》第 17 条规定，企业合并形成子公司关系的，母公司应当编制购买日的合并资产负债表，因企业合并取得的被购买方各项可辨认资产、负债及或有负债应当以公允价值列示。

因此，在合并资产表上，可能产生下述新会计科目，包括但不限于无形资产、递延所得税资产或负债、商誉等。同时，根据《企业合并准则》第 19 条，企业合并发生当期的期末，购买方应当在附注中披露被购买方各项可辨认资产、负债在上一会计期间资产负债表日的账面价值和公允价值。

(2) 对购买方合并日后财务报表的影响。合并对价分摊会影响购买方合并日后各会计期间的会计利润，如经济寿命有限的无形资产在剩余使用寿命内摊销，将会导致合并利润表的息税前利润减少；如对商誉、经济寿命不确定的无形资产进行的年度减值测试，可能加剧未来会计期间合并利润表的净利润波动。

(二) 企业合并对价分摊评估中的评估对象

1. 对价分摊评估中的评估对象

根据《以财务报告为目的的评估指南》第 14 条的规定，合并对价分摊事项涉及的评估业务所对应的评估对象应当是合并中取得的被购买方各项的可辨认资产、负债及或有负债，这与企业并购中的企业价值评估所对应的评估对象有所不同。在企业并购中的企业价值评估所对应的评估对象一般为企业整体价值、股东的全部权益价值或部分权益价值。

2. 可辨认资产、负债的确认原则与识别

根据《企业合并准则》的规定，合并中取得的被购买方的无形资产或或有负债，其公允价值能够可靠地计量的，应当单独确认为无形资产或负债，并按照公允价值计量。

评估师在执行以财务报告为目的的评估业务中，应通过执行相关的识别程序，识别出所有在收购日存在的重大可辨认的无形资产(见图 13-2)。评估师在识别无形资产过程中应当以《企业会计准则第 6 号——无形资产》以及《企业会计准则第 20 号——企业合并》中对于企业合并项下无形资产的相关规定为依据。在实务中，评估师识别无形资产的关键在于判断该项资产是否可辨认。对此，评估师应该从以下两方面进行分析。首先，向管理层了解被收购公司是否存在源自合同权利或基于法律

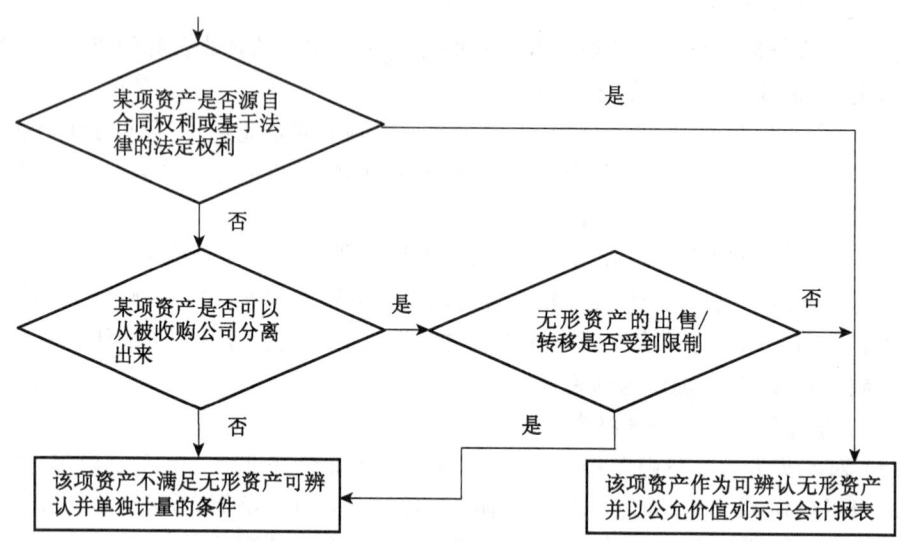

图 13-2　重大可辨认的无形资产识别程序

的法定权利的无形资产；其次，考虑该无形资产是否能够从被收购公司中分离出来，并能单独或者与其他相关合同、资产或负债一起，用于出售、转移、授予许可、租赁或者交换。满足上述任何一个条件，即可确认为可辨认的无形资产，并对无形资产合并日或购买日以公允价值计量。需要注意的是，对于满足合同权利或基于法律的法定权利，即使从法律角度并非合同或有合同约束力，如订单，甚至是可以取消的订单，亦满足了合同权利的确认条件。

在判断无形资产是否满足合同权利或基于法律的法定权利的条件时，如果合同或协议含有限制特定资产从被收购方分离的条款（如限制转让与政府签订的合约），即需要与其他相关的合同、资产、负债一起出售或转移，此类限制并不影响满足合同权利的无形资产的确认。

在进行可分离的判断时，评估人员可以参考市场上相同或相似的无形资产的交易情况。不论收购方是否参与该无形资产的买卖或交易，或相同或相类似无形资产的交易。即使某项无形资产无法单独出售、转移、授权许可、租赁或者交换，但可以与其他相关合同、资产或负债一起，用于出售、转移、授予许可、租赁或者交换，这项无形资产仍然满足可分离的确认条件。需要关注的是，满足可分离条件的无形资产的出售、转移、授予许可、租赁或者交换不能受到任何限制，否则，该等资产不满足可分离的确认条件。例如，客户信息受到保密协议的限制，不可以被出售，因此其无法满足可分离的条件。

下列无形资产因无法满足上述可辨认的判断条件，在实务操作中，一般不作为可辨认无形资产。例如，消费者基础、客户服务能力、地域优势、经过特别训练的员工等。

在对于或有负债的识别中，评估人员应当根据《企业会计准则第 13 号——或有事项》中的相关依据，识别并确认被收购公司在收购日是否存在需确认的或有负债。评估人员在识别或有负的过程中需要关注以下几方面：在收购日是否存在未决诉讼；收购日是否存在待执行的亏损合同;被收购公司是否有为其他公司或个人进行债务担保;在收购日是否存在已对外公布的详细组计划;被收购公司对售出产品所作的质量保证;了解对被收公司进行的相关尽职调查的结果。

根据企业会计准则的相关讲解,与或有事项相关的义务同满足下列条件,应当确认为预计负债:该义务是企业承担的现义务,履行该义务很可能导致经济利益流出企业;该义务的金额能够可靠地计量。

可能确认的或有负债的项目一般包括产品质量保证、不可销的亏损合同、未决诉讼、重组义务等。

(三) 企业合并对价分摊评估

1. 有形资产、负债以及或有负债的评估

企业合并中取得的资产、负债在满足确认条件后,应以公允价值计量。确定企业合并中取得的有关可辨认资产、负债的公允价值时,应当遵循企业合并准则应用指南的规定。企业合并准则应用指南的规定的有形资产和负债的公允价值方法如表13-3所示。

表 13-3　有形资产和负债的公允价值方法

评 估 对 象		评 估 方 法
货币资金		按照购买日被购买方的账面余额确定
金融工具	有活跃市场的股票、债券、基金等金融工具	按照购买日活跃市场中的市场价值确定
	不存在活跃市场,如权益性投资等金融工具	参照《企业会计准则第22号——金融工具确认和计量》等,采用适当的估值技术确定其公允价值
应收款项	短期应收款项	一般应按应收取的金额作为公允价值,同时考虑发生坏账的可能性及相关收款费用
	长期应收款项	以适当的现行利率折现后的现值确定其公允价值,同时考虑发生坏账的可能性及相关收款费用
存货	原材料	按现行重置成本确定
	在产品	按完工产品的估计售价减去至完工仍将发生的成本、预计销售费用、相关税费以及基于同类或类似产成品的基础上估计可能实现利润确定
	产成品和商品	估计售价减去估计的销售费用、相关税费以及购买方通过自身努力在销售过程中对于类似的产成品或商品可能实现的利润确定
房屋建筑物	存在活跃市场	以购买日的市场价格确定其公允价值
	但同类或类似房屋建筑物存在活跃市场	参照同类或类似房屋建筑物的市场价格确定公允价值(市场法)
	同类或类似房屋建筑物不存在活跃市场、无法取得有关市场信息	按照一定的估值技术(如重置成本法等)确定其公允价值

（续表）

评 估 对 象		评 估 方 法
机器设备	存在活跃市场	按购买日的市场价格确定其公允价值
	同类或类似机器设备存在活跃市场	参照同类或类似机器设备的市场价格确定其公允价值（市场法）
	同类或类似机器设备不存在活跃市场，或因有关的机器设备具有专用性，在市场上很少出售、无法取得确定其公允价值市场证据的	用收益法或考虑该机器设备各类贬值（实体性贬值、功能性贬值和经济性贬值）后的重置成本合理估计其公允价值
短期债务		一般应按应支付的金额作为其公允价值
长期债务		按适当的折现率折现后的现值作为其公允价值
或有负债		公允价值在购买日能够可靠计量的，应单独确认为预计负债。此项负债应当按照假定第三方愿意代购买方承担该项义务，就其所承担义务需要购买方支付的金额计量

2. 无形资产的评估

无形资产，存在活跃市场的，应按购买日的市场价格确定其公允价值；不存在活跃市场的，无法取得有关市场信息的，应按照一定的估值技术确定其公允价值。在这种情况下，评估人员需要根据各项无形资产的特点，选用适当的方法进行评估。

（1）市场法。运用市场法进行无形资产公允价值评估，主要通过采用市场上相同或相类似的资产、负债或业务的交易价格及其他相关信息。该方法假定公允价值可通过观察类似资产、负债的市场交易价格，并经过对类似资产、负债与被评估的资产、负债的差异进行必要的调整来确定。

一般情况下，无形资产较少单独出售、转让，市场上缺乏相同或相类似的可比交易案例或交易量太小导致可观察的价格无法代表可靠的市价，故市场法往往较难作为无形资产的首选评估方法。

（2）收益法。考虑到无形资产的特殊属性，在合并对价分摊评估中，收益法为无形资产最常用的评估方法。常用的具体方法包括增量收益折现法、节省许可费折现法、多期超额收益折现法。

所谓增量收益折现法，是将包括无形资产的经济实体的未来预测现金流与不含无形资产的经济实体产生的相应现金流进行比较，判断有无无形资产在价格方面所产生的差额。增量现金流体现在两个方面：一个是价格的溢价，即一个产品采用某一个商标或者品牌，比较不采用这个商标和品牌之间的差异额；二是成本的节省，就是采用这项无形资产所能节省的成本所导致的差异额。通过将这些增量现金流用这个资产的特定加权资本成本折现可以得到这个资产的（税后）公允价值，接着再将税收摊销收益加回到这个现值。增量收益折现法要求可比实体未使用无形资产所产生的现金流能够可靠地估算。

所谓节省许可费折现法，是指假设当财务报告的编制者不是相关无形资产的所有者，需要花钱从别人手上获得一个许可权，这部分就是必要的资金流出，但因拥有了该许可权，就可以节省这方面的许可权使用费，所节省的许可费通过折现所得出的现值。使用节省许可费折现法评估的无形资产例子一般包括：品牌、专利和技术。要使用该方法，必须存在可比资产且这些资产常在熟悉情况的、自愿和独立的双方进行专利许可经营。

所谓多期超额收益折现法,是指把收益进行拆分,把其中作为评估对象的无形资产得到的收益拆分出来,即扣除该无形资产以外的其他有形及无形资产所应该产生的平均收益,而以超额收益进行分析,通常运用于客户关系、采矿权等无形资产的评估中。采用多期超额收益法评估得到的是无形资产产生的且只由其产生的现金流的现值。通常,一项无形资产只有与其他有形资产和无形资产一起才能产生现金流。为了计算出相关的净现金流,应将其他资产("贡献"资产)产生的现金流作为支出("贡献"资产费用)从无形资产与其他资产共同产生的现金流中扣除。这个程序把"贡献"资产作为从第三方租用的处理直至能反映出所评估无形资产现金流的产生情况。通常情况下,多期超额收益法更适用于对现金流产生最大影响的无形资产或类似的无形资产组合,如果这种方法多次使用,就必须注意同一现金流是否被多次归到不同的资产上。

(3)成本法。成本法是采用建立在替代原则上的重置概念作为公允价值的计量基础,其主要假设是市场参与者将不会愿意支付超过重置该资产的必要支出。

运用成本法进行无形资产公允价值评估,往往无法反映该项无形资产给企业带来的未来经济利益。例如,建立客户关系的成本往往小于客户关系给企业带来的未来经济利益,而且该类成本往往难以从企业经营的其他成本中区分出来。因此,成本法较少运用于企业无形资产的评估。

3. 递延所得税的计算

对于企业合并中取得的被购买方各项可辨认资产、负债及或有负债的公允价值与其原计税基础之间存在差额的,应当按照《企业会计准则第18号——所得税》的规定确认相应的递延所得税资产或递延所得税负债,所确认的递延所得税资产或递延所得税负债的金额不应折现。

应当特别指出的是,对于被购买方在企业合并之前已经确认的商誉和递延所得税项目,购买方在分配企业合并成本,汇总可辨认资产和负债时不应予以考虑。

在按照规定确定了合并中应予确认的各项可辨认资产、负债的公允价值后,其计税基础与账面价值不同形成暂时性差异的,应当按照所得税会计准则的规定确认相应的递延所得税资产或递延所得税负债。

4. 商誉的计算

在汇总计算各项可辨认资产、负债的公允价值后,即可得到被购买方可辨认净资产公允价值。根据企业合并准则的规定,购买方对合并成本大于合并中取得的被购买方可辨认净资产公允价值份额的差额,应确认为商誉。

首先,确定合并成本。通常情况下,企业合并成本按照购买方为进行企业合并支付的现金、非现金资产、发行或承担的债务和发行的权益性证券等在购买日的公允价值以及企业合并中发生的各项直接相关费用之和确定。对于通过多次交换交易分步实现的企业合并,其企业合并成本为每一单项交换交易的成本之和。

其次,在合并成本确定后,评估人员即可计算得出该企业合并商誉应确认的商誉值。对于该商誉值,评估人员应当对其合理性进行分析,解释商誉所代表的含义及其组成成分。一般来说,商誉由以下几类因素构成:①企业现有的管理团队和员工团队;

②并购后的协同效应,如销售额的增加、成本开支的压缩等;③收购方对收购对价的判断失误导致收购对价过高;④企业持续经营的能力,包括各类不符合无形资产确认条件的其他资产,如市场占有率、通过资本市场直接融资的能力、良好的政府关系等。此外,在商誉的评估结果较高的情况下,评估人员应当提请公司管理层关注其减值风险,并考虑及时执行商誉的减值测试程序。

5. 整体合理性测试

评估人员应采取适当的方法对合并对价分摊的评估结果的整体合理性进行验证。通常来说,在合并对价分摊的评估中,以被购买方各项资产公允价值为权重计算的加权平均资本回报率,应该与其加权平均资本成本基本相等或接近。如果评估人员经过计算,发现被购买方各项资产的加权平均资产回报率与加权平均资本回报率差异较大,则需要进一步复核无形资产的识别过程以及各项可辨认资产、负债和或有负债的评估过程是否合理。各项资产的加权平均资产回报率可采用以下公式计算:

$$R = \frac{\sum_{i=1}^{n} A_i R_i}{\sum_{i=1}^{n} A_i}$$

式中:R—— 加权平均资产回报率;

  A_i—— 各项可辨认资产的公允价值;

  R_i—— 各项可辨认资产的要求回报率。

评估人员在确定各项可辨认资产的必要资产回报率时,除了考虑被购买方的整体企业价值外,尚需考虑该资产自身风险相关的因素。由于进行企业价值评估时运用的加权平均资本成本,反映了一个企业所有的资产、负债所产生现金流的期望回报率,这其中包含了该企业实现可能的现金流入应取得的风险补偿,所以在确定可辨认无形资产的必要资产回报率时,可参考企业价值评估时采用的加权平均资本成本,并在此基础上考虑必要的风险溢价或折价。

(四) 企业合并对价分摊评估案例分析

某公司以现金收购的方式收购了另一家处于非同一控制下的公司100％的权益,收购对价为人民币7亿元。假设该被收购公司适用的所得税税率为25％,在收购日的资产负债表状况如图13-3左半边所示(单位:人民币百万元)。评估人员在完成四个阶段评估工作以后,将得到被收购公司进行合并对价分摊以后以公允价值计量的资产负债表,如图13-3右半边所示。

第一阶段(分析阶段)。评估人员在本阶段的主要工作为分析和理解本次并购交易,主要包括以下内容。

(1) 与管理层进行深入沟通,充分了解收购方对此次交易拟达到的目标,即交易目的。

(2) 收集各类相关资料,主要包括:股权转让协议、董事会决议、公司对该交易的信息披露、被收购企业历史财务数据以及与收购相关的尽职调查报告等。

(3) 对收集的资料进行分析,了解被收购公司在收购日经营状况及其资产负债

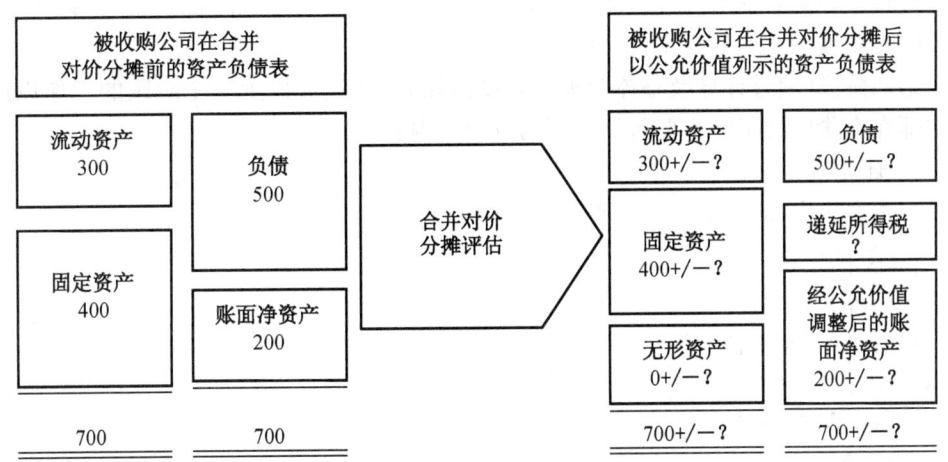

图 13-3 企业合并对价分摊评估案例

状况。

（4）确定合并成本。本案例中，合并成本为 7 亿元人民币，假设没有其他交易费用。

第二阶段（无形资产和或有负债的识别阶段）。根据《企业合并准则》第 14 条，"（一）合并中取得的无形资产，其公允价值能够可靠地计量的，应当单独确认为无形资产并按照公允价值计量"以及"（三）合并中取得的被购买方或有负债，其公允价值能够可靠地计量的，应当单独确认为负债并按照公允价值计量"。

本案例中，被收购公司在收购日的资产负债表中并无任何无形资产的会计记录。因此，在本阶段工作中，评估人员应通过执行相关的识别程序，识别出所有在收购日存在的重大可辨认的无形资产。

本案例中，评估人员在对无形资产执行了相关的识别程序以后，认为被收购公司良好的经营业绩主要取决于客户对公司驰名商标的认可度，以及公司在全国各地建立的比较稳定的客户关系。因此，评估人员识别了以下两项重要的无形资产，即商标和客户关系。此外，评估人员通过执行相关识别程序以后，并未发现被收购公司在收购日存在任何可辨认的或有负债。

第三阶段（评估阶段）。在本阶段中，评估人员的主要工作是对企业合并中取得的各项可辨认资产（包括识别出来的无形资产）和负债、或有负债进行公允价值评估。在确定各项可辨认资产、负债的公允价值时，应当遵循企业合并准则应用指南的规定进行。

其中流动资产中的存货采用上述方法进行评估，评估增值人民币 5 000 万元。

对于固定资产，由于该类工业厂房和设备不存在活跃市场，评估人员采用了重置成本法对其进行评估。最终评估结果，固定资产评估增值人民币 5 000 万元。

对于识别出的商标和客户关系两项无形资产，评估人员分别采用了节省许可费折现法和多期超额收益折现法对其进行了评估，确定商标的公允价值为人民币 2.5 亿元，客户关系的公允价值为人民币 5 000 万元。

在得出各项资产可辨认资产、负债的公允价值后，对其计税基础与账面价值不同所形成的暂时性差异,应根据《企业会计准则第18号——所得税》的相关规定确认相应的递延所得税资产和递延所得税负债。

第四阶段(商誉计算及整体合理性测试阶段)。在完成以上三个阶段的工作以后,评估师在本阶段的工作主要包括以下两方面的内容:

1. 计算商誉

在本案例中,商誉的计算过程如下:

合并成本	＋700(A)
公允价值调整:	
(1) 流动资产增值额	＋50
(2) 固定资产增值额	＋50
(3) 无形资产增值额	＋300
公允价值调整项合计:	＋400(D)
递延所得税	－100(E)＝(D)×25％
税后公允价值调整项合计:	＋300(F)＝(D)－(E)
合并前账面净资产	＋200(B)
经公允价值调整后的账面净资产	＋500(C)＝(B)＋(F)
商誉价值	＋200(G)＝(A)－(C)

在计算出商誉价值以后,评估人员应当对最终得出的商誉的合理性进行分析,解释商誉所代表的含义及其组成成分。此外,在计算得出的商誉结果较高的情况下,评估人员应提请公司管理层关注其减值风险,并考虑及时进行商誉的减值测试程序。

2. 整体合理性测试

本案例中,评估人员计算了以各项资产公允价值为权重计算的加权平均资本回报率(WARA),其结果为12％(其中流动资产回报率为6％,固定资产回报率为9％,无形资产回报率为16％,商誉回报率为25％),该数据与企业的加权平均资本成本(WACC)13％基本接近,因此,评估人员认为其各项资产、负债的公允价值评估具备合理性(见图13-4)。

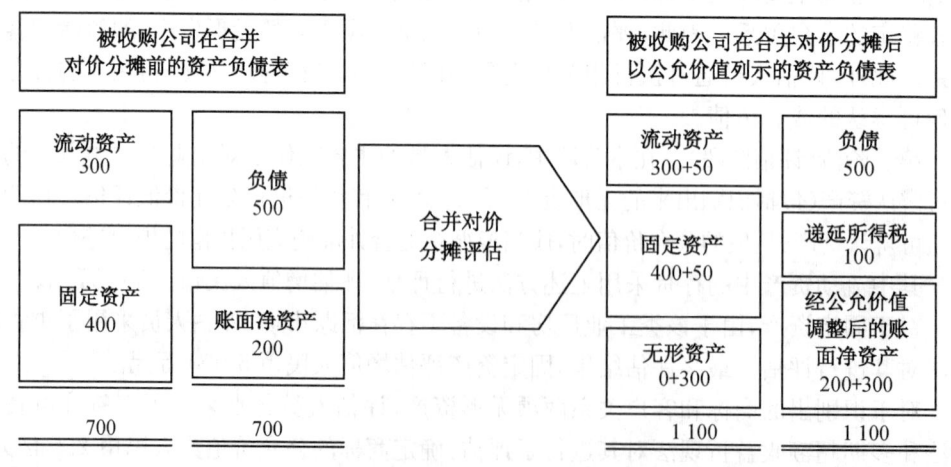

图13-4 企业合并对价分摊评估案例

注:由于商誉是在合并报表过程中出现的会计处理,因此在被收购公司层面的资产负债表中未作反映。

二、资产评估在企业资产减值测试中的应用

(一) 资产减值测试及其所涉及的价值类型

1. 资产减值测试

资产的主要特征之一是必须能够为企业带来经济利益的流入,如果资产不能够为企业带来经济利益或者带来的经济利益低于其账面价值,那么该资产就不能再予确认,或者不能再以原账面价值予以确认,否则将不符合资产的定义,也无法反映资产的实际价值,其结果会导致企业资产的虚增和利润虚增。根据《企业会计准则第 8 号——资产减值》(以下简称《资产减值准则》)第 2 条规定,当企业资产的可收回金额低于其账面价值时,即表明资产发生了减值。

图 13-5 为资产减值测试的一般流程。

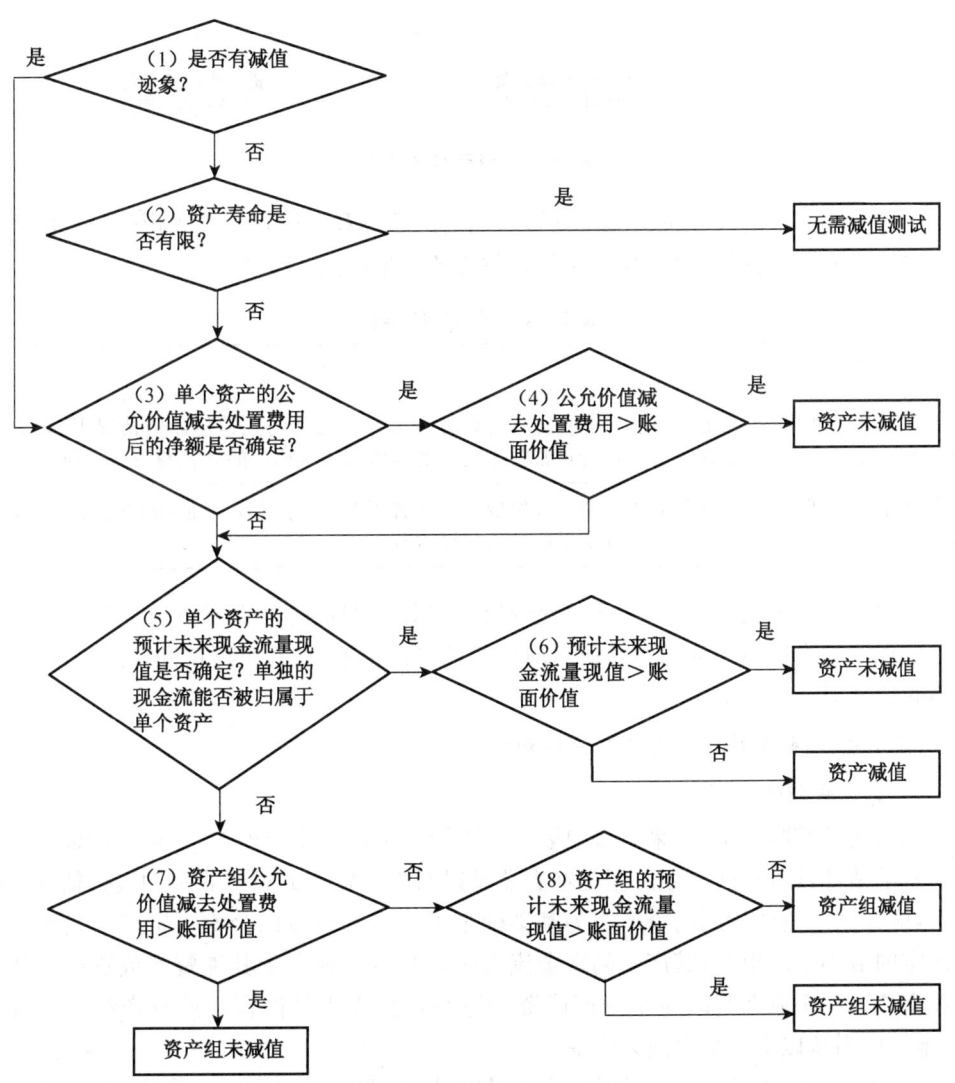

图 13-5　资产减值测试的一般流程

2. 资产减值测试评估中的价值类型

根据减值测试准则的第六条,在资产存在减值迹象时,应当估计其可回收金额。可回收金额应当根据资产的公允价值减去处置费用后的净额和资产预计未来现金流量的现值两者之间较高者确定,其具体关系如图 13-6 所示。

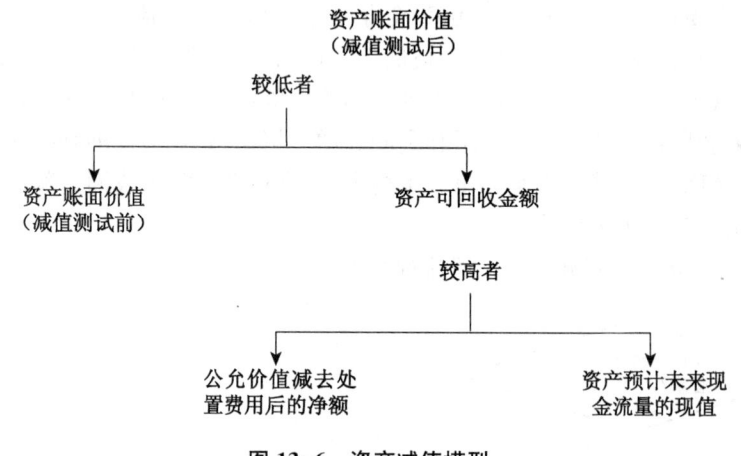

图 13-6　资产减值模型

该会计准则下的公允价值减去处置费用后的净额和资产预计未来现金流量的现值这两种计量属性,可以理解为相对应的评估价值类型(见表 13-4)。

表 13-4　评估价值类型

价值类型	含　义
公允价值减去处置费用后的净额	自愿买方和自愿卖方在各理性行事且未受任何强迫压制的情况下,评估对象在基准日进行正常公平交易的价值并扣减相应的处置费用后得到的净额
资产预计未来现金流量的现值	将评估对象作为企业组成部分或者要素资产按其正在使用方式和程度及其对所属企业的贡献的价值估计数额

在评估过程中,若已确信资产公允价值减去处置费用的净额或资产预计未来现金流量的现值其中任何一项已超过所对应资产的账面价值,并通过减值测试的前提下,可以不必计算另一项数值。

(二)资产减值测试评估中的评估对象

1. 资产减值测试对象

减值测试准则规定,如果有迹象表明一项资产可能发生减值的,企业应当以单项资产为基础估计其可收回金额。但是在企业难以对单项资产的可回收金额进行估计的情况下,应当以该资产所属的资产为基础确定资产组的可收回金额。资产组是企业可以认定的最小资产组合,其产生的现金流入应当基本上独立于其他资产或资产组产生的现金流入。企业在判断一个资产或资产组是否独立于其他资产或资产组产生现金流,至少应当从以下两个方面来考虑。

(1)经营层面的独立性。例如,一个铁矿公司(假设只存在一个资产组组合)使用一条私有铁路来运输铁矿石,这条铁路不能单独运营,因此无法单独产生现金流,如果单独出售,也只能收回残值。在这种情况下,这条铁路在经营上与铁矿公司无法分离,应该并入铁矿公司所在资产组组合一并进行减值测试。

(2)是否存在合同的约束性限制。例如,一个公交运营公司同时运营 5 条线路,其中一条出现亏损,然而由于公交公司与政府签订了一揽子合同,必须同时运营 5 条线路,无法将该条亏损线路单独关闭。在这种情况下,这条亏损线路与其他 4 条线路由于合同的约束性限制无法分离,该线路应该与其他 4 条线路一并认定为一个资产组组合进行减值测试。

对于商誉以及总部资产的减值测试应当结合与其相关的资产组或者资产组组合进行。资产组组合是指由若干个资产组组成的最小资产组组合。

2. 资产减值测试评估对象的界定

资产减值测试评估对象应当与资产、资产组或资产组组合账面价值的成分保持一致。对于资产组或资产组组合而言,其账面价值应当包括可直接归属于该资产组或资产组组合以及可以合理和一致地分摊至该资产组或资产组组合的商誉与总部资产的账面价值。除非不考虑该负债的金额就无法确定资产组的可收回金额,资产组的账面价值一般不应包括已确认的计息负债的账面价值。

表 13-5 归纳了在固定资产减值测试中,常见的资产组或资产组组合的构成与评估对象。

表 13-5　常见资产组或资产组组合的构成与评估对象

项目	资产组账面价值涵盖的项目	评估对象
房屋建筑物	√	√
机器设备	√	√
土地使用权	√	√
工程物资	√	√
在建工程	√	√
营运资金	可选择	可选择
商誉	可选择	可选择
总部资产	可选择	可选择
负债	一般情况不包括,但可选择是否加入资产组的测试	一般情况不包括,视乎管理层的选择而定

营运资金:由于营运资金的主要组成为存货、应收账款和应付账款等,严格来说并不属于非流动资产减值测试的涵盖范畴。然而在实务操作中,为了更加合理地模拟资产组组合的真实构成,有时也将其加入资产组组合,在一般情况下以下两种处理方法都是可行的。

第一种:如果资产组或资产组组合账面构成中不包含营运资本,则评估对象也不包含营运资本。在此基础上,预测期第一年的营运资本变动应在期初余额为零的基础上计算,即假设预测期第一年需要投入一笔额外的营运资本,并且到预测期结束时收回该笔营运资本投入。

第二种:如果资产组或资产组组合账面构成中包含营运资本,则评估对象也包含营运资本。预测期第一年的营运资本变动应以评估对象构成中包含的营运资本为期初余额进行计算。

总部资产:企业总部资产包括企业集团或其事业部的办公楼、电子数据处理设备、研发中心等资产。总部资产的显著特征是难以脱离其他资产或者资产组产生独立的现金流入,而且其账面价值难以完全归属于某一资产组。因此,总部资产通常难以单独进行减值测试,需要结合其他相关资产组或者资产组组合进行。具体步骤如下:

对于总部资产能够按照合理和一致的基础分摊至某资产组的部分,应当将总部资产的账面分摊至该资产组;

对于总部资产难以分摊至任何资产组的部分,应当按照合理和一致的基础分摊至由若干个资产组组成的最小的资产组组合。

商誉:企业合并所形成的商誉,应当结合与其相关的资产组或者资产组组合进行减值测试。相关的资产组或者资产组组合应当是能够从企业合并的协同效应中受益的资产组或者资产组组合,并且不应当大于企业所确定的报告分部。其具体分摊过程和总部资产类似。商誉减值测试与企业合并对价分摊息息相关。事实上,很多企业在进行企业合并对价分摊时,就会对商誉将分摊至哪个资产组或者资产组组合进行初步判定,为日后的商誉减值测试打下基础。而在进行商誉减值测试时,评估人员也需要关注之前的合并对价分摊评估,理解商誉的分摊基础,并在此基础上仔细判断合并对价分摊以及商誉减值测试在评估参数选取方面的不同之处。

(三)资产减值测试的评估方法和评估参数

1. 资产减值测试的评估方法

一般来说,评估方法由市场法、收益法和成本法构成。在进行以减值测试为目的的评估时,应该结合评估对象特点、价值类型、资料收集情况和数据来源等各个方面,选择适当的评估方法。

会计准则规定的资产减值测试不适用成本法。主要从以下三个因素考虑:首先,成本法的出发点是重置价值,其实质是在现时条件下,重新购置、建造或形成与评估对象完全相同或基本类似的全新状态下的资产所需花费的全部费用。而按照会计准则的要求,无论是考虑单项资产、资产组或资产组组合预计未来现金流量的现值,或者公允价值减去处置费用的净额,其实质都是从评估对象未来可能为企业带来的经济利益角度来衡量其公允价值。因此,从基本的评估思路来说,成本法不适用减值测试目的的评估。例如,按照会计准则的要求,一项企业花费巨资研发的专有技术如果不能给企业带来经济收益,则可能已经出现了减值迹象,需要进行减值测试。如果单纯从成本法的角度来考虑,则无法在评估过程中考虑该专有技术可能的减值风险,相应地也就无法满足会计准则的要求。资产减值测试可以从资产预计未来现金流量的现值或公允价值减去处置费用的净额两方面来考虑。资产预计未来现金流量的现值是采用收益法的思路进行评估,成本法不适用于减值测试主要是针对公允价值减去处置费用设置的。其次,成本法成立前提受限于资产、资产组的评估值可以通过资产的未来运营得以全额回收。即使允许采用成本法计算公允价值减去处置费用,也必须同时采用收益法测算其未来的运营收益。最后,资产减值测试准则定义的用于减值测试的资产、资产组或资产组组合是一个最小的现金产生单位,不可以继续分割为更小的单元。通常情况下,被评估的资产、资产组或资产组组合都是为了切合企业实际生产需要所配置的,具有一定的个体性。从实际可操作性角度出发,评估人员可能可以采用成本法评估该资产、资产组或资产组组合中所包含的各项资产(如房产、设备、土地等),但资产、资产组或资产组组合的个体性决定了无法以成本法来将其作为一个整体加以评估。

以下依不同的价值类型来阐述评估方法的选择和应用。

(1) 资产的公允价值减去处置费用的净额。公允价值的可靠性受制于数据获取来源,其估计首先考虑采用市场法,根据公平交易中销售协议价格,或与评估对象相同或相类似资产在其活跃市场上反映的价格为计算依据。

当不存在相关活跃市场或缺乏相关市场信息时,资产或资产组的公允价值可以根据企业以市场参与者的身份,对单项资产或资产组的运营作出合理性决策,并适当地考虑相关资产或资产组内资产的有效配置、改良或重置的前提下提交的预测资料,参照企业价值评估的基本思路和方法(收益法)进行分析和计算。

通常来说,采用这种方法时,评估人员也应该采用市场乘数等其他方法验证结果,从而保证评估结论的取得充分考虑了恰当的市场参与者可获取的信息。

处置费用的估计包括与资产处置有关的法律费用、相关税费、搬运费以及为使资产达到可销售状态所发生的直接费用等。

(2) 资产预计未来现金流量的现值。估计资产预计未来现金流量的现值时通常采用收益法,即按照资产在持续使用过程中和最终处置时所产生的预计未来现金流量,选择恰当的折现率对其进行折现后的金额加以确定。预计未来现金流量的预测是基于特定实体现有管理模式下可能实现的收益。预测一般只考虑单项资产或资产组/资产组组合内主要资产项目在简单维护下的剩余经济年限,即不考虑单项资产或资产组/资产组组合内主要资产项目的改良或重置;资产组内其他资产项目于预测期末的变现净值应当纳入资产预计未来现金流量的现值的计算。

2. 资产减值测试的评估参数

以固定资产减值测试为例,资产预计未来现金流量的现值评估方法中涉及的参数以及其采用依据如下。

(1) 现金流预测基本要求。现金流预测是基于经企业管理层(如董事会)准备的针对评估对象的最近财务预算或者经营计划进行的,评估人员应通过关注、检验历史现金流预测和实际值之间的差异来评估和确定当前现金流预测假设的合理性。

现金流预测应以评估对象的当前状况为基础,不应当包括与将来可能发生的、尚未作出承诺的重组事项或者与资产改良有关的预计未来现金流量。

评估人员应当关注现金流预测涉及的主要评估参数,如销售收入的增长,预测的长期息税前利润率等,是否与行业保持一致。如果不是,评估人员应关注其原因所在。

传统使用的现金流预测包含的是未来每期单一的预计现金流量。在实务中,有时影响评估对象未来现金流量的因素较多,情况较为复杂,带有很大不确定性,在此情况下使用未来每期单一的现金流量可能无法合理预测评估对象现金流。此时,评估人员应该详细询问管理层未来现金流在产生时间以及现金流大小方面的不确定性,并在必要时可以考虑情景分析(如考虑悲观、一般、乐观三种情况),以期最大程度对管理层准备的现金流预测加以校验。

(2)现金流预测期。减值测试涉及的现金流预测期并不完全等于管理层提供的财务预算或者经营计划期。一般情况下,预测期必须涵盖只考虑单项资产或资产组内主要资产项目在简单维护下的剩余经济年限,评估人员可以基于管理层提供的财务预算或经营计划适当延长至资产组中主要资产项目的经济使用寿命结束。

根据减值测试准则的相关规定,减值测试涉及的现金流预测期一般只涵盖 5 年;如超过 5 年,评估人员要向管理层询问,并取得管理层提供的证明更长期间合理性的证据。

一般来说,原来涵盖的预测期之后延长期间内的现金流应该保持稳定或者递减的增长率,该增长率不应超过产品、行业或者企业主要业务所在国家的长期平均增长率,除非管理层能证明其是合理的。

(3)资本性支出预测。预测的资本性支出中应该包括维护资产正常运转或者资产正常产出水平而必要的支出,或者属于资产简单维护下的支出,即维护性资本支出;完成在建工程和开发过程中的无形资产等的必要支出。

预测的资本性支出中不应当包括与资产改良或企业扩张相关的资本性支出,即改良性资本支出和扩张性资本支出。

(4)资产组中主要资产项目经济使用年限最后 1 年的净现金流量。在资产组中主要资产项目于简单维护下的剩余经济年限资产使用寿命结束时,需要考虑处置资产所收到或者支出的净现金流,相当于预期公允价值减去处置费用后的净值。

由于必须考虑处置费用,该处置资产的净现金流可能为负值。

(5)企业所得税的影响。估算预计未来现金流量现值应该基于税前基础进行。

在适当考虑相应调整的前提下,基于税前基础计算的未来现金流量现值应等于基于税后基础计算的未来现金流量现值。

在实务操作中,可以考虑采用税后基础进行测算,或者将税后折现率简单推算为税前折现率。

税前折现率=税后折现率/(1-所得税率),并将此简单推算的税前折现率应用于税前现金流量计算折现现值。

一般情况下,如果基于上述两种方法计算的未来现金流量现值远远超过被评估对象的账面价值,则代表被评估对象出现减值情况的可能性较低。否则,则需要根据企业会计准则的要求计算以税前为基础的现值。

(6)折现率。折现率要与预计的未来现金流匹配,如是否同为税前或税后基础,是否同时考虑了通货膨胀因素,又如是否有根据企业会计准则的要求计算相应的税前折现率。

从理论层面来说,在预计未来现金流量时已经对特定的风险影响进行了调整的,在估计折现率时不需要再重复考虑这些因素,如缺乏控制权折扣;在预计未来现金流量时尚未对特定的风险影响进行调整的,在估计折现率时则需要考虑这些因素,如规模风险、缺乏流动性折扣。

采用收益法计算资产公允价值减去处置费用的净额时各项参数选取和确定与前述的在预计未来现金流量所涉及的参数在某些方面会有不同,表13-6列举了常见的区别。

表13-6　公允价值减处置费用的净额与资产预计未来现金流量现值常见的区别

项目	公允价值减处置费用的净额	资产预计未来现金流量现值
假设前提	持续经营假设,可以考虑将来可能发生的、尚未作出承诺的重组事项或者资产改良;应同时考虑重组、改良对应的收益和成本、费用	以当前状态为基础;不应当包括与将来可能发生的、尚未作出承诺的重组事项或者与资产改良有关的预计未来现金流量
盈利预测	在各方面与市场参与者预期保持一致	评估对象在目前使用情况下可实现的盈利情况
资本性支出	维护资产正常运转或者资产正常产出水平而必要的支出,或者属于资产简单维护下的支出;完成在建工程和开发过程中的无形资产等的必要支出;与资产改良或企业扩张相关的资本性支出	维护资产正常运转或者资产正常产出水平而必要的支出,或者属于资产简单维护下的支出;完成在建工程和开发过程中的无形资产等的必要支出
营运资金预测	维持现有企业运营并考虑企业扩张或重组所需的营运资金	基于特定实体现有管理模式下经营所需的营运资金
所得税基础	可以考虑为税后	通常为税前

三、资产评估在投资性房地产评估中的应用

(一) 投资性房地产与公允价值计量

投资性房地产是指为赚取租金或资本增值,或两者兼有而所持有的房产。投资性房地产应当能够单独计量和出售,主要包括已出租的土地使用权、持有并准备增值后转让的土地使用权和已出租的建筑物。根据《企业会计准则第3号——投资性房地产》的规定,企业应当在资产负债表日采用成本模式对投资性房地产进行后续计量;但是,在有确凿证据表明投资性房地产的公允价值能够持续可靠取得的情况下,可以对投资性房地产采用公允价值模式进行后续计量。采用公允价值模式计量的,应当同时满足下列条件:投资性房地产所在地有活跃的房地产交易市场;企业能够从房地产交易市场上取得同类或类似房地产的市场价格及其他相关信息,从而对投资性房地产的公允价值作出合理的估计。

（二）投资性房地产评估中的评估对象

投资性房地产的具体范围包括如下几项。

（1）已出租的土地使用权和已出租的建筑物，是指以经营租赁方式出租的土地使用权和建筑物。其中，用于出租的土地使用权是指企业通过出让或转让方式取得的土地使用权；用于出租的建筑物是指企业拥有产权的建筑物。

（2）持有并准备增值后转让的土地使用权，是指企业取得的、准备增值后转让的土地使用权。按照国家有关规定认定的闲置土地，不属于持有并准备增值后转让的土地使用权。

（3）某项房地产，部分用于赚取租金或资本增值，部分用于生产商品、提供劳务或经营管理，能够单独计量和出售，用于赚取租金或资本增值的部分，应当确认为投资性房地产；不能够单独计量和出售，用于赚取租金或资本增值的部分，不确认为投资性房地产。

（4）企业将建筑物出租，按租赁协议向承租人提供的相关辅助服务在整个协议中不重大的，如企业将办公楼出租并向承租人提供保安、维修等辅助服务，应当将该建筑物确认为投资性房地产。

根据《企业会计准则第3号——投资性房地产》的规定，自用房地产和作为存货的房地产不属于投资性房地产的范畴。

自用房地产是指为生产商品、提供劳务或者经营管理而持有的房地产。自用房地产的特征在于服务于企业自身的生产经营活动，其价值将随着房地产的使用而逐渐转移到企业的产品或服务中去，通过销售商品或者提供服务为企业带来经济利益，在产生现金流量的过程中与企业持有的其他资产密切相关。例如，企业出租给本企业职工居住的宿舍，虽然也收取租金，但间接为企业自身的生产经营服务，因此具有自用房地产的性质。又如，企业拥有并自行经营的旅馆饭店，经营者在提供住宿服务的同时，还提供餐饮娱乐等服务，其经营目的主要是通过向客户提供服务取得服务收入。因此，企业自行经营的旅馆饭店是企业的经营场所，应当属于自用房地产。

房地产开发企业的存货，通常是指房地产开发企业在正常经营过程中销售的或为销售而正在开发的商品房和土地。这部分房地产属于房地产开发企业的存货，其生产、销售构成企业的主营业务活动，产生的现金流也与企业的其他资产密切相关。因此，具有存货性质的房地产不属于投资性房地产。从事房地产经营开发的企业依法取得的、用于开发后出售的土地使用权属于房地产开发企业的存货，即使房地产开发企业决定待增值后再转让其开发的土地，也不得将其确认为投资性房地产。

在评估实务中，存在某项房地产部分自用或者作为存货出售、部分用于专区租金或资本增值的情形。如果某项投资性房地产不同用途的部分能够单独计量和出售的，应当分别确认为固定资产、无形资产、存货和投资性房地产。例如，甲房地产开发商建造了一栋商住两用楼盘，一层出租给一家大型超市，其余楼层均为普通住宅，在这种情况下，如果一层商铺能够单独计量和出售，应当确认为甲企业的投资性房地产，其余楼层为甲企业的存货，即开发产品。

需要注意的是,投资性房地产通常附带有租约。业主在拥有房地产的同时也拥有该租约的未来收益,因而在进行评估的时候,评估对象应为附带有租约的房地产。

（三）投资性房地产的评估方法及评估参数

在实务中,投资性房地产可采用市场比较法、直接资本化法、收益乘数法、现金流折现法和租期及回收金额折现法。

(1) 市场比较法是指在求取一宗待估投资性房地产价值时,依据替代原理,将被估房地产与类似房地产的近期交易价格进行对照比较,通过对交易情况、交易日期、房地产状况等因素修正,得出被估房地产在评估基准日的价值。在应用市场法时,对于投资性房地产尤其要注意所附租约所带来的影响,在选择可比交易案例时也需要考虑相关租约的因素。

(2) 直接资本化法是将待估房地产未来 1 年的某种预期收益除以适当的资本化率来求取估价对象价值的方法。收益的种类有毛租金、净租金、潜在毛收入、有效毛收入、净收益等,然后利用相应的资本化率将年收益转换为价值。一般公式为:

$$P = \frac{A}{R}$$

式中：P—— 待估房地产价值;

A—— 房地产的未来收益;

R—— 资本化率。

在实务中,对于暂时空置的投资性房地产,通常采用的方法为直接资本化法。

(3) 收益乘数法。收益乘数是房地产的价格除以某种年收益所得的倍数,即:

$$收益乘数 = \frac{价格}{年收益}$$

利用收益乘数将年收益转换为价值的直接资本化法公式为:

$$房地产价值 = 年收益 \times 收益乘数$$

比较常见的收益乘数有毛租金乘数、潜在毛收入乘数、有效毛收入乘数和净收益乘数。相应地,收益乘数法有毛租金乘数法、潜在毛收入乘数法、有效毛收入乘数法和净收益乘数法。①当采用月租金来求取估价对象的价值时,应采用通过价格除以月租金求得毛租金乘数;当采用年租金来求取估价对象的价值时,应采用通过价格除以年租金求得毛租金乘数。②潜在毛收入是假定房地产在充分利用、无空置(即 100% 出租)情况下的收入,包括了除租金以外的收入。与毛租金乘数法相比,潜在毛收入乘数法相对全面一些,它考虑了房地产租金以外的收入,但同样没有考虑房地产空置率和运营费用的差异。③有效毛收入是由潜在毛收入扣除空置率和收租损失等以后的收入。④净收益又称净营运收益(net operating income, NOI),是由有效毛收入扣除相关税费、运营费用后得到的净营运收益归属于房地产的收入。运营费用是指维持房地产正常使用或营业所必需的费用。净收益乘数通常能够提供更可靠的价值计算。由于净收益乘数与前文所属的资本化率互为倒数,通常很少直接采用净收益乘数法的形式,而采用资本化率将净收益转换为价值的形式。

（4）现金流折现法可用于任何有规律或无规律收益模式,在评估实务中,评估人员根据整个假设持有期内逐期（通常为年或者季度）的每项收益、费用和现金流量,然后用要求的折现率折现。如此,评估人员可以说明待估房地产全部的现金流入和流出以及这些现金流量发生的时间。

（5）租期及回收金额折现法（Term & Reversion,T&R）属于现金流折现法中的一种简化形式。投资性房地产通常附带有租约,由于在评估时,租约合同已经签订,所以可能会使房地产的租金水平偏离市场实际情况,从而影响到房地产的公允价值。因此,在评估时,需要对被估房地产租期内的收益情况加以单独考虑,在评估中体现为对租约期内外的收益分别进行资本化来得到最终价值。

（四）投资性房地产评估案例分析

以下通过一个案例来说明实务中评估投资性房地产通常所采用的收益法。

1. 基本情况

某房地产开发公司,拟于 2018 年年底于中国内地 A 股市场首发上市（IPO）。该公司拥有的房地产中,有一项房地产项目根据《企业会计准则第 3 号——投资性房地产》可以确认为投资性房地产。公司管理层选择公允价值模式对该类投资性房地产进行后续计量。

该投资性房地产位于广东省 D 市中心城区的某购物广场,建成于 2017 年 3 月。该购物中心为地上 2 层,建筑面积共 16 000 平方米,目前大部分已出租。根据会计准则,需在 2017 年 12 月 31 日确认房地产的公允价值。

2. 评估对象分析

管理层委托了某评估机构根据会计准则的要求评估该投资性房地产于 2017 年 12 月 31 日的公允价值。评估人员根据与管理层签订的业务约定书,在 2018 年×月 5 日至×月 8 日对该房地产进行了现场勘察,并收集了房地产权属证书,房地产租赁合同等信息;同时还对同一商圈的房地产出租情况,租金水平进行了市场调查。

根据管理层提供的资料,评估人员了解到管理层委托某著名中介代理机构代为招租,并提供房地产管理服务。目前状况如下。

第一层 4 000 平方米和第二层 6 000 平方米出租给某家电连锁超市,租金为 80 元/月·平方米,从 2019 年开始租金每年增长 3%,租期为 10 年,租金按季支付,装修免租期为 5 个月,假设租期开始日为 2017 年 7 月 1 日。

除租给某家电连锁超市的其余 6 000 平方米分割为 50 平方米到 300 平方米不等的单元出租给小商户。其中第一层其他 4 000 平方米基准日时点已出租 2 000 平方米,平均月租金 200 元/月·平方米,从 2019 年开始租金每年增长 8%,租期为 5 年,租金按季支付,装修免租期为 3 个月,假设租期开始日为 2017 年 10 月 1 日。

第二层剩余的 2 000 平方米的基准日时点已出租 1 000 平方米,出租部分平均月租金 150 元/月·平方米,从 2019 年开始租金每年增长 8%,租期为 5 年,租金按季支付,装修免租期为 3 个月,假设租期开始日为 2017 年 10 月 1 日。

各商户按 20 元/月·平方米缴纳房地产管理费,由各商户每月直接支付给房地产管理公司。除非特别说明,案例中所有租金为不含房地产管理等杂费的税前租金。

3. 市场信息收集

评估师根据委估房地产的租赁情况,对周边房地产的市场租金售价进行了调查,同时也从公司的数据库中获得了部分市场租金售价信息。评估人员根据委估房地产的特征,选取了5项房地产进行了租金售价信息调查,调查结果如下。

(1) 大面积租赁案例。收集到有三项房地产有部分面积租赁给大中型超市或家电连锁店:

其中第一项房地产于2017年10月15日第一个租期为5年的租约到期,以月租金100元/月·平方米续租,租赁面积为10 000平方米;第二项于2017年6月建成并开始招租,以月租金75元/月·平方米租赁给一大型超市,租赁面积共15 000平方米;第三项于2015年签订了8年期的租约,每年租金增长2%,2017年的续租租金为96元/月·平方米。

(2) 小面积租赁案例。收集到大量的租赁案例,底层商铺的租金范围为160元/月·平方米~300元/月·平方米,二层租金范围为120元/月·平方米~240元/月·平方米,租期大多数为3~5年,年租金增长率为4%~10%。

4. 评估方法的选取

根据《企业会计准则第3号——投资性房地产》第十条规定"采用公允价值模式计量的,应当同时满足下列条件:①投资性房地产所在地有活跃的房地产交易市场;②企业能够从房地产交易市场上取得同类或类似房地产的市场价格及其他相关信息,从而对投资性房地产的公允价值作出合理的估计"。

由于该准则并没有对活跃的房地产交易市场进行详细描述,因此参考国际会计准则的要求,对应该投资性房地产交易市场为带租约出售的房地产交易市场和房地产租赁市场。由于s市目前带租约出售的房地产项目较少,尤其是大面积租赁租约的房地产项目几乎没有成交案例;而类似商业房地产租赁市场非常活跃,因此考虑采用收益法来评估该房地产于2017年12月31日的公允价值。

5. 评估参数的确定

1) 房地产客观市场租金确定

(1) 大面积租赁单元。根据市场信息的收集,了解到第二项以大面积租赁的房地产与委估房地产类似,处于招租阶段,目前以较低于市场租金的价格出租,以该房地产作为确定委估房地产的市场客观租金的案例不太合适。

因此,选取第一项和第三项房地产作为可比案例,以该两项的租金为基础,在分析租约条款、区位因素和个别因素的基础上,根据评估人员的现场勘察和经验判断,对上述因素进行相应的调整。确定客观市场租金为110元/月·平方米。

(2) 小面积租赁单元。与大面积租赁单元一致,从市场调查信息中选取合适的可比案例,确定地上1层的客观市场租金为250元/月·平方米,地上2层的客观市场租金为190元/月·平方米。

2) 空置与收租损失的确定

根据市场调查,同类房地产目前市场平均空置率为7%,根据历史信息,市场平均空置率为5%～12%。因此,取市场平均空置率为8%。同时考虑2%的收租损失,确定空置与收租损失比率为10%①。

3）税费的确定

根据税法规定,房产税适用税率为12%,营业税及附加适用税率为5.5%。

4）成本费用的确定

（1）管理费用。根据历史财务信息和评估人员的经验判断,假设该房地产的管理费为年租金的3%。

（2）重置提拨款。根据评估人员的经验判断,假设该房地产的重置提拨款为年租金的2%,主要用于重大机电设施的大修或重置。

（3）市场推广费。根据市场调查信息和评估人员的经验判断,假设市场推广费(含中介代理费)为年租金的5%。

5）折现率的确定

根据2017年的无风险利率水平,通过风险因素分析,采用风险累加法确定租期内与净营运收益对应的要求回报率(或称折现率)为10%,并确定用于对租期外净营运收益进行资本化的要求回报率(或称资本化率)为7%。

6）收益年限的确定

根据房地产权证,该房地产土地使用权终止日期为2055年12月30日。因此,剩余收益年限确定为38年。此处假设不考虑土地使用权终止日时点建筑物的残值。

6. 评定估算过程简单示例(见表13-7、表13-8)

表13-7 假设条件

租约期内租金(大面积单元)	80元/月·平方米	评估基准日	2017-12-31
租约期内租金(小面积单元)	183元/月·平方米	折现率	10%
市场客观租金(大面积单元)	110元/月·平方米	资本化率	7%
市场客观租金(小面积单元)	250元/月·平方米	空置和租金损失	10%
建筑面积(大面积单元)	10 000元/月·平方米	税率	17.55%
建筑面积(小面积单元)	6 000元/月·平方米	管理费率	3%
租金增长率(大面积单元)	3%	市场推广费	5%
租金增长率(小面积单元)	8%	重置提拨款	2%

---

① 为简便起见,假设自2018年12月31日起至现有租约到期日,该房地产小面积单元出租率一直保持在95%以上。同时假设在空置与收租损失比率为10%中已考虑了承租人流动的因素。

表 13-8 计算表

		2017	2018	2019	2020	2021	2022～2055
有效租金收入（元）		800 000	19 152 600	23 406 576	24 784 702	27 061 140	28 080 000
其中：大面积单元		800 000	9 600 000	9 888 000	10 184 640	11 185 090	11 880 000
小面积单元		0.0	9 552 600	13 518 576	14 600 062	15 876 050	16 200 000
税费小计	17.55%	140 400	3 361 281	4 107 854	4 349 715	4 749 230	4 928 040
其中：营业税及附加	5.55%	44 400	1 062 969	1 299 065	1 375 551	1 501 893	1 558 440
房产税	12%	96 000	2 298 312	2 808 789	2 974 164	3 247 337	3 369 600
营运及管理费用小计	8%	64 000	1 532 208	1 872 526	1 982 776	2 146 891	2 246 400
其中：管理费	3%	24 000	574 578	702 197	743 541	811 834	842 400
市场推广费	5%	40 000	957 630	1 170 329	1 239 235	1 353 057	1 404 000
重置提拨款	2%	16 000	383 052	468 132	495 694	541 223	561 600
净营运收益		579 600	13 876 059	16 958 064	17 956 517	19 605 796	20 343 960
折现期		—	1.00	2.00	3.00	4.00	
折现因子		1.00	0.91	0.83	0.75	0.68	8.78
现值		579 600	12 614 599	14 014 929	13 490 997	13 391 022	178 609 011

四、资产评估在金融工具计量中的应用

(一) 金融工具及其计量

金融工具是指形成一个企业的金融资产,并形成其他单位的金融负债或权益工具的合同。金融工具包括金融资产、金融负债和权益工具。其中,金融资产通常是指企业的现金、银行存款、应收账款、应收票据、贷款、股权投资、债权投资等;金融负债通常是指企业的应付账款、应付票据、应付债券等。从发行方看,权益工具通常是指企业发行的普通股、认股权证等。

根据《企业会计准则第 22 号——金融工具确认和计量》(以下简称金融工具准则)的相关规定,企业初始确认金融资产或金融负债,应当按照公允价值计量;对于除持有至到期投资以及贷款和应收款项、在活跃市场中没有报价且其公允价值不能可靠计量的权益工具投资以及与该权益工具挂钩并需通过交付该权益工具结算的衍生金融资产外,企业应当按照公允价值对金融资产进行后续计量,且不扣除将来处置该金融资产时可能发生的交易费用。

(二) 金融工具评估中的评估对象

金融工具可以分为基础金融工具和衍生金融工具。

1. 基础金融工具

基础金融工具包括企业持有的现金、存放于金融机构的款项、普通股以及代表在未来期间收取或支付金融资产的合同权利或义务等,如应收账款、应付账款、其他应收款、其他应付款、存出保证金、存入保证金、客户贷款、客户存款、债券投资和应付债券等。

2. 衍生金融工具

衍生金融工具是指金融工具确认和计量准则涉及的、具有下列特征的金融工具或其他合同。

(1) 其价值随着特定利率、金融价格、商品价格、汇率、价格指数、费率指数、信用等级、信用指数或其他类似变量的变动而变动,变量为非金融变量的,该变量与合同的任一方不存在特定关系。

(2) 不要求初始净投资,或与对市场情况变动有类似反应的其他类型合同相比,要求很少的初始净投资。企业从事衍生工具交易不要求初始净投资,通常是指签订某项衍生工具合同时不需要支付现金或现金等价物。

(3) 在未来某一日期结算。衍生工具在未来某一日期结算,表明衍生工具结算需要经历一段特定期间。但是,"在某一日期结算"不能理解为只在未来某一日期进行一次结算。另外,有些期权可能由于是价外期权而到期不行权,也是在未来日期结算的一种方式。需要指出的是,如买卖非金融项目的合同,根据企业预期购买、出售或使用要求,以获取或交付非金融项目为目的而签订,那么此类合同不符合衍生工具的定义。但是,当此类合同可以通过现金或其他金融工具净额结算或通过交换金融工具结算,或者合同中的非金融项目可以方便地转换为现金时,这些合同应当比照衍生工具进行会计处理。

衍生工具包括远期合同、期货合同、互换和期权，以及具有远期合同、期货合同、互换和期权中一种或一种以上特征的工具。

衍生工具通常是独立存在的，但也可能嵌入到非衍生金融工具或其他合同中。嵌入衍生工具是指嵌入到非衍生工具（即主合同）中，使混合工具的全部或部分现金流量随特定利率、金融工具价格、商品价格、汇率、价格指数、费率指数、信用等级、信用指数或其他类似变量的变动而变动的衍生工具。关于嵌入衍生工具的解释具体可以参见金融工具准则。

（三）金融工具的评估方法

金融工具的种类繁多，并且根据其所涉及的合同条款的复杂程度，金融工具的评估方法也具有较大的差异性和复杂性。存在活跃交易市场的金融工具，活跃市场中的报价应当用于确定其公允价值；金融工具不存在活跃市场的，应当采用合适的评估方法确定其公允价值。

1. 权益工具的评估方法

权益工具是指能证明拥有某个企业在扣除所有负债后的资产中的剩余权益的合同。从发行方看，权益工具通常是指企业发行的普通股、在资本公积下核算的认股权等。评估人员可以根据实际情况分别采用收益法、市场法和成本法对权益工具的公允价值进行评估。

2. 不含衍生工具的金融负债的评估方法

债务工具的公允价值，应当根据取得日的市场情况和当前市场情况，或其他类似债务工具的当前市场利率确定。

（1）固定利率金融负债的评估方法。固定利率金融负债的公允价值通常采用未来现金流折现法确定，即通过一个合适的折现率计算该金融负债预期的未来的现金流的现值。

在确定未来现金流时，可参考待估金融工具的合同条款。一般来说，固定利率金融负债的合同内都会明确规定包括利息率、计息时间以及本金偿还计划等条款。通过这些条款，可以明确金融工具未来的现金流量。

在确定折现率时，可根据待估金融工具的合同条款和实质特征，采用市场上其他金融工具的市场收益率作为折现率。该折现率是通过分析市场上可类比的其他金融工具（如公司债券）的特征来确定。这些特征包括该金融工具自身的信用等级、剩余期间以及金融工具的计价货币等。

（2）浮动利率金融负债的评估方法。浮动利率金融负债的公允价值的评估原理与固定利率金融负债相同，也是采用未来现金流折现法，但是在未来现金流的确认上却有所差异。

在确定未来现金流时，由于浮动利率金融负债的合同条款往往只规定合同期内的利息率随着某些基础金融变量（如伦敦银行同业拆借利率）的变化而变化，未来现金流无法准确估计。此时，评估人员在评估时应首先对那些基础金融变量的变化作出适当的、合理的估计。

3. 金融衍生工具的评估方法

金融衍生工具，其价值依附于其他更基本的标的变量，如特定利率、基本金融工具的价格、商品价格、汇率和价格指数等,其主要类型包括远期和期货合约、期权合同、互换合同和混合衍生工具等。

(1)远期和期货合约。远期合约是指在某个将来时刻按确定的价格购买或出售某项资产的协议。它不在规范的交易所市场内进行交易。在签署远期合约时,所选择的交易价格应该使远期合约的价值对双方都为零。

假设 F_t 为 t 时刻远期交割价格;S_t 为 t 时刻资产现价;r 为 t 时刻的无风险收益率;$T-t$ 为远期合约剩余期限;V_t 为 t 时刻远期合约的公允价值。

合约签署时,远期交割价格为 F_0,资产现价为 S_0,合约公允价值 V_0 为 0。远期合约处于时刻 t 时,远期交割价格为 F_t,资产现价为 S_t,合约公允价值为 V_t。

如果投资者购入资产的远期合约,期限为 T;同时在时刻 t 卖出同一资产的远期合约,期限为 $T-t$。那么在时刻 T,投资者以价格 F_0 购入资产,同时以价格 F_t 卖出资产,投资者的净现金流量为 F_t-F_0。由于购入或卖出资产的远期合约并不需要发生现金流,因此,在 t 时刻,远期合约的价值为净现金流的折现值:

$$V_t = (F_t - F_0) \times e^{-r(T-t)}$$

期货合约也是买卖双方签订的在确定的将来时间按确定的价格购买或出售某项资产的协议。与远期交易不同,期货交易一般以标准合约为标的,在交易所内进行交易。期货合约品种往往按交割月份划分。此外,期货合约一般允许进行保证金交易。

(2)期权合同。期权合同主要包括看涨期权和看跌期权。看涨期权的持有者有权在某一确定的时间以某一确定的价格购买标的资产。看跌期权的持有者有权在某一确定时间以某一确定的价格出售标的资产。期权合同中的价格被称为执行价格。合同中的日期为到期日、执行日或期满日。

期权可分为美式期权和欧式期权,其中美式期权可在期权有效期内任何时候执行,而欧式期权只能在期权到期日执行。需要注意的是,期权虽然赋予其持有者到期行使权利的选择权,但持有者不一定必须行使该权利。

目前广泛采用的期权评估方法有布莱克-斯科尔斯模型和 Lattice 模型。

(3)互换合同。互换是两个公司之间达成的协议,以按照实现约定的公式在将来交换彼此的现金流。互换合同的公允价值实际上可以看作一系列债券的组合。

假设公司 A 和公司 B 达成了互换合同,公司 B 同意向公司 A 支付由年利率 6% 和本金 100 万美元所计算的利息;同时,公司 A 同意向公司 B 支付由 6 个月 LIBOR 和同样本金所计算的浮动利息。此互换合同相当于公司 B 向公司 A 发行了本金 100 万美元,年利率为 6% 的公司债券;同时,公司 A 向公司 B 发行了以 LIBOR 为利率的同样本金的浮动利率公司债券。

因此,此互换合同的公允价值实际上就是上述固定利率债券以及浮动利率债券公允价值的差额。

(4)混合衍生工具。嵌入衍生工具是包括该衍生工具和非衍生主合同在内的混合金融工具中的一个组成部分。根据会计准则,如果嵌入衍生工具与主合同分开核算,通常采取整个混合合同的公允价值减去主合同的公允价值这种方法来评估嵌入衍生工具的公允价值。但如果主体不能够可靠地单独计量这项嵌入衍生工具(包括用整个混合合同的公允价值减去主合同的公允价值的方法),则主体应将整个组合合同认定为按公允价值通过损益计量的金融资产或金融负债。

通常用于计量嵌入衍生工具公允价值的模型比较复杂,一般都采用 Lattice 模型进行评估。

4. 员工持股计划的评估方法

随着资本市场的发展,一些企业开始通过授予股票期权作为激励和奖励员工的方式,特别是对于那些高级管理人员。我国部分企业目前实施的职工期权激励计划,也称员工持股计划即属于这一范畴,其确认和计量适用于《企业会计准则第 11 号——股份支付》(以下简称《股份支付准则》),在授予日及之后的每个财务报表日以员工持股计划的公允价值为计量基础,将取得的服务计入相关资产成本或当期费用,同时计入资本公积中的股本溢价。

与普通的期权相比,员工持股计划具有以下特点:一是企业与员工之间发生的交易;二是以获取员工服务为目的的交易;三交易对价或其定价与企业自身未来价值密切相关。这些特点决定了员工持股计划公允价值评估的特殊性。

一般而言,对于存在活跃市场的期权等权益工具,应当按照活跃市场中的报价确定其公允价值;对于不存在活跃市场的授予的权益工具,应当采用期权定价模型估算其公允价值。而员工持股计划的特点决定了并不存在一个活跃市场,无法取得市场报价,需要采用期权定价模型估算其公允价值。期权定价模型的选择需要考虑以下因素:一是模型能够满足员工持股计划的特定条件;二是模型能够满足企业会计准则对公允价值计量的要求;三是模型建立在成熟的金融理论基础上;四是模型能够充分反映员工持股计划的各项实质性条款和限制条件。

在评估实践中,员工持股计划的评估主要还是参考期权的评估方法,一般可以采用布莱克-斯科尔斯模型或 Lattice 模型计算员工持股计划的公允价值。由于员工持股计划在授予后通常不能立即行权,应当履行一定服务期限或达到一定业绩条件才可行权,因此在评估员工持股计划的公允价值时,需要充分考虑服务期限等限制条件。只要员工满足了员工持股计划所有非市场条件,企业就应当确认已取得的服务,应考虑市场条件和服务条件的影响,确定员工持股计划的公允价值。同时,由于相关的限制条件无法满足时,员工持股计划无法行权,即并非所有的员工持股计划都能够最终行权。等待期内每个资产负债表日,企业应当根据最新取得的可行权员工人数变动等后续信息作出最佳估计,修正预计可行权的股票期权数量。在可行权日,最终预计可行权股票期权的数量应当与实际可行权数量一致。

第三节 以财务报告为目的的评估报告

一、以财务报告为目的的评估报告及其特点

中国资产评估协会 2018 年 10 月 29 日颁布的中评协〔2018〕35 号《资产评估执业

准则——资产评估报告》，对资产评估报告的编制内容和编制要求作出了规定。资产评估机构及其资产评估专业人员在执行必要的资产评估程序、形成资产评估结论的基础上，应当按照《资产评估执业准则——资产评估报告》的要求编制资产评估报告。资产评估机构及其资产评估专业人员执行以财务报告为目的的评估业务，所出具的评估报告也应当符合《资产评估资产执业准则——资产评估报告》的要求。

资产评估机构及其资产评估专业人员在执行以财务报告为目的的评估业务时所出具的评估报告与执行一般评估业务所出具的评估报告，其特点主要体现在评估目的和价值类型上。

（一）评估目的

以财务报告为目的的评估报告，是为财务报告服务的。应该根据《中国企业会计准则》《国际财务报告准则》等准则或相关会计核算、披露的要求，对财务报告中的各类资产和负债的公允价值或特定价值进行分析、估算并发表的专业意见，并形成以财务报告为目的的评估报告。也就是说，以财务报告为目的的评估报告更多受限于相关会计准则的要求，其特殊的评估目的导致以财务报告为目的的评估报告与其他目的的评估报告，例如，以国有资产各项产权变动的经济行为等会有很大不同，不能相互代替使用。

（二）价值类型

按照不同的标准、条件和依据，资产评估结果及其表现形式可以划分为若干种价值类型。《资产评估价值类型指导意见》中将价值类型划分为市场价值和市场价值以外的其他价值类型。市场价值以外的其他价值类型包括在用价值、投资价值、清算价值、残余价值和特定用途价值等。

以财务报告为目的的评估的价值类型是公允价值或特定价值。这些价值类型在理解为相对应的评估价值类型时，应该符合相应的会计准则计量属性规定的条件。

二、以财务报告为目的的评估报告的特别要求

以财务报告为目的的评估报告，除了要满足资产评估报告准则的基本要求之外，《以财务报告为目的的评估指南》还提出来一些特别的要求。

（一）评估基准日的要求

《以财务报告为目的的评估指南》第九条规定："资产评估专业人员应当提醒委托人根据会计准则的相关要求确定评估基准日。评估基准日可以是资产负债表日、购买日、减值测试日、首次执行日等。"鉴于会计准则没有评估基准日的专门规定，资产评估机构及其资产评估专业人员应当与委托人或者其他相关当事人进行必要且有效的沟通，依据会计准则的相关要求合理确定评估基准日，使其既满足资产评估准则的基本要求，也符合相关会计准则的规定。当评估是为委托人编制年度财务报表所用时，通常选择20××年12月31日作为评估基准日。

（二）会计准则和相关法规修改时的要求

《以财务报告为目的的评估指南》第7条规定。由于会计准则和相关法规的修改，

导致在执行以财务报告为目的的评估业务时无法完全遵守本指南的要求,资产评估人员应当在评估报告中进行说明。以财务报告为目的的评估报告是基于企业会计准则或相关会计核算、披露要求而完成的。当相关法规和会计准则对会计计量模式的要求发生改变或对目前的会计计量模式中相关计量、披露和报告的要求发生新的变化时,资产评估师在执行以财务报告为目的的评估时可能因新的要求而无法完全遵守《以财务报告为目的的评估指南》的要求,在指南的相关内容没有进行及时的修改之前,资产评估人员有义务在评估报告中对没有完全遵守本指南的相关要求进行说明和披露,以使委托方和相关当事方对评估工作有一个全面的理解和认识。

(三) 与企业会计准则和审计规范的协调与要求

以财务报告为目的的评估与企业会计准则和审计规范的协调与要求主要体现在资产评估人员与企业和执行审计业务的注册会计师的必要沟通,明确评估业务基本事项并充分理解会计准则或相关会计核算、披露的具体要求。

我们知道,资产评估人员在执行资产评估业务时通常需要在评估报告中明确如委托方的基本情况、被评估企业的基本情况、评估目的、评估对象以及价值类型等资产评估业务涉及的基本事项。由于以财务报告为目的的评估业务的复杂性,因此除与委托方沟通外,评估人员还应与委托方执行审计业务的注册会计师进行必要的沟通和充分协商,在充分理解会计准则或相关会计核算、披露的具体要求基础上,在财务报告中对上述事项进一步的明确。

(四) 评估方法与前期不一致时的说明与要求

当选择的评估方法与前期采用的评估方法不一致时,应当在报告中描述相应的变动并说明变动的原因。

资产评估人员选择评估方法时应当与前期采用的评估方法保持一致,以使前后期资产公允价值的计量具有一致性。如果前期采用的评估方法所依据的市场数据已发生重大变化而不再适用,或通过采用与前期不同的评估方法可使得评估结果更具代表性、更能反映评估对象的公允价值或特定价值时,资产评估人员可以变更评估方法,但应当在报告中描述相应的变动并说明变动的原因。

三、以财务报告为目的的评估报告的重点披露内容

除了《资产评估执业准则——资产评估报告》规定的各项披露基本内容之外,以财务报告为目的的评估的评估报告还应当重点披露以下内容,以满足报告使用者合理理解评估结论的需要。

(一) 评估对象的具体描述

以财务报告为目的的评估业务涉及的评估对象不仅有各类单项资产、负债,也有资产组或资产组组合(对资产组或资产组组合的分析应当符合会计准则的要求)。资产评估机构及其专业人员应当在充分考虑评估对象的具体特征、项目具体情况、会计准则和委托人的要求,理解和区分评估对象的基础上,对评估对象进行具体的描述,从而使委托人和相关当事人对评估对象有正确的理解和认识。

在执行企业会计准则规定的合并对价分摊事项涉及的评估业务时,评估对象应当是合并中取得的被购买方可辨认资产、负债及或有负债。资产评估人员应当知道与被购买方企业价值评估对象可能存在的差异,并特别关注可辨识无形资产的识别和计量。

在执行以资产减值为目的的评估业务时,评估对象可能是单项资产,也有可能是资产组或资产组组合。但是就大多数单项固定资产而言,其产生的现金流入一般不能独立于其他资产或者资产组,因此资产减值测试的评估对象更多地以资产组的形式出现。

在执行以投资性房地产为目的的评估业务时,评估对象包括已出租的土地使用权、持有并准备增值后转让的土地使用权、已出租的建筑物。

在执行以金融工具确认和计量为目的的评估业务时,评估对象通常分为两类,一类是以公允价值计量且变动值计入当期损益的金融资产或负债,如交易性金融资产或负债、嵌入式衍生工具和包括一项或多项嵌入式衍生工具的混合工具;另一类是可供出售的金融资产。资产评估人员在执行金融资产和金融负债公允价值的评估时,对评估对象是否以单项资产或资产组为计量单位,混合金融工具是否分拆等进行判断,以明确具体的评估对象。

(二)价值类型的定义及其与会计准则或相关会计核算、披露要求的对应关系

资产评估人员应当基于以财务报告为目的的评估业务的具体要求,根据会计准则或相关会计核算与披露的具体要求、评估对象等相关条件,对价值类型进行定义。在符合会计准则计量属性规定的条件时,会计准则下的公允价值一般等同于评估准则下的市场价值;会计准则涉及的重置成本或净重置成本、可变现净值或公允价值减去处置费用的净额、现值或资产预计未来现金流量的现值等计量属性可以理解为相对应的评估价值类型。评估报告应当披露价值类型与会计准则或相关会计核算、披露要求的对应关系,便于报告使用者的理解。

(三)评估方法的选择过程和依据

资产评估人员执行以财务报告为目的的评估业务,应当根据评估对象、价值类型、资料收集情况和数据来源等相关条件,参照会计准则有关计量方法的规定,分析市场法、收益法和成本法三种资产评估基本方法及其他评估方法的适用性,恰当选择一种或多种资产评估方法,并且在报告中披露对采用方法的分析过程和相关依据。

(四)评估方法的具体运用,结合相关计算过程、评估参数等加以说明

对于选择的评估方法,资产评估人员应结合相关计算过程、评估参数等加以说明。例如,运用市场法进行以财务报告为目的的评估时,应当披露相关市场的活跃程度,从相关市场获得的交易案例或其他比较对象与评估资产之间的可比性、适用性和合理性,相关比较因素的选择和比较因素的比较和调整过程等。

(五)关键性假设及前提

以财务报告为目的的评估报告,必须充分披露资产评估中所依据和使用的相关假设和限制条件,披露评估结论成立的前提条件、必要条件和限制条件。评估假设必须有合理的、真实的、科学的依据支持,不得随意设定没有依据、不合情理的评估假设,不得在已知委托人或其他信息来源方提供的某些信息资料是不真实的情况下,用假设形式设定这些资料是真实的,并在此基础上出具评估意见。同时,对于关键性评估参数的测算、逻辑推理、形成过程和相关评估数据的获取来源,也要在报告中进行披露。

(六)关键性评估参数的测算、逻辑推理、形成过程和相关评估数据的获取来源

在进行以财务报告为目的的评估时选取的各种关键性的评估参数,如折现率、现金流量、收益期限、市场比较因素的调整系数、各种贬值因素水平等,资产评估人员要在报告中披露其测算、逻辑推理、形成过程和相关评估数据的获取来源等信息。

(七)对企业提供的财务等申报资料的重大或实质性调整

资产评估人员在执行以财务报告为目的的评估业务的程序时,如果对企业提供的财务等申报资料做了重大或实质性调整,应当在评估报告中进行披露。

课外阅读材料

1. 北京证监局课题组. 以财务报告为目的的评估问题研究[J]. 中国资产评估,2019(3).
2. 王军辉,王海鹏,成本云. 上市公司商誉减值测试评估的七大误区[J]. 中国资产评估,2019(4).
3. 中评协. 以财务报告为目的的评估指南[EB/OL]. http://www.cas.org.cn/pgbz/pgzc/55875.htm.
4. 李春满. 要注意防范商誉减值测试评估中的风险[J]. 中国资产评估,2019(4).
5. 陈少瑜,李挺伟. 以财务报告为目的评估在美、英、德国的发展[J]. 中国资产评估,2008(2).
6. 陈俊发. 与商誉减值事项相关的评估问题剖析[J]. 中国资产评估,2019(4).

复习思考题

1. 企业合并对价分摊评估中的评估对象是什么?
2. 简述企业合并对价分摊评估中的无形资产评估。
3. 简述资产减值测试评估中的价值类型。
4. 投资性房地产评估中的评估对象是什么?
5. 金融工具评估中的评估对象有哪些?
6. 简述以财务报告为目的的评估的特点及出具以财务报告为目的的评估报告的特别要求。
7. 简述以财务报告为目的的评估报告的重点披露内容。

案例研究一

案例研究一可扫下列二维码阅读材料。

基于财务报告目的的投资性房地产公允价值评估

案例研究二

商誉的两难:减值还是摊销

(一)背景资料

商誉是减值抑或摊销,还是摊销后再进行减值测试?学术界、实务界一直存在不同观点。近年来,商誉"爆雷"显然并非个别现象,目前有超过 2 070 家上市公司存在商誉,其中 160 家公司的商誉占净资产的比例超过 50%,21 家超过 100%。大面积"爆雷"说明数年前的收购存在盲目性,甚至不排除利益输送的可能。2020 年 1~5 月份监管部门下发的行政处罚、行政监管措施、检查结果告知书等显示,商誉减值测试存在的主要问题如下:

1. 未对公司提供的相关数据进行必要验证和调整。采用公司提供的错误基础数据进行测算,得出对应商誉在 2017 年未发生减值的错误结论。未对公司提供的评估标的净资产账面价值及预测坏账减值损失率等相关数据和资料进行必要的核查验证及合理调整,导致测算出的账面价值和可回收金额均存在偏差。

2. 评估测算中存在过程性计算错误。预计 2018 年至永续期内每年均有利息支出 200 万元。但在采用收益法计算企业自由现金流量时,未在税后净利润的基础上加回扣除所得税影响后的利息支出,导致低估评估值 1 284.45 万元,低估部分占评估值的 2.38%。

3. 评估范围依据不充分。项目评估范围包含危废业务相关资产组,但截至评估报告出具日,该资产组尚未取得危险废物许可证。此外,该项目评估范围还包含格锐环境对拟参股设立公司的股权,且相关出资协议中附有生效条件,但你们底稿中无条件生效的证据。

4. 评估程序执行不到位。在资产组组合可回收金额进行评估,只采用了未来现金流量现值方法,未采用公允价值减处置费用方法,且未充分说明理由。

(二)问题讨论

1. 商誉减值测试与商誉评估的方法相同吗?为什么?

2. 资本市场商誉大面积"爆雷"的成因是什么?

3. 商誉减值抑或摊销争议的根源是什么?你认为商誉应该减值还是摊销?为什么?

第十四章

国外评估准则

📖 学习目标

1. 掌握国际、美国、欧洲、英国、澳大利亚与新西兰评估准则的制定主体、结构体系及主要概念
2. 掌握国际评估准则的分类方式及主要准则
3. 掌握美国资产评估的结构体系及职业规则
4. 掌握美国完整型与限制型评估报告的区别
5. 掌握欧洲跨境评估、房地产评估和能源效率
6. 掌握绿色评估技术
7. 掌握易受变动的市场估价;确定性和不确定性
8. 掌握澳大利亚受污染土地评估准则
9. 熟悉投资组合、收藏品和财产组合估价

为使学生对国外评估准则有一个概括性认识和全局性把握，我们描述本章的内容结构框架、知识点之间的逻辑结构如图 14-1 所示。

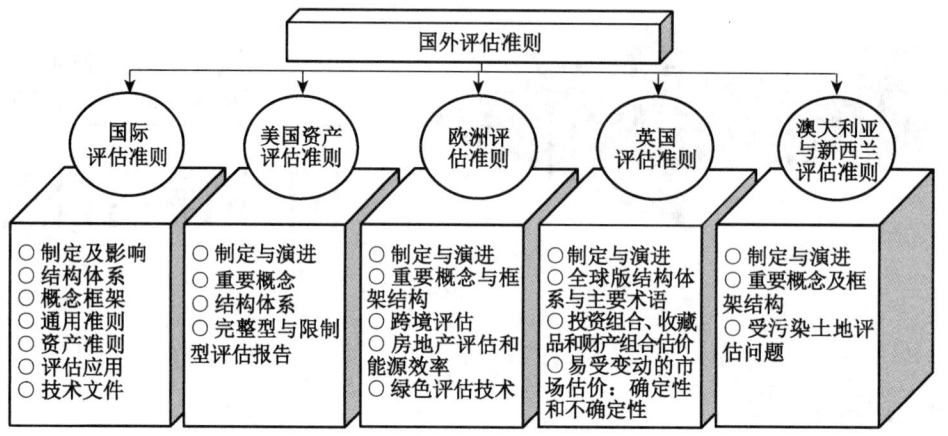

图 14-1 本章的知识点逻辑结构图

案例导入

顺势而为还是逆流而上——经济全球化带来了什么

经济全球化(Economic Globalization)一词最早是由 T·莱维于 1985 年提出的。世界经济合作与发展组织(OECD)的定义为："经济全球化可以被看作一种过程，在这个过程中，经济、市场、技术与通讯形式都越来越具有全球特征，民族性和地方性在减少。"换句话说，经济全球化是指世界经济活动超越国界，通过对外贸易、资本流动、技术转移、提供服务等，相互依存、相互联系而形成的全球范围的有机经济整体。经济全球化是当代世界经济的重要特征之一，也是世界经济发展的重要趋势。全球化的历史经验可以分成四大类：道义问题、收益问题、趋同与逐异问题和国际主义与民族主义问题。我们可从四个方面理解经济全球化：一是生产要素跨越民族和国家疆界，在全球范围内自由流动；二是世界各国经济联系的加强和相互依赖程度日益提高；三是各国经济规则不断趋于一致；四是国际经济协调机制强化，即各种多边或区域组织对世界经济的协调和约束作用越来越强。经济全球化有贸易自由化、生产国际化、资本全球化和科技全球化四个主要载体。在经济全球化中，发展中国家与发达国家的差距将进一步拉大，一些最不发达国家将被排除在经济全球化之外，越来越被"边缘化"，甚至成为发达国家和跨国公司的"新技术殖民地"。经济全球化对世界各国经济、政治、军事、社会、文化等所有方面，甚至包括思维方式等，都造成了巨大的冲击。这是一场深刻的革命，任何国家也无法回避，唯一的办法是去适应它、参与它。

作为市场经济体系的"基础设施"，资产评估是专业服务业的重要领域之一，对全球范围内配置资源、国际资本市场、跨国并购和战略联盟、各国经济与世界经济的融合发展，起着重要的作用。黑格尔认为事物发展的基本轨迹为：命题——建立思维方式；确定对立面——根本否定建立的思维；综合——新旧思想的混合。经济全球化需要各国资产评估准则的国际趋同，也需要各国积极参与到国际评估准则的制定中来。

第一节 国际评估准则

国际评估准则(International Valuation Standards, IVS)比较全面地反映了当前国际评估理论研究和各国执业实践的成果,代表了国际评估业统一的发展趋势,引领着全球评估业的发展方向,是全球影响力最大的评估准则之一,对其他国家或地区评估准则的建设与发展具有广泛且重要的影响。国家或地区评估准则趋同也就是和 IVS 的趋同或者协调。

一、IVS 的制定及影响

(一) 国际评估准则理事会

1981 年,英国、美国等 20 多个国家和地区的评估专业协会在澳大利亚墨尔本发起成立了国际资产评估准则委员会(IAVSC),发起者为当时全球主要的房地产评估组织/协会,标志着国际评估业正式走上国际化协作发展的道路。1995 年,更名为国际评估准则委员会(International Valuation Standards Committee, IVSC)。2008 年 10 月,更名为国际评估准则理事会(International Valuation Standards Council),英文首字母缩写仍为 IVSC。IVSC 是独立的非营利性组织,总部设在英国伦敦。

IVSC 包括三个委员会,即管理委员会(Board of Trustees, BOT)、国际评估准则委员会(International Valuation Standards Board, IVSB)和国际评估专业委员会(International Valuation Professional Board, IVPB)(见图 14-2)。

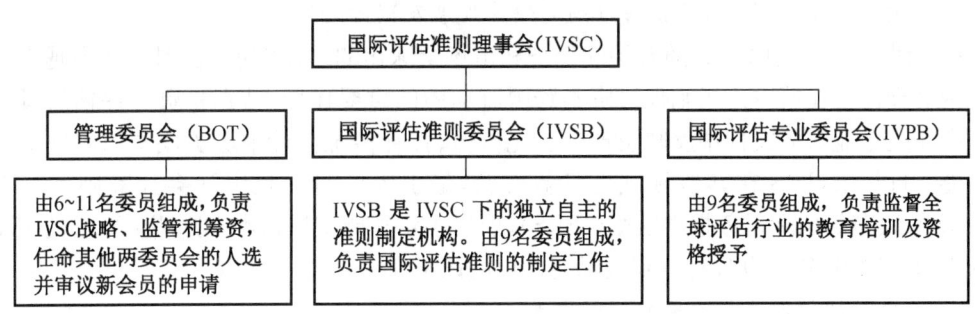

图 14-2 IVSC 组织结构

经过 30 多年的发展,IVS 从早期以不动产评估为主的准则,演变为一部综合性的评估准则。在对有关国家评估准则和评估执业情况进行研究分析的基础上,于 1985 年制定了 IVS 第 1 版,1994 年、1997 年修订并发布了 IVS 第 2 版和第 3 版。尤其是第 2 版中将价值类型划分为市场价值和非市场价值,并确定了市场价值定义,此定义到现今为止仍有效。而第 3 版则将准则逐步扩大到其他资产,包括企业价值、无形资产和金融权益。2000—2007 年,IVS 制定和修订工作进入了一个快速发展的时期,先后发布了 5 个版本的准则。2007 年第 8 版包括 3 个准则、3 个应用和 15 个指南。其中,IVS1 市场价值、IVS2

非市场价值和 IVS3 评估报告三个准则,分别规范了市场价值基础评估和非市场价值基础评估以及资产评估报告的编制。这三个准则构成了 IVS 的基础,并对其他国家或地区的评估准则产生了巨大的影响。2011 年的第 9 版是 IVSC 为期 3 年不断改善和重构的工作成果,整个准则体系更简明、清晰、平衡、全面,准则的可读性和操作性更强。第 10 版、第 11 版国际评估准则的生效时间分别为 2013 年、2017 年。2019 年 7 月 31 日,国际评估准则理事会发布了最新版的《国际评估准则》(第 12 版),生效日期为 2020 年 1 月 31 日,可以提前采用。与第 11 版相比,除修订完善有关内容外,资产准则增加了 220 非金融负债。

(二) IVS 诞生的背景

IVS 的诞生有其独特的历史背景,既反映了各国和国际资产评估行业发展的内在需求,也是经济全球化发展等外部推动因素共同作用的必然结果。

1. 世界范围资产评估业的迅猛发展

20 世纪 80 年代以来,英国、美国、澳大利亚、新西兰、加拿大等许多国家陆续成立了资产评估协会、学会等专业性组织,并分别制定了本国资产评估准则和职业道德守则,为成立国际性评估专业团体奠定了行业发展基础。

2. 经济全球化

国际资本市场、跨国并购和战略联盟的发展,使资本、劳务等生产要素在全球范围内自由流通更加便捷,推动着经济领域中各种标准、制度的国际化趋同。作为市场经济体系的"基础设施",尽管各国资产评估行业有了长足发展,但各国资产评估准则、理论、实务以及专业术语上的差异,都给资产评估业的国际合作和进一步发展带来了很大困难,不能满足日益全球化的资本市场和国际经济界的要求。制定一部统一的、在国际评估界得到广泛公认的 IVS 已成为国际资产评估业发展的当务之急,也成为促使 IVSC 成立的内在动力。

3. 国际会计准则、财务报告准则的快速发展及国际趋同

20 世纪 70 年代以来,随着国际经济和市场全球化的迅速发展,各国经济界越来越重视资产评估在资本市场和促进资本跨国流动中的重要作用,特别是资产评估所具有的在有关企业财务文件中反映资产的公允价值、弥补传统会计中历史成本原则缺陷的功能。近年来,IVS 在其他领域也日益普及,最引人注目的是国际会计准则委员会 (IASB)颁布的国际财务报告准则(IFRS),引发了对于能支持这类准则测量要求的 IVS 的需求。同时,IVS 也日益得到国际会计界的认可。

4. 资产评估理论与实务的不断发展

美国等发达国家无形资产评估、企业价值评估理论和实践的发展以及 USPAP 的制定,为 IVS 无形资产评估准则、企业价值评估准则制定奠定了基础。

总之,经济全球化迫切需要一部"国际认可"抑或"全球化"的资产评估准则,以促使资产评估业更好地为经济发展服务,这也就成为 IVSC 成立的外部动力。

(三) IVSC 的主要宗旨和影响

IVSC 的主要宗旨是为社会公共利益服务。一是致力于制定和发布一套适用于所有资产和负债评估的国际准则,以满足财务报告、国际资本市场和国际经济领域的需要,满足发展中国家和新兴工业化国家的需要,并促使这些准则和指南在世界范围内得

到认可和遵守。二是致力于促进地方或地区性准则与 IVS 之间的协调和统一,促使 IVS 在国际会计准则及其他相关报告准则中得到认可,以及其他专业领域理解评估行业和评估师的作用。IVS 已经被译成阿拉伯语、汉语、芬兰语、意大利语、波兰语、罗马尼亚语、俄语、斯洛伐克语、土耳其语和西班牙语等语言。

IVS 的目标是:①建立高质量、易于理解、清晰并且能够被连贯应用的准则;②适应全球市场需要的准则,并为 IVS 与各国准则趋同提供基础;③满足所有资产、负债的评估要求。

与 IVS 趋同的主要形式有直接将 IVS 作为国家评估准则、将 IVS 作为国家准则的组成部分或者附录、以 IVS 为基础发展本国评估准则等。例如,南非、斯洛文尼亚、坦桑尼亚、斯洛伐克和格鲁吉亚直接将 IVS 作为国家准则;罗马尼亚国家评估师协会、加拿大评估协会(AIC)将 IVS 补充其国家需求的内容后作为其准则;英国、澳大利亚和新西兰等则是将 IVS 作为其评估准则的组成部分;美国评估学会(AI)在其专业实践准则中吸纳了 IVS;俄罗斯联邦法律要求在制定联邦评估准则时参考 IVS。此外,在某些特定事务中,IVS 已经成为一些国家或地区的法律或监管的一部分,如香港证券及期货事务监察委员会、英国金融服务管理局,以及印度、西班牙、巴基斯坦、罗马尼亚的证监会等在其特定业务中认可了 IVS。2014 年 10 月 21 日至 24 日,2014 年 IVSC 年会在加拿大多伦多召开,包括中国资产评估协会在内的 19 家评估专业组织联合签署了 IVS"采用和趋同"谅解备忘录。

二、结构体系

第 12 版《国际评估准则》由简介、术语、国际评估准则框架、通用准则(基本准则)、资产准则、索引六个部分构成(图 14-3)。

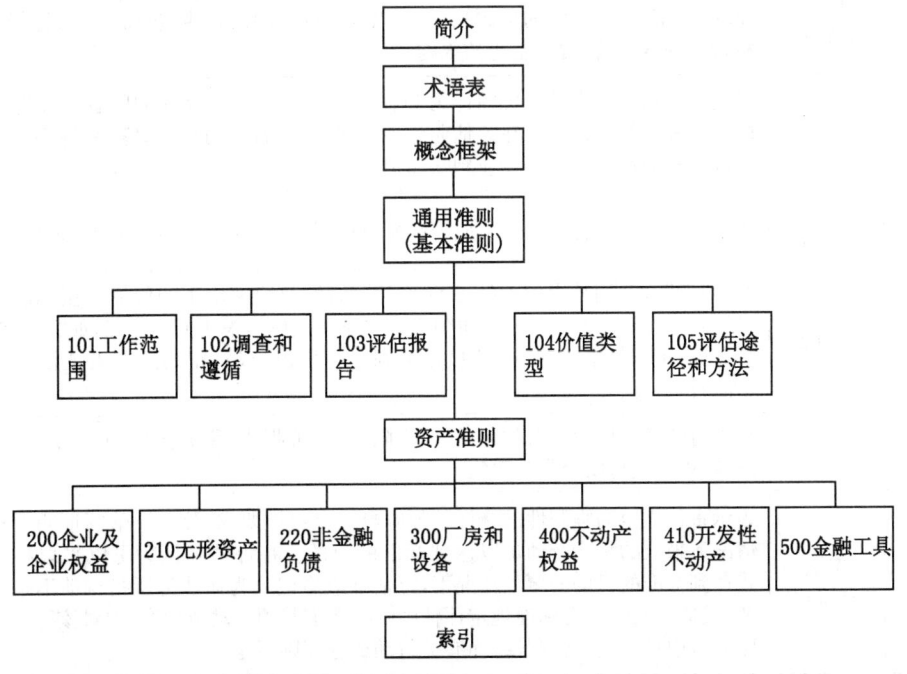

图 14-3 第 12 版《国际评估准则》基本结构

（一）简介（Introduction）

简要介绍了国际评估准则理事会（IVSC）的性质、宗旨和基本目标；国际评估准则的整体状况和国际地位；对国际评估准则的运用进行了总体说明。同时明确：①IVSC准则委员会（IVSB）是国际评估准则（IVS）的制定机构；②准则委员会在准则的制定议程、发布和批准方面拥有自主权；③对准则委员会在国际评估准则制定过程中所遵循的指导精神和原则进行了介绍。

（二）术语表（Glossary）

术语表明确了国际评估准则中使用的特定术语的定义。术语表中的术语仅适用于国际评估准则，并不试图定义评估、会计或金融行业中的基本术语，假定评估师已经理解了这些基本术语（表 14-1）。

表 14-1　术语表（Glossary）

序号	专业术语	基本含义
1	资产或资产组	为提高准则的可读性及避免重复，资产及资产组一词，泛指可能须进行估值的项目。除非标准中另有规定，否则这些术语可以被认为是指"资产、资产组、负债组、负债组或资产和负债组"
2	客户	指评估的委托人或实体。包括外部客户（如，评估师受雇于第三方客户）以及内部客户（例如，为雇主提供估价服务）
3	预定用途	评估师报告的估价或估价复核结果的用途，由评估师根据与客户的沟通确定。
4	预期用户	客户和任何其他当事人，根据名称或类型，被确定为评估师基于与客户的沟通而编写的估价或估价评审报告的用户
5	司法管辖权	"司法管辖权"是指执行估值约定的法律和监管环境。这通常包括由政府（如国家、州和市政府）制定的法律和法规，以及根据目的由某些监管机构（如银行监管机构和证券监管机构）制定的规则
6	也许（May）	描述了评估师有责任考虑的行为和程序。用这种方式描述的问题需要评估者的注意和理解。评估师在评估业务中如何及是否落实这些事宜，将视乎在符合标准目标的情况下作出专业判断而定
7	应当（Must）	表示无条件的执行。评估师应当在所有适用该要求的情况下履行相关准则
8	参与者	"参与者"这个词是指相关的参与者根据估价契约中使用的价值类型（或基础）（见 104 价值类型）。不同的价值类型要求评估师考虑不同的观点，如"市场参与者"（如，市场价值，国际财务报告准则公允价值）或特定的所有者或潜在买家（如，投资价值）
9	目的	指进行估值的原因。目的包括（但不限于）财务报告，税务报告，诉讼支持，交易支持，以及支持安全贷款决定
10	应该（Should）	表示责任推定为强制性的。评估师应当符合这类要求，除非评估师证明在有关情况下采取的替代行动足以达到标准的目的。在评估师认为可以采取替代方式达到标准的目的的罕见情况下，评估师应记录为何认为所指行动不是必要及/或适当的。如有标准规定评估师「应」考虑某项行动或程序，则对该行动或程序的考虑是推定的强制性，而有关行动或程序则不是

（续表）

序号	专业术语	基本含义
11	重要性或实质性	评估重要性和实质性需要专业判断。这种判断应在以下背景作出：①估值的各个方面（包括投入、假设、特殊假设及评估方法）被认为是重要的，如果其应用对估值的影响可以合理地预期会影响估值使用者的经济决策或其他决定；②重要性的判断是根据整体估值的参与作出的，并受到主题资产的规模或性质的影响。③"重要性或实质性"是指重要性与估值约定，这可能与其他用途的重要性考虑不同，例如财务报表及其审计
12	标的或标的资产	指在特定估价契约中估值的资产
13	估值	指通过应用国际评估准则来确定资产或负债估值的行为或过程
14	评估目的	见目的
15	估价审查员	"估价审查员"是一名专业评估师，负责审查另一名评估师的工作。作为估值检讨的一部分，该专业人员可能执行某些估值程序及/或提供价值意见
16	价值	"价值（名词）"是指估计数的估价人的判断与104价值类型中的基础不一致
17	评估师	"评估师"是个人、一群人或一家公司，他们具有客观、公正和胜任的方式进行估价的必要资格、能力和经验。在某些司法管辖区，评估人员须先获得执业资格才可担任评估师
18	权重	"权重"是指在得出评估结论时对影响价值的某一特定指标的考量程度，例如，当使用单一方法时，它被给予100%的权重
19	加权	"加权"是指分析和调节影响价值的不同指标的过程，这些指标通常来自不同的方法。但不包括估值的平均值

（三）国际评估准则框架（IVS Framework）

国际评估准则框架是对国际评估准则的适用范围、评估师、客观性和独立性、专业胜任能力、背离等方面进行了总括性说明。具体内容见表14-2。

表14-2 国际评估准则框架（IVS Framework）

章节	基本内容
10 符合标准	10.1 当一份声明表明评估将会或者已经根据国际评估准则进行时，暗示着评估已经准备好遵守国际评估准则发布的所有相关标准
20 资产和负债	20.1 为了使这些标准更易于理解，资产或资产的定义包括了负债或负债以及资产、负债或资产和负债的组合，除非另有明确说明，或者从上下文中可以清楚地看出负债被排除在外
30 评估师	30.1 评估师的定义是：具备所需资格、能力和经验的个人、团体或公司，可以客观、公正和称职的方式进行估价。在某些司法管辖区，在担任评估师之前，需要获得许可证。因为估价评审员也应当是评估师，为了协助这些标准的易读性，术语评估师包括估价评审员，除非另有明确说明，或者从上下文中清楚地看到估价评审员被排除在外

（续表）

章节	基本内容
40 客观性	40.1 估价过程要求评估师对输入和假设的可靠性作出公正的判断。为使评估具有可信度,重要的是,这些评估的方式应当能够促进资金管理,并尽量减少任何主观因素对评估过程的影响。评估中使用的判断应当客观地应用于避免有偏见的分析、意见和结论。 40.2 我们的基本期望是,在应用这些标准时,应有适当的控制和程序,以确保评估过程必要的客观程度,使评估结果没有偏差。IVSC《专业评估师道德原则守则》为专业行为提供了一个适当的框架范例
50 能力	50.1 估值应当由具备适当技术技能、经验和估值主体、交易市场和估值目的知识的个人或公司进行。 50.2 如评估师不具备执行估价各方面工作所需的全部技术技能、经验和知识,评估师可就总体任务的某些方面向专家寻求协助,但须在工作范围(见 IVS101 工作范围)和报告(见 IVS103 报告)中披露这一点。 50.3 评估师应当具备技术技能、经验和知识,能够理解、解释和运用任何专家的工作
60 背离	60.1 "背离"是指必须遵守与 IVS 中的某些要求不同的特定立法、监管或其他权威要求的情况。变更是强制性的,因为评估师必须遵守与评估目的和司法管辖区相适应的立法、监管和其他权威要求,以符合 IVS。在这种情况下,如果有背离,评估师仍可以声明估价是按照 IVS 进行的。 60.2 根据立法、监管机构或其他权威要求背离 IVS 的规定优先于所有其他 IVS 规定。 60.3 根据 IVS 101 工作范围第 20.3(n)段和 IVS 103 报告第 10.2 段的要求,必须确定任何背离的性质(例如,确定估价是根据 IVS 和当地税务法规进行的)。如果有任何背离对所执行程序的性质、所使用的输入和假设以及/或评估结论有重大影响,则评估师还必须披露具体的立法、监管或其他权威性要求,以及这些要求与 IVS 要求不同的重要方式(例如,相关司法管辖区要求在 IVS 应使用收益法的情况下使用市场法)。 60.4 在依据 IVS 进行的估价中,不允许因立法、监管或其他权威要求而背离 IVS

(四) 通用准则(General Standards)

通用准则或者基本准则,是指适用于所有类型资产的评估以及任评估价目的的准则,这些准则规定了进行评估执业的基本要求,包括 IVS101 工作范围、IVS102 调查和遵循、IVS103 评估报告、IVS104 价值类型、IVS105 评估途径和方法等五个准则。

1. IVS101 工作范围

工作范围准则包括引言、一般要求和工作范围的变动三部分内容。主要内容如表 14-3 所示。

表 14-3　IVS 101 工作范围

章节	主要内容
10 引言	10.1 工作范围,有时称为业务委托合同,描述的是对评估业务约定的基本条款,如被评估资产(组)、评估目的和评估所涉及的相关方的责任。 10.2 国际评估准则的适用范围,包括:①评估师为其雇主进行的内部评估;②评估师为非雇主的客户进行的第三方评估;③评估复核
20 一般要求	20.1 评估师的评估意见和在准备过程中所做的工作,应当与预期目的相适合。 20.2 评估师应当在作出评估结论及评估报告前,与客户就工作范围进行交流并达成一致,明确提供的资料及其使用的限制。

（续表）

章节	主要内容
20 一般要求	20.3 评估师在完成工作前,应当与客户沟通工作范围,包括:(a)评估师的身份:评估师可以是个人、团体、个人或公司。如评估师与有关资产或估价/转让的其他各方有任何重大联系或牵涉,或如有任何其他因素可能限制评估师提供公正和客观估价,则应当在开始时披露这些因素。(b)客户的身份(如有的话):应当在评估报告披露与客户有关的信息。(c)其他预期使用者的身份(如有的话):应当了解评估报告是否有其他预期使用者及其需要,以确保报告内容及格式符合该使用者的需要。(d)被评估的资产:估价转让中的标的资产应当明确标明。(e)评估计量货币:应当确定计量货币和最终评估报告或结论。例如,评估可以用欧元或美元来计量。该求对涉及多国资产和/或多种货币现金流量的估值转让尤为重要。(f)评估目的:应当明确说明估值/转让的目的,重要的是,评估咨询意见不得脱离上下文使用,也不得用于非本意的目的。评估目的通常也会影响或决定价值类型选择。(g)所采用的价值类型:根据104价值类型的规定,价值类型应当适用于评估目的。使用任何价值类型定义或解释应来源于104价值类型。这一要求不适用于没有提供价值意见的评估咨询,也不要求咨询人员根据所使用的价值进行评论。(h)评估基准日:应当注明评估基准日。如评估基准日与出具评估报告的日期或进行或完成调查的日期有所不同(如适用),则应清楚区分这些日期。(i)评估师工作的性质和范围及其任何限制:如果由于估价工作的限制而无法获得有关资料,则应当确定这些限制以及任何必要的假设或特别假设(见104价值类型)。(j)评估师所依赖资料的性质和来源:应当确定所依赖的任何相关资料的性质和来源,以及在估价过程中进行核查的程度。(k)重要的假设及/或特别假设:在执行评估及编制评估报告时,应当确定或披露所有重要的假设及特别假设。(l)评估报告类型:应当说明评估报告的类型格式,以及如何送达评估报告。(m)对报告的使用、分发和发表的限制:如有限制使用评估报告等,则应当清楚说明预期的使用者和限制。(n)背离:应当解释任何偏离的原因。 20.4 在可能的情况下,评估师开始工作前,评估师与委托方双方应确定工作范围,并达成协议。然而,在某些情况下,评估/约定的范围在约定开始时可能并不明确。在这种情况下,当范围变得清晰时,评估师应当与客户沟通并协商工作范围。 20.5 可能不需要书面的工作范围。但是,由于评估师负责向客户传达工作范围,因此应编制书面工作范围。 20.6 工作范围的某些方面可以在诸如长期聘用、主要服务协议或公司内部政策和程序等文件中述及
30 工作范围的变动	30.1 有些事项可能直到评估工作开展时尚无法确定,或者在业务执行过程中,由于获得更多资料或出现需要进一步调查的事项而有必要更改范围。因此,虽然工作范围在一开始就确定,但也可以在整个业务执行过程中随着时间的推移而确定。 30.2 工作范围中需要和客户明确的事项和任何随时间作出的变化,都应当在业务完成和评估报告呈递之前与客户沟通协商

2. IVS102 调查和遵循

IVS102 调查和遵循主要规定了评估实施过程中应注意的相关问题,包括一般原则、调查、评估记录和遵循其他标准,其中调查是核心内容(见表14-4)。

表 14-4 IVS102 调查和遵循

章节	主要内容
10 一般原则	10.1 为了遵循 IVS,应当按照 IVS 规定的适用于评估目的的所有原则,以及工作范围中规定的条款和条件进行评估工作,包括评估复核

章节	主要内容
20 调查	20.1 在评估执业期间进行的调查应当符合评估目的和价值类型。本准则中提及的评估或评估执业包括评估复核。 20.2 应当通过检查、询问、计算和分析等手段收集足够的证据，以确保评估结论得到充分支持。在确定所需证据的范围时，需要专业判断，以确保获得的信息足以进行估值。 20.3 就调查的范围达成协议。如果调查程序受到限制，应当将这些限制记录在工作范围中。然而，IVS 105 评估途径和方法，第 10.7 段要求评估师进行充分的分析，以评估输入和假设及其对评估目的的适用性。如果调查的限制较大，影响了评估师对于输入和假设的充分评价，则评估业务不能声明遵循了 IVS。 20.4 当评估涉及依赖评估师以外的一方提供的信息时，应考虑该信息是否可信，或者该信息是否可以在不影响评估意见可信度的情况下以其他方式依赖。应考虑、调查和/或证实向评估师提供的重要信息（如管理层/业主提供的信息）。在所提供信息的可信度或可靠性得不到支持的情况下，应考虑是否或如何使用这些信息。 20.5 在考虑所提供信息的可信度和可靠性时，评估师应考虑以下事项：(a)评估目的；(b)信息对评估结论的重要性；(c)与被评估资产有关信息来源的专门知识；(d)来源是否独立于被评估资产和/或评估对象[见 IVS 101 工作范围，第 20.3(a)段]。 20.6 评估目的、价值类型、调查范围和限制以及可能依赖的任何信息来源，是评估工作范围的一部分，应当传达给评估业务的所有各方（见 IVS 101 工作范围）。 20.7 在调查过程中，很明显工作范围内的调查不会产生可信的估价，或者第三方提供的信息不可用或不充分，或调查限制太大，以致评估师无法充分评价输入和假设，则评估业务不能声明遵循了 IVS
30 评估记录	30.1 评估过程中产生的作为支持评估结论基础的工作记录，应当在业务完成后保存一定的合理期限，并考虑任何相关的法律、规章制度或监管要求。根据任何此类要求，该记录应包括关键输入、与最终结论相关的所有计算、调查和分析，以及提供给客户的任何草稿或最终报告的副本
40 遵循其他标准	40.1 如 IVS 框架所述，当应当遵循与 IVS 中的某些要求不同的法定、法律、监管或其他权威要求时，评估师应当遵循法律、规章制度、监管或其他权威要求（称为"背离"）。这样的评估仍然是按照 IVS 的总体要求进行的。 40.2 大多数其他要求，或由评估专业机构、其他专业机构或公司的内部政策和程序要求，不会与 IVS 相矛盾，相反，通常会对评估师提出额外要求。只要满足 IVS 中的所有要求，除 IVS 外，遵循这些标准，通常不被视为背离

3. IVS103 评估报告

该准则主要对资产评估报告应该包含的内容进行了规定。该准则包括引言、一般原则、评估报告和评估复核报告（见表 14-5）。

表 14-5　IVS103 评估报告

章节	主要内容
10 引言	10.1 估价报告应当传达正确理解评估或评估复核所需要的信息。评估报告应当向预期用户提供对评估结论的清晰理解。 10.2 为了提供有用的信息，报告应当对评估范围、目的和预期用途（包括对该用途的任何限制）、假设、特殊假设（IVS104 价值类型，第 200.4 段），以及重大不确定性或直接影响估值的限制条件进行明确和准确的说明披露。 10.3 本准则适用于所有评估报告或评估复核报告，包括综合叙述性报告和简明报告。

（续表）

章节	主要内容
10 引言	10.4 对于某些资产类别,报告可能与这些准则或其他要求存在差异。可以在相关的 IVS 资产准则中找到
20 一般原则	20.1 评估报告的详细程度取决于评估目的、被评估资产的复杂性和用户的要求。作为工作范围的一部分,报告的格式应与各方商定(见 IVS 101 工作范围)。 20.2 遵守本准则不需要特定形式或格式的报告;但是,报告应当足以向预期用户传达评估范围、完成的工作和得出的结论。 20.3 报告应由一名以上经验丰富的评估专业人员复核,并酌情理解第 30.1 和 40.1 段中的项目
30 评估报告	30.1 如果报告是涉及一项或多项资产估值结果,则报告必须至少传递以下内容:(a)工作范围,包括 IVS 101 工作范围第 20.3 段中所述的要素;(b)预期用途;(c)采取的一种或多种途径;(d)所采用的一种或多种方法;(e)使用的关键输入;(f)假设;(g)价值结论和得出任何结论的主要原因;(h)报告日期(可能与评估基准日不同)。 30.2 上述部分要求可明确写入报告或通过参考其他文件(业务约定书、工作范围、内部政策和程序等)写入报告
40 评估复核报告	40.1 如果报告是评估复核报告,则报告必须至少传递以下信息:(a)所进行的复核范围,包括 IVS 101"工作范围"第 20.3 段中所述的各项要素;(b)复核评估报告依据的输入和假设;(c)复核人员复核工作的结论,包括支持理由;(d)报告日期(可能与评估基准日不同)。 40.2 上述有些要求可以明确地包含在报告,或通过参考其他文件(如业务约定书、工作范围、内部政策和程序等)写入报告

4. IVS104 价值类型

价值类型(有时称为价值标准)描述了评估报告价值所依据的基本前提。价值类型应当与评估项目委托合同条款及评估目的相一致,价值类型会影响或支配评估师选择评估方法、数据的性质和来源、假设以及最终的价值意见。IVS104 价值类型主要规定国际评估准则定义的价值类型和其他准则定义的价值类型,由引言、价值类型、市场价值、市场租金、公平价值、投资价值、协同价值、清算价值、公允价值(国际财务报告标准)、公平市场价值(经济合作与发展组织)、公平市场价值(美国国内税收服务处)、公平价值(法律/法定)在不同管辖区、价值前提/假设使用、最高前提和最佳使用价值、当前使用/现有使用价值、有序清算价值、强制销售前提价值、实体特有因素、协同作用、假设和特别假设、交易成本等构成。

(1)市场价值。国际评估准则定义的市场价值为:市场价值是指资产或负债在评估基准日,在适当的市场营销之后,自愿买方和自愿卖方之间进行公平交易的估计金额,且双方当事人均在知情、谨慎和无强迫的情况下行事。

市场价值的概念,是假定在一个开放和竞争的市场中谈判(讨价还价)的价格,参与者可以自由行动。资产市场可以是国际市场,也可以是本地市场。市场可以由众多的买家和卖家组成,也可以由数量有限的市场参与者组成。假定资产暴露于待售的交易市场。资产的市场价值将反映其最高和最佳使用,在法律上允许和技术上可行的前提下,最大限度地发挥其潜力。市场价值并不反映资产对具体所有者或购买者具有的价值属性,这些属性是市场上其他购买者无法获得的。这些优势可能与资产的物理、地理、经济或法律特征有关。市场价值要求忽略任何此类价值要素,因为在任何给定的日期,它只假设存在自愿的买方,而不是特定的自愿买家。

(2)公平价值。公平价值是一个比市场价值更广泛的概念。公平价值是指在确定的知情方和自愿方之间转移资产或负债的估计价格,反映了这些方各自的特殊利益。公平价值要求评估两个特定的、确定的当事方之间的公平价格,充分考虑各自从交易中获得的优势或劣势。而市场价值通常并不考虑市场参与者获得或产生的特殊利益或不利,如某些因资产结合而产生的协同效应价值。使用公平价值的例子包括:(a)确定对非上市企业的股权的公平价格,其中两个特定方的持股可能意味着他们之间的公平价格不同于市场上可能获得的价格;(b)确定出租人和承租人之间就租赁资产的永久转让或租赁债务的取消而公平的价格。

(3)投资价值。投资价值是指一项资产对某一特定所有者或潜在所有者,用于个人投资或经营目的的价值。投资价值是实体特有的价值类型。尽管资产对所有者的价值可能与出售给另一方时可变现的金额相同,但这一价值类型反映了一个实体从持有资产中获得的利益,因此不涉及假定的交换。投资价值反映了被评估实体的经营状况和财务目标。它通常用于衡量投资绩效。

(4)协同价值。协同价值是两个或多个资产或权益组合的结果,其中组合价值大于单独价值之和。如果协同效应只对一个特定买方有效,那么协同价值将不同于市场价值,因为协同价值将反映资产的特定属性,且这些属性仅对特定买方有价值。高于各自利益总和的附加值通常被称为"婚姻价值"。

"协同效应"是指与合并资产相关的利益。当存在协同效应时,一组资产和负债的价值大于单独基础上单个资产和负债的价值之和。协同效应通常与降低成本和/或增加收入和/或降低风险有关。在估值中是否应考虑协同效应取决于价值类型。对于大多数价值类型,一般只考虑其他参与者可利用的协同效应。

(5)清算价值。清算价值是一项资产或一组资产以拆零方式出售时所能变现的金额。清算价值可以在两个不同的价值前提下确定:(a)具有典型营销周期的有序交易;(b)缩短销售周期的强迫交易。

(6)公允价值。《国际财务报告准则第 13 号》(IFRS 13)将公允价值定义为:在计量日市场参与者之间有序交易中出售资产或转移负债所收到的价格。

在财务报告方面,超过 130 个国家要求或允许使用国际会计准则理事会公布的国际会计准则。美国财务会计准则委员会也使用了相同的公允价值定义。

(7)公平市价。经济合作及发展组织(OECD)认为:公平市价指在公开市场上的交易中,一个有意愿的买方向一个有意愿的卖方支付的价格。OECD 的定义在许多国际税收活动中得到了应用。

(8)实体特有因素。市场价值不包括特定买方或卖方而参与者无法获得的因素,诸如:(a)由类似资产组合产生的附加价值或价值减少;(b)该资产与该实体拥有的其他资产之间的独特协同效应;(c)仅适用于实体的法律权利或限制;(d)实体特有的税收优惠或税收负担；(e)利用该实体独有资产的能力。

5. IVS 105 评估途径和方法(IVS 105 Valuation Approaches and Methods)

IVS 105 评估途径和方法主要规定评估途径和方法。基于市场价格均衡原则、预期收益或替代原则，基本的评估途径包括市场途径、收益途径、成本途径三种，每种评估方法都包括不同的、详细的方法应用程序。无论评估资产的市场价值还是市场价值以外的价值，评估师都应当选择相关且恰当的评估途径。本准则由引言、市场途径、市场法的程序、收益途径、收益法的程序、成本途径、成本法的程序、贬值、评估模型等构成。国际评估准则不要求评估师使用超过一种的评估方法，尤其是当评估师对某项资产评估有高度的信心时，可采用单一的评估方法得出评估结论。不过，评估师应该考虑并可以使用多种途径或方法，特别是在事实不充分的情况下。

(1)市场途径。市场途径是通过将标的资产与相同或可比(即相似)且价格信息可获取的资产进行比较从而提供被评估资产价值的方法。

市场法的其他考虑包括：一是逸闻轶事或"经验法则"的估值有时是错误地被认为是一种市场方法。但除非可以证明买卖双方对这些规则有很大的依赖，否则不应对使用这些规则所产生的价值给予实质性的重视。二是在市场法中，进行调整的基本依据是调整标的资产与交易或公开交易案例之间的差异。市场法中最常见的一些调整被称为折扣和溢价。(a)当可比资产被视为比被评估资产具有更高的可销售性时，应采用缺乏可销售性折扣(Discounts for Lack of Marketability, DLOM)。DLOM 反映了这样一个概念，即当比较其他相同的资产时，易于出售资产的价值将高于具有较长营销期或出售资产的能力有限制的资产。例如，公开交易的证券几乎可以在瞬间买卖，而私人公司的股票可能需要大量时间来确定潜在买家并完成交易。许多价值类型允许考虑被评估资产固有的市场性限制，但一般不考虑特定所有者特有的市场性限制。DLOM 可以使用任何合理的方法进行量化，通常使用期权定价模型、比较同一公司公开交易股票和限制性股票价值的研究、或比较首次公开发行前后公司股票价值的研究(Pre-IPO 交易模型)进行计算。(b)控制权溢价(Market Participant Acquisition Premiums, MPAPs)和缺乏控制的折扣(DLOC)用于反映可比资产和被评估资产在决策能力和因行使控制权而可能发生的变化方面的差异。在其他条件相同的情况下，参与者通常更愿意控制被评估资产。然而，参与者支付控制权溢价或 DLOC 的意愿，通常是决定行使控制权能力是否能提高被评估资产所有者可获得经济利益的一个因素。控制权溢价和 DLOC 可以使用任何合理的方法进行量化，通常是基于对与控制权相关的特定现金流增强或风险降低的分析，或通过将公开交易证券的控制权溢价所支付的价格与之前的公开交易价格进行比较来计量(大宗股权溢价法、样本配对法)。应考虑控制权溢价和 DLOC 的情况包括：①上市公司的股票通常没有能力做出与公司经营相关的决定(缺乏控制)。因此，当采用上市公司比较法对反映控制权益的被评估资产进行估值时，评估结论应当考虑控制权对评估对象价值的影响；②当使用交易案例比较法对具有少数股权的被评估资产估值时，DLOC 可能是适当的。(c)封锁折扣。当被评估资产代表公开交易证券中的大部分股份时，其所有者将无法在公开市场上迅速出售该股份，不会对公开交易价格产生负面影响。封锁折扣可以使用任何合理的方法进行量化，但使用的模型通常应考虑参与者在不影响公开交易价格的情况下出售被评估资产的时间长度（即每天出售证券相对较小的一部分）。在某些价值类型下，尤其是用于财务报告目的的公允价值，禁止采取封锁折扣。

（2）收益途径。收益途径是通过把未来现金流转换为一个现值，从而提供一种指示性价值的方法。资产的价值取决于资产产生的相关收益、现金流或节约成本的价值。

包括折现现金流（DCF）法、戈登增长模型（Gordon）/固定增长模型、市场途径/退出价值法和残值/处置成本法。

（3）成本途径。成本途径利用了无论是购买还是建造，除非存在超长时间、不便因素、风险或其他因素，买方都将支付不高于等效资产获取价格的经济学原理。成本途径通过计算资产的现行更新重置成本或复原重置成本，并扣除其物理性贬值和所有其他相关形式的贬值，进而得出资产的评估值。成本途径大体上有三种具体方法：（a）复原重置成本法是指通过计算重新创造资产的复制品的成本得出指示性价值的方法；（b）更新重置成本法是指通过计算提供同等效用的相似资产的成本得出指示性价值的方法；（c）资产加和法是指通过计算将资产的组成部件的独立价值加和得出资产的价值的方法。

（4）评估模型。评估模型是指用于量化、定性判断和记录被评估资产价值的评估技术方法或系统。在使用或创建评估模型时，评估师应当：（a）保持适当记录，以支持选择或创建模型；（b）了解并确保对评估模型产出具有重大意义的假设和限制条件与价值类型、评估范围等保持一致；（c）考虑了评估模型所作假设有关的主要风险。无论评估模型的性质如何，都要符合国际评估准则对评估师的有关要求。

（五）资产准则（Asset Standards）

资产准则指适用于特定的主要资产类型评估的要求，对具体资产的评估提供指导。资产准则是对通用准则要求的细化或者扩充，需要结合通用准则一并应用，说明通用准则中的规定如何应用到特定资产评估，以及在评估时应考虑的额外或特殊事项。资产准则包括 IVS200 企业及企业权益、IVS210 无形资产、IVS220 非金融负债、IVS300 厂房和设备、IVS400 不动产权益、IVS410 开发性不动产、IVS500 金融工具等 7 个准则（见表 14-6）。

表 14-6　资产准则及其基本结构

资产准则	基本结构
IVS 200 企业及企业权益（IVS 200 Business and Business Interests）	企业及企业权益评估准则主要包括： （1）概述和引言。概述明确了通用准则中的各项原则同样适用于企业和企业权益评估，主要包含了应用于企业和企业权益评估的附加要求。引言规定了：①评估师应明确企业的价值组成、商誉；②评估企业拥有单项资产或负债时，应当遵循该类型资产或负债使用的准则；③评估师应当确定被评估企业的价值层次，如企业价值、投入资本价值、经营价值和权益价值。 （2）价值类型。①评估师在执行企业及企业权益评估业务时，应选择一种或多种恰当的价值类型；②企业价值评估可以选择国际评估准则定义的价值类型，也可以选择依据法律法规或其他规定定义的价值类型。 （3）评估途径和方法。本准则对评估途径和方法的阐述基于"IVS105 评估途径和方法"，根据评估对象的特点，对市场途径、收益途径、成本途径进行细化，在应用评估途径时不仅要满足本准则的要求，同时也应满足"IVS105 评估途径和方法"的要求。 （4）企业和企业权益的特殊考量。特别因素包括但不限于：所有权、业务信息、经济和行业考量、经营和非经营性资产、资本结构考量

（续表）

资产准则	基本结构
IVS210 无形资产 （IVS 210 Intangible Assets）	IVS210 无形资产主要包括： （1）概述和引言。概述明确了基本准则同样适用于无形资产评估和含无形资产的资产组的评估。引言说明了无形资产评估中无形资产主要类型和评估目的。评估目的包括但不限于：财务报告目的，税务报告目的，诉讼目的，其他监管或法律事项可能要求的事项如强制购买/强制征用，在综合咨询、抵押借贷和交易支持约定中被要求评估无形资产价值。 （2）价值类型。应当遵循"IVS 104 价值类型"，选择适当的价值类型。通常，无形资产评估采用的价值类型由国际评估准则理事会以外的实体/组织定义，评估师应当了解和遵从评估基准日与这些价值类型相关的规定、案例法和其他解释性指引。 （3）无形资产评估方法。准则规定"国际评估准则105——评估途径与方法"中所描述的三大评估方法均可以应用于无形资产的评估。 ① 市场途径：准则提到由于无形资产多样性的特点，很难在市场上找到与评估对象类似的资产的交易信息。如果能够从市场上获得相似资产的交易信息，可以通过对比大量类似资产的交易情况来为评估对象价值提供依据，例如分析类似资产的收益率等。 ② 收益途径：收益途径是最常用的评估无形资产的方法，包括超额收益法、许可费节省法、增量收益法或有无对比法、绿地法和分销商法。 ③ 成本途径：是基于相似资产或提供相似服务潜能或效用资产的（更新）重置成本来确定；主要应用在自创无形资产评估中或无法确定未来现金流量的情况下；在重置成本计算中，可以考虑市场类似资产的价格信息；采用成本法的无形资产评估应包括自创软件、网站、人力资源价值等。 （4）无形资产的特殊考量。应考虑的特殊考量包括但不限于：①折现率/无形资产回报率；②无形资产的经济寿命；③税收摊销收益
IVS220 非金融负债 （IVS 220 Non-Financial Liabilities）	主要包括： （1）概述。通用准则所包含的原则适用于非金融负债及含有非金融负债成分的估值。 （2）引言。IVS220 的非金融负债是指非现金履行义务以提供货物或服务的负债，诸如递延收入或合同负债、环境负债、忠诚计划、购电协议、某些诉讼储备和保障以及某些保证和担保等。非金融负债通常使用负债框架进行估值。 （3）价值类型。非金融负债估值通常选择 IVSC 以外的实体/组织定义的价值类型。 （4）评估途径和方法。市场法、收益法和成本法都可用于非金融负债的估值。 （5）市场法。市场法对非金融负债进行估值的方法通常被称为自上而下的方法。 （6）收益法。收益法对非金融负债进行估值的方法通常被称为自下而上的方法。 （7）成本法。因参与者通常期望履行努力能够得到回报，成本方法对非金融负债评估的适用性会受到一定的限制。 （8）非金融负债的特别考虑。 （9）非金融负债的贴现率。应考虑货币的时间价值和非履约风险，鉴于某些非金融负债的长期性质，评估师须考虑是否已经将通货膨胀纳入估计的现金流量，并且确保贴现率和现金流量估计是在一致的基础上编制的。 （10）现金流量和风险边际值估计。非金融负债现金流量预测通常涉及对可能的未来现金流量的多种情景进行明确的模拟，通常被称为情景模拟法（SBM），包括某些模拟技术，如蒙特卡罗模拟。当未来付款没有合同规定时，可能需要使用期权定价模型等其他方法。 （11）转让限制。非金融负债的转让通常会受到一定的限制。评估师采用市场法或收益法进行估值时，应考虑有关限制的影响并进行适当的调整。 （12）税。评估师在评估非金融负债时应使用税前现金流量和税前贴现率。否则，评估师应解释其理由。如果使用税后现金流量，应当包括与非财务负债相关的预计现金流出所产生的税收优惠

资产准则	基本结构
IVS300 厂房和设备 (IVS 300 Plant and Equipment)	主要包括： （1）概述和引言。概述明确了基本准则在厂房和设备评估中的适用性和"国际评估准则300厂房和设备"的定位。概述中规定，基本准则同样适用于厂房和设备的评估。"国际评估准则300厂房和设备"仅包括对基本准则的修订、其他原则以及关于基本准则如何应用于使用本准则的评估项目的具体举例。 引言主要说明了机器设备评估所考虑的因素和无形资产的关系。 机器设备评估通常需要考虑一系列与……有关的因素。①资产本身：资产的技术规格；剩余物理寿命；资产状况；运输成本；辅助资产的任何可能损失。②环境：原材料和产品市场的位置；对限制产能或增加生产成本产生影响的任何环境或法律因素。③潜在经济价值：实际或者潜在的资产获利能力；影响机器设备产品需求的宏观或微观经济因素；可以获得更多利益的资产其他潜在用途。 有些机器设备价值中包含无形资产，且对机器设备的价值有重要影响。机器设备评估需要考虑这些无形资产的价值。例如，一些模具的价值与相关知识产权密不可分，操作软件、技术数据、产品记录、专利等无形资产都对机器设备的价值具有重要影响。 （2）价值类型。应当选择恰当的价值类型。可以选择国际评估准则定义的价值类型，也可以选择依据法律法规或其他规定定义的价值类型。在机器设备评估中，价值类型的选择极其重要，高度专业化的设备对于价值前提极为敏感。 （3）评估途径和方法。基本准则所规定的三种评估途径同样适用于机器设备评估。市场途径主要适用于通用设备的评估，例如机动车辆；收益途径适用于能确定该项机器设备所带来的现金流量的情况，但由于某些机器设备与无形资产的贡献难以分开，所以收益法不适用于该类单项设备评估；成本途径在机器设备评估中运用比较广泛，特别是单项设备评估。 （4）特别考量。主要是融资安排，通常来说机器设备的价值与资金来源无关，但在某些情况下，机器设备评估应当考虑融资方式和融资的稳定性，比如经营租赁项目
IVS400 不 动产权益 (IVS 400 Real Property Interests)	主要包括： （1）概述和引言。概述明确了基本准则在不动产权益评估中的适用性，概述中规定基本准则中的原则同样适用于不动产权益的评估。同时明确了"国际评估准则400不动产权益"主要规定的是不动产权益评估的额外要求。引言主要说明了不动产权益的含义和三种基本类型。不动产权益是指对土地和建筑物的一种拥有、控制、使用或占用的权利。不动产权益存在三种基本类型。首先，是特定区域土地的最高权益，该权益的所有者拥有土地和地上附着物的全部权利；其次，是次级权益，即在一定时期内拥有特定区域土地和地上附着物排他控制权的权益，例如通过租赁合同获得的权益；最后，是拥有特定土地和地上附着物使用权，但不拥有排他使用权或控制权。 （2）价值类型。应当选择恰当的价值类型。在大多数情况下，评估师应当考虑不动产的最高最佳利用可能会不同于其当前的利用方式，这对于可以改变利用方式或者具有开发潜能的不动产权益十分重要。 （3）评估途径和方法。准则强调三种基本的评估方法都适用于不动产权益评估。①市场途径。尽管资产权益存在着非同质性特征，然而市场法仍是不动产权益评估的主要方法。市场法评估需要找到近期可比交易案例。交易案例与评估对象之间的差异性可以从以下几个方面考虑：被评估资产的权益类型；各自的地理位置；土地的质量或者房屋的使用年限和规格；每项资产的授权使用范围、交易环境、价值类型和交易时间。②收益途径。具体评估方法包括收入资本化法和现金流折现法。对于折现率的选择，如果评估结果是针对特定所有者或潜在所有者的，那么折现率应该反映其所要求的收益率或者加权资本成本；如果评估结果是市场价值，那么折现率应该参考市场中不动产权益的收益率。③成本途径。主要适用于既没有交易价格，也不产生现金流的情况，在某些情况下，如果存在交易价格或可识别的现金流，也可以作为次要或佐证的方法。 （4）特别考量。主要考虑权益等级和租金。不同类型的不动产权益的价值是不同的，因此在评估时应注意权益构成。在评估基于租约的不动产权益时，评估师需要考虑合同租金以及合同租金与市场租金之间的差别

（续表）

资产准则	基本结构
IVS410 开发性不动产(IVS 410 Development Property)	主要包括： （1）概述和引言。概述明确了开发性不动产评估对其他国际评估准则的遵循要求。基本准则中包含的原则适用于开发性不动产的评估。本准则仅包括对基本准则的修订、附加要求或关于基本准则如何应用于本准则所使用的评估目的的具体案例。也应当遵循"国际评估准则 400 不动产权益"。引言主要明确了开发性不动产的定义和特性。开发性不动产是指以最高最佳使用原则重新开发或在评估基准日准备改善的一项权益，通常包括：在以前未开发的土地上兴建建筑物；在以前未开发的土地上建设基础设施；重建已开发土地；改建现有建筑物或构筑物；在法定计划中用于开发的土地；在法定计划中用于更高价值使用或更高密度使用的土地。 （2）价值类型。开发性不动产评估过程会根据建筑物完成的条件和状态做大量假设和特殊假设。 （3）评估途径和方法。基本准则中的三种基本评估途径同样适用于该项评估。开发性不动产的估值主要使用两种方法：市场法和剩余法。剩余法结合了三种评估方法，利用完成后的总开发价值减去开发成本、开发者利润，得到该开发性不动产的剩余价值
IVS500 金融工具(IVS 500 Financial Instruments)	主要包括： （1）概述和引言。概述明确了金融工具评估对其他国际评估准则的遵循要求和本准则的定位。基本准则中包含的原则适用于金融工具的评估。本准则仅包括对基本准则条款的修订、附加要求或具体事例，这些具体事例说明了基本准则如何应用于采用本准则的评估业务。引言部分对金融工具的含义、特性以及金融工具评估涉及的评估目的等进行了规定。金融工具是一种在特定的当事人之间形成的，为获得或支付现金或其他财务安排的权利或义务的合约。金融工具评估的目的包括但不限于：收购、兼并和出售；财务报告和审计；监管要求；内部风险和合规程序；税收和诉讼。金融工具不同于其他资产，在调查和遵循、信息披露上都有更严格的要求。 （2）价值类型。金融工具价值评估可以选择国际评估准则定义的价值类型，也可以选择依据法律法规或其他规定定义的价值类型。 （3）评估途径和方法。①市场途径。对于具有相同金融工具交易近期的交易价格，通常是不需要做任何调整的。如果观察到的金融工具与被评估资产不相似，或者如果由于信息不是近期的导致相关度不高，则可能有必要对价格信息作出调整。②收益途径。合理折现率的确定，需要考虑资金的时间成本和相关风险，具体考虑因素包括：工具合约的条款和条件；信用风险；流动性和市场性；法律环境风险；金融工具的税收法规等。③成本途径。利用成本途径评估金融工具，需要遵守"国际评估准则 105 评估途径和方法"的相关要求。 （4）特别考量。金融工具评估特别事项主要考虑：评估输入；信用风险；流动性和市场活跃度；控制环境。金融工具的评估，信用风险是至关重要的，可以从以下方面分析：自身信用风险；交易对手风险；抵押品；金融工具优先级；杠杆；净额结算协议；违约保护等

（六）索引

按照英文字母顺序列示了准则所涉及相关术语的出处或有序化编排，其功能是为准则使用者准确、迅速地查找术语、语词或关键词、主题提供线索性指引，以便使用者通过索引快捷地获得特定信息。

第二节　美国资产评估准则

一、美国资产评估准则的制定与演进

美国评估促进会（The Appraisal Foundation，AF）是由美国国会授权为评估准则

制定和评估师资格认定的非营利组织(见图 14-4)。ASB 为维护评估师和评估服务使用者利益,制定、出版、解释并修订或撤销《专业评估执业统一准则》(Uniform Standards of Professional Appraisal Practice,USPAP)。AF 总部设在华盛顿特区。

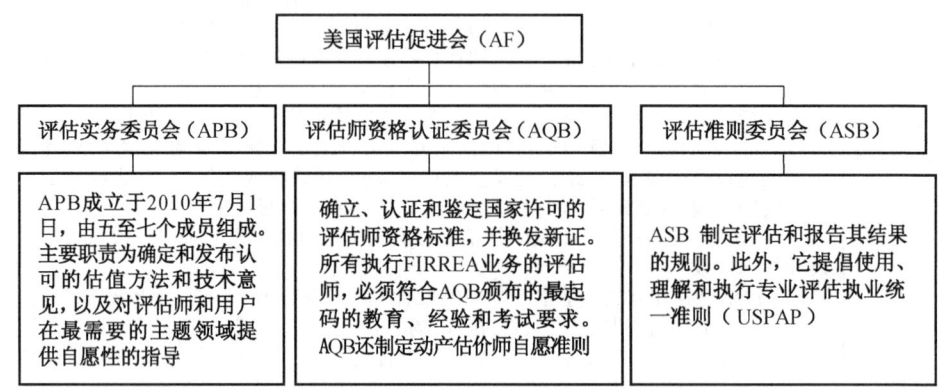

图 14-4　美国评估促进会(AF)的组织结构

1989 年美国国会通过了《金融机构改革、复兴和实施法令(FIRREA)》,该法确立了美国评估促进会(AF)的法律地位,授权 ASB 制定 USPAP,规定 USPAP 是涉及联邦交易的不动产评估业务中应当遵守的公认评估准则,各州与联邦政府的有关监管部门都强调要求履行 USPAP 现行版本或适用版本中的规定。同时,1992 年美国管理与预算办公室在其制定的 92—06 号公告中,要求联邦土地收购和直接租赁管理部门所涉及的评估业务应当符合 USPAP。

USPAP 的发展经历了"发散、协调、统一、国际评估准则趋同"4 个阶段。

19 世纪后期,由于火灾产生的保险诉讼,针对保险对象的赔偿数额,美国出现了专业评估公司。20 世纪 70 年代以来,随着资产评估行业的不断发展,评估者自发成立了若干个有较大影响的综合及专业性的民间自律性评估组织,其中规模较大的有 16 个评估协会。同时,各协会也制定有自己的规章制度和评估准则,评估准则制定及其质量呈现"百花齐放、百家争鸣"与"良莠不齐"的状态,致使准则存在差异乃至有些方面互相矛盾,许多评估师往往具有多个评估协会的会员资格,这就使得他们在开展评估业务时,面对不同的评估准则而无从适应。在这种混沌的局面下,评估行业的发展亟需建立统一的评估准则。

20 世纪 80 年代,美国爆发了由房地产业蔓延到金融行业的储蓄和贷款危机,这场危机使全美境内 3 234 个储蓄贷款机构中的 747 家倒闭,直接经济损失 879 亿美元。1986 年 9 月美国国会调查后认为,国内评估业缺乏统一的评估执业标准,致使评估师在评估中缺乏统一的准则指导和约束,造成抵押资产的不当评估,这是此次事件的重要原因之一。1986 年,美国和加拿大的 9 家最著名的专业评估组织发起,形成 USPAP 制定委员会,旨在制定在美国乃至北美普遍接受的资产评估操作规范和资产评估人员资格制度,即不受外界压力影响的、公认的资产评估标准。1987 年,从规范资产评估业务与职业道德出发,美国评估学会(ASA)、评估师协会(AI)、农场主评估协会(ASFM-

RA)、国际评估官员协会(IAAO)、国际道路通行权协会(IRWA)、国家高级评估师协会(NAMA)、国家独立产权评估师协会(NAIFA)、加拿大评估协会等8家来自美国和加拿大的专业评估机构和协会共同组建了美国评估促进会,着手制定不动产评估报告内容和范围的准则,并随之成立了统一准则特别委员会。经过仔细研究,于1987年4月27日发布了第一版USPAP。因此,USPAP出自各专业评估组织准则的"大熔炉"。1992—1995年,每年进行年中修订,1995年后,改为每年出一个完整准则版本。2008年以后每两年修订一次,至今已进行了十余次修订,修订内容涉及前言、职业道德、能力条款等全部准则内容。

2006年,国际评估准则委员会(IVSC)和美国评估促进会(AF)签署了麦迪逊协议,促使USPAP与国际评估准则协调一致。经过麦迪逊工作组(包括两位美国评估准则委员会的成员以及两位国际评估准则委员会的成员)的初步判断,得出了USPAP与《国际评估准则》互为补充、不会发生迥异的评估结果、遵照任何一种准则都不会与另外一种准则标准产生冲突、都是基于相同的基本原理和原则等结论。并认为两者之间存在的差异很大程度上源自国际准则和某一国家的准则在功能上存在的差异,这些差异在基本原理和原则上相互并不抵触。

USPAP是在美国长期理论研究和评估实践的基础上,总结了评估实践发展经验和众多协会在几十年间对评估基本理论的研究的成果,使其具有很强的实践操作性。USPAP组织结构严密,文字严谨,专业水准高,是目前世界上评估准则中的典范。国际评估准则第八版《指南6——企业价值评估》主要借鉴了美国企业价值评估的理论成果,其起草工作主要依赖美国评估界完成。此外,USPAP不仅被美国的评估师协会、评估学会和高级评估师联合会认可,并逐渐以立法的形式被政府认可。同时,USPAP还被加拿大、墨西哥、菲律宾等评估专业团体所认可,成为在国际上具有重大影响力的评估准则之一。

二、重要概念

USPAP的专业术语涵盖了评估准则、指南等,2020—2021版共有42个概念,为评估师执业和预期使用者理解评估报告奠定了基础。具体术语及其含义如表14-7所示。

表14-7 USPAP主要词汇表

序号	术语	序号	术语	序号	术语	序号	术语
1	评估	7	项目条件	14	保密信息	20	可行性研究
2	评估执业	8	赋值元素	15	成本	21	假设条件
3	评估复核	9	评估结论	16	可信的	22	无形资产
4	评估师	10	偏见	17	生效日期	23	预期用途
5	同等评估师(评估师的同行)	11	企业	18	展示期	24	预期使用者
		12	企业权益	19	逆向假定(非真实性条件)	25	因法律导致的例外(管辖除外)
6	评估项目	13	委托方(客户)				

（续表）

序号	术语	序号	术语	序号	术语	序号	术语
26	市场价值	31	动产	35	不动产权益	39	签名
27	批量评估	32	物理特征	36	相关特征	40	评估服务
28	批量评估模型	33	价格	37	评估报告	41	价值
29	误导	34	不动产	38	工作范围	42	工作底稿（档案）
30	个人检查（勘查）						

美国评估师协会（ASA）将资产评估业务分为评估执业（Appraisal Practice）和估价服务（Valuation Service），评估执业中又分为评估（Appraisal）、评估咨询（Appraisal Consulting）和评估复核（Appraisal Review）。评估执业是指以评估师名义执业的个人所提供的评估服务，包括但不限于评估和评估复核。评估执业只能由评估师提供，而评价服务可以由各类专业人员或其他人员提供。评估和评估复核是两个相互关联的概念，并不互相排斥。如对价值的评定可以是一项评估复审中所要求进行的一部分工作。在对评估和评估复审采用其他的称谓（如分析、建议、估价、研究、仲裁、评价等）时，不得因此取消评估师对 USPAP 的忠诚。评估复核指对其他评估师进行的评估、评估复核或评估咨询的质量进行评判并发表评判意见的行为或过程。评估复核的对象可以是评估报告、工作底稿或两者的全部、部分。而评价服务则指与产权价值有关的一项服务，评估师与提供价值的其他人员都能提供评价服务。评价服务包括价值评估、经纪人业务、拍卖、财产管理、法庭辩护咨询、价值评估复审、市场资料收集等。评估执业是评价服务的一种，评估执业是只有评估师可以提供的服务。评估执业包括评估、评估复审和（作为一名评估师所进行的）市场数据资料收集等。

动产通常是指属于"个体的"、可识别的有形资产，如家具服饰、艺术品、古玩、珠宝、收藏品、装备、机器设备等可确指的有形资产，不动产之外的所有有形财产都是动产。

评估报告是指业务完成后与客户进行的有关评估和评估复核业务的书面或口头报告。多数报告是书面形式的，多数客户也都要求书面报告。口头报告主要是指出庭作证以及评估、评估复核和评估咨询业务的其他口头沟通形式。签名是用于证明相关工作是由评估师完成的个性化证据，表明对报告中的内容、分析和结论承担责任。签名可以是手写、带有个人识别号的数字化图示或其他介质，评估师需对签名拥有完全的个人控制权。

三、结构体系

USPAP 一般由定义、引言、职业准则、准则和准则条文以及评估准则说明五个部分组成。此外，评估准则委员会将《咨询意见（AO）》《USPAP 常见问题（FAQ）》以及每月发表的《关于问题与反馈》作为指导性文件，但这些文件信息并不是提出新的标准或对现行标准的新解释，不属于 USPAP 的构成部分。USPAP2020—2021 实施的有效期为 2020 年 1 月 1 日至 2021 年 12 月 31 日，其基本结构如图 14-5 所示。

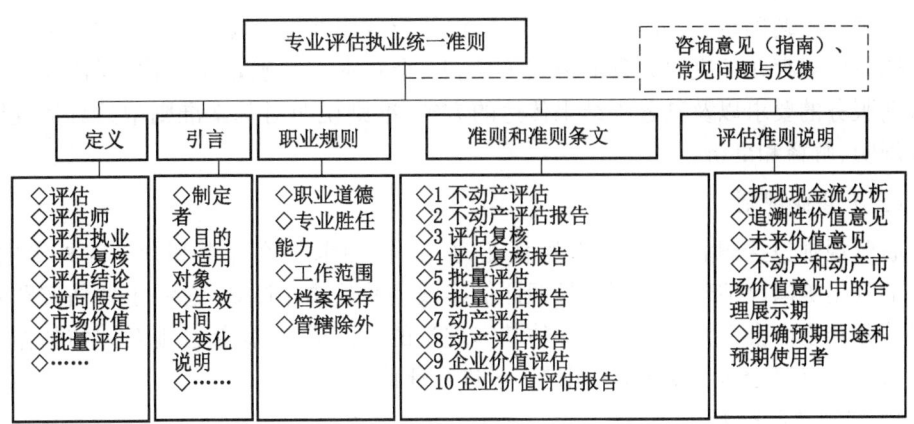

图 14-5 USPAP 基本框架结构

（一）定义

定义部分介绍了 USPAP 中相关的主要术语的含义和注释、说明，旨在使阅读者和使用者正确理解和应用相关评估准则，如评估、评估师、评估执业、假设、特别假设、市场价值、动产、不动产、价格、工作底稿等，是制定评估具体条款的统一基础性规定。

（二）引言

引言部分介绍了 USPAP 的宗旨、目的、意义、作用、要求以及准则和评估准则说明之间的关系。制定 USPAP 目的是对评估师提出执业要求，以提高和保持社会公众对资产评估行业的信任程度。对评估师而言，以具有意义且不误导的方式进行评估并与预期使用者就分析、意见和结论进行沟通是十分重要的。具体而言，USPAP在定义、准则、准则和准则条文以及评估准则说明等方面规范了评估师的执业活动。

1. 宗旨

USPAP 为评估行业提供通用的执业标准，其宗旨是通过确定对评估师的要求，提升与维护价值评估执业中高水准的公信力。评估师以易于理解且不引起误解的方式，进行并向其评估服务预期使用者传达其评估中的分析、判断与结论。ASB 同时向评估师和评估服务使用者公布其 USPAP。

2. 效力

USPAP 并未规定谁或哪些评估项目应当履行其规定。AF 与其下属的 ASB 也都不是有权制定、评判和行使法律的政府机关。但履行 USPAP 既是价值评估机构也是价值评估师履行相关法律或法规责任时的要求，或是履行与评估委托方和评估服务预期使用者所订立合同中责任时的要求。在无这样的责任要求时，人们也仍可选择履行 USPAP。

3. 基本框架

USPAP 通过定义、职业准则、准则和准则说明等方面强调了评估师的职业道德和执业责任。其中，定义确定了在 USPAP 中所应用的某些术语；职业道德准则确立了评估师正直、公正、客观、独立与其他符合职业道德标准行为方面的要求；能力规定体现了接受评估委托前和执行评估项目对评估师知识与经验方面的要求；工作范围规定提出了有关工作主题确定、研究与分析的责任;法律导致例外规定规范了 USPAP 部分规定与法律或法规存在冲突时处理的方式方法;10 个基本准则确定了评估、评估复审与评估咨询服务的要求以及其各项结果传达的方式;准则说明对基本准则中的具体规定进行了阐明、解释和剖析。

(三) 职业规则

职业规则包括职业道德、专业胜任能力、工作范围、档案保存和管辖除外等内容。这一部分是美国评估理论特别是长期评估实践经验的精华凝练,总结了评估实践发展的经验和众多协会在几十年间对评估基本理论的研究成果,概括性地对评估师作出基本要求。只有符合这些要求,才能进一步进行评估工作。

1. 职业道德规则

职业道德规则在正直、公正、客观、独立判断及职业操守等方面进行了规定。评估师有责任提高和维护社会公众对专业评估执业的信任,评估师的重要角色要求从业者按最高标准遵守本行业职业道德规则。为达到这一目的,应当从执业行为、管理(业务经营)、保密和档案保存(工作记录保存)4 个方面对评估师的职业道德进行规范。执业行为、业务经营与保密部分在所有的评估执业中都是适用的,档案保存适用于评估师按照准则 1 至准则 10 进行的评估执业。具体结构和基本内容如表 14-8 所示。

表 14-8　USPAP 职业道德规则结构、基本内容

构成	相 关 内 容
执业行为	评估师应当公正、客观、独立地进行工作,不掺杂不正当的个人利益。评估师:(1)进行工作时切忌存在偏见;(2)切忌迎合任何一方或某一事项的动机或利益。(3)不得接受预先确定意见和结论的业务;(4)不得提供评估执业之外的评估服务职能;(5)不得以蓄意误导或欺诈的方式提供业务结论;(6)不得使用或提供评估师已知是误导的或欺骗性质的评估报告;(7)不得有意唆使其雇员或他人提供误导的或欺骗性质的评估报告;(8)切忌采用或依赖未经充分依据支持的关于某些特征的结论,如种族、肤色、宗教信仰、原籍国、性别、婚姻状况、家族状况、年龄、接受社会公共资助状况、残疾等,也不能使用、依赖未经充分依据支持的、认为这些特征的一致性能够最大化价值的结论;(9)切忌从事犯罪活动;(10)切忌肆意或故意违背(档案保存规定)中的要求;(11)切忌在工作中出现严重的疏忽
管理	(1) 评估师应当披露其在获得评估项目时是否支付了费用或回扣,或给予了具备价值的实物。 (2) 评估师根据下列因素承接某项业务或确定某项业务的费用是违反职业道德的:按事先决定的评估结果(如对价值的判断)提供评估报告;根据委托方喜好,操纵评估项目的结果;评估的价值量;达到约定的结果;与评估师评估意见直接联系在一起的或体现评估项目用途的及在评估结果提供以后发生的事项。 (3) 以欺诈、误导或夸大的方式进行广告宣传或招揽业务是违反职业道德的。 (4) 评估师应当签名授权其签名的使用,证明其认可与承担在评估、评估复审与评估咨询项目中履行 USPAP。评估师不得不经另一个评估师的同意使用其签名
保密	(1) 评估师应当维护评估师与委托方之间关系的保密性。 (2) 评估师在使用保密资料和提供业务结论时,应当忠实地维护委托方的合法利益。 (3) 评估师应当熟悉并遵守业务中涉及的保护隐私法律和所有保密规定。 (4) 评估师不得向委托方及委托方明确的其他人、州政府的评估师监管部门、法律程序授权的第三方以及获得正当授权的行业自律组织(如经恰当授权的同业检查委员会)之外的任何人泄露保密信息或者业务结论。同时,行业自律组织的成员不得泄露提供给该组织的机密信息

（续表）

构成	相　关　内　容
档案保存	评估师应当为每项评估、评估复核或评估咨询项目编制工作档案。在书面或口头评估报告发布之前,工作档案即应当已经建立。在提供口头报告之后的合理期限内,口头报告的书面概要即应归档。工作档案应当包括:(1)委托方的名称,其他预期使用者的身份(名称或类别);(2)任何书面报告的原件,以其他介质保存的文件;(3)口头报告或庭证的总结,或证词记录,包括评估师签署并注明日期的声明;(4)支持评估师意见和结论并表明遵守本准则及其他相关准则的数据、资料和文件,或者这些文件资料所在位置的索引;(5)支持限制型评估报告的工作档案的内容,应当足以使评估师能以其(根据准则 2 和准则 8 相关要求)编制一份简明型评估报告,或(根据准则 10 要求)编制一份完整型评估报告。 评估师保存工作底稿的时间以下列两个时间中较长者为准:编制工作档案自报告日起至少保存 5 年;或由评估师提供的与评估项目有关的法庭证词,自司法诉讼最终裁决日起至少保存 2 年。无论哪一种保存期限都应达到期满。 评估师应拥有对其工作档案的监护权,或者能与保管工作档案者共同对档案予以恰当的保留、使用和修复整理达成协议。这包括应确保工作档案储存于评估师在规定的档案保存期限内始终能取得该档案的介质内。 拥有工作档案监护权的评估师,应允许其他承担该评估项目工作档案责任的评估师,为以下的需要适当地接触和修复档案:向州评估师监管部门递送档案;履行要进行的法律程序;向经正式授权的行业自律组织递送档案;履行检索档案的责任。 肆意或故意不履行档案保存规定责任的评估师,也违背了职业道德规定

2. 专业胜任能力规则

完美无缺是无法实现的,专业胜任能力并不要求完美无缺。但是评估师在执行评估业务中不得疏忽大意,评估师在进行评估时应当尽心尽职。专业胜任能力规则主要规定了在接受评估业务前或达成任何评估业务协议前,评估师应当恰当地明确所要解决的问题,并确信具有相应的专业知识和经验,能够胜任该项业务或采取变通措施具体规则要求如表 14-9 所示。

表 14-9　USPAP 专业胜任能力规则要求

构成	相　关　内　容
基本要求	在任何情况下,评估师在完成某一评估项目时,应当能够胜任。评估师应当是:(1)胜任该评估项目;(2)获取完成该评估项目所必需的能力;(3)拒绝或退出该评估项目
胜任要求	在承接某项评估业务或达成业务协议之前,应当评价并确定其是否能够胜任该评估项目:(1)恰当确定相应工作主题的能力;(2)具有完成该评估项目的知识和经验;(3)了解并履行评估师所应用的或适用于评估项目法律与法规的能力
能力的获取	当评估师在受理评估项目之前确定其是不胜任的,则评估师应当:(1)在接受评估项目之前,向委托方声明其知识和/或经验的不足;(2)采取所有必要或恰当的措施,合格地完成评估项目;(3)在报告中披露知识和/或经验不足的状况以及为合格完成评估项目所采取的措施。 获取胜任能力的方式有多种方式,包括但不限于:(1)评估师个人的学习;(2)联络有依据确信拥有所必需知识和/或经验的评估师,或聘请拥有所必需知识和/或经验的其他人员。 当在评估项目操作过程中发现了某些因素和条件导致评估师缺少胜任评估项目所需要的知识和经验的问题时,评估师应当:(1)通知委托方;(2)采取一切必需的或适于完成该评估项目的措施;(3)在报告中披露知识和/或经验不足的状况以及为合格完成评估项目所采取的措施
能力缺乏	当评估项目不可能由其适当地完成时,评估师应当拒绝承接或退出该评估项目

3．工作范围规则

工作范围是美国评估界近年来推崇的重要概念之一，主要是指评估师在执行某项评估业务中所需要收集和分析的信息的数量和种类。具体应当：①确定所要解决的评估工作主题；②确定并执行形成可信业务结论所必需的工作范围；③在报告中披露工作范围。工作范围包括但不限于：①对评估对象范围明确的程度；②对有形资产勘查的程度；③研究资料的类别和深度；④为形成意见或结论进行分析的类型和深度。

表 14-10　工　作　范　围

构成	相　关　内　容
评估工作主题的确定	评估师应当收集与分析能恰当确定评估或评估复审工作主题所需要的有关评估项目要素的信息。如在某项评估业务中，评估师应当通过明确下列业务基本事项，明确所需要解决的问题：(1)客户和其他预期使用者；(2)评估师意见和结论的预期用途；(3)价值类型和定义；(4)评估师意见和结论的基准日；(5)评估对象及其相关特征，如评估师需要具有相关业务的专业胜任能力；(6)业务条件，如假设、特别假设、非真实性条件、法律和规定、管辖除外及影响工作范围的其他条件等。这些信息能给评估师提供评估中进行的调查与分析的类型与范围的决定依据。对于评估复审项目中工作主题的确定，也应当具备类似的信息
信息收集与限定条件	确定工作主题所必需的大部分信息的收集，需要与委托方进行交流。但这些信息的相关特征，则需要具备相关评估项目能力的评估师来确定。 评估项目的限定前提包括一般假设、特定前提、逆向假定、法律与规章、法律引起例外的规定以及影响工作范围的其他限定前提
可接受怎样的工作范围	工作范围应当包括获得可靠评价结果所必需的调查与分析。 满足与超过以下工作内容的工作范围才是合格的：一般评价结果预期使用者对类似评估项目的期待；同等评估师在完成相同或相似评估项目所进行的工作。 工作范围的确定是评估项目中一个不断进行的程序。在评估项目进行过程中新发现的信息与情形可能导致评估师重新考虑其工作范围。 评估师在拒绝任何对于委托方、其他评价结果预期使用者或同等评估师是有意义的调查、信息、方法或技术时，应当具备依据。 评估师不能许可评估项目的限定前提对工作范围的限制，导致相对预定用途的评价结果不再可靠。 当评估项目的限定前提对调查的限制(如对财产检视与信息收集的限制)，导致不能获取相关的信息时，评估师应当放弃此评估项目，除非评估师能够：改变评估项目的限定前提，扩大工作范围，从而能进行信息收集；在采用关于这些信息的特定前提时，仍然获得可靠的评价结果。 评估师不能允许评估项目的预定用途或委托方的意向导致得出存在偏见的评价结果
披露责任	评价报告中应当包括能使评价结果预期使用者了解评估师所履行工作范围的充分信息。 由于委托方与其他评价结果预期使用者都将依赖评估项目的结果，因此，都要求对工作范围进行专门的披露。应充分披露的工作范围信息包括所完成调查与分析的披露，还可能需要包括未进行调查与分析的披露

4．档案保存

（略）

5．管辖除外规则

该规则对 USPAP 部分内容与法律或公共政策不一致时的处理方式进行了规定。管辖除外规定主要规定了如果准则中的任何一部分与某司法管辖范围的法律或公共政策产生违背，仅该违反部分在该司法管辖范围内不具有效力。当评估项目涉及因法律导致的例外时,评估师应当:①对不能履行 USPAP 的法律或法规进行识别和鉴定;②履行这些法律或法规;③在报告中明确地披露与法律或法规冲突的那部分 USPAP 的内容;④在报告中摘引要求取消履行 USPAP 部分规定的法律或法规的内容。

不过,USPAP 并没有规定何种业务和什么人需要遵守其规定。评估促进会及其评估准则委员会不是政府部门,无权制定、审核或执行法律。评估师或某类业务遵守 USPAP 的义务是基于相关法律和规定的要求,或者是基于评估师与客户或预期使用者的协议。即使没有强制义务,个人也可以选择遵守 USPAP。

(四) 准则和准则条文

本部分系 USPAP 的核心或者实质性内容,主要是各类评估所应遵从的程序和报告要求。从内容上看,它包括根据具体评估类型制定的 10 个准则,共分为 5 个主题。每个主题为两个部分:一部分是关于评估操作的要求,对评估中应注意的事项进行了具体规定;另一部分是相关评估报告的要求,对各类评估报告的格式、内容及注意事项作了专门规定。每一准则的规定都包括原则性要求和专门性要求两类,原则性要求不允许有所背离,专门性要求可以根据背离条款有所背离。10 个准则规定了执行评估、评估复核业务的要求及相关报告的要求(见表 14-11)。从形式上看,USPAP 的指导思想之一是评估业务与评估披露并重,换句话说,有什么样的评估业务就有什么样的评估报告。

表 14-11 准则及其适用范围

准则	适 用 范 围
不动产评估(STANDARD1:REAL PROPERTY APPRAISAL,DEVELOPMENT)	准则 1 是关于不动产评估的基本规定,共包括 6 条。准则 1 中所阐述的要求密切关注的是一般情况下相关评估项目的程序,并可用于评估师和评估服务使用者对评估工作质量进行的对照检验
不动产评估报告(STANDARD2:REAL PROPERTY APPRAISAL,REPORTING)	准则 2 规范的是披露不动产评估结果报告中所要求的信息内容和信息质量,但并不规定不动产评估报告的形式、格式和文体。共包括 4 条
评估复核(STANDARD 3:APPRAISAL REVIEW,DEVELOPMENT)	准则 3 评估复核是对另一评估师的工作质量进行令人信服的评判时的各项重要规范,所审核的工作是另一评估师所完成的评估或评估复审项目的工作内容。本准则共 3 条
不动产评估咨询	准则 4 是关于不动产评估咨询的基本规定,共包括 6 条。作为复核人员的评估师在进行一项评估复核项目时,应当确定所要解决的工作范畴,并正确地得出令人信服的评估符合结果的调查与分析
不动产评估咨询报告	准则 5 规范的是披露不动产评估咨询结果报告中所要求的信息内容和信息质量,但并不规定不动产评估咨询报告的形式、格式和文体。共包括 4 条
评估复核报告(STANDARD 4:APPRAISAL REVIEW,REPORTING)	在报告评估复审结果时,作为复审人员的评估师必须以不使人误解的方式传达每一项分析、判断与结论。本准则共 4 条

主 题	适 用 范 围
批量评估（STANDARD 5：MASS APPRAISAL，DEVELOPMENT）	本准则除适用于政府委托的以从价计税为目的的批量评估的报告形式和司法例外，不适用于其他用途的批量评估。由于从价征税的管理归各州、郡与市的法律管辖，因此〈司法例外规定〉适用于准则5的若干规定。批量评估能够运用也可以不运用计算机作为辅助工具。本准则共7条
批量评估报告（STANDARD6：MASS APPRAISAL，REPORTING）	批量评估的书面报告必须明确阐述评估的有关要素、结果、判断和价值结论。税基批量评估提供报告的形式可以是：①财产档案；②销售率与各种统计研究；③评估指南与相关文件；④市场研究；⑤建立评估模型的文件；⑥规程；⑦公告；⑧其他能够被接受的形式。本准则共3条
动产评估（STANDARD7：PERSONAL PROPERTY APPRAISAL，DEVELOPMENT）	在动产评估中，资产价值可能是相应市场选择结果的函数，在某些情况下是产品类型的交易水平、价值的类型与定义以及评估结果预定用途选择结果的函数。准则7动产评估规范了动产评估时应遵循的程序等方面，共6条
动产评估报告（STANDARD8：PERSONAL PROPERTY APPRAISAL，REPORTING）	准则8规范了动产评估报告中的内容和信息详细程度，但并不规定动产评估报告的形式、格式和风格。评估报告的形式、格式和风格与预期使用者和评估师的需要相关，报告的具体内容决定报告的形式。本准则对报告内容和信息披露量的要求是对各种报告类型的最低要求。本准则共4条
企业价值评估（STANDARD9：BUSINESS APPRAISAL，DEVELOPMENT）	准则9是对企业与无形资产权益的可靠评估进行指导的各项规定，规范了评估师评估企业价值和无形资产价值应当明确的工作对象、所要解决的问题等，然后正确地去完成对于获得令人信服的评估结果所必需的研究和分析。本准则共5条
企业价值评估报告（STANDARD10：BUSINESS APPRAISAL，REPORTING）	准则10共计4条，是根据准则9进行企业价值或无形资价值评估后披露评估结果时，评估报告中所要求信息的内容和详略程度。书面报告分为完整型评估报告和限制型评估报告两种类型

（五）评估准则说明

评估准则说明是根据美国资产评估促进会的管理细则授权由评估准则委员会制定，对相关准则进行的解释、细化和说明，是 USPAP 的组成部分，这些注释是对定义、准则、准则条文的延展，阐述前后逻辑关系和应用条件。评估准则说明与准则条文具有同等重要性，并且只有在经过披露、公开征求意见和讨论之后由准则委员会表决通过。从结构上看，每一项评估准则说明都包括主题、适用范围、问题、说明、结论、采纳日期和最后修改日期或停止使用日期。目前生效的评估准则说明如表14-12所示。

表14-12　评估准则说明

主 题	适 用 范 围
现金流量折现分析（DCF）	本说明1997年7月8日表决通过，最近一次修订时间为1998年9月16日。重点在于说明恰当应用折现现金流分析的标准，适用于不动产评估（RP）
追溯性价值意见	本说明于1991年7月8日通过，最近一次修订时间为1998年9月16日。追溯性价值评估的复杂性在于评估师已经知晓评估基准日后市场发生的情况，本说明适用于不动产和动产评估（RP，PP）

（续表）

主题	适 用 范 围
未来价值意见	本说明于 1991 年 7 月 8 日通过,1998 年 9 月 16 日修订,最近一次修订时间为 1999 年 9 月 15 日。未来价值意见以及可获得的实际数据是用来反映市场参与者现在的预测和认识,本说明适用于不动产和动产评估(RP,PP)
不动产和动产市场价值意见中的合理展示期	本说明于 1992 年 9 月 16 日通过,最近一次修订于 2011 年 4 月 8 日。本说明适用于不动产和动产评估(RP,PP),侧重于时间因素。"合理展示"的总体含义不仅是指展示时间的适当、充分和合理,还是指销售努力的适当、充分和合理。但本细则仅关注其时间方面的内容
明确预定用途和预期使用者	为确定所要解决的评价工作主题和了解其评估或评估复审项目中操作和报告的责任,评估师应当确定与分析其所报告意见与结论的预定用途与预期使用者。本说明于 1996 年 8 月 27 日表决通过,最近一次修订时间为 2005 年 10 月 28 日

如前所述,评估准则委员会以《咨询意见(AO)》《USPAP 常见问题(FAQ)》以及每月《关于问题与反馈》形式发表的指导性文件。这些文件信息并不是提出新的标准或对现行标准的新解释,因此不是 USPAP 的构成部分。评估准则委员会发布咨询意见是为了说明评估准则在特定情况下的运用,提供解决评估事项和问题的咨询意见。咨询意见并不是评估准则委员会的法律性意见,发布咨询意见是为了演示、说明评估准则在特定具体情况下的运用,评估准则委员会通过这种方式为解决评估中具体问题或疑难所提出的建议。迄今为止,评估准则委员会已公开发布了 32 项咨询意见,从结构上看,每一项咨询意见都包括声明、主题、适用范围、问题、评估准则委员会咨询意见、再次声明。

《USPAP 常见问题(FAQ)》是评估准则委员会以问题解答汇编的方式回答评估师、监管部门、使用者和社会公众提出的问题,演示 USPAP 在特定情况下的应用,并以评估准则委员会的立场提供相关评估事项和问题的解决方案,但并不是唯一方案。评估准则委员会每个月会在评估促进会网站上发布"USPAP 常见问题"(http://www.appraisalfoundation.org),为评估师等提供沟通交流渠道,解决评估师等在实践中遇到的问题。

四、完整型与限制型评估报告

(一) 两种报告类型应包含的信息与区别

根据准则 2、准则 8 和准则 10,评估师可以采用完整型以及限制型这两种评估报告类型中的一种传达评估结果,并醒目地显示其所采用的报告类型。这一提示通常出现在报告开始或开始后不久,所使用报告类型的明示则可出现在评估结果预定用途的说明中。为提高报告类型的显著性,这一提示标记也可以出现在报告的封面、每页的页眉或有关函件中。

这两种报告类型之间的主要区别是在三个方面:①完整型报告可以仅有委托方一个预期使用者,但也可以拥有其他的预期使用者,限制型报告只能以委托方为唯一预期使用者。②在完整型报告中,应当概述规定的调查和实施的内容;在限制型报告中,只需叙述或者列示那些不变的内容。使用"概述"表示信息的扩展叙述,使用"列示"表示相关信息最低程度的叙述。③完整型报告要求评估师概述所分析的信息、所使用的评估方法与技术以及支持分析、判断与结论的推理过程;限制型报告仅要求评估师应当列示所使用的评估方法与技术,列示所获得的价值评判和结论,提及所保存的工作档案。因此,限制型报告应当包含一个明确的使用限制,即该种报告限定委托方使用,并警示,若无评估师工作档案中补充的信息,则不能了解评估师获取评判和结论的推理过程。表 14-13 列示了准则 10 两种报告类型中报告规定逐项的比较。

表 14-13　准则 10-2 报告类型比较表

a)	完整型报告	b)	限制型报告
i.	以姓名、名称或类型列示委托方与评估结果预期使用者的身份	i.	以姓名、名称或类型列示委托方的身份;醒目地列示仅限于委托方使用的使用限制,并告诫如无评估师工作档案中补充的信息,则不能适当地理解报告中陈述的评估师的判断与结论
ii.	列示评估结果的预定用途	ii.	列示评估结果的预定用途
iii.	概述对所评估的企业或无形资产及其权益进行鉴定的信息	iii.	列示足以对所评估的企业或无形资产及其权益进行鉴定的信息
iv.	列示所评估权益所具备控股条件的状况,包括决定控股的依据	iv.	列示所评估权益所具备控股条件的状况,包括决定控股的依据
v.	列示所评估权益缺乏市场活性和/或流动性的状况,包括确定这些状况的依据	v.	列示所评估权益缺乏市场活性和/或流动性的状况,包括确定这些状况的依据
vi.	列示评估价值的标准(类型)与定义以及价值前提与定义的出典	vi.	列示评估价值的标准(类型)、价值前提以及价值定义的出典
vii.	列示评估基准日与报告日	vii.	列示评估基准日与报告日
viii.	概述评估所采用的工作范围	viii.	列示评估所采用的工作范围
ix.	概述所分析的信息、所采用的评估方法与技术以及支持分析、判断和结论的推理;拒绝使用销售比较途径、成本途径或收益途径时,应当进行解释	ix.	列示所采用的评估方法与技术,列示所获得的评估判断和结论以及查阅工作档案的要求;拒绝使用销售比较途径、成本途径或收益途径时,应当进行解释
x.	确切地并突出地列示所有的特定前提与逆向假定及其使用后可能对评估项目结果的影响	x.	确切地并突出地列示所有的特定前提与逆向假定及其使用后可能对评估项目结果的影响
xi.	按照准则 10-3 的要求,包含评估师签字的誓言	xi.	按照准则 10-3 的要求,包含评估师签字的誓言

(二) 评估师声明

在美国,每个书面评估报告都包括一个与下面内容相似的经评估师署名的声明,主要内容为:

我以我的知识和信仰,我声明:

——报告中陈述的事实是真实和正确的。

——本报告的分析、判断和推论受本报告中假设和限定条件的限制,且是我个人的、公正和无偏见的专业分析、判断与结论。

——我现在和未来与本报告中的被评估财产都没有任何现存的或将来的(或有已载明的)利益关

系,也同有关当事人没有(或有已载明的)个人利益关系。

——我对本报告中的所有被评估财产和评估项目报告涉及的各方都没有任何个人倾向和偏见。

——我受聘于此评估项目,绝不是对预先决定的结论进行求证和报告。

——我完成本评估项目的报酬,绝不是求证和报告预先决定的价值或指定的迎合委托方需要的价值的结果。我的报酬与评估价值量、以评估结果为条件的约定所得以及评估结果使用之后所连带发生的事件完全无关。

——我依照 USPAP 进行分析、形成意见、结论和准备评估报告。

——我已经(或没有)对评估报告中的被评估标的财产进行了个人勘察。(如果有一个以上评估人员签署该评估报告,在声明中应清楚地说明哪些评估人员对被评估财产做过勘察,哪些评估人员未做过勘察。)

——没有人对评估报告签署人提供过重要的专业帮助。(如果有例外,提供重要专业帮助的每一个人的名字须列明。)

第三节　欧洲评估准则

一、欧洲评估准则的制定与演进

EVS(European Valuation Standards)是由欧洲评估师协会联合会(The European Group of Valuers' Associations,TEGoVA)制定的一部适用于欧洲地区的区域性评估准则,也是当前国际评估界具有重要影响力的评估准则之一。TEGoVA 前身为 1977 年 4 月由比利时、法国、德国、爱尔兰和英国发起成立的欧洲固定资产评估师联合会(The European Group of Valuers of Fixed Assets,EGOVOFA),总部设在比利时布鲁塞尔。目前,其会员由 26 个国家的 45 个专业评估协会组成,并代表着约 70 000 名欧洲评估者的利益。EVS 并无强制执行力,但 TEGoVA 要求各会员国积极引进并将其纳入该国的评估准则体系,甚至得到该国法律认可。

迄今为止,EVS 已经发布了 7 个版本。1978 年,为配合欧盟公司法的有关规定,欧洲固定资产评估师联合会出版了关于固定资产评估的指南、背景材料和论文(第一版 EVS)。1981 年出版了第二版,即为被称做"比利时-卢森堡经济同盟指南"的《固定资产评估指南》。1993 年更新后出版了第三版。1996 年,TEGoVA 根据关于保险企业年度会计和合并会计的欧盟法令出版了《保险公司资产会计目的评估指南》。随着资产评估业务由单一的不动产评估向多元化评估发展,EVS 所涉及的领域也在不断拓宽。1997 年 4 月 29 日在对原评估指南进行全面修订的基础上,2000 年出版了第四版 EVS,其内容逐渐涉及除不动产评估和以财务报告为目的的评估业务以外的领域,首次增加了《指南 7 企业价值评估》和《指南 8 无形资产评估》两个评估指南,彰显出了评估业全方位综合发展的国际趋势。但在其后的版本中,却在未出现企业价值评估和无形资产评估准则。

二、重要概念与框架结构

EVS 并未构建概念框架准则,而是以词汇表的形式单独列出有关重要概念。EVS2016 的主要专业术语见表 14-14。

表 14-14　EVS 主要专业术语

序号	术语	序号	术语	序号	术语	序号	术语
1	转用价值	23	首次损失保险	47	资产净值	68	特殊价值
2	假设	24	固定金额	48	经营租赁	69	可持续资产价值
3	自动估价模型	25	被迫出售价值	49	自有财产	70	协同价值
4	破产隔离实体	26	全额支付	50	价格	71	TEGoVA 职业守则
5	价值类型	27	完全重建价值	51	财产	72	TEGoVA 指南
6	成本法	28	复原重置成本	52	不动产、厂房和设备	73	TEGoVA 信息文件
7	成本-效益分析	29	未来价值	53	房地产相关资产支持证券	74	TEGoVA 施政说明
8	损害或损失	30	更新重置成本	54	房地产证券化	75	TEGoVA 住宅估价师
9	评估基准日	31	最优最佳使用	55	按经营要求结余的财产	76	TEGoVA 规范
10	背离	32	期望价值	56	合格评估师	77	TEGoVA 准则
11	应计折旧额	33	收益法	57	再获取价值	78	合同条款
12	折余重置成本	34	保险价值	58	重建、修复和恢复	79	交易性股票
13	折旧	35	内部评估师	59	公认欧洲评估师	80	使用寿命
14	开发性不动产	36	投资性房地产	60	重建价值	81	评估途径
15	欧洲评估准则	37	投资价值	61	恢复原状	82	评估方法
16	超额土地	38	重大整修	62	重置成本	83	评估方法论
17	外部评估师	39	市场法	63	残值	84	评估报告
18	重置成本法	40	市场租金	64	风险状况	85	评估技术
19	公允价值(会计目的)	41	市场价值	65	特殊假设	86	递耗资产
		42	婚姻价值	66	特殊购买者		
20	公允价值(一般定义)	43	最低教育要求	67	特殊目的的实体		
		44	抵押贷款价值				
21	融资租赁	45	按揭证券				
22	财务报表	46	自然灾害				

　　EVS2016 是基于先前版本和现行欧盟立法制定出来的,为整个欧洲的评估师提供了最佳实务。EVS2016 从 2016 年 6 月 1 日起生效。具体框架结构如图 14-6 所示。

三、跨境评估

　　随着金融全球化、国际市场开放化和欧盟成员方之间的统一市场的发展,客户越来越希望能够进行跨境的产权评估。基于不同的市场环境,评估师应当关注不同国家的市场情况及跨境估值时另一个国家的立法与实践。欧盟条约和服务指南保证了评估师在欧盟范围内任何地方提供评估服务的自由,但是没有涵盖评估师在欧盟范围外提供评估服务的特殊技能和质量。指南 6 跨境评估规范评估师在其他国家(东道国)而非本国(母国)进行评估执业的能力、对当地法律法规的遵守情况、经验和报告等内容,旨在促进评估师在欧洲经济区内(European Economic Area, EEA)自由经营或无行政障碍

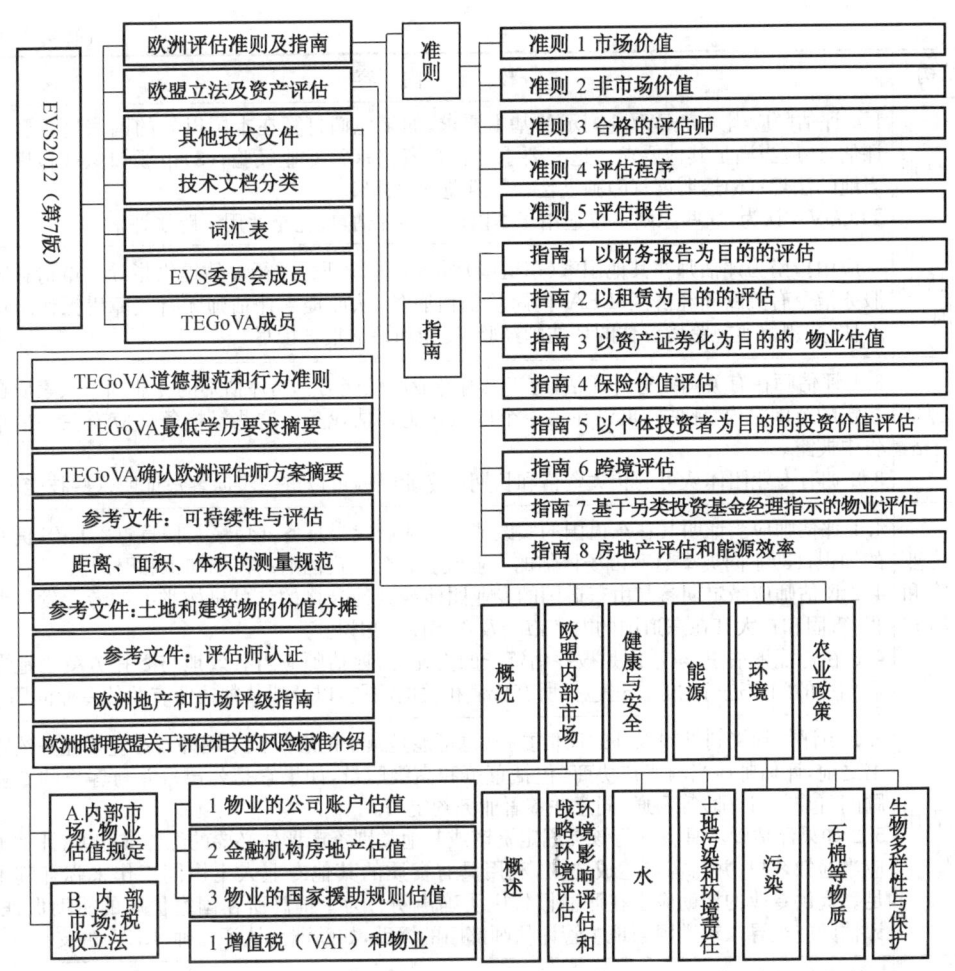

图 14-6 EVS2012(第 7 版)基本结构

地跨境估价,只要评估师具备经验、胜任能力、明确评估报告要求,即可进行跨境评估。本指南由总则、适用范围、评估师资格、专业经验和市场知识、聘用条款、遵从当地规则、独立性和利益冲突、道德伦理、保险、报告等 10 章构成,共 20 条(见表 14-15)。

表 14-15 EVA 6 跨境评估

结构	核 心 内 容
1. 总则	1.1 随着金融全球化,全球市场开放和欧盟内部市场的形成,客户委托跨境评估的业务越来越多。TEGoVA 欧洲评估师(REV)互相认可方案,可以协助客户和评估机构确定在其他国家执业合格评估师的资格要求。同样,其他国家也十分重视评估师自身的工作经验,尤其是在特定房地产市场的跨境评估。在不同的市场环境下,在另一个国家进行估值时,评估师应当特别注意每个国家的立法和实践及其对评估的影响。 1.2 指令 2006/123/EC 关于内部市场服务(服务指令),旨在消除跨境业务活动发展的障碍。它增强了服务提供商在内部市场开发活动或在另一成员方提供服务。该指令规定的法律框架有利于多种服务的开展,包括房地产中介服务及资产评估。 1.3 虽然该指令确保了评估师在本国之外进行评估的权利,但并未包括评估师在其他国家市场运作所需的专业资格、必要的技能和做法。

结构	核 心 内 容
1. 总则	1.4 评估师应当遵守 EVA6 列示的基本要求，如果他们打算在本国以外的国家进行资产评估，还应当满足其他要求。这些要求是：(1)资格；(2)专业经验；(3)市场知识；(4)遵守当地的法规；(5)透明度；(6)独立性；(7)避免利益冲突。 TEGoVA 认为，这些原则不仅适用于本国市场的评估，也完全适用于跨境评估
2. 适用范围	本应用指南为评估师在其他国家(东道国)而非本国(母国)进行评估提供指导。申请补充服务指令有关欧洲经济区(EEA)内跨境估值服务，从而提高评估师无行政障碍操作跨境评估，并规范实施跨境评估的评估师经验、技能和评估报告撰写
3. 评估师资格	3.1 评估师在有关国家进行评估，应当具有专业胜任能力。当评估师的专业和个人素质在规定的范围之内，评估师可以在另一个国家实施评估业务。这些资格条件应当在评估报告中披露。 3.2 拥有专业团体认可的相关资格和长期的专业经验可以进一步向客户证明这些技能
4. 专业经验和市场知识	4.1 评估师应当证明其在东道国的实践能力。他们应当具备：(1)最新信息；(2)EVS 良好的知识；(3)不同类型财产市场评估的专业经验；(4)东道国财产市场知识和财产法。 4.2 评估师应当定期参与由东道国的专业团体或其他合格的认可机构举办的专业发展课程，巩固和扩大其在东道国的财产市场及资产评估知识。 4.3 在跨境评估中，东道国是被评估资产的委托方，评估师应当有效地与委托方就当地专业相关的问题进行沟通。这包括所有价值相关的问题，以及评估师执业有关的专业问题
5. 聘用条款	5.1 当评估师接到母国以外的评估委托(也可能是其中的客户位于国外)，在签署业务约定书之前，评估师应当与客户协商(包括董事和高级职员，如果它是公司)，并与客户的专业顾问(包括审计师)等沟通，同意并签署业务约定书。 5.2 如果评估师不具备进行该类固定资产或其他类别资产评估必要的经验或能力，评估师应当通知客户，并与客户达成协议，利用具有资质的其他专业人士协同工作来弥补其不足。提供专业的援助应当在评估报告中明确声明。为了提高所在国家优质的援助保证，评估师应当寻求东道国当地主管评估师部门的援助，如欧洲公认评估师(REV)的支持
6. 遵守当地规则	6.1 评估师应当清楚地在评估报告中披露偏离 EVS 和/或为符合法律、评估准则或东道国其他估价规定作出的特别假设。如果相关，评估师应当按照公认评估原则调节评估报告的形式和内容。 6.2 客户所在国家的会计法规和实践，或者评估程序具有一定的差异，在以财务报表为目的的评估中，评估师应当优先考虑客户所在国家的规则，并在评估报告中突出披露这种差异
7. 独立性与利益冲突	为了避免任何利益冲突和维护专业的客观性，评估师应当保持其严格的专业独立开展工作，以履行自己的专业职业，无论评估师的个人情况如何
8. 道德伦理	评估师应当遵守 TEGoVA 的职业道德和行为守则
9. 保险	评估师在其执业的所有国家，有责任购买和保持职业保险，以满足其客户和第三方潜在的负债
10. 报告	10.1 更重要的是，评估报告传达的数据应当是清晰明确的、可理解和可验证的，使客户能够理解价值相关的数据记录及评估报告的形成，并通过适当的方法对评估结果进行评价和应用。 10.2 如果客户总部设在第三国，其评估报告应当包括明确的参考法律或习俗，尤其是有关财产所在国之间存在的任何重大差异的。 10.3 跨境评估报告应当披露其所依赖的数据。评估师应当注明数据的来源，以方便评价判断其质量和评估师陈述其效果

四、房地产评估和能源效率

欧盟在应对全球气候变暖行动中有着十分重要的影响。建筑物碳排放量占整个欧洲的 40%,其能耗与二氧化碳排放量等正成为推动欧盟立法的主要因素,欧盟或其个别国家希望通过立法影响地产使用者改变自己的行为,以降低消耗或提高可再生能源的使用。指南 8 房地产评估和能源效率提供了与建筑物的能源性能有关的所有评估相关方面的指导,主要用于规范并指导评估师在执行房地产评估时考虑能源效率问题,如欧盟成员方建筑指令等。本指南由总则、适用范围、定义、应用声明、评注等 5 章构成(见表 14-16),共 18 条。

表 14-16　EVA 8 房地产评估和能源效率

结构	核 心 内 容
1. 总则	1.1 能源往往是近年来拥有财产成本增长最显著的因素。与服务有关的取暖、照明和空调要求越来越多,再从烹饪到电梯,建筑使用过程的能源需求与日俱增。作为一个实用性的问题,控制能源消耗及其成本,潜在买家及租户通常是有兴趣的。一些人希望说明特定的效率水平或能源来自可再生能源。 1.2 建筑物二氧化碳排放量占欧盟的 36%,目前,能源问题是一个影响欧盟财产立法的主要驱动因素。欧盟和个别国家希望影响物业占用人改变他们的行为,降低消耗,提高效率,更好地利用可再生能源。建筑物明显比设备或系统有一个更长的生命周期。许多财产,尤其是房子,有超过一个世纪的历史,现在存在的大部分存量住房能够使用到 2050 年。 1.3 指令 2010/31/EU 建筑物的能源性能开发前身 2002/91 序言指出:"该行业正在扩大,这势必增加其能源消耗""建筑行业减少能源消耗和使用可再生能源,是减少欧盟的能源依赖和温室气体排放的重要措施"。(叙述 3)"有必要制定更具体的行动,以期实现建筑物巨大而未实现的节能潜力,降低成员方在这个行业之间业绩的巨大差异。"(叙述 7) 1.4 专业评估师根据客户委托,应当向客户提供相应基础的价值意见,即从市场上获得的证据。这是必不可少的"市场价值"理念。能源成本和效率将作为矩阵(环境、背景)的一个组成部分
2. 适用范围	本指南主要考虑财产评估中的能源效率问题,特别是欧盟成员方在建筑能源绩效指南(2010/31/EU)实施情况下采取的节能措施的效果。评估师应当意识到一点,即成员方在实施指南的时候完全有提高标准的自由。所以必须根据实际情况进行评估
3. 定义	3.1 除非另有规定,这里引用的建筑物能源性能定义是来自指令 2010/31/EU(以下称为"指令")。 3.2 "建筑物""是指有墙壁、屋顶的建筑。能源被用于调节室内气候"。 　注释:这个定义排除了一些可能通常被称为建筑,尤其是那些没有加热或冷却的建筑结构,以及没有达到能源性能标准和能效证书(EPC)的建筑结构。 3.3 能效证书是指由成员方或由其指定法人认可的,依照第 3 条方法计算的建筑物或建筑单元的能量性能。 3.4 "建筑物能源性能"是指除其他外,满足一个典型建筑物所计算或测量包括采暖、制冷、通风、照明、热水能源等相关的能源需求量。 3.5 近零能耗建筑是指建筑物按照附件 1 确定的具有非常高的能量性能,几乎为零或非常低的能源需要量,涵盖可再生能源,包括现场或附近生产的可再生能源。 3.6 建筑物或建筑单元的建筑技术系统是指用于加热、冷却、通风、热水、照明技术设备或它们的组合

结构	核　心　内　容
4. 应用声明	4.1 专业评估师是向委托方报告该财产一定基础上的价值意见。建筑物的能源效率可能是财产相关的数值，但相关的能源成本将是评估的一部分。 4.2 凡估值正在准备建设、出售、出租或者与新的承租人相关的财产，评估师在估值时应当考虑 EPC 评级和任何显著的建议。 4.3 特别。当考虑财产与能源效能证书时，评估师应当考虑相关的评级和建议，以发表其对被评估财产市场价值的意见；当要求提供意见或协助是否构成"大整修"的成员方已经采用了基于成本和价值的选项时，评估师应当：(1)判断建设物所需的翻新是否足以引发其所需的最低能源性能而升级；(2)根据评估师的技能和委托，并得到一个有信誉的评价或建议，估算客户升级的成本，使客户作出明智的决定
5. 评注	5.1 概述 5.1.1 最相关的财产评估指令要求成员方建立：在综合能效标准基础上，每栋建筑的均热特性和可再生能源系统是：为每个成员方的所有建筑物设定；实施不仅为新建筑，也包括现有建筑物的"重大更新"；能源效能证书(EPCs)。 　　除此之外，要求到 2021 年，所有的新建建筑满足"近零能耗"规定，并规定对较大的供暖和空调系统建立定期检查制度。 5.1.2 评估师应当了解财产所在成员方应用的有关规定。 5.2 新建筑-近零能耗 5.2.1 各成员方应确保： 　　(1)到 2020 年 12 月 31 日，所有新建筑都应接近零能耗建筑； 　　(2) 2018 年 12 月 31 日之后，公共机构占用和拥有的新建建筑应近零能耗建筑。 5.2.2 这是一个严格的义务，尽管有关规定允许成员方不适用于"具体和合理"的情况，且在建设中的经济周期成本效益分析是负的。 5.3 现有建筑物和"重大更新" 5.3.1 能效标准是对现有建筑物而设置，对于"重大更新"引发的，指令并不需要实施节约。 5.3.2 "重大更新"。序言指出，"现有建筑物的主要翻新工程，无论其规模大小，应当符合成本效益的措施，以提高能效。" 5.3.3 "各成员方应采取必要措施，确保对建筑进行大型翻新工程，建筑或改造部分的能耗性能升级，以满足最低能源性能要求……"（第 7 条）。 5.3.4 评估师可以通过关注评估对象是否属于指令规定的"大整修"范围，进而以满足当前的能源性能标准。该指令规定了两个选项，每个成员方通过选择它的测试来确定评估对象是否为"大整修"资产。"大型翻新工程"是指一个建筑物的改造：(a)涉及建筑围护结构或建筑技术系统改造的总成本高于建筑价值 25%，不包括该建筑物所在土地的价值；或(b)建筑围护结构表面的 25% 以上经过翻新。成员方可以选择适用的方案(a)或(b)。 5.3.5 评估师须应当知晓哪个选项已被有关成员方选中。 5.3.6 扩展是否构成翻新的应如实解释。 5.3.7 对于选项(a)，指令没有指定评估的价值基础，其"价值"被默认为是"市场价值"，按照 EVS1 评估，除非有充分的理由采取另一个基础。建筑物的使用期与这样的评估无关，它是将排除建筑物土地价值后的价值与成本相比较。这意味着在多数情况下，这种测试似乎需要为那些通常只能与它相关土地出售的任何建筑物作出两个估值：建筑物与土地一起出售；相关土地上无建筑物(可能是任何开发价值)。由此产生的净值，然后与拟建工程的成本进行比较。成本与价值的概念不同，特别是对建筑的改造，测试要求升级建筑物节能性能工作增加的价值不超过建筑物价值的 25%。 5.3.8 选项(b)则需要进行评估：建筑物外部总面积，包括墙壁和屋顶；多少面积需要改造。这可能意味着一个纯粹的内部改造将不会被选择(b)，而会选择(a)。

（续表）

结构	核 心 内 容
5. 评注	5.3.9 基于成员方的测试,如果改造是"主要的",指令赋予各成员方自由决定它是否是整个建筑物或只是其改造的一部分升级到最低能源性能标准。评估师应当知晓这一规则。 5.3.10 当成员方选择选项(a)时,评估师应当:(1)判断建筑物的翻修是否足以引发建筑物达到最低能源性能,因此升级;(2)根据评估师的技能和委托,估算并得到一个有信誉的评价或建议,以获取升级的估计成本,使客户可以作出明智的决定。 5.4 能源效能证书(EPCs) 5.4.1 EPC是经批准的建筑物能源效率检查员采用认可的评级标准、比较和提出改进咨询建议的评估记录。该评级将以一个字母或数字显示建筑物的热力特性和对可再生能源(2009/28/EC)的依赖程度。一个EPC的有效期不超过十年。 5.4.2 拥有有效的EPC是建筑物施工、出售或租赁给新租户及公共当局占用面积超过500平方米的法律要求,一个有用的面积占用公共机构所有建筑物的法定要求。"能源效能证书或其副本应当显示给新租户或买家,并移交给买方或新租户。" 5.4.3 房地产市场EPC政策的目的在相关指令中描述为:建筑物或建筑单位的准买家和租户,应得到有关能源性能证书改善及其节能建议的正确的信息……能源性能证书还应当提供建筑物加热和冷却的能源需求,以及主要能源消耗和二氧化碳排放量及其实际影响等信息。 5.4.4 EPC是必要的吗?当考虑建造作为财产评估的一部分时,评估师通常希望确定EPC及其影响,如果是这样,获得有效的EPC应当是必需的。 5.4.5 除下文所述的情况外,EPC是强制性的:(1)建筑物:建造;出售;租赁给新房客。(2)公共机构占用和公众经常访问的建筑物。2015年7月9日,从500平方米的最小尺寸减少至250平方米。成员方可能推迟建筑物EPCs单体建筑单位的应用,到2015年12月31日。 5.4.6 除非另有说明,获得EPC或建筑系统技术报告不是评估师的责任。 5.4.7 不需要EPCs的建筑物。依照建筑物指令的定义,不需要EPCs的建筑物是指没有必要作出任何努力来改变气候的建筑物。这些是EPC制度的例外,通常包括某些存储建筑和许多农业建筑(如冷库)。 5.4.8 成员方可以自由豁免EPC义务的建筑物有以下几类。 　　a. 文物保护建筑。作为特定环境的一部分或因为其特殊建筑和历史功绩,符合一定的最低能源性能要求,将会改变其特征或外貌。 　　注意:这种排斥具有唯一性,只要符合会改变建设物的特征或外表,也许一栋历史建筑的外观是由双层玻璃和外墙保温的改变。 　　b. 用作礼拜场所和宗教活动的建筑物。 　　注意:用于宗教活动的建筑物可能包括净化仪式的寺院和设施等。 　　c. 使用两年或更少时间的临时建筑物,工业用地,厂房和非住宅较低能源需求的农业建筑以及与国家部门有能源绩效协议的非住宅农业建筑。 　　注意:这种排斥分为三个部分:(1)临时建筑物可能包括那些在建筑工地和针对特定事件,以及那些临时规划许可使用的建筑物。(2)"低能源需求"排除不仅适用于非住宅农业建筑,也适用于有资格的工业用地及厂房。"低能源需求"指令中没有定义。一些成员方也可以这样做。(3)农业建筑能源性能的行业协议是最有可能适用于猪,家禽和一些园艺企业。 　　d. 住宅是用于或拟用于小于四个月,或者低于全年使用预期能量消耗的25%。 　　注意:这是最有可能覆盖季节性的住房,无论是节假日或工作。 　　e. 独立建筑总有用的楼面面积小于50平方米。 5.4.9 被评估建筑物可能属于其中的一个类别,评估师应当根据相关情况,检查其是否属于有关司法管辖豁免能源性能认证(结合上面改造要求的讨论)的建筑物。

结构	核 心 内 容
5.评注	5.4.10 使用EPC。指令没有建立整个欧盟EPC的通用格式。EPCs在成员方之间有所不同。指令指导欧盟委员会通过一项非住宅建筑欧盟自愿认证计划。因此,评估师可能会看到不同国家不同格式的EPC以及那些根据自愿认同的欧盟计划。 5.4.11 凡是合格的建筑物以市场价值为基础的评估(见EVS1)或出售或出租给符合条件的新租户,应采用当前有效的EPC。这些情况通常会包括抵押贷款的抵押权评估等。EPC等级在评估执业中的应用及其权衡是属于评估师专业技能的事情。这可能是因为在有些国家,会额外要求考量一个差的EPC评级对财产转让或负债的影响。 5.4.12 评估师应当审阅EPC(记录其供应商、注册登记、能源评级报告和到期日),并说明它是当前用于委托评估的目的的。EPC的相关性可能会受到其发出后建筑物的任何改变的影响。 5.4.13 EPC是必需的,报告的效率评级可能对价值产生影响。评估师的判断基于其市场知识。 5.4.14 当EPC不适用或不值得信赖时,评估师应当通知客户。 5.4.15 建筑物潜在能源效率提升"改造"可能影响其市场价值。同时,其潜在的成本可以降低价值。在这种情况下,评估师应当判断建筑物EPC评级改善建议的影响和意义。 5.4.16 在评估报告中描述EPC相关的哪些事实以及如何报告,属于评估师的职业判断。 5.4.17 建筑技术系统报告中的任何显著建议,评估师应当在相关情况中考虑。 5.4.18 评估师有时可能会被要求协助客户利用EPC获得最大的价值。如果是在他的专业能力范围之内,评估师可以这样做。如果评估师承担这项任务,其目的是使用EPC分析,以帮助客户提出问题并作出判断。关键点包括:建筑物的能源评级报告(A到G或0～100);每年的能源需求;每年的能源使用成本;与现行相关标准的比较;建筑技术系统情况;EPC推荐效率的改善措施;相关的成本和收益;其他,如实现不同的评级,按照国家规定,财产出售或出租可以更加容易。 5.4.19 评估师应当考虑财产相关的评级和建议,根据市场情况对评估对象在认可的基础上发表其价值意见

五、绿色评估技术

近年来,全球气候变化、资源枯竭和碳排放等环境问题日益受到资产评估理论与实务界的关注,许多国家都已开始构建适合本国的绿色评估准则或准则框架,进而指导本国的评估实践。《EVS》认为,经济发展与公共政策的双重压力使资源问题越来越引起人们的关注,越来越多的人支持可续持发展观点。可以预期的是,政府监管和市场选择会不断促进评估师考量建筑物等评估的环境绩效和可持续发展问题。可持续性与评估要求评估师提供广泛和全面的信息,诸如,企业社会责任、环境管理体系、"绿色建筑""绿色出租"和"绿色评级工具"等。

1. 产生背景

世界各国对人类的可持续发展的关注始于20世纪70年代,环境的恶化和资源的枯竭迫使人们开始反思自身的可持续发展问题。1972年,联合国人类环境研讨会上首次提出了可持续发展的概念,1987年,世界环境与发展委员会(WCED)第一次给可持续发展作出了一个准确并被广泛接受的定义。他们认为可持续发展是一种既满足当代人的需求,又不损害后代人满足其需求发展。此后,这个概念一直作为各国讨论有关经济、社会和环境问题政治文件的一个重要组成部分。大至国家,小至各个行业都在积极参与如何实现可持续发展这个历史性话题。TEGoVA 顺应时代的发展潮流,满足欧洲地区民众日益提高的环保意识,对制定符合可持续发展理念的评估准则进行了积极的探索,并在 2012 年发布的第七版 EVS 中,首次制定了关注可持续发展的绿色评估技术文件,为世界各国进行绿色评估探索提供了重要的借鉴意义。

2. 基本架构

可持续性与评估模块主要分为 4 个部分:前言、可持续发展及物业用户、发展适用于物业的绿色评估、评估和可持续发展。

(1) 前言。在前言中,TEGoVA 重点阐述了实施绿色评估准则所面临的一些挑战。鉴于绿色评估准则的形成不仅仅需要国家配套制定公众政策和法规,而且需要得到市场的认可,即满足投资者投资的需求、生产者和消费者的生产消费需求等。缺少任何一个,绿色评估准则的推广都会遇到瓶颈。经济学家库兹涅茨提出的环境库兹涅茨曲线解决了人们对环境保护和经济增长之间矛盾的疑惑。他认为,环境破坏与国民收入水平之间成倒 U 形曲线关系,即随着经济发展和收入水平的提高,环境质量先破坏后好转。也就是高速经济增长和低资源消耗可以共存。

(2) 可持续发展及物业用户。随着人们环境保护意识的提高,企业所处的环境发生了重大的变化。选择环保产品从一种个人的承诺到成本的减少;从遵守法律到将其视为企业的一种优势。同时,可持续发展在欧洲已基本上建立了一种良性机制:客户希望企业得到更多有关环保的证明,而企业也努力去满足顾客这方面的需求。这样就产生了一些环保的认证,而这些认证也为绿色评估提供了素材。这些证书主要包括:①社会责任示范企业;②碳减排承诺;③符合 ISO14001 的国际标准环境管理认证体系,主要包括环保政策、行动计划、项目的实施和运作、检查和纠正措施以及管理评审 5 个部分;④欧盟范围内的生态管理和审计计划(EMAS)。

(3) 发展适用于物业的绿色评估。受英国等传统评估业发达国家的影响,特别是受到《欧洲公司法》以及相关会计改革规则的影响,欧洲评估长期以来主要涉及不动产评估领域,形成了早期以"固定资产评估"为主的特色。直至今日,EVS 仍然带有浓厚的不动产评估色彩。2012 年的第七版 EVS 也是以不动产为主体,这部分准则主要向我们介绍了三个基本概念:(a)绿色建筑物(Green Buildings)。绿色建筑物是指通过创造性的结构和使用设计使整个建筑物在其寿命周期对环境影响最小并节省资源。绿色建筑物主要考虑两个方面:一是对外部的影响;二是对下一代的影响。EVS 认为因为建筑物的设计、结构和用途的不同,导致很难给绿色建筑物下一个准确的定义。但是,其应该符合以下九个基本特征:①位置,绿色建筑物的位置应该可以较大程度上利用公共交通;②现有土地的发展,其可能存在污染和水管理等问题;③建筑物遭受洪水和地震的风险;④建筑物的结构和布局,包括预期寿命、能源管理和资源利用效率等问题;⑤工作环境,包括对所有者健康和效率造成影响的通风和照明因素;⑥能源效率和采购;⑦水的利用效率;⑧废物管理;⑨能源、水和废品管理的成本上升的潜在可能性的大小。(b)绿色评级工具(Green Rating Tools)。鉴于绿色评估中"可持续发展"概念内涵的复杂性,为了合理评估评估对象的价值,各国相关机构都根据环保标准制定了适合于本国、本地区的建筑评级方法。他们的评估对象主要是一些新建的或巨资改造的建筑物。EVS 主要提出了两种国际上主流的评价方法(见表 14-17)。(c)绿色租赁(Green Leases)。目前在国际上,绿色租赁还没有形成被广泛接受的准确定义,但绿色租赁对评估值的影响已经受到了人们的广泛关注。一般情况下,绿色租赁是指一种在可持续发展和能源高效利用框架下的租赁。这种框架内可能涉及能源效率标准、操作标准和能源性能测试的相关审计程序。在实践中,往往根据符合可持续发展标准的程度将绿色评估分为"浅绿色评估"和"深绿色评估"。浅绿色租赁是指在评估中一些业主可能会在租赁合同上规定一些基本的绿色责任,如合作节能措施,提供能源、水和废品的信息,可持续材料的利用情况,禁止任何损害建筑物能源的行为等。深绿色租赁是相对浅绿色租赁而言的,它除了满足浅绿色评估的条件外,还会设置能源、水、废品的使用目标,包括单独的计量、报告和租金的审查、变动和恢复机制等。

表 14-17　绿色评级工具

绿色评级工具	主　要　内　容
建筑研究院环境评估法(BREE-AM)	BREEAM 是世界上首个绿色建筑评价体系,也是世界上第一个实际应用于市场和政府管理之中的绿色建筑评价体系。因其采取"因地制宜、平衡效益"的核心理念,也使它成为全球唯一兼具"国际化"和"本地化"特色的绿色建筑评估体系。它既是一套绿色建筑的评估标准,也为绿色建筑的设计设立了最佳实践方法,并因此成为描述建筑环境性能最权威的国际标准
绿色能源与环境设计先锋奖(LEED)	LEED 由美国绿色建筑协会建立绿色建筑物评价工具。LEED 主要根据可持续的场地规划、保护和节约水资源、高效的能源利用和可更新能源的利用、材料和资源问题、室内环境质量五个方面对建筑物进行综合考察,并根据每一个部分进行打分,综合最后得分,将评估的建筑物分为白金、金、银等认证级别,从而反映建筑物的绿色水平

(4)评估和可持续发展。(a)绿色价值(Green Value)。一个具有高能源利用效率、低能源消耗的建筑将会有一个较高的经济附加值。因此在第七版 EVS 中提出一个新的概念"绿色价值",它是指建筑物"可持续"品质所带来的附加价值。这种绿色价值是依附于具体的建筑物之上的,它并不能独立存在,只是在理论的框架内可以分离出来的估值。同时,EVS 也认为当我们进行绿色评估时,应该将可持续发展的理念嵌入评估,在评估工作中可以将其从基础资产(underlying asset)中分离出来,像无形资产一样对其进行评估。而传统的三大评估方法——收益法、市场法、成本法都可以应用于绿色价值评估。(b)检查清单(Towards Checklists)。当进行绿色评估时,评估师应当收集形成评估值的恰当信息,并将其作为评估报告的一部分。鉴于"可持续"的概念十分宽广,如何在考虑经济性的条件下,收集到充分、恰当的信息就显得十分重要。为解决这个问题,TEGoVA 制作了一张绿色评估检查清单(见表 14-18)。

表 14-18 绿色评估检查清单

资料项目	收集情况	资料项目	收集情况
1. 结构材料		10. 运营成本情况	
2. 物业的污染情况		11. 楼面面积的可用性、适用性和成本效益情况	
3. 自然灾害如洪水、地震、雪崩的风险		12. 对用户生产力和福利的影响	
4. 符合相关建筑物标准的情况		13. 整修的时间和可能的成本	
5. 独立和相关功能(如法定建筑标准)		14. 市场对可持续发展的态度和为建筑物的绿色属性的支付意愿	
6. 建筑服务的性质和复杂性		15. 立法的需求	
7. 建筑物加热和冷却等设备的年龄和质量及其维护和更换情况		16. 可能的财政支持	
8. 能源效率、EPC 评级、可再生能源和净能源需求等情况		17. 相关的证书和评级	
9. 水资源利用效率情况		18. 绿色租赁情况	

第四节　英国评估准则

一、英国评估准则的制定与演进

英国评估准则(RICS 评估与估价手册)的制定主体为英国皇家特许的独立的专业组织 RICS。RICS 成立于 1868 年 3 月 23 日,20 名测量师汇聚于英国伦敦威斯敏斯特宫殿酒店①。在 John·Clutton 的主持下制定了一个小组委员会来起草决议、流程和规章并达成了一致意见,筹建起一个专业的测量师的行业学会。1868 年 6 月 15 日,John·Clutton 被推选为测量师学会的首届主席。办公室就设在伦敦著名的大本钟对面,至今这里仍然是 RICS 全球的行政总部。RICS 迄今已经近 150 年的历史,系世界上第一个资产评估专业组织和世界范围不动产事务的最大专业组织,也是得到全球评估业界最为广泛、一致认可的专业性学会。英国测量师的专业分类一般有:土地测量、产业测量或综合实务测量、建筑测量、工料测量、其他包括矿业测量、农业测量等专业。此外还有从上述专业中派生的新专业,如住宅、商业设施(购物中心),以及海洋测量等。

从 1868 年英国测量师学会成立到首部准则发布(1976 年),经历了长达 108 年的漫漫时间长河。这一方面说明,资产评估准则制定的理论与实践基础尚需进一步完善;另一方面也说明,英国资产评估界对评估准则的制定是持相当谨慎态度的。英国评估

---

① 其先驱可以追溯到 1792 年成立的测量师俱乐部、1834 年成立的土地测量师俱乐部,以及 1864 年成立的测量师协会。

准则最初分为两个单独标题出版。

（1）关于资产评估的指南手册。第 1 版（1976 年）、第 2 版（1981 年）和第 3 版（1990 年），出版时使用的标题是《资产估价实践与指南手册》。

（2）《估价指南手册》。第 1 版（1980 年）、第 2 版（1981 年 3 月）和第 3 版（1992 年 4 月）。

（3）《RICS 评估与估价手册》。即将前两者合并。1993 年、1996 年（两次）、1998 年、2000 年和 2002 年重印。

（4）《RICS 评估与估价标准》。2003 年首次出版，于 2003 年 3 月至 2007 年 4 月期间，共作出九次修订。

（5）第 6 版《RICS 估价标准》于 2008 年首次出版，于 2008 年 9 月进行修订，2009 年 3 月重印，并再次于 2009 年 7 月修订，2010 年 4 月重印。

（6）第 7 版《RICS 估价标准—全球版及英国版》。2011 年 4 月出版。2012 年版《RICS 估价—专业标准（全球版及英国版）》于 2012 年 3 月出版。2014 年版《RICS 估价—专业标准（全球版及英国版）》于 2014 年 1 月发布。2017 年版《RICS 估价（全球版）》于 2017 年 6 月发布，2017 年 7 月 1 日生效。现行《RICS 估价（全球版）》发布于 2019 年 11 月，自 2020 年 1 月 31 日起生效。鉴于英国评估准则称谓的版本较多，一般将其统称为"红皮书"。

1991 年出版的红皮书已成为所有特许测量师执业的强制性标准。1995 年，RICS 与评估师与拍卖师协会（ISVA）和税收评估协会（IRRV）共同对红皮书进行了修改，改版后准则主要是针对不动产评估，以不动产评估为主线，内容包括引言、职业规范与职业规范附录、指南三部分。2006 年红皮书与 IVS 接轨。IVS 现已被正式承认并采纳，并要求其成员遵守。

红皮书是世界上资产评估领域的开山之作，对国际评估准则、欧洲评估准则等国家或地区资产评估准则的制定具有奠基意义。有鉴于此，国际评估准则委员会总部设在伦敦。传统红皮书的内容主要以不动产评估为主，同时反映会计标准和评估执业惯例的变化。近年来，随着评估行业的发展，英国皇家特许测量师学会进行了改组，向综合化方向发展，其评估准则也在不断修订和完善，并被译为多种语言，在全球不同国家或地区有着广泛应用。

二、全球版结构体系与主要术语

2020 年 1 月 31 日生效的红皮书全球版包括引言、RICS 术语、RICS 专业标准（PS）——强制条款、评估技术和操作准则（VPS）——强制执行、评估应用指南（VP-GA）、国际评估准则等（见图 14-7）。

（1）引言。引言部分由准则制定的总体目标、适用范围、RICS 全球资料的安排、出版发行、修订及征求意见稿、生效日期等构成。

（2）术语。术语中定义了红皮书使用的、有特殊或受限制含义的有关术语（表 14-19）。当一个术语在准则中按照定义使用时，它将以斜体字来标识。术语中没有出现的词汇，可按照其一般的字典含义来理解。同时，IVS 的定义、措辞已被 RICS 采纳。

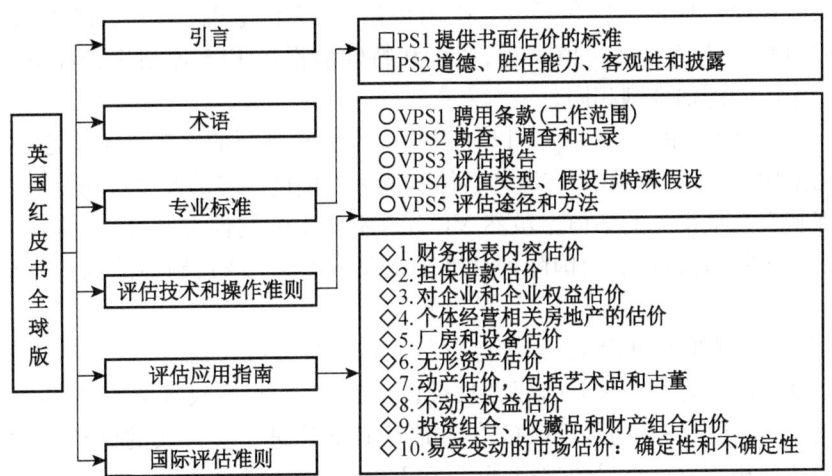

图 14-7　2020 年版红皮书的基本结构

表 14-19　RICS 主要专业术语

序号	术语	序号	术语	序号	术语	序号	术语
1	假设	12	商誉	23	市场价值(MV)	34	可持续性
2	价值类型	13	公平价值	24	协同价值	35	合同条款
3	成本法	14	收益法	25	会员	36	第三方
4	报告日	15	勘察	26	动产	37	企业交易相关财产
5	评估基准日	16	无形资产	27	厂房和设备	38	交易性股票
6	背离	17	内部评估师	28	不动产	39	评估
7	折旧重置成本(DRC)	18	国际财务报告准则(IFRS)	29	监管注册/RICS注册	40	评估基准日
8	外部评估师	19	投资性房地产	30	特殊假设	41	价值
9	公允价值	20	投资价值或所有值	31	特殊买主		
10	财务报表	21	市场法	32	特殊价值		
11	事务所	22	市场租金(MR)	33	特殊物业		

（3）RICS 专业标准（PS）。以职业道德和行为为中心，以知识和能力为基础。使用 PS 表示估价师采用了《RICS 专业标准》，所有提供书面估价的成员都必须采用本标准（除非有其他规定）。标准规定了遵守《红皮书》的参数，包括采用《国际估价标准》；规定了相关 RICS 监管要求；并阐明了成员进行估价工作时使用《RICS 行为准则》的详细说明。

（4）评估技术和操作准则（VPS）。以共同的定义、公认的方法和价值类型及惯例为基础。使用 VPS 表示评估技术和操作准则，此类为强制性（除非另有说明）的要求和相关的实施指南。具体准则包括 VPS1 聘用条款（工作范围），VPS2 勘查、调查和记录，VPS3 评估报告，VPS4 价值类型、假设和特殊假设，VPS5 评估途径和方法。它们当前的顺序国际评估准则相同。

（5）评估应用指南（VPGA）。以分析的严谨性和判断的客观性为中心。RICS 评估应用指南用 VPGA 表示，并在所列具体实例中提供进一步的实施指南。其中财务报告和担保贷款是最常见的估值。虽然 VPGAs 不属于强制性准则，但其体现了资产评估的"最佳实践"，它包含了与国际评估准则以及 RICS 全球强制性准则的链接和交叉引用。

（6）国际评估准则（IVS）。经国际评估准则理事会（IVSC）授权批准，将国际评估准则的全部准则作为一个独立的部分收录在红皮书之中，生效日期为 2020 年 1 月 31 日。不过，值得会员注意的是，IVSC 有随时对 IVS 作进一步修改的权利，对本红皮书全球版的任何相应修订将尽快进行，并可在 RICS 的网站上查询。

三、投资组合、收藏品和财产组合估价

VPGA9 投资组合、收藏品和财产组合估价的主要内容如表 14-20 所示。

表 14-20　VPGA9 投资组合、收藏品和财产组合估价

章节	主 要 内 容
1. 范围	1.1 IVS 框架第 23～24 段"集合体"是指对投资组合、收藏品和财产组合估价进行的估价。 1.2 本准则中的内容对估价师同时为同一客户的多个资产进行估价时应当考虑到的实际问题作出额外评述。任何强制性要求均以粗体形式表示。 1.3 为了避免给出具有误导性或不恰当的建议，必须特别注意以下事项如：分块或分群、不同物业类别的确认，并作出关于什么情况下可以把该物业推向市场的假设或特殊假设
2. 独立物业的识别认定	2.1 如果对什么物业构成单一物业存在疑问，估价师通常应当对该物业进行分块或分群，划分方式应当是在被估价权益的出售中最有可能被采用的方式。同时，估价师应与客户讨论各种选择，所采用的方法必须在合作条款与报告中得到确认。 2.2 需要针对如何分块的假设作出具体阐述的情况包括： ○ 由目前业主分别收购的物理毗邻物业（如开发商为未来开发而集合的物业，或者投资人在当地建设战略股权）； ○ 物理分离的物业被同一实体占用，且各项物业之间有功能依赖性（如停车场独立于大楼，但专供大楼使用者使用）； ○ 相比拥有一处单独的物业，如果拥有大量零散的物业，将对业主或使用者带来特别的优势，原因是实惠，这种实惠还可能来自市场份额的增加，或来自管理或分销方面的节省，如连锁零售店或连锁酒店； ○ 每一处单独物业一项运营业务中的重要组成部分，该业务覆盖了大面积地理区域（例如，作为国家或区域的公用事业网络的一部分，如电信桅杆）。 2.3 估价的目的很可能决定了应采用的方法。比如，客户有可能要求多项资产的估价——单独报告。怎样的范围才算作一处单独物业或其他资产，将需要与客户进行确认。 2.4 要求基于"以人工的方式对物业进行分块"的假设进行的估价，一般应予以拒绝。但是在某些情况下，不常见的分块可以按特殊假设的方式进行处理。（见 VPS4 第 3 段"特殊假设"）

（续表）

章节	主　要　内　容
3.　估价假设	3.1 一旦估价师已经对需要——单独估价的资产组合内的地块进行了确认，就需要考虑哪些具体的假设或特殊假设是必要的。这些应在记录在合作条款（见 VPS1"最低聘用条款"）和报告（见 VPS3"估价报告"）中予以记录。下列各段讨论的是，不同的假设可能对投资组合的估价产生重大影响的情形的例子。 3.2 如果整个资产组合或其中数量可观的物业将同时推向市场，则可能会产生充斥市场的效果，导致价值减少。相反，购买特定物业群组的时机可能产生溢价。换而言之，整体价值可能超过各个单独部分的总和；反之，亦然。 3.3 如果对于某个估价目的，假定该资产组合的所有权或使用情况将继续保持现有状态，例如，用于财务报表的股价，那么为了反映充斥市场的影响而作出扣减或留出余量，则是不合适的。在报告中应当对此予以阐明。 3.4 如果将同一资产组合作为抵押贷款的担保品进行估价，那么如果将整个资产组合同时投入市场时，就不应忽略其对每项单独物业可能产生的不利影响。在这种情况下，适宜的做法通常是阐明如下假设，即：各项物业将有条不紊地进行营销，而不会全部同时投入市场。但是，如果市场环境不允许作出如此假设，如已知当前的业主面临财政困难，那么该种情况应成为特殊假设，并明确说明其对估价的影响（见 VPS4 第 3 段"特殊假设"）。 3.5 同样地，如果估价师为单独物业群体评估价值时，也应阐明支持该方法的必要假设。如果估价师认为在此基础上处理该资产组合不是一般市场上会采取的做法，那么该假设就成为一项特殊假设（见 VPS4 第 3 段"特殊假设"）
4.　报告要求	4.1 在任何情况下，如果资产组合内的各物业的总价值根据放入市场的方式不同而显著不同，取决于这些物业是——单独出售，分组出售还是全部出售，那么应当在报告中对此予以清晰阐明。任何公开出版物引用该报告时均应列出这些"分块"假设。 4.2 如果对一个物业群或物业资产组合进行估价，作出了"将其作为单一实体出售"的假设，那么报告中的市场价值将与整个物业群相关联。其中每项单独物业的市场价值的明细也应清晰注明这一点，并指出这种分摊不一定等同于任何单独物业或资产权益的市场价值。 4.3 反之，如果在针对资产组合中每项单独物业的市场价值的估价中提供了一个汇总数字，则应当注意不可将此作为整个投资组合的市场价值

四、易受变动的市场估价：确定性和不确定性

VPGA10 易受变动的市场估价：确定性和不确定性的主要内容如表 14-21 所示。

表 14-21　VPGA10 易受变动的市场估价：确定性和不确定性

章节	主　要　内　容
1.　介绍	1.1 本准则旨在鼓励在估价报告中落实最佳实践，并向用户具体说明相关的确定性水平和风险。 1.2 所有估价均为建立在所述基础上的专业意见，并附适当的假设或特殊假设（见 VPS4 第 2 段"假设"、VPS4 第 3 段"特殊假设"）。估价并不是一个事实实价值，而是一个价值意见。无可避免的是，不同案例涉及的主观程度有所不同，因而确定性也不同——确定性是指估价师对市场价值的意见与在估价时点实际出售产生的价格完全相同的可能性。为了确保用户对估价的理解和执行度，需要增加估价方法的透明度，并充分解释对估价产生重要影响的所有因素。 1.3 在某些估价情况下，列明支持性的证据、解释估价方法和市场情况可以帮助理解（但不必要）该项估价。并不是所有情况都需要此类评论、背景和解释。然而，估价师应当考虑提供此类支持性建议，提高用户对该项估价的置信度。

章节	主 要 内 容
1. 介绍	1.4 估价师不得将估价中表示缺乏信心的声明视为承认弱点。事实上，如果未提请客户注意估价中某些重大的不确定性，从而使客户高估该项估价，超出担保的程度，那么报告具有误导性，并违反 VPS3"估价报告"的规定
2. 影响估价确定性的事宜	2.1 以下列表（并不详尽）举例说明了可能对估价意见的确定性和置信水平有重要影响的事项：估价师的状态；固有的不确定性；查询或所提供信息的限制；流动资产和市场活动；市场的易变动性。 估价师的状态 2.2 估价所需的判断的准确性和相关性取决于估价师个人的技能和经验。对这些判断的置信水平还取决于估价师的独立性。PS2 第 3 段"成员资质"和第 4 段"独立性、客观性和利益冲突"规定了与估价师资格和独立性相关的判断准则，VPS3"估价报告"要求在报告中确认估价师拥有足够的经验，并不存在利益冲突。 固有的不确定性 2.3 物业本身的一些特点可能使估价师难以形成一个关于其可能价值的意见。例如，这可能属于某种异常或独一无二的物业类型。同样地，无论是涉及潜在的规划许可或存在特殊购买人，重大希望值的量化将很大程度上取决于所作出的假设。 查询或所提供信息的限制 2.4 如果因为客户或估价环境的原因，导致估价师可获取的信息有限或受到限制，那么估价的确定性相比于其他情况下会较低一些。VPS3 第 7(h) 段"所使用信息的性质和来源"要求说明信息来源，并提醒注意使用的局限性。 流动资产和市场活动 2.5 在资产流动性和限制债务可用性水平低的市场中，为估价提供实证支持的数据量较少。在这种情况下，估价师应当尽可能保持明确性和透明度，所得的结论在很大程度是基于主观性的。同样地，在流动性好和活跃的市场中，估价师应当说明有丰富的经验数据能够支持得出的结论。 市场的易变动性 2.6 由于不可预知的财务、宏观经济、法律、政治或者自然事件，均可能导致市场扰动。如果估价时点与此类事件发生时间一致，或者紧接着此类事件之后，则可能由于经验数据的不一致或缺乏经验数据，或者估价师正面临前所未有的情况，导致估价的确定性水平降低，需要特别测试估价师的能力。尽管估价师仍然能够作出判断，但必须明确说明这一判断基于的背景情况
3. 报告	3.1 VPS3"估价报告"要求估价报告不得产生误导，或造成某种错误印象。估价师应当注意对估价的确定性产生影响的任何事项，并作出评论。根据估价的目的不同，评论范围也不同，并应当与客户商定报告的格式。 3.2 在适当的情况下，估价师还应当考虑使用特殊假设和敏感性分析，并充分明确说明纳入这些项目的原因。 ○ 特殊假设的使用：如果估价师可以合理地预见在不同的情况下可能出现不同的价值，那么估价师应当与客户沟通，考虑使用特殊假设的其他备选估价，以反映这些情况的不同。但是，必须注意 VPS4 第 3.3 段"价值基础、假设和特殊假设"的要求，规定使用的特殊假设必须是与估价情况切合实际、相关和有效的。 ○ 敏感性分析：如果发现可能对估价确定性产生重要影响的问题，则可能需要提供一个敏感性分析，说明这些变化对报告中的估价变量的影响。 3.3 通常不接受在估价报告中使用某个标准告诫处理估价确定性问题。所提供意见的不确定性程度对于某些具体的估价将是独一无二的，使用标准条款可能贬低所提供意见的权威性，或对其引起质疑。估价师的任务是在报告内给出权威、经过慎重考虑的专业意见。影响确定性的问题应当在此情况下报告。

（续表）

章节	主　要　内　容
3. 报告	3.4 如果没有特别要求,最好不要提供一个价值范围。在大部分情况下,估价师必须提供一个单一的数据。在没有进一步的评论下,一般不适合使用"在某一区间内"等措辞表示重要的不确定性。如果在不同情况下可能出现不同价值,那么最好根据规定的特殊假设提供估价。 3.5 如果在报告中包含对不确定性的数学计量,那么必须充分解释所使用的方法或模型,并适当强调其中的任何局限性

第五节　澳大利亚与新西兰评估准则

一、澳大利亚与新西兰评估准则的制定与演进

澳大利亚与新西兰评估准则（Australia and New Zealand Valuation and Property Standards,以下简称"ANZPS"）是由澳大利亚财产学会（Australian Property Institute,以下简称"API"）和新西兰财产学会（The New Zealand Property Institute,以下简称"PINZ"）下设的澳大利亚和新西兰的财产评估准则委员会（AV&PSB、NZV&PSB）共同制定的,是财产评估行业的知名准则,通常由 API 出版发行。API 和 PINZ 都有着悠久而辉煌的历史。API 最初作为评估师联邦组织始建于 1926 年,PINZ 成立于 1942 年。

ANZPS 经历了各自独立、联合制定及国际协调三个发展阶段。鉴于两国的地理位置、历史渊源及经济上的密切联系,2006 年起,澳大利亚财产学会与新西兰财产学会通过互惠协议及战略联盟方式合作,完全采纳了国际评估准则,联合制定出了一套与国际评估准则完全协调的评估准则。

迄今为止,API 评估准则先后发布有 1998 年 9 月、1999 年 9 月、2001 年 11 月、2004 年 2 月、2006 年 5 月、2008 年 6 月、2012 年 1 月 7 个版次,其中,后 3 个版次为 API 与 PINZ 联合制定和发布。2012 年 1 月发行的是 API 与 PINZ 的第三个联合出版物。

二、重要概念及框架结构

（一）ANZPS 的重要概念

ANZPS 没有构建概念框架准则,其重要概念有澳大利亚与新西兰资产评估准则、财产、注册评估师、财产估值准则手册、客户、评估、住宅物业估值、商品和劳务税或者消费与服务税（Goods and Services Tax，GST）、持续专业发展（Continuing Professional Development，CPD）、风险管理、污名效应、强制出售等。

（二）ANZPS 的框架结构

ANZPS 同时涵盖了两国财产学会共同认可的准则、各自独有的准则以及国际评估准则,其内容结构远比一个国家或者组织制定的评估准则复杂,其内容结构可归纳为职业道德准则和行为规范、国际评估准则 2007、实践准则、评估指南、房地产评估指南等构成（见图 14-8）,职业道德准则和行为规范、实践准则、评估指南是其核心内容。

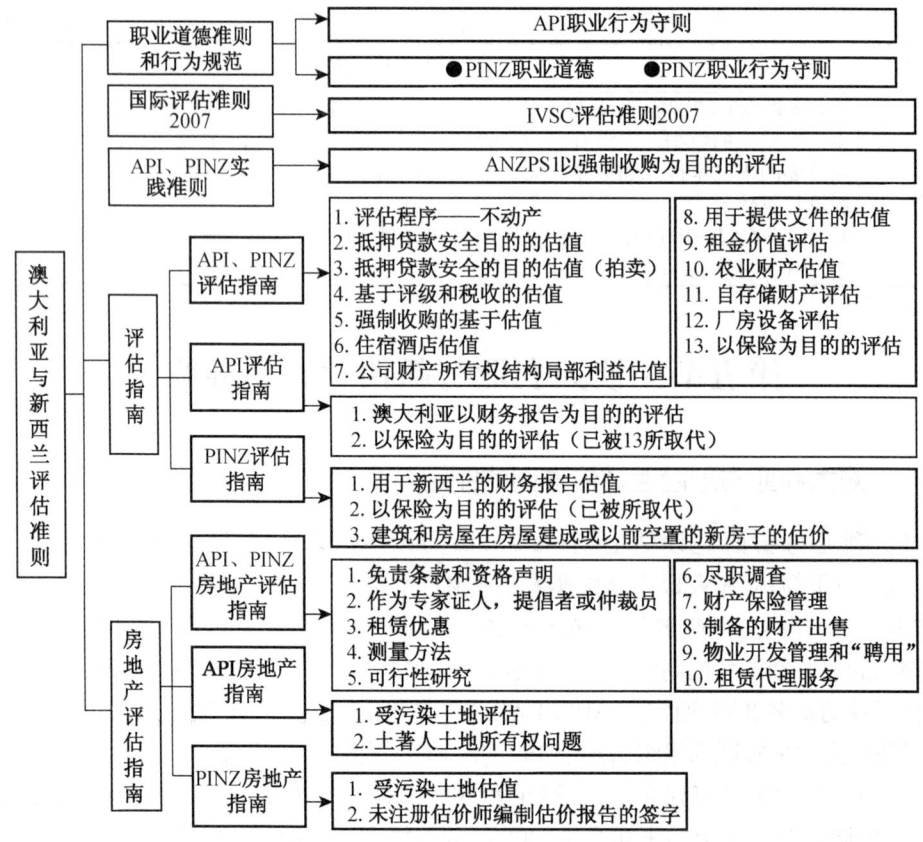

图 14-8　ANZPS 的框架结构

三、受污染土地评估问题

1. 基本内容

ARPGN 1 由总则、污染类型和案例、确定和量化污染、修复实践与技术、对价值的影响、贷款的潜在问题、立法、赔偿保险、GST 谨慎等 9 章构成(见表 14-22),并在指南后增加了附录,为评估师执行土地污染问题的评估提供了系统的指导与方法。

表 14-22　ARPGN 1 污染土地评估准则

第 2 章　污染类型和案例
2.1 范围广泛。潜在环境污染物范围广泛,有液体、固体化学腐蚀性气体和放射性物质。

2.2 物理污染物。每种污染物,必须考虑其潜在的物理和非物理的影响。物理污染物,包括石棉,烃类,铅,汞,砷,氰化物,农药,但并不限于这些物质。矿业副产品包括营养物质和砷化合物。未爆炸条例(Unexploded ordinances)是前国防力量土地上的另一个环境难题。有机化合物如甲醛是问题资源。使用煤发电的发电厂产生的煤焦油,石棉或印刷电路板,可引起毒性问题。它们都只不过是一些例子。

2.3 非物理污染物。这些污染物包括无形的、非物理物质。然而,它们应当被视为"真实"的物理污染物。一个典型的问题可能是辐射的形式,强烈的无线电波传输,过多的热量。

2.4 氡。氡是一种天然存在的放射性气体,大约一半的曝光是由这种气体负责的,在背景辐射下,这是不可避免的。吸入氡及其衰变产物会增加患肺癌的风险。氡气源于在地下特定的放射性物质,在小范围内,来源于建筑材料。它分散在露天中,但是在通风不良的地下室和洞穴一样的空间分布水平就会升高,即使还没有发现这样的浓度水平将会对澳大利亚人的健康造成危害。

（续表）

第 2 章　污染类型和案例

2.5 在家庭内部环境的毒素。这些毒素包含一长串的物质,包括杀虫剂,铅基油漆,木材防腐剂,上光剂,除草剂,漂白剂和其他许多物质。某些相关木材或者用于家庭保温、家具和配件的生产材料可能会释放甲醛或其他影响一些人健康问题的防腐剂。（这些家庭的许多毒素不是长时间的,而是短暂的,通过相对较低的成本手段就可能消除。）除非在特定情况下,如在商业行为中使用这些产品,国内出的估值报告会认为含量是过度的。

2.6 清单和有害物质定义的改变。列表和物质特性构成了危险废物,当新的信息变得可用的时候,大量的物质被认为经常发生有害的改变。来自国家或地方环境机构的信息往往是可用的。附录 1 和 2 提供了初步名单。在澳大利亚和新西兰为污染评估和管理提供指南的网站上也包含了大量的列表。

2.7 与环境相关的法院案例。与环境相关的诉讼案件,特别是联邦法院,如果根据以往的活动或管理建立新的区域进行判断的话,将会对价值产生潜在影响。这种情况下,法律可以对存在疑问的地方进行适当的调查

第 3 章　确定和量化污染

3.1 可能污染的信息。土地可能污染的信息对土地行业是至关重要的。此类信息的两个主要来源是历史土地利用的调查和由环境工程师/审核员进行的环境污染科学调查。调查一般分三个阶段:

第 1 阶段:土地初步勘测。第 1 阶段是对在土地上的任何污染进行初步评估。它包括以下步骤:调查土地历史;现场物理性检查;基本的取样和分析,以确定是否存在污染;编写一份报告。

第 2 阶段:详细的现场调查。如果第 1 阶段的调查结果显示需要进一步调查,则进行详细的现场调查来评估:各种污染物的浓度;修复土地体积;渗滤及流动性污染物;地下水污染;异地迁移污染物的可能性。

第 3 阶段:健康、环境评估以及整治计划的确定。

根据第 2 阶段调查结果提供的信息来确定污染物在现有和预期的土地用途上潜在的"人类接触和对环境的影响。"如果预期的使用会对环境造成不可接受的影响,则需要根据条件实施部分或全面整治,或其他土地污染的管理战略。卫生和环境风险评估必须进行,网站专项整治计划也须有所准备。

3.2 第 1 阶段调查:背景研究与历史性土地的用途。以前的所有者和员工是了解财产历史的一个很好的信息来源。地方议会可以提供关于土地的一些更突出的丰富信息,标题搜索可以提供一些以前使用的信息。许多州政府的航拍照片,可以帮助确定一些以前的用途。政府部门,如涉及采矿、公共供水、环境和健康部门,它们有规范的记录和其他有用信息。

3.3 寻找迹象。如果不是目前使用,找到能说明以前使用的迹象是重要的,这可能导致或者引起某种形式的污染。由于土地历史的编制,需要有一个完整的详细的现场检查。经常有一些有非议的土地,它们可能存在某些形式的污染迹象。会员应查看混乱或彩色的土壤,混乱的植被,化学容器的存在,或化学气味,并查看地表水的质量。此外,表层土壤或填土可能已经从其他位置被引入到土地里。异地源污染的可能性也应考虑。环境评估清单在附录 3。ANZECC/ NHMRC 澳大利亚和新西兰受污染场地的评估和管理的指导原则包括确定和量化污染的一个十分实用的章节。

3.4 成员的角色。会员应该知道,对于合理的现场检查和询问有关当局,发现污染的检测和初步鉴定以及随后的报告,他们的角色和专业知识都是有限的。详细确定污染量化应该留给那些在这一领域的专业人士。然而,当提供信息给会员时,应该给客户提供一份来源声明（无论是邻居,前雇主或环境专家）和适当的资格认证。

3.5 污染场地注册。一些国家编辑由国家有关环保机构维护的,供公众查阅的受污染场地注册簿。如果会员发现或怀疑一个场所可能是被污染的,则应当在适当的时候,检查污染场地注册簿时保持谨慎态度。这将有助于为会员的客户提供有用的信息,从而提高了提供的服务水平和履行会员的专业义务。成员不能过度依赖这些注册簿,因为它们并不详尽,尤其是在这些国家,它们没有正式通过立法要求。不在注册簿上不能被用来说明场所并没有受到污染。即使在缺少受污染场地的注册簿,环境部人员仍将提供一些场所的有关资料。

3.6 潜在的或现行的污染问题。会员为了提供估值或其他报告为目的的财产检查,应注意任何财产场所潜在污染。就此而言,在检查过程中,会员应试图从现场观察中找出任何潜在或现行的污染问题,相应地进行报告,并在适当情况下进一步征求专家的意见。其他场所,最初应考虑的因素,包括场所的布局和轮廓,仓储区,地质,水景及可能会影响到土地附近发展的因素。

3.7 具有合适资格的专家出具的报告。

第1阶段的调查。由合格的专家提供关于财产场所的历史报告,解决了以下问题:现在和过去的土地用途;在场所进行过的事件和/或活动;在该处附近进行的主要工艺和/或活动;场所中每个进程和/或活动的位置;每个进程和/或活动的持续时间;废物处置活动;污染源和污水迁移途径;地下水池的存在和目的;有害物质泄漏的迹象。

第2阶段的调查。在进行调查和检查,如果会员认为或者怀疑场所面临着污染的威胁,这种威胁可能导致场所在未来的使用受到限制或妨碍了其金融环境因素,会员有义务建议客户从适当的合格的专业人士那寻求更详细的建议。这样的建议应该在本场所考虑到当前和未来的使用中形成。由一家专业环境工程师或科学家或其他符合资格的专家进行第2阶段的调查,可能包括以下一些或全部:历史土地利用现状调查;环境风险清单;特殊污染物的评价,如石棉,PCB,酸,毒物比如砷,放射性核素;遥感调查;现场有毒气体的鉴定;地表土壤、水的采样和实验室分析结果;子表面(sub-surface)土壤采样和实验室分析;地下水采样和实验室分析;污染物指定位置的计划;健康和安全计划。

调查包括,根据一个场所特定目的或特定条件下,污染是否已经达到了行动水平,在这种水平下补救或降低风险水平的建议是必要的。

第3阶段的调查。随后,对于指定环境顾问进入顾问的第三阶段是必要的,包括现场表征,包含成本估计的补救行动计划的制备,监管机构谈判的行为,修复系统的设计,持续管理,适合未来监测安排的发展。

3.8 专家参与否。会员应意识到第1阶段调查的过程中,已经足以向客户建议需要具备适当资格的专家参与的因素。会员还应考虑,在最终报告中可能会也可能不会被使用,但仍会作为一个的已经考虑潜在污染而得出评估值的一项详细记录。

3.9 不是专家。在现场或其他污染的问题上,会员不应该把自己看作一个专家。

3.10 详细资料无法获得的环境污染调查的建议。最终,只有通过科学的测试,受污染的程度才能进行验证。这种测试既昂贵又费时,且本身并不能提供不存在污染的肯定保证。

凡被怀疑受到污染的,无法获得详细信息的,会员应评估财产没有污染的基础和一些污染可能是存在的,并且价值可能会受到影响

第4章 修复实践与技术

4.1 快速变更的整治技术。财产环境污染的整治实践不断变化。由专业人员和建立立法标准的人不断更新技术,建立新标准。

4.2 整治定义。整治定义为一种试图减少被各种措施和方法污染的土壤,地下水,饮用水和建筑物污染的程度。注意整治包括减轻污染的措施,这种措施并不是用"清除"技术摧毁或移除污染。

4.3 对价值的影响。整治和清理对价值的影响主要取决于以下因素:现场污染,有效的EPA,花费时间。进一步的分析和检测可以更好地开发利用土地。按照制定的计划整治的风险也要考虑。

4.4 整治技术。整治技术包括从现场去除受污染的土壤,提取和风干污染表层泥土的烃,抽出污染的地下水或者将其化学中和。使用石灰等各种措施。

4.5 新技术。新技术的应用可以潜在地减少污染对财产及其价值的负面影响。然而,因为在处理土壤污染、有毒废物、化学品难度较大,所以清理成本仍然高。各会员应该关注相关技术的进展,ANZECC / NHMRC指出了(注5)一个污染场地管理方法,指出根据实际土地使用整治。这种意识将告知会员污染地的潜在风险,并提醒他们需要向专家寻求信息。然而,正如前面提到的,会员应避免让他们提供专业知识以外的建议。

（续表）

4.6 清理方法。污染源的去除有不同的方法。常见的有：(1)现场处理。污染物被破坏或分解同时土壤保持原样，如生物修复，土地耕种，垂直混合和化学固定。(2)非现场处理。从现场挖掘、去除受污染的土壤，带到别处处理，如高温焚烧，土壤洗涤，热吸收，根据颗粒大小分离，化学处理——碱催化脱氯(BCD)，球磨机粉碎和超临界流体萃取。(3)非现场处置。在垃圾填埋场处理从处置现场挖掘和去除受污染土壤是一个有争议的问题，当局不太可能会批准公共道路运输受污染土壤这种整治方法。(4)控制现场。该方法是就地保存受污染土壤，限制接近，防止某些方式泄漏，如封装盖。

除了以上，回收利用也是一种可以接受的整治方法，如回收溴化银的银可用于恢复照片处理工业。然而，对于高价值产品，这种高回收成本方法才是可行的

第5章　对价值的影响：成本影响的广大地区

5.1 责任方。根据相关法律，通常是责任方承担污染物的清理费用。当责任无法确定时，通常是由所有者承担。会员根据相关法律确定责任方和职责链。

5.2 现在和未来的实用性效果。整理费用可以很小，小到支出对价值影响不大，严重的情况下，财产是无用的或在可预见的未来是无用的，则有必要减少高昂的成本。财产当前和未来的实用性的污染程度应当在评估前量化。

由于专家参与评估工作，对于污染的程度和整治成本，会员不要自己去估计。

5.3 初始调查费用。最初环境污染成本是发现任何问题所发生的费用。

5.4 补救成本。对某一问题的整治成本不能低估或高估。例如，财产可以带来收入而整治费用也在提高。在某些情况下，这些成本可能被摊销而不是作为一次性成本。

5.5 清理成本。解决污染问题的成本包括所有清理相关费用。这些费用包括物理清理，监测的补救措施，法律费用和固定费用。费用也可能涉及资本改善，高效、低污染的系统提高了剩余财产价值。

5.6 开发和维护的成本信息文件。会员可开发和维护清理成本信息的文件。但该信息不可以给客户详细的环境建议或成本估计。专家应该牢记这一点。

5.7 物理清理费用或整治成本。这可能涉及许多技术，如简单的移除和更换污染的土壤（找到一个放污染材料的地方往往是很难的），用泵抽取地下水中的有害化学物质，或隔离和永久密封污染物。在某些情况下用特殊化学品中和污染物是可能的。环境工程师和其他专家可以提供补救工作或减少整治风险，并估计承担这项工作的成本。

5.8 诉讼费用。污染物的诉讼费用是解决问题的部分成本。对每一个特定的财产情况这些法律费用的程度会有所不同。会员应在报告中记录这些费用，并说明这是由专家报告得到的。诉讼或未决诉讼可能会影响市场化价值或进一步减少潜在的买家数。另外，会员应当用应急图表示这些影响。应急图由环境专家根据律师研究估计得出。

5.9 持续成本。这些成本往往在清理后得到的。此外，清理后实际或潜在的风险可能导致更高的保险费用。会员应当从环保专家得到持续的成本费用数据，并确保这些成本在设备或改进生活或修复期中产生。

5.10 间接损失。这些包括那些在清理过程中或清理后导致财产收入的减少。例如，住户无法在出租房里去除油漆。另一个例子是如果工厂因有毒污染不能使用，将会产生额外费用，并导致经营收益的变化。由于整治的需要而导致发展的停滞而引起的持有成本，是另一种形式的间接成本。

5.11 融资。金融机构运用更保守的货币政策将导致不利的影响。（评估人员有责任确保抵押贷款的客户足够了解污染风险）

5.12 赔偿协定。一些赔偿协议，规定了卖方有责任对环境污染造成的当前和未来成本负责。从市场的角度来看，销售情况，销售价格将需要被打折扣。会员可以建立查询赔偿程度的系统。

5.13 污名。这是一种无形的因素，它可能不是衡量成本的标尺，但它可能对市场价值造成影响。

5.14 市场观念。市场可以存在的原因：现有或将来对场所使用的不确定性；与整治相关的风险；完全"治愈"的场所是无法实现的；关注潜在清理费用；以前场所使用产生的偏见；替代场所使用限制；立法问题影响污染的场所；未来融资和市场化困难；公共责任风险。

整治和清理使财产不理想。财产被污染,尽管存在可用的信息,清理已经发生,市场值还会受到较大影响。

5.15 效果不成比例。价值影响与整治成本不成比例。土地污染造成的市场价值损失的主要原因有三大类:成本和整治风险,法律和监管成本;公众责任;污名(影响销售和按揭证券的适用性)。

5.16 污染物不一定减少价值。因为学校、工业要使用土地,污染物存在不一定减少财产价值。根据国家的法律,还会继续使用没有整治的财产。比如说,因为含有有毒化合物,工业矿库可能被限制。但这种化合物是一个根据市场需求的工业过程的一部分。特殊的许可通常伴随着这些过程和财产可以继续使用。在这些情况下会员报告评估值还应通知客户,如果停止使用,评估可能不同

2. 附录

附录部分包括联合国危险类别(见表 14-23)、潜在的污染活动和产业及土地用途(见表 14-24)、建议的环境量表(见表 14-25)、环境资产负债表、瑕疵评估方法、澳大利亚的环境立法等。

表 14-23 联合国危险类别

序号	危险品名称	序号	危险品名称	序号	危险品名称
1	炸药	7	易燃固体	13	传染性物质
2	易燃气体	8	易自燃物质	14	放射性物质
3	不易燃/压缩气体	9	潮湿时释放易燃气体的物质	15	腐蚀性
4	毒气	10	氧化剂	16	其他危险物质
5	高度易燃液体	11	有机过氧化物		
6	易燃液体	12	有毒物质(有毒)		

表 14-24 潜在的污染活动、产业和土地用途

序号	潜在的污染活动,产业和土地用途	序号	潜在的污染活动,产业和土地用途
1	屠宰场和动物处理厂	8	装瓶厂
1b	砷	9	啤酒厂,农药,润滑油和润滑脂,地下储罐
2	酸/碱厂房及配方	10	砖厂
3	农业活动(葡萄园,烟草,羊骡降,市场花园),重金属	11	汽车清障车,油和油脂,TPH 和苯系化合物,三氯乙烯溶剂
4	机场,从溶剂中清洗过程,乙烯	12	水泥工程
5	氧化铝精炼厂残渣处置区、氟化物(大气排放)	13	坟场
6	石棉/石棉产品	14	陶瓷作品,重金属
7	农药	15	化工生产和配方

（续表）

序号	潜在的污染活动,产业和土地用途	序号	潜在的污染活动,产业和土地用途
16	煤矿及洗选厂,有机化合物——表面活性剂	42	药品生产和配方
17	防务建设	43	摄影开发,重金属、银氯是这一过程的一部分
18	码头,油和油脂,YPH 和 BTEX 化合物,TCE(溶剂清洗)、农药、重金属	44	养猪场,农药和重金属
19	鼓翻新工作	45	植物苗圃
20	干洗场所,有机化合物	46	厂房或玻璃纤维
21	电力分布,PCB 化合物	47	电站
22	电镀,热处理物业,铬,重金属	48	规定的废物处理和存储设施
23	乙醇生产厂	49	印刷电路板制造商、溶剂和胶水
24	发动机的工作原理,TPH,BTEX 化合物,有机化合物(与溶剂有关)	50	物业地下储油罐,总石油烃,多环芳烃,苯系物,溶剂
25	炸药行业	51	放射性物质的使用或处置
26	化肥生产厂	52	铁路调车场
27	煤气厂	53	研究实验室,金属,有机物,放射性元素
28	玻璃制造工程	54	锯木厂和木工工程,铜,铬,砷
29	园艺/果园,OCP OPP 农药	55	废车场,TPH,苯系物
30	工业尾矿池,重金属,有机化合物,TPH,苯系物	56	服务站
31	钢铁厂	57	污水处理工程
32	垃圾填埋场,各种可能的污染物	58	冶炼和精炼
33	石灰工程	59	炼油厂
34	码头及相关造船厂,重金属——尤其是三丁基锡	60	鞣制及相关的行业
35	金属处理、重金属	61	木材处理厂,甲醛,铜,铬,砷
36	矿产沙转储	62	交通运输,储存库
37	采矿和采掘业	63	轮胎制造和翻新工程;胶
38	弹药试验和生产基地	64	固体,液体化工,石油,石油或医院废物焚烧,粉碎,储存,加工,回收或处置废物处理厂
39	石油生产,处理和储存	65	木材存储处理。甲醛,铜,铬、砷
40	涂料配方及制造	66	木材处理设施。甲醛、铜、铬、砷
41	农药生产和配方	67	木材防腐。甲醛,铜,铬、砷

此外,农业化学品及其副产品也可能形成污染,如喷雾混合;又如,羊和牛排放的气体(放屁)等也会对空气造成污染。

建议的环境量表分十个方面提出问题(见表14-25),但不可能包括所有详尽的方面及问题。评估师应当依照自己的专业判断,决定有关特定财产价值受到的影响。评估师对每个问题应当进行两个方面的评价说明,一是有/无、N/A 及其评价说明(Y/N N/A Comment);二是未知(不详)、N/A 及其评价说明(Unknown N/A Comment)。

表 14-25　环境量表的评价方面及问题

序号	评价方面及问题	序号	评价方面及问题
	(一)有害物质的贮存和处置	15	现有业务是否符合目前的监管许可?
1	财产里是否有任何桶,罐或其他有害物质,如化学品,杀虫剂,清洁剂,溶剂?	16	根据储存的危险化学品,在火灾或自然灾害的情况下是否有存储结构设计,以尽量减少污染?
2	如果有,是否有漏油,漏气或排放到地面,桶,罐,有害物质的其他持有人的任何迹象?		(二)管理控制:危险废物
3	观察地面上是否有任何方面的污渍或植被死亡?	1	工厂是否有政策文件,并对全体员工是可利用的?
4	财产是否有危险废物的发电机设施吗?	2	工厂是否有一项监测和审查环境控制地方的行动计划?
5	如果财产产生危险废物,是否出现被监控不当或专业危险废物处置承包商不专业的运离该财产?	3	工厂是否有泄漏,爆炸或打破事件的应急预案和/或程序?
6	如果物业产生危险废物,它有法定环保机关批准,或者是被授权这样做吗?	4	执照副本和/或注册是否是容易的和最新的?
7	财产显示是否有任何坑,池塘,泻湖(其他一些地方议会比正常水蓄水池要求)或其他海洋倾倒区?	5	验证任何现有订单的当前状态
8	工厂是否出现任何无收费的化学气味,烟雾或雾明显的空气排放来源?	6	验证当前审计状态
9	工厂是否出现无任何噪音污染和控制的地方?		(三)采掘业
10	财产的传染性废物(医疗病理废物)的来源是否有任何证据吗?	1	在正在进行的场所上是否有任何采掘业?
11	如果有任何感染性废弃物来源,设施是否有出售不足或功能不正常?	2	如果有,是否有可利用的环境影响报告书细读?
12	如果财产当期使用,并没有显现任何上述情况,是否可以事先使用涉及有害物质,贮存和处置的土地?	3	如果有,是否有可供查阅的当前发展审批?
13	受污染土地或等值的财产是否有任何政府登记?		(四)石棉
14	由当地社区委员会,卫生署或 EPA 表示财产受到当地环境问题,现有或过去的操作?	1	石棉是明显的财产吗?

序号	评价方面及问题	序号	评价方面及问题
			（七）土地填充
2	穿过设施是否发现任何明显石棉天花板,管道,屋顶,锅炉保温或结构梁等,易燃,剥落或损坏的证据?	1	是否有任何证据证明该场所是目前正在填充或已经充满?
3	财产设施建造是在 1980 年被禁止使用石棉以前吗?	2	填充操作是否已获理事会和 EPA 批准?
4	有无进行石棉调查/审计设施?	3	填充操作是否有易腐烂,非易腐烂或有毒废物?
5	调查是否发现建筑物含石棉物料?	4	填充操作是否需要许可证和/或履约担保及 EPA 的许可?
	（五）多氯联苯（PCBs）		（八）农业类型土地
1	电气设备(变压器,电容器等)是否含有多氯联苯(PCBs)?	1	如果该土地先前已被用于园艺,果园或市场花园,过去的土地用途是否涉及持久性农药狄氏剂,DDT 任何历史证据?
2	如果目前的财产含有多氯联苯的电气设备,是否有泄漏或设备附近有泄漏在地面上的证据吗?	2	是否有评估农药的存在可用的环境审计?
	（六）地下储油罐（USTS）		（九）前国防定向土地
1	地下储油罐(USTS)是否含有石油产品或危险化学品?	1	土地是否包含可能与国防工程有关的未爆炸弹药,放射性物质或其他有害物质?
2	如果财产中存在地下储油罐,油罐上是否装有检漏设备或二次围堵系统?	2	是否可从国防部或地方政府就未爆弹药的存在得到任何信息?
3	他们是否进行泄漏测试?		（十）环境危害邻近土地
4	以前是否有过的泄漏事故,泄漏或排放?	1	是否出现任何相邻的土地有任何不当会影响土地价值的储存或倾倒有害物质,桶或容器?
5	是否有业主或承租人对有关地下储油罐进行任何环境审核?	2	是否有任何的垃圾填埋场,1公里范围内的土地垃圾场或其他废物处置设施?
6	是否有适当的登记表格提交到指定的监管部门?	3	在任何相邻的物业是否有任何迹象显示操作,如加油站,化工厂,散装储罐,制造工厂或其他土地用途可能涉及土地污染的(如本文档中所述)?

表 14-26 是一个相对简单的非计算成本的环境资产负债表。

表 14-26 资产负债表价值减值意见

	未受损害	估值意见
减:环境责任		
尽职/初始环境顾问的成本		$
量化和替代战略发展成本		$
行动计划成分的现值:		
修复/清理行动费用	$	
污染控制管理办法	$	
生产设施的重置	$	
避免污染迁移到相邻的站点	$	
通知,培训和记录保存	$	
应急响应行动的津贴	$	
法律费用	$	
未来保险的补偿	$	
监测成本	$	
适用情况下的许可成本	$	
小计:行动计划的现值	$	
估计负无形资产(瑕疵)影响		$
环保方面的负债总额		$
所有者财产减值状况		

表 14-27 是污染土地评估比较案例研究资料,污染影响范围在 20.9%～45.4%,比较最接近评估对象土地的为 2 号和 4 号,即 29.2%～32.7%,因此评估对象土地适用的污染百分比为 31%。

表 14-27　比较案例研究

案例研究	污染受损价值的百分比	财产价值的比较
1	25.9%	治理后,由额外污染的恐惧引起的污染比主体土地不严重
2	29.2%	目前无治理建议,工业持续使用,主体财产有类似风险水平
3	20.9%	场所没有受到污染,但与污染场地毗邻
4	32.7%	与主体土地类似的污染类型,但更严重
5	45.4%	严重污染的场所,废弃的土地,比主体土地更严重

课外阅读材料

1. 国际评估准则理事会. 国际评估准则(IVS). http://www.ivsc.org.

2. 美国评估促进会. 美国评估准则(USPAP). http://www.appraisalfoundation.org.

3. TEGoVA. 欧洲评估准则 EVS2016. http://www.tegova.org.

4. 英国皇家特许测量师学会. RICS 评估专业准则——结合国际评估准则(Red Book)http://www.rics.org/cn/.

5. 澳大利亚财产学会. ANZ Valuation and Property Standards 2012. http://www.api.org.au.

6. 刘芳芳,尉京红. 我国资产评估准则与国际评估准则的比较[J]. 财会月刊,2011(1).

7. 韩立英. 中国资产评估准则及其与国际评估准则的比较[J]. 国有资产管理,http://finance.sina.com.cn/leadership/mroll/20111212/133410977019.shtml.

8. 李珍,张慧峰. 中美资产评估准则比较与启示[J]. 财会通讯,2011(28).

9. 郭化林,黄明菲. 美国口头评估报告对我国的启示与建议[J]. 商业会计,2013(16).

复习思考题

1. 请从制定主体、制定背景、制定原则、制定机制、制定目的、适用范围、涵盖的业务领域、准则结构、准则内容、准则与会计关系、法律效力、影响范围等方面比较中国与 IVS、USPAP、EVS、Red Book、ANZVPS 的主要差异,并指出哪些方面值得我国学习或借鉴。

2. 根据国外有关评估准则的重要概念或者框架,请列举中国资产评估准则的重要概念有哪些?你认为中国是否应当构建概念框架?为什么?

3. 简要说明 IVS 的影响及美国、英国、欧洲、澳大利亚和新西兰等主要国家或地区的评估准则是如何实现与 IVS 趋同的?你认为哪种方式(模式)适合中国国情?为什么?

4. 以美国评估行业协会"林立"、评估准则制定"百花齐放"抑或"良莠不齐"到成立美国评估促进会并制定 USPAP 为例,阐述统一制定国家评估准则的意义,并简要说明对中国的启示。

5. 归纳并说明澳大利亚与新西兰受污染土地估值准则的差异及其对我国的借鉴之处。

案例研究

资产评估准则发展的趋势是本土化还是国际趋同

（一）背景资料

评估准则的制定是一项复杂的系统工程，不仅专业性、技术性要求高，而且反映了社会经济、文化、法律等社会背景和环境条件，是相关各方利益的协调过程。由于各国评估业发展很不均衡，各国评估理论基础和实践均缺乏一致性。因此，各国和相关国际性评估专业组织制定的评估准则无论在内容还是在体例上都存在较大差别，侧重点也由于各国评估业热点问题的不同而各不相同。目前在国际评估界具有较大影响的评估准则主要有：①国际评估准则理事会制定的《国际评估准则》（IVS）；②美国评估促进会制定的《专业评估执业统一准则》（USPAP）；③欧洲评估师联合会制定的《欧洲评估准则》（EVS）；④英国皇家特许测量师学会制定的《英国评估准则》（Red Book）；⑤澳大利亚和新西兰财产学会制定的《澳大利亚与新西兰评估准则》（ANZVPS）。

资产评估准则国际趋同，其实质是与国际评估准则趋同。

受经济全球化、地缘政治等多种因素的共同作用，资产评估准则越来越呈现国际趋同、地区趋同并存的发展态势。例如，欧洲、英国、澳大利亚和新西兰等地区或国家，均将国际评估准则作为其评估准则的组成部分；部分国家也直接采用了国际评估准则。

2014 年，IVSC 与 20 个评估专业组织会员签订《国际评估准则》趋同谅解备忘录，各组织承诺将在未来 3 年内直接采用《国际评估准则》，或保证本国准则向《国际评估准则》趋同。

IVSC 主席戴维·泰迪爵士表示："备忘录的签署方包括一些在世界范围内举足轻重的评估专业组织，它的签署标志着各地评估专业组织都决心加强国际范围内评估准则的一致性。备忘录的签署具有里程碑式的意义，代表着国际评估行业在采用国际性评估准则方面又迈出重要一步。"

在签订《国际评估准则》趋同谅解备忘录同期，IVSC 与美国评估促进会也签订了谅解备忘录，旨在消除《国际评估准则》与《专业评估执业统一准则》间存在的差异。该谅解备忘录是对双方 2006 年签订的准则制定合作协议的更新，大大促进了两者的趋同，为未来 3 年内消除两者间的实质性差异铺平了道路。

2015 年 10 月，APEC 地区 21 个经济体的财政部长于北京会议上发布联合声明，表示支持相关部门与 IVSC 进行合作，推进区域内完善有效的评估实践。这是国际主要经济论坛首次提出需要缩小各国评估行业间存在的差异。APEC 工商咨询理事会提交给财政部长的报告中提到：资产评估是全球经济决策的中心环节，广泛应用于资本市场和不动产市场，也适用于公共领域和私有领域各组织（包括监管组织）的决策和行为。这些决策和行为多与评估信息息相关，在很多方面影响着公共利益、经济增长和金融体系的完善。

2016 年 5 月 4 日至 8 日，东盟评估师联合会（AVA）在柬埔寨金边市举办了会议主题为"一个东盟，一个评估标准"的第十九届东盟评估师联合会大会。AVA 成立于 1981 年，目前共有 8 个成员方，分别为印度尼西亚、马来西亚、菲律宾、新加坡、泰国、文莱、越南和柬埔寨，中国资产评估协会在 AVA 组织中担任观察员。本届大会审议通过了东盟评估标准，旨在为各成员方评估实务符合国际准则提供技术指导，同时也充分体现了该区域评估业务及规范的特点，标志着东盟评估行业步入了一个新的发展时期。为适应东盟评估业务的不断推进，东盟评估师联合会大会将由每两年举办一次变更为每年一次。

（二）问题讨论

1. 关于资产评估准则国际趋同还是本土化？你的观点是什么？为什么？

2. 你认为中国资产评估准则如何制定才能既满足国内混合经济发展的需要（中国特色），又合理借鉴其他国家或地区资产评估准则的先进经验，并实现与国际资产评估准则的趋同？

附录 资金时间价值系数表

期数	1%	2%	3%	4%	5%	6%	7%	8%	9%	10%
1	1.010 0	1.020 0	1.030 0	1.040 0	1.050 0	1.060 0	1.070 0	1.080 0	1.090 0	1.100 0
2	1.020 1	1.040 4	1.060 9	1.081 6	1.102 5	1.123 6	1.144 9	1.166 4	1.188 1	1.210 0
3	1.030 3	1.061 2	1.092 7	1.124 9	1.157 6	1.191 0	1.225 0	1.259 7	1.295 0	1.331 0
4	1.040 6	1.082 4	1.125 5	1.169 9	1.215 5	1.262 5	1.310 8	1.360 5	1.411 6	1.464 1
5	1.051 0	1.104 1	1.159 3	1.216 7	1.276 3	1.338 2	1.402 6	1.469 3	1.538 6	1.610 5
6	1.061 5	1.126 2	1.194 1	1.265 3	1.340 1	1.418 5	1.500 7	1.580 9	1.677 1	1.771 6
7	1.072 1	1.148 7	1.229 9	1.315 9	1.407 1	1.503 6	1.605 8	1.713 8	1.828 0	1.948 7
8	1.082 9	1.171 7	1.266 8	1.368 6	1.477 5	1.593 8	1.718 2	1.850 9	1.992 6	2.143 6
9	1.093 7	1.195 1	1.304 8	1.423 3	1.551 3	1.689 5	1.838 5	1.999 0	2.171 9	2.357 9
10	1.104 6	1.219 0	1.343 9	1.480 2	1.628 9	1.790 8	1.967 2	2.158 9	2.367 4	2.593 7
11	1.115 7	1.243 4	1.384 2	1.539 5	1.710 3	1.898 3	2.104 9	2.331 6	2.580 4	2.853 1
12	1.126 8	1.268 2	1.425 8	1.601 0	1.795 9	2.012 2	2.252 2	2.518 2	2.812 7	3.138 4
13	1.138 1	1.293 6	1.468 5	1.665 1	1.885 6	2.132 9	2.409 8	2.719 6	3.065 8	3.452 3
14	1.149 5	1.319 5	1.512 6	1.731 7	1.979 9	2.260 9	2.578 5	2.937 2	3.341 7	3.797 5
15	1.161 0	1.345 9	1.558 0	1.800 9	2.078 9	2.396 6	2.759 0	3.172 2	3.642 5	4.177 2
16	1.172 6	1.372 8	1.604 7	1.873 0	2.182 9	2.540 4	2.952 2	3.425 9	3.970 3	4.595 0
17	1.184 3	1.400 2	1.652 8	1.947 9	2.292 0	2.692 8	3.158 8	3.700 0	4.327 6	5.054 5
18	1.196 1	1.428 2	1.702 4	2.025 8	2.406 6	2.854 3	3.379 9	3.996 0	4.717 1	5.559 9
19	1.208 1	1.456 8	1.753 5	2.106 8	2.527 0	3.025 6	3.616 5	4.315 7	5.141 7	6.115 9
20	1.220 2	1.485 9	1.806 1	2.191 1	2.653 3	3.207 1	3.869 7	4.661 0	5.604 4	6.727 5
21	1.232 4	1.515 7	1.860 3	2.278 8	2.786 0	3.399 6	4.140 6	5.033 8	6.108 8	7.400 2
22	1.244 7	1.546 0	1.916 1	2.369 9	2.925 3	3.603 5	4.430 4	5.436 5	6.658 6	8.140 3
23	1.257 2	1.576 9	1.973 6	2.464 7	3.071 5	3.819 7	4.740 5	5.871 5	7.257 9	8.254 3
24	1.269 7	1.608 4	2.032 8	2.563 3	3.225 1	4.048 9	5.072 4	6.341 2	7.911 1	9.849 7
25	1.282 4	1.640 6	2.093 8	2.665 8	3.386 4	4.291 9	5.427 4	6.848 5	8.623 1	10.835
26	1.295 3	1.673 4	2.156 6	2.772 5	3.555 7	4.549 4	5.807 4	7.396 4	9.399 2	11.918
27	1.308 2	1.706 9	2.221 3	2.883 4	3.733 5	4.882 3	6.213 9	7.988 1	10.245	13.110
28	1.321 3	1.741 0	2.287 9	2.998 7	3.920 1	5.111 7	6.648 8	8.627 1	11.167	14.421
29	1.334 5	1.775 8	2.356 6	3.118 7	4.116 1	5.418 4	7.114 3	9.317 3	12.172	15.863
30	1.347 8	1.811 4	2.427 3	3.243 4	4.321 9	5.743 5	7.612 3	10.063	13.268	17.449
40	1.488 9	2.208 0	3.262 0	4.801 0	7.040 0	10.286	14.794	21.725	31.408	45.259
50	1.644 6	2.691 6	4.383 9	7.106 7	11.467	18.420	29.457	46.902	74.358	117.39
60	1.816 7	3.281 0	5.891 6	10.520	18.679	32.988	57.946	101.26	176.03	304.48

系数表

12%	14%	15%	16%	18%	20%	24%	28%	32%	36%
1.120 0	1.140 0	1.150 0	1.160 0	1.180 0	1.200 0	1.240 0	1.280 0	1.320 0	1.360 0
1.254 4	1.299 6	1.322 5	1.345 6	1.392 4	1.440 0	1.537 6	1.638 4	1.742 4	1.849 6
1.404 9	1.481 5	1.520 9	1.560 9	1.643 0	1.728 0	1.906 6	2.087 2	2.300 0	2.515 5
1.573 5	1.689 0	1.749 0	1.810 6	1.938 8	2.073 6	2.364 2	2.684 4	3.036 0	3.421 0
1.762 3	1.925 4	2.011 4	2.100 3	2.287 8	2.488 3	2.931 6	3.436	4.007 5	4.652 6
1.973 8	2.195 0	2.313 1	2.436 4	2.699 6	2.986 0	3.635 2	4.398 0	5.289 9	6.327 5
2.210 7	2.502 3	2.660 0	2.826 2	3.185 5	3.583 2	4.507 7	5.629 5	6.982 6	8.605 4
2.476 0	2.852 6	3.059 0	3.278 4	3.758 9	4.299 8	5.589 5	7.205 8	9.217 0	11.703
2.773 1	3.251 9	3.517 9	3.803 0	4.435 5	5.159 8	6.931 0	9.223 4	12.16 6	15.917
3.105 8	3.707 2	4.045 6	4.411 4	5.233 8	6.191 7	8.594 4	11.806	16.060	21.647
3.478 5	4.226 2	4.652 4	5.117 3	6.175 9	7.430 1	10.657	15.112	21.199	29.439
3.896 0	4.817 9	5.350 3	5.936 0	7.287 6	8.916 1	13.215	19.343	27.983	40.037
4.363 5	5.492 4	6.152 8	6.885 8	8.599 4	10.699	16.386	24.759	36.937	54.451
4.8871	6.261 3	7.075 7	7.987 5	10.147	12.839	20.319	31.691	48.757	74.053
5.473 6	7.137 9	8.137 1	9.265 5	11.974	15.407	25.196	40.565	64.359	100.71
6.130 4	8.137 2	9.357 6	10.748	14.129	18.488	31.243	51.923	84.954	136.97
6.866 0	9.276 5	10.761	12.468	16.672	22.186	38.741	66.461	112.14	186.28
7.690 0	10.575	12.375	14.463	19.673	26.623	48.039	86.071	148.02	253.34
8.612 8	12.056	14.232	16.777	23.214	31.948	59.568	108.89	195.39	344.54
9.646 3	13.743	16.367	19.461	27.393	38.338	73.864	139.38	257.92	468.57
10.804	15.668	18.822	22.574	32.324	46.005	91.592	178.41	340.45	637.26
12.100	17.861	21.645	26.186	38.142	55.206	113.57	228.36	449.39	866.67
13.552	20.362	24.891	30.376	45.008	66.247	140.83	292.30	593.20	1 178.7
15.179	23.212	28.625	35.236	53.109	79.497	174.63	374.14	783.02	1 603.0
17.000	26.462	32.919	40.874	62.669	95.396	216.54	478.90	1 033.6	2 180.1
19.040	30.167	37.857	47.414	73.949	114.48	268.51	613.00	1 364.3	2 964.9
21.325	34.390	43.535	55.000	87.260	137.37	332.95	784.64	1 800.9	4 032.3
23.884	39.204	50.066	63.800	102.97	164.84	412.86	1 004.3	2 377.2	5 483.9
26.750	44.693	57.575	74.009	121.50	197.81	511.95	1 285.6	3 137.9	7 458.1
29.960	50.950	66.212	85.850	143.37	237.38	634.82	1 645.5	4 142.1	10 143
93.051	188.83	267.86	378.72	750.38	1 469.8	5 455.9	19 427	66 521	*
289.00	700.23	1 083.7	1 670.7	3 927.4	9 100.4	46 890	*	*	*
897.60	2 595.9	4 384.0	7 370.2	20 555	56 348	*	*	*	*

* ＞99 999

复利现值

期数	1%	2%	3%	4%	5%	6%	7%	8%	9%	10%
1	.990 1	.980 4	.970 9	.961 5	.952 4	.943 4	.934 6	.925 9	.917 4	.909 1
2	.980 3	.971 2	.942 6	.924 6	.907 0	.890 0	.873 4	.857 3	.841 7	.826 4
3	.970 6	.942 3	.915 1	.889 0	.863 8	.839 6	.816 3	.793 8	.772 2	.751 3
4	.961 0	.923 8	.888 5	.854 8	.822 7	.792 1	.762 9	.735 0	.708 4	.683 0
5	.951 5	.905 7	.862 6	.821 9	.783 5	.747 3	.713 0	.680 6	.649 9	.620 9
6	.942 0	.888 0	.837 5	.790 3	.746 2	.705 0	.666 3	.630 2	.596 3	.564 5
7	.932 7	.860 6	.813 1	.759 9	.710 7	.665 1	.622 7	.583 5	.547 0	.513 2
8	.923 5	.853 5	.787 4	.730 7	.676 8	.627 4	.582 0	.540 3	.501 9	.466 5
9	.914 3	.836 8	.766 4	.702 6	.644 6	.591 9	.543 9	.500 2	.460 4	.424 1
10	.905 3	.820 3	.744 1	.675 6	.613 9	.558 4	.508 3	.463 2	.422 4	.385 5
11	.896 3	.804 3	.722 4	.649 6	.584 7	.526 8	.475 1	.428 9	.387 5	.350 5
12	.887 4	.788 5	.701 4	.624 6	.556 8	.497 0	.444 0	.397 1	.355 5	.318 6
13	.878 7	.773 0	.681 0	.600 6	.530 3	.468 8	.415 0	.367 7	.326 2	.289 7
14	.870 0	.757 9	.661 1	.577 5	.505 1	.442 3	.387 8	.340 5	.299 2	.263 3
15	.861 3	.743 0	.641 9	.555 3	.481 0	.417 3	.362 4	.315 2	.274 5	.239 4
16	.852 8	.728 4	.623 2	.533 9	.458 1	.393 6	.338 7	.291 9	.251 9	.217 6
17	.844 4	.714 2	.605 0	.513 4	.436 3	.371 4	.316 6	.270 3	.231 1	.197 8
18	.836 0	.700 2	.587 4	.493 6	.415 5	.350 3	.295 9	.250 2	.212 0	.179 9
19	.827 7	.686 4	.570 3	.474 6	.395 7	.330 5	.276 5	.231 7	.194 5	.163 5
20	.819 5	.673 0	.553 7	.456 4	.376 9	.311 8	.258 4	.214 5	.178 4	.148 6
21	.811 4	.659 8	.537 5	.438 8	.358 9	.294 2	.241 5	.198 7	.163 7	.135 1
22	.803 4	.646 8	.521 9	.422 0	.341 8	.277 5	.225 7	.183 9	.150 2	.122 8
23	.795 4	.634 2	.506 7	.405 7	.325 6	.261 8	.210 9	.170 3	.137 8	.111 7
24	.787 6	.621 7	.491 9	.390 1	.310 1	.247 0	.197 1	.157 7	.126 4	.101 5
25	.779 8	.609 5	.477 6	.375 1	.295 3	.233 0	.184 2	.146 0	.116 0	.092 3
26	.772 0	.597 6	.463 7	.360 4	.281 2	.219 8	.172 2	.135 2	.106 4	.083 9
27	.764 4	.585 9	.450 2	.346 8	.267 8	.207 4	.160 9	.125 2	.097 6	.076 3
28	.756 8	.574 4	.437 1	.333 5	.255 1	.195 6	.150 4	.115 9	.089 5	.069 3
29	.749 3	.563 1	.424 3	.320 7	.242 9	.184 6	.140 6	.107 3	.082 2	.063 0
30	.741 9	.552 1	.412 0	.308 3	.231 4	.174 1	.131 4	.099 4	.075 4	.057 3
35	.705 9	.500 0	.355 4	.253 4	.181 3	.130 1	.093 7	.067 6	.049 0	.035 6
40	.671 7	.452 9	.306 6	.208 3	.142 0	.097 2	.066 8	.046 0	.031 8	.022 1
45	.649 1	.410 2	.264 4	.171 2	.111 3	.072 7	.047 6	.031 3	.020 7	.013 7
50	.608 0	.371 5	.228 1	.140 7	.087 2	.054 3	.033 9	.021 3	.013 4	.008 5
55	.578 5	.336 5	.196 8	.115 7	.068 3	.040 6	.024 2	.014 5	.008 7	.005 3

系数表

12%	14%	15%	16%	18%	20%	24%	28%	32%	36%
.892 9	.877 2	.869 6	.862 1	.847 5	.833 3	.806 5	.781 3	.757 6	.735 3
.797 2	.769 5	.756 1	.743 2	.718 2	.694 4	.650 4	.610 4	.573 9	.540 7
.711 8	.675 0	.657 5	.640 7	.608 6	.578 7	.524 5	.476 8	.434 8	.397 5
.635 5	.592 1	.571 8	.552 3	.515 8	.482 3	.423 0	.372 5	.329 4	.292 3
.567 4	.519 4	.497 2	.476 2	.437 1	.401 9	.341 1	.291 0	.249 5	.214 9
.506 6	.455 6	.432 3	.410 4	.370 4	.334 9	.275 1	.227 4	.189 0	.158 0
.452 3	.399 6	.375 9	.353 8	.313 9	.279 1	.221 8	.177 6	.143 2	.116 2
.403 9	.350 6	.326 9	.305 0	.266 0	.232 6	.178 9	.138 8	.108 5	.085 4
.360 6	.307 5	.284 3	.263 0	.225 5	.193 8	.144 3	.108 4	.082 2	.062 8
.322 0	.269 7	.247 2	.226 7	.191 1	.161 5	.116 4	.084 7	.062 3	.046 2
.287 5	.236 6	.214 9	.195 4	.161 9	.134 6	.093 8	.066 2	.047 2	.034 0
.256 7	.207 6	.186 9	.168 5	.137 3	.112 2	.055 7	.051 7	.035 7	.025 0
.229 2	.182 1	.162 5	.145 2	.116 3	.093 5	.061 0	.040 4	.027 1	.018 4
.204 6	.159 7	.141 3	.125 2	.098 5	.077 9	.049 2	.031 6	.020 5	.013 5
.182 7	.140 1	.122 9	.107 9	.083 5	.064 9	.039 7	.024 7	.015 5	.009 9
.163 1	.122 9	.106 9	.098 0	.070 9	.054 1	.032 0	.019 3	.011 8	.007 3
.145 6	.107 8	.092 9	.080 2	.060 0	.045 1	.025 8	.015 0	.008 9	.005 4
.130 0	.094 6	.080 8	.069 1	.050 8	.037 6	.020 8	.011 8	.006 8	.003 9
.116 1	.082 9	.070 3	.059 6	.043 1	.031 3	.016 8	.009 2	.005 1	.002 9
.103 7	.072 8	.061 1	.051 4	.036 5	.026 1	.013 5	.007 2	.003 9	.002 1
.092 6	.063 8	.053 1	.044 3	.030 9	.021 7	.010 9	.005 6	.002 9	.001 6
.082 6	.056 0	.046 2	.038 2	.026 2	.018 1	.008 8	.004 4	.002 2	.001 2
.073 8	.049 1	.040 2	.032 9	.022 2	.015 1	.007 1	.003 4	.001 7	.000 8
.065 9	.043 1	.034 9	.028 4	.018 8	.012 6	.005 7	.002 7	.001 3	.000 6
.058 8	.037 8	.030 4	.024 5	.016 0	.010 5	.004 6	.002 1	.001 0	.000 5
.052 5	.033 1	.026 4	.021 1	.013 5	.008 7	.003 7	.001 6	.000 7	.000 3
.046 9	.029 1	.023 0	.018 2	.011 5	.007 3	.003 0	.001 3	.000 6	.000 2
.041 9	.025 5	.020 0	.015 7	.009 7	.006 1	.002 4	.001 0	.000 4	.000 2
.037 4	.022 4	.017 4	.013 5	.008 2	.005 1	.002 0	.000 8	.000 3	.000 1
.033 4	.019 6	.015 1	.011 6	.007 0	.004 2	.001 6	.000 6	.000 2	.000 1
.018 9	.010 2	.007 5	.005 5	.003 0	.001 7	.000 5	.000 2	.000 1	*
.010 7	.005 3	.003 7	.002 6	.001 3	.000 7	.000 2	.000 1	*	*
.006 1	.002 7	.001 9	.001 3	.000 6	.000 3	.000 1	*	*	*
.003 5	.001 4	.000 9	.000 6	.000 3	.000 1	*	*	*	*
.002 0	.000 7	.000 5	.000 3	.000 1	*	*	*	*	*

* <.000 1

期数	1%	2%	3%	4%	5%	6%	7%	8%	9%	10%
1	1.000 0	1.000 0	1.000 0	1.000 0	1.000 0	1.000 0	1.000 0	1.000 0	1.000 0	1.000 0
2	2.010 0	2.020 0	2.030 0	2.040 0	2.050 0	2.060 0	2.070 0	2.080 0	2.090 0	2.100 0
3	3.030 1	3.060 4	3.090 9	3.121 6	3.152 5	3.183 6	3.214 9	3.246 4	3.278 1	3.310 0
4	4.060 4	4.121 6	4.183 6	4.246 5	4.310 1	4.374 6	4.439 9	4.506 1	4.573 1	4.641 0
5	5.101 0	5.204 0	5.309 1	5.416 3	5.525 6	5.637 1	5.750 7	5.866 6	5.984 7	6.105 1
6	6.152 0	6.308 1	6.468 4	6.633 0	6.801 9	6.975 3	7.153 3	7.335 9	7.523 3	7.715 6
7	7.213 5	7.434 3	7.662 5	7.898 3	8.142 0	8.393 8	8.654 0	8.922 8	9.200 4	9.487 2
8	8.285 7	8.583 0	8.892 3	9.214 2	9.549 1	9.897 5	10.260	10.637	11.028	11.436
9	9.368 5	9.754 6	10.159	10.583	11.027	11.491	11.978	12.488	13.021	13.579
10	10.462	10.950	11.464	12.006	12.578	13.181	13.816	14.487	15.193	15.937
11	11.567	12.169	12.808	13.486	14.207	14.972	15.784	16.645	17.560	18.531
12	12.683	13.412	14.192	15.026	15.917	16.870	17.888	18.977	20.141	21.384
13	13.809	14.680	15.618	16.627	17.713	18.882	20.141	21.495	22.953	24.523
14	14.947	15.974	17.086	18.292	19.599	21.015	22.550	24.214	26.019	27.975
15	16.097	17.293	18.599	20.024	21.579	23.276	25.129	27.152	29.361	31.772
16	17.258	18.639	20.157	21.825	23.657	25.673	27.888	30.324	33.003	35.950
17	18.430	20.012	21.762	23.698	25.840	28.213	30.840	33.750	36.974	40.545
18	19.615	21.412	23.414	25.645	28.132	30.906	33.999	37.450	41.301	45.599
19	20.811	22.841	25.117	27.671	30.539	33.760	37.379	41.446	46.018	51.159
20	22.019	24.297	26.870	29.778	33.066	36.786	40.995	45.752	51.160	57.275
21	23.239	25.783	28.676	31.969	35.719	39.993	44.865	50.423	56.765	64.002
22	24.472	27.299	30.537	34.248	38.505	43.392	49.006	55.457	62.873	71.403
23	25.716	28.845	32.453	36.618	41.430	46.996	53.436	60.883	69.532	79.543
24	26.973	30.422	34.426	39.083	44.502	50.816	58.177	66.765	76.790	88.497
25	28.243	32.030	36.459	41.646	47.727	54.863	63.249	73.106	84.701	98.347
26	29.526	33.671	38.553	44.312	51.113	59.156	68.676	79.954	93.324	109.18
27	30.821	35.344	40.710	47.084	54.669	63.706	74.484	87.351	102.72	121.10
28	32.129	37.051	42.931	49.968	58.403	68.528	80.698	95.339	112.97	134.21
29	33.450	38.792	45.219	52.966	62.323	73.640	87.347	103.97	124.14	148.63
30	34.785	40.568	47.575	56.085	66.439	79.058	94.461	113.28	136.31	164.49
40	48.886	60.402	75.401	95.026	120.80	154.76	199.64	259.06	337.88	442.59
50	64.463	84.579	112.80	152.67	209.35	290.34	406.53	573.77	815.08	1 163.9
60	81.670	114.05	163.05	237.99	353.58	533.13	813.52	1 253.2	1 944.8	3 034.8

系数表

12%	14%	15%	16%	18%	20%	24%	28%	32%	36%
1.000 0	1.000 0	1.000 0	1.000 0	1.000 0	1.000 0	1.000 0	1.000 0	1.000 0	1.000 0
2.120 0	2.140 0	2.150 0	2.160 0	2.180 0	2.200 0	2.240 0	2.280 0	2.320 0	2.360 0
3.374 4	3.439 6	3.472 5	3.505 6	3.572 4	3.640 0	3.777 6	3.918 4	3.062 4	3.209 6
4.779 3	4.921 1	4.993 4	5.066 5	5.215 4	5.368 0	5.684 2	6.015 6	6.362 4	6.725 1
6.352 8	6.610 1	6.742 4	6.877 1	7.154 2	7.441 6	8.048 4	8.699 9	9.398 3	10.146
8.115 2	8.535 5	8.753 7	8.977 5	9.442 0	9.929 9	10.980	12.136	13.406	14.799
10.089	10.730	11.067	11.414	12.142	12.916	14.615	16.534	18.696	21.126
12.300	13.233	13.727	14.240	15.327	16.499	19.123	22.163	25.678	29.732
14.776	16.085	16.786	17.519	19.086	20.799	24.712	29.369	34.895	41.435
17.549	19.337	20.304	21.321	23.521	25.959	31.643	38.593	47.062	57.352
20.655	23.045	24.349	25.733	28.755	32.150	40.238	50.398	63.122	78.998
24.133	27.271	29.002	30.850	34.931	39.581	50.895	65.510	84.320	108.44
28.029	32.089	34.352	36.786	42.219	48.497	64.110	84.853	112.30	148.47
32.393	37.581	40.505	43.672	50.818	59.196	80.496	109.61	149.24	202.93
37.280	43.842	47.580	51.660	60.965	72.035	100.82	141.30	198.00	276.98
42.753	50.980	55.717	60.925	72.939	87.442	126.01	181.87	262.36	377.69
48.884	59.118	65.075	71.673	87.068	105.93	157.25	233.79	347.31	514.66
55.750	68.394	75.836	84.141	103.74	128.12	195.99	300.25	459.45	770.94
63.440	78.969	88.212	98.603	123.41	154.74	244.03	385.32	607.47	954.28
72.052	91.025	102.44	115.38	146.63	186.69	303.60	494.21	802.86	1 298.8
81.699	104.77	118.81	134.84	174.02	225.03	377.46	633.59	1 060.8	1 767.4
92.503	120.44	137.63	157.41	206.34	271.03	469.06	812.00	1 401.2	2 404.7
104.60	138.30	159.28	183.60	244.49	326.24	582.63	1 040.4	1 850.6	3 271.3
118.16	158.66	184.17	213.98	289.49	392.48	723.46	1 332.7	2 443.8	4 450.0
133.33	181.87	212.79	249.21	342.60	471.98	898.09	1 706.8	3 226.8	6 053.0
150.33	208.33	245.71	290.09	405.27	567.38	1 114.6	2 185.7	4 260.4	8 233.1
169.37	238.50	283.57	337.50	479.22	681.85	1 383.1	2 798.7	5 624.8	11 198.0
190.70	272.89	327.10	392.50	566.48	819.22	1 716.1	3 583.3	7 425.7	15 230.3
214.58	312.09	377.17	456.30	669.45	984.07	2 129.0	4 587.7	9 802.9	20 714.2
241.33	356.79	434.75	530.31	790.95	1 181.9	2 640.9	5 873.2	12 941.	28 172.3
767.09	1 342.0	1 779.1	2 360.8	4 163.2	7 343.2	2 729	69 377	*	*
2 400.0	4 994.5	7 217.7	10 436	21 813	45 497	*	*	*	*
7 471.6	18 535	29 220	46 058	*	*	*	*	*	*

* ＞99 999

附录 4   年金现值

期数	1%	2%	3%	4%	5%	6%	7%	8%	9%
1	0.990 1	0.980 4	0.970 9	0.961 5	0.952 4	0.943 4	0.934 6	0.925 9	0.917 4
2	1.970 4	1.941 6	1.913 5	1.886 1	1.859 4	1.833 4	1.808 0	1.783 3	1.759 1
3	2.941 0	2.883 9	2.828 6	2.775 1	2.723 2	2.673 0	2.624 3	2.577 1	2.531 3
4	3.902 0	3.807 7	3.717 1	3.629 9	3.546 0	3.465 1	3.387 2	3.312 1	3.239 7
5	4.853 4	4.713 5	4.579 7	4.451 8	4.329 5	4.212 4	4.100 2	3.992 7	3.889 7
6	5.795 5	5.601 4	5.417 2	5.242 1	5.075 7	4.917 3	4.766 5	4.622 9	4.485 9
7	6.728 2	6.472 0	6.230 3	6.002 1	5.786 4	5.582 4	5.389 3	5.206 4	5.033 0
8	7.651 7	7.325 5	7.019 7	6.732 7	6.463 2	6.209 8	5.971 3	5.746 6	5.534 8
9	8.566 0	8.162 2	7.786 1	7.435 3	7.107 8	6.801 7	6.515 2	6.246 9	5.995 2
10	9.471 3	8.982 6	8.530 2	8.110 9	7.721 7	7.360 1	7.023 6	6.710 1	6.417 7
11	10.367 6	9.786 8	9.252 6	8.760 5	8.306 4	7.886 9	7.498 7	7.139 0	6.805 2
12	11.255 1	10.575 3	9.954 0	9.385 1	8.863 3	8.383 8	7.942 7	7.536 1	7.160 7
13	12.133 7	11.348 4	10.635 0	9.985 6	9.393 6	8.852 7	8.357 7	7.903 8	7.486 9
14	13.003 7	12.106 2	11.296 1	10.563 1	9.898 6	9.295 0	8.745 5	8.244 2	7.786 2
15	13.865 1	12.849 3	11.937 9	11.118 4	10.379 7	9.712 2	9.107 9	8.559 5	8.060 7
16	14.717 9	13.577 7	12.561 1	11.652 3	10.837 8	10.105 9	9.446 6	8.851 4	8.312 6
17	15.562 3	14.291 9	13.166 1	12.165 7	11.274 1	10.477 3	9.763 2	9.121 6	8.543 6
18	16.398 3	14.992 0	13.753 5	12.689 6	11.689 6	10.827 6	10.059 1	9.371 9	8.755 6
19	17.226 0	15.678 5	14.323 8	13.133 9	12.085 3	11.158 1	10.335 6	9.603 6	8.960 1
20	18.045 6	16.351 4	14.877 5	13.590 3	12.462 2	11.469 9	10.594 0	9.818 1	9.128 5
21	18.857 0	17.011 2	15.415 0	14.029 2	12.821 2	11.764 1	10.835 5	10.016 8	9.029 22
22	19.660 4	17.658 0	15.936 9	14.451 1	13.488 6	12.303 4	11.061 2	10.200 7	9.442 4
23	20.455 8	18.292 2	16.443 6	14.856 8	13.488 6	12.303 4	11.272 2	10.371 1	9.580 2
24	21.243 4	18.913 9	16.935 5	15.247 0	13.798 6	12.550 4	11.469 3	10.528 8	9.706 6
25	22.023 2	19.523 5	17.413 1	15.622 1	14.093 9	12.783 4	11.653 6	10.674 8	9.822 6
26	22.795 2	20.121 0	17.876 8	15.982 8	14.375 2	13.003 2	11.825 8	10.810 0	9.929 0
27	23.559 6	20.705 9	18.327 0	16.329 6	14.643 0	13.210 5	11.986 7	10.935 2	10.026 6
28	24.316 4	21.281 3	18.764 1	16.663 1	14.898 1	13.406 2	12.137 1	11.051 1	10.116 1
29	25.065 8	21.844 4	19.188 5	16.983 7	15.141 1	13.590 7	12.277 7	11.158 4	10.198 3
30	25.807 7	22.396 5	19.600 4	17.292 0	15.372 5	13.764 8	12.409 0	11.257 8	10.273 7
35	29.408 6	24.998 6	21.487 2	18.664 6	16.374 2	14.498 2	12.947 7	11.654 6	10.566 8
40	32.834 7	27.355 5	23.114 8	19.792 8	17.159 1	15.046 3	13.331 7	11.924 6	10.757 4
45	36.094 5	29.490 2	24.518 7	20.720 0	17.774 1	15.455 8	13.605 5	12.108 4	10.881 2
50	39.196 1	31.423 6	25.729 8	21.482 2	18.255 9	15.761 9	13.800 7	12.233 5	10.961 7
55	42.147 2	33.174 8	26.774 4	22.108 6	18.633 5	15.990 5	13.939 9	12.318 6	11.014 0

系数表

10%	12%	14%	15%	16%	18%	20%	24%	28%	32%
0.909 1	0.892 9	0.877 2	0.869 6	0.862 1	0.847 5	0.833 3	0.806 5	0.781 3	0.757 6
1.735 5	1.690 1	1.646 7	1.625 7	1.605 2	1.565 6	1.527 8	1.456 8	1.391 6	1.331 5
2.486 9	2.401 8	2.321 6	2.283 2	2.245 9	2.174 3	2.106 5	1.981 3	1.868 4	1.766 3
3.169 9	3.037 3	2.917 3	2.855 0	2.798 2	2.690 1	2.588 7	2.404 3	2.241 0	2.095 7
3.790 8	3.604 8	3.433 1	3.352 2	3.274 3	3.127 2	2.990 6	2.745 4	2.532 0	2.345 2
4.355 3	4.111 4	3.888 7	3.784 5	3.684 7	3.497 6	3.325 5	3.020 5	2.759 4	2.534 2
4.868 4	4.563 8	4.288 2	4.160 4	4.038 6	3.811 5	3.604 6	3.242 3	2.937 0	2.677 5
5.334 9	4.967 6	4.638 9	4.487 3	4.343 6	4.077 6	3.837 2	3.421 2	3.075 8	2.786 0
5.759 0	5.328 2	4.916 4	4.771 6	4.606 5	4.303 0	4.031 0	3.565 5	3.184 2	2.868 1
6.144 6	5.650 2	5.216 1	5.018 8	4.833 2	4.494 1	4.192 5	3.681 9	3.268 9	2.930 4
6.495 1	5.937 7	5.452 7	5.233 7	5.028 6	4.656 0	4.327 1	3.775 7	3.335 1	2.977 6
6.813 7	6.194 4	5.660 3	5.420 6	5.197 1	4.793 2	4.439 2	3.851 4	3.386 8	3.013 3
7.103 4	6.423 5	5.842 4	5.583 1	5.342 3	4.909 5	4.532 7	3.912 4	3.427 2	3.040 4
7.366 7	6.628 2	6.002 1	5.724 5	5.467 5	5.008 1	4.610 6	3.961 6	3.458 7	3.060 9
7.606 1	6.810 9	6.142 2	5.847 4	5.575 5	5.091 6	4.675 5	4.001 3	3.483 4	3.076 4
7.823 7	6.974 0	6.265 1	5.954 2	5.668 5	5.162 4	4.729 6	4.033 3	3.502 6	3.088 2
8.021 6	7.119 6	6.372 9	6.047 2	5.748 7	5.222 3	4.774 6	4.059 1	3.517 7	3.097 1
8.021 6	7.249 7	6.467 4	6.128 0	5.817 8	5.273 2	4.812 2	4.079 9	3.529 4	3.103 9
8.364 9	7.365 8	6.550 4	6.198 2	5.877 5	5.316 2	4.843 5	4.096 7	3.538 6	3.109 0
8.513 6	7.469 4	6.623 1	6.259 3	5.928 8	5.352 7	4.869 6	4.110 3	3.545 8	3.112 9
8.648 7	7.562 0	6.687 0	6.312 5	5.973 1	5.383 7	4.891 3	4.121 2	3.551 4	3.115 8
8.771 5	7.644 6	6.742 9	6.358 7	6.011 3	5.409 9	4.909 4	4.130 0	3.555 8	3.118 0
8.883 2	7.718 4	6.792 1	6.398 8	6.044 2	5.342 1	4.924 5	4.137 1	3.559 2	3.119 7
8.984 7	7.784 3	6.835 1	6.433 8	6.072 6	5.450 9	4.937 1	4.142 8	3.561 9	3.121 0
9.077 0	7.843 1	6.872 9	6.464 1	6.097 1	5.466 9	4.947 6	4.147 4	3.564 0	3.122 0
9.160 9	7.895 7	6.906 1	6.490 6	6.118 2	5.480 4	4.956 3	4.151 1	3.565 6	3.122 7
9.237 2	7.942 6	6.935 2	6.513 5	6.136 4	5.491 9	4.963 6	4.154 2	3.566 9	3.123 3
9.306 6	7.984 4	6.960 7	6.533 5	6.152 0	5.501 6	4.969 7	4.156 6	3.567 9	3.123 7
9.369 6	8.021 8	6.983 0	6.550 9	6.165 6	5.509 8	4.974 7	4.158 5	3.568 7	3.124 0
9.426 9	8.055 2	7.002 7	6.566 0	6.177 2	5.516 6	4.978 9	4.160 1	3.569 3	3.124 2
9.644 2	8.175 5	7.070 0	6.616 6	6.215 3	5.538 6	4.991 5	4.164 4	3.570 8	3.124 8
9.779 1	8.243 8	7.105 0	6.641 8	6.233 5	5.548 2	4.996 6	4.165 9	3.571 2	3.125 0
9.862 8	8.282 5	7.123 2	6.654 3	6.242 1	5.552 3	4.998 6	4.166 4	3.571 4	3.125 0
9.914 8	8.304 5	7.132 7	6.660 5	6.246 3	5.554 1	4.999 5	4.166 6	3.571 4	3.125 0
9.947 1	8.317 0	7.137 6	6.663 6	6.248 2	5.554 9	4.999 8	4.166 6	3.571 4	3.125 0

参考文献

［1］中国资产评估协会.资产评估基础［M］.北京:中国财政经济出版社,2020.

［2］中国资产评估协会.资产评估实务(一)［M］.北京:中国财政经济出版社,2020.

［3］中国资产评估协会.资产评估实务(二)［M］.北京:中国财政经济出版社,2020.

［4］中国资产评估协会.资产评估相关知识［M］.北京:中国财政经济出版社,2020.

［5］刘萍,韩立英,纪益成.中外资产评估准则［M］.北京:中国财政经济出版社,2015.

［6］郭化林.中外资产评估准则［M］.北京:高等教育出版社,2015.

［7］刘玉平.资产评估理论与管理［M］.北京:中国财政经济出版社,2015.

［8］姜楠.无形资产评估［M］.北京:中国财政经济出版社,2015.

［9］苑泽明.无形资产评估［M］.北京:高等教育出版社,2015.

［10］周自明.资产评估学教程新编［M］.杭州:浙江大学出版社,2015.

［11］张彩英.资产评估——理论·方法·实务［M］.北京:中国财政经济出版社,2008.

［12］乔志敏,王小荣.资产评估学教程［M］.北京:中国人民大学出版社出版,2017.

［13］俞明轩,王逸玮.资产评估［M］.北京:中国人民大学出版社出版,2017.

［14］姜楠.资产评估学(第四版)［M］.大连:东北财经大学出版社,2018.

［15］汪海粟.资产评估(第三版)［M］.北京:高等教育出版社,2016.

［16］周友梅,胡晓明.资产评估学基础(第三版)［M］.上海:上海财经大学出版社,2014.

［17］刘德运.无形资产评估［M］.北京:中国财政经济出版社,2010.

［18］潘学模.资产评估学［M］.成都:西南财经大学出版社,2013.

［19］何琳,肖翔.资产评估理论与实务［M］.北京:人民邮电出版社,2018.

［20］陈建西.资产评估［M］.成都:西南财经大学出版社,2010.

［21］杨志明.机器设备评估［M］.北京:中国人民大学出版社,2002.

［22］崔劲,朱军.资产评估案例［M］.北京:中国人民大学出版社,2002.

［23］［美］阿斯沃斯·达摩达兰.故事与估值［M］.北京:中信出版集团,2018.

［24］朱萍.资产评估学教程［M］.上海:上海财经大学出版社,2016.

［25］张晓慧,赵仑.资产评估学教程(第四版)［M］.北京:首都经济贸易大学出版社,2016.